弁護士の基本的義務

弁護士職業像のコアバリュー

森　勇　編著

日本比較法研究所
研究叢書
115

中央大学出版部

装幀　道吉　剛

序

　本書は，2017年4月8日土曜に，中央大学後楽園キャンパスで開催された「日独弁護士職業法シンポジウム──弁護士の独立と利益相反の禁止──」の報告等をメインとし，それに関わる諸論攷と資料を収録したものである。このシンポジウムとその前提となっている活動は，科学研究費助成事業（JSPS科研費15K03251）の一環である。まずは，わが国ではいまだ萌芽期にあるといっても差し支えない，立法学・解釈学としての弁護士「職業法」研究に，経済的助成をしていただいた日本学術振興会に対し，心より御礼申し上げる次第である。

　この助成の対象の研究課題名は，「変貌するリーガル・マーケットとドイツ弁護士職業法──我が国弁護士職業法の未来図」である。そしてこれは，──詳しくは「ドイツ弁護士法研究の経緯と本シンポジウムの意図について」を参照いただきたいが──従前行ってきたドイツないしはEU弁護士職業法研究の駒を，さらに弁護士職業法の中核へと推し進めようとするものである。もちろんその具体的内容に何が盛り込まれるかの偏差は当然あるものの，法制の違いにかかわらず，法治国家であれば必ず認められる弁護士の三つの基本的義務，すなわち「弁護士の独立性」，「利益相反の禁止」そして「守秘義務」と取り組むことで，変貌するリーガル・マーケットがもたらす新たな課題と正面から向き合うことができると考えたからに他ならない。あるいは，変動する社会からの要請と変貌するリーガル・マーケットからのディマンドは，弁護士の職業実践の有り様を左右するが，それらはまずはこの三つの基本的義務との絡み合いの中でとらえ，そうすることで「法治国家の担い手」としての弁護士の【現在的】職業像を構想することができるのではないかと考えたからである。

　それでは，「目的を果たしたか」と問われれば，道半ばといわざるをえない。言い訳がましいが，問題の広がりがあまりに多様であり，それぞれの問題について，百家争鳴というのが，今に始まったことではないものの，現状である。

あるいは，そもそもが，【現在的】職業像を模索すること自体，「見果てぬ夢」のようにも思われる。本書は，「道半ば」にあることの報告書であり，次に向けた資料の提供の機会と位置づけさせていただこう。

　本書は，先に述べたシンポジウムでの報告，討論などを前編（シンポジウム）とし，後編（資料）には，三つの基本的義務に関する（多くはドイツの）論攷を掲載させていただいている。本書が，今後の弁護士職業法研究の一助となれば幸いである。なお，「質疑応答・ディスカッション」は，その場でのご発言等をまずはテープ起こしをし，その上で各発言者の方々に，ある程度意見などは追加してもらっている。そのため，質疑応答として正確に対応していないところもあるが，発言者の意見を聞くということで，ご了解いただければ幸いである。

　最後に，上記シンポジウムをスムーズに運営し，加えて本書の刊行に多大なる支援をいただいた日本比較法研究所のスタッフの方々，そして本書を刊行まで導いてくださった中央大学出版部の皆さまには，心より感謝申し上げる次第です。

　　2018年3月

　　　　　　　　　　　　　　　　　　　　　　　　　　　　森　　勇

目　　次

序

シンポジウム

日本比較法研究所所長　開会挨拶
　　………………………………………………………………伊藤　壽英… 3

独日法律家協会　会長挨拶
　　　　　　　　　　　　　　　　　　　　　ヤン・グロテーア… 5
　　………………………………………………
　　　　　　　　　　　　　　　　　　　　訳　春日川路子

ドイツ弁護士法研究の経緯と本シンポジウムの意図について
　　——共催・協賛団体の紹介とともに——
　　………………………………………………………………森　　勇… 9

第1部　弁護士の独立性

ドイツ職業法における独立性の要請
　　　　　　　　　　　　　　　　　ハンス・プリュッティング… 19
　　……………………………………………
　　　　　　　　　　　　　　　　　訳　中山　幸二

弁護士の独立に関する今日的諸問題
　　　　　　　　　　　　　　　　　ヴォルフガング・エヴァー… 31
　　……………………………………………
　　　　　　　　　　　　　　　　　訳　應本　昌樹

日本における弁護士の独立性について
　　………………………………………………………………加藤新太郎… 43

質疑応答・ディスカッション………………………………………… 57

コメント………………………………………………佐瀬　正俊… 87

第2部　弁護士による利益相反の禁止

相反する利益代理の禁止
　　──ドイツ弁護士法の永遠のテーマ──
　　………………………………………マルティン・ヘンスラー… 93
　　　　　　　　　　　　　　　　　訳 應本　昌樹

共同事務所における利益相反
　　………………………………………マティアス・キリアン… 115
　　　　　　　　　　　　　　　　　訳 坂本　恵三

日本における利益相反の問題について
　　…………………………………………………柏木　俊彦… 137

ドイツの実務における利益相反
　　………………………………………ウルリッヒ・ヴェッセルズ… 169
　　　　　　　　　　　　　　　　　訳 森　　勇

コメント………………………………………………坂本　恵三… 179
質疑応答・ディスカッション………………………………… 187
コメント………………………………………………佐瀬　正俊… 201
講　　評………………………………………………伊東　　卓… 205
総　　括…………………………………………………森　　勇… 207
プログラム……………………………………………………… 213

資　　料

第1部　弁護士の独立性

法的助言職を構成する標識としての独立性：
　　法律上の意味における独立と事実上の独立
　　──何が問題か──
　　……………………………………ハンス・プリュッティング
　　　　　　　　　　　　　　　　　訳 應本　昌樹… 219

弁護士の「独立性」概念をめぐる一考察
　　　……………………………………………………… 本間　正浩 … 231

第2部　利益相反

利益衝突：問題の所在は事案ごとにことごとく異なっている
　　――弁護士職業の中核的義務に関する実務で
　　　問題となった 35 のケース――
　　　……………………………… スザンネ・オファーマン – ブリュッハルト
　　　　　　　　　　　　　　　　　　訳 森　　勇 … 253

利益衝突・今も昔も：すべてのケースは異なっている
　　――弁護士職業の中核的義務に関する実務で
　　　問題となった 50 のケース――
　　　……………………………… スザンネ・オファーマン – ブリュッハルト
　　　　　　　　　　　　　　　　　　訳 森　　勇 … 287

利益相反：職業法上の永遠の火種
　　――裁判所へのアピール：原則を
　　　希釈しては決してならない――
　　　……………………………………………… マルティン・ヘンスラー
　　　　　　　　　　　　　　　　　　訳 森　　勇 … 337

二重信託の禁止：本当にすべてが不適法なのか？
　　　　　　　　　　　　　　　　　　ステファン・サーライ
　　　………………………………… ステッフェン・ティーツェ … 363
　　　　　　　　　　　　　　　　　　訳 森　　勇

双方にとり有益な信託：以前は禁止，今や正真正銘の不適法
　　――新たな弁護士職業規則 3 条 1 項 2 文が，
　　　2015 年 1 月 1 日に施行――
　　　……………………………………………… フォルカー・レーマーマン
　　　　　　　　　　　　　　　　　　訳 森　　勇 … 383

ドイツ弁護士法における利益相反
　　　……………………………………………… マティアス・キリアン
　　　　　　　　　　　　　　　　　　訳 春日川路子 … 391

利益相反の危険を理由とする弁護士の不受任
　　──実態調査によると，このことは大規模事務所だけではなく，
　　　すべての事務所にあてはまる──
　　　　　　　　　　　　　　　　　　　　　マティアス・キリアン
　　　　　　　　　　　　　　　　　　　　　訳　森　　　勇…415

利益相反禁止違反の効果
　　　　　　　　　　　　　　　　　　　　　　　　森　　　勇…421

第3部　守秘義務

弁護士の守秘義務
　　──弁護士職業規則2条の改正に寄せて──
　　　　　　　　　　　　スザンネ・オファーマン−ブリュッハルト
　　　　　　　　　　　　　　　　　　　　　訳　森　　　勇…447

弁護士の職業秘密
　　──ドイツ弁護士法における展開とその方向──
　　　　　　　　　　　　　　　　　　　　　マティアス・キリアン
　　　　　　　　　　　　　　　　　　　　　訳　應本　昌樹…471

関連条文

本書に関連するドイツ法の規律
　　（連邦弁護士法・弁護士職業規則・CCBE規定・刑法）
　　　　　　　　　　　　　　　　　　　　　　　　　　　…499

本書に関連する日本法の規律
　　（弁護士法・弁護士職務基本規定・日本弁護士連合会会則）
　　　　　　　　　　　　　　　　　　　　　　　　　　　…507

初出一覧　511

シンポジウム

日本比較法研究所所長　開会挨拶

伊　藤　壽　英

　ただいまご紹介にあずかりました日本比較法研究所の伊藤でございます。本日は，年度初めのご多用中のところ，本シンポジウムにかくも多数のご参集をいただいたことに，心より御礼申し上げます。本シンポジウムの主催団体の一つを代表いたしまして，一言ご挨拶をさせていただきます。

　日本比較法研究所は，1948年，日本のみならず，アジアでも最初の比較法研究機関として設立されました。爾来，70年の間，ドイツ法をはじめとする大陸法，および，英吉利法律学校を淵源とする本学の伝統から英米法を主要な柱として，精力的に研究を行い，その成果を社会に還元してまいりました。

　また，本学のもう一つの伝統であります実務法曹の養成の点から，たんなる観念的な研究に留まらず，理論と実務を架橋するという視点を常に維持してきたことは，特筆すべきことであります。この大陸法・英米法を中心とする比較法研究，そして理論と実務の架橋という当研究所の伝統および特徴から，ここでは二つの点をご紹介したいと存じます。

　まず第1点目は，昨年末に，当研究所が主催した「中央大学学術シンポジウム」であります。これは，2013年に，中央大学学長主導のもとに，研究所の研究成果を広く社会へ発信し，還元する目的で設けられた研究助成企画に基づき，3年間の資金提供を得たものであります。現代において，経済や社会のグローバル化の進展により生ずる多様な法的紛争を公正かつ迅速に解決することが喫緊の課題となっていることを受け止め，これまでの比較法研究の蓄積と実務的解決への実績をもとに，「法化社会のグローバル化と理論的実務的対応」という全体テーマを掲げました。共通の問題関心は，第1に，近時のグローバ

ル化がある法領域にどのようなインパクトを与えたか。第2に，当該法領域において，どのようにグローバル化に対応したのか。第3に，グローバル化対応のために，どのような手法をとったのか，というものであります。おそらく，そのような問題関心はドイツでも同じようなものであろうと推測されます。

第2点目は，アジアへの関心であります。先ほども申し上げましたが，2018年，当研究所は設立70周年を迎えます。まだ具体的には決まっておりませんが，グローバル化の中で経済成長を遂げているアジアにおいて，その法制度・法文化は多様であるところ，グローバル化にどのように対応してきたか，それについて，大陸法・英米法・日本法はどのような関心を持ち，比較法研究の成果を共有するにはどのような基盤が必要か，を検討する予定であります。

繰り返しになりますが，日独の比較法研究の成果についてはこれまで膨大な蓄積があり，理論と実務の架橋により社会に還元してまいりました。そのなかで，本日のシンポジウムのテーマである「弁護士の独立性と利益相反」の問題は，日独だけでなく，グローバル化の中で苦労しているアジア地域においても大きな関心をもたらすことと存じます。

本日のシンポジウムを牽引されてきた森勇教授には，長年のテーマである弁護士法研究の成果を披瀝していただくとともに，われわれ後進に対しても，今後の研究の方向をお示しいただければと存じます。

最後に，本日ご協力いただきますケルン大学のプリュッティング先生，ヘンスラー先生，キリアン先生，ドイツ弁護士協会のエヴァー先生，連邦弁護士会のヴェッセルズ先生，柏木先生，坂本先生，佐瀬先生および日本弁護士連合会の皆様には，この場をお借りして，厚く御礼申し上げます。

次に控えておられますグロテーア日独法律家協会会長には，これまでも債権法改正シンポジウム，裁判員裁判制度シンポジウムでたいへんお世話になりました。今後も，日独だけでなく，グローバル化の進展する世界における比較法研究の発展について，ご指導いただければ幸いに存じます。

以上，冗長ではありますが，本日のシンポジウムの成功を祈念して，ご挨拶に代えさせていただきます。ご清聴ありがとうございました。

独日法律家協会　会長挨拶

ヤン・グロテーア
訳　春日川　路子

　親愛なる伊藤教授，親愛なる森教授，そして本日ご参加のみなさま。
　独日法律家協会（DJJV）の名において，みなさまにご挨拶できること，そして，みなさまとともに「日独弁護士職業法シンポジウム——弁護士の独立と利益相反の禁止——」というテーマのシンポジウムに参加できたことは，特別に光栄であり喜ばしいことです。
　このシンポジウムの主催者には，専門知識を有し，同時に比較法を志向する組織が名を連ねております。独日法律家協会が両国の弁護士職からなる数多くの構成員とともに，比較法の視点から話題を提供し，独日法律家協会とともにこれまで幾度も卓越したシンポジウムを開催してきた中央大学日本比較法研究所，ケルン大学弁護士法研究所，日本弁護士連合会，ドイツ連邦弁護士会，ならびに，ドイツ弁護士協会は，両国における職業法上の関心事項や弁護士の専門知識を提供します。日本比較法研究所に代表され，これら組織の中で中心的な責任を担う中央大学によって，専門知識に裏付けられた能力と比較法的な性格とが結びつけられます。シンポジウムの内容面の準備および財政に際しまして，協力関係に基づき，極めて見事に協調して共同作業がなされました。この点につきまして，先に挙げた組織に深く感謝いたします。なかでも，その責任において内容面での準備ならびに東京でのオーガナイズをしてくださった森教授，ドイツの側から最も貢献してくださったケルン大学弁護士法研究所のプリュッティング教授，ヘンスラー教授およびキリアン教授に，格別の感謝の意を表明いたします。

いわゆる世界のグローバル化が，とどまるところを知らずに叫ばれておりますが，このグローバル化の枠内で，国際的な経済的・法的交流には大きな意味があります。とりわけ，国際的な商業市場および金融市場を法的に守る弁護士には重要です。同時にこの弁護士たちは，国際的な法秩序の重要な構成要素であり，まさしくそれゆえに，私の目からみれば，弁護士の職業法を確立させることは，特別な挑戦を意味します。

そのような状況に際しまして，ドイツ連邦共和国と日本は，指導的な輸出国として特に風当りに強い立場にあります。両国には似通った課題があるのか，どのような解決策を見つけることができたのか，それともいまだ探しているのか，さらには，両国はお互いに学ぶことができるのかという点に関心が集まります。これらの点を明らかにするには，学問および実務からの卓越した報告者を擁するシンポジウムがまさに最適です。この機会に際しまして，報告者の皆さまがその学識とお時間を提供してくださったことに心からの感謝を述べたいと思います。つまりこのシンポジウムでは，一方では実務家の経験が，他方では教授たる学者の側からは学問的なテーマの検討がなされます。興味深い新たな見解が示され，実りの多い議論がなされることと期待しております。

さらにまた，本日ご参加のみなさまに感謝いたします。多くのみなさまがわれわれの予想を超えてご参加くださったことは，このシンポジウムのテーマがまさに優れたものであることを示すものです。

それではなぜ独日法律家協会は，ここ日本で，すすんでシンポジウムなどを共催あるいは支援しているのでしょうか。この点につきもう少々お話しさせてください。独日法律家協会は29年前に，法の分野における独日間の共同研究をより強固にするために創立されました。ドイツと日本，そしてそのほかの多くの国々におおよそ700名の構成員を有しております。かつて，法律に関する情報が一方通行のかたちでドイツから日本へと流れ込んでいた間に，私たち独日法律家協会はそれをもとにして，ドイツと日本の間に行き来できるアウトバーンを作ろうと力を尽くしました。このために，私たち独日法律家協会は80を超えるシンポジウムならびに数えきれない講演会を催し，日本法に関する雑

誌を出版しています。これは日本の雑誌を除けば唯一の法律雑誌で，実務に即しかつ学術的に確かな日本法を伝え，ドイツと日本の間の多様な比較法に関する情報を提供しております。

　私たち全員が，興味深い講演と実りある議論を享受できることを願っております。

ドイツ弁護士法研究の経緯と
本シンポジウムの意図について
——共催・協賛団体の紹介とともに——

森　　　勇

　まずは，このシンポジウムが開催できるにいたった経緯を，簡略に述べておきたいと思います。

　(1)　わが国では「弁護士倫理」と銘打たれていますが，弁護士法，弁護士職業法が大学のカリキュラムに広く取り上げられたのは，ロースクール制度の導入からといってよいでしょう。わが国の法学部において，こうした科目が開講されているという話はあまり聞いたことがありませんし，そもそもが，ヨーロッパ，特に大陸ヨーロッパとは異なり，わが国の法学部は，少なくともその実体を見る限り，法曹養成に向けた教育機関とはかけ離れたものですから，法曹倫理が正式科目になることなど考えようもないわけです。ロースクールは，法曹養成に特化した専門職大学院ですし，そこで「法曹倫理」，「弁護士倫理」が正式科目として開設されたことは，専門職にたずさわる者が，自らを律する規範に通じていなくてはならないことからして当然の成り行きといってもよいでしょう。もっとも，その担当者は実務家ないしは法社会学を主テーマとする研究者が多いように思われ，何をその主専攻とするかは別に，解釈学をメインフィールドとする研究者は，以前も，そして現在もほとんどロースクールにおける専任の「法曹倫理担当者」のうちにはいないように思われます。

　実は，ドイツも，1984年以前は，同じ事情であったように思います。この年の7月14日，奇しくもバスティーユ監獄襲撃事件の日に下されたことから，

バスティーユ裁判と名付けられたドイツ連邦憲法裁判所の二つの決定は，まさにその名にふさわしいものでありました。今日報告をしていただくプリュッティング（*Hanns Prütting*）先生が，鉄壁を誇った弁護士世界の要塞をたった一撃で打ち砕いたと表現しているように，弁護士を取り巻く環境を一変させることとなったのです。このバスティーユ裁判については，すでに拙稿「ドイツにおける専門弁護士制度の展開」森勇編著『リーガルマーケットの展開と弁護士の職業像』（中央大学出版部，2015 年）231 頁以下で詳しく取り上げています。

バスティーユ裁判をうけて，右往左往したドイツ弁護士界は，実務家ではなく，大学研究者による弁護士法の研究の必要性を痛感したのでしょうか，1988 年に，今日報告者となっていただくエヴァー（*Wolfgang Ewer*）先生が会長を務められたことがあるドイツ弁護士協会（Deutsche Anwaltsverein = DAV）からの要請を受けて，ケルン大学に，おそらくはドイツで最初の弁護士法研究センター，弁護士法研究所が創設されることになった次第です。今日報告者を務めていただくヘンスラー（*Martin Henssler*）先生が現在所長を務めておられます。今日，ドイツの法学部のほとんどが，弁護士法研究所（Institut für Anwaltsrecht）を設置していますし，また，たとえば，日本では事案解明義務（aufklärungspflicht）でよく知られた民事訴訟法の権威でフライブルク大学のシュトルナー（*Rolf Stürner*）先生も，弁護士法，私が参照したものでは特に「弁護士の独立性」の問題に参戦なさっておられます。

先のバスティーユ裁判で連邦憲法裁判所が提起したさまざまな問題に対応すべく，ドイツの弁護士法，つまりは連邦弁護士法（Bundesrechtsanwaltsordnung）は，すったもんだのあげく 1994 年に大改正されましたが，その後もドイツでは，弁護士の世界は，社会的要請からだけではなく，裁判所サイドからの激震に常にさらされています。良きにつけても悪しきにつけても，改革を推し進めていかなくては，弁護士なるものの存在自体が，たとえば「自由競争」という EU の錦の御旗にあおられ，危ういとさえいえるのかもしれません。

(2) ドイツの弁護士環境は，このように 1980 年代に激震にさらされ，今日

までそれが収束することなく，おそらく将来も弁護士の世界は激動し続ける。こういったことを私が認識したのは，実のところ今世紀に入る直前でした。きっかけは，1999年頃，日弁連から「21世紀弁護士論（2000）有斐閣」にドイツの弁護士制度の執筆を依頼されたことです。私は生来安易な性格で，難しいことは手がけない，引き受けないのを信条としてきたのですが，この際はいわば「ハズレ」でした。弁護士制度は，弁護士の利権の後ろ盾だから，そう変わらない。かつて大阪大学の故中野貞一郎先生が，「ドイツの弁護士制度」（三ヶ月章他著『各国弁護士制度の研究』有信堂，1965年，121頁以下）を詳細に紹介しておられたのを覚えていて，これをほぼなぞれば足りるであろうと高をくくっていたのですが，バスティーユ裁判に触発された大改正に接し，率直にいって，あわてた次第です。余論ですが，本日報告をしていただくケルン大学のプリュッティング先生は，三カ月章先生のご著書や論文によく出てくるエアランゲン・ニュールンベルク大学教授であった，カール・ハインツ・シュワープ（*Karl Heinz Schwab*）先生の助手で，教授資格論文（Habilitation）のテーマは証明責任ですから，そもそもが民事訴訟法をメインフィールドになさっており，ドイツのいわば民訴学会の会長を務められ，日本のほとんどの方は，「民事訴訟法」の権威としてみておられると思います。私も一応民事訴訟法・民事手続法を大学では担当しておりますし，そもそもプリュッティング先生とは，彼が助手時代からのつきあいですが，実は彼が弁護士法研究所の責任者となったことは知っていても，ドイツの学者は，研究対象の幅が広いから「なるほどな」程度で，それまでは，「ケルン大学弁護士法研究所」が弁護士を取り巻く環境の激変の「申し子」だったとは，恥ずかしながらまったく知りませんでした。

　拙稿「ドイツ弁護士法の新たな展開」（日本弁護士連合会編『21世紀弁護士論』有斐閣，2000年，183頁以下）でドイツの弁護士制度について簡単な紹介をさせていただいた後，2001年に，午後の司会をお引き受けいただいている佐瀬正俊弁護士も加わった日本弁護士連合会の視察団に，これも午後のラウンドでコメンテーターをお引き受けいただいた東洋大学の坂本恵三先生とともに同行させていただき，ドイツにおける弁護士の有り様に直接触れる機会をえました。

大げさにいえば、弁護士を囲む環境の新鮮さは衝撃的でした。これは少しドイツないしは EU における弁護士の環境を研究する必要があるなと，痛感させられた次第でした。

(3) しかしその後，いわゆるロースクール設立騒動は，自業自得といってしまえばそれまででしょうが，かつてない行政事務を生み出し，私のような「無」能力者までもが，日々の雑用に追いまくられ，研究のゆとりを奪われたことは，そのときを知る方々にとっては苦い思い出だというのは，あながち間違いではないでしょう。ただ，わが国はこのままでは，孤島に残り進化から取り残された動物になってしまうとの思いは尽きず，少しずつですが，ドイツの弁護士がおかれている環境を紹介する論攷を発表させていただいてきましたが，まずは，問題の所在，日独の弁護士というものないしはそれを取り巻く環境の位相を整理すべきではないかということから，2012 年 11 月 10 日，本日午後の報告者をお願いしているヘンスラー先生を招いてフォーラム「職業法としての弁護士法の現在問題」を中央大学市ヶ谷キャンパスにて開催しました。その成果は，森勇他編『ドイツ弁護士法と労働法の現在』（中央大学出版部，2014 年）に収録されていますので，詳しくはそれに譲りますが，そこで明らかとなったのは，ドイツにおいて議論されていることと日本において議論されていることをつきあわせてみると，一方ではほぼ同じテーマが議論されてはいます。他方で，ドイツでは基本法 12 条の職業実践の自由を軸として議論が進められている。簡単にいえば，自由化と専門職としての弁護士のよって立つべきところとのせめぎ合いという構図が見られるのに対し，わが国では，いまだ法曹人口の多寡といった，ヘンスラー先生の言葉を借りれば，ドイツでは 10 年前に，私がみるところでは 20 年前に収束した議論に明け暮れているということが明らかになったと思います。食えない弁護士の話は，まさにそれです。ちなみに，ドイツでは，弁護士がタクシードライバーをしているという話が，私の知る限りもう 50 年近くの長きにわたり，ドイツでもささやかれ，ご承知のとおり，日本ではおよそ疑いのない事実であるがごとく喧伝されています。しかしこれ

は，「真っ赤な嘘！」といってもよいくらいな話です。先のフォーラムでは，ヘンスラー先生が，ベルリン弁護士会の調査によれば，そのような弁護士の存在は確認できなかったことを指摘されました。また，本日はご家族の火急の要件にて，この場にはおいでになれず，午後のセッションでは書面による報告をしていただくキリアン（*Matthias Kilian*）先生が行った実態調査の結果でも，タクシードライバー弁護士は，ほぼ「作り話」であることが明らかとなっています。わが国でもいまだドイツにはタクシードライバー弁護士が存在するといってはばからない弁護士や大学教員がいるという話を昨今耳にしました。この，タクシードライバー伝説のいい加減さを明らかにしたキリアン先生の論攷は，私が翻訳して比較法雑誌に掲載しています。そういう伝説を信じている人がいたなら，是非とも拙訳，キリアン著「『検証・都市伝説』(3)タクシードライバー弁護士」(比較法雑誌50巻3号，329頁以下)を読まれるよう勧めていただきたい。楽屋落ちかもしれませんが，留学ないしは在外研究の経験がある方は，「猫印，犬印」の缶詰の話をご存じでしょう。ドイツのタクシードライバー伝説は，全世界的に拡散しているこの話の類なのです。閑話休題。

　(4) この議論とそれまでの研究をふまえ，2014年10月18日「リーガルマーケットの展開と弁護士の職業像」と題したシンポジウムを，中央大学駿河台記念館において，「江草基金」からの助成のもと，開催させていただきました。テーマは，現在わが国でも急激に増加している「団体内弁護士」と「専門弁護士」制度です。前者は，午前の第1セッションのテーマである「弁護士の独立性」とも深く関わる問題ですし，本日はこの問題に詳しい弁護士の本間正浩先生も，質問を用意してご参加いただいているので，議論されることとなるでしょう。後者は，法体系の複雑化，リーガルサービスの質の向上の必要性といった，今後弁護士が社会のニーズに的確に答えつつその業務を円滑かつ効率的に行うためには不可欠である弁護士の専門化の施策として「専門弁護士」制度を考えようというものです。ドイツでは第一次大戦後から専門弁護士制度が導入され，それ自体は成功したといわれていますし，ヨーロッパの各国に広がりつ

つあるようです。このシンポジウムには，ドイツからは，プリュッティング先生とデュッセルドルフの弁護士で，弁護士法に造詣の深い，というより実務界での権威の1人であるオファーマン（*Susanne Offermann-Bruckart*）先生をお招きしました。なお，オファーマン先生は，利益相反にも造詣が深く，実際に問題となった利益相反の 85 件の具体的事例は，ドイツ実務の姿をみるに格好であるだけではなく，多くは日本で将来起こりうるケースでもあり，非常に興味を引くものです。シンポジウムでは配布しませんでしたが，本書（資料第 2 部）に収録させていただきました。

(5) これまでのフォーラムやシンポジウム，そしてその間に断続的に行ってきた研究集会は，いわば外堀を埋めるものであったり，本丸にかかわるものの搦め手から攻めるといったものであったことは否めません。やはり本丸の大手門は，弁護士のコアバリューであります。2015 年からは，科研費の助成を受けて，弁護士の基本的義務とされる三つのテーマと取り組む運びとなりました。2015 年 9 月には，先の訪日より日本ファンになったオファーマン先生の来日を機にドイツの守秘義務に関するセミナーを，また 2015 年 10 月には，先にものべたように本日ご家庭の事情で来日できなかったキリアン先生を招いて同じく守秘義務に関するセミナーを，いずれも日弁連の共催をえて，弁護士会館において開くことができました。ここでは，ドイツにおける守秘義務の理解が，少なくとも理論上はかなり厳格であり，そしてまた，マネーロンダリングのようにわが国でもすでに問題視されているところも含め，いまだわが国では意識が十分ではない諸問題が提示されました。また，一方では，イングランドにおけるような秘匿特権までの広がりを持たないものの，他方では刑事分野の接見交通の枠内での保護がドイツでは強化されていることが示されました。

(6) 本日は，これまでのフォーラムを受けて，先の守秘義務とならぶ弁護士のコアバリューである，弁護士の独立性と利益相反禁止について，日独の親和性と異相性をまずは確認し，共同してあるべき弁護士の職業像を考えるもう一

歩を踏み出す場となればと期待しています。本当のことをいえば，われわれのほうが啓発されることが多いと思いますが，組み立ては大陸法であるものの，英米法系にすり寄っていると思われるわが国の議論は，少なくとも比較法的には，ドイツさらに大風呂敷を広げればEUにとっても意義あるものだと思います。また特に後者では法体系の違いが明文上あることから，立法政策という観点にも議論が及べばよいと考えている次第です。

(7) それでは次に，共催団体・協賛団体について簡単にご紹介させていただきます。日本側の共催団体である日本弁護士連合会については，改めて紹介するまでもないと思います。

(a) まず，ケルン大学弁護士法研究所ですが，先に述べたように，ドイツの弁護士を震撼させた例のバスティーユ裁判のおかげといったら言い過ぎかもしれませんが，ホームページによると，後に紹介するドイツ弁護士協会とのコラボあるいは要請で，まずはプリュッティング先生が業務執行代表となって設立されたドイツではじめての弁護士研究所です。その後ヘンスラー先生がケルン大学に来られ，業務執行代表を引き継がれました。同研究所の弁護士法双書（Schriftleihe des Institut für Anwaltsrecht）は，ドイツないしは国際的な弁護士環境を知る上で，非常に貴重な文献といえます。現在では，EU弁護士ドキュメンテーションセンター（EU-Dokumentationszentrum）の機能をも担い，そのスタッフの総勢は40名近い大所帯です。

(b) 次に日弁連と同じく各単位弁護士会を構成員とする（弁護士ないし弁護士法人は日本と異なりメンバーではない）連邦弁護士会ですが，現在の連邦弁護士会（Bundesrechtsanwaltskammer）は，1959年に制定された連邦弁護士法成立とともに設立された公法人です。その役割は，連邦弁護士法に規定されており，日弁連と同じような役割を担う者とされています。ただ，懲戒制度はその立て付けが異なり，弁護士裁判権を行使する弁護士裁判所がつかさどります。懲戒の仕組み等その概略については，本書に掲載させていただいている「利益相反禁止違反の効果」をご参照ください。

周知のとおり，全ドイツ統一的な弁護士法（Anwaltsordnung）は，1878年に制定され，単位弁護士会は，1878年に設立されましたが，そのいわば上部団体ともいえる団体は，弁護士法上予定されていませんでした。しかし，そうした組織の必要性は早くから認識されており，1909年，ドイツ弁護士会理事会連合会（vereinigung der Vorstände der Deutschen Anwaltskammer）が任意の民法上の組合として結成され，1933年大統領令により，公法人としてライヒ弁護士会（Reichsrechtsanwaltskammer）が設立されました。これが現在の連邦弁護士会の前身といってよいでしょう。その後，1935年に悪名高い授権法に基づいて，ナチスの影を色濃く映したライヒ弁護士法（Reichs-Rechtsanwaltsordnung）が制定されました。この弁護士法がいかにナチスの色に染まっていたかは，弁護士になる際の宣誓の名宛人が，フューラー（Führer），つまりはヒトラーとされていたことに端的にみることができます。この弁護士法には，ライヒ弁護士会についての規定が盛り込まれましたが，この団体は，理事・会長は行政庁が任命するとされていたことにもみられるように，ナチスによる弁護士の監督機関であり，名前は同じでも中身はまったく違うものでした。

　もう1点言及しておくべきは，規約委員会（Satzungssammulung）です。弁護士の自律的な職業法，つまり弁護士職業規則（Berufsordnung des Rechtsanwalts＝BORA）の制定機関であるこの規約委員会は，弁護士自治の一つの象徴ともいえるでしょう。少し委員の選任などについて改正されてはいますが，拙稿，「ドイツ弁護士法の新たな展開」（日本弁護士連合会編『21世紀弁護士論』有斐閣，2000年，183頁以下）を参照していただければと存じます。

(c)　ドイツ弁護士協会（deutsche Anwaltsverein）は，1761年に設立されたバイエルン弁護士協会の呼びかけで，1871年3月25日Bambergで結成されたものです。ちなみに，すでに1861年には，バイエルン弁護士協会より数カ月後に結成されたプロイセン弁護士協会が，1867年に全国組織の結成を呼びかけましたが，不発に終わったそうです。

　その役割と弁護士会との違いですが，故中野貞一郎が先にあげたドイツ弁護士法に関する論攷で実に的確に述べられているように，「弁護士会は弁護士を

監督し，協会は利益を代表する」ということです。ドイツ弁護士協会が主催する弁護士大会（Anwaltstag）は，戦前からさまざまに弁護士利益の擁護にふさわしい発信の場です。たとえば，第一次大戦後に弁護士が苦境に陥ったとき，導入が叫ばれた悪名高い定員制（numerus Klausus）の導入を阻止したことが一つあげられます。この点については，私が訳者代表を務めさせていただいた，ヘルムート・ハインリッヒ他著『ユダヤ出自のドイツ法律家』（中央大学出版部，2012 年）829 頁以下所収の拙訳，エーベルハルト・ハース他著「マックス・O．フリードレンダー（1875-1956）――弁護士法の開拓者にして先見の明を備えた人物」を参照いただければと存じます。

(d) 最後に協賛いただいた独日法律家協会（Deutsch-japanische Juristenvereinigung）について簡単に紹介させていただきます。この団体は，1990 年に設立されたものですが，その背景には，今日所長に続いてご挨拶いただいた元ハンブルク財政裁判所長官グロテーア（Jan Grotheer）博士の来日があったと私は思っております。グロテーア博士とはそれ以来のおつきあいですが，今から 30 年以上前に，確か日独検判交流の枠組みの第 1 期として日本に来られ，いわゆる日本ファンとなられたようです。その後直ぐに，多くの検事・判事と来日され，小津元検事総長がまだ人事課付きの時代に，法務省と共催でシンポジウムを開かれるなどの活動を展開され，その後日本側の学者も発起人に加えて協会を発足させました。その活動は，さまざまな法分野におよび，日本でも数多くのシンポジウムなどを，実務家そしてまた大学ともタッグを組んで開催し，また 1996 年以降，年刊雑誌【Zeitschrift für japaniaches Recht】も刊行するなど実にアクティブであります。中央大学比較法研究所とは，今まで 3 回のシンポジウムを共催し，また，先にあげた 2014 年に開いた弁護士法のシンポジウムも協賛していただきました。実は，グロテーア先生が，前任の連邦弁護士会会長のフィルゲス（Axel Filges）先生と知己であったことから，今回のシンポジウムを同会と共催する話が，スムーズに進んだというわけです。もちろん，だからドイツ弁護士協会との共催は苦労したということではありません。こちらも，主にケルン大学弁護士法研究所のキリアン先生が，すべてお膳立てをして

くださって，実にスムーズに事が運んだということは申し上げておかなくてはなりません。

　前置きが長くなりました。それでは本題に入ります。本日は長丁場となりますが，よろしくお願いします。まずは第1部「弁護士の独立性」のご報告をよろしくお願いします。

第1部
弁護士の独立性

ドイツ職業法における独立性の要請*

ハンス・プリュッティング
訳　中　山　幸　二

I　序

　まず始めに，この「日独職業法フォーラム」にお招きくださった森勇教授と主催者の皆様に，心より感謝申し上げます。中央大学のゲストとして呼ばれたことは，私にとって大きな名誉であり光栄であります。こうして日本の研究者仲間と共同作業を行えることは，すでに30年を超えるわれわれの絆の明確な証しであります。

　私が日本に来たのは，32年前，1985年の春に呼ばれたのが最初です（当時の招聘は慶応大学と大阪大学でした）。この初来日のときに，私は2人の偉大な日本の民訴学者と昵懇になりました。その2人とは，石川明教授と中野貞一郎教授です。それ以来，継続的にコンタクトを取り，学問的交流をしてまいりまし

---

*　Das Unabhängigkeitspostulat im deutschen Berufsrecht

た。お二人ともドイツで学び，ドイツの大学から名誉博士の栄誉を受けておられます。石川教授は 2015 年 6 月 10 日に 85 歳で逝去され，中野教授は 2017 年 2 月 20 日に 91 歳でお亡くなりになりました。心より追悼の意を表します。お二人の思い出は永遠に私の胸に留めております。

II　はじめに

さて，私の本日のテーマは，職業上の独立性です。法律家としてわれわれがすぐ思い浮かべるのが，裁判官の独立と（自由職たる）弁護士の独立です。裁判官と弁護士にとって当然の職業上の基礎であり，自明の理でもあります。と言っても，それは人間の絶対的独立性におよそ到達し得ないことは明らかです。その昔，偉大な哲学者ディオゲネスは，アレキサンダー大王が紀元前 336 年にアテネを訪れたとき，権力をも恐れず，「そこに立ったら日陰になってしまうので，そこから出ていただきたい」と述べたと言われます。しかし，おそらく絶対的独立性を達成できないことが，まさにこの概念を重要なテーマにしているのでありましょう。

いずれにせよ，ドイツではまさにこのテーマでもって現代の弁護士職の発展が始まりました。国家によって統制されたプロイセンの弁護士職 "Advokaten" と "Prokurator" に対して，グナイスト（*Rudolf von Gneist*）は，1867 年の彼の有名な論文『自由弁護士：プロイセンのあらゆる司法改革の第一の要請』（Freie Advokatur. Die erste Forderung aller Justizreform in Preußen）の中で，この自由弁護士 "Freie Advokatur" というテーゼを対置させました。ここでまず第 1 に考えられていたのはもちろん「国家からの自由」でした。この自由は，1878 年のドイツの最初の弁護士法 RAO に規定されました[1]。今日では，弁護士の独立性が法律の規定の中に頻繁に使われています。たとえば，BRAO 第 1 条では，「弁護士は独立の法的問題処理機構を構成する独立した一機関である」と定め，

---

1)　Rechtsanwaltsordnung (RAO) vom 01. 07. 1878, RGBl. I S. 177.

第3条1項ではさらに、「弁護士はあらゆる法律問題に関する適格な独立の助言者および代理人である」と規定しています[2]。弁護士の認可登録については、第7条8号が「志願者が、その弁護士の職務をもって、独立の法的問題処理機関たる地位に相応しくない、またはその独立性に対する信頼を危うくするような職務を行使するときは、弁護士への認可を拒絶する」旨を定めています。ほぼ同じ文言で、第14条2項8号が、弁護士認可の取消について規定しています。さらに第43条aの1項が補充的に、「弁護士は、その独立性を損なうおそれのあるいかなる義務も、これを引き受けてはならない」と規定しています。最後に、職務規程というかたちで自らの職業ルールを定める権限を弁護士会に授権する規範においても、独立性の概念が見られます。これについては、第59条2項1号bが次のように規定しています。「職務規程は、この法律の諸規定の枠内で一般的職業上の義務と基本的義務：すなわち独立性の維持、を詳しく定めることができる」と。もっとも現在に至るまでこの権限を行使した例はありません。このことは、弁護士の独立性が何を意味するかを誰もが知っていると信じていることを示しています。しかし詳しく見てみると、その内容の詳細はきわめて不明確であることに気がつきます。

　法律文献の中では、独立性の概念が、不偏性、中立性、客観性、偏見のないことと同義語として使われていることも珍しくないことから、ますますこの不明確さが強化されています。仮に暫定的かつ一般的な定義を試みるなら、人間の独立性とは自治Autonomieの状態すなわち自己決定であります。独立している者は、誰にも指図されず、誰からも影響を受けません。もちろん、独立性のこの種の一般的な言い換えがわれわれに納得のいくものでないことは明らかです。

---

2) Bundesrechtsanwaltsordnung (BRAO) vom 01.08.1959, BGBl. I, 565.

III 区　　別

1．職業法と手続法

　法的独立性にとって重要なのは，まず，職業法と手続法の区別でしょう。ここで問われるのは，独立性の要請がいかなる目的を追求しているか，であります。というのは，職業法と手続法は，異なる目的を追求しているからです[3]。たとえば，職業法は公法上の義務秩序として主として職能への誠実さに対する公の信頼を維持すること，さらにその構成員の信用と彼らの法律関係の規律を相互に考慮することに向けられています。これに対して，手続法はまず第1に，所与の枠内で当事者の権利を守ることに向けられています。それゆえ，裁判官の独立性の源泉は，まず裁判官の職業法ではなく，もっぱら当事者を保護するための手続なのです。これに対して，弁護士の独立性は，逆に，その核心が職業法にあるのです。その手続と関係者は，弁護士の独立性による保護を必要としているわけではありません。

2．人的な結節点と物的な結節点

　独立性はさらに必然的に，弁護士が何から独立であるべきか，の問題を投げかけます。人的な側面では，国家からの独立，依頼者からの独立，時には手続関係者からの独立，一般的に第三者からの独立という局面が問題になります。これに対して，物的な側面では，財政的ないし経済的な独立性が問題となり，独立性が法的紛争解決の利益（司法への信頼，職務遂行が実直であるかの信頼，したがって法的紛争解決機関としての実直性に対する信頼）と捉えられるか，あるいは独立性が契約上の拘束からの自由と理解されるか（つまり労働法上，雇用主の指示監督のもとに置かれていないか）という問題が浮上します。

　3）　*Laukemann*, Die Unabhängigkeit des Insolvenzverwalters, 2010, S. 45.

3．職業団体

　職務上の独立性は，多数の異なる職業団体において要請され，法律の中で明確に掲げられています。すでに述べた裁判官（基本法 97 条 1 項，ドイツ裁判官法 25 条）と弁護士（連邦弁護士法 1 条，3 条，7 条，14 条，43a 条，59b 条）のほか，公証人（連邦公証人法 14 条 1 項），仲裁人（民事訴訟法 1036 条），倒産管財人（倒産法 56 条），税理士（税理士法 57 条），公認会計士（会計士法 43 条）を挙げることができます。調停人（調停法 1 条 2 項，3 条 1 項）や仲介人（消費者紛争処理法 7 条 1 項）も独立性が求められます（なお，消費者紛争処理法は昨年 4 月に施行されたばかりの法律です[4]）。それぞれの人的な結節点と物的な結節点によって，独立性の概念が同一でないことが理解できます。

IV　弁護士の独立性の核心

　以上の考察から分かったことは，弁護士の独立性が職業法の一部であって，手続法の一部ではないということ，人的および物的な要素によって独立性に違いがあること，独立性の文言が同じでも各種の職業団体によってそれぞれ異なりうることです。したがって，個々の職業の間での類推 Analogie は，最大の注意を払って検討されなければなりません。

1．国家からの独立

　弁護士の独立性に関する歴史的な議論の始まりと現在の中心論点は，国家からの独立性です。弁護士の職務遂行は，一般的に国家のコントロールに服さず，国家の一切の監督と後見を原則として排除します[5]。連邦憲法裁判所は次のように述べています。「自由弁護士の原則によって特徴づけられた弁護士の

---

4) Verbraucherstreitbeilegungsgesetz（VSBG）v. 19. 02. 2016（BGBl. I S. 254），in Kraft seit 01. 04. 2016.

5) *Busse*, in : Henssler/Prütting, BRAO, 4. Aufl. 2014, § 1 Rn. 45.

職務遂行は，個々の弁護士の自由かつ無制約の自己決定の原則に服する。国家の監督と後見に対する弁護士の職務遂行の保護は，単に個々の弁護士の個人的な利益だけでなく，法治国家に適合した実効的な司法に対する公の利益にもなる」[6]。国家からの独立は，したがって，憲法で保障された自由弁護士の中心的な要素です。その実務的な帰結として，BRAO 第7条10号により，裁判官，公務員および職業軍人は，弁護士への認可を受けることができません。

しかし，独立性の概念は，国家からの独立に尽きるものではありません。

2．依頼者からの独立

弁護士は依頼者に対して，委託された業務を遂行し，指図を順守する契約上の義務を負うが，具体的な委託の外にある拘束および弁護士の経済的ならびに財政的な依存を排除できる，ということが今日では承認されています。たとえば，ドイツ法では，成功報酬の合意は広く禁止されています（BRAO 第49条b参照）。法的紛争の経済的利益から弁護士が分け前に預かることも一般的に許されていません（いわゆる quota litis）。また，経済的困難にある弁護士が依頼者から金銭を借りることも，許されていません。さらに，弁護士が依頼者の債権を譲渡させ，自分の名前で権利を主張することも許されません。依頼者の利益を厳格に守ることも，弁護士が自己の名で依頼者の信用のおけない財産見込みのために宣伝したり，依頼者の犯罪行為に加担するような，共同作業の限界を超えるときは許されません。また，ときどき見られることですが，依頼者のために刑事弁護のキャンペーンを張ることも，極端な場合には，許容性の限界にぶつかります。

3．第三者からの独立

弁護士は独立の法的問題処理機構であるとの，BRAO 第1条に規定された基本思想は，一般的に，自由で制約のない弁護士の職務遂行を守ります。それゆ

---

6) BVerfGE 110, 226, 251.

え，国家からの独立，依頼者からの独立と並んで，自由な職務遂行を妨げるような第三者（人または組織）の拘束からも解放されています。確かに，この原則が適用される領域は広範におよびます。たとえば，依頼者の相手方になんらかの拘束を受けること，したがって，利益相反する代理は禁止されています。この点につき，私の同僚 *Martin Henssler* が今日，詳しく論じるでしょう。同様に，非弁護士の雇用主が，被用者たる弁護士に職務違反の指示を与える権限を持つとした場合，その拘束も禁止されます。シンディクス弁護士の権利を新たに規律する際に，立法者は BRAO 第46条4項で次のように定めました。「自由な法律状態の分析と個々の専門に関わる法的助言を排除する指図を守らなければならない者は，専門的に独立した活動を行っているとはいえない。シンディクス弁護士の職務遂行の専門的独立性は，契約上および事実上，保障されなければならない。」と。さらに，弁護士が，第三者に対して，特定の依頼者のために裁判上または裁判外で活動しないものとする合意も，一切禁止されています。したがって仮に，弁護士が，賃借人協会との間で，賃貸人のために活動しないとする契約上の合意をしたとすれば，それは許されないでありましょう。同様にまた，弁護士が，ある者との間で，特定の依頼者の委託によりこの者と敵対する行為をしないと約束することも，許されないでしょう。

4．経済的独立性

　経済的な依存の観点は，法的にほとんど把握できません。経済的な依存が，他の危険な拘束と同様に，縛られない自由な職務活動に対する不当な制限をもたらすことがありうる，ということも十分に考えられますが，有効な法的規律のメスを入れるのは非常に難しいことです。むしろ，ここでは，独立の原則が，弁護士に対して，過剰な拘束力を一切排除すべしとするアピールになっているといえます。

　最近では，弁護士法人に外部資本（Fremdkapital）が関与することの禁止をめぐる議論の中で，経済的依存の問題が具体化しています。提携しうる職業の枠内でのみ職務上の共同作業を認める BRAO 第59条 a の狭い規律が，長い間，

弁護士法人への外部資本の関与を一切許さないとの見解を導いてきました。これが，今日のドイツでは，BRAO 第59条 a の法律上の規定の枠組みを超えて争われています。2016年1月12日，連邦憲法裁判所は，弁護士が医者や薬局と提携することは許される，と判示しました[7]。これが，弁護士の活動への第三者の個人的または資本的な関与に関してどのような帰結をもたらすか，今日に至るまでまだ明らかではありません。

5．司法の利益

独立性の要請は，本来，弁護士および依頼者の個人的な利益の保護に資するものです。しかしながら，この個人的な利益と並んで，国家の司法制度の保護と保障も重要であることを看過してはなりません。機能的で秩序ある中立の司法は，憲法で保障された法治国家の基礎であります。司法は，権利の保護，法の発展および法的平和を義務づけられています。そのような性質を持つ機能的な司法は，必然的に，あらゆる場面で，かつあらゆる関係者の間で，中立性と独立性を前提とします。すでに近代の権力分立のモデルが，独立の思想を，放棄できない基礎として含んでいます。

6．労働法上の非拘束

弁護士が非弁護士の雇用主から被用者として指図を受けることの禁止については，すでに簡単に触れました（IV 3）。この問題領域は，ドイツではとくにシンディクス弁護士との関係で長い間議論されてきましたが，昨年，根本的な法律の改正を経験しました。そこで，この問題については，章を改めて論ずることにしましょう。

---

[7] BVerfG, NJW 2016, 700.

V　シンディクス弁護士の独立性

　ドイツの視点から見ると，長い間，弁護士の独立性をめぐる議論の中心にあったのは，シンディクスでした。弁護士でない雇用主のもとでの弁護士の活動については，職業法の中に規定がありませんでした。連邦弁護士法（BRAO）は昨年まで，「シンディクス」という言葉を知りませんでした。判例は，過去50年で，「二重職業理論」（Doppelberufstheorie）と呼ばれる見解を発展させてきました。これは，企業または団体の中で活動している法律家は弁護士ではない，しかし，雇用関係の外で弁護士として活動し，雇用主がその限りで自由な地位を与えている場合には，弁護士としての認可は与えられる，という考えを前提にしています。この見解は激しく争われてきました。その中核にあるのは，非弁護士の雇用主に雇われている法律家には一般的に独立性が欠けているという考えに基づいています。この見解は，学問的な検討の中でさまざまな疑念にさらされました。そこで確認できることは，シンディクスには（疑いなく）国家からの独立性が認められるだけでなく，依頼者からの独立性も，経済的独立性も，司法の利益を守る点でも，自由職たる弁護士と比較して少なくとも同等の価値が認められる，ということです。そこから，労働契約上の拘束力および雇用主の命令権は弁護士の独立性を一般的に排除するのか，という疑問が提起されています。（雇用契約の枠内で）依頼者に対する自由弁護士の契約上の拘束の構造をシンディクスの労働法上の拘束と比較するならば，また，弁護士に雇われた弁護士の労働法上の拘束をシンディクスと比較するならば，シンディクスの弁護士としての独立性も肯定すべきことになります。とりわけ，雇用する弁護士に対して職業上の義務に反することを指図する雇用主の命令は，民法第134条（法律上の禁止に対する違反）により無効であり，従う必要はありません。

　2014年と2015年に難しい検討をなした結果，立法者は，シンディクスの弁護士としての独立性を労働法上も認めるという考えを採用しました。2015年

12月21日の法律（2016年1月1日施行）により，立法者はシンディクス弁護士を連邦弁護士法BRAOの中に明確に規定しました。それによれば，もはや，非弁護士の雇用主に雇われた者は，雇用関係の枠内で雇用主のために弁護士として活動する限り，弁護士としての職務を遂行することができます。立法者はこの者を「シンディクス弁護士」（Syndikusrechtsanwalt）と呼び，その職務活動のためにBRAO第46条aの弁護士登録を認める旨，規定しています。そこでは，弁護士の活動として，次のメルクマールを掲げています。その活動が，専門的に独立し，かつ，自己の責任において，法律問題の調査，法的助言の付与，法律関係の形成，および，対外的に責任をもって弁護する権限を含まなければならない，と。このメルクマールは，前述したBRAO第46条4項の規定，すなわち，法律状態の独自の分析および個々の事件に即した法的助言を排除する指図には従わないものとする規定によって補足されています。

VI 調停人の全当事者支援

弁護士の独立性と並んで，不偏不党性（Unparteilichkeit）という概念がよく使われます。しかし，これは正確ではありません。不偏不党性は，職業法の問題ではなく，手続法の要請です。手続法において，不偏不党性とは，ある者が当該手続の当事者双方または全員に対して中立であらねばならない，ということを意味します。弁護士の立場は，まさにこのような地位に適合しません。むしろ，（依頼者との関係で）極めて党派的です。不偏不党性は，むしろ，裁判官，仲裁人，および調停人，並びに（消費者紛争処理法による）仲介人のメルクマールです。

全当事者支援（Allparteilichkeit）という独自の表現は，調停法（Mediationgesetz）第2条3項に依拠します。同条項によれば，調停人は，全当事者に対して同等に義務を負います。この要請が，調停人を，法的問題処理機関（Rechtspflege）で活動する他のすべての法曹と区別する要素です。調停人は，当事者双方に対して同じやり方で，彼らの紛争解決に向けた努力を包括的に支援しなければな

りません。調停人は，（弁護士のように）一方の側を助言し代理するということであってはならず，かつまた，（裁判官のように）当事者の助言には極めて中立かつ独立に留まり躊躇していてはならないのです。このような調停人の全当事者支援という性格は，親密な態度で会話をしたり心理学的な手法で種々の提案や介入をすることも許されていることもあり，当事者にとっては統制可能性が極めて限定されるということです。それゆえ，当事者は，調停人が人格的に欠陥や偏見のないことを信頼できなければなりません。

したがって，個別事件で弁護士が調停人の地位を引き受けたときは，一種の役割交代をおこなわなければなりません。もちろん，調停手続の終結後に，調停人が当事者の一方または他方を弁護士として代理することは許されません。

VII 結　　論

弁護士の独立性という概念は，精密に定義しにくい概念です。人格的な面にせよ事実関係の面にせよ，事実に反する影響から自由である者は，独立していると言えます。独立性についてより詳しく論じるには，それがある人物の職業法の問題なのか，それとも手続法のメルクマールの問題なのかを明らかにすることが前提となります。さらにまた，具体的な場面で誰に対して関係するのか，あるいは何が関係するのかを明らかにすることが前提となります。国家からの独立を意味していることだけは明らかであり，これが弁護士に，自由で統制されず規制されない活動を可能ならしめているのです。依頼者からの独立，第三者からの独立は，個別事例の評価を必要とします。経済的独立性に至ってはもはや法的に一義的に把握することはできません。これに対して，労働法上の指図の拘束力は，独立性にとって明らかに有害です。したがって，被用者が弁護士でありうるのは，弁護士としての活動に関して専門的独立性が保障されている場合だけです。

弁護士の独立に関する今日的諸問題[*]

ヴォルフガング・エヴァー
訳 應 本 昌 樹

　まずは，東京にお招きいただきありがとうございます。これにより，今日ここで，日本の有名な教育機関の一つである中央大学にゲストとして講演ができることを名誉に存じます。

　聞くところによりますと，中央大学は明治維新の後1885年に18人の若い法律家により設立され，その中に設立当初の学長である増島六一郎先生がおられます。このことは，中央大学において，法学が当初から抜きん出た存在であったことの証左であります。

　今日なお，中央大学の多くの学生諸兄姉が，司法試験に合格しています。これもまた，中央大学は，法学が特に強い証左であります。

　中央大学は，当初，英吉利法律学校として設立されました。したがいまして，それにもかかわらず，ドイツの弁護士職業法にスポットライトを当てるように依頼されたことは，私にとって喜びとするところです。

　本題「弁護士の独立に関する今日的諸問題(Gegenwartsprobleme der anwaltlichen Unabhängigkeit)」を皆さまに報告するにあたって，まず，次のことをあらかじめ言っておきたいと思います。

　すなわち，「法に関する問いかけにあって，『問題（Probleme）』あるいはまた『今日的問題（Gegenwartsprobleme）』ということが取りざたされるときはいつも，これが，もっぱら法に関するドグマティックな争いを想定して語られていることはまれだ」ということです。この場合，うわべだけで法理論の論理一

---

[*]　Gegenwartsprobleme der anwaltlichen Unabhängigkeit

貫性が問題とされているのではなく，かえって書かれた法「法律書の中の法 (Law in Book)」と法の現実とを相互に対比することがここでの問題なのです。

こうしたアプローチは，まさに，中央大学の創立の精神に沿ったものです。というのは，そこではっきりと示された関心事は，実際に用いることのできる知識をえるということだからです。創立の精神は，創立者の視点からみると，社会の現実に深く根を下ろしたイギリスそしてアメリカ法をその範としています。比較法的な視点が有益なのは確かです。弁護士の独立性ということは，すべての法秩序において問題となるからです。

したがいまして，この後，日本における弁護士の独立性という問題についての日本サイドの見方を説明してくれる加藤先生の報告に大いに関心を寄せているところです。

私の報告では，イギリス法での解決の方法についても，若干言及したいと思います。このようにして，「英吉利法律学校 (English Law School)」としての中央大学の起源に象徴的なかたちで立ち戻りましょう。

I　は じ め に

弁護士の独立性なるものの核心をとらえる困難さと，そしてまたこの核心をわずかな基本的な構造に見出すことの困難さについては，すでにプリュッティング教授が，明確にこれを示してくれました。

弁護士の独立が持つ特段の重要性は，その文言のみならず，連邦弁護士法[1]の内なる体系にも現れています。重要な規定は，すでにプリュッティング教授があげたとおりです。つとに連邦弁護士法 1 条は，弁護士を「法的問題処理機構の独立の機関」であると定め[2]，その 3 条は，「すべての法的案件での独立の助言者かつ代理人」と定めています[3]。さらに，同 43 条 a は，そのほかの弁

---

1) BRAO zu finden unter : https://www.gesetze-im-internet.de/brao/.
2) Siehe § 1 BRAO unter : https://www.gesetze-im-internet.de/brao/__1.html.
3) Siehe § 3 BRAO unter : https://www.gesetze-im-internet.de/brao/__3.html.

士が負っている二つの基本的義務（守秘義務・利益相反の禁止）とならび，その第１項——つまりトップで——次のように弁護士の義務を定めています。すなわち，「弁護士は，その独立性を損なうおそれのあるいかなる義務も，これを引き受けてはならない。」というものです[4]。

立法者は，この「いかなる義務も引き受けてはならない」という消極的な（否定形の）規定の仕方を，最近でも用いました。すなわち，それは，2015年12月21日制定のシンディクス弁護士法の改正のための法律です[5]。そういうわけで，連邦弁護士法46条3項は，まず，弁護士活動にあたるための要件として，労働関係が，「専門的であり，独立しておりかつ自己の責任でことを処理するという特徴を持つものである」ことを定めています[6]。これを出発点として，同法46条4項1文は，消極的な（否定形の）規定の仕方をとっています。これによると，独自の立場からの法律状態の分析および個々の事案を志向した法的助言を許さない指揮権に拘束される，企業に雇用されている弁護士は，必要とされる専門的な独立性を備えた活動をしていないということになります。そして，同項2文は，補足して，「団体内弁護士にかかる専門に関わる職業実践の独立性は，契約上も事実上も保障されていなければならない」と規定しているところです。

今まで序として述べてきたところを出発点に，弁護士の独立性と密接に関係する，次の三つのテーマを特に取り上げてみたいと思います。すなわち，

① 第1のテーマは，異業種間共同事務所形態，

② 第2のテーマは，外部保有ないしは「ABS（Alternativ Business Structures)」，

---

4) Siehe § 43a BRAO unter : https://www.gesetze-im-internet.de/brao/__43a.html.
5) SAnwRNOG siehe unter : https://www.bgbl.de/xaver/bgbl/start.xav?startbk=Bundesanzeiger_BGBl&start=//*%255B@attr_id=%27bgbl115s2517.pdf%27%255D#__bgbl__%2F%2F*%5B%40attr_id%3D%27bgbl115s2517.pdf%27%5D__1494335908367.
6) Siehe § 46 BRAO unter : https://www.gesetze-im-internet.de/brao/__46.html.

そして，

③ 第3のテーマは，国家による弁護士の利用とその手段化とそれが依頼者の利益に反する場合でも行われる危険の増大です。

II　異業種間共同事務所形態

まずは，第1のテーマ，異業種間共同事務所形態です[7]。

連邦弁護士法59条a第1項1文[8]は，弁護士は，特定の業種としか，自らの職業上の権限の枠内で，共同して職業実践にあたることが許されないと定めています。

規定上共同して業務にあたることができるとされているのは，わけても，弁護士，弁理士，税理士または公認会計士です。

この規定が導入された1993年の立法理由書では，立法者はその際法実務をしっかりと見ていました。そこでは次のように述べられています。すなわち，

「弁護士，弁理士，公認会計士，宣誓した会計人および税理士の間の共同事務所形態は，現在行われている実務に対応したものであり，この実務はうまくいっている。権利保護を求める市民は，専門横断的に支援を受けることができる。」と述べました[9]。

未だ視野に入っていなかったのは，経済生活のすべての分野における専門化の傾向がますます増大していっていることであり，これはまた，弁護士が他の業種と共同事務所形態を組んで共同で職務を執行することをますます有意義とし，そしてまた，一部ではそもそも不可欠と思わせることとなっています。

連邦憲法裁判所[10]は，昨年，弁護士と法律にあげられている以外の異業種

---

7) Siehe bereits, *Henssler*, Die interprofessionelle Zusammenarbeit des Anwalts mit anderen Berufen, AnwBl. 2009, 670-680.

8) Siehe § 59a BRAO unter : https://www.gesetze-im-internet.de/brao/__59a.html.

9) Siehe Gesetzesbegründung 1993, BT/Drs. 12/4993, Abschn. Nummer 25, Seite 33 unter : http://dipbt.bundestag.de/doc/btd/12/049/1204993.pdf.

との共同事務所形態を一般的に禁止することを是認しませんでした[11]。プリュッティング教授がこれを報告で取り上げておられます。

それ以前,すでにドイツ弁護士協会は,連邦憲法裁判所に提出した意見書[12]において,他の業種との異業種間共同事務所形態を禁止することは,職業の自由と平等原則[13]を侵害するとの見解を示していました。

問題となったケースは,弁護士が,医師かつ薬剤師である者とともに,パートナー社団を設立し,管轄する区裁判所に対し,これを「医師と薬剤師の権利に関する異業種間のパートナーシップ」だとして,パートナー社団登記簿への登記を申請したというものです。申請は却下。管轄民事裁判所への不服申立ても認められませんでした。連邦憲法裁判所に至ってはじめて,ついに,連邦弁護士法59条a第1項1文の共同事務所形態の禁止は,弁護士が医師または薬剤師とパートナー社団の枠組みで共同して職務を執行することを禁止している点では,職業の自由という基本権を侵害していると判断しました。

連邦憲法裁判所は,まず,次のように強調しました。すなわち,

「独立性を堅持することは,法的問題処理機構の機関,そして権利保護を求める市民の適格な助言者および代理人としての弁護士が,その職業上の活動を通じて,機能する法的問題処理機構に寄与するための不可欠の前提条件である[14]。」としました。

次いで,同裁判所は,弁護士の独立性は,国家に対してのみならず,共同事務所形態の構成員およびその他の第三者との関係でも,堅持されなければなら

---

10) Siehe BVerfG, Beschluss des Ersten Senats vom 12. Januar 2016 - 1 BvL 6/13 - Rn. (1-96), http://www.bverfg.de/e/ls20160112_1bvl000613.html.
11) AnwBl 2016, 261 ; dazu ausführlich Singer, AnwBl 2016, 788-796.
12) DAV-Stellungnahme Nr. 21/2014, 1-15, 3, abrufbar unter : https://anwaltverein.de/de/newsroom?keywords=Fremdbesitz.
13) DAV-Stellungnahme Nr. 21/2014, 1-15, 6, abrufbar unter : https://anwaltverein.de/de/newsroom?keywords=Fremdbesitz.
14) Bundesverfassungsgericht, Beschluss vom 16. Januar 2016 - 1 BvL 6/13 -, Randnummer 83 ff.

ないと述べました。それゆえ,弁護士が,会社契約によったとしても,弁護士の独立性の形成を損なう危険のある法的拘束を負うことは,連邦弁護士法43条a第1項により禁じられているとしました[15]。

確かに,複数の職業の担い手の協業において,個々のパートナーの職業の独立性の侵害——たとえば,利益相反の回避または解消のため他者の都合に配慮することや,あるいは生じている力関係による——を完全に排除することはできません[16]。しかしながら,そうした大したことのない独立性の危険は,協業の禁止を正当化するには,未だ十分ではありません。このことは,立法者は,純粋な弁護士協業組織の場合であっても,一定の独立性の制約が生じるにもかかわらず,これを許容していることからの帰結です。なぜなら,ここでは,特定の事件の受任などについて,個々の弁護士ではなく,パートナーの過半数によって,まさに職業にかかわる判断がなされるからです。

弁護士と医師との間のパートナーシップの具体的事案においては,職業上の独立性の義務は,弁護士に限られるものではなく,すべての自由職業の目印であるといった事情が加わります[17]。そこで,医師なども専門的な指示を受けないものとされていますが,とりわけ医師は医師でない者による指示には服さないことになっているのです[18]。

これは,将来の発展にとってどのような意味があるのでしょうか。独立性——加えて,特に,守秘義務のようなその他の弁護士の基本的義務——が,他の職業の構成員との協業の場合は,他の弁護士や税理士,公認会計士,宣誓した会計人との提携の場合ほどには強い危険に晒されていないとすれば,提携禁止の維持は,同様に比例性を欠くことになり,したがって,憲法違反となるで

---

15) Siehe § 43a BRAO unter : https://www.gesetze-im-internet.de/brao/__43a.html.

16) Bundesverfassungsgericht, Beschluss vom 16. Januar 2016 - 1 BvL 6/13 -, Randnummer 84.

17) Bundesverfassungsgericht, Beschluss vom 16. Januar 2016 - 1 BvL 6/13 -, Randnummer 86.

18) Richter-Kuhlmann, Sichtbar auf den zweiten Blick, Deutsches Ärzteblatt 2016, A 1492.

しょう。このことは，心理療法士，歯科医や獣医などにも当てはまります[19]。これに対し，弁護士と不動産仲介業者とが，一つの会社での共同の職務執行につき連携することが禁止されるのは正当であるとの見解に立つことはなお可能でしょう[20]。

私は，日本の弁護士（Bengoshi）は，他の弁護士との間でのみ，いわゆる「弁護士法人」において実務を行うことが許されている（弁護士法30条の4第1項[21]）ものと理解しています。それゆえ，私は，日本において，異業種間協業を許容する解釈の余地があるのか，興味を持っているところです。

III 外部保有の禁止

そこで，第2の点に進みます。国際的な弁護士シーンにおいて，弁護士事務所の外部保有の禁止の緩和に関する議論[22]，したがって，弁護士協業組織への外部の第三者による資本参加の可能性に関する議論ほど，注意を引いているテーマは他にはないでしょう。

イングランドおよびウェールズにおいて[23]，2012年以降，いわゆるABS[24]が

---

19) AnwBl 2016, 213, Abschn. II 3b); dazu ausführlich *Henssler/Deckenbrock*, AnwBl 2016, 211-216.

20) AnwBl 2016, 214, Abschn. III 1); dazu ausführlich *Henssler/Deckenbrock*, AnwBl 2016, 211-216.

21) Abrufbar unter : http://www.japaneselawtranslation.go.jp/law/detail/?id=1878&vm=04&re=02.

22) Siehe bereits, *Singer*, Die Zukunft des Fremdbesitzverbots für Anwaltssozietäten-Die Doc Morris-Entscheidung des EuGH zu den Apothekern und die Anwälte, AnwBl 2010, 79-86.

23) Dazu bereits *Kilian/Lemke*, Anwaltsgesellschaften mit berufsfremder Kapitalbeteiligung-ABS, ILP und MDP : Der Regulierungsansatz in Australien und England, AnwBl 2011, 800-808.

24) Dazu ausführlich *Hellwig*, Deutsches Berufsrecht als Bollwerk gegen englische ABS?, AnwBl 2012, 876-884.

認められています。この種の形態では，非弁護士が 100 パーセントまでの自己資本を保有することができます。したがって，ABS は[25]，連邦弁護士法 59 条 e[26] における外部保有のドイツ職業法上の禁止に抵触します。同条 2 項 1 文の規定は次のとおりです。

「会社持分および議決権の過半数は弁護士に属さなければならない」

排除されるのは，会社において職務を行わず，純然たる投資家となる第三者の持分です。

外部保有の容認に対して，ドイツ弁護士協会は，次の四つの議論を立てています[27]。すなわち，

第 1 に，外部保有は依頼者に有益ではありません。確かに，依頼者は，異業種間の協力について，利害を有しているかもしれません。すなわち，法律相談，税務相談および経済監査などの給付が，「一つの手から（aus einer Hand）」——つまり，共同事務所形態により——なされることについてはそうでしょう。しかし，弁護士事務所が，弁護士ではなく，たとえば銀行や金融投資家の所有に属するとしても，依頼者には何の利益もありません。

第 2 に，外部保有には，依頼者の秘密に対し危険をもたらす可能性がともないます。なぜなら，社員は，通常，会社に対し情報権を有し，したがって，たとえば，どの事件がどの程度の売上げをもたらしたのかという情報についての請求権を持つからです。

第 3 に，弁護士協業組織の独立性に対する危険——この点が本講演のテーマに関連します——が生じる可能性があります。なぜなら，弁護士協業組織が，単に可能な限り高い利益に関心があるだけの非弁護士に支配されると，同非弁

---

25) Dazu bereits *Weberstaedt*, Englische Alternative Business Structures in Deutschland-Wie können ABS auf dem deutschen Rechtsdienstleistungsmarkt tätig werden?, AnwBl 2014, 899-904.
26) Siehe § 59e BRAO unter : https://www.gesetze-im-internet.de/brao/__59e.html.
27) Siehe ausführlich *Singer*, Interprofessionelle Berufsausübung - wie soll sie aussehen?-Plädoyer gegen den Abriss und für eine Sanierung des Berufsrechts, AnwBl Online 2017, 178-180.

護士は，弁護士とは異なる基準で，どの事件を引き受け，または継続し，どの事件をそうしないかを判断することになるからです。さらに，同非弁護士は，投資判断——たとえば継続研鑽のための資金の削減——により，具体的な職務執行に影響を及ぼす可能性があります。

第4に，最後の点については，会社契約により排除したとしても，それにもかかわらず，世間一般には，個々のロー・ファームが依頼者の利益だけではなく，持分所有者の利益によって経営されるという印象が生じるという危険は残ります。あるいは，もしかすると訴訟相手が委任した弁護士事務所の共同所有者で，その訴訟追行に影響を与えることもあるのではないかと心配する危険です。そして，そのことすべてが，われわれの職業への公共，人々の信頼を，著しく侵害しかねないのです。そして，この信頼が，依頼者が進んでわれわれに信頼を寄せるための重要で，かつ根本的な基盤なのです。

それゆえ，私は，ドイツ弁護士協会および連邦弁護士会が，精力的に，弁護士事務所の外部保有の容認と戦い続けていることは，まったくもって正しいと考えるのです[28]。ただし，われわれは，この点につき，将来，激しい攻撃を覚悟しなければなりません。

この点に連邦憲法裁判所はあまり関わっていません。確かに，同裁判所は，2014年に，弁護士および弁理士による共同の会社は，持分および議決権の過半数を弁護士に委ねない場合，職業法上許されないとする規律を憲法違反と判示しました[29]。しかし，ここから，業務に関与しない単なる投資家に弁護士協業組織に対する他人資本を禁ずることが憲法違反となるわけではありません。このことは，連邦憲法裁判所は，その判断を，会社において活動している弁護士および弁理士が極めて似通った職業法上の基本的義務に服することにより決定的に理由づけたこと自体から生じているのです。しかし，何ら職業法に服さ

---

28) Siehe bereits : Fremdbesitz an Kanzleien, AnwBl 2015, 599 ; *Kilian*, Sozietätsrecht, AnwBl 2013, 117-118, 118.
29) BVerfG, Beschluss des Ersten Senats vom 14. Januar 2014 - 1 BvR 2998/11 - Rn. (1-102), http://www.bverfg.de/e/rs20140114_1bvr299811.html.

ない者が純粋に資本参加する場合を，これと比較することはできません。

しかし，他人資本禁止に対する欧州委員会に発する逆風が，ブリュッセルから吹いています。2015年10月，同委員会は，いわゆる域内市場戦略を公表しました[30]。域内市場イニシアティブのいくつかの章は，直接に自由職業に関するものであり，したがって，弁護士職にも該当があります。このイニシアティブの背景には，職業法上の規律を廃止すれば欧州の域内市場におけるサービスの交換が容易になり，価格も引き下がるはずであるとの想定があります。それゆえ，職業法上の規律は，強まる正当化の強制に屈するべきだというのです。ここでは，職業法上の規律——たとえば，守秘義務，利益相反の禁止や継続研鑽などについての——は，弁護士の特権ではなく，依頼者に，したがって，消費者に資するものだという点が見過ごされています。また，その根拠となっている，規制緩和——すなわち，規律の廃止——は，サービスが安価になり，したがって消費者にとって利用しやすくなることにつながるという欧州連合委員会の想定が誤りである点もそうです。イングランドがよい反証です。同地では，すでに多年にわたり，弁護士報酬についての法律上の規律が一切ありません。そして，イングランドの法的助言の費用は，欧州全体の中で，群を抜いて最も高いのです。

IV　弁護士職の手段化の危険

最後に，憂慮すべき傾向について，さらに指摘したいと思います。プリュティング教授は，すでに，弁護士の独立性は，それだけではないものの，第1に，常に国家からの独立を意味することを説明されました。それは，弁護士が依頼者の利益だけを行動の基準とし，いざというときは国家に対してもあらゆる他人の影響を排して依頼者を代理するためには，国家からの独立が必要だったからであり，今でもそうだからです。

---

[30] Abrufbar unter : https://ec.europa.eu/transparency/regdoc/rep/1/2015/DE/1-2015-550-DE-F1-1.PDF.

そこで，連邦憲法裁判所は，一致して，その確立された判例[31]において，弁護士の独立性は，いかなる国家による統制や監督も，原則としてこれを排除することを確認しています。

　もっとも，欧州のレベルでは，かの弁護士職の国家からの独立性が一層動揺する傾向がますますみられます。OECD[32]の陣営，とりわけ欧州連合の弁護士職がますます手段化していく傾向——それは，租税の透明性，さらには資金洗浄やテロ資金調達の撲滅についての議論の中に埋め込まれているのです。

　こうした議論は，いわゆる「ルクス・リークス（Lux-Leaks）」や「パナマ文書（Panama-Paper）」スキャンダルを踏まえており，それはいわゆる攻撃的租税回避や郵便受けだけの架空会社によるタックス・ヘイブンにおける租税犯罪，や資金洗浄犯罪に対する広範な戦略の公開につながりました。弁護士もこれに巻き込まれたとされています。弁護士は，税理士や銀行と並び，仲介者として登場し，租税回避戦略についての決定的な助言を与えたとされています。確かに，欧州の諸機関がここから立法上の推論を行い，特に「税の抜穴」をふさごうとすることは，無理からぬことです。

　しかし，気がかりなのは，まさにこうした議論において，弁護士による適法な助言と違法な助言との境界が曖昧になろうとしていることです。弁護士は，決して「刑事訴追官庁の補助保安官」などではなく，第1に依頼者の利益に拘束されます。確かに，弁護士はその依頼者の違法な活動に関与[33]してはなりません。しかし，どの程度，いったい依頼者の活動が政治的または道徳的に望ましいのか否かを判定する必要はありません。しかし，税の抜穴をふさぐことは，別に弁護士の任務ではなく，国家の任務です。攻撃的なタックス・プラン

31）　S. beispielhaft BVerfG, BVerfGE 110, 226.
32）　Dazu ausführlich OECD (2015), Mandatory Disclosure Rules, Action 12 - 2015 Final Report, OECD/G20 Base Erosion and Profit Shifting Project, OECD Publishing, Paris, abrufbar unter : http://www.oecd-ilibrary.org/taxation/mandatory-disclosure-rules-action-12-2015-final-report_9789264241442-en.
33）　Siehe hierzu bereits *Voland*, Die gesellschaftliche Verantwortung von Anwaltskanzleien-Corporate Social Responsibility als Aufgabe für Kanzleien?, AnwBl 2016, 388-389.

ニングの場合の開示義務は弁護士の独立性を制約します。

　資金洗浄の撲滅の領域においても、弁護士の報告義務の強化が懸念を投げかけています[34]。こうした契機のすべてが、さらなる弁護士職の支柱としての守秘義務に影響を及ぼします。より多く、弁護士職に弁護士の相談から生じる開示義務が負わされ、国家に弁護士に対する直接の情報請求権が帰属するようになれば、それだけ、より多く、依頼者と弁護士との間の信頼関係もまた空洞化していきます。依頼者の目には、弁護士がもはや独立の助言者ではなく、他律的な国家のエージェントに映るとすれば、守秘の権利と義務にいったい何の意味があるのでしょうか。

　そして、租税法が示しているのは、まさに、こうした信頼関係にどれだけの基本的な重要性があるかという点です。なぜなら、多くの場合、弁護士に相談して初めて、納税義務に違反した市民が、刑事法上の訴追を免れるために、自己申告をし、税金を追納することになるのであって、そこには国家が大きな利害を有しているからです。しかし、市民がこうした可能性について弁護士からの助言を求めるのは、弁護士がその点につき厳格な黙秘を守り、誰にも——とりわけ、決して官庁に——そのことを告げないことについて、絶対的に確信している場合に限ります。

　この例からも明らかなのは、弁護士の独立性は、委任の秘密の保護や弁護士の黙秘権と同様に、弁護士職の特権ではなく、依頼者に資するということであり、また同時に、秩序正しい法的問題処理機構の保障、したがって法治国家に資するということです。

　ご清聴ありがとうございました。皆さんとの議論がはずむことを楽しみにしています。

---

[34]　Siehe bereits *Seibel*, Der Druck auf die Anwaltschaft wächst, AnwBl 2017, 184.

日本における弁護士の独立性について

加藤　新太郎

I　はじめに

　弁護士の独立性は，弁護士の執務における中核的価値とされる。
　本稿は，この弁護士が業務を行う際の独立性を考察の対象として，次のような目的を有する。
　第1に，弁護士の独立性について，わが国における制度的な位置づけとその議論状況を概観することを目的とする。
　第2に，弁護士の独立性に関する現在状況について考察することを目的とする。議論を抽象的なレベルに止めないようにするために，組織内弁護士の組織における独立性の問題，同一法律事務所内の弁護士が共同で特定事案の依頼を受けている場合における弁護士相互間の独立性の在り方の問題に焦点を絞るようにしたい。
　弁護士の独立性は，その職層の執務における中核的価値であることから，ドイツにおいてもわが国においても，一定の共通理解がある。しかし，実際には，独立性の発現形態と議論状況について異なるものがあると思われる。当初の構想では，どのような理由で何が異なるのかを考える素材を提供することを目標としたが，十分に果すことはできなかった。そこで，上記の二つの目的が相応に達成されていればよしと，ハードルを下げることにした。そのようなものであっても，わが国における弁護士の独立性に関する現在問題を看取することはできるであろう。

本稿の構成としては，弁護士の独立性について，制度的位置づけの日独比較をし，わが国において独立性の趣旨がどのようにとらえられているかを概観し（II），独立性の内実がどのように理解されているかを整理する（III）。そして，各論として，組織内弁護士の組織における独立性にかかわる倫理を考察し，組織内弁護士の規律の在り方（IV），共同受任弁護士相互間の独立性の問題（V）について言及する。

II 弁護士の独立性

1．制度的位置づけ

ドイツ連邦弁護士法は，その第1条において，「弁護士は，法的問題処理機構を構成する独立した一機関である」と定めている。これに対して，我が弁護士法には，弁護士の独立性について明示的な定めを持たない。このように，弁護士の独立性についてのドイツ法とわが国の規律の法源は明示的に異なるのである[1]。

わが国では，弁護士の独立性は，日本弁護士会連合会総会決議により定められた「弁護士職務基本規程」（平成16年11月10日会規70号）にあらわれる（以下，「規程」とも略称する）。規程2条は，「弁護士は，職務の自由と独立を重んじる」と定める。また，同20条は，「弁護士は，事件の受任および処理に当たり，自由かつ独立の立場を保持するように努める」。さらに，同50条は，組織内弁護士についても，「官公署又は公私の団体（弁護士法人を除く。以下これらを

---

[1] 我が弁護士法は，何故に弁護士の独立性について明示的な定めを持たないのかは興味深いテーマであるが，本稿では，これを深めるだけの余裕はない。弁護士の歴史の長短，そのことに由来する弁護士の独立性に対する理解の深浅，現行弁護士法の立法時における事情などがかかわることのみを指摘しておくにとどめたい。もっとも，現行弁護士法と旧弁護士法との比較において，画期的な弁護士自治の保障にともないわが国の弁護士の独立性の実質は，格段の進展を遂げたことはいうまでもない。しかし，それにもかかわらず，どうして弁護士法が弁護士の独立性について明示的に定めなかったのかは謎である。

合わせて「組織」という）において職員若しくは使用人となり，又は取締役，理事その他の役員となっている弁護士（以下「組織内弁護士」という）は，弁護士の使命および弁護士の本質である自由と独立を自覚し，良心に従って職務を行うように努める」と定める。

　弁護士法とのつながりでは，同法56条により弁護士会に弁護士に対する懲戒の権能が付与されていることから，弁護士会の会則には，「弁護士道徳その他会員の綱紀保持に関する規定」を設けることが必要とされ（同法33条2項7号，46条2項1号），これを受けて，日本弁護士会連合会会則（昭和24年7月9日制定）は，第2章において「弁護士道徳」のタイトルのもと6か条の定めをした。その15条は，「弁護士の本質は，自由であり，権力や物質に左右されてはならない」と規定され，独立性という表現はされていないものの，弁護士職務基本規程2条と同旨のものと解されている。

　わが国における法制上の「弁護士の独立性」は以上のような位置づけであるが，このことは，弁護士の独立性が，弁護士の執務に対する規律として重要でないことを意味しない。

2．独立性の趣旨

(1) 三　分　説

　それでは，弁護士職務基本規程2条の独立性の趣旨は，どのように解されているか。

　日本弁護士連合会の弁護士倫理に関するオフィシャルな解説本というべき『解説弁護士職務基本規程【第2版】』においては，私権の擁護だけでなく公的責務を併せ持つ弁護士は，依頼者の要求に無批判に従うことなく，ときに公共的・公益的見地からの説得を試みる役割を果たすことを要請されると解説し，その内容は，「① 権力からの自由と独立，② 依頼者からの自由と独立，③ 他の弁護士との関係からの自由と独立」という[2]。

---

2) 日本弁護士連合会弁護士倫理委員会編著『解説弁護士職務基本規程【第2版】』4頁（2012）。同旨のものとして，高中正彦『法曹倫理』42頁（民事法研究会，

弁護士職務基本規程 2 条は、旧弁護士倫理 2 条の定めと同旨であり、そのオフィシャルな解説本であった『注釈弁護士倫理（補訂版）』においても、その内容は、「① 権力からの自由と独立、② 依頼者からの自由と独立、③ 他の弁護士との関係における自由と独立」と解されている[3]。正確に言えば、『解説弁護士職務基本規程【第 2 版】』の解説は、『注釈弁護士倫理（補訂版）』の解説を承継しており、格別これを深化させているようにはみられない。

以上のオフィシャルな解説に対して、弁護士の独立性について「他の弁護士からの独立」は狭きにすぎる、「第三者からの独立」が相当と考える見解[4]がある。この見解は、「他の弁護士」を「第三者」に含めるものであるが、「他の弁護士」より「第三者」からの独立とするほうが時代の変化に対応しやすく、懲戒事案を処理するについても「第三者からの独立」としたほうが、当該条文で処理できる範囲が拡がるので、多様化している弁護士業務に適うという。

なお、弁護士の独立性を、別の観点から、① 法的判断の独立性、② 行動の独立性、③ 経済的独立性に分類して説明する見解[5]もみられる。

以上が、弁護士の独立性を何からの独立かを問い、三分して理解する所説である。

(2) 二 分 説

三分説に対し、弁護士の独立性を、① 依頼者のための独立性、② 依頼者からの独立性とに分けて説明する見解[6]もみられる。

2013）。
3) 日本弁護士連合会編『注釈弁護士倫理（補訂版）』28 頁（有斐閣、1996）。
4) 永石一郎「弁護士の独立性・廉潔性・品位保持」日本法律家協会編『法曹倫理』59 頁（商事法務、2015）。
5) 塚原英治＝宮川光治＝宮澤節生編著『法曹の倫理と責任〔第 2 版〕』371 頁（現代人文社、2007）。
6) 柏木俊彦「法曹を統合する理念」前掲『法曹倫理』6 頁。アメリカでは、弁護士の独立性について、国に対してよりも、むしろ依頼者に対する関係での独立性が強調されていると指摘するものとして、田中硑三『弁護士の倫理と役割』232 頁（商

上記①依頼者のための独立性とは，外部（他の依頼者，第三者）からの独立と影響力，依頼者・相手方との身分的・経済的利害関係を排して，依頼者の利益のために党派的に法的判断をすることである。利益相反禁止・利害関係形成禁止により依頼者のための法律判断の独立性が図られている。また，②依頼者からの独立性は，法システムへの忠実義務に由来し，代理の限界を画するものと説明される。

これは，弁護士の独立性について，依頼者を基点に考察し，目的的観点から，二分して理解する所説である。

(3) 小　括

弁護士の独立性に関する議論状況としては，(ア)独立性を何からの独立かを問い，権力，依頼者，第三者（他の弁護士を含む）からの独立と考える立場をとる通説（三分説），(イ)目的的観点から，依頼者のための独立性，依頼者からの独立性と分類して考える立場である有力説（二分説）とが対立軸となっている。両者は，説明ぶりは異なるものの，具体的場面における懲戒の可否の適用で差異が生じるものではないと思われる。

そこで，以下では，三分説に依拠して独立性を考察することにしたい。

III　三　分　説

1．権力からの独立性

弁護士は，基本的人権の擁護と社会正義の実現という使命（弁1条）を実践するために，弁護士は権力から独立し，かつ自律した存在でなければならず，弁護士自治はそれを保障するものである。国家機関が人権侵害を引き起こすときは，弁護士は，市民にとって最後の人権の擁護者であり，時として，裁判所とも対抗関係に立つ。したがって，弁護士の使命を達成するためには，弁護士

事法務，2004）。田中説は，「弁護士の独立」の観念に関して，アメリカ型と欧州型があること（さらには，日本型も）が示唆されているようにも思われる。

があらゆる国家機関からの独立性を確保し、その活動の自由を保障されることが不可欠である。『解説弁護士職務基本規程【第2版】』においては、権力からの自由と独立は、基本的人権の擁護と社会正義の実現という使命を実践するために、時に応じて、司法その他の諸制度のあり方そのものについて批判し、提言していくことが要請されるが、そうした役割を果たすために、弁護士は何ものにも束縛されることなく、自由であり、職務上権力から独立した存在でなければならないと解説している[7]。

以上のように、権力からの独立性は、弁護士という職層の職務に内在する要請であることには異論がないと思われる。

2. 依頼者からの独立性

(1) 総　説

依頼者からの独立性について、『解説弁護士職務基本規程【第2版】』においては、依頼者からの自由と独立は、弁護士は依頼者の権利および正当な利益の実現に努めなければならないものであるが（規程21条、46条）、同時に、事件の受任および処理にあたっては、自由かつ独立の立場を保持するように努めなければならない（規程20条）と解説する[8]。あまり、原理的な解説にも、機能的な解説にもなっていないように思われるので、ここでは、職務における判断・行動の独立性、経済面での独立性の二つに分けて、考察する。

(2) 職務における判断・行動の独立性

弁護士が事件処理にあたり専門家としての独立性を失うことは、依頼者との一体化・従属を意味する。つまり、弁護士の当事者化は、法的手段の選択・行使について職務上の良心に従った冷静な専門的判断を維持することを困難にし、かえって依頼者に不利益を被らせる蓋然性がある。そこで、弁護士には職務における判断・行動の独立性が求められ、弁護士職務基本規程20条は、同

---

[7] 日弁連弁護士倫理委員会編著・前掲『解説弁護士職務基本規程【第2版】』4頁。
[8] 日弁連弁護士倫理委員会編著・前掲『解説弁護士職務基本規程【第2版】』5頁。

2条の定めを依頼者との関係において規定したものである。

　事件の受任および処理に当たって弁護士が保持すべき独立の立場とはどのようなものか。事件の受任については，受任の諾否の原則的自由の立場を意味し，受任事件の処理については，弁護士の活動において，依頼者と一体化・従属せず，プロフェッションとしての独立した立場を維持することを意味すると解されている。

　たとえば，弁護士が準備書面等を作成した場合，依頼者に対し確認を求めるが，依頼者の対応としては，① 事実関係の誤りなどを指摘すること，② 表現方法の不満を述べること，③ 法的見解が自己の利益に反するとして異議を述べることなどがある。① は実体の問題であり，② は調整の余地がある。判断の独立性は ③ の場面の問題であり，弁護士は，依頼者に対し理由を説明し説得しても依頼者が自説に固執し，自己の見解での書面の提出を強要するときには，弁護士は職務における判断・自由の独立性を侵害されるおそれがあるとして辞任することができる[9]。

(3)　依頼者からの経済面での独立性

　弁護士職務基本規程25条は，「弁護士は，特段の事情がない限り，依頼者と金銭の貸借をし，又は自己の債務について依頼者に保証を依頼し，若しくは依頼者の債務について保証をしてはならない」旨定める。この依頼者との間の金銭貸借・保証の禁止は，経済面での独立性からの要請による。

　依頼者からの金銭の借入れが「品位を失うべき非行」とされ，戒告処分を受けた事例が実際にみられる（廃止前の弁護士倫理41条（現弁護士職務基本規程25条）に違反するもの）。

　弁護士Xは，懲戒請求者より，懲戒請求者がオーナーを務めるA社を買主，B社を売主とする土地建物の売買契約書の作成と所有権移転登記手続の履行の確認の依頼を受け，数日後，売買契約が成立した。B社は，上記所有権移転登

---

[9]　永石・前掲「弁護士の独立性・廉潔性・品位保持」『法曹倫理』60頁。

記費用に関わる預け金として，司法書士Cに対し，2800万円を預け，Cは，B社に対し預り証を発行し，上記預り金を被懲戒者に預けた。Xは，後に上記預り金をA社に返還する際に，上記預り金のうち少なくとも1000万円をA社からの借り入れとして受領した。その後B社から上記預り金の返還請求権を譲り受けたとするDからCに対し，上記預り金の帰属が争点となる返還請求訴訟が提起され，Xは，Cに補助参加したが第一審は敗訴し，控訴審において，懲戒請求者に訴訟告知をしたが，懲戒請求者の協力は得られず，結局和解になってXが高額の和解金を負担するに至った[10]。

弁護士Xの懲戒請求者（A社）からの上記借入行為は，特別な理由もないものであり，これに起因して職務の独立性に問題が生じ，実質的当事者であるはずの懲戒請求者に十分な指導ができず，訴訟においては当事者的立場に立って依頼者と利益が相反するような地位に身を置く結果となり，Cに多大な精神的負担を負わせる結果が生じたなどの経過から考えると，戒告相当と評することができるであろう。

3．第三者からの独立

弁護士は，精神的にも経済的にも第三者から独立していないと，弁護士職務行為の適正な遂行を全うできない。『解説弁護士職務基本規程【第2版】』においては，弁護士は，他の弁護士との関係においても，自由であり独立した存在でなければならないという。すなわち，弁護士は，弁護士法人や共同事務所に属する場合でも，勤務弁護士である場合でも，他の弁護士に隷属するのではなく，自由かつ独立の存在として，その職務を行わなければならないのである[11]。

---

10) 日本弁護士連合会『弁護士懲戒事件議決例集』（第11集・平成20年度）77頁「戒告」。

11) 日弁連弁護士倫理委員会編著・前掲『解説弁護士職務基本規程【第2版】』5頁。なお，勤務弁護士の弁護過誤責任に関するケースについて，依頼者との間に委任契約がある以上，勤務弁護士の退職後であっても，辞任届を提出していない場合には，

他の弁護士との関係では，法律事務所の名義上の開設者が，他の弁護士に人事，金銭管理全般を委ね，他の弁護士が当該法律事務所の実質的経営者である状況を生じせしめたことが，弁護士業務の独立性を形骸化するとして非行に当たるとされた懲戒事例がみられる[12]。同一法律事務所内の弁護士が共同で特定事案の依頼を受けている場合における弁護士相互間の独立性の在り方の問題については，後述する（Ⅴ）。

　第三者との関係では，たとえば，訴訟代理人弁護士が第三者に作成を依頼した陳述書の記載中に登場人物の名誉等侵害のおそれがあるときは，その旨を説明し，その記述の変更を求める必要がある[13]。これは，第三者からの独立の問題でもあり，弁護士の公益配慮義務の問題でもある。

　非弁提携事案，たとえば，多重債務者の債務整理事件を弁護士に紹介することを業とする者から継続的に事件の紹介を受けることは，法律事務所の経済的独立性を危険にさらすことになる。このような非弁護士との提携および名目的事務所主宰は，弁護士の品位や信用を損なうだけでなく，多くの市民に多大な損害を与えることになる。

4．小　　括

　弁護士が，権力からも，依頼者からも，第三者からも独立するとして，その独立性により確保すべきものの中核は何か。

　これは，弁護士の判断の独立とみてよいのではなかろうか。弁護士は，公益にかなった方法により依頼者の最善の利益を図るため，依頼者に迎合することなく，権力や第三者に阿ることなく，独立して考え抜き判断することが，職責

　　相代理人である経営弁護士の訴訟活動につき監視義務，是正・補完義務を負うところ，勤務弁護士には，この義務違反があるが，損害との因果関係が認められないとした裁判例（大阪地判平成18・12・8判時1972号103頁）がみられる。これも，他の弁護士（経営弁護士）からの独立性が要請される場面であるということができるであろう。

12）　日弁連・前掲『議決例集』（第11集・平成20年度）65頁「業務停止4月」。
13）　永石・前掲「弁護士の独立性・廉潔性・品位保持」『法曹倫理』61頁。

上不可欠なのである。

　経済的独立性も判断の独立を担保するために意味がある。行動の独立は，判断の独立の延長の問題である。

　私見は，いわば「判断の独立＝中核説」である。この点に関して，前述の柏木説は，依頼者のための独立性は，外部（他の依頼者，第三者）からの独立と影響力，依頼者・相手方との身分的・経済的利害関係を排して，依頼者の利益のために党派的に法的判断をすることであると説く[14]から，私見と近接しているようにも思われる。もっとも，私見は，判断の独立が至上課題である裁判官の独立の議論の類推という要素が濃いが，弁護士は辞任の自由があることから，別途の考慮が必要であるという反論も想定されるであろう。

IV　組織内弁護士の組織における独立性

1．総　　説

　弁護士職務基本規程50条（自由と独立）は，依頼者との関係における自由と独立について定めている一般規定である同20条の注意規定である[15]。

　組織に所属する弁護士とその組織との関係は，雇用契約関係・委任契約関係いずれにしても個別の事件を受任する場合と比べて，従属的関係が強くなる。しかし，仮にそうであったとしても，弁護士の独立の立場からする見識に基づく執務ができにくくなったり，弁護士の使命の実現が不当にも損なわれることがあると，弁護士が組織内で活動する意味がない。そこで，弁護士職務基本規程50条において上記のように規律し，努力規定とした[16]。

　さらに，弁護士職務基本規程51条（違法行為に対する措置）は，「組織内弁護士は，その担当する職務に関し，その組織に属する者が業務上法令に違反する行為を行い，又は行おうとしていることを知ったときは，その者，自らが所属

---

14)　柏木・前掲「法曹を統合する理念」『法曹倫理』6頁。
15)　日弁連弁護士倫理委員会編著・前掲『解説弁護士職務基本規程【第2版】』127頁。
16)　加藤新太郎『コモン・ベーシック弁護士倫理』187頁（有斐閣，2006）。

する部署の長又はその組織の長，取締役会若しくは理事会その他の上級機関に対する説明又は勧告その他のその組織内における適切な措置をとらなければならない」と定める。これは，ABAの弁護士業務模範規則（Model Rules of Professional Conduct）第1.13条を参考にしたものとされ[17]，かつ，義務規定であることから，その相当性には，後にみるように問題点が指摘されている。

2．違法行為に対する措置

(1) 組織内弁護士の違法行為への対応

組織内弁護士は，一般的には，①リーガルリスクを軽減して経済的利益を獲得する活動（予防法務），②法的な観点から交渉案件等に戦略的に対応する活動（戦略法務），③対外的な紛争を法的に処理する活動（紛争解決法務），④法的な観点からの組織内または対外的な不祥事，過誤などの問題行動を可及的に防止する活動（予防法務），⑤組織内のまたは対外的な問題行動が発生した場合における善後策を講ずる活動（紛争解決法務）を行う[18]。

弁護士倫理の観点からは，組織内弁護士の違法な問題行動への対応のあり方が問題となる。とりわけ，企業不祥事が少なからず発生する現実を前にすると，組織内弁護士に，コーポレート・ガバナンスや法令遵守（コンプライアンス）の確立のため一定の役割を果たすことが社会的にも期待されている。

(2) 適切な措置を講ずること

組織内弁護士が組織内の違法行為（「その組織に属する者が業務上法令に違反する行為を行い，又は行おうとしていること」）を認識をした場合において期待される対応には，大別して，①組織内において然るべき対応をすること，②組織外の然るべき官公署（警察，検察，税務署，監督権限ある行政省庁など）に通報すること，が考えられる。

弁護士職務基本規程51条は，違法行為に対する措置として，①の立場を採

---

17) 日弁連弁護士倫理委員会編著・前掲『解説弁護士職務基本規程【第2版】』129頁。
18) 加藤・前掲『コモン・ベーシック弁護士倫理』191頁。

用した。すなわち，当該弁護士の判断により，まずもって，現場の担当責任者・上級機関に対し説明・勧告などの適切な措置を講ずるべしという行為規範を定立している。これは，組織内弁護士が組織に属しているという特殊な立場が考慮されたものである[19]。

いかなる措置が適切であるかは，当該弁護士において，違法性の程度（悪質性），結果の重大性，結果予測の蓋然性の程度などのほか，組織内弁護士の組織内における担当職務の内容・性質，関連する部署との役割分担などについて，総合的・動態的に考慮することが相当である。したがって，違法性の程度が低い場合には，法令違反をした者に対して，法的な観点から説明し，再考を求めるほか，その上司に助言するなどの措置が考えられる。これに対して，違法性の程度が高い場合，緊急を要する場合，法令違反をした者やその上司が説明・助言に耳を貸さないような場合には，さらに上級機関への働きかけが必要とされるであろう[20]。

(3) その担当する職務

組織内弁護士が組織内の違法行為を知った場合に適切な措置を講ずる対象は，「その担当する職務」に関するものに限定される。担当職務に関しない違法行為は，義務の対象外である。

組織内弁護士の適切な措置義務違反が，懲戒処分にもなりうることを考えると，一定の範囲に限ることは，現実的でもあり実質的に相当であろう。組織内弁護士が組織内のすべてのセクションに目を光らせているわけにはいかないと思われるからである[21]。

---

19) 加藤・前掲『コモン・ベーシック弁護士倫理』194 頁。日弁連弁護士倫理委員会編著・前掲『解説弁護士職務基本規程【第 2 版】』131 頁は，外部通報は守秘義務違反をおかすことになりかねないので，注意が必要であるとする。
20) 加藤・前掲『コモン・ベーシック弁護士倫理』194 頁。
21) 加藤・前掲『コモン・ベーシック弁護士倫理』196 頁。

3．組織内弁護士の規律の在り方

　弁護士職務基本規程 51 条は，① 組織内弁護士の業務の実態と意義を具体的に把握せずに，法律事務所の業務から類推してルール化した根本的な問題があり，② ABA 弁護士業務模範規則（Model Rules of Professional Conduct）第 1．13 条は，外部弁護士にも適用されるルールであるのにもかかわらず，それを参考にした 51 条が組織内弁護士にのみ適用されることは政策的正当性を欠き，③ その結果，一般の弁護士（外部弁護士）に義務付けられることのない義務を組織内弁護士にのみ課すダブルスタンダードとしているばかりか，④「自らが所属する部署の長又はその組織の長，取締役会若しくは理事会その他の上級機関に対する説明又は勧告その他のその組織内における適切な措置」をとることについても現実的ではないとする批判がみられる[22]。

　この批判は，組織内弁護士の独立性を脅かす要因を実証的に分析しており，説得的であり，今後の規程 51 条論は，これに応えなければならないであろう。

　もっとも，組織内弁護士の独立性を論じるに当たっては，判断の独立を中核に据えることが必要である。組織内弁護士は，組織の指揮監督権に服し組織内意思決定に関与するという実情に即した配慮をしつつ，その中で，判断の独立を担保することの意義が強調されなければならないと思われる。また，51 条については，外部弁護士も同様の状況においては同様の義務付けをする方向が相当であり，適切な措置の内実の再構成も課題とすべきであろう。

V　共同受任弁護士相互間の独立性の問題

　同一法律事務所内の弁護士が共同で特定事案の依頼を受任した場合における

---

[22]　本間正浩「弁護士業務基本規程 51 条の実務上の問題点」森勇編著『リーガルマーケットの展開と弁護士の職業像』339 頁（中大出版部，2015），同「組織内弁護士と弁護士の『独立性』」同書 387 頁，同「企業内弁護士と法律事務所の弁護士」同書 411 頁。

弁護士相互間の独立性については，どのように考えるべきであろうか。

これも，各弁護士の「判断の独立」を担保するという観点から考えるのが相当であろう。

すなわち，第1に，経営弁護士か勤務弁護士かを問わず，さらには弁護士の経験年数も問わず，徹底的に意見を闘わせるべきである。勤務弁護士であろうと，経営弁護士に迎合したり，阿ることなく，独立した判断をすることが，弁護士の独立性の発現である。

第2に，徹底した意見交換の後は，受任弁護士が奇数の場合には，多数決で方針決定をすることでよいであろう。

第3に，受任弁護士が偶数で多数決では決着がつかない場合には，別途の方法で方針決定するほかない。

何よりも重要なことは，その過程において，各弁護士の「判断の独立」が担保されていることであり，そうであれば，弁護士の独立性の観点からは，なんら問題はないということができるのである。また，場合によっては，弁護士のうちの1人（何人か）が職務における判断・自由の独立性を侵害されるおそれがあるとして辞任することも許容すべきであろう。

質疑応答・ディスカッション

司会（森先生）
　これから質疑応答・討論に入りたいと思います。時間の関係で，質問の予定のある方には，先にお願いして，紙媒体でいただいています。それで，最初にいただいた方から始めたいと思います。
　ドイツ語のほうは，皆さまのお手元のブルーのものの 35 頁以下に載っています。日本語のほうは，印刷が間に合わなかったもので，エヴァー先生の別刷りのものの最後のほうの，「〈ディスカッション〉」と書かれている，1 頁以下（本書 19 頁以下）のところです。
　時間がないので要旨だけをお話しいただきたいと思います。ご発言いただくときには，通訳しやすいように少しゆっくりお話しいただければと思います。
　それでは，弁護士の本間正浩先生，よろしくお願いいたします。

本間先生
　弁護士の本間でございます。
　弁護士の独立性ということで非常に参考になるお話を伺いました。質問というかコメントというか，ご批判をいただく「たたかれ台」として若干のことを述べたいと思います。
　基本的に，そもそも「「独立性」とは何か」ということがどこまで議論されているのだろうかというのが，私の本日の問題提起です。「誰からの独立か」ということは非常に議論されていますが，そこでいわれる「独立性」がそもそもどのような意味を持っているかということです。

これに関して4点ほどポイントを挙げておきます。なお，私見について具体的には別稿をご参照ください（本書231頁）。

第1　独立性というときに，弁護士としての自律・倫理あるいは内心の信条といった，いわば「内心の問題」あるいは「身の振り方」の問題と，「行動規範」あるいは「ルール」の問題と，この二つの側面があると思います。これが，往々にして混同されているのではないでしょうか。これが一つの問題提起です。

第2　仮に事を内心の独立性に集中したとしても，本当に独立性を持った判断ができているのかどうかということ自体非常に難しい面があるのではないでしょうか。これが私の実務的な感覚です。

第3　そもそも独立性という概念自体が多義的ではないか，という問題提起です。

たとえば，「パワー（power）としての独立性」，つまり，独立性の意義の中にはそれを実現する力が要素として入らざるをえないのではないか，という問題提起があります。

これが典型的に出てくるのがジェネラル・カウンセル（general counsel）だと思うのです。ご存じのとおり，特に米系企業において，ジェネラル・カウンセルは強大な力を持っていて，ほとんど拒否権に近いものを持っています。パワーという意味では，独立性を持っています。ただ，通常「独立」という言葉で想定されるような，ここでは組織ですが，「組織から離れたが故に独立性を享受している」のではなくて，「組織の中に入って，ジェネラル・カウンセルの意思が組織の意思として取り込まれる結果，パワーとしての独立性を享受している」ということになると，果たしてジェネラル・カウンセルは独立なのか独立でないのか。このあたりは独立性の概念の中で検討していかなければいけないのではないかと思います。

第4　独立性が本当に絶対的な価値であるのか，特に実務的な基準の定立の意味において絶対的な価値なのかという点について私のコメントを述べて，ご批判をいただきたいと思います。

しょせん，独立といっても常に比較的なというか相対的な概念でしかないのではないか。仮に独立性という概念が相対的なものだとすると，特定の問題に対する結論は，「独立性」という言葉をいくら一次元的に分析しても，おそらく答えは出てこないでしょう。となると，多分，「独立性」と対比させてバランスを取る何かのファクターなり対極の価値があるのだろうと思っています。

　そのへんについて，ぜひご批判をいただきたいと思います。

　以上です。

司会

　ありがとうございました。

　まとめていただいたのですが，本間先生の疑問や意見の詳細は，お話にもありましたように，御論攷「弁護士の「独立性」概念をめぐる一考察」としていただき，本書231頁以下に収録させていただいておりますので，是非ご参照ください。

　司会者の独断と偏見ですが，おそらくこれの裏側ではないかと思う質問を田中紘三先生にいただいております。「田中紘三先生の質問」というペーパーを別にお配りしていると思いますが，その1問目です。弁護士の田中紘三先生，よろしくお願いいたします。田中先生は，中央大学法科大学院で法曹倫理を担当しておられました。

田中先生

　私は，弁護士職務基本規程の制定議論の出だしのころからずっと最後まで，不規則発言担当の役割がほとんどだったと思いますが，その会議の全部に参加しました。その制定にあたっては，アメリカのABAのルールやドイツその他諸外国の法律の「いいとこ取り」をしました。もちろん，その中では，非常に説得力のある加藤先生の弁護士に関するお考えも熟読しました。加藤先生がどのようにおっしゃろうとも，基本的にそれらとは矛盾はしていないと思っています。ただし，時の変化の中で，アメリカでテロ問題の処理の責任の一端を弁

護士にも負わせる法律ができた関係もあって，特殊な規定も抽象的ながらどこかに紛れ込ませています。それから，日本の法律では，刑事事件について敏感に反応する弁護士が多いことも事実であり，それも入れました。ですので，全体的に整合性のある，完璧な規程になった，ということはいえないと思います。

そのようなことを総合して，お話を聞いていました。私は基本的には教条的，原理主義的なルールが好きな性格ですが，プリュッティング先生はプラグマティズムにも好意を持ったお話をされたと理解して，「ああ，そういうものか」と，私も考えを新たにしました。それから，エヴァー先生のお話の中では，英国あるいはドイツ・アメリカでは，いろいろなルールがあって，結論は同じであってもその結論を正当化する理由が少しずつ違っているのではないかと感じました。日本では，よそから借りてきた理屈ではありますが，少し違った理屈をつけています。今はその個々について触れることはいたしません。

今日は独立性ということを強調されていますし，確かに職務基本規程の中でも「独立」という用語は使っています。しかし，「独立」という用語を弁護士の役割の中で使うのは曖昧で誤解を招く可能性があるのではないかと，私はずっと思い続けてきました。

弁護士の基本的な役割は，裁判所は「officer of the court」と言い，日本語では「司法の担い手」などと訳していて，どちらが正しい言い方なのかはわかりませんが，正しい裁判をするための法廷での材料を提供するための，法廷外つまりバックヤードの世話人ではないでしょうか。弁護士をそのように位置づけますと，そのバックヤードの中では，いろいろな人の出会いがあります。乱闘もあります。変な人も来ます。それから，悪いことを唆して「裁判所で，こういってくれ」と言ってくる人もいます。そのようなものをそのまま裁判所へ持っていくと裁判所をだますことになるので，それをきちんと整理して，そして正しい裁判をするのを手助けする，というのが弁護士の基本的な役割ではないか。

それを「独立性」という言葉を使って説明し，それを派生用語の原点に据

え，誠実義務だとか忠実性だとかの意味を持つ種々の形容詞をくっつけるのはなかなか難しいところがあるのではないかと思います。アメリカでは，「detached position」「detached role」。「距離感を保って依頼者とつき合う」という用語が使われていると思います。そのような何か別の言い方をせず，「独立性」という言葉を定義してそこからいろいろな派生的な意味を引き出すのは少し問題があるのかな，と感じています。

司会

どうもありがとうございました。

今のお2人の質問には，まずプリュッティング先生にお答えいただいて，そしてエヴァー先生にお答えいただく。あるいは，前にお座りの皆さまもこれらについておっしゃりたいことがあるかもしれません。

発言をテープ起こししたものを後日ドイツ側に送って，補完や追加をしていただきます。ご質問の内容について「もう少し話したかった」ということがあれば，後からいただいても，それはそれなりに，全部を訳せるかどうかはわかりませんが，若干対応できると思います。ですので，ぜひともご発言は少しにしていただいて，なるべく多くの人が参戦できるようにしていただきたいと思います。

田中先生のご質問は「もっと具体化すべきではないか」ということではないかと思います。まず，そのあたりを簡単にお願いできればと存じます。

プリュッティング先生

本間先生，田中先生，ありがとうございます。お2人の議論の中で，「独立性」の概念が相対概念であって絶対概念ではないということが明確になったと思います。それゆえ，田中先生の疑問も，もっと具体化してほしいとの希望も，よくわかります。私の報告の中で，すでに，具体化を試みましたように，まず人的要素により，次に物的な観点から分類することによって，具体化が可能であると確信しております。そもそも「独立性」というような広い概念を具

体化するには，どのような具体的な問題との関係での独立性を念頭に置いているかを繰り返し考えなければなりません。独立性を抽象的に定義するだけでは，たいてい，その先には進みません。日本でも明らかに大きな問題となっているインハウス・ロイヤーは，労働法上の拘束に対する独立性という特別な概念として理解できます。これに対して，自由弁護士とその拘束を考察するときは，極めて具体的に個々の関連する事項を挙げなければ，この問題領域を議論することはできません。すなわち，国家に対する弁護士の関係，自分の依頼者に対する弁護士の関係，相手方当事者に対する弁護士の関係，さらには第三者に対する弁護士の関係といった観点です。このように明確に区別することによってのみ，議論を進めることができる，そう思います。

具体的に述べてみましょう。

国家に対する弁護士の独立性とは，弁護士が国家の影響力に服さないこと，つまり，国家機関から何ら指図を受けず，指導的な指示をも受けないこと，そしてまた，財政的に国家の助成も受けず，国家のコントロールに服しないこと，を意味します。公務員法上の行動義務や誠実義務は排除されています。

当事者（自分の依頼者）からの独立性とは，依頼者の指図が弁護士に違法または可罰的な行動を誘発するおそれがあるときは，そのような指図に従わず，明確に拒絶できることを意味します。依頼者の適法な指図の場合には，勝訴の見込みや経済的な効果を検討し，場合によっては依頼者に生じうる種々の問題を説明する義務を負います。説明を聴いても依頼者がなおも指図するときは，弁護士はその指図に従って構いません。委任契約の枠内で依頼者から見聞きしたことについては全面的に，厳格な守秘義務を守らなければなりません。依頼者から，または依頼者のために，財産的価値あるものを委託されたときは，最高度の注意をもってこれを扱わなければなりません。

相手方当事者からの独立性とは，まず中核的に，自分の依頼者たる当事者と並んで相手方当事者をも手助けすることはしてはならないことを意味します。そのような利益相反行為は，いかなる事情があっても回避しなければなりません。さらに，弁護士は，相手方当事者に対して私情を交えず（sachlich）接しな

ければなりません。とくに，不真実を広めたり，相手を蔑むような発言をすることは許されません。

　第三者からの独立とは，依頼者に対して負っている守秘義務を第三者に対しても完全に守り，ここでも私情を交えて行動することが許されないことを意味します。しかしまた，とりわけ，自分の依頼者との委任関係につき，第三者から指図を受けることがあってはなりません。

　以上のような例証によって，具体化の試みには充分でしょう。

エヴァー先生
　弁護士の独立というものは，常にある程度相対的でしかありえません。この点で，私は田中先生そして本間先生と同意見です。弁護士は，社会からの影響を免れることはできない。この点について私も本間先生と同意見です。社会環境そして社会の発展をつうじて，人は内面的な影響から免れることはできません。しかし，このことが弁護士の独立性を脅かすものだとは，私は考えません。もっとも重要なのは，ドイツにおいては法的紛争処理機構（Rechtspflege）の一機関とされている弁護士が，自分の責任のもとで，その任務を果たせることです。弁護士は，独立してこれができる，つまりは，弁護士は，他者・第三者から独立して，その職務を行うことができる点にあります。

　すでにプリュッティング先生が指摘されたように，まずもっては，国家からの独立です。ドイツは過去にひどい経験をしています。一つはナチス，もう一つは，共産主義体制つまりは旧東ドイツです。ここでは，市民は弁護士に依頼することはできましたが，弁護士は国家により操られていました。この経験から，ドイツでは，弁護士が国家から影響を一切受けないこと，弁護士が依頼者との関係で国家組織の一部に組み込まれないことが特に重要視されているのです。

　ちなみにこのことはもう一つ別のことをもたらしました。ドイツにおける伝統は，これらすべてを兼ね備えています。18世紀初頭のプロイセン王，フリードリッヒ・ヴィルヘルム1世（*Friedrich Willheim I*）は，ある法律を作ると言

い出しました。その法律によれば，弁護士は，黒いマントを着用しなくてはならないとされました。遠くからでもならず者，つまり詐欺師だとわかるようにです。権力を握った国家は市民を支援するために弁護士が存在することを望まなかった。このことがドイツでは，特別の展開をもたらしました。森先生から，私とヴェッセルズ先生のご紹介の際，私たちの所属組織についてもお話がありましたので，この発展についてお話ししたいと思います。過去においても国家は，市民が権利を行使することを望まなかったことから，国家は弁護士に対して否定的でした。このことから，ドイツでは早い時期から弁護士の組織化が進みました。19世紀の後半には，各地に弁護士協会（Anwaltverein）が設立され，1871年には，各地の弁護士会を構成員としたドイツ全体をカバーするドイツ弁護士協会（Deutsche Anwaltverein）が設立されました。そして弁護士協会は，弁護士が国家により管理されないことを求めました。そうしないと，国家は常に弁護士に対して影響力を行使しようとし，そうなると弁護士は，依頼者に対しその責務をもはや十分に果たせなくなることを弁護士協会は危惧したからです。そのため，弁護士協会は，弁護士の自治を求めたのです。この動きが弁護士全員をその構成員とする弁護士会（Anwaltskammer）の設立へとつながっていったのです。これは，実にポジティブな展開でした。というのは，これにより国家に対する独立性が強化されたからです。そして，当時はまだでしたが，現在では，弁護士の認可，その認可の取消・撤回は弁護士会の自治に委ねられることになったわけです。この弁護士の自治は，弁護士の独立の制度的保障です。弁護士は国家のもとに置かれない，弁護士の依頼者の相手方ともなりうる国家からの指揮を受けてはならず，反対に，弁護士は独立性を備えていなくてはならないのです。

　こうした歴史的な展開は，ドイツでは，二つの道筋を立ち上げることになりました。一つは，弁護士が加入を強制される単位弁護士会およびその単位弁護士会をメンバーとする連邦弁護士会と，任意加入団体である単位弁護士協会とその単位弁護士協会加入をつうじ自動的にそのメンバーとなるドイツ弁護士協会という立て付けです。この複線的な両組織は，互いに大いに信頼しあい，そ

して協力していっています。そしてこうした立て付けが，ドイツにおいては，政治に対する弁護士の地位を適切なもの，そして強力なものとしているのです。この点は，ヴェッセルズ先生も同意見でしょう。この立て付けは，信頼できるシステムです。これは重要ですし，われわれはこうした制度的保障を必要としています。われわれは，独立性の現れとして，われわれには他の権利，たとえば，弁護士の監視を受けない権利，一部例外を除き弁護士事務所では原則押収されない権利が必要です。これらはすべて，弁護士の国家からの独立をその目的としています。これは，弁護士がその活動を展開するための絶対条件なのです。

　次にプリュッティング先生，そして私も取り上げましたが，弁護士の独立性には，さまざまな顔といったものがあります。一つは，団体内弁護士（Syndikus）の問題です。たとえばある会社のCEO，経営陣が，弁護士にこういった結論の意見書を作るよう指示するのは，許されません。そうではなく，専門的な事項に関して，弁護士は指揮に服すことなく，自己の責任のもとで，どういった判断をするか決めなくてはなりません。いうまでもなく，このことは法システムによい効果をもたらします。というのは，弁護士が意見書を作成し，それがCEOの求めたものとは異なっていた場合には，このCEOにとってはそれだけで面倒なことになります。というのは，意見書で違法とされたことを実行するに際しては，どうしたら社内的に正当化できるのかを考えなくてはならなくなるからです。つまり，独立性を備えた弁護士が団体内に勤務していることは，法の強化につながります。弁護士としての認可を受けていない単なる法律家（Jurist）であったなら，話は別でしょう。この点こそが重要なのだと考えます。このことは，弁護士の独立が，弁護士の特権ではないことを明らかにしています。それは弁護士が法的問題処理機構の一機関として，依頼者のためにその責務を可能な限り実効的に果たすための前提なのです。

司会

　エヴァー先生，どうもありがとうございました。熱い語りで，皆さまにも熱

が伝わっただろうと思います。

　申し遅れましたが，ドイツの関連条文の訳が参考資料60頁（本書499頁以下）に記載されています。今エヴァー先生がお話しになったのを「集約した」とは少し言い過ぎかもしれませんが，63ページ（本書504頁）の弁護士職業規則の第1条が今エヴァー先生にお話しいただいた中核的な部分ではないかと思いますので，指摘させていただきました。

　それでは，ヘンスラー先生やヴェッセルズ先生から追加のコメントがあるようでしたらこの次にということで，報告者の加藤先生から一言です。

加藤先生
　本間先生，田中先生，報告にコメントし，ご意見をいただきありがとうございました。
　両先生からの，「独立性」というのは甚だ多義的で曖昧ではないかというご指摘については，そのとおりではないかと思います。したがって，原理的問題を語るのか，各論的問題を論じるのかにより，その外延はもとより，内実もコンセンサスの得られないことがあるかと思われます。その限りで，プリュッティング先生，エヴァー先生のいわれるように，「独立性」は絶対的概念ではなく，相対的なものであると考えます。もっとも，「独立性」が相対的なものであるとしても，その中核にあるものは何かを明らかにすることはできるのではないか，これが私の問題関心でした。
　私はこの報告の依頼を受けてから，弁護士の独立性に関して触れるわが国の論考，コンメンタールをほぼ網羅的に見てみましたが，ほとんどのものが，まとまった内容を欠くか，報告でも申し上げた旧弁護士倫理2条のオフィシャルな解説本であった『注釈弁護士倫理（補訂版）』に述べられた，① 権力からの自由と独立，② 依頼者からの自由と独立，③ 他の弁護士との関係における自由と独立を援用しているという状況でした。例外は，柏木弁護士の「法曹を統合する理念」でした。これは報告で申し上げましたとおり，依頼者のための独立と依頼者からの独立とに分けて説明して，かつ利益相反のようなものも取り

込んで，弁護士の機能的観点からの行為規範を体系的に語られる分類です。

　実は，いずれかといえば，柏木先生の二分説のほうにシンパシーを持ちかけたのです。ただ，そうなると，今回の報告も柏木弁護士のご見解のちょうちん持ちをするだけで終わってしまいます。また，わが国の弁護士および弁護士制度の歴史を考えると，国家からの独立性を3本柱の一つに据える三分説も，その限りでは，なお有用性があることは間違いないように思われます。

　そこで，私としては，原理的なアプローチといいますか，弁護士の「独立」というのは果たして「何（どのような行為）を独立にすべきか」という内実を考えることにしました。それは，報告でも申しあげたように，「判断の独立」ではないかというのが結論です。楽屋話を披露しますと，これは，午後に登壇される佐瀬弁護士と議論している中で，判断の独立とみるほかなかろうと考えました。弁護士の判断は，もとより依頼者の権利・利益の擁護・実現のためのものであることが要請されますが，目的のために手段を選ばないというのではなく，実定法秩序にも健全な社会通念にもかなうという意味で，公益的価値も踏まえたものであるべきものです。

　今回のプリュッティング先生のご報告を我田引水的に援用しますと，プリュッティング先生の報告では，要するに，法治国家における「機能的な司法は」「あらゆる場面で」「関係者の」「中立性と独立性を前提と」すると論じておられます。まさにそうではないでしょうか。機能的な司法を構成する裁判官もそうですし，同様に弁護士も独立性を前提にするということであると考えます。さらに，その独立性の中身は何かというのは，プリュッティング先生の報告で，「仮に暫定的かつ一般的な定義を試みるなら」「自治」の状態すなわち「自己決定であ」るということです。自己決定というのはすなわち判断にほかなりません。ですから，弁護士の判断の独立を図ること，できるだけ何からも影響されないで判断する，それを助言する，実際の執務に移す，ということが重要ではないかと考えたわけです。

　そこは定義の問題でもありますし，事実認識の問題でもあるわけです。その意味では，本間先生が，「自分は他から影響されている判断かどうか，よくわ

からない」と事実認識の問題としていわれたことは、私にはわかるような気もしますが、実はよくわかりません。自分の判断については、内省して、「自分は元々このように思っていたが、Aさんが論拠を示してこう言ったから、まあそうだなと思って、若干妥協して、当初の考えを一部変えた」と受け止めれば、自分の思考・判断のプロセスと要因の認知はできるのではないかと思います。もっとも、思考・判断のプロセスが重層的かつ相互往復的であり、要因も複雑多岐にわたる場合には、誰に影響を受けたかどうかがわからないという状況はあるかもしれませんが、それはその人がその時点で、独立して判断した状況が存在すれば、格別問題とすることでもないように思います。

以上が、必ずしも十分ではありませんが、独立性それ自体の議論の関係における、さしあたりの私の回答です。

次に、本間先生からは、独立性の問題を議論するときに、弁護士の内心の問題と行為規範の問題とを混同してはいけない、加藤は、この点を混同しているのではないか、と『コモン・ベーシック弁護士倫理』(有斐閣、2006) に書いたところをもとに、ご批判をいただきました。

この点について釈明しますと、まず、私は「カトウ」であって、「コンドウ」ではないので、これは本間先生のとんでもない誤解です (笑)。これは冗談ですが、まじめに受け止めますと、本間先生のご意見は、弁護士倫理の論じ方の作法における重要なご指摘だと思います。

私は、法曹倫理 (その重要部分としての弁護士倫理) は、法曹のあるべき姿など抽象的な価値ないし原理から、自律的な心構え (内心の問題)、懲戒事由となる行為規範、民事・刑事の法的責任の根拠となる実定法の規範まで多様な、重層的なかたちで存在していると考えています (前掲『コモン・ベーシック弁護士倫理』34頁)。このような倫理の重層性を観念しますと、各階層の価値は他の階層の価値に連動・関連することが容易に理解することができます (もちろん、どの範囲までを弁護士倫理で論じることにするかは、論者によってさまざまであることは許容します)。そして、弁護士の内心のあり方の問題が弁護士としての行為規範の基礎にあることが多いことも異論はないと思います。しかし、弁護士の内

心の問題と行為規範の問題とは，いずれも弁護士倫理を構成する要素ではありますが，別の次元のものであり，その限りで区別して論じることが必要です。その意味では，一般論として本間先生の指摘はそのとおりです。

ところで，本間先生が問題視されるのは，山浦善樹弁護士（元最高裁判事）が，司法研修所の裁判官研修でされた講演と，それに続けた私のコメントです。少し長くなりますが，講演の内容がわからないと，本間先生の批判の眼目も皆さまに理解されにくいので，該当箇所を挙げてみます。

【山浦弁護士の講演要旨】（前掲『コモン・ベーシック弁護士倫理』198 頁）

「・弁護士には，訴訟代理人としての立場と公益的な立場があるといわれるが，こうした分析は，弁護士にとって他人事でしかない。事務所経営者としての弁護士の関心はリピーターからの美味しい事件の確保にある。

・唯一の収入源は依頼者であるから，生き延びていくためには，どのように悩みをたくさん抱える依頼者をつかみ，依頼者の悩みを多額の収入につなげるか。弁護士は，簡単な事件を美味しい事件に仕立てることはあっても，美味しい事件を簡単に済ませるようなことは決してしない。

・できれば同じ依頼者が次から次へと悩みを持ってきてほしい。弁護士のリピーター獲得競争は今後も増え続けるであろう。

・大企業の依頼を受けてもリピートは保証されたわけではない。彼には幅広い選択眼があるから，ベテラン弁護士でも安心してはいられない。お眼鏡に適わなければそれまでで，次の悩みは別の事務所に依頼するかもしれない。まちがっても，経営者の不正を指摘するような行為は，依頼中止となる危険があるから，弁護士としては厳に慎まねばならない。」

以上が，山浦弁護士の講演要旨です。

私は，「山浦善樹弁護士は，通常の弁護士はリピーターの依頼者の確保が最も高い関心事であるといわれる。山浦弁護士は，ある裁判官研修において，そうした観点から，弁護士の本音を知らなければ，かみ合わない訴訟指揮しかできないと講演された。この講演は，聴講した裁判官の多くから『弁護士の本音を聴くことができ，目からうろこが落ちた』と絶賛された」とコメントしまし

た。

　この点について，本間弁護士は，「経営者の不正を指摘するような行為は，依頼中止となる危険があるから，弁護士としては厳に慎まねばならない」ことを，私が事実認識として肯定的に取り上げたとし，「弁護士が，単発で大企業の案件を受任する場合であっても，『経営者の不正を指摘する』ことは，『依頼中止となる危険がある』から，『厳に慎まねばならない』というのであれば，いわんや組織内弁護士においてをや，となるのであろうか。組織人としての弁護士は，組織に気兼ねをして，リーガル・プロフェッションとしての独立性を持ちえないものなのであろうか。

　そうではないであろう。独立性を保持することが困難な状況にあったとしても，保身を図ることなく清々しく，潔く行動する人も少なからず存在する」（前掲『コモン・ベーシック弁護士倫理』198～199頁）と記述したことをもって弁護士職務基本規程51条を正当化するといわれます。そして，これを，内心の問題と行為規範の問題とを混同する顕著な例と批判されるのです。

　この記述は，確かに舌足らずの面があり，誤解を招く余地がないとはいえません。そこで，本間先生に批判いただいたことを機会に，誤解を解いておきたいと思います。

　第1に，私は，山浦弁護士がいわれる「経営者の不正を指摘するような行為は，依頼中止となる危険があるから，弁護士としては厳に慎まねばならない」ことを，事実認識としてそのとおりであろうと受け止めました。そして，裁判官としては，こうした事実認識のもとに，訴訟指揮や事実認定をすることが必要であろうと考えました。しかし，規範論としてこれを肯定的に取り上げてはおりません（そのような記述はまったくしていません）。また，講演を聴いた裁判官も，「弁護士の本音を聴くことができ，目からうろこが落ちた」と高く評価しましたが，それが規範的にも了解可能であると思った者はいないと考えています。

　第2に，私は，「独立性を保持することが困難な状況にあったとしても，保身を図ることなく清々しく，潔く行動する」弁護士は，「経営者の不正を指摘

するような行為」を控えることはないであろうと考えています。それは，内心の問題と行為規範の問題とを混同しているのではなく，行為規範である弁護士職務基本規程51条の基礎には，弁護士の内心のあり方の問題，この場合は弁護士として自分の目先の利益に惑わされることなく，つまり，保身を図ることなく清々しく，潔く行動するようにありたいという心構えの問題があることを指摘しているものです。このことは，その後の記述で，「裁判官にも，実は，同様の事柄はある。裁判官は，職務の独立性を標榜している。観念論だけでなく，実際にも，自由な精神空間がなければ，裁判官が中立・公正な判断をしていくことは難しい。たとえば，そうした裁判官が，『甲か乙か，いずれの結論をとるか』という判断を迫られる場面において，論理的にはどちらも選択可能なときに，『自分としては甲をとりたいが，世論の動向，世間の受けを忖度すると，乙が無難である』として，乙という結論をとることがあったとすれば，それは裁判官が世論に気兼ねをした結果，『あるべき中立・公正な判断』が歪められていることにほかならない。そして，これを『裁判官の独善性を排した判断である，多数の社会構成員の目線に合致した判断である』と弁明することは容易である。もちろん，これは裁判官の保身にすぎないのであって，自分の心はごまかすことはできないのである」（前掲『コモン・ベーシック弁護士倫理』199頁）と論じていることからも，ご理解いただけるのではないかと思います。

　以上が，本間先生のご批判に対する，回答です。

　本間先生は，報告でも触れましたが，かねてより弁護士職務基本規程51条のような規範が組織内弁護士にのみ定められ，外部弁護士に同旨の行為規範が定められていないことに批判を傾注してきておられます。この点については，今回の報告を準備する過程で考え，規程51条については，外部弁護士も同様の状況においては同様の義務付けをする方向が相当であり，適切な措置の内実の再構成も課題とすべきであると考えるに至りました。したがって，現時点では，私の言説に対する批判を継続されることは，決して得策ではないことを申し添えたいと思います（冗談です）（笑）。

　長くなりましたが，以上で，田中先生，本間先生のコメントに対する回答を

終わります。

司会
　田中先生，うずうずなさっているようですね。どうぞ。

田中先生
　僭越ながら，加藤先生がご紹介された山浦弁護士のご講演に「目からうろこ」と受け止められたとのご発言には，少々の危惧を覚えます。依頼者とはすべて一期一会の関係。常連顧客の登場は，その結果にすぎません。山浦弁護士は，目的と結果を混同しているように思われます。民訴法雑誌52号にも同論の記事が掲載されていますが，山浦弁護士限りのご見解として受け止めてほしいと私は願っています（自由と正義2003年8月号162頁「懲戒公告例」参照）。弁護士とは，しょせん，お金に目がくらんだ商売人なんだ，裁判所を翻弄させる商売なんだ，弁護士倫理は表向きのタテマエに過ぎないんだ，などと侮蔑される論拠にされるのではたまりません。依頼者に媚びて依頼者数を増やそうというのは弁護士業務環境の汚染につながるから邪道だ，と考えて実践に生かしている弁護士も多いと思います。弁護士は，依頼者の財布の厚みにほれ込むような商売をしているのではありません。加藤先生までもが「目からうろこ」といわれると，生きた心地がしません。法科大学院も滂沱あるのみでしょう（これも冗談です）。

司会
　田中先生，手厳しいご意見ありがとうございました。それでは，引き続きヴェッセルズ先生，よろしくお願いします。

ヴェッセルズ先生
　われわれが，独立性について問いかけるとき，われわれは，何をそれで達成しようかということも自問しなくてはなりません。われわれはこれをもって，

われわれの依頼者に，最終的には何ら妨げられることのない権利へのアクセスを保障しようとしているのです。法的な問題・法的な課題を抱えているすべての依頼者が，自分の代理人となってくれる弁護士を見つけ出すことができる。弁護士は，依頼者が自分のところにきたなら，第三者に由来する影響を受けることなく，その利益をもっともよく代理し，そして裁判となったときはもっともよく擁護すべく，助言しそして法律上認められている手段を示すことができる。わけても，この裁判手続が官署，つまりは国を相手とした場合であっても，依頼者がなんらかの圧迫を受けることがないようにし，その結果として，依頼者がこの場合でも，官署つまりは国からなんらかのかたちでネガティブな影響を被る，あるいは，ネガティブな対応を受けるに違いないと恐れなくてもよいようにする。弁護士の独立性により，達成しようとしているのは，こうしたことなのです。依頼者の利益になるよう権利を実現するとは，消費者保護の観点も併せ持っているという理解に立ち，そしてその上で，裁判も，法律と法に基づく裁判を保障する独立性を持っているということを合わせて考慮することで，われわれは独立性という概念をよりよく理解することができる，そう考えます。プリュッティング先生が，一般的な定義として示したところのものは，必然的に抽象的にならざるをえないものですから，われわれはその中身を具体化することにトライしていかなくてはなりません。そして具体化がなったなら，エヴァー先生もまた述べられたわれわれが注意を払わなくてはならない，われわれが目を向けておかねばならないところにたどり着くこととなります。上記のとおり権利の実現のためにわれわれが必要としているこうした独立性は，それがEUによるものであろうと，あるいはまた市民の権利，弁護士の権利はたまた裁判官の権利が制約を受けている国によるものであろうと，ここでは制約されることがあってはなりません。そしてまた，そうすることで独立性という概念に中身をもつことができるのです。この際私はまた，われわれが，相異なる法領域ごとに異なった扱いをしなくてはならない，各国ごとに異なった扱いをしなくてはならないと考えています。というのは，法律関係，法の定立のあり方および影響の受け方も異なるからです。とはいっても，弁護士

であるわれわれは，国家から独立していなくてはいけない，そしてわれわれは，第三者の利益に決して左右されることなく，われわれの依頼者を代理することができる，つまるところ，これが独立性の核心をなすものだと，私は考えています。

司会

　ヴェッセルズ先生，ありがとうございました。

　恐らくヘンスラー先生もお話しになりたいのでしょうが，この次のところで出ていただくということで，まずは質問を続けさせていただきます。中央大学の山田八千子先生，よろしくお願いします。

山田先生

　中央大学法科大学院の山田八千子です。法哲学と民法を専攻しており，弁護士登録もしております。

　いずれも興味深く貴重なご報告を有り難うございました。

　私の質問は，弁護士の経済的独立性に関するものです。

　ドイツも，日本と同様，弁護士事務所，弁護士法人が，他の組織と業務共同をしたり資本参加を受けたりすることについて，弁護士の自律的な判断に対し望ましくない影響を生じさせる恐れがあるとして，独立性の厳しい制限を受けています。日本の弁護士の立場としては，こうした制限は当たり前だと思っておりましたが，近時，イギリスにおいて，ABS (Alternative Business Structure) という新たな資本提携の制度が導入されて，税理士法人のような専門家の士業だけではなく，不動産業，あるいはスーパーのような企業さえも，一定の条件のもとに，弁護士事務所と資本提携を結べることを認めている国があると知り，少し調査を行いました。その結果，このABSという制度は，イギリスだけではなくオーストラリアでも積極的に取り入れられているのですが，イギリスにおいては，法曹界にも市場原理を導入して多様化する顧客のニーズに積極的に対応しようとする理念をもって導入されたこと，弁護士の独立性を斟酌し

ないような制度設計上の工夫がされていること，また，資本参加するのは営利企業だけではなくたとえば大学のような非営利組織が企業法務を中心とするソリシター事務所の弁護士の参加をえて法律相談をおこなうようなこともあることなどがわかりました。そこで，ABSというかたちで資本参加をする仕組みは，確かに弁護士の経済的独立性と抵触する恐れはありますが，顧客にとっては多様な選択肢を提供することでメリットのある仕組みであり，一切認めないとすることで顧客のニーズに応じる可能性を閉ざしてしまうよりも，弁護士の経済的独立性には慎重に配慮しながら導入していく，経済的独立性と顧客のニーズの調和をはかるというイギリス的なアプローチも可能なのではないかと思った次第です。

　そこで，エヴァー先生，プリュッティング先生にお伺いしたい質問の第1は，ドイツにおいては，経済的独立性と顧客のニーズの調和という点に関して，仮にドイツにおけるABSを認めないという方向性をとられるならば，その理由の主たるものや背景にあるものは何かということです。

　この点について，性質の違う二つの理由，もちろん択一的ではないですが，一応分けられる二つの理由が考えられると思います。一つは原理的なもので，顧客のニーズの多様性に対応するかどうかという考慮よりも，ABSによって予想される弁護士の経済的独立性への害悪が大きすぎるが故に，ABSの導入に対して否定的であるという視点です。もう一つはより実用的なもので，わざわざABSを導入しても，それほど顧客のニーズに応えることにならないから，経済的独立性を害する危険性を持つABSを導入するメリットはたいしてないという理由です。実は，イギリスでも，ABSは導入されましたが，イギリスの国民や居住者の間ではあまり知られておらず，活用も十分されているとはいえないようですから，イギリスでも，後者の理由で将来ABSが認められなくなる可能性はあるかと思います。ただ，私の予想では，ドイツにおいては，前者つまり原理的な理由で，ABSに消極的なのではないでしょうか。

　また，第1の質問と関連して，二つの質問をしたいと思います。

　関連質問の第1は，他の組織との提携に関して，他資本参加のABSより限

定的な仕組み、専門家としての士業、たとえば税理士であるとか、医師のような専門家との提携です。ドイツでは、近時の判例で、弁護士が医者や薬局と提携することは許されることに変更されたと伺いましたが、ABSは認められないが、専門家との提携は許されるとした理由は何かという点をもう少しご教示ください。

関連質問の第2は、外国つまりABSの枠組みを用いたイギリスの事務所がドイツに事務所を開設しようとした場合、なんらかの制限が、国家法的に、あるいは弁護士会内部のルールとして、規制がされているのでしょうか。イギリスは、将来EUから離脱する方向性ですが、EU内の国でABSを導入している国のABS系の法律事務所がドイツで支店を開所しようとした場合と、オーストラリアのようなEU外の国の場合との両方を教えていただければ幸いです。前者は、EU特有ですが、後者は、一般的な問題で、日本の弁護士会の業務改革委員会シンポジウムでも、問題として取り上げられています。

以上、3点について、よろしくお願いいたします。

司会

　山田先生、ありがとうございました。それではます、エヴァー先生からよろしくお願いします。

エヴァー先生

　山田先生、ABSに触れることは、ドイツ風にいうと、「傷口に指をのせる（塩を塗る）」ものです。ABSは、実に難しい問題を提起します。ドイツ法上では、ABSは認められません。すでに述べたとおり、認められるのは、共同して業務にあたることを許された別の職業従事者との業務共同です。税理士、公認会計士、その他同種の職業従事者として一緒に働く者でなくてはなりません。他の国、特にイングランドやウェールズでは違います。イングランドはEUからの脱退が予定されてはいますが、今のところはまだEUのメンバーですから、問題は、イングランドでABSのかたちをとる弁護士事務所、つまり

弁護士ではなく，たとえば銀行がそのオーナーとなっている弁護士事務所が，ドイツで支所を開設しようとするときです。どうなるでしょうか。単に一時的な弁護士としての外国（EU 域内の）での活動を行う場合とは異なる支所の場合には，所管する弁護士会が開設（弁護士会への入会）の可否を判断することになりますが，わが国の基本的な理解のもとでは，開設を認めず認可はしないのではないでしょうか。私はそう思います。そうなると，このイングランドの事務所は，弁護士法院（Anwaltsgerichtshof）に不許可の取消を求めて訴えることになります。そうすると，弁護士法院ないしは，少なくともその上級審（上告審）となる連邦通常裁判所が，ドイツの規律はヨーロッパの規律，EU の規律，わけても域内での住居・事務所開設の自由（Niederlassungsfreiheit）に適合しているかを審査することになります。弁護士に関しては，その事務所開設の自由に関する特別の EU 指令があります。そこで，ドイツが開業の自由を制限することが，EU 観点からして正当化されるかが問われることになります。

　われわれは，こうした制限には十分根拠があると考えています。この点で，弁護士の 2 大組織である連邦弁護士会とドイツ弁護士協会の意見も一致しています。法的問題処理機構の実効性確保という利益が，正当化の十分な根拠となると考えています。というのは，EU 裁判所もまた，他の自由に関し，法的問題処理機構の利益のために制限されてよいとしているからです。EU 裁判所は，たとえば弁護士報酬に関する規律により EU 域内でのリーガルサービスが制約を受けるかという問題で，一定の条件のもとなら法的問題処理機構の利益のためにこうした弁護士報酬の規律は有意義であり，許されるとしています。しかしながら，本当のことをいえば，EU 裁判所がこの問題についてどのような判断を下すのか，予想がつきません。EU 裁判所がドイツの考え方に与しない可能性はありえます。そうなると，われわれはどうすべきか，何がありうるかを考えなくてはならなくなります。われわれとしては，EU 法からみて最低限必要であるが，翻ってできるだけ広い弁護士の影響力を確保するような規律を，ともに共同しておし進めていくこととなります。たとえば，10 パーセントは外部資本を認めるとした場合，弁護士の独立性への影響そして侵害は，100 パ

ーセントまで認めるよりもかなり少なくなることはいうまでもありません。今のところの状況は，こういったところです。ヨーロッパにとり，ブレグジット (Brexit)，つまり連合王国の EU からの脱退は，多少やっかいでもあり，残念なことですが，別の観点からすると，もしかしたらメリットがあるかもしれません。

司会
　私の整理の仕方が悪くて，ABS のほうから入ってしまったので。両方とも，いずれにしても裏表ですので。
　プリュッティング先生には，リーガルサービス，プラス，他のサービス，いわゆるワンストップのようなかたちを実現することに対する市民のニーズはどのようなものか，それは，インタープロフェッショナル・ゾシエテート，つまりは異業種間業務共同を共同事務所としてどこまで認めるかの判断あるいは評価について影響を与えるのかといったところを，簡単に答えていただいた上で，ABS のことについても言及していただければと思います。

プリュッティング先生
　市民の目から見た必要性というテーマに関し，弁護士とその他の職業との提携につき，ごく手短に次のことを指摘することができます。すなわち，ドイツでは，近時，通常の民事訴訟のほかに，特別のかたちの民事訴訟を開発するという議論が盛んになされています。つまり，特別の問題をうまく処理するために，一般的な訴訟法の規律が変更され，あるいは完全には及ばない領域があるというものです。カルテル法の領域における損害賠償訴訟，消費者紛争，医療責任訴訟，IT 訴訟や建築訴訟が念頭に置かれています。こうした特別の訴訟手続を分析すると，依頼者がそのような訴訟を自分 1 人で追行することができないだけでなく（もっとも，これは，少なくとも地方裁判所や上級裁判所において弁護士強制があるため，ドイツでは通常のことですが），医療責任法，IT 法やカルテル法における特別の知識のない弁護士も，そうした手続を依頼者のために首尾

よく追行するには大変に苦労するという結論に至ります。これが意味するのは，弁護士が，医師やその他の自由職業のスペシャリストとともに，業務共同組織を形成するのは，今日，個別事案において有意義でありうるということに他なりません。これは，かつては考え難いように思われましたが，今日，このように，たとえば，医療と法律の知識を組織的な業務共同により束ねるという考えは，もはや奇異なものではありません。特別の場合において，ドイツの連邦通常裁判所は，そうした業務共同が許されることを明確に判示しました。そこで，初めの問いに対する私の答えは，次のとおりです。すなわち，こうした個別事案における職種にわたる業務共同が大変有意義であると思わせる明確かつ合理的な傾向があります。

司会

　それではもう一度，エヴァー先生から。

エヴァー先生

　たとえば，医者と弁護士が業務共同すること，両方のサービスを1カ所で受けられることに対しては，市民サイドの需要がある，私はそう思います。また多くの企業が，弁護士と税理士や公認会計士からなる共同事務所を利用しています。自分のところを異なる角度からよく知っている，一つの視点からの助言をしかも1カ所で受けられるからです。市民からみてまったく関心がないし，関心を持つとは考えられないのが，弁護士事務所の財産が，投資機関たとえば銀行の手にあることです。ことはまったく反対です。この銀行を相手とする事件の依頼先である事務所が，もしかするとその銀行あるいは他の銀行などの所有となっていることを依頼者が知らないのは，信頼関係にとり有害です。市民の利益となるインター・プロフェッショナルな業務共同にはニーズがありますが，これと異なり，純粋の外部資本が弁護士事務所に入ることへのニーズは，市民サイドにはまったくありません。

　市民のニーズというコンテクストの関係で，独立性の問題にもう一言言及し

ておきたいと思います。次のような問題に関する非常に興味深い連邦憲法裁判所の裁判例がいくつもあります。ドイツでは，社会保障を所管する役所は，生活保護を必要とする人，つまり仕事もなく給与もえていないために生活保護を求めなくてはならない市民の相談を受ける義務を負っています。またドイツでは，資力のない市民が，弁護士から無料法律相談を受けられる，法律扶助の制度が設けられています。費用は国庫の負担です。こうした仕組みのもと，生活保護請求権者から裁判所に法律扶助の申請がありましたが，裁判所はこれを認めなかったケースが複数ありました。これらの人々は，社会保障を所管する役所で相談を受けてもらえる。当該役所も同じく法律相談にあたる義務を負っているからというのがその理由です。これについて連邦憲法裁判所は，2009年そして2013年の裁判で，何度もそれはよろしくないとの判断を示しました。人は，実効的な権利保護を求める権利をしかも憲法上有しているというのであれば，請求が向けられていて，将来相手方となる可能性がある者からではなく，独立の立場からの法律相談を受ける権利を有しているということです。生活保護を受ける人は，社会保障事務所を信頼できないのです。これら連邦憲法裁判所の裁判は，次のことを非常によく示していると思います。すなわち，弁護士の独立というものは，先に述べたように弁護士の特権などではなく，権利を求める市民，ヴェッセルズ先生がうまく言い表してくれた「権利へのアクセス」を求める市民に奉仕するという機能を持ったものなのです。この権利へのアクセスが実効的でありうるのは，それが独立性を備えており，そしてそれが第三者，場合によっては相手方からの影響をうけることを市民が危惧しなくてもよいときです。独立性を論じる際には常にこの点を意識していなくてはなりませんし，また独立性は自己目的ではありません。独立性は弁護士の特権ではなく，それは，効果的な法律相談そして代理を実現するための前提をなすものなのです。

司会

　エヴァー先生，ありがとうございました。

「もう私に話させろ」ということのようです。ヘンスラー先生に，先ほど留保したところを，時間の関係もあるので手短にお話しいただきます。第2部でゆっくりとお話しいただきますので。なお，恐らくABSについては他にも発言なさりたい方がたくさんいらっしゃるでしょうから，その点を踏まえて少しご発言いただきたいと思います。

ヘンスラー先生

　専門家同士の業務共同，つまり異業種従事者がともに仕事をすることと，ABS，外部の投資機関が単に資本を出して利益にあずかるだけの外部資本の問題は，まったく別のものですし，この二つは厳格にわけて考察していかなくてはいけないと思います。

　前者の業務共同では，たとえば，医師や薬剤師が，インター・プロフェッショナルな弁護士社団において仕事をするその構成員となることができるかということが問題です。日本サイドの視点からすると起きそうな誤解を解くためにも，一言述べておきます。ドイツの連邦憲法裁判所が適法だとした，薬剤師または医師と弁護士との業務共同にあたり，弁護士事務所で薬剤師が薬を売ったり，あるいは医師が弁護士の執務する事務所で治療行為をしたりするわけではもちろんありません。その仕事は，もっぱら，弁護士事務所での相談・助言にあたることです。この点に関しては，実務の要請に応えるべく，業務共同が認められるべき職業をより拡大していくことが必要だと私も思います。たとえば，建築の分野では，弁護士が建築士や建築技師とともに仕事をするのは非常に有意義で，建築分野の依頼者に対し質の高い助言を与えることができます。

　これに対し，後者のABSの問題，つまりは，弁護士の業務運営に外部資本の参加を認めてよいかという問題は，それが弁護士の独立性に対する危険性にかんがみると，異なった角度からみていく必要があります。ABSの導入をもたらしたアングロ・サクソン法圏における展開を，ドイツにそのまま持ち込むことはできません。オーストラリアには，外部資本が入った法律事務所で株式市場に上場しているものもすでにありますが，しかしこれには特別の背景があ

ります。非常にコストのかかるクラスアクションの資金をどうまかなうかの問題があるわけです。こうした大規模な訴訟では，弁護士事務所がまずは全資金を出し，後に，片面的成功報酬（Contigent Fee）に基づいて莫大な額の報酬をえるという立て付けになっています。クラスアクションを勧めるこうした弁護士社団の一部には，日本あるいはドイツにはみられない非常に大きな資金需要があります。現在世界中で，非常に低金利の融資を受け，こうして外部資金を取り込むことができるのですから，社団の自己資本に参加する外部の投資家という意味で，弁護士事務所に社員を取り込む需要は，弁護士サイドにはないわけです。資金を非常に低金利で借りられる現在，なぜ外部の投資家に弁護士事務所の収益の分け前を与えなくてはならないのでしょうか。

　私からみて注目に値するのは，イングランドそしてオーストラリアにおける展開にもかかわらず，たとえば合衆国やカナダといった他のアングロ・サクソン法圏の国々は，このようなモデルに対して非常に慎重な態度をとっています。これらの国では，インテンシブな議論がなされているにもかかわらず，同じくABSは取り入れられていません。世界中でみられる外部資本参加に対する慎重な姿勢に照らすと，EU裁判所でわれわれが勝ちを収めるチャンスは，総じてみるとかなり大きいと思います。

司会
　ヘンスラー先生，どうもありがとうございました。
　それでは，会場の方から，ABSに限らず，ご意見あるいはご質問がございましたら。
　森際先生，よろしくお願いいたします。

森際先生
　明治大学の森際でございます。国際法曹倫理学会理事を務めています。
　一点だけ，「独立性」という概念に関して交通整理をさせていただければと思います。

「独立性」に関しては相対的な概念であるということで皆さまの意見が一致したと思います。相対的な概念は学問にとっては役に立ちません。こんにゃく問答になってしまいますので。ですから，厳密な議論をするときにはこれを使わないほうがよい。なぜそういうのかというと，別のよりよい正確な表現があるからです。その表現とは，「忠誠」です。忠誠ならば，何に対するどの程度の忠誠か，というかたちで「相対的」でいいたかった対象や程度の違いを正確に表現できます。だから，「忠誠」の問題として考えるべきなのです。

弁護士の場合は，第一次的には忠誠の対象は自分の依頼者です。しかし，依頼者の言いなりになってよいかというと，それは駄目です。究極的には，法と正義に対する忠誠が依頼者に対する忠誠を上回ります。忠誠のレベルの問題として，「相対的」で議論してきたことを捉えると，より正確になるでしょう。

法と正義は，ドイツの場合だったら，ドイツ連邦共和国基本法（憲法）の表現を使うと「Gesetz und Recht」に対する忠誠であり，エヴァー先生のお話にあったように，それは差し当たりドイツの Gesetz und Recht ですが，問題によっては EU の Gesetz und Recht の問題になりますし，マネーロンダリングの話が少し出ましたが，それだと国際的なソフトな行政法におけるそれが究極的なものになろうかと思います。わが国だったら，「この憲法および法律」（憲法76条3項）というように規定されていることに対する忠誠が根本にあるのだと思います。

相対性の話にすると一番まずいのは何かというと，誤った問題設定をしてしまうことです。弁護士が独立性ということでいいたいことは何かというと，万事に耳を閉ざして何者からも影響を受けないということではなくて，弁護士が今申した二つの価値に基づいて，つまり依頼者に対する忠誠と憲法価値への忠誠に基づいて，斟酌する権限を常に留保している，独立性とはこの斟酌権を謂わんとするものかと思います。斟酌とは，独立性というタマネギの芯は何であるかといった無益な問題設定などは耳に入れる必要がない，加藤先生は駄じゃれ以外はなかなかよいことをおっしゃる，といったことです。このように斟酌する権限が，われわれが「独立性」ということでもっていいたいことではない

でしょうか。

「独立性」という多義的，曖昧な表現を使うことなく，忠誠の問題として規定すると，より正確な議論ができると思います。

以上です。

司会

ありがとうございました。どなたか，ご質問のある方がいらっしゃれば，どうぞご遠慮なく。ドイツ語でやっていただいても結構です。

特にいらっしゃらないようですし，時間もオーバーしておりますので，午前のセッションはここで終了とさせていただきます。

このセッションでのご報告ないしは討論をうかがっての私の感想といったものは，午後のセッションののちに，総括として簡単に述べさせていただくことにします。また，本日午後の司会をしてくださる佐瀬正俊弁護士から，後ほど，このセッションを受けたコメントをいただけるとのことですので，それは，このシンポジウムの報告や模様を掲載した本を出版する際に，掲載させていただくことにします。

午後のセッションは，13時半から開始します。長丁場になりますが，午後もよろしくお願いいたします。

発言者
　本間　正浩　弁護士・日清食品ホールディングス（株）CLO
　田中　紘三　弁護士・元中央大学法科大学院特任教授
　ハンス・プリュッティング（Hanns Prütting）　ケルン大学教授
　ヴォルフガング・エヴァー（Wolfgang Ewer）　前ドイツ弁護士協会会長
　加藤新太郎　中央大学法科大学院教授
　ウルリッヒ・ヴェッセルズ（Ulrich Wessels）　ドイツ連邦弁護士会副会長
　山田八千子　中央大学法科大学院教授
　マルティン・ヘンスラー（Martin Henssler）　ケルン大学教授
　森際　康友　明治大学法学部特任教授
司　会
　森　　勇　中央大学法科大学院教授

コメント

佐 瀬 正 俊

1．シンポジウムで感じたことの総論

今回のシンポジウムに関しては，ドイツにおける考え方，日本におけるいくつかの独立性に関する考え方を網羅的にまとめていただき，それぞれの考え方を多く学ばせていただき大変参考となったと思っています。

私個人の印象では，独立性に関する考え方の違いは，「なぜ弁護士に独立性が必要なのか」という点に関する考え方の違いのように思えました。しかし，現実の独立性が問題となる場面での独立性に関しては，限界事例になれば，考え方の違いにより結論が異なることが考えられますが，そうでない限りは，結論的には，おおよそ同じようなことを問題としているものと思いました。

その意味では，通説としての説明があった何からの独立を考えるかという現象面でのまとめ方での(1)権力からの独立性，(2)依頼者からの独立性，①職務における判断・行動の独立性，②依頼者からの経済面での独立性，(3)第三者からの独立性という分け方をしている方が現象面であるために，議論はしやすいものだろうと思われました。ただ，ドイツのプリュッティング氏の言うように大きくは，人的面での独立は，国家からの独立，依頼者からの独立，第三者からの独立として考え，物的側面での独立として，財政的・経済的な独立性として議論すべき，という面での区分した議論も大変参考となるものでした。ドイツが，このように物的側面での財政的・経済的独立性を議論する背景には，組織内弁護士を弁護士として扱うかどうかという大きな問題があったことは周知の事実です。私も，司法改革が議論されていて旧弁護士法30条の改正問題

（弁護士の営業許可問題として組織内弁護士問題が捉えられています）が問題となったときの担当をしていたために，このドイツの弁護士の独立性の議論は大いに参考として改正問題の大きな課題を提供してくれている問題だったのです。ドイツではこの面で，組織内弁護士を原則認めていないという状況だったからです。2001年当時，私が日弁連の海外調査担当者の一人として今回のシンポジウムの企画者であります森教授と一緒にドイツを訪問した際の大きな目的の一つの問題だったのです。少し筋が外れますが，当時はドイツで言う財政的・経済的独立性の問題をどう日本で扱うのかという問題が大問題だったのです。結論としては，この財政的・経済的面での独立性も大事ではあるが，その大事さは弁護士としての判断の独立性が保たれるという面で大事な考え方だという考え方を取り，その判断の独立性が保証される限度までは，その物的な独立性を大きく見る必要がないものと最終判断をして，当時の許可制度を現在の30条の平成15年の改正（平成16年4月1日施行）である届け出制としての改正にたどり着いたということです。

2．弁護士の独立性の重要度

考え方がいろいろあるということを前提にしても，私には，弁護士制度維持のための弁護士の独立性の保証と依頼者を守るための弁護士の独立性という二つの側面での区分された議論が可能だと思っています。その相克問題もあるし，それぞれの独立性の問題がその機能を発揮するという場面もあるようなものだろうという感覚を持っています。弁護士制度維持としての保証とは，一つの法制度の中での弁護士制度であることは間違いない事実で，基本はその制度維持ということになるものと思います。しかし，法制度としての弁護士制度があろうがなかろうが，国家権力に対する独立性に関しては，法制度を守るという制度論を飛び越えたところでの弁護士の活躍を期待しているという意味があろうかと思っています。弁護士がどんな法的な規制を設けられる制度となろうが，国家権力に対抗できる独立性を保たなければならないという，現実には難しいかも知れないが，守るべき一つの理想論としての独立性です。

依頼者を守るための独立性というものは，日々の業務の中で適正と言われる業務が何かを見る目を持ってさえいれば，適正な独立性は保持できるのではないかと楽観的に思っています。いろいろな考え方の人がいようが，このようなことをしてはいけないというコンセンサスはとれるものと思うからです。

　このような楽観的な考え方でも，大きな問題だと思う点が二つあります。一つは，ドイツで言う経済的な独立性の問題です。もう一つは第三者からの独立の中でも複数弁護士の所属する事務所での複数弁護士が法務を行う場合のそれぞれの弁護士の独立性の問題です。

　今回は，この二つの問題について考えを述べておきたいと思います。

3．経済的な独立性

　ドイツでの今までの解釈では，常勤の組織内弁護士は，そのままでは弁護士として活躍はできず，組織内で勤務していない休日等での弁護士の活動ができるということで，組織内での業務そのものは弁護士の業務とは言えないという解釈であるようです。

　経済的に独立性がないために，その組織の決定に従わざるを得ず，弁護士としての判断の独立性が保持できないと考えるようです。

　このような考え方がよいのかどうか，特に組織内において，弁護士が判断したことを組織の決定に反映させるということは，法の理想からすれば，あり得べきことなのではないかという積極的な長所を生かせないということが最大の疑問です。さらには，経済的な独立性といっても，通常の弁護士業務は，会社の顧問弁護士として主として法務に関する意見を言うということを行い，その会社から毎月一定額の報酬をえるということで成り立っており，そのような弁護士事務所の企業からの収入を基盤としていることと，組織内で給与又は報酬を貰い弁護士活動を行う者との違いが質的にあるのかどうかという点が大きな疑問であるはずです。

　法律事務所にとっては，通常は顧問会社が複数あるので，一つの会社の収入だけを基盤としているものではないので，その経済的独立性が侵されるおそれ

が少ないということがその違いだということをよく聞くが，事務所の収入構造は事務所ごとにまったく異なり，大きな会社からの収入が全部ではなくとも相当分となっているという事務所は，散見されるはずです。

　法律事務所でも，一定の企業からの相当額の報酬目的で違法に近いと思われるような意見書を書く，違法に近い弁護活動を行うということは，懲戒事例を見るまでもなく，筆者の弁護士実務経験上もそのような意見書を書いている事務所が存在することを事実としてあるものだと感じています。

　特に日本では顧問料制度が根付いているので，その顧問料が多額である場合は，弁護士の独立性の観点から，経済的な独立性が侵されるとして，なぜ規制されないのだろうか，との疑問が素直には解けないでおります。

　さらには，一つ一つの案件であっても，法外な報酬が約束されたり，受領していることにより，適正な弁護活動が妨害される定型的なおそれがあると言わざるをえないのでしょうか。

　このような事例を考えれば考える程，経済的独立性が弁護士の独立性の要素として必要だとしてもどのように必要性を判断して，どのように監督をしていくかということは大変難しい問題だと言わざるをえないのです。

4．共同受任弁護士相互間の独立性

　共同受任事案において弁護士の判断が異なる場合においては，講演者の加藤新太郎弁護士の結論としては，それぞれの弁護士が独立して判断することが弁護士の独立性であるために，多数決で方針決定すべきだということです。しかし，この結論は通常の事務所の実務とは相容れないのではないでしょうか。少なくとも私の事務所の実務とは相容れません。この加藤弁護士の考え方は裁判官の判断の独立性の保証と同じ考え方であると思うのですが，裁判官と弁護士とはその独立性の意味が違うのではないかと思うのです。

　裁判官には憲法76条3項で「すべて裁判官は，その良心に従ひ独立してその職権を行ひ，この憲法および法律にのみ拘束される。」と規定され，裁判官一人ひとりにその独立性が保証されているのです。それは，裁判官が判決をす

るにあたり，他からの影響を受けないで，当該裁判官が妥当だと思う判決をすることを保証しているからであります。それが，裁判官の役割としてどこからも圧力をかけられないで，人権を守ることができるという理想を達成しようとしたものだからでしょう。

　しかし，弁護士には，依頼者の権利を十分保護するための権限は与えられていても，社会全体，法の施行のあり方等に関して妥当な判断を要求されているということではなく，依頼された依頼者の権利を十分実現できるようにする使命があるものだと思うのです。そのために複数弁護士が共同で弁護活動をする場合に，その弁護士一人ひとりが妥当だと思うことをすべきというよりは，複数弁護士が共同していても一つの方針とするための議論はあるとしても，一つの方針にしたがった弁護活動が必要なのではないでしょうか。そして，その方針の決定において，一人ひとりの弁護士の判断を弁護士の独立性として保証しなければならないような要請はないのではないでしょうか。それ以上に主任弁護士の方針通りに主任弁護士以外の弁護士が手伝い動くということが必要とされているのではないでしょうか。その意味では同じ法曹でも検察官としての複数の検察官が担当する事案で，事件処理における上命下服という制度と同じなのではないでしょうか。

　この点は，弁護士事務所という内部のことではなくとも，通常の依頼者の側から見ても，依頼者がある特定の弁護士に委任したいということは，その弁護士の属している事務所の弁護士であれば誰でもよいから委任するということではなく，少なくとも，依頼したい弁護士が関わってくれる，又は主任として関与してくれるということを期待しているのが一般的ではないでしょうか。そのような依頼者の意図を斟酌すれば，その特定の信頼されている弁護士が方針を決めて，その方針に従って，他の弁護士を含めて一団となってその方針で動いてくれるということを期待しているのではないでしょうか。

　もちろん共同弁護士間同士で方針に関する十分な議論はすべきだろうと思いますが，それでも意見を変えない弁護士がいた場合に，その弁護士の判断を保証する制度を作るべきかということとはならないのではないかと思うのです。

その意味では，この共同受任関係にある複数弁護士のそれぞれの弁護士個人の独立性に関しては，あえて，弁護士の独立性という概念で保証すべきものではないのではないでしょうか。

　このような複数弁護士での共同受任関係における弁護士活動については，折角今回加藤弁護士から一つの問題提起があったのですから，弁護士の独立性の観点からももっと議論すべき点があるのではないかと思うのです。

　今回のシンポジウムでは，このようなことを考える機会を与えていただいただけでも有意義なシンポジウムであったと思います。企画者には心から御礼申しあげます。

第2部
弁護士による利益相反の禁止

相反する利益代理の禁止
―― ドイツ弁護士法の永遠のテーマ ――*

マルティン・ヘンスラー

訳 應本昌樹

I　相反する利益の弁護士による代理の禁止
　　――長い伝統にかかわらず未解決の問題――

　弁護士による相反する利益代理の職業法上の禁止の起源は，欧州ではローマ法にまでさかのぼる[1]。すでにローマの審問手続（Quästionenprozess）において，告訴人が被告人を助けて無罪判決または少なくとも寛大な判決を得させること

---

*　Das Verbot der Vertretung widerstreitender Interessen – ein Dauerthema des deutschen

1) Dig. 47.15 : "Praevaricator est quasi varicator, qui diversam partem adiuvat prodita causa sua. Quod nomen labeo a varia certatione tractum ait : nam qui praevaricatur, ex utraque parte constitit, quin immo ex altera." ; Dig. 50.16.212 : "Praevaricatores" eos appellamus, qui causam adversariis suis donant et ex parte actoris in partem rei concedunt : a varicando enim praevaricatores dicti sunt."

を目標として不誠実に刑事訴訟を追行するときは，背信者（Praevaricator）と呼ばれた。しかし，「背信（praevaricatio）」の構成要件が満たされるのは，告訴人が不利な証拠を守ったり，これを被告人のために引きとどめたり，隠蔽したりする場合であった。この背信――適宜訳すると「賢明な道からの逸脱（das Abweichen vom geraden Weg）」――は，今日の相反する利益代理の禁止の前身である。この禁止はドイツ法制度の支柱であるのみならず，世界中であらゆる弁護士の職業法の欠かせない要素とみられている[2]。

　法治国家制度における弁護士の職業像にとっての意味においては，相反する利益代理の禁止は，他の二つの特徴的な基本的義務（いわゆる核心的価値（core values））である独立性および秘密保持と同等である[3]。それどころか，実務上の関連性および弁護士会に係属している紛争事件数の観点からは，職業上の義務の圧倒的「第1位（Nummer 1）」である[4]。その原因は多面に及ぶ。すなわち，それは，グローバル化した世界において弁護士層により処理される事件がますます複雑になっていること，弁護士の活動分野が拡大していること，さらにはとりわけ，大きくなり続ける弁護士協業組織（Anwaltsgesellschaften）が連携へと向かう顕著な傾向にある。ほとんど果てしのない考えうる事件の情勢の多様性がこれに加わるが，その点について裁判所で明らかになることは多くない[5]。

　2011年を対象とした経験的調査によれば，各ドイツ弁護士は，過去3年間に平均で5件の委任を利益相反の理由で断っている[6]。紛争事案の法的評価は，

---

2) *Deckenbrock*, Strafrechtlicher Parteiverrat und berufsrechtliches Verbot der Vertretung widerstreitender Interessen, 2009, Rn. 3. 利益相反代理禁止のさらなる歴史につき，さらなる証拠とともに，詳しくは，*ders.*, aaO, Rn. 17 ff. 参照。
3) いわゆる核心的価値全般につき，さらなる証拠とともに *Henssler*, in : Henssler/Prütting, BRAO, 4. Aufl. 2014, §43a Rn. 1.
4) *Offermann-Burckart*, AnwBl 2008, 446.
5) 問題の多層性は，*Offermann-Burckart* によって評価された85の事例を読めば明らかである。*Offermann-Burckart*, AnwBl 2009, 729 ff. und AnwBl 2011, 809 ff. 参照。
6) 経験的調査の結果につき，*Kilian,* AnwB. 2012, 495 f.；*ders.*, AnwBl 2012, 597 f.

ドイツ法において，長い間改革が必要とされている不十分な法律上の規律により，困難となっている。裁判所の裁判実務は，不十分な法律上の規律を背景に，あまり有益なものとはなっていない。裁判所で判断されるのは個別事案のみであり，新たに登場する問題事案の解決に用いることのできる一般的指針は，管轄する最上級ドイツ裁判所である連邦通常裁判所（BGH）によって展開されてはいない。同裁判所の異なる法廷の裁判実務の間においてすら，かなりの相違がある。

II　ドイツ法における法律上の規律

　弁護士の利益相反の判断のための法律上の根拠は，刑法および職業法上のさまざまな規定，具体的にはドイツ刑法典（StGB）356条，連邦弁護士法（BRAO）43条a第4項および弁護士職業規則（BORA）3条にある。刑法典356条では，同一の法的事件において弁護士またはその他の訴訟代理人がその地位に基づいて委任された事件において両当事者に助言または補佐を与えることにより義務に違反するときは，その行為に刑事罰が科される一方で，ドイツの立法者は，連邦弁護士法43条a第4項において弁護士が相反する利益を代理することは許されないことを簡単に指摘することで満足している。詳細な職業法上の規律は，弁護士職業規則（BORA）3条に置かれている。この職業規則は，連邦弁護士会に設置される「規約会議（Satzungsversammlung）」，つまり選挙された「弁護士議会（Anwaltsparlament）」により規約として採択され，法律の下位に位置づけられる。

　弁護士職業規則3条によれば，弁護士は，同一の法的事件においてすでに相反する利益につき他者に助言を与えもしくはこれを代理した場合，または，連邦弁護士法45条，46条にいうその他の方法（すなわち，本来弁護士的でない方式）[7]で同一事件を扱った場合，弁護士は業務を行ってはならない。

---

7) シンディクス弁護士の新規定に関する法律により，連邦弁護士法46条以下は完全に新たに定められたため，連邦弁護士法46条への参照は意味をなさない。開業

この禁止は，弁護士職業規則3条2項1文において，どのような法形式または組織形式であれ，同一の業務執行共同体（Berufsausübungsgemeinschaft）または合同事務所（Bürogemeinschaft）において，同人と結びついているすべての弁護士に及ぶ。同2文は，個別事案において，当該依頼者が相反する委任につき幅広い情報により代理に明示的に同意を表明し，かつ司法の利益に反しない場合に，その例外を定める。弁護士職業規則3条3項は弁護士協業組織移籍の場合に対する規律を定める。これによれば，同1項および2項は，「弁護士が，ある業務執行共同体または合同事務所から他の業務執行共同体または合同事務所に移った場合にも」適用される[8]。

III　連邦弁護士法43条a第4項の構成要件

　本講演は連邦弁護士法43条a第4項の職業法上の中核的構成要件（「弁護士は相反する利益を代理してはならない。」）に集中するものであるが，この要件は一見しただけでは簡潔かつ明瞭にまとめられている。弁護士職業規則3条と相まって四つの主な内容上密接に絡んだ構成要件の標識が同定される。具体的には，(1)代理，(2)相反する，(3)利益，(4)同一の法的事件がこれにあたる[9]。実務上，これらの要件は，次のように短くまとめられた問題を投げかける。

(1)　利益。ここでは，どのようにして，依頼者の利益を特定するかが問題となる。すなわち，客観的にか，あるいは主観的にか。
(2)　相反。明らかにする必要があるのは，具体的な現在の相反が必要である

　　弁護士とシンディクス弁護士との間の地位変更の場合における業務禁止の射程につき，*Henssler/Deckenbrock*, DB 2016, 215, 222 f.; *Deckenbrock/Henssler*, in : Bundesverband der Unternehmensjuristen e.V., Die Neuregelung des Rechts der Syndikusanwälte, 2017, S. 224, 236 ff.

[8]　共同事務所形態における利益相反代理禁止全般につき，*Deckenbrock*, AnwBl 2009, 170 ff.

[9]　この点，またこの構成要件の標識の限界につき，最近のものとして，*Henssler*, AnwBl. 2013, 668, 669 参照。

のか，あるいは抽象的または潜在的ですらあっても，また将来的な相反であっても足りるのかということである。
(3) 利益の「代理」。ここでは，この代理は一つの委任関係内で認められなければならないのか，あるいは，いずれにせよ弁護士の機能において利益が相反する中で業務が行われていることで足りるのかという点が問題である。
(4) 法的事件の同一性。この書かれざる標識においては次の問題が明らかにされる必要がある。すなわち，どのように「同一の法的事件（derselben Rechtssache）」の限界が生じるのか。法律上の同一性を肯定することができるためには，二つの事実関係の間の結びつきにどの程度の強さがなければならないのか。

特に実務上関連性の大きい問題は，共同事務所形態事情の取扱いに関する問題であり，この点にはマティアス・キリアン教授がその研究報告において言及する。

IV　出発点：依頼者の利益

1．見解の争い：主観理論対客観理論

ドイツの禁止構成要件の教義上の根本問題は，標準となる利益は，依頼者の視点から主観的に突きとめるべきものであるのか，あるいは，客観的利益を依頼者の「正しく理解した（wohlverstandenes）」利益と解釈して，客観的に突きとめられるべきものであるのかという問題である。この問題についての答えは，大きな意義を持つものであって，職業上の義務の射程を決定するものである。客観理論は，非常に広範囲に及ぶ禁止に結びつくものであるが，これは当事者背信（Parteiverrat）や相反する利益代理の禁止においては「司法に対する不法行為（Rechtspflegedelikt）」が問題となっているということにより，根拠づけられる。この不法行為は，公共，すなわち秩序正しい司法についての公共の福祉に対して向けられたものであるから，主観的な考察方法ははじめから問題

とならないというのである。こうして特定された法益は依頼者による処分に服さないという[10]。

これに対し，判例および文献における他の見解は，主観的契機を出発点とし，これによると，依頼者だけがどのような利益を弁護士が契約関係の枠内で代理しなければならないのかを定める[11]。こうした主観的利益は，確かに，客観的利益と一致しうるものの，依頼者からは明らかに狭く捉えられうる。

文献による第3の見解は原則として主観理論に従うものであるが，これによれば，例外的に，紛争テーマ（Streitstoff）が当事者の処分権に服さない場合は，客観的な利益状況が基準となる。とりわけ，刑事事件や身分事件がこれにあたる[12]。

---

10) Siehe nur BGHSt 4, 80, 82 = NJW 1953, 428 ; BGHSt 5, 284, 287 ff. = NJW 1954, 482, 483 ; BGH AnwBl. 1954, 199, 200 ; BayObLG NJW 1995, 606 ; OLG Hamm, NJW 1955, 803, 804 ; OLG Zweibrücken, NStZ 1995, 35, 36 ; *Westerwelle*, Rechtsanwaltssozietäten und das Verbot widerstreitender Interessen, 1997, S. 95 ; *O. Geppert*, Der strafrechtliche Parteiverrat, 1961, S. 99 f. ; *ders.*, MDR 1959, 161, 164 f. ; *K. Geppert*, Jura 1981, 78, 86 ; *ders.*, NStZ 1990, 542, 544 ; *Gutmann*, AnwBl. 1963, 90, 91 ; *Molketin*, AnwBl. 1982, 12, 13 ; *Sahan*, AnwBl. 2008, 698, 700.

11) So etwa BGHSt 5, 301, 307 = NJW 1954, 726, 727 f. ; BGHSt 7, 17, 20 = NJW 1955, 150, 151 ; BGHSt 15, 332, 334（insoweit in NJW 1961, 929 nicht abgedruckt）; BGHSt 18, 192, 198 = NJW 1963, 668, 670 ; BGHSt 34, 190, 192 = NJW 1987, 335 ; BGH NJW 1981, 1211, 1212 ; BGH NStZ 1982, 465, 466 ; KG NStZ 2006, 688 ; OLG Karlsruhe, NStZ-RR 1997, 236, 237 ; OLG Koblenz, NJOZ 2005, 4119, 4124 ; *Dahs*, in : MüKo/StGB, Bd. 4, 2. Aufl. 2014, § 356 Rn. 56 ; *Gillmeister*, in : LK/StGB, Bd. 9, 12. Aufl. 2010, § 356 Rn. 59 ; *Henssler*, in : Henssler/Prütting, BRAO, 4. Aufl. 2014, § 43a Rn. 172 ff. ; *ders.*, NJW 2001, 1521, 1522 ; *ders.*, FS Streck, 2011, S. 677, 682 ff. ; *ders.*, AnwBl. 2013, 668, 670 ff. ; *Kleine-Cosack*, BRAO, 7. Aufl. 2015, § 43a Rn. 161 ff. ; *Deckenbrock*, Strafrechtlicher Parteiverrat und berufsrechtliches Verbot der Vertretung widerstreitender Interessen, 2009, Rn. 147 ff.

12) Siehe etwa *Hübner*, in : LK/StGB, Bd. 7, 10. Aufl. 1988（Stand der Kommentierung zu § 356 StGB : Juli 1980）, § 356 Rn. 82 f. ; *Heine/Weißer*, in : Schönke/Schröder, StGB, 29. Aufl. 2014, § 356 Rn. 16 ff. ; *Fischer*, StGB, 64. Aufl. 2017, § 356 Rn. 7 ; *Hartung*, in : Hartung/Scharmer, BORA/FAO, 6. Aufl. 2016, § 3 Rn. 85 ; *Träger*, in : Feu-

基準となる利益状況の理解が数十年にわたり激しく議論された後，遅くとも2000年より主観理論が明らかに勝利をおさめた。2010年2月，連邦通常裁判所第9民事部が「かつて当事者背信の構成要件をめぐってなされた，個別の弁護士に代理される複数の依頼者の基準となる利益は，客観的に特定されるべきであるのか，あるいは主観的に追及される目標によるべきなのかという見解の争いは，過ぎ去った。主観的な依頼者の理解が決定的な意味を有することには，原則として一致がある。」と述べるなどした[13]。

ドイツの憲法の遵守を顧慮し，したがってドイツ基本法（GG）12条が保障する弁護士の職業の自由への侵害を審査する連邦憲法裁判所（BVerfG）にも，同様の傾向が認められた。共同事務所形態を移籍する弁護士に関する原則的判断において，同裁判所は，「しかし，これは，自己の依頼者の利益，またこれにより同時に司法に仕えるという定義が，抽象的かつ拘束的に，弁護士会や裁判所により，当該依頼者の具体的な評価を考慮せずになされてよいということを意味しない。」と述べた[14]。

2006年，連邦憲法裁判所は，合議判決において，「個別事案に即したすべての利益（Belange）の衡量が，具体的な依頼者利益を特に考慮して」行わなければならない旨をもう一度強調した[15]。

もっとも，連邦通常裁判所の弁護士部が，2012年4月の裁判において，問題意識なく，また既存の最上級審判例にただの一文をもってすら触れることもなく，客観的考慮への支持を公言したことは，実務における一定の不安定性をもたらした。

---

erich/Weyland, BRAO, 9. Aufl. 2016, § 43a Rn. 64 ; *Dingfelder/Friedrich*, Parteiverrat und Standesrecht, 1987, S. 75 ; *Kilian*, in : Koch/Kilian, Anwaltliches Berufsrecht, 2007, B Rn. 637 ; *ders.*, WM 2000, 1366, 1368.

13) BGH, Beschl. v. 4.2.2010 – IX ZR 190/07, BeckRS 2010, 04533 Rn. 4. Siehe auch zur Ausarbeitung eines Vertragsentwurfs im Auftrag beider Parteien BGH, Beschl. v. 16.12.2008 – IX ZR 229/08, BeckRS 2009, 04949 Rn. 4.

14) BVerfGE 108, 150, 162 = NJW 2003, 2520, 2521（Hervorhebung hinzugefügt）.

15) BVerfG NJW 2006, 2469, 2470（Hervorhebung hinzugefügt）.

同裁判の根拠となっている事実関係において，依頼者は——その父の同席のもと——弁護士にその母に対する扶養請求権を行使することを委任した。同弁護士は，並行して，同母に対する離婚手続において同父を代理していた。弁護士会は利益相反を認めた。その理由は，離婚手続における父の利益は，かつての配偶者の請求の防御として乏しい自己の財産状態の認定に向けられる一方，これとは反対に，息子にとっては，母だけでなく父の財産状態もできる限り高ければ，息子の両親に対する高い扶養請求権が息子に帰属することになるから，それが息子の利益となるというものであった。というのは，当時，主張された母に対する扶養請求権のほか，ドイツの関連規定によれば，原則として父に対する扶養請求権も生じるからである。裁判官は主観的な利益特定を拒否したものの，どのような方向で，またどのような範囲で弁護士がその利益を擁護するべきであるかを依頼者が授権をもって自ら定めることができることにつき簡単に指摘することによっては，客観的に存在する利益相反は解消されないということを手短に示唆することで満足した[16]。しかしながら，息子は母に対してのみ（！）扶養請求権を行使したいのであり，父はいずれにせよ将来息子の扶養につき単独で補償する用意があるとして，結局，職業法違反は否定された。そこでは，父と息子の間の具体的な利益相反はないとされた。ほかの言い方をすると，連邦通常裁判所の見解によれば，確かに利益相反それ自体としては存在するものの，それは，弁護士の業務禁止を肯定することができるためには，「具体的（konkret）」でなければならない。

2．主観的に特徴づけられた構成要件の標識としての利益の概念

主観理論に従うことが妥当である。原則として，依頼者は客観的にもそのよく理解した利益になることを得ようと努めるであろう。しかし，個人的な理由からその他のことを望むこともありうる。「利益（Interesse）」は，その概念上，主観的に特徴づけられた構成要件の標識である。さらに，依頼者——弁護士で

---

[16] BGH NJW 2012, 3039 Rn. 10; vgl. auch BGH NJW 2013, 1247 Rn. 11.

はなく——は授権をもって、どのような利益を弁護士が代理しなければならないかを定める[17]。

民法典675条1項により有償の事務処理としての弁護士契約に適用される民法典665条から、弁護士は原則として依頼者の指示に拘束されるということになる。このことは、依頼者にとって不利益となりうる場合にも同様である[18]。

この指示権は、依頼者だけがその委任の遂行に関する成果や費用のリスクを負担し、したがって委任処理の主な成行きを制御することができなければならないという事情から生じる。どのような方法でその利益を擁護すべきかについて定める依頼者の権利は、これと関連する[19]。

（主観的）利益状況の特定においては、特に、弁護士に与えられた委任の範囲を考慮しなければならない。原則として、弁護士にはいわゆる無制限の委任が与えられるが、これが意味するのは、弁護士は、法的事件の全体において、依頼者に助言を与え、これを代理しなければならないということである。しかし、限定的な委任も許され、かつ実務上これを見かけることが少なくない。その場合、弁護士は、対象の一部についてのみ、あるいは特定の方式のみで、依頼者に助言を与え、これを代理することを委任される[20]。

これらの民法上の原則は、利益の対立を解釈する際に、考慮されなければならない。法律が、一方で依頼者に指示権を認め、他方で依頼者の利益の元となるこの指示を弁護士職業規則3条との関連で連邦弁護士法43条a第4項にいう利益の特定において考慮しないでおくとすれば、それは矛盾というものであ

---

17) *Henssler*, NJW 2001, 1521, 1522.
18) Vgl. nur BGH NJW 1985, 42, 43 ; BGH NJW 1997, 2168, 2169（もっとも、それ以前に、起こりえる不利益についての弁護士の指摘義務）。
19) *Henssler*, in : Henssler/Prütting, BRAO, 4. Aufl. 2014, § 43a Rn. 172 ff. ; *ders.*, FS Streck, 2011, S. 677, 682 ; *ders.*, AnwBl. 2013, 668, 670 ff. ; *Henssler/Deckenbrock*, NJW 2012, 3265, 3267 f. ; *Deckenbrock*, Strafrechtlicher Parteiverrat und berufsrechtliches Verbot der Vertretung widerstreitender Interessen, 2009, Rn. 148.
20) Vgl. nur BGH NJW 1996, 2929, 2931 ; BGH, Beschl. v. 9.2.2012 – IX ZR 46/09, BeckRS 2012, 06067 Rn. 4 ; *Henssler/Deckenbrock*, NJW 2012, 3265, 3268.

ろう。

　結局，連邦通常裁判所の近時の裁判から生じる結果もこれと異なるものではない。厳密に分析すると，連邦通常裁判所は事実関係を教義的には厳格に判断しなかったことが確認されるに至る。必要な利益相反の具体性についての弁護士部の言及は，同部は，2012年4月23日の判決において，実のところ単に客観的で当事者の約定から離れた利益特定をしようとしたのではないということを示している。しかし，この追加的な検討の枠組みで，弁護士部が考慮しているのは，つまり弁護士に与えられた委任の具体的な範囲および弁護士に与えられた指示である[21]。したがって，同部は――これを明らかにすることなく――事実上，必要となる主観的な利益特定を行ったのである。同部が自ら引き起こした教義上の混乱の中で，連邦通常裁判所はその2012年4月23日の判決において，ついに正しい結論に至ったのである。

　同裁判を総合的に考慮すると，連邦通常裁判所弁護士部は，間違いなく，いずれにせよ委任の開始前に当事者が明確に利益を調整することによって，これを代理する弁護士においても利益相反を避けることができるということを引き出そうとしたとの結果が生じる。それゆえ，結論として，弁護士部の見解によっても，関連する「利益相反（Interessenkonflikt）」の構成要件の標識の判断において，依頼者の基準が考慮されなければならない[22]。

3．離婚事件における弁護士による双方代理

　離婚手続における背信禁止（Prävarikationsverbot）をみると，特別の困難が生じる。ドイツにおいて，離婚を望む夫婦が，費用を節約するために，利益が対立するにもかかわらず1人の弁護士だけに相談することは珍しくない。ドイツの手続法によれば，1人の弁護士が裁判所に離婚を申立てればよく，これに対し，相手方が弁護士に代理させる必要はない。申立人の弁護士は，当然ながら，もっぱら自分の依頼者の利益を代理することが許される。確かに，共同の

---

21) BGH NJW 2012, 3039 Rn. 14.
22) *De Raet*, AG 2016, 225, 229.

相談の限界は，裁判上の争いを前提とすると，未だ終局的には明らかになっていない。しかし，連邦通常裁判所は，2013年9月19日の裁判において，その特殊性につき，一定の方法で，支持が表明されたものとしてのみ原則的な許容性を認めるという立場を明らかにした[23]。

　第9部は，その裁判において，弁護士は離婚を望む夫婦に共同の相談から生じる危険について説明しなければならない旨を指摘した。そこで，配偶者には，共同の相談の前に，次のことが指摘されなければならない。

　(1) 弁護士は，原則として，夫婦のうち1人だけの相談を受けることができること

　(2) 弁護士は，共同の相談の場合にはもはや引き続き一方当事者の利益を代理することが許されないこと

　(3) 弁護士は，いずれにせよ，共同の相談が離婚承諾合意（Scheidungsfolgenvereinbarung）に至らず，相反する利益の現実化が避けられない場合には，夫婦双方に対し辞任しなければならないこと。すなわち，依頼者には，共同の相談が奏功しない場合，1人の新たな弁護士だけではなく，場合によっては同時に2人の新たな弁護士の費用，したがって合計で3人の費用が発生しうることが明らかにされなければならない。

　その理由づけは，連邦通常裁判所は，上述の指摘義務を履行すれば，共同の相談は原則として適法となるという結論を認めたに過ぎない。説明義務は，離婚の合意における職業法上の業務禁止の適用領域が広範に及び，したがって，離婚の合意へのあらゆる協力が職業法違反とされるとすれば，まったく意味がない。ここでは，当事者の利益状況がどのように特定されなければならないかという問題（これについてはⅣ）において，あらためて連邦通常裁判所の分裂状態が現れる。つまり，この事案の状況においては，同裁判所は，具体的な当事者の利益状況を考慮することにより，再度主観理論に傾くようにみえる。

　したがって，離婚を望む夫婦の共同の相談は，――主観理論に基づいて――

---

23)　BGH NJW 2013, 3725 m. Anm. *Deckenbrock*, KammerForum RAK Köln 2013, 160.

確かに，ドイツの弁護士に許容されるものの，かなりの危険を伴う。一方の配偶者が見解を変え，争うことを決めた場合，ほぼ必然的に問題が生じるが，この点は次章で述べる。それゆえ，私なら，個人的には，弁護士には常に代理を一方当事者のみに限定することを薦める。

V　利益の相反

1．原　　則

すでに述べた次の標識，つまり弁護士が代理する利益の「相反 (Widerstreit)」については，それは利益の検討から離れて生じえないということが妥当する。「相反する (widerstreitend)」の概念は，両立せず，相反し，対立することになる複数の利益の関係を想定している[24]。すなわち，相反する利益は対立し，相反し，かつ両立しない利益である。一方の利益の実現が，直接に他方の負担になる場合，利益相反は常に存在する[25]。しかし，構成要件の実現のために依頼者の侵害は必要ないが，利益相反が実際に存在しなければならない。潜在的または将来的な相反は，業務禁止には結びつかない[26]。

2．潜在的または将来的な相反の無関係

主観的な利益概念自体から，守るべき利益状況は静的なものではないという

---

24)　*Kilian*, in : Koch/Kilian, Anwaltliches Berufsrecht, 2007, B Rn. 635 ; *Schramm*, Das Verbot der Vertretung widerstreitender Interessen, 2004, S. 88 ; *Grunewald*, ZEV 2006, 386.

25)　*Schramm*, DStR 2003, 1316, 1318.

26)　BVerfGE 108, 150, 164 = NJW 2003, 2520, 2522 = AnwBl 2003, 521, 524 ; BVerfGK 8, 239, 244 = NJW 2006, 2469, 2470 = AnwBl 2006, 580, 581 ; RGSt 71, 231, 236 ; BAGE 111, 371, 375 = NJW 2005, 921, 922 ; BGH NJW 2012, 3039 Rn. 14 = AnwBl 2012, 769 ; AGH Hamm, Beschl. v. 4.6.2010 − 2 AGH 32/09, BeckRS 2011, 25789 ; *Deckenbrock*, Strafrechtlicher Parteiverrat und berufsrechtliches Verbot der Vertretung widerstreitender Interessen, 2009, Rn. 168 f. ; ausführlich zu diesem Problemkreis *Henssler*, FS Streck, 2011, S. 677, 684 ff. ; *ders./Deckenbrock* NJW 2012, 3265, 3268 f.

ことになる。それゆえ，1人の弁護士に代理される当事者の間の利益相反をもたらすあらゆる事後的な利益の変動が関連する。それゆえ，当初は利害の一致（Interessengleichheit）があって複数の依頼者を代理する弁護士は，利害の一致はいつでも利益相反に変わりうるということを考慮しなければならない。その際，弁護士は，職業法上の懲罰を免れるために，すべての（！）委任を辞さなければならない。他面，もともと代理していた最初の依頼者の利益が変化して，相反が解消された場合，代理は適法となりうる[27]。

同時に，この制限の帰結は，当事者間において委任の終了後に初めて生じる利益相反は，相反する利益の代理にあたらないということである。潜在的な将来の利益相反では十分ではない。なぜなら，そうでなければ，憲法上許容されない方法で[28]見せかけの利益相反に結びつくからである。当事者・依頼者が，かつて衝突する利益を有していたことがあるかどうかだけでなく，将来に衝突する利益を有し得たかどうかも重要ではない。将来の相反の予測可能性が業務禁止を理由づけることすらない[29]。

利益相反の単なる可能性は弁護士職業規則3条と併せての連邦弁護士法43条a第4項の禁止規範の介入にとって意味がないとの認識から，必然的に，同一の法的事件における複数の当事者の代理は利益の方向が一致する限り問題ないとの結論に至る。

そこで，たとえば，連帯債務者として訴えられた複数の当事者の代理（例：一つの契約または一つの不法行為に基づく複数の債務者の代理）は，通常，職業法上危惧する必要がない[30]。確かに，利益相反は，原則として，各当事者が自己固

---

27) *Deckenbrock*, Strafrechtlicher Parteiverrat und berufsrechtliches Verbot der Vertretung widerstreitender Interessen, 2009, Rn. 172.

28) BVerfGE 76, 196, 206 ff. = NJW 1988, 194, 195 ; BVerfGE 108, 150, 164 = NJW 2003, 2520, 2522.

29) OLG Karlsruhe, NJW 2002, 3562, 3563 ; *Deckenbrock,* Strafrechtlicher Parteiverrat und berufsrechtliches Verbot der Vertretung widerstreitender Interessen, 2009, Rn. 168 f. ; *Henssler*, FS Streck, 2011, S. 677, 685 ff. ; *Henssler/Deckenbrock*, NJW 2012, 3265, 3268 f.

有の訴訟代理権を付与する事実上の根拠を提供しうる[31]。しかし，連帯債務者に対する訴えを認容する判決の場合，連帯債務者間の利益相反は内部求償の枠組みでありうるようにみえるか，またはこれを覚悟することさえしなければならないという事実は，問題とはならない。内部関係における潜在的補償請求権（民法典426条1項1文）を抱えた潜在的な相反は，連帯債務者内部の求償が問題となるときに初めて関連性を有するようになる。それは，外部関係に限れば追行すべき法的紛争の対象ではなく，せいぜいその結果に過ぎない[32]。

こうした考慮は，すでに述べた合意による離婚の例などにおいて，配偶者双方から合意による離婚の付添いを委任された弁護士は，配偶者間の同意から紛争に発展した場合，双方の委任を辞さなければならないとの認識に至る。同様のことは，弁護士が，一つの相続共同体の2名の構成員を，当初は同一方向に向いている利益において，第三の構成員に対して代理する場合に当てはまる。ここでも両依頼者間の紛争が即時の辞任義務を理由づける。

VI　相反する利益の「代理（Vertretung）」

したがって，利益状況についての前提的問題が，当該当事者の利益は主観的に具体的に与えられた委任に応じて特定されなければならないとの趣旨で答えられなければならず，関連する利益の相反に対する要求も明らかにされたとす

---

30) *Deckenbrock*, Strafrechtlicher Parteiverrat und berufsrechtliches Verbot der Vertretung widerstreitender Interessen, 2009, Rn. 206 ; *Erb*, Parteiverrat – Rechtsgut und Einwilligung im Tatbestand des § 356 StGB, 2005, S. 257.

31) Vgl. BGH NJW 2007, 2257.

32) Grundlegend BGH NJW 2007, 2257, 2258 ; siehe auch OLG München, BRAK-Mitt. 2010, 277（Ls.）; *Deckenbrock*, Strafrechtlicher Parteiverrat und berufsrechtliches Verbot der Vertretung widerstreitender Interessen, 2009, Rn. 207 ; *Erb*, Parteiverrat – Rechtsgut und Einwilligung im Tatbestand des § 356 StGB, 2005, S. 257. Ausführlich zu diesem Problemkreis *Henssler*, in : Henssler/Prütting, BRAO, 4. Aufl. 2014, § 43a Rn. 184a ; *ders*., FS Streck, 2011, S. 677, 689 ff. ; *ders*., AnwBl. 2013, 668, 673.

れば，次の段階における法的判断は，実際に相反する利益が代理されたかどうかの判定基準に向かわなければならない。文献において，この問題は，必要な正確性をもって検討されておらず，利益状況の主観的特定か，または客観的特定かについての争い，あるいは個別事案に関して見解が示されているにとどまることが多い。

　職業法違反は，弁護士が，利益が対立する中で，両当事者のために現実に活動したことを要件とする[33]。ここで，利益の「代理（Vertretung）」は，外部に表現されたものだけでなく，それは，むしろ，もっとも広い意味で理解されなければならず，助言または補佐[34]によるあらゆる役務，すなわち権利行使のためのあらゆる弁護士の職務遂行を含む。双方の事件において，委任関係が存在すること，すなわち，いずれも法的助言を行う者が弁護士としての機能においても活動したことが，そのつど要件となる。同一の法的事件における弁護士としての活動と非弁護士としての行動との間の役割交代は，ドイツ法においては未だ厳しく判断されている。ここでは，連邦弁護士法45条により，利益相反とはまったくかかわりなく，業務禁止が作動する[35]。

　実務上，一つの弁護士事務所のさまざまな依頼者の利益が相反することは珍しくない。たとえば，1人の弁護士の2依頼者（コカ・コーラとペプシ・コーラ）は，企業としてその活動分野における競合者である。職業法上，こうした対立が関連性を有するのは，ドイツ法によれば，依頼者が一括してそのすべての事

---

33) BGH NStZ 1982, 331, 332; OLG Düsseldorf, NZV 2003, 297; *Fischer*, StGB, 64. Aufl. 2017, § 356 Rn. 9; *Deckenbrock*, Strafrechtlicher Parteiverrat und berufsrechtliches Verbot der Vertretung widerstreitender Interessen, 2009, Rn. 161; *Kretschmer*, Der strafrechtliche Parteiverrat（§ 356 StGB），2005, S. 233; *Schramm*, Das Verbot der Vertretung widerstreitender Interessen, 2004, S. 52; *Henssler*, AnwBl. 2013, 668, 673; *Henssler/Deckenbrock*, NJW 2012, 3265, 3268 f.

34) *Träger*, in : Feuerich/Weyland, BRAO, 9. Aufl. 2016, § 43a Rn. 66.

35) BGH NJW 2015, 567 Rn. 12; dazu *Deckenbrock/Henssler*, in : Bundesverband der Unternehmensjuristen e.V., Die Neuregelung des Rechts der Syndikusanwälte, 2017, S. 224, 239 f.; *Deckenbrock*, NJW 2015, 522 ff.

件の処理をその弁護士に依頼する場合に限るが，そうした状況は実務上異例である。絶対的な規律は，具体的な法的事件における委任である。これに対応して，実際に利益相反が生じているか，あるいは生じていたまさにその各部分領域において，弁護士にその利益の代理が委託されたのかどうかが，個別事案においてまったく具体的に検討されなければならない。

VII　法的事件の同一性

1．法的事件同一性の書かれざる構成要件の標識

この点でアングロ・サクソン法圏と異なるドイツ法の特殊性は，相反する依頼者間における法的事件の同一性である。確かに，連邦弁護士法 43 条 a 第 4 項の文言は，相反する利益が「同一の法的事件」の枠組みにおいて代理されなければならないことを，明示的には求めてはいない。それにもかかわらず，圧倒的に有力な見解は，この限定が連邦弁護士法 43 条 a 第 4 項における書かれざる構成要件の標識として読み込まれなければならず，その点で，刑法典 356 条——この規範は明示的に「同一の法的事件（dieselbe Rechtssache）」に限定することを定める——との違いはないことを出発点とする。連邦弁護士会の規約会議は，弁護士職業規則 3 条 1 項において，いずれにせよ，明文で，業務禁止は同一の法的事件が存在する場合にのみ問題となることをはっきりさせている[36]。

すなわち，——米国法などとは異なり——[37]，弁護士が対立する委任から微妙な知識を得ているどうかは基準とはならない。双方の委任は同一の法的事件

---

36) Siehe dazu nur *Henssler*, in : Henssler/Prütting, BRAO, 4. Aufl. 2014, § 43a Rn. 199 ; *Deckenbrock*, Strafrechtlicher Parteiverrat und berufsrechtliches Verbot der Vertretung widerstreitender Interessen, 2009, Rn. 271 ff. mit weiteren Nachweisen.

37) Dazu *Deckenbrock*, Strafrechtlicher Parteiverrat und berufsrechtliches Verbot der Vertretung widerstreitender Interessen, 2009, Rn. 365 ff. ; *Henssler*, NJW 2001, 1521, 1523 f.

と関連するものでなければならない。

2．判例および文献における見解状況

連邦通常裁判所の判例によれば,「同一の法的事件」となりうるのは，複数の関係者の間でいずれにせよ対立する可能性のある法的利益を法的原理に則って処理または解決すべきものとされるあらゆる事案である[38]。

二つの事案が「同一の (dieselbe)」法的事件にあたるかどうかの基準となるのは，委託された事案の事実上・法律上 (sachlich-rechtliche) の内容である。二つの委任が，事実上・法律上，少なくとも部分的に重なる場合は，すでに同一の法的事件にあたる[39]。そこでは，異なる委任において提出された事情が，これを総合して，そこから生じる実体的な法律関係と少なくとも部分的に一致する限り，紛争テーマが異なる手続において審理されているかどうかは基準とはならないということが，一般に認められている[40]。

二つの委任は，それぞれ「結びつける (verklammerndes)」要素，たとえば，婚姻や相続開始などを内容として含み，それが双方の委任において法律上重要である場合，事実上・法律上，重なりうる[41]。もっとも，判例も，職業法の文献も，これまでのところ，信頼に足るかたちで，実際に扱える基準という意味で，どのようにして紛争テーマの部分的な一致を無視すべき事情の交差 (unbeachtlichen Sachverhaltsüberschneidungen) から区別すべきであるかを明確に規定できていない。しかし，多くの現実の紛争において，ますます厳格にこの限界問題が顕在化している。

「同一の法的事件」という構成要件の標識は，それ自体，誤解の余地なく，

---

38) BGHSt 52, 307 Rn. 11 = NJW 2008, 2723 ; BGH NJW 2012, 3039 Rn. 7 ; BGH NJW 2015, 567 Rn. 11.
39) BGH NJW 2012, 3039 Rn. 7 f. ; BGH NJW 2013, 1247 Rn. 9.
40) BGH NJW 1953, 430 ; BGH NJW 2012, 3039 Rn. 8 ; BGH NJW 2013, 1247 Rn. 9 ; OLG Hamm, Urt. v. 9.10.2009 – 2 AGH 10/09, BeckRS 2011, 11952 ; AGH Hamm, Beschl. v. 4.6.2010 – 2 AGH 32/09, BeckRS 2011, 25789.
41) BGH NJW 2012, 3039 Rn. 8 ; BGH NJW 2013, 1247 Rn. 9.

異なる委任の基礎となる二つの事情が一部の領域で交差するのでは十分ではないことを明らかにしている。基準とすべきは，「法的事件」，すなわち双方の委任において法的に重要な状況である。そこで，連邦通常裁判所が出発点とするのは，「同一の事実上の状況が依頼者に関連する異なる法的地位にとって重要である」場合に，二つの委任が同一の法的事件にあたるということである[42]。

たとえば，二つの異なる手続において，第1の事案で，第1の依頼者Mが持分の所有者Bの信用性を消極的に評価しており——すなわち，持分価値が低ければ依頼者にとって有利になる——，第2の事案で，さらなる取引の機会に，依頼者としてBが同じ持分の売却を望んでいるため，企業持分の価値が一定の役割を果たすという場合，この関係は「同一の法的事件」の標識を満たすために十分ではない。なぜなら，MおよびBの委任の間には何ら法的な結びつきがないからである。

法的には関連性のない単なる経済的な関係——たとえば，上述の持分価値の評価のように——は，考慮外におかれなければならない。そうでなければ，結局，ある紛争において依頼者が勝つことから生じる有利な財産状態だけで，二つのうち一つの委任の引受ができなくなる。そのような場合，禁止の規定目的に抵触しない。双方の依頼の間には，法的な関係がない[43]。

そのほか，刑法典356条および連邦弁護士法43条a第4項は，そもそも法的に関連性のある紛争があることを要件とするが，これは必ずしもまさに依頼者間に生じなければならないわけではない。当事者が異なるにもかかわらず同一の法的事件となる例としては，差押債務者が起こした裁判手続において同じ弁護士が以前にすでに債務者を代理していた場合に，差押債権者のために債務者に対し差し押さえられた債権を実行することが挙げられる[44]。この代理は当然ながら許されない。なぜなら，そうでなければ，弁護士は，かつて第三債務者のために戦った債権を，差押債権者の利益のために可及的速やかに同第三債

---

42) BGH NJW 2013, 1247 Rn. 9.
43) BGH NJW 2013, 1247 Rn. 9.
44) BayObLG NJW 1959, 2223, 2224.

務者に対して取り立てることを，委託されることになるからである[45]。

　これまで判例により判断された当事者が同一でないすべての事例において，同一の法的に関連性のある事実の核心，すなわち，同一の売買契約，同一の交通事故，同一の相続開始，同一の犯罪，同一の債権についての紛争が，そのときどきの（対立する）委任の基礎となっていた。当事者の交代は，複数の者が同一の法律関係に参加していたかまたは同関係から権利が生じていたという特殊性から，あるいはそれぞれ紛争の対象となった権利が第三者に移転されたことから生じていた。したがって，それぞれの事情の交差に直接の法的関係があること，あるいは別のいい方をすると「同一の法的事件」におよそ複数の者が参加していたことが必要であった。

　反対に，複数の紛争において，特に同一の財産の対象（売買の対象，賃貸の目的，担保物件，企業）が問題となるという事情だけでは[46]，必ずしもここから法的事件の同一性が生じることにはならない。そこで，たとえば，2013年1月に賃借人Aのために賃貸人Bに瑕疵の除去を求めて訴えを提起した弁護士が，2016年6月にその間に住居をBから買った新たな賃貸人Dの申立てにおいて，財政上の困難に陥った賃借人Aから遅滞している賃料の支払を求めることは妨げられないものと一般に解されている。同一の住居が問題となっている，さらにいえば，買手（賃貸人D）への契約移転に基づき民法典566条により同一の賃貸借関係が問題となっているという事情は重要ではない[47]。ある事情の側面が法的紛争の結果にとって重要でない場合，それによっては連邦弁護士法43条a第4項にいう法的事件の同一性を理由づけることはできない。むしろ，法的紛争が決定的であり，それは上記の例において，AのBに対する関係では，DのAに対する関係（財政上の困難に帰している賃料債務，すなわち瑕疵の除去とは関係がない）とは別の法律問題（瑕疵の除去）に関連している。同様のことが，同一の自動車の数次に及ぶ転売に当てはまる。すなわち，弁護士には，

---

45) BayObLG NJW 1959, 2223, 2224 ; *Henssler*, AnwBl. 2013, 668, 670.
46) *Henssler*, AnwBl. 2013, 668, 670.
47) *Henssler*, AnwBl. 2013, 668, 670.

数年前に同一自動車の「前々所有者」をその売却において代理した場合にも，自動車の買主に助言を与えることが禁止されない。つまり，双方の売却の経過は，法的には相互に関係していない[48]。

共通の賃貸借の目的や統一的に適用される定型契約に伴う共通性を超えた法的に関連性のある関係を生じさせるさらなる事情が加わって初めて，同一の法的事件があるといえる。会社の相談の場合にも，企業活動の全体を，法的に統一された生活関係，したがって「同一の法的事件」とみなすことは許されない。ここでも決定的なことは，同一の事情の評価は，二つの，場合によっては相互に比較すべき法的紛争にとって，実際にも法律上関連性があるということである[49]。

要約すると，次のことが確認される。すなわち，必要な法的事件の同一性は，事情の交差に委任における直接の法的関係があることを要件とする。

VIII 業務禁止に対する違反の法的効果

1．職業法上の制裁

弁護士が相反する利益代理の禁止に違反した場合，一般の職業法上の制裁が問題となる[50]。管轄の弁護士会は，まず，警告（連邦弁護士法74条）をすることができるが，これは弁護士の責任が軽微である場合にのみ問題となる。通常は，連邦弁護士法113条に従い，弁護士に対する弁護士裁判所における手続に至る。この手続においては，弁護士に対し，戒告をはじめ，譴責，25,000ユーロ以下の反則金，さらには一部の業務禁止または弁護士職の剥奪にまで至る弁

---

48) *Henssler*, AnwBl. 2013, 668, 670 ; vgl. auch *Deckenbrock*, Strafrechtlicher Parteiverrat und berufsrechtliches Verbot der Vertretung widerstreitender Interessen, 2009, Rn. 137.

49) *Deckenbrock*, Strafrechtlicher Parteiverrat und berufsrechtliches Verbot der Vertretung widerstreitender Interessen, 2009, Rn. 136.

50) Dazu *Henssler* in Henssler/Prütting, BRAO, 4. Aufl. 2014, § 43a Rn. 209 ff. ; *Deckenbrock*, AnwBl. 2010, 221 ff.

護士裁判所の措置が課されうる。加えて，故意の違反は，犯罪（刑法典 356 条）による有罪判決に至り，そこでは法律は 3 月以上 5 年以下の自由刑を定める。

2．私法上の効果

違反の私法上の効果は，長年，最上級審において不明であった。2004 年以降の五つの裁判においても，連邦通常裁判所は，相反する利益代理の禁止に対する違反は，民法典 134 条により，委任契約の無効につながるのかという問題を未解決のままにしていた[51]。ようやく最近になって，最上級の民事裁判所は，2016 年 5 月 12 日の判決[52]によって，ついに実務に必要な明確性をもたらし，適切に，必要な依頼者保護は，事に即さない助言や代理を防ぐことを確実にしなければならず，契約上の履行請求権の除去を強制する旨を指摘した。

契約の無効に基づいて，契約上の報酬請求権はないものとされる。これに対し，弁護士が職業法上の禁止に対する違反を認識していなかった場合，不当利得（民法典 812 条）に基づく法律上の請求権は考えうる。上述のように禁止構成要件が不明確であることからすると，そのような事例は珍しくないであろう。これに対し，故意による当事者背信の場合，弁護士はすべての報酬請求権を失う[53]。

IX　要約および展望

相反する利益代理の禁止をめぐる未解決の問題およびこれに伴う法的不安定

---

51)　BGH NJW 2004, 1169, 1171 ; BGH NJW 2009, 3297 Rn. 31 ; BGH NJW-RR 2010, 67 Rn. 7 ; BGH, Beschl. v. 9.6.2011 – IX ZR 38/10, BeckRS 2011, 17254 Rn. 26 ; BGH NJW 2013, 3725 Rn. 7 ; dazu auch *Henssler,* in : Henssler/Prütting, BRAO, 4. Aufl. 2014, § 43a Rn. 210 f.

52)　BGH NJW 2016, 2561 ; dazu *Henssler/Pommerening,* EWiR 2016, 495 ; *Deckenbrock,* AnwBl. 2016, 476.

53)　*Henssler,* in : Henssler/Prütting, BRAO, 4. Aufl. 2014, § 43a Rn. 210a ; *Deckenbrock,* AnwBl. 2010, 221, 226 ; *ders.,* AnwBl. 2016, 476, 477.

は，ドイツの弁護士層に顕著な危険の可能性をもたらしている。あらゆる弁護士はその職業生活を送る中で，繰り返し，裁判所によりその判断が許容されないと判定される可能性のある限界事案に直面する。この不安定性はドイツの弁護士の日常業務の負荷となっているが，それは憲法上も懸念されていないわけではない。すなわち，原則として自由な職務遂行への法律による介入が前提条件としているのは，禁止構成要件が十分に「特定して（bestimmt）」表現されていることである（いわゆる特定性原則（Bestimmtheitsgebot））[54]。

多くの限界事案において問題となるのは，未だ倫理上是認可能な行為と職業法上認められない職務遂行との間の尾根を歩き（Gratwanderung），倫理上かろうじて是認可能なところの限界まで行きつくことではない。むしろ，弁護士は，立法者および判例による不明確な基準にかかわらず，依頼者の利益および職務遂行の成功に対する正当な自己の利益を顧慮する明確な進路を見つけなければならない。私には，実務上は，嫌われていて，しかも依頼者のために際立った成果を収めている弁護士を事件から「追い出す（hinauszudrängen）」ために，相反する利益代理の禁止の射程の不安定性を利用しようとすることが増えているように見受けられる[55]。このような濫用は抑止する必要がある。

---

54) Siehe etwa BVerfGE 26, 186, 203 f. = NJW 1969, 2192, 2194 f.; BVerfGE 33, 125, 164 = NJW 1972, 1504, 1508; BVerfGE 45, 346, 351 = NJW 1978, 101; BVerfGE 60, 215, 233 f. = NJW 1982, 2487, 2488; BVerfGE 66, 337, 355 f. = NJW 1984, 2341 f.; BGHSt 19, 90, 91 = NJW 1963, 2179, 2180.

55) Siehe bereits *Henssler/Deckenbrock*, NJW 2012, 3265, 3270; *Henssler*, AnwBl. 2013, 668, 676.

共同事務所における利益相反[*]

マティアス・キリアン

訳 坂 本 恵 三

I はじめに

　ドイツでは職業法による規制の対象の中心となっているのは，以前から個々の弁護士である。職業法は，職業の担い手を規制するのであって，たとえば本来の市場参加者としての弁護士事務所を規制するものではない。たとえば弁護士の利益衝突に関しては，連邦弁護士法43条a4項が，「弁護士は，相反する利益を代理することは許されない。」と規定しているのであって，「弁護士事務所は，相反する利益を代理することは許されない。」と規定することも十分考えられるが，そのように規定してはいない。連邦弁護士法43条a4項のような規定において示された個々の職業の担い手を規制するというアプローチは，結局歴史的に条件づけられたものである。すなわち弁護士事務所は長い間ほとんど例外なく1人の職業の担い手だけによって構成されていたのである[1]。それゆえ職業の担い手としての弁護士について依頼者との法律関係の規制を結びつけることも，摩擦を生じなかった。しかしとりわけアングロ・サクソン系の法秩序においては，現在では市場参加者としての単独の弁護士は，ますます減少する少数派であり，依頼者は，もはや弁護士ではなく1人の職業の担い手をはるかに凌駕する多数の職業の担い手が従事する法律事務所に依頼するので[2]，

---

[*]　Interessenkonflikte in Sozietäten
[1]　*Weißler,* Geschichte der Rechtsanwaltschaft, 1905, S. 540. を参照。
[2]　詳細については，*Kilian,* AnwBl 2017, 370 ff. を参照。

職業の担い手を基準とするこの規制のアプローチが，未来志向的であるかが，少し前から問い直されている。それゆえ規制のアプローチの選択肢としては，いわゆる「エンティティーベースの規制（entity-based regulation）」が唱えられる。すなわち弁護士の職業が営まれるエンティテートの規制であって，エンティテートにおいて従事する人としての職業の担い手の規制ではないのである。エンティテートの規制を採用すれば，たとえば共同事務所における利益衝突を判断する際に現実化する多くの問題を回避することができる。

このようなエンティテートの規制がいまだ存在しない限りにおいては，利益衝突の問題について，もちろん別の解決が見いだされなければならない。人としての弁護士が，同一の法律問題において一方の当事者のためだけでなく相手方当事者のためにも活動することは，両者の利益が衝突する場合には，許されないということには，疑いの余地がない。しかし，隣の部屋の事務所の同僚との関係ではどうであろうか。弁護士は，委任の問合せの際に，新たな依頼者の相手方のためにすでに受任者として活動していることを確認した場合，新たな依頼者に自己の事務所の同僚を紹介することができるか。仮にそれが許されないとした場合，所在地を異にする共同事務所においては，同僚は他の所在地において活動することは許されるだろうか。弁護士が所属する事務所を異動した場合，それまでの依頼者の相手方を代理することはどうだろうか。

II 共同事務所の範囲においては無資格であるという原則

1．職業法：連邦弁護士法43条a4項

連邦弁護士法43条a4項は，これらの問題すべてに明文の規定で解答しているわけではない。2人の依頼者の相反する利益の主張が，同一の弁護士によってではなく2人の共同提携する弁護士あるいは少なくとも共同して職業を営む2人の弁護士によって生じている場合にも，利益相反による代理の不許が，認められるのかということについて，この規定は定めていない。むしろ規定の文言上連邦弁護士法43条a4項は，単独の弁護士だけを対象としている[3]。法

律上，共同事務所の条項は，連邦弁護士法45条3項に存在するが[4]，この規定は，特別法であり一般化できるものではないし，法律の経緯から見ると，連邦弁護士法43条a4項を共同事務所の範囲において適用することに賛成というよりは，むしろ反対の立場を示したものである。立法者はかなり特殊な事実関係について共同事務所の範囲における連邦弁護士法43条a4項の適用を考慮したものの，連邦弁護士法43条a4項の基本規範について比較可能な規制を設けることを断念したのである。

その結果生じた問題を連邦通常裁判所は，注目すべき論証によって解決した[5]。連邦通常裁判所にとっては，利益相反の禁止を共同事務所の範囲で適用することは，連邦弁護士法43条a4項から明らかである。連邦通常裁判所によれば，連邦弁護士法43条a4項で用いられる「代理」の概念は，もっとも広い意味で理解すべきであって，委任の処理を必要としない。根本的に会社法に根ざしているこの見解によれば，職業活動会社の弁護士社員はいずれも，事務所の依頼者全体の利益を代理するのである[6]。連邦憲法裁判所は，この見解を基本的に許されないと考えたわけではないが，基本法12条1項の観点から，例外なくすべての共同事務所の事実関係に適用できるわけではないと判示した[7]。連邦憲法裁判所が強調したのは，相反する利益の代理の禁止が弁護士の同僚Sozienに適用が許されるのは，具体的な依頼者の利益を特に顧慮して個々

---

3) *Kilian,* WM 2000, 1366 (1368); *Kleine-Cosack,* AnwBl. 1998, 417 (418). を参照。

4) ドイツ連邦弁護士法45条は，同法43条a4項に対する特別法として活動禁止の特則を定め，二つの類型を細分化している。すなわち第1項に含まれるのは，弁護士が当初弁護士の職業外で弁護士以外の職務に従事していたケースであり，第2項では弁護士が当初弁護士として活動し，その後弁護士以外の職務において活動を継続しようとするケースが，列挙されている。第3項は，弁護士と共同事務所形態を営み，またはその他の形で合同してその業務を行いあるいは行っていた弁護士に，活動禁止を拡張するものである。

5) BGH NJW 2001, 1571f.

6) 批判的であるのは，たとえば以下の文献である。*Kilian,* WM 2000, 1366 (1373); *Kleine-Cosack,* AnwBl. 1998, 417 (418).

7) BVerfG NJW 2003, 2520.

の事例を正当に評価するすべての利害の考量をしても，異なる結果が生じない場合に限られるということである[8]。

2．制定法：弁護士職業規則3条2項1文

連邦憲法裁判所のこの準則の結論は，制定法レベルで連邦弁護士法43条a4項を共同事務所の事実関係に関して具体化する弁護士職業規則3条2項の規定である。この規定は以下のように定めている。

弁護士職業規則3条2項：「相反する利益の代理の禁止は，いかなる法律形態または組織形態であれ同一の共同職業活動または共同事務所における弁護士と結びついたすべての弁護士にも適用される。」

すなわち弁護士職業規則は，弁護士に関する相反する利益の代理禁止の原則を連邦弁護士法43条a4項から，いかなる法律形態または組織形態であれ，同一の共同職業活動または共同事務所において活動するすべての弁護士に拡張することを定めているのである。連邦憲法裁判所によれば，相反する利益の代理の禁止をこのように共同事務所の範囲で拡張することは，弁護士の職業活動の直線性 Geradlinigkeit を依頼者および法的問題処理機構の利益のために保障するのに必要であり適切なのである[9]。連邦通常裁判所によれば，共同事務所の範囲での適用は，連邦弁護士法43条a4項における代理の法律要件のメルクマールについてすでに自ら示しているので[10]，弁護士職業規則3条2項は，上位の法が狭く定めた禁令を許されない方法で拡張するのではなく，単に許された方法で連邦弁護士法の規制を具体化しているだけである。

3．該当する組織形態

――英語では，他者を原因とする資格剥奪（imputed disqualification）と表現される――拡張は，すべての「職業活動共同体 Berufsausuebungsgemeinschaf-

---

8) BVerfG NJW 2006, 2469 ; NJW 2003, 2520f.
9) BVerfG NJW 2006, 2469 f.
10) BGH NJW 2001, 1572（1573）．

ten」に適用される。ドイツ連邦弁護士会が出版しているガイドブックの解説によれば、考えられるすべての法形態が該当する。したがって、「共同の職業活動」が存在しさえすれば、その法形態は、問題とならない。

(1) 弁護士有限会社 Rechtsanwaltgesellschaften mbH

弁護士職業規則3条2項に、連邦弁護士法59条c以下による弁護士有限会社も該当するということが、明文によって指摘されている。いずれにせよ認可された弁護士会社の職業法上の主体性に基づいて、この有限会社は、連邦弁護士法59条1によれば「弁護士」と同様に扱われるので、この会社はすでに連邦弁護士法43条a4項によって、対立する依頼者を担当することを妨げられる。

(2) 合同事務所 Bürogemeinschaften

弁護士職業規則3条2項1文によれば、この禁令は、合同事務所にも適用される。すなわち空間と職員をシェアするが、依頼者と本来の職業活動はシェアしない共同の社会的経済基盤における複数の法的に独立した個人法律事務所の結合にも、この禁令が適用される。連邦弁護士法43条a4項と弁護士職業規則3条の適用領域において共同事務所と合同事務所をこのように同等に扱うことは、学説においてはこれを当然のこととみなすのがまったく支配的であり、批判的に問題視されていないとはいえ、問題である。この禁令を合同事務所にも拡張することを正当化するために通常指摘されるのは、社会的経済基盤を共同利用することによって、相手方の書類を閲覧する機会が存在するということである。この見解は、依頼者の情報の保護が、弁護士の守秘義務以上に保障されており、例外なく確保されなければならないということを誤解している。基準となるのは、連邦弁護士法43条a2項であり、この禁令は、連邦弁護士法43条a4項の意味における対立する依頼者のための情報が有益である可能性があるというだけの理由では、ますますもって適用されないのである。活動禁止を正当化するための手がかりとしては、連邦弁護士法43条a2項によって

すでに保障された秘密保護に勝るものは存在しないのである。合同事務所は，独立した弁護士事務所が，内部団体において単に結合したものにすぎない。純粋に事実上ときおり外部表示において表見共同事務所としての合同事務所が，市場の要求に合わせることによって，別のイメージをもたれることは，確かに残念なことではあるが，これについては自由に使える広告法上の手段を用いて対処すべきであって，活動禁止を拡張し基本法12条1項を制限することによって対処すべきではない。相反する利益の代理禁止を合同事務所のメンバーに拡張することは，結局のところ弁護士が義務を忘れている状態という好ましくない外観を，憲法上問題はあるが回避できるということに役立つだけである[11]。しかしその利益のためには，連邦憲法裁判所によれば，弁護士のその他の職業法上の義務を順守することが，基本的に前提とされなければならない。利益相反状態にある依頼者について交互に代理するなどといったことは当然できない。しかしこれは，合同事務所として結合した弁護士事務所の限界を超えて活動禁止を拡張するという問題と関わることではなく，すでに連邦弁護士法43条a4項から明らかなことである。その他，そもそも利益相反状態にある依頼者を——職業法上同一に組織された——合同事務所の中でどのようにして発見すべきなのかという問題も，解答されていない。委任関係の存在は，同一の職業活動団体に属していない他のすべての弁護士に対して守秘義務を負う事実である。

III 共同事務所の範囲においては無資格であるという原則の例外

相反する利益の代理禁止を「共同事務所の範囲で」適用するという原則は，無制限に適用されるわけではない。弁護士職業規則3条2項2文は，以下のように規定する。

---

[11] OLG Bremen BRAK-Mitt 2008, 231（232）．は，批判的ではない。

弁護士職業規則 3 条 2 項 2 文：3 条 2 項 1 文は，個々の事例において当該依頼者が対立する委任において詳細な情報提供を受けた後に明文で代理に同意の意思表示をし，かつ法的問題処理機構の利害が対立しない場合には，適用されない。情報提供と同意の意思表示は，書面によって行うものとする。

すなわち弁護士職業規則 3 条 2 項は，相反する利益の代理禁止の原則を緩和する規定である[12]。禁止の原則は，個々の事例において当該依頼者が対立する委任において，以下の場合には適用しない。

　　共同事務所の事実関係において，

　　詳細な情報提供を受けた後に，

　　代理に明文で同意の意思表示をし，

　　法的問題処理機構の利益が対立しない場合。

1．共同事務所の事実関係

弁護士職業規則 3 条 2 項は，共同事務所の事実関係を前提としている。このことは，個々の弁護士は，当該当事者の同意があっても相反する利益を代理することはできないということではなく，利益相反のある委任においては，常に 2 人の異なる弁護士が活動するということを意味する——もっとも通常のように別個の共同事務所に属する 2 人の弁護士ではなく，このケースでは例外的に同じ共同事務所に属する 2 人の弁護士である。

この要件は，連邦弁護士法 59 条 c 以下の意味での認可された弁護士会社が，関与する事件において，問題となる。すなわち連邦弁護士法 59 条 c 以下の意味で認可された弁護士会社については，弁護士職業規則 3 条 2 項の適用領域

---

12)　OLG Hamm Beschl. v. 19.7.2012 – II-2 WF 23/12, BeckRS 2012, 20220 ; *Kleine-Cosack,* 7. Aufl. 2015, § 3 Rn. 5 ; *Henssler/Streck/Deckenbrock,* handbuh des Sozietätsrechts, 2. Aufl. 2011, M Rn. 126 ; *ders.* Rn. 288 ; *ders.* AnwBl. 2009, 170（172）; *Henssler/Deckenbrock* NJW 2012, 3265（3269 f.）; *Schramm* S. 98 ; *Kilian* AnwBl. 2012, 597 ; 異なる見解として以下の文献がある。*Grunewald* ZEV 2006, 386（387）; *Offermann-Burckart* AnwBl. 2011, 809（825）。

が，開かれていないのである。なぜならば上記の認可を受けた弁護士会社は，——自然人である弁護士と同様に——職業法の主体でありかつ弁護士会の会員であり，したがって連邦弁護士法 59 条 m によって職業法上「弁護士」として扱われなければならないからである。それゆえ「弁護士」としての会社には，連邦弁護士法 43 条 a 4 項が適用され，弁護士職業規則 3 条 2 項 1 文の拡張は必要ないのである。したがって弁護士職業規則 3 条 2 項 2 文による同意の余地は，そもそもないのである。なぜならば職業法上同一の主体による相反する利益の代理は，最初から排除されているからである。しかし，1 人の弁護士による相反する利益の代理に同意を与えること——1 人の人間の中での紛争を内蔵する了解の一致——を排除することに与する理由を，実際の構造は共同事務所に相当する弁護士会社に転用することはできない。弁護士会社が一般的にはそれ自体職業法上の主体であるとはいっても，連邦弁護士法 43 条 a 4 項の領域において憲法に合致した理解をすれば，認可を受けた弁護士会社については，その他の法形態の組織について行われているのと同様に，活動している職業の担い手を基準としなければならないのである。

2．依頼者への情報提供

弁護士職業規則 3 条 2 項 2 文の文言は，同規則 3 条 2 項 1 文において定められた共同事務所の範囲における無資格の原則の例外を認めるための要件として，まず第 1 に当該依頼者への詳細な情報提供を定めている（——拘束力を有しない——連邦弁護士会のガイドブックは，この情報提供を正規の教示 regelrechte Aufklaerung と理解している。それゆえ教示という一層広い概念がなぜ文言の中で使用されなかったのかが，疑問に思われるのである）。依頼者は，対立状況から結果として生じる問題と危険を判断できるように，対立状況についてありのままにそして完全に教示されなければならない[13]。それゆえ不可欠であるのは，具体的な個々の依頼者を基準とした情報であり，さらに起こる可能性のある利益衝突の

---

13) BRAK-Mitt 2006, 212 (214).

種類と共同事務所が計画する措置およびその危険を書面に記録しておくことが望ましい。弁護士職業規則3条2項2文は，事実関係と法律状態についての詳細な情報を要求している。依頼者は，相反する利益の代理の禁止が生じていることとこの禁止がどの法律に基づくものであるかについて教示され，利益対立のある双方またはすべての依頼者が同意する場合に限って，対立関係にある依頼者を代理することが許されるということを教示されなければならない。この教示の範囲内では，弁護士は連邦弁護士法43条a2項1文により，対立関係にある依頼者から得た情報を漏らさないよう慎重に注意しなければならない。このことは，弁護士職業規則3条5項が，――なくてもよいのだが――，再度明らかにしている。弁護士が，守秘義務のある情報を漏らすことなく依頼者の同意をえることができなければ，弁護士は代理人となることができない。

3．依頼者の同意の表明

(1) 同　　　意

当該依頼者への情報提供ないし教示の後で，依頼者が相反する利益の代理に明確な同意の意思表示をすることが，必要である。共同事務所においては，当該依頼者の同意があれば無資格を避けることができるという準則は，すでにふれた連邦憲法裁判所の判決に由来する。連邦憲法裁判所は，憲法上保護された弁護士の職業上の自由への介入を正当化するための同意の意味を明確に強調した[14]。連邦憲法裁判所の判例によれば，共同事務所によって相反する利益の代理をすることを許容することは，広く普及している理解に従えば依頼者の同意があれば，憲法上の理由から必要とされるのである[15]。さらにドイツ法は，チャイナ・ウォールの制度だけでは不十分であり，したがって依頼者の同意が，

---

14) BVerfGE 108, 150（164）= NJW 2003, 2520（2522）．

15) *Henssler* FS Maier-Reimer, S. 219（234 f.）が詳細に論じている。さらに以下の文献も参照。*Feuerich/Weyland/Böhnlein*, BRAK, 9. Aufl. 2016, § 3 Rn. 8, 12, 34; *Koch/Kilian/Kilian*, Anwaltliches Berufsrecht, 2007, B Rn. 644; *Deckenbrock* AnwBl. 2009, 170（172）; *Maier-Reimer* NJW 2006, 3601（3603 Fn. 38）．

常に追加的に要件とされるという立場を出発点としている[16]。秘密を守る処置を構築することが，依頼者が同意を与えることに役立ちうるし，役立つであろう。

(2) 時　　期

同意が提出されなければならない時期について，弁護士職業規定は規定を設けていない。相反する利益の代理を開始する前に同意を得ておくことが，有意義である。しかし委任が継続中でも同意をえることが可能でなければならない[17]。これは法律相談や代理が開始した後で初めて利益相反の状況を発見できることも，しばしばあるからである。同意の撤回は，いつでもできるといわれている[18]。しかし適切な情報に基づき，場合によっては補助的な措置を講じて得られた同意は撤回できないとするのが，適当である[19]。連邦弁護士法43条 a 4 項が保護する弁護士の職業遂行の直線性 Geradlinigkeit は，共同事務所が，双方の依頼人の意思により利益相反関係にある委任に適法に従事したとしても，損なわれないことは明らかである。当該依頼人の一方が，共同事務所のその後の活動をもはや望まない場合には，この依頼人は，弁護士契約を民法627条，628条により自由に解除できる。連邦弁護士法43条 a 2 項に関して，知識の伝達は，排除されている。別の見方をすれば，同意の撤回を認めれば，相手方の依頼人の弁護士を奪うことが，同意を撤回する依頼人の自由に委ねられてしまう。なぜならば弁護士職業規則 3 条 4 項により同規則 3 条 2 項の無資格の効果が復活し，委任は両方とも，終了しなければならないからである。

---

16)　*Henssler* FS Maier-Reimer, S. 219（237 f.）；*Henssler/Streck/Deckenbrock,* a.a.O. M Rn. 127；*ders.* AnwBl. 2009, 170（173 f.）.

17)　*Kleine-Cosack,* AnwBl 2006, 13（16）；*Saenger/Riße,* MDR 2006, 1385（1386）.

18)　BRAK-Mitt 2006, 213（215）；*Grunewald,* ZEV 2006, 386（388）.

19)　*Henssler/Prütting-Henssler,* BRAO, 4. Aufl. 2014, § 3 BORA Rdn. 20；*Kleine-Cosack,* a.a.O., § 43a Rdn. 48f.；*Henssler/Streck-Deckenbrock,* a.a.O., Rdn. M 132f.

4．法的問題処理機構の利害が対立しないこと

　相反する利益の代理に対し，法的問題処理機構の利益が対立する場合には，同意は有効ではない。すなわち代理に対して法的問題処理機構の利益が対立する場合には，依頼者の同意は十分なものではないし，重要でもない。基本法12条1項の観点では，法的問題処理機構の利益の対立が確認できない場合，「同意」だけが欠けているということが，どの程度禁令を正当化できるのかという問題は，これまでほとんど議論されていない[20]。依頼者の同意を決定的な基準に据える場合には，第三者から見れば結局，共同事務所の義務違反の行為の外観を否定することをもたらすだけである。依頼者は，これによっては効果的な保護——この依頼者の効果的な保護が，連邦弁護士法43条a4項の目的のはずだが——を受けない。依頼者に保護を与えるのは，委任業務追行について依頼者の同意があろうとなかろうと，知識の伝達 Wissenstransfer を禁止することだけである[21]。その限りにおいては，弁護士の守秘義務と相反する利益の代理の禁止との間に完全に矛盾なく境界線を引くことはできないのである。

　何が，弁護士職業規則3条2項2文において言及されている「法的問題処理機構の対立する利益」なのかということは，これまで具体化されていない[22]。

---

20)　同意の意義を過大評価することに反対の立場をとるものとしてすでに次の文献がある。*Kilian,* BB 2003, 2189（2192）; *Koch/Kiliam/Kilian,* a.a.O., B Rn. 648. 次の文献は，同意の要件を相対化しようとする。この著者の見解によれば，第2項は，当事者の同意が存在するか司法の利益が対立しない場合には，禁止の拡張を回避できるという解釈をした方がよい。*Kleine-Cosack,* a.a.O., §3 Rn. 4, 15, 45 ff. これと同様の立場をとるものとして以下の文献がある。*Dombek/Ottersbach/Schulze zur Wiesche/von Lewinski,* Die Anwaltssozietät, 2015, §4 Rn. 92

21)　このありのままの真実を認識した結果，たとえばイギリス法においては，同意が存在するということには確かに紛争状況の判定にとって一定の意義が認められるが，同意が存在しないからといって必然的に資格が否定されることになるわけではないと考えられている。

22)　*Gaier/Wolf/Göcken-Zuck,* Anwaltliches Berufsrecht, 2. Aufl. 2014, §43a BRAO/ §3 Rn. 34. この文献は，その注釈において，「法的問題処理機構の利益」に直接的な実

しかし弁護士職業規則3条2項2文の経緯からは，通常は当該依頼者の同意が重要であり，この同意が与えられた場合に法的問題処理機構の利益が，委任を承認することに対立する可能性があるのは例外的なケースに限られるという原則を導き出すことができる[23]。この原則・例外関係は，広い意味での憲法の相当性原則に対応するものであり，したがって職業活動の自由に対する介入は，必要な程度に制限されなければならないのである[24]。両当事者が適式な教示を受けた後で同意した場合には，依頼者にその信頼する弁護士の利用を妨げ，弁護士選任自由の原則，すなわちあらゆる法治国家制度の基盤の一つを制限する理由は，基本的に存在しない。したがって依頼者が同意する場合には，法律問題処理機構の利益は，共同事務所で結びついている弁護士による相反する利益の代理を許容することを肯定するものである[25]。

　ドイツ弁護士協会の規則制定会議 Satzungsversammlung の資料の中に，同意がとりわけ法廷の領域における弁護士活動を可能なものとするわけではないという指摘がある[26]。見過ごすことができないのは，このようなものの見方はとりわけ同意の外観が形式的に備わっているにすぎないケースを避けることに役立ち，したがって憲法上問題のある規制目的に貢献するということである。同じ事務所に所属するが互いに隔絶されている弁護士が，依頼者が承知していれば任意に裁判外で，さまざまな実際の危険と結びつく可能性がある活動をすることを許されるが，依頼者のために訴訟上活動することは許されないことについての理由は，直ちに見出すことができるわけではない。ドイツ弁護士協会

　　　務の意義が帰属するわけではないということを一文で確認することに甘んじている。
[23] *Henssler* FS Maier-Reimer, S. 219（236 f.）; *Grunewald* ZEV 2006, 386（388）; *dies.* NJW 2009, 1563（1564）; *Kleine-Cosack* AnwBl. 2006, 13（17）.
[24] 次の文献のみを参照。BVerfGE 7, 377（405 f.）= NJW 1958, 1035（1037 f.）; BVerfGE 76, 196（207）= NJW 1988, 194（195）; BVerfGE 94, 372（390）= NJW 1996, 3067（3068）und zuletzt BVerfGE 117, 163（182）= NJW 2007, 979（980）.
[25] *Sahan* AnwBl. 2008, 698（702）.
[26] BRAK-Mitt 2006, 212（215）.

の規則制定会議が，抽象的に強調しているのは，利益衝突の種類と弁護士の職業上の義務が危険にさらされる程度，依頼者保護の必要性その他の「重要な媒介変数 Parameter」の間には，相互作用があるということである[27]。いずれにせよ問題となるのは，恣意的な利益ではなく，法律問題処理機構の利益でなければならない。

　当該弁護士事務所は，法的問題処理機構の利益の侵害に対して，たとえば弁護士事務所内ではそのときどきの委任業務処理者の間に情報ブロック（チャイナ・ウォール）を設定するなどして，積極的に影響を及ぼすことができる[28]。このような情報ブロックに求められる条件の詳細については，ドイツではこれまであまり議論されていない。説得力があると思われるのは，英米法圏において過去に得られた知見を援用することである。英米法圏では「チャイナ・ウォール」は，すでにかなり昔から存在し，それどころか時には同意に対する選択肢としての地位を占めている[29]。最低の条件とされているのは，同僚は同じ部屋で仕事をしてはいけないし，それぞれ別のチームに属するEメールやデータ，書類に手を出してはならないということである。秘書レベルの同僚も，別の人であることが望ましい。共同事務所内のコンプライアンス担当者は，委任事務処理には関わらない中立的な人物として，「チャイナ・ウォール」の有効性を点検し監視するタイプの人物であることが望ましい[30]。さらに確保されなければならないのは，委任契約締結後に情報の流出をできるだけ排除することである。強調されなければならないのはもちろん，「チャイナ・ウォール」の構築は，法的問題処理機構の利益が対立するものではないということの必然的な要件ではなく，むしろこれは，法的問題処理機構のこのような利益が侵害されて

---

27) BRAK-Mitt 2006, 212（214）.
28) *Kilian,* WM 2000, 1366（1372）を参照。*Maier-Reimer,* NJW 2006, 3601（3603）. も同様である。
29) これについて詳細な文献として次のものを参照。*Kilian* WM 2000, 1366; *Henssler/Streck/Deckenbrock,* a.a.O., M Rn. 139 sowie *Buck-Heeb* FS Hopt, 2010, S. 1647 ff.
30) コンプライアンス担当者の要件について詳細は，次の文献を参照。*Appel/Renz* AnwBl. 2004, 576（577）.

いるということを認めることを困難にしているだけである。

5．情報提供と同意の方式

弁護士職業規則3条2項3文によれば情報提供と同意の意思表示は,「書面の方式で」行うものとされている。民法126条bによれば,書面の方式ということが意味するのは,表示は,文字を用いて判読可能なようにされ,かつ作成者が記され,かつ空間的な末尾の部分を認識可能なようにしなければならない。自筆の署名は必要ではない。文字を用いて判読可能であることという要件は,自筆の署名を放棄していることから,方式さえ順守していればコピーまたはファックスで伝えることができる文書でも,この要件を満たす。電子方式でEメールによる同意も,可能である。紙面でのデータの表示は,必要ではない。書面の方式は強行規定ではないので,同意の有効性についてこれら細かな質問が問題となることはない。すなわち方式規定は,証拠法上意義を有するだけである。

IV　共同事務所異動の問題（弁護士職業規則3条3項）

弁護士の異動可能性が増大し,ある法律事務所から他の法律事務所へ異動するということがますます頻繁に起こるようになったことにともない[31]，相反する利益の代理の禁止を共同事務所の範囲で適用することは,事務所の異動という事実関係にとって特別な意味を持つ。主として問題は,弁護士市場の二つのセグメントにおいて重要となる。すなわち一つは,弁護士事務所などほとんどなくしたがって弁護士事務所の異動が,これまでの事務所の依頼者の相手方についていた法律事務所への異動であるような小さな町やひなびた地域である。もう一つは,法律事務所の規模と専門性のゆえに多くの企業にとっては委任することができる唯一の法律事務所であると考えられている大規模な法律事務所

---

31) *Kilian*, AnwBl. 2016, 359 ff.

が存在する比較的小さな地域に関するものである。考慮される可能性がある弁護士事務所が比較的少なく，委任の実績が大きいために，事務所を異動した弁護士の異動前の法律事務所の依頼者の相手方が，当該弁護士が異動先にした法律事務所の依頼者であるという重大な危険が存在するのである。

　弁護士職業規則は，この問題について比較的シンプルな解決を定めている。すなわち連邦弁護士法43条a4項により弁護士に適用される相反する利益の代理禁止の原則は，弁護士職業規則3条1項において繰り返され，同規則3条2項1文によって同一の共同事務所または合同事務所においてつながりのあるすべての弁護士に拡張され，同規則3条3項の明文の規定によって共同事務所（条文上は合同事務所も含まれる）の異動の事例でも適用されるのである。

　弁護士職業規則3条3項：「1項および2項は，弁護士がある共同事務所または合同事務所から他の合同事務所または合同事務所に異動する場合にも適用される。」

　共同事務所を異動する弁護士がそれまで所属していた法律事務所にとっては，共同事務所の異動は，連邦弁護士法43条a4項に照らしてそれ以上何の結論もない。異動元の弁護士事務所は，たとえば異動する弁護士が委任を一緒に持って移動したためそれまでの委任業務担当者がいなくなった後でも，その相手方を新たな依頼者として援助することは許されない。これはすでに，連邦弁護士法43条a4項，弁護士職業規則3条3項から導かれる結論である。しかし共同事務所を異動する弁護士個人に課された活動禁止が，異動先の共同事務所にどのような影響を及ぼすのかという問題の検討については，規範は，独自の規制内容を有する。このテーマについては四つのケースに分けて検討する必要がある。

　ケース1：事務所を異動する弁護士が，両方の事務所で従事

　移動する弁護士は，旧法律事務所において対立関係にある委任1において個人的に活動し，新事務所では，対立関係にある委任2において個人的に活動した。弁護士は，この相反する利益の（継続的な）代理をすることは，連邦弁護士法43条a4項によってできない。

ケース 2：事務所を異動する弁護士が異動元の事務所でだけ従事

移動する弁護士は，旧事務所では個人的に対立関係にある委任 1 において活動した。新事務所ではこの弁護士ではなく別の弁護士が，対立関係にある委任 2 において活動する。この場合には弁護士職業規則 3 条 3 項の規定によって，共同事務所を異動する弁護士の新たな同僚にも効果がおよび，異動した弁護士自身と同様，新事務所の新たな同僚も活動することはできない[32]。その限りでは共同事務所を異動する弁護士は，異動元の事務所における自己の個人的な事件への関与によって移動先の事務所を「感染させる」のである。事実上二つの法律事務所は，一つの事務所のように扱われる。この対応関係をもたらすのは，共同事務所を異動した弁護士である。弁護士事務所が，活動を継続できるのは，弁護士職業規則 3 条 2 項により，当該依頼者が，同意の意思表示をする場合に限られる。

ケース 3：事務所を異動する弁護士が，異動先の弁護士事務所でだけ従事

異動する弁護士は，旧事務所では対立関係にある委任 1 には個人的に従事しなかった。この委任は，旧事務所では別の弁護士が担当した。新事務所では異動した弁護士は，対立関係にある委任 2 において個人的に従事するものとされた。弁護士職業規則 3 条 2 項によれば，異動元の共同事務所の同僚の事件関与に基づいて同規則 3 条 1 項の活動禁止が，この異動した弁護士に適用される。同規則 3 条 3 項の文言によれば，この活動禁止を，異動した弁護士は，異動先事務所に持ち込むことになる。すなわちこの弁護士は，依頼人の同意がなければ，活動することができない。しかしこのことは観念的には，事務所を異動した弁護士が，異動元の事務所において対立関係にある委任に関与せず，そのような委任のことをまだ知ってさえいなかったような場合でも，基本法 12 条 1 項に照らして事務所を異動した弁護士を無資格にすることが事実上可能であることを前提としている。

ケース 4：異動した弁護士が，旧事務所でも新事務所でも事件関与していない

---

32) So auch *Maier-Reimer*, NJW 2006, 3601（3605）; *Hartung*, NJW 2006, 2721（2725）.

異動する弁護士は，旧事務所において対立関係にある委任1に個人的に従事しなかったし，新事務所においても対立関係にある委任2に個人的に従事しないものとされている。二つの委任の処理は，もっぱら二つの法律事務所の別の弁護士によって行われた。このケースでも弁護士職業規則3条1項により活動禁止が，異動した弁護士に直接適用されるわけではなく，同規則3条2項による拡張に基づいて活動禁止が適用されるのである。異動した弁護士の異動先の事務所の同僚は，同一の法律事件においてすでに代理しまたは助言した弁護士とつながりがある場合には，資格を剥奪される。したがって，弁護士職業規則3条3項が，（異動した弁護士に同規則3条2項により適用される）法律効果を異動した弁護士に及ぼさせるのか，それとも異動した弁護士が同規則3条1項の意味で自ら助言し代理したのかということが，決定的となる。

　最後に挙げた二つの事例類型については，特に争いがある[33]。出発点として両者に共通するのは，弁護士がそれまで所属した事務所では個人的に従事していなかった委任について新しい事務所が，その委任の相手方の側で活動する，すなわち利益相反状態で活動するという点である。旧事務所においてであれば，その弁護士は，弁護士職業規則3条2項により相反する利益における活動をすることができないことは疑いない。しかしこの弁護士が，この対立関係にある委任の相手方の立場で活動しまたは活動したい事務所に異動する場合，それがどのような影響を及ぼすのかは，明らかではない。このテーマについては，問題を二つの局面に分けて検討すべきである。まず明らかにする必要があるのは，事務所を異動する弁護士が，異動先の事務所において対立関係にある委任で個人的にすなわち自ら活動することができるかという問題である。この点について通説が出発点としているのは，事務所を異動する弁護士が異動先の事務所において自ら活動することは，許されないというものである。通説によれば，事務所を異動する弁護士は，自らに適用される連邦弁護士法43条a4項，弁護士職業規則3条2項に基づく活動禁止を異動先の事務所に持ってい

---

33) *Hartung,* NJW 2006, 2721（2726）；*Saenger/Riße,* MDR 2006, 1385（1388）.

く。この場合，共同事務所を異動する弁護士は，――双方の依頼人の同意がなければ，――自ら活動することが許されない。このような理解が正当であることの論拠とされるのは，個人的に結び付けられた活動禁止は，弁護士がどの法律事務所で活動するかによって左右される可能性があるものではないということである。しかしカールスルーエ地裁は，ごく最近の判決において，事務所を異動した弁護士が異動元の事務所において，後の対立関係にある委任について知らず，後に受任した際にも以前の相手方の資料からも対立する委任の事実が明白でなく，利益衝突が現存せず相手方にとって不利益が生じていない場合に，通説に反対して初めて資格剥奪を否定した[34]。従来の通説に反するこの見解が，貫徹されうるか否か，結果が待たれるところである。

　事務所を異動した弁護士に関するテーマで，一層問題であり，同様に終局的に解明されているわけではないのは，次の問題である。すなわち，事務所を異動した弁護士に個人的に活動禁止が適用される場合，通説によれば，いわば異動先の弁護士事務所にこの活動禁止が「輸入される」ことになるが，異動先の事務所の新たな同僚は，この活動禁止に「感染する」のかという問題である。一見すると，これは，実相である。なぜならば弁護士職業規則3条2項は，「1人の弁護士がアウトなら，事務所がアウトである。」という原則を定めたものであり，同規則3条3項は，事務所の異動の状況においても，この原則を免れることはできないことを明らかにしているからである。このことが意味するのは，事務所を異動する弁護士は，自分が異動元の事務所で実際に対立関係にある依頼に関与したために資格を剥奪されたのか，それとも事務所の同僚に個人的に生じた活動禁止を弁護士職業規則3条2項によって共同事務所の範囲で拡張されたために資格を剥奪されたのかを問わず，異動先の事務所の同僚全員を活動禁止に「感染させ」，異動先の事務所が，対立関係にある委任のすべてを放棄することを余儀なくするということである。――そんなことになれば，法律事務所が，別の事務所の著名なパートナーや比較的若い勤務弁護士に事務所

---

[34] LG Karlsruhe BRAK-Mitt 2017, 33（35）．

の異動の誘いをしようと思っても，彼らが自分の依頼人の相手方を広範に代理する別の事務所で活動をしている場合には，それを思いとどまるということが，実務において頻繁に起こることになる。それゆえ普及しつつある見解の傾向によれば，異動元の共同事務所において共同事務所を異動する弁護士が，自分自身の関与のために活動禁止の適用を受けたのではなく，弁護士職業規則3条2項による拡張によって活動禁止の適用を受けた，すなわち事務所の異動とはいかなるかたちでも関わりのない，以前所属した事務所の別の弁護士が，対立関係にある委任を処理したというだけの理由で，活動禁止が適用されたということでは，基本法12条に照らせば，資格剥奪のために十分ではない[35]。この結論は，正しい理解によれば，弁護士職業規則3条の文言および体系からえることができるものである。すなわち同規則3条2項，3項は，それぞれ同規則3条1項を援用している。したがって資格剥奪は，基本的に直接助言または代理する弁護士の関与を前提としなければならない。学説の支配的見解は[36]，弁護士職業規則3条の文言と体系を否定しながらであるとはいえ，もちろん別の見方をしている。たとえば弁護士職業規則3条についての拘束力のないガイドブックが出発点にしているのは，共同事務所を異動する弁護士が両方の弁護士事務所において関与していない場合でも，異動先の弁護士事務所の同僚弁護

---

35) AGH Bayern NJW 2012, 2596（2597f.）; *Henssler/Prütting-Henssler,* a.a.O., § 3 BORA Rn. 32 ; *Kleine-Cosack,* a.a.O., BRAO § 3 BORA Rn. 27, 40 ; *ders.,* NJW 2013, 272（273）; *Deckenbrock,* Strafrechtlicher Parteiverrat und berufsrechtliches Verbot der Vertretung widerstreitender Interessen, 2009, Rn. 589, 647 ff. ; *ders.,* AnwBl. 2009, 170, 175 f. ; *ders.,* AnwBl. 2012, 594, 595 f. ; *Koch/Kilian-Kilian,* a.a.O., B Rn. 660 ; *Maier-Reimer,* NJW 2006, 3601（3604）.

36) *Hartung-Hartung,* BORA/FAO, a.a.O., § 3 Rn. 131 ff. ; *Gaier/Wolf/Göcken-Zuck,* a.a.O., § 43a BRAO/§ 3 BORA Rn. 28 ; *Dombek/Ottersbach/Schulze zur Wiesche/Dombek-Dombek,* a.a.O., § 2 Rn. 36 ; *Offermann-Burckart,* in : Kilian/Offermann-Burckart/vom Stein, Praxishandbuch Anwaltsrecht, 2. Aufl. 2010, § 13 Rn. 120 ; *dies.,* AnwBl. 2011, 809（823 f.）; *dies.,* NJW 2012, 2553（2555 f.）; *Maier-Reimer,* NJW 2006, 3601（3605）; *Hartung,* NJW 2006, 2721（2726）; *Quaas,* NJW 2008, 1697（1699）; *Saenger/Riße,* MDR 2006, 1385（1388）.

士は，活動を妨げられるということである[37]。しかし弁護士職業規則3条3項にそのような意味を認めたい者は，この規定の法的性格を誤解しているのである。この規定は，共同事務所を異動する弁護士について特別の禁止要件を設けることを目的とするものではなく，弁護士が事務所を異動することによって，あらゆる活動禁止から解放されることを妨げることを意図したものである。換言すれば，弁護士職業規則3条2項は，同規則3条1項によって直接資格を剥奪された弁護士と同じ共同事務所においてつながりがある弁護士についてこのつながりがある限りにおいて活動を禁止するものである。すなわち関与していない弁護士が，事務所の異動によって別の事務所へ異動すれば，関与していない異動した弁護士については，弁護士職業規則3条2項の資格剥奪の効果の効力は失われるのである。この拡張規定は，すでにその文言からして以前のつながりの事例を対象とするものではない。同規則3条3項も，その限りでは明確なその文言によれば，これまで活動を制限されていない弁護士（すなわち移動先の共同事務所の弁護士）の感染を定めるものではない。感染を定めたものと解釈するためには，この規定から読み取ることができない「二重の拡張」が必要である。禁止規定をこのように拡張することは，職業の自由への過度の干渉となる。なぜならば異動元の事務所の以前関与した同僚と異動先の事務所の弁護士の間には，それぞれの作業区分の時間の間に，共同事務所の人的つながりと比較できるような強度の人的なつながりが存在しないからである。

　対立する立場をとる通説があまり強固なものではないということは，たとえばドイツ連邦弁護士会の非公式のガイドブックが，弁護士職業規則3条について，一貫性を欠くことにはなるが，たとえば事務所所在地が相互にかなり離れている場合に例外を認めるという点に現れている[38]。しかし同様に説得力がないのは，バイエルン労働裁判所の最近の判決のように，委任に関与しなかった弁護士が弁護士事務所を異動する場合の活動禁止を，理性的に考量された依頼者の客観化された目から見て事務所を異動する弁護士へのデリケートな知識の

---

37) BRAK-Mitt 2006, 212（215）; *Hartung,* NJW 2006, 2721（2726）. も同様である。
38) BRAK-Mitt 2006, 212（215）.

伝達を出発点にすることができるか否かにかからしめることである[39]。観念的に前提としなければならないのは，事務所を異動する弁護士は，連邦弁護士法43条a2項および刑法203条によりあらゆる知識の伝達が禁止されているので，この弁護士の行動と態度が，職業義務違反でありかつ可罰性があるということである。

---

39) So AGH Bayern NJW 2012, 2596（2597 f.）.

日本における利益相反の問題について

柏　木　俊　彦

I　弁護士の職務の根拠規範

　法の支配のもとで個人や組織を依頼者として相手方を含めた第三者，社会や国に相対して個としての依頼者の権利および利益を擁護する弁護士制度を持つことは，民主的社会であるための不可欠な要素である。日本における弁護士の制度的な職務規律の根拠規範となるのは，職業法である弁護士法および弁護士法の授権に基づき日本弁護士連合会が会規として制定した弁護士職務基本規程（以下，「職務基本規程」という）である。

　大陸法のシビル・ロー法系の国（civil law country）であるドイツにおいても，職業法である連邦弁護士法および連邦弁護士法の授権に基づき連邦弁護士会（BRAK）が制定した弁護士職業規則が弁護士の職務規律の根拠規範となっている。他方，コモン・ロー法系の国（common law country）であるアメリカでは，弁護士の職務の規律は，弁護士の資格付与，職務規範の制定，懲戒等を含めて各州の最上級裁判所が固有の権限を有しており，連邦議会や州議会が制定する弁護士法のごときは存在しない。

　弁護士の職務規律に対する固有の権限を有するアメリカの各州の上級裁判所は，任意の法律家の団体であるアメリカ法律家協会（American Bar Association，以下，「ABA」という）が制定したABA弁護士職規範規則（ABA Model Rules of Professional Conduct，以下，「ABAモデルルール」という）を各州の事情により修正を加えて採択することにより当該州の弁護士の職務の行為規範としている。

このように，弁護士の職務規律に関しては，日本やドイツのように議会の制定法が弁護士の一般的職務規律を定めたうえで制定法が弁護士会に具体的な職務規範を定立する権限を授権している国とアメリカのように各州の最上級裁判所が弁護士の職務規律の固有の権限を有して弁護士の職務規範を定立している国とがあることになる。アメリカは，弁護士の身分のままで裁判官や検察官の地位に就く法曹一元の国であるため，州の最上級裁判所が弁護士の資格付与，職務規範の制定，懲戒等の職務規律についての固有の権限を有することは弁護士自治と背理するものではない。

法の支配の担い手として弁護士法および職務基本規程のもとで弁護士には依頼者，相手方を含めた第三者，他の弁護士や裁判所等との関係に基づく規律が課せられている。弁護士は，依頼者のために一般法律事務を取り扱うこと[1]を主たる職務とするため，弁護士の職務規律としては，依頼者との関係が中心となる。弁護士は，依頼者を有することにその職務の特質があるが，弁護士法も職務基本規程も依頼者の定義や依頼者・弁護士関係の成立および存続要件についてなんら具体的な規定を置いていない。弁護士の職務規範である弁護士法および職務基本規程のもとでの依頼者・弁護士関係の規律は，弁護士の社会的制度としての職務の関係規範であり，私的な生活関係を規律し私的自治を原則とする私法である民法の本人・代理人の関係や委任契約上の受任者・委任者の関係とは異なる制度趣旨に基礎を置いている。

即ち，民法の代理法のもとでの本人・代理人の関係は，代理人の行為の効果の本人への帰属の関係であり，弁護士が依頼者に対する関係で代理人・本人の関係に立つ場合があるとしても，弁護士法および職務基本規程上の依頼者・弁護士関係が民法の代理法の本人・代理人関係に依存するものではない。この点につき，コモン・ロー法系の国であるアメリカにおいては依頼者・弁護士関係が代理法上の本人・代理人間の信認関係（fiduciary relationship）をベースとしているのとは異なる。

---

1) 弁護士法3条。

依頼者・弁護士関係も委任契約に依存するものではない。依頼者・弁護士間には委任契約が締結される場合が多いであろうが、国選弁護における国や依頼者以外の第三者のように国や第三者が依頼者のための弁護活動を弁護士に依頼することもあり、その場合には委任契約の当事者と依頼者・弁護士関係とは一致しない。また依頼者・弁護士関係の成立時期も必ずしも委任契約の成立時期と重なるわけではない。さらに、弁護士の事件受任義務および辞任義務は委任契約から導きえるものではない。

依頼者・弁護士関係は、本人・代理人の関係や委任契約の契約当事者である委任者・受任者の関係から独立した弁護士法および職務基本規程に基づく弁護士の依頼者に対する社会制度上の職務規律のための関係である。職務基本規程30条が依頼者・弁護士関係が委任契約を当然の前提とするかの如き規定を設けているのは誤解を招くものである。依頼者の特定および依頼者・弁護士関係の成立、存続要件、義務の内容は、あくまで弁護士法および職務基本規程に基づく弁護士の職務の規律の観点からの民法の規律から独立した関係規範として把握されるべきである[2]。

II 弁護士の依頼者に対する基本的義務

1. 独立性保持義務

弁護士は、裁判官、検察官と共に法曹としての一翼を担う法専門職であり法専門職として独立性保持義務を本質的な基本的義務とする。独立性の原則なしに司法制度は勿論のこと弁護士制度も弁護士職も想定しえるものではない。

欧州弁護士会協会（The Council of Bars and Law Societies of the European Community、以下、「CCBE」という。）が制定した Charter of Core Principles of the Euro-

---

[2] 加藤新太郎『コモン・ベーシック弁護士倫理』有斐閣 219頁以下参照。弁護士の依頼者に対する行為規範と弁護士の依頼者に対する民事責任との関係を弁護士法上の依頼者・弁護士間の制度上の関係規範に基づく誠実義務で統一的に理解して、善管注意義務を誠実義務に包摂させるという問題意識が本稿の筆者にはある。

pean Legal Profession でも，弁護士の法専門職（the legal profession）としての 10 のコアプリンシプル（core principles）を列挙しその最初の (a) で弁護士の独立性および依頼者の事件を遂行する弁護士の自由（(a) the independence of the lawyer, and the freedom of the lawyer to pursue the client's case）を挙げている。そして，「弁護士は，依頼者への助言および依頼者の代理活動を遂行するにあたっては，政治的，経済的，および知的に自由でなければならない。このことは，弁護士は，国およびその他の強い利害から独立していなければならず，独立性を関連事業からの不当な圧力に妥協させてはならないことを意味する。弁護士は，さらに，第三者および裁判所の信頼をえるためには依頼者からも独立していなければならない。実際，依頼者からの独立性なしには，弁護士の職務の質の保証はあり得ない。」とコメントしている。

CCBE が EU 域内のクロスボーダーな法律業務に適用する弁護士の倫理規範として制定した Code of Conduct for European Lawyers（以下，「CCBE Code」という）の一般原則（General Principles）の 2.1 独立性（Independence）の 2.1.1 で「弁護士が服すべき多くの義務は，特に，弁護士の個人的利益または外部からの圧力といった他からのすべての影響を受けることなく弁護士が絶対的な独立性を保つことを要求する。」と規定している。

ドイツの連邦弁護士法 43 条 (a)(1) でも弁護士の一般的な職務上の義務として「弁護士は，その独立性を損なうおそれのあるいかなる義務も，これを引き受けてはならない。」と明文をもって独立性保持義務を定めている。

ABA モデルルールにおいては，弁護士の独立性を直接定めた規定を置いていないが，その 1.2 のコメント［5］の表題で「依頼者の見解または活動からの独立」との文言を置き，5.4 で「弁護士の専門職としての独立性」という表題で弁護士が弁護士以外の者との報酬の分配を行うことを禁じている条項を置いている。

日本の弁護士法は，ドイツの連邦弁護士法とは異なり弁護士の独立性保持義務を定めた条項を置いていない。しかし，職務基本規程では，その基本倫理第 1 章の 2 条において「弁護士は，職務の自由と独立を重んじる。」と定める。

そして，依頼者との関係における規律の第3章の最初の条項である20条で「弁護士は，事件の受任および処理に当たり，自由かつ独立の立場を保持するように努める。」と規定し，さらに，組織内弁護士における規律第5章の50条で，「組織内弁護士は，弁護士の使命および弁護士の本質である自由と独立を自覚し，良心に従って，職務を行うように努める。」と重ねて規定しており，弁護士の独立性保持義務の根本規範性は十分認識されている。

司法の独立性は，法への忠実性，従属性に由来するが，弁護士の独立性の場合には，弁護士職が依頼者のための制度であることから，法への忠実性，従属性の枠内で，依頼者を基準として弁護士の独立性保持義務を考えることが必要である。

依頼者を基準とした弁護士の判断の独立性保持義務としては，依頼者以外の影響からの判断の独立性保持義務と依頼者の影響からの判断の独立性保持義務とに区分される。前者の依頼者以外の影響からの判断の独立性保持義務は，依頼者の利益擁護のための義務を基礎づける。後者の依頼者の影響からの弁護士の判断の独立性保持義務は，依頼者の影響から距離（detachment）を置くことにより依頼者の利益擁護のための法的判断の質を確保する義務となる。加えて，弁護士法上，弁護士は基本的人権の擁護とともに社会正義の実現に対する誠実義務をも負っていることから，弁護士の独立性保持義務は，依頼者の利益擁護から独立した法の支配の担い手としての職務上の義務の性格をも有することになる。

2．誠実義務

弁護士の法専門職としての基本的な義務は，独立性保持義務であるが，弁護士の職務の根拠規範である弁護士法は，その1条1項で弁護士の使命を基本的人権の擁護と社会正義の実現と規定し，双方の使命のために同条2項で弁護士に誠実に職務を遂行すべき誠実義務を課している。弁護士は，依頼者を有することにその職務の特質があり社会的制度としての弁護士の使命は，依頼者の権利および利益を党派的に擁護することにある。弁護士法上の弁護士のこの使命

に基づく誠実義務は，弁護士の依頼者に対する一般的，包括的な職務上の基本的義務となり，弁護士法および職務基本規程上の弁護士の依頼者に対する個々の義務の総体となる。

職務基本規程は，第3章の依頼者との関係における規律の21条で「弁護士は，その良心に従い，依頼者の権利および正当な利益を実現するように努める。」と規定し，弁護士に対して依頼者の権利および正当な利益の実現に尽くすべき積極的な努力義務（以下，「利益実現努力義務」という）を課している。弁護士の依頼者に対する利益実現努力義務は，依頼者に対する積極的な誠実義務となる。

職務基本規程82条2項は，職務基本規程上の努力義務規定を職務基本規程21条の弁護士の利益実現努力義務をも含めて弁護士の行動指針又は努力目標としているが，この21条の利益実現努力義務に関して言えば，この義務は弁護士の職務の本質に係る依頼者の利益を党派的に擁護すべき誠実義務の積極的な義務内容であり，確定的な義務である。弁護士の利益実現努力義務を努力義務としてるのは，弁護士は，その職務の性質上，依頼者の意図する権利および利益の実現を結果として保証しうるものではないこと[3]および弁護士は法の支配の担い手として依頼者の正当な利益の範囲内でのみ職務権限を有するものであることを示すために努力義務と規定したものであり，弁護士の行動指針又は努力目標に留まるものではなく民法上の手段債務である為す義務に比すべき具体的，確定的な義務である。

弁護士の基本的義務である依頼者に対する誠実義務を実効化するためには，依頼者の利益擁護の遂行が制約され希薄化されるおそれのある状況で職務を行うことを回避する消極的禁止義務を弁護士に課すことも必要となる。弁護士法および職務基本規程は，弁護士に対してこの回避義務を利益相反禁止義務として明文をもって規定して弁護士の依頼者に対する誠実義務の制度的な保障規定としており，利益相反禁止義務は弁護士の誠実義務の具体的義務内容となる。

---

[3] 職務基本規程29条2項参照。

弁護士法上の弁護士の依頼者に対する誠実義務は，弁護士の積極的な依頼者の利益実現努力義務および消極的な利益相反禁止義務を主要な具体的な義務内容とすることになる。

先に述べた CCBE の Charter of Core Principles of the European Legal Profession は，10 のコアプリンシプル（core principles）の (c) で利益相反禁止義務（avoidance of conflicts of interest, whether between different clients or between the client and the lawyer）を挙げている。(e) では依頼者に対する忠実義務（loyalty to the client）を挙げたうえでのコメントで，依頼者に対する忠実義務（loyalty）が弁護士の役割の基本であり，依頼者に対して忠実であるとは（to be loyal to the client），弁護士は，独立でなければならず，利益相反を回避しなければならならず，依頼者の秘密を守らなければならないとして，独立性，利益相反および秘密保持を忠実義務の不可欠の内容としている。

アメリカでは先に述べたように，依頼者・弁護士関係は，代理法上の代理人の本人に対する信認関係（fiduciary relationship）としており，この信認関係上の信認義務（fiduciary duty）としての忠実義務（loyalty）が弁護士の依頼者に対する義務となっている。この忠実義務は，弁護士の利益相反禁止義務を主要な義務内容とする[4]。ABA モデルルールは，弁護士の積極的な依頼者の利益擁護義務としてその 1.1 で弁護士の依頼者に対する適格な代理義務を 1.3 で依頼者に対する勤勉義務を課し，1.7 から 1.12 までで消極的な利益相反禁止義務を規定している。

日本の民法の代理法は，弁護士の依頼者に対する職務上の義務を根拠づけるものではない。民法 108 条は自己契約および双方代理を無効としているが，代理法が代理人に対して本人に対する自己契約および双方代理行為の禁止義務を課しているわけではない。また，依頼者・弁護士間に委任契約が締結される場合が多いとしても，委任契約上の善管注意義務から弁護士の積極的な利益実現努力義務や消極的な利益相反禁止義務が導かれるわけではない。弁護士法上の

---

[4] アメリカの代理法については樋口範雄「アメリカの代理法」「現代の代理法」弘文堂を参照。

弁護士の誠実義務が弁護士の依頼者に対する基本的な一般的，包括的な職務上の義務となるのである。

弁護士法上の弁護士の依頼者に対する誠実義務が，弁護士法および職務基本規程上の利益実現努力義務および利益相反禁止義務を具体的，確定的な義務内容とすることにより，CCBE や ABA モデルルールにおける弁護士の依頼者に対する忠実義務（loyalty）に実質的に相応する弁護士の依頼者に対する義務にふさわしい義務内容となる。日本では，忠実義務の法的性格および義務内容が未だ不確定であることから，弁護士法に根拠を置き弁護士法および職務基本規程上の具体的，確定的な利益実現努力義務および利益相反禁止義務を内容とする誠実義務の用語が適切である。

弁護士の利益相反禁止義務は，弁護士の基本的義務である依頼者のための判断の独立性保持義務および依頼者に対する党派的な誠実義務によって基礎づけられる弁護士の中核的義務内容となる。

III　利益相反の領域と類型

1．利益相反の領域

利益相反は，弁護士の禁止義務であるが，弁護士の禁止義務のすべてが利益相反の領域となるものではない。利益相反は，弁護士の依頼者のための判断の独立性保持義務および依頼者に対する党派的な誠実義務に基礎づけられる禁止義務の領域であって，弁護士の非弁提携禁止義務，弁護士のついている相手方本人との直接の接触禁止義務（no-contact rule），依頼者の行為や目的の違法性，不当性を回避する弁護士の違法行為助長禁止義務等の禁止義務の領域とは異なる依頼者のための義務の領域である。

(1)　職務禁止の利益相反

利益相反は職務禁止義務である。利益相反の規定の仕方としては，弁護士が取り扱う職務を基準とする規定のあり方と依頼者を基準とする規定のあり方と

があるが，弁護士法 25 条各号の利益相反は職務を規準とし，他方，職務基本規程第 28 条各号は，現在の依頼者を規準として利益相反を規定している。

ドイツの連邦弁護士法 43 条 a(4) は，「弁護士は，相反する利益を代理してはならない。」と規定しており，依頼者ではなく職務を基準とした利益相反の規定となっており，弁護士職業規則 3 条(1) も「弁護士は，利益相反する同一事件の法的事件において，すでに相談にのり，代理をつとめ，……てはならない。」と依頼者という用語は使用せず職務を規準とした規定となっている。必ずしも複数依頼者間の利益相反のみを対象とはしていない。同法 45 条（職業活動の禁止）も弁護士が弁護士の職務外での一定の事件の活動に関与した場合に同一事件につき弁護士としての職務を禁じて，弁護士の職務を規準とした規定となっている。

CCBE Code 3.2 の利益相反（Conflict of Interest）[5] では職務ではなく依頼者を基準として利益相反を規定しており，現在の依頼者が基本となるが弁護士が過去の依頼者の秘密を保有していることを要件として過去の依頼者に対しても利益相反の領域を拡げている。

アメリカの弁護士倫理は，代理法上の弁護士の現在の依頼者に対する忠実義務（loyalty duty）をベースとするため，ABA モデルルール 1.7（Conflict of Interest : Current Clients）[6] で現在の依頼者に対する同時的利益相反（concurrent con-

---

5) 「3.2.1 弁護士は，複数依頼者間で利益の相反が生じ，または生じる強いおそれがある場合には，当該事件に関して複数依頼者に助言，代理したり行為をなすことはできない。3.2.2 弁護士は，複数依頼者間で利益相反が生じた場合，秘密保持違反のおそれがある場合又は弁護士の独立性が損なわれうる場合には，当該依頼者の双方又はすべてのための行為を行うことができない。3.2.3「弁護士は，過去の依頼者から託されている秘密を侵すおそれのある場合，又は弁護士が過去の依頼者の事件の知識が新たな依頼者に不当な利益をもたらすことになる場合には，かかる新たな依頼者のために行為することを控えるものとする。」
6) 「(a) 弁護士は，(b) 項に規定される場合を除き，依頼者の代理が同時的利益相反を含む場合には，当該依頼者を代理してはならない。同時的利益相反とは，以下のいずれかである。(1) ある依頼者を代理することが，他の依頼者に直接対立するとき，又は (2) ひとりまたは複数の依頼者を代理することが，自己の他の依頼者，過去の

flicts) を原則としている。そのうえで，1.9(a) (Duties to Former Clients)[7] では，事件の同一性を要件として過去の依頼者に対しても忠実義務を及ぼす継時的利益相反（successive conflicts）を規定している。

さらに，ABAモデルルールは，その1.11で「政府役員・職員の特別な利益相反」として政府役員・職員として取り扱った事件の当事者を依頼者として同一事件で党派的な代理の役割を担うことを禁止し，同じく1.12では，「裁判官，仲裁人，調停人又はその他の中立第三者であった者」が取り扱った事件の当事者を依頼者として同一事件で党派的な代理の役割を担うことを禁止し，役割を規準として役割相違による利益相反の規定をも設けている。ドイツ連邦弁護士法45条（職業活動の禁止）も同様の役割相違の利益相反規定を置いている。

(2) 依頼者との取引行為禁止の利益相反

日本の利益相反もドイツの利益相反も職務の禁止のみを対象としているが，弁護士が依頼者のために事件を処理している期間中に，弁護士が依頼者と取引を行うことも依頼者・弁護士間に利益相反が生じ，かかる取引行為自体が依頼者にとって不公正，不合理な取引となるおそれもある。しかし，弁護士法およ

　依頼者もしくは第三者に対する義務，または自己の個人的な利害関係により，重大な制約を受ける相当な危険があるとき。(b)(a)項に規定する同時的利益相反がある場合であっても，弁護士は，以下のすべての要件を満たす場合には，依頼者を代理することができる。(1)弁護士が，影響を受ける各依頼者に対し，適格かつ熱心な代理行為を提供できると合理的に考えること，(2)当該代理行為が，法律により禁じられていないこと，(3)当該代理行為が，同一の訴訟または他の審判手続において，弁護士が代理する他の依頼者に対する請求の主張を含まないこと，および(4)関係する個々の依頼者が，インフォームド・コンセントを与え，かつ，それが書面により確認されていること。」

7)　「(a)弁護士は，ある事件について過去に依頼者を代理した場合，過去の依頼者がインフォームド・コンセントを与え，それが書面で確認されたのでない限り，他の者の利益が過去の依頼者の利益と実質的に対立する同一または実質的に関連のある事件において，その者を代理してはならない。」ABAモデルルールの訳は「ABA法律家職務模範規則」藤倉浩一郎監修　日弁連訳　第一法規（2006）筆者の修正あり。

び職務基本規程上の利益相反は，いずれも職務禁止の利益相反であり，依頼者・弁護士間の取引行為自体の禁止を利益相反の対象としてはいない。

弁護士法28条は「弁護士は係争権利を譲り受けることができない。」と取引禁止を規定し，職務基本規程17条も「係争の目的物を譲り受けてはならない。」と規定していずれの規定も係争権利や係争の目的物の取引行為を禁止している。これらの規定は，譲渡人を特定することなく，誰が譲渡人であれ，弁護士が係争権利や係争の目的物を譲り受けることを禁止しているが，弁護士が依頼者から係争権利又は係争の目的物を譲り受ける場合には，弁護士が自己の立場を利用して依頼者にとって不公正又は不合理な取引行為をなすおそれがあり，さらに弁護士の職務の公正と品位を損なうおそれもある。

弁護士が依頼者と金銭貸借をしたり依頼者の債務を自らが保証したり弁護士の債務の保証を依頼者に依頼したりすることも，依頼者にとって不公正又は不合理な取引となるおそれもあり，また弁護士の職務の公正と品位を損なうおそれがある。そのため，職務基本規程25条はかかる取引行為を禁止しかつ取引行為禁止の解除を依頼者の同意に委ねることはせずに客観的な「特別の事情」の存在を理由として禁止を解除している。

このように，依頼者・弁護士間の一定の取引行為を，利益相反の対象とはしていないが，弁護士の職務の公正や品位を損なうものとしてかかる行為を禁止している。

この点につき，ABAモデルルール1.8では，「利益相反：現在の依頼者：特別のルール」という表題で依頼者と弁護士との間の1.8(a)から(k)までの一定の取引等の行為を利益相反として禁止している。1.8(a)は依頼者と弁護士との金銭的取引行為の禁止であり，1.8(c)は依頼者から弁護士への贈与の禁止，1.8(e)は弁護士から依頼者への財政的支援禁止，1.8(f)は依頼者以外の者からの報酬受領の禁止，1.8(i)は訴訟上の権利の譲受禁止といった条項となっている。ちなみに，1.8(a)の依頼者と弁護士との金銭的取引行為の禁止については，依頼者が当該取引について利害関係のない他の弁護士の意見を求める機会を与えられること等を条件として禁止の解除事由としている。依頼者と弁護士間の取

引行為をも利益相反として，取引行為自体を禁止の対象としている。

(3) 依頼者との取引行為禁止の共同事務所への拡張

利益相反の特色としては，共同事務所に所属する弁護士の利益相反を他の所属弁護士に拡張させていることである。共同事務所における利益相反の拡張を定めた職務基本規程57条は，共同事務所における所属弁護士の職務基本規程27条，28条各号の利益相反を他の所属弁護士に拡張させて職務を行うことを禁じている。したがって，共同事務所に所属する弁護士の弁護士法28条（職務基本規程17条）の依頼者との係争権利や係争目的物の譲り受け行為の禁止や職務基本規程25条の弁護士の依頼者との金銭貸借等の取引行為禁止は他の所属弁護士に拡張されることはない。

しかし，所属弁護士のかかる取引行為禁止を他の所属弁護士に拡張させることは，一体としての共同事務所の評判，名声，信用等を保持し，所属弁護士の依頼者のすべての利益を全体で擁護することになる。

ABAモデルルール1.8(k)では，利益相反として禁止されている先に述べた依頼者と弁護士との間の1.8(a)から(j)までの一定の取引等の行為の禁止を利益相反として共同事務所に同時的に所属している他の所属弁護士に拡張させて他の所属弁護士にも当該取引行為を行うことを禁じている。Internal imputation rule と言われるものである。日本においても依頼者・弁護士間の一定の取引行為につき，共同事務所所属弁護士間での拡張規定を設けることも十分検討に値することである。

2．利益相反の類型

利益相反は，極めて多様な事実関係の文脈（context）に応じて適用される禁止義務であり，一義的な定義は困難である。弁護士法においても職務基本規程においても利益相反の定義規定は置かれていない。

ドイツの連邦弁護士法および弁護士職業規則やCCBE Codeにおいても利益相反の要件を定めているが利益相反の定義規定は置いていない。ABAモデル

ルールにおいても，利益相反の要件は定めていても定義規定は置いていない。

　日本の弁護士の利益相反の根拠条項は，弁護士法 25 条各号および職務基本規程 27 条，28 条各号であるが，職務基本規程 27 条各号は弁護士法 25 条各号の条項を実質的にはそのまま組み込んだ条項となっており，弁護士法 25 条各号および職務基本規程 28 条各号とが利益相反の実質的な根拠条項となっている。

　利益相反には，依頼者の同意によって禁止が解除される同意可能な利益相反と依頼者の同意によって禁止が解除されない同意不能な利益相反とがあるが，かかる類型の利益相反については，後の VI で述べる。

　同意の可否の区分による利益相反の類型とは別に，弁護士法および職務基本規程のもとでは，複数依頼者間の利益相反，依頼者・弁護士間の利益相反および役割相違の利益相反の類型がある。

⑴　複数依頼者間の利益相反
(a)　弁護士法 25 条 1，2 号（職務基本規程 27 条 1，2 号）

　本号は，依頼者に加えて弁護士が協議を受けて希望する一定の結論ないし利益を擁護する見解（賛助）を示したりあるいは信頼関係を築いた依頼者に準じる者を相手方として同一事件の職務を取り扱うことを禁じる利益相反である。さらに，本号は，事件の継続中の現在の依頼者および依頼者に準じる者に限定していないため，事件終了後の過去の依頼者および依頼者に準じる者をも同一事件で相手方とすることも利益相反として禁じている。本号においては，以下で現在であると過去であるとを問わず依頼者および依頼者に準じる者を総称して「依頼者等」という。

　ABA モデルルール 1.18「依頼者となりうる者に対する義務」においても，「依頼者となりうる者」という範疇を設けて依頼者・弁護士関係が形成されなくても依頼者となりうる者に対する関係で利益相反禁止義務および守秘義務を弁護士に課しているのは参考となる[8]。

　弁護士が第 1 の依頼者等を相手方として第 2 の依頼者のために同一事件につ

き職務を行うことは，弁護士の判断の独立性保持義務および第1の依頼者等に対する党派的な誠実義務に反するおそれのある裏切りともなるため，利益相反の結果の有無を要件とすることなく，本号所定の事実の充足自体を利益相反として予防的に職務を禁じているのである。

弁護士が第2の依頼者のために第1の依頼者等を同一事件で相手方とすることは，弁護士が第1の依頼者等のためになした弁護活動を第2の依頼者のために否定したり矛盾したりする行為をなすおそれもあり，弁護士の職務に対する社会的信頼を損なうことにもなる。

さらに，本号は事件の同一性を要件とするために弁護士が第1の依頼者等から当該事件についての秘密の開示を受けている蓋然性は高く，第1の依頼者等から開示を受けた秘密を第2の依頼者のために利用することを防ぎ，弁護士の第1の依頼者等に対する守秘義務を制度的に保障し確保する趣旨をも含むことになる。

弁護士が第1の依頼者等から開示を受けた秘密を第2の依頼者のために利用しなければ第2の依頼者に対する党派的な誠実義務に反し，第2の依頼者のために利用すれば第1の依頼者等に対する守秘義務違反となるため，かかる義務違反を防ぐための利益相反でもある。

(b)　弁護士法25条3号（職務基本規程27条3号）

本号の利益相反は，第1の依頼者の相手方を第2の依頼者として第2の依頼者の他の事件を受任することを禁じているが，第1の依頼者の相手方を第2の

---

8)　「(a)弁護士と，ある事件に関して依頼者・弁護士関係を形成する可能性について話し合う者を，依頼者となりうるものとする。(b)依頼者・弁護士関係が形成されなかった場合であっても，依頼者となりうるものと話し合った弁護士は，協議の中で知り得た情報を使用しまたは開示してはならない。ただし，規則1.9が以前の依頼者の情報に関して認めている場合を除く。(c)(b)項の規定を受ける弁護士は，依頼者となりうる者から，ある事件において依頼者となりうる者にとって極めて不都合となりうる情報を得た場合，それと同一または実質的に関連する事件において，依頼者となりうる者の利害と実質的に対応する利害を有する他の依頼者を代理してはならない。……」

依頼者として他の事件につき第1の依頼者を相手方とすることは職務基本規程28条2号が適用されるため，職務基本規程28条の柱書には反するが，本号は第1の依頼者の相手方を第2の依頼者として第2の依頼者のために第1の依頼者以外の第三者を相手方とする事件を取り扱うことを禁じる利益相反となる。

　本号は，弁護士が第1の依頼者の相手方を第2の依頼者として第三者に対する同一性のない事件の職務を行うという所定の事実自体を利益相反として第1の依頼者と第2の依頼者との利益相反の実際の発生の有無を問うことなく職務を禁じて利益相反の結果を事前に予防しているのである。事件の同一性はなくても第2の依頼者の事件の内容，報酬額や依頼事件を多数持ち込む可能性などから弁護士が第2の依頼者の利益擁護に傾き第1の依頼者のための第2の依頼者を相手方とする事件の矛先が鈍り弁護士の第1の依頼者に対する党派的な誠実義務が損なわれるおそれがあるからである。

　(c)　職務基本規程28条2号

　本号の利益相反は，現在の依頼者を相手方とするか又は現に顧問をしている顧問先（以下，総称して「第1の依頼者」という）を相手方として第2の依頼者のために同一性のない事件を取り扱うという所定の事実を要件として職務を禁じて利益相反の実際の発生を予防的に防いでいるのである。

　事件の同一性がないとしても第1の依頼者を相手方として第2の依頼者の事件を受任することは，対立する相手方関係の双方を依頼者とすることから弁護士の双方の依頼者に対する判断の独立性保持義務および党派的な誠実義務に反するおそれが生じるからである。アメリカの弁護士倫理でいわゆる分断されない忠実義務（undivided loyalty）に反することになる。

　(d)　職務基本規程28条3号

　本号の利益相反は，所定の事実自体を要件とするのではなく「利益相反」という規範的概念を要件としているため，複数依頼者間のあらゆる事実関係のもとでの利益相反が本号の対象となる。キャッチオール（catch-all）型ともいうべき利益相反である。しかし，事件の同一性がありかつ複数当事者が相手方関係となる場合には弁護士法25条1，2号（職務基本規程27条1，2号）の利益相反

が適用されるため，本号は，複数依頼者間に事件の同一性がないか又は相手方関係とならない同一パイの奪い合いやドミノ倒しタイプの相手方当事者に対する関係での同一当事者側という事実関係のもとでの複数依頼者間の利益相反の類型となる。

なお，弁護士が複数依頼者から，事件を依頼された場合に，弁護士がその法律知識を活かして代理としての役割とは質的に異なる中立第三者的な調整役としての役割を果たすことを依頼される場合もありうる。この場合には，依頼者のための党派的な利益の擁護という代理とは異なる役割を引き受けることになる。弁護士は複数依頼者に対して依頼者に対する党派的な役割とは異なる調整的な役割を担うことを十分に説明し，かつ複数依頼者間から開示を受けた秘密の取扱いについて明確な事前の合意を取得しておくこと，調整役を果たしたのちに当該事件を巡って紛争が生じた場合には秘密保持の観点からいずれの依頼者からも当該事件を受任し得ないこと，複数依頼者間で報酬を折半する等につき同意を取得したうえで調整役の役割を務めるのであれば法専門職としての弁護士としては意義あることである。弁護士の調整役は，本号の利益相反の趣旨に照らした党派的な利益擁護を尽くす誠実義務とは異なる義務内容となるため，本号の適用外の役割として認めるべきである。

複数依頼者間の利益相反の顕在性および潜在性については，後のVで述べる。

(2) 依頼者・弁護士間の利益相反

依頼者と弁護士自らの利益相反の類型としては，職務基本規程28条1号および4号がある。なお，弁護士は，その職務の性格から依頼者以外に対する責務を負うこともあるが，本号の利益相反は弁護士自らのこれらの責務と依頼者との利益の相反を包含してはいないため，弁護士自らの人的関係や経済的利益以外の自らの他に対する責務と依頼者との利益の相反は，弁護士法および職務基本規程上の利益相反とはならず弁護士法56条1項の「品位を失うべき非行」の該当性の有無で判断することになるが，検討の余地のある課題である[9]。

(a) 職務基本規程28条1号

本号は，依頼者と弁護士との直接の利益相反ではないが，弁護士が依頼者の相手方と配偶者，直系血族，兄弟姉妹又は同居の親族関係にある場合には，弁護士が相手方との親族関係を斟酌して弁護士の依頼者のための判断の独立性保持義務および依頼者に対する党派的な誠実義務に反するおそれが生じるため，弁護士に当該依頼者のための職務を禁じているのである。弁護士とその依頼者の相手方とが所定の人的関係にあるという事実自体を要件として，職務を禁じて利益相反の実際の発生を予防的に防いでいるのである。

(b) 職務基本規程28条4号

依頼者の経済的利益が弁護士自らの経済的利益と顕在であれ潜在であれ相反している場合には，弁護士には依頼者のための判断の独立性保持義務および依頼者に対する党派的な誠実義務を果しうる客観的な状況にはなく，当該職務は禁じられることになる。利益相反の顕在性および潜在性については，後のⅤで述べる。

依頼者の経済的利益と弁護士の経済的利益との相反の程度は，弁護士の判断の独立性保持義務および依頼者に対する利益擁護義務が実質的に損なわれる程度が要件となる。相反には程度の軽重があり，実質性の判断は，具体的個別事情に基づく客観的な判断である。弁護士がわずかな株式を保有している上場会社を相手方とする依頼者の事件を受任したとしても依頼者に対する誠実義務および判断の独立性の履行が実質的に制約されるおそれがあるとは言い難い。

弁護士が依頼者から依頼された事件が弁護士自身への遺贈といった自己への利益の供与を含む遺言書作成といった内容の職務は依頼者の利益と弁護士の利益とが相反するのであり職務は禁じられる。

---

9) ABAモデルルール1.7(a)(2)「ひとりまたは複数の依頼者を代理することが，自己の他の依頼者，過去の依頼者もしくは第三者に対する義務，または自己の個人的利害関係により，……」参照。

(3) 役割相違の利益相反

弁護士法 25 条 4, 5 号（職務基本規程 27 条 4, 5 号）の利益相反は，役割相違の利益相反である。弁護士がその法律知識を活用して公務員，裁判官，仲裁人，遺言執行者等の中立・公平な制度的役割を担うこともある。当事者に対する中立・公平な制度的役割を現に又は過去に担っていた者が弁護士として同一事件の当事者を依頼者として党派的な役割を引き受けることは，事件当事者に対する中立・公正な役割とのジレンマに陥り依頼者の党派的な役割の遂行に影響を与えるとともに弁護士の判断の独立性保持義務に反し弁護士職を含む法システムに対する社会的信頼を損ねるおそれが生じるため職務を禁じているのである。

役割相違の利益相反は，事件の同一性を要件としており，弁護士が公務員，裁判官，仲裁人，遺言執行者等として取得した事件当事者の秘密を特定の当事者を依頼者として党派的に利用するおそれも生じるためかかる秘密の利用の機会を回避して守秘義務を確保することをも趣旨とする。

役割相違の利益相反は，弁護士職を含む法システムに対する社会的信頼を確保することを趣旨としており，依頼者，事件当事者の同意や関係機関の同意は禁止を解除する理由となるものではなく同意の有無にかかわりなく利益相反として職務が禁止される。

役割相違の利益相反につき，ドイツ連邦弁護士法 45 条は業務の禁止という表題で同様の趣旨の規定を置いている[10]。ABA モデルルール 1.11 においても

---

10) ドイツ連邦弁護士法 45 条【業務の禁止】「(1) 弁護士は，以下の場合は，その業務を行ってはならない。1. 弁護士が，裁判官，仲裁人，検察官，公務員，公証人，公証人職務代行または公証人の管理人として，すでに同一の事件に関与していたとき。2. 弁護士が，公証人，公証人職務代行または公証人の管理人として，証書を作成し，その証書の法的効力または解釈が争われているか，あるいは，それに基づき執行が行われるとき。3. 弁護士が，倒産管財人，相続財産管理人，遺言執行者，財産管理人またはそれと同種の役割を担う者としてすでに関与していた事件において，その弁護士が管理していた財産の帰属者を相手方とするとき。4. 弁護士が，その弁護士としての活動外または第 59 条 a 第 1 項の意味におけるその他の活動外

「政府役員・職員の特別な利益相反」として政府役員・職員が同一事件で事件当事者を依頼者として党派的な代理の役割を担うことを禁止し，同じく 1.12 では，「裁判官，仲裁人，調停人又はその他の中立第三者であった者」が同一事件で事件当事者を依頼者として党派的な代理の役割を担うことを禁止している。ただし，関係機関の同意によって禁止が解除される規定となっている。

IV 利益相反と守秘義務との関係

利益相反は，守秘義務[11]とも密接に関係する。弁護士法および職務基本規程に基づく利益相反は，秘密の存在を文言上の要件とはしていないが，利益相反のうち，弁護士法25条1，2号のような事件の同一性を要件とする利益相反の場合には，弁護士が当該事件に関して依頼者等の秘密を取得しうる蓋然性が高く，弁護士が当該当事者等を相手方として当該当事者等の秘密を依頼者となる者のために利用するおそれが強い。弁護士法25条4，5号の役割相違の利益相反の場合も，事件の同一性を要件とするため弁護士が当該事件の当事者を相手方として他の当事者を依頼者とすると当該事件の秘密を依頼者のために利用するおそれが生じる。また，弁護士の守秘義務違反の有無の判断に際して弁護士に対して弁護士が開示を受けた秘密の内容の説明を求めることは為し得ない。同一事件を要件とする利益相反において職務禁止義務を弁護士に課すことは，弁護士の守秘義務を保障する機能を果たすことになる。

同様に，職務基本規程28条3号の複数依頼者間の利益相反についても利益

において，業務上同一事件にすでに関与していたとき。ただし，当該の職業活動を終えたときは，この限りではない。(2)弁護士は，以下のことをしてはならない。1. 弁護士としてすでにかかわった，管理に服すべき財産の帰属者を相手とする事件に，倒産管財人，相続持参管理人，遺言執行者，財産管理人またはそれと同種の役割を担う者として関与すること。2. 弁護士としてすでにかかわった事件に，その弁護士としての活動外または第59条a第1項の意味におけるその他の活動外において，業務上関与すること。」

11) 弁護士法23条，職務基本規程23条。

が相反するおそれのある他の依頼者から秘密を取得する蓋然性が高く，職務を行うことを弁護士に禁じることは他の依頼者の秘密を保持する守秘義務の保障的機能を果たすことなる。弁護士法および職務基本規程においては，秘密の存在を要件とする利益相反規定がないため，利益相反の守秘義務保障機能を認識することは特に重要である。

CCBE Code 3.2.2 および 3.2.3 においては，先に III 1.(1) で引用したように秘密の存在を要件とする利益相反規定を設けて，利益相反に積極的に守秘義務機能を付与している。利益相反は守秘義務と密接に関連しているのである。

V 利益相反の予防的性格　顕在性と潜在性

利益相反は，弁護士の依頼者のための判断の独立性保持義務および弁護士の依頼者に対する党派的な誠実義務の中核的な内容となる弁護士の職務の根幹に係る義務である。

弁護士法および職務基本規程上の利益相反には，所定の事実を要件とする利益相反の規定と，規範的な「利益相反」を要件とする利益相反の規定とがある。所定の事実を要件とする利益相反については，利益相反の有無は要件とされず，所定の事実の要件の充足があれば利益相反の該当性が認められる。「利益相反」を要件とする利益相反については，規範的要件である「利益相反」の充足が必要となるが，「利益相反」の解釈として利益相反の顕在化が要件なのか潜在化の段階でも利益相反の要件を満たすのかおよび利益相反の潜在化については，顕在化するおそれの強さの程度も問題となる。

以下で，所定の事実を要件とする利益相反と規範的な「利益相反」を要件とする利益相反とに分けて，利益相反の顕在化，潜在化の要件の問題を検討する。

1．所定の事実を要件とする利益相反

弁護士法 25 条各号（職務基本規程 27 条各号）および職務基本規程 28 条 1，2

号の利益相反は，利益相反の蓋然性の高い一定の文脈での事実を類型化して利益相反の有無を要件とすることなく所定の事実の充足自体を要件として職務を禁じている。

これらの利益相反の規定のうち，弁護士法25条1，2号（職務基本規程27条1，2号）の利益相反は，弁護士が第1の依頼者等を相手方として第2の依頼者のために同一事件につき職務を行うという事実の充足自体を要件として職務を禁じている。本号の所定の事実自体が経験則上利益相反の蓋然性が高いため，利益相反の有無を要件とすることなく利益相反の実際の発生を予防的に防いでいるのである。所定の事実要件の充足自体が利益相反であり利益相反の発生の結果は利益相反の該当性に影響を及ぼすものではない。

弁護士法25条3号（職務基本規程27条3号）も弁護士が第1の依頼者の相手方を第2の依頼者とする所定の事実を要件として利益相反の有無を要件とすることなく要件事実の充足自体で職務を禁じて利益相反の結果の発生を予防的に防いでいる。所定の事実要件の充足自体に利益相反の該当性がある。職務基本規程28条1号も，また，利益相反の有無を要件とせずに弁護士とその依頼者の相手方とが所定の人的関係にあるという事実それ自体を要件として職務を禁じて，利益相反の実際の発生を予防的に防いでいるのである。職務基本規程28条2号の利益相反も同様であり所定の事実要件の充足それ自体を利益相反としているのである。

所定の事実の充足自体を利益相反として弁護士に職務禁止義務を課しているのは，刑法の処罰規定において，飲酒行為といった一定の行為を行うことそれ自体が生命，身体の危険を伴うものとして結果の発生を待たずに飲酒運転を禁止して，具体的事情のもとでいかなる意味で危険であるかを考慮せずに抽象的危険犯として罰するのと同様に，利益相反の結果の発生を要件とすることなく所定の事実の充足自体を要件として職務を禁じて利益相反の実際の発生という結果を予防しているのである。

以上，弁護士法25条各号（職務基本規程27条各号）および職務基本規程28条1，2号の所定の事実を要件とする利益相反については，利益相反の有無は

なんら要件とされておらず，所定の事実の要件が満たされれば利益相反該当性が認められることになる。所定の事実の充足自体を抽象的な危険として依頼者の利益擁護のために利益相反の実際の発生を予防的に防ぐ禁止義務規定となっている。所定の事実の有無を要件としているため，利益相反の程度も要件とはなりえない。

2．「利益相反」を要件とする利益相反

職務基本規程28条3号および4号の利益相反は，所定の事実それ自体を要件とする利益相反とは異なり，「利益相反」という規範的概念を要件としている。弁護士法にも職務基本規程にも「利益相反」の定義規定はないため，利益相反が実際に発生して顕在化（actual conflicts）していることが要件か利益相反が顕在化してはいなくても利益相反の顕在化の実質的なおそれ（リスク）のある潜在化（potential conflicts）の段階でも利益相反の要件を満たすかの議論が生じる。

さらに，「利益相反」の程度も問題となるが，利益相反禁止義務が依頼者のための判断の独立性保持義務および依頼者に対する党派的な誠実義務によって基礎づけられることから，弁護士のかかる義務の履行が実質的に制約を受ける程度であることも要件となる。利益相反の程度が軽微で弁護士の依頼者のための判断の独立性や依頼者のための利益擁護活動が実質的に制約を受けない場合には，本号の要件を満たすものではない。利益相反の程度は，個別の事実関係（fact-intensive）に基づく実質的な判断である。

以下に，職務基本規程28条3号および4号につき個別に「利益相反」の要件を検討する。

(1) 職務基本規程28条3号

本号は，複数依頼者間の「利益相反」を要件としている。複数依頼者間に利益相反が実際に発生して顕在化している場合には，いずれかの依頼者の利益を優先させて他の依頼者の利益を劣後させざるをえない。複数依頼者間の利益相

反が顕在化している場合に弁護士が当該事件の職務を取り扱うことは，対立する利益相反の双方を代理することを認めることと同様である。複数依頼者間の利益相反が顕在化している場合には，弁護士は，依頼者のための判断の独立性保持義務を確保しかつ党派的な誠実義務を果しうる合理的な状況にはない。利益相反が顕在化している状況にある場合には，「利益相反」の要件が満たされることに疑問の余地はない。

問題は，利益相反が顕在化の実質的なおそれ（リスク）のある潜在化の段階においても本号が適用されるか否かである。複数依頼者間の利益相反が潜在化の段階にあっても，利益相反が顕在化した場合には，弁護士はいずれの依頼者の事件も辞任せざるを得なくなり，すべての複数依頼者に確実に多大の不利益をもたらすことになる。

弁護士法および職務基本規程上の利益相反のうち，所定の事実を要件とする利益相反については，利益相反の発生の有無を要件とすることなく潜在化の段階においても利益相反として利益相反の発生という結果を予防的に防ぐ規定としている。本号の複数依頼者間の「利益相反」についても敢えて利益相反が顕在化の場合にのみ適用される規定と解して，所定の事実を要件とする利益相反とは異なる趣旨の利益相反と解する理由は見出しえない。

利益相反が潜在化の状況にある場合には，本号の「利益相反」の要件は満たされず，利益相反の顕在化が本号の利益相反の要件であると解する[12]とすると，複数依頼者間の利益相反が顕在化している場合にも依頼者の同意によって職務禁止義務が解除されることになり，また潜在化の場合には依頼者へのリスクの説明および依頼者の同意なしに職務を行うことができることになり[13]，弁護士の依頼者に対する利益擁護義務に反することとなる。

---

[12] 日弁連弁護士倫理委員会「解説弁護士職務基本規程（第2版）」（2012）。
[13] 職務基本規程32条は，同一事件に限定した複数依頼者間の説明義務の規定である。

(2) 職務基本規程28条4号

　本号は、前号の複数依頼者間の利益相反とは異なり、依頼者・弁護士間の利益相反である。依頼者の経済的利益と弁護士自らの経済的利益との相反が顕在化している場合においてすら弁護士が依頼者のための判断の独立性保持義務や依頼者に対する党派的な誠実義務をも果しうるとする、合理的根拠を見出すことは困難である。依頼者・弁護士間の利益相反が顕在化している事件の職務を取り扱うことは、弁護士の職務の公正さや職務に対する社会的信頼を損なうおそれも強い。本号が依頼者の経済的利益と弁護士自らの経済的利益との相反が顕在化している場合に適用されることはむしろ当然の規定というべきである。

　前号の「利益相反」の要件が潜在化の段階でも適用されると解するのであれば、本号の「利益相反」の要件も同様に弁護士自らの経済的利益と依頼者の経済的利益との相反が潜在化の段階にある場合にも、本号の「利益相反」の要件が満たされると解すべきである。依頼者の経済的利益と弁護士自身の経済的利益との相反が潜在化する実質的なおそれのある潜在化の段階で職務を禁じることにより、利益相反の実際の発生が予防的に回避されることになる。

　本号の利益相反も所定の事実を要件とする利益相反と同様に、弁護士の依頼者のための判断の独立性保持義務および依頼者に対する党派的な誠実義務の履行の確保のために、利益相反の実際の発生という結果を予防的に回避する趣旨の予防的禁止義務として理解することになる。

　依頼者の経済的利益と弁護士の経済的利益との相反の程度は、弁護士の依頼者のための判断の独立性保持義務および依頼者に対する党派的な誠実義務が実質的に損なわれる程度が要件となる。相反には程度の軽重があり、実質性の判断は、具体的個別事情に基づく判断である。弁護士がわずかな株式を保有している上場会社を相手方とする依頼者の事件を受任したとしても本号の「利益相反」の要件を満たすとは言い難い。

　以上、弁護士法および職務基本規程上の利益相反は、所定の事実を要件とする利益相反の規定であると「利益相反」を要件とする利益相反の規定であるとを問わず、すべて顕在化の場合のみならず潜在化の段階でも適用されて利益相

反の実際の発生という結果を予防的に回避する禁止義務として統一的に理解することになる。

アメリカでも利益相反規定の予防的性格が指摘されている[14]。ABAモデルルール1.7(a)においては、利益相反の実質的なおそれ（リスク）を利益相反の要件としている。アメリカのリステートメントも同様の規定となっている[15]。CCBE Code3.2.1も「利益相反又は利益相反の強いおそれ（risk）」を利益相反の要件としているのであり、ABAモデルルールもCCBE Codeも利益相反禁止義務に利益相反の実際の発生に対する予防的性格を与えているのである。

3. モニタリング効果

弁護士は法専門職として法律知識において依頼者に対して優位にあり裁量権も与えられているが、弁護士制度が社会的信頼を得るためには、弁護士がその法律知識および裁量を第三者や自らの利益ではなく依頼者の利益のためにのみ適切に行使していることについての制度的保障が不可欠である。弁護士法および職務基本規程上の弁護士の利益相反が利益相反という結果の発生前に潜在化の段階において予防的に職務を禁止することは、利益相反の規定に弁護士に対する制度的なモニタリング（監視）自己規律によって第三者による外部的なシステムの設置の必要性を回避しそのコストの削減の効果につながることにもなる。

VI　利益相反における依頼者の同意

弁護士法および職務基本規程における利益相反には、依頼者の同意によって

---

14) Hazard & Hodes, The Law of Lawyering Third Edition Volume 1 § 10.4,（2004 Supp. 110-12）, Monroe H. Freedman and Abbe Smith Understanding lawyers' Ethics（Third Edition）§ 10.05 Lexis Nexis275（2004）のいずれの論稿も利益相反の予防的性格を指摘する。

15) Restatement of law Governing Lawyers § 121.

弁護士の職務禁止義務が解除される同意可能な利益相反と依頼者の同意によっても弁護士の職務禁止義務が解除されない同意不能な利益相反とがある。弁護士法25条1，2号（職務基本規程27条1，2号）および弁護士法25条4，5号（職務基本規程27条4，5号）の利益相反には，同意によって禁止を解除しうる条項はなく，禁止解除が解除されない同意不能な利益相反である。他方，弁護士法25条3号（職務基本規程27条3号）および職務基本規程28条各号の利益相反は，依頼者の同意を禁止解除事由とする同意可能な利益相反となっている。

1．依頼者の同意の性格

依頼者の同意によって利益相反禁止義務が解除される同意可能な利益相反については，依頼者の同意の性格が問題となる。弁護士の利益相反禁止義務が実体法上の委任又はその他の契約に基づく契約当事者の義務と同様の義務であると解すれば，依頼者は弁護士の禁止義務に対応する弁護士に対する利益相反禁止請求権を有することになり，依頼者は私的自治の原則からかかる利益相反禁止請求権を放棄することは可能であり，かかる権利の放棄によって弁護士の利益相反禁止義務を免除しうることになる。依頼者の同意は，依頼者の弁護士に対する利益相反禁止請求権の放棄と解することになる。

しかし，弁護士法および職務基本規程は，弁護士職に対して社会的制度として依頼者や相手方を含む第三者との関係における規律のために職務上の一方的義務を課しているのである。職務上の義務の名宛人となるのは弁護士のみであり，依頼者や相手方を含む第三者に対して弁護士の職務上の義務に対応する個別具体的な権利を付与しているわけではない。したがって，弁護士の利益相反禁止義務は，依頼者の権利を伴うものではなく，依頼者の同意は弁護士に対する権利放棄となる性格をもつものではない。

弁護士の利益相反は，弁護士の依頼者のための判断の独立性保持義務および依頼者に対する党派的な誠実義務の内容となる弁護士の依頼者に対する職務上の主要な禁止義務である。弁護士が依頼者のための判断の独立性保持義務又は依頼者に対する党派的な誠実義務を果しえない客観的な状況にある場合には，

同意可能な利益相反であっても，弁護士の職務上の義務である利益相反禁止義務が解除されることはない。

依頼者の同意が禁止義務の解除事由となりうるのは，弁護士の依頼者のための判断の独立性保持義務および依頼者に対する誠実義務の履行が合理的に確保されている状況にあることが条件となる。依頼者の自己決定権としての弁護士選択権は弁護士のすべての職務規律の前提であって，依頼者の同意による利益相反禁止義務の解除を依頼者の弁護士選択権によって根拠づけることはできない。

依頼者の同意によって禁止義務が解除されるためには，弁護士は先ずは自らが依頼者のための判断の独立性保持義務および依頼者に対する党派的な誠実義務の履行を果しうるとの合理的な判断を法専門職としてなすことが必要である。かかる判断が依頼者の同意を求める前提条件となる。弁護士がかかる判断を合理的になしたうえで，次に，弁護士は，かかる判断を裏付けるに十分な事実情報を依頼者に提供することが必要である。弁護士がかかる判断なしに依頼者の同意を求めることはそれ自体が依頼者に対する誠実義務に反することになる。

利益相反と依頼者の同意との関係につき，ドイツの連邦弁護士法43条a(4)は，「弁護士は，相反する利益をともに代理してはならない。」と規定し，「相反する利益」とは利益相反の顕在化であると説明されているが，依頼者の同意を禁止義務の解除事由とする規定を設けているわけではない。依頼者の同意によって禁止義務が解除される規定としては利益相反の共同事務所における異時的利益相反の拡張が解除される場合があるのみである[16]。

CCBE Codeの利益相反条項である3.2.1は，先に引用したように利益相反の強いおそれ（risk）という利益相反の潜在化の段階をも利益相反に含めているが，依頼者の同意を禁止解除事由とする規定を設けてはいない。

ABAモデルルール1.7の同時的利益相反においても弁護士の利益相反が依頼

---

16) ドイツ連邦弁護士法43条a(4)，弁護士職業規則3条(2)参照。

者の同意によって当然に禁止義務が解除される規定となっているわけではなく先に引用した 1.7(b)(1) で規定されているように弁護士自身が的確でかつ熱心な代理行為を提供できるという合理的な判断および弁護士が依頼者からインフォームド・コンセントを書面で取得することが要件となっているのである。依頼者の同意のみが利益相反禁止義務の解除事由となっているわけではない。

2．依頼者に対する説明の内容

同意可能な利益相反につき個別の条項毎に依頼者の同意取得のために必要な依頼者に対する説明の内容を検討する。

(1) 所定の事実を要件とする利益相反

所定の事実を要件とする利益相反において，禁止義務の解除のために弁護士が依頼者に説明すべき事実としては，所定の事実があったとしてもかかる事実が弁護士の依頼者の利益擁護のための判断の独立性保持義務および依頼者に対する党派的な誠実義務の履行を妨げるおそれはないことを裏付ける事実である。

(a) 弁護士法 25 条 3 号（職務基本規程 28 条 3 号）

弁護士が本号の禁止義務の解除事由としての依頼者の同意取得のために必要な第 1 の依頼者への説明のために提供する事実情報としては，第 2 の依頼者の事件の内容，報酬の取り決め内容，弁護士への事件依頼の頻度の予測等の事実情報の提供となる。しかし，かかる情報は第 2 の依頼者の秘密でもあるため，第 1 の依頼者への情報提供については第 2 の依頼者から事前の了解を得ておくことが必要である。弁護士が第 2 の依頼者からの了解を得られるかは疑問であり，第 1 の依頼者に対する説明および同意の取得は実際には容易ではない[17]。

(b) 職務基本規程 28 条 1 号

本号は，弁護士とその依頼者の相手方とが一定の人的関係にあるという事実自体を要件としているが，依頼者の同意取得のための説明内容としては，弁護

---

17) 市川充「職務基本規程 28 条但書にいう「同意」の要件と効力」『職域拡大時代の法曹倫理』商事法務 171 頁（2017）参照。

士と相手方である親族との人的関係の密度が通常の場合と比較して極めて弱い状況にあること等の個別具体的な事実情報の依頼者への提供となる。しかし，弁護士と相手方との人的関係の内容は相手方のプライバシーにも係るため依頼者への事実情報の提供にあたっては相手方からの事前の了解を含めたなんらかの配慮が必要となる。依頼者の同意の取得は実際には容易ではないであろう。

(c) 職務基本規程28条2号

本号の禁止義務解除事由となる依頼者の同意を取得するための依頼者への説明内容としては，弁護士が取り扱う第1の依頼者の事件の内容や弁護士と顧問先とが関わった事件の概要，第1の依頼者の相手方を第2の依頼者とする他の事件の概要，それぞれの報酬の取り決め内容，双方依頼者の属性等の事実である。しかし，かかる事実は，他方依頼者の秘密であり事実情報開示の事前の了解をえることが必要となる。弁護士が他方依頼者から事前の了解をえることは実際には困難が伴うことになる。

(2) 「利益相反」を要件とする利益相反

職務基本規程28条3，4号の利益相反も利益相反が顕在化のみならず潜在化の段階でも適用される利益相反である。利益相反が顕在化している場合には，弁護士が依頼者のための独立性保持義務および党派的な誠実義務を果し言うる状況にはない。利益相反が顕在化している場合に，依頼者の同意によって禁止義務の解除を認めることは，弁護士の利益相反禁止義務が弁護士法および職務基本規程に基づく職務上の義務であることを看過するものである。利益相反が既に顕在化してしまっている場合には，依頼者の同意によって弁護士の利益相反のリスクを回避する段階を超えてしまっているのである。

職務基本規程28条3，4号が依頼者の同意によって禁止義務が解除されるのは，利益相反が潜在化の段階にあるからである。利益相反が潜在化の段階にある場合には，依頼者の利益擁護のための判断の独立性保持義務および依頼者に対する党派的な誠実義務の履行を妨げる状況には未だなっていないため，かかる義務の履行が可能であることを裏付ける個別，具体的な事実情報を弁護士が

依頼者に説明し，依頼者の同意を得ることによって弁護士の職務上の禁止義務を解除しているのである。

(a) 職務基本規程28条3号

本号は，複数依頼者間の利益相反が顕在化している場合にも潜在化の段階にある場合にも適用される利益相反であるが複数依頼者間に利益相反の顕在化がある場合には依頼者の同意によっても禁止義務は解除されえない。

複数依頼者間の利益相反が潜在化の段階にある場合には，弁護士は依頼者のための判断の独立性保持義務および複数依頼者に対する党派的な誠実義務を果しうることを裏付ける複数依頼者それぞれの個別の事件の内容，共同代理する場合のデメリット，共同代理の場合における複数依頼者間での秘密の取り扱い，利益相反が実際に生じて顕在化した場合には複数依頼者すべての事件を辞任しなければならないこと等の事実情報を他の依頼者に提供して複数依頼者の同意を取得することによって禁止義務は解除されることになる。本号が，複数依頼者の同意によって禁止義務が解除されるのは，利益相反が潜在化の段階にある場合を想定してのことである。

利益相反が潜在化の段階において，複数依頼者が弁護士から十分な利益相反に係る事実の情報の説明を受けて利益相反禁止義務が解除されることは，依頼者のために有益である。相手方当事者に対する関係で弁護士が反対側同一当事者の複数依頼者を共通に代理することは，相手方当事者に対する有効で強力な弁護活動（common representation is a strong offense）となったり弁護士費用の軽減といった利益を複数依頼者にもたらす場合もありえるからである。

利益相反禁止義務を解除しえるために必要なそれぞれの依頼者へ提供する事実情報は，他方依頼者の秘密であるため弁護士が当該情報をそれぞれの依頼者へ提供することについては，他方依頼者の事前の了解を取得することが必要となる。複数依頼者間のそれぞれに対して他方依頼者の秘密の開示の了解をえることは実際には困難な場合が多いであろう。

(b) 職務基本規程28条4号

依頼者の経済的利益と弁護士の経済的利益の相反が顕在化している場合に

は，弁護士自らの利益が絡むため弁護士が依頼者のための判断の独立性保持義務を果しうる客観的合理性のある状況にはなく，依頼者の同意によっても禁止義務が解除されうるものではない。このような場合に弁護士が依頼者のための職務を行うことは，弁護士の職務に対する社会的信頼を損ねることになる。

依頼者の経済的利益と弁護士の経済的利益との相反が潜在的な場合には，弁護士が判断の独立性保持義務や依頼者に対する党派的な誠実義務を果しうる状況もありえる。問題は当該弁護士自身が依頼者に対して説明をなし依頼者の同意を取得することによって禁止義務を解除しえる事由となしえるか否かである。弁護士の利益と依頼者の利益とが相反する場合に当該弁護士自らが敢えて当該依頼者のための職務を取り扱うことに社会的信頼を得られるのか，そして客観的で合理的な説明を依頼者に対してなしえるのか疑問である。依頼者の利益と弁護士の利益との相反は，複数依頼者間の利益相反とは異なり複数依頼者間の利益の選択のジレンマの問題ではなく正・不正の当為の問題である。また，依頼者の弁護士選択権が本号の依頼者の同意を禁止義務の解除事由となしえるものではないことは上記1．で述べたとおりである。

弁護士の利益と依頼者の利益とが相反する場合に，利益が相反している当該弁護士自らに依頼者に対する説明および同意取得を委ねるのではなく，他の弁護士からの説明といったより客観的な説明が望ましいことである。

3．同意と依頼者の属性

利益相反は，弁護士の依頼者のための判断の独立性保持義務および依頼者に対する党派的な誠実義務にかかわる弁護士の禁止義務であり，かかる禁止義務の解除の要件となる依頼者の同意には，依頼者の利益相反に対する十分な理解力と判断力が必要となる。しかし，利益相反の趣旨や要件の有無の判断は決して容易ではない。弁護士を組織内に抱える理解力のある（sophisticated）依頼者の場合には同意による禁止の解除を認めることに困難さはないが，依頼者の同意による利益相反禁止の解除を一般的に認めることには慎重であるべきである。

ドイツの実務における利益相反[*]

ウルリッヒ・ヴェッセルズ
訳 森　勇

　まず初めに，この場を借りて，私の側からも，果敢にもこうした機会をもうけてくれた森教授に感謝の言葉を述べたいと存じます。森先生，ありがとうございます。私がこの場に立てるのは，あなたのおかげであります。

　簡単に自己紹介をしたいと思います。私の名前は，ウルリッヒ・ヴェッセルズと申します。私は，2015年9月より，ドイツ連邦弁護士会副会長を務めており，そこではわけても，(弁護士)職業法および国際協力の分野を担当しています。私は，ミュンスターで弁護士と公証人をしており，加えて，ドイツでもっとも大きな弁護士会の一つ，会員 13,700 人をかかえるハム弁護士会の会長を務めております。

　ドイツ連邦弁護士会は，弁護士の自治を司る上部機関です。連邦弁護士会は，行政，裁判所そしてまた国内レベル，EUレベルそして国際レベルの諸機関に対して，28の単位弁護士会，つまりは全ドイツの弁護士の約 164,000 人の利益を代表しています。連邦弁護士会の国際的な活動は，近年ますます重要になりつつあります。グローバリゼーションの時代にあっては，世界はその距離を近づけていますし，弁護士についても同じことがあてはまります。われわれがネットワークをうまく構築することで，われわれは各国におけるその力を相互に強化していくことができます。

　われわれは，ともに手をたずさえて，われわれの国々において法治国家を構築し，弁護士の独立という原則とその価値を擁護する責任を負っています。こ

---

[*]　Praxisprobleme der Vertretung widerstreitender Interessen

の点でわれわれの意見が一致していることは間違いありません。われわれの国際協力——そうです，つまり友好関係というものは——，他国における職業法上そしてまた実体法上の発展を追うことを可能としてくれます。というのも，弁護士の活動は，ずっと以前から国境を超えたものとなっているからです。この際われわれは，いうまでもないことですが，われわれドイツと多くの共通点を持つ国々と特に好感を持って協力していくこととなります。ドイツと日本は，わけても大陸法の伝統を共有しています。協力をしていける枠組みを作り，そしてまた相互交流を活性化させるべく，日本弁護士連合会（日弁連）とドイツ連邦弁護士会は，2008年に，友好協定に調印しているところです。

　私は，相反利益代理に関して，このシンポジウムにおいて報告し，そして今日の討論にあたり，弁護士の実務的な見解を述べる機会をえられたことをうれしく存じます。すでに，ヘンスラー教授から，自身，そしてまた本日残念ながら出席できなかったキリアン教授の報告をベースに，このテーマにつき，とりわけドイツにおける法律上の基礎およびその要件について，多様な裁判例をふまえた非常に詳細な学術的な報告があったところです。そしてまた，日本サイドの視点についても，われわれはすでに非常に興味深い報告を受けたところです。

　われわれの出発点は，すでにお聞きのところですが，「弁護士は相反する利益を決して代理してはならない」ということです。

　利益衝突とならないのかという問題は，単位弁護士会に対する口頭ないしは書面による問い合わせの中で，もっとも多いものです。このことは，弁護士がこの特別の職業上の義務を意識しており，そのため，慎重にこの問題点を回避しているということと，そしてまた，この利益相反の禁止にあたるのかどうかを，いつも簡単に判断できるというわけではないということを示しています。

　当事者に対する背信（「Prävarikation」ともいいます。ラテン語では，「praevaricatio」つまりガニ股，二股をかけるということですが），相反利益の代理による，この背信行為は，弁護士が侵す可能性がある，もっとも深刻な職業法上のエラーの一つです。そのためドイツの立法者は，刑法356条においてもまた，この当事

者背信を犯罪と規定し，場合によっては，なんと1年以上の自由刑が課せられる重罪としています（刑法356条2項）。

　争いを避けるために，弁護人（Sachwalter）たる者は，相反する利益を持つ2人の依頼者に仕えてはならない。このことは，一般的に当然のことと受け止められています。弁護士は，同一の事実関係から対抗関係に立つかたちで生じてくる相反する利益を代理してはならないのです。こうした制限は，同一の法的事件（Rechtssache）をその構成要件としている刑法356条に立ち返ることで導かれます。同一の法的事件だということができるのは，双方の事実，単一かつ同一の，法的な意味を持つ歴史的経緯だとみることができる場合のみです。同一の法的生活事実関係でなくてはならないのです。生活事実関係に同一性がないときは，従来の支配的見解によれば，時間的に前後するかたちで，あるいはまた同時に，同じ当事者のためそしてその当事者を相手に活動することが許されます。

例：たとえば住居の借主が貸主に金銭を貸しつけました。その弁護士は，貸金契約に関し，貸主を相手として，借主を代理したとします。その後借主が家賃を滞納します。そこでこの弁護士が，賃貸借契約に関し，借主を相手として貸主を代理することはかまいません。もっとも，弁護士が，第1の訴訟でえた知見を第2の訴訟で彼の以前の依頼者に対して用いることとなったら，弁護士の守秘義務に違反することになります。

　相反利益代理の禁止が，実務でどのような意義を持っているのか，ひとつよい感触をえていただくために，いくつかの例をみていくことにしましょう。

問題：もしある弁護士が，事故にあった乗用車に乗っていた者全員の代理人となったらどうでしょう。

答え：弁護士が，賠償保険会社および事故にからんだ他方の乗用車の賠償責任を負う者を相手に，一方では交通事故で怪我を負った運転者／所有者を代理し，他方で怪我をしたその車の同乗者を代理した場合，利益衝突となります。というのは，同乗者には，「彼が乗った」車の運転者／所有者に対する慰謝料請求権も認められているからです（つまり，道路交通法

(SVG) 7 条 1 項および 11 条と民法 253 条 2 項により，過失の証明は不要で，そもそも運行危険責任という観点だけで，所有者に対する請求権が認められます）。同乗していた者が，この請求権があることを知りつつも，もっぱら賠償責任を負う者に対する損害賠償と慰謝料の請求のみを委任したときは，この限度では相反利益という状態は認められません。このことは，当事者がその処分権をもってして，依頼関係を限定していることによるものです。

［家事事件相続事件の特殊性］

ケース：夫婦であるAとBは，合意の上で離婚しようと考えた。2 人は，離婚の前提とその基礎について合意した。その上で，2 人で弁護士Rを訪れた。Rは，2 人を代理できるか？

答え：離婚を望む夫婦の利益は，原則として異なっていますし，夫婦双方をともに代理することは，通常ではそもそも問題外です。しかし，離婚を望む夫婦は，法律上離婚するためのコストをミニマイズすべく，一緒に弁護士を探すことがしばしばみられます。夫婦が，先にあげたケースのように，一緒に弁護士を訪れる前に，離婚の前提とその基礎について合意しているときは，利益を主観的に定義する場合には，双方の利益は同方向を向いており，利益相反はありません。夫婦の利益が当初は相反していて，その助けを借りて合意をはかろうと弁護士を訪れた場合であっても，弁護士は職業法違反とはなりません。この場合，原則的には，当初双方の利益は主観的に対立していますが，弁護士は共通の利益のために活動しており，こうして弁護士は，不要な紛争を回避するという法的紛争処理機構の中心的任務を果たしていることになります。

　もっとも，注意すべきは次の点です。すなわち，

　　夫婦一緒の相談にのった後は，夫婦の一方のためさらになんらかの活動をすることは，あらかじめ取り組んでいたこと（Vorbefassung）を理由に禁じられます。当初は合意していたものの，後になって利益相反が生じたときは，夫婦双方との全受任関係を終了しなくてはなりません。こ

の際，当事者の同意の有無は関係しません。実務にあっては，多くの場合，同じ弁護士に委任するのは，どちらかといえば止めることがすすめられることになるでしょう。

ケース：親の一方と（成人になっている）扶養請求権を持つ子の代理

このような代理は，原則できません。というのは，扶養請求権は，両親双方の収入額によって定まり，その結果，できるだけ収入が少ないことを示そうとする代理されている一方の親の利益と相反するからです。

ただし，判例によれば，ある特定の場合には，「もう1人の」親に対する請求に限定して，利益衝突を回避することが認められています。

未成年の子の場合は異なります。監護をしている一方の親は，他方の親に対する子の扶養請求権を，法定訴訟担当として，自己の名前で行使できます。

ケース：複数の相続人の代理

ここでもまた，当初の協調関係が実に早く消し飛んでしまい，利益相反となる可能性がありますから，弁護士はすべての依頼を辞する義務があります。

［競合する利益］

原則として弁護士は，複数の依頼者から，同一の相手に対する同方向を向いたその請求権の行使にあたり，（その権利者である）複数の依頼者の代理人となってかまいません。しかし，これらの請求権が，真に競合関係におちいったときは，利益相反となります。

例：倒産手続における強制執行または，事業所側の理由による解雇の際の社会的選択（従業員の中から誰を解雇するかを，事業所協議会が選考する制度）が問題となる場合において，解雇保護法における多数の労働者の代理。

ケース：入札手続における複数入札者の代理

ある入札手続で複数の入札者を代理することは，どのようであれ，

すべての依頼者が同じように入れ札の機会が与えられないことがわかれば、常に利益が競合し、その結果利益衝突となります。

したがって弁護士は、どのような依頼関係を結ぶかを判断するために、受任に先立ち、受任事件を処理中に利益相反の生じてくる可能性がどの程度高いかを解明し・評価しておかなくてはなりませんし、そうすべきなのです。そしてこうすることで、後になってすべての依頼を辞さなくてはならなくなり、場合によってはそれまでの報酬の支払いを受けられなくなる危険を避けることになるわけです。

[刑法における特殊性]
ケース：犯行と手続が同じ場合において、複数の被告人を代理すること。

　　この場合には、いうまでもなく利益相反があると考えられています。したがって、犯行と手続が同じ場合において、同時に複数の被告人を弁護するのは原則許されません。刑事訴訟法上では、これが禁止されるのは、単独弁護士（業務共同関係にない弁護士）のみです。したがって、共同事務所等の業務共同形態に属している弁護士は、ともに起訴された複数の被告を別々に代理することができます。こうした弁護士たちが職業法に違反していることになるかどうかは、原則、利益相反の禁止が事務所全体におよぶのか、そしてまた、それはどのような要件のもとでなのかという問題にかかっています。この点の詳細については、ヘンスラー教授が、キリアン教授に代わって報告したところです。

[公法における特殊性]
ケース：建築基本計画（開発基本計画）の関係で依頼者の代理人となり、同じく建築認可の関係で他の依頼者の代理人となる。

　開発基本計画に関連して依頼者を代理する、たとえば開発基本計画の策定にあたり自治体を代理し、同時に建築認可の取得に関係して他の依頼者の代理人となることは原則可能です。しかし、こうした依頼関係の枠組みの中で、──もちろん、まったく予想していなかったところですが──その後建築基本計画

が争いとなってくることがありえます。この場合には，二つの依頼を辞さなくてはならなくなります。そもそものところ，受任の段階では，利益衝突の起きることを，予想できないような事例がありえるのです。こういった場合でも，予想もしなかった利益衝突が生じた場合に，弁護士が辞任しなくてはならないことに変わりありません。

　実務ではこうした事例があります。この点は特にお示ししたかったところです。

　森教授は，準備の段階で，日本サイドから見て特に関心を引く二つのケースを私に伝えてきました。昨日知ったのですが，このケースは，日本で弁護士の研修に使われているものであり，ここにおられる坂本教授が翻訳してくださったものです。坂本教授，ありがとうございます。この点についても，喜んで皆さんと討議させていただきたいと思います。

［ケースA］

　弁護士Rは，大学時代の女友達Aから，その父親であるXの成年後見を依頼された。Xは，アルツハイマー症のため，行為無能力におちいっていた。Xの妻（そしてAの母である）Yが，法的監護の申立てをした。裁判所は，RをXの成年後見人に指名した。XとYには，2人の娘AとBがおり，Aは長女で，XとYとともに暮らしている。

問1：Xが死亡した後，弁護士Rは，AとYの2人から，相続手続においてBを相手に代理人となるよう依頼を受けた。AとYが了解している限り，Rは2人から受任してよいか？

・2人の了解があるというこのような状況にあっては，確かに理論的には受任は可能です。

・しかし，大方の現実は異なります。つまり，2人の了解は，たちまち消え去ってしまい，すでに先にあげたいくつかの事例と同様に，利益相反にかわってしまうことがあります。

・注意：依頼を処理している間に，はじめて利益相反が生じることになれ

ば，両方の依頼を辞さなくてはならなくなります。

問2：弁護士RがYとAから受任してよいということを前提にして，Xの遺産に関する相談を受けている間に，Aは，弁護士Rと母Yの遺言書作成について話をした。Aは，弁護士RがYの遺言執行者になることを提案した。このような相談を受けることは，職業法の観点からして可能か？

・ドイツでは，連邦弁護士法45条2項1号が，活動禁止の一例を定めています。それによると，弁護士が以前，管理対象となる財産の帰属主体を相手として処理にあたった案件で，遺言執行者となることは禁じられます。従って，Xが遺言執行者となることを前提とした相談は受けられないと考えられます。

問3はYがXの遺産分割協議中に死亡したとき，Rは遺言執行者になることができるかで，問4は，協議終了後にYが死亡したという場合ですが，いずれについても，答えは同様です。

問5：問5は，ほぼ逆の例ですね。これについては，連邦弁護士法45条1項に規定されています。これによると，弁護士は，遺言執行者として処理にあたった案件において，その管理した財産の帰属主体を相手とするときは，その活動を禁止されます。

[ケースB]

弁護士Rは，冷凍餃子を製造するX株式会社の顧問弁護士をしていた。あるとき，短時間のうちに，Xのカスタマーセンターに，X社製造の冷凍餃子に異物が混入しているという苦情が殺到した。カスタマーセンターの責任者Bは製造管理の責任者A取締役に，異物混入を報告した。

Aは，異物混入の原因をすぐに特定したが，取締役会には報告せず，そして餃子の販売は続けることを決断した。Aは，そうしないと，自分が異物混入の責任を問われるのではと恐れたのである。この際Aは，この異物混入による健康被害は生じないと考えていた。AはBにこの件は黙っているよう指示した。

にもかかわらず，この件は公衆の知るところとなった。その結果，X株式会

社の取締役と監査役は，メディアから厳しい批判を受けた。さらに代表取締役Pは，株主総会で取締役を解任された。

Rは，事件が発覚した後，顧問弁護士としてXの相談を受けた。Pは，R弁護士の友人でもあるが，解任に対抗したいと考え，同じくR弁護士に代理人になってもらおうとした。

問1：弁護士RとPが，X株式会社に対してどう対応できるかを話し合った場合，弁護士職業法上問題はあるか。

・これは，まさに刑法356条の「当事者背信」にあたるケースです。

また，弁護士RとX株式会社間の顧問契約が，Pの解任後X社から解除された場合はどうなるか？

・弁護士Rは，X社相手の法律相談を受けられない。守秘義務は，依頼終了後も存続します。

問2：弁護士RはPからの依頼を受けず，その代わりに，事務所を共同して営んでいる弁護士QをPに勧めた（共同経営といってもその形態は，事務所名は，R・Q事務所。家賃と備品のリース料は折半。ただ，各弁護士は，自分の執務室を持ち，秘書・事務員そして記録の管理は各人の責任とされている。）。弁護士Qは，受任し，株主総会決議取消の訴えを提起した。

弁護士QがPの依頼を受け代理人となったことは，弁護士職業法上問題となるか。

・弁護士職業規則3条2項1文により，利益相反の禁止は，それがどのような法形式・組織形態であれ，同じ職業実践共同体に属する弁護士にも適用されます。弁護士QとRは，ドイツ流には合同事務所，つまりはリソースのシェアにとどまる共同形態ですが，この場合も同じです。

・この場合には，弁護士職業法3条2項2文が定める例外にもあたりません。というのは，当事者の同意がないからです。ちなみに，ドイツでは，どの事務所も，このような同意に関わりたがらないようです。この点は，先ほどのヘンスラー教授の報告を参照してください。

・この点の判断が，日本ではどの程度異なるのか。日本の弁護士が活動する

マーケットの構造が異なっており、そしてまた、問題となる依頼を、わずかな大規模事務所間で「分け合っている」ということなので、この点については、何とも申し上げられないところです。

　皆さん、利益相反に関する私の報告、ご清聴ありがとうございました。私の報告は以上ですが、どうぞ遠慮なくご質問していただいてかまいません。引き続き議論させていただくことを楽しみにしています。

コメント

坂 本 恵 三

1．はじめに

　利益相反については，規定の仕方は異なるとはいえ，日本とドイツではその基本的な考えは同じである。つまりそれは，弁護士が弁護士の資格で，同一の法的事件において同時にまたは異時に，利益相反の状態にある2人またはそれ以上の当事者に助言を与えその代理人となってはならないということである。

　このことからドイツにおいては，利益相反の要件として具体的には，(1)代理，(2)相反する，(3)利益，(4)同一の法律事件が抽出される。本日の各報告においてもこれら要件をもとに考察が加えられていたが，その中で特に，利益それから利益のとらえ方と関わる当事者の同意が利益相反を解除するかという問題，そして当事者の同意が利益相反を解除することを明文の規定で定めるドイツ弁護士職業規定3条2項2文が適用される共同事務所における利益相反の問題を中心に，若干のコメントをしたい。

2．利益相反における利益

　利益は，客観的基準だけで評価されるのか，それとも主観的な要素も加えて判断されるのかが，まず問題とされる。この問題についてはドイツでは見解の対立があったようであるが，ヘンスラー先生の報告では，主観説が現在の通説判例であることが紹介された。また主観説を前提とすると，潜在的な利益相反と将来の利益相反の可能性は，ここでいう利益相反には当たらないということも示された。さらに同一の法律事件についても，法的な関係が必要であって，

たとえば単なる経済的な関係では，この要件を満たさないということが報告された。

3．当事者の同意

この問題と密接に関係するのが，同一の弁護士（あるいは少なくとも事業協同または合同事務所のメンバー（ドイツ弁護士職業規則3条2項2文））による代理に当事者が同意したときは，利益相反の構成要件該当性が排除されるかという問題である。

すなわち利益を客観的基準だけで評価する立場は，当事者の同意は利益衝突を排除するものではないという見解に親和的であり，主観的な要素も加えて判断する立場は，その程度にグラデーションはあるが，当事者の同意は，利益相反を解消し義務違反を否定するという見解に親和的である。ヘンスラー先生の報告では，この点には特に触れていないが，主観説の立場をとる以上，当事者の同意があれば利益相反は基本的に解除されると考えることになろう。

もっともここで考えられている同意は，ドイツ弁護士職業規則3条2項2文が定めるように，詳細な説明を受けたことを前提とする同意である点が重要である。キリアン先生の報告にあるように，依頼者は，対立状況から結果として生じる問題と危険を判断できるように，対立状況についてありのままにそして完全に説明をされなければならない。依頼者は，単に利益相反がある，あるいは少なくともその可能性があるということを抽象的に知るだけでは不十分であると考えられており，ハードルは，かなり高い。すなわち，どのような種類の利益衝突が起こりうるのかそして弁護士はどのような措置を計画しているのかや，依頼者が同意する場合に限って，対立関係にある依頼者を代理することが許されるということを説明されなければならない。

またこの説明の際には，弁護士は連邦弁護士法43条a2項1文により，対立関係にある依頼者から得た情報を漏らさないよう慎重に注意しなければならない。つまり，当事者の同意が利益相反を解除するといっても，弁護士が守秘義務を負う情報を漏らすことなく依頼者の同意をえることができなければ，弁護

士は代理人となることはできない。そして弁護士が守秘義務に違反することなく十分な説明をして当事者の同意をえることは，それほど容易ではないのである（現実に依頼者の同意をえることの難しさは，日本についても指摘されている（市川充「職務基本規程28条にいう「同意」の効力と要件」）『職域拡大時代の法曹倫理』。

なおドイツ弁護士職業規則3条2項の同意であれば，司法の利益が対立する場合には，当事者の同意があっても利益相反は解除されない。

この点については，柏木先生は，「弁護士が依頼者から同意を取得することにより利益相反が解除されうるのは，依頼者の権利としてではなく，弁護士が利益相反に該当する職務を取り扱っても弁護士制度上の職務としての依頼者に対する誠実義務および判断の独立性保持義務に反することなくこれらの義務の履行が可能であると認められるからである。」として，利益相反禁止義務の解除を依頼者の意思のみに委ねることに否定的な立場をとられている。そのうえで，柏木先生は，利益相反を同意可能な利益相反と同意不能な利益相反とに分け，「同意可能な利益相反についても利益相反事由の具体的な状況によっては，弁護士の本質的義務である依頼者に対する誠実義務および独立性保持義務の履行が合理的に困難な場合もあり，その場合には，依頼者の同意は禁止解除事由となるものではない」とされる。さらに日本は，大陸法系のシビル・ロー（civil law country）の国であり，アングロ・サクソン法系のコモン・ロー（common law）の国で信認関係（fiduciary relationship）に基づく代理人の本人に対する忠実義務（loyalty）が弁護士の依頼者に対する行為規範のベースとなっているのとでは事情が異なることを理由として，依頼者の同意を利益相反禁止義務の解除について重視する立場に反対の立場をとられる。この理由付けの内容は重要である。

一方ヘンスラー先生の立場では，基本的に同意によって利益相反は，解除されると考えることになると思われるが，司法の利益が対立しない限りという留保はついていると考えるべきであろう。

一見すると両者の違いは大きいようにも思われるが，同意による利益相反解除の前提として，守秘義務に違反することなく依頼者に十分な説明をすること

を条件とし，司法の利益が対立する場合を留保するドイツ流の方法と，弁護士制度上の職務としての依頼者に対する誠実義務および判断の独立性保持義務に反することがないことを条件とする柏木説との違いは，それほど大きくはないのではないかと思われる。

また利益相反の類型としては，日本では，① 依頼者の利益が別の依頼者の利益と相反（同一事件型・別事件型・その他型），② 依頼者の利益と弁護士の利益が相反，③ その他のケース（公務関係等）の3分類が一般的と思われるが，③ 類型については，ヘンスラー先生の報告では，これは利益相反とは関係ない業務禁止と理解していることも，両者の説明の違いに影響を与えているかもしれない。

4．日本の共同事務所における利益相反

日本の弁護士職務基本規程57条は，依頼者の信頼が，共同事務所に向けられたものであることから，共同事務所を一つの単位として，事務所単位で利益相反をとらえている。その結果，ある共同事務所に所属している弁護士に弁護士職務基本規程27条，28条の利益相反が認められる場合には，その共同事務所に所属している他の弁護士にも利益相反の規制が及ぶというかたちで，規定が設けられた。他の弁護士はその利益相反に何の関係がなくても，共同事務所に所属しているということ自体で利益相反の規制が及ぶので，他の弁護士から見れば，利益相反の規制の拡張を受けていることになる。

弁護士職務基本規程57条は，共同事務所を一つの単位とする規制なので，利益相反が認められる弁護士が共同事務所を異動し，利益相反の認められる弁護士がいなくなった後も，共同事務所に所属している弁護士には利益相反の規制の拡張がおよび続けるという規制を設けている。同規程57条のカッコ書き，すなわち「所属弁護士であった場合を含む」とは，同規程27条，28条の利益相反の認められる弁護士が共同事務所から異動し，所属弁護士ではなくなり，過去に所属弁護士であった場合において，共同事務所に所属している他の弁護士に同規程27条，28条の利益相反が認められなくても，利益相反の規制の拡

張がおよび続けるという規定である。

　同規程57条は，利益相反の規制の拡張規定であるが，利益相反の再拡張は規定されていない。したがって，同規程27条，28条の利益相反が認められない弁護士は，その共同事務所に所属している限り同規程57条によって利益相反の規制の拡張を受けるが，その弁護士が共同事務所から他の共同事務所に異動した場合，共同事務所から異動した時点で，この規定の規制は及ばなくなる。もちろん個人事務所を設立した場合も同様である。

　したがって，同規程27条，28条の利益相反の認められない弁護士の異動先である他の共同事務所の所属弁護士には，利益相反の規制は及ばない。

　これに対し，同規程27条，28条の利益相反が認められる弁護士が共同事務所を異動しても，同規程27条1号・2号のように絶対的禁止の場合や他の規定でも利益相反状態が継続している場合には，異動先の共同事務所の所属弁護士は，利益相反の規制を受けることになる。しかしこれは，利益相反の規制の再拡張ではなく，同規程27条，28条の利益相反が認められる弁護士が所属しているため，同規程57条の規制を受けることになるからである。

　また同規程57条は，但書において「職務の公正を保ちうる場合は，この限りでない。」と規定する。

5．ドイツの共同事務所における利益相反

　キリアン先生の報告にあるように，ドイツの弁護士職業規則3条2項は，連邦弁護士法43条aが定める弁護士に関する相反する利益の代理禁止の原則をいかなる法律形態または組織形態であれ同一の共同職業活動または共同事務所において活動するすべての弁護士に拡張することを定めている。弁護士職業規則3条3項は，1項および2項は「弁護士がその所属する事業協同体あるいは合同事務所形態を変更したときも」これを適用すると定めて，こうした規制を事務所を異動する場合にも適用している。

　この適用が除外されるのは，共同事務所の事実関係において，詳細な情報提供を受けた後に，代理について明文で同意の意思表示をし，法的問題処理機構

の利益が対立しない場合である。

　同規則3条2項が前提としているのは，共同事務所である。また，詳細な情報提供については，先程触れた。同意については，情報提供と同様，書面によって行うものとされている。さらにドイツ法は，チャイナ・ウォールの制度だけでは不十分であり，したがって依頼者の同意が，常に追加的に要件とされるという立場を出発点としていることが，報告された。

　ところで，柏木先生からも指摘されたが，共同事務所ではない単独弁護士に関しては，弁護士職業規則3条2項2文のような明文規定はない。そのため，単独弁護士については，今までと同じく依頼者の同意が，利益相反を解除するかという問題に関してさまざまな見解が見受けられるようである。この点については，依頼者の同意が重要となる点に関しては，結局のところ何人の弁護士が関係しているかは何の意味も持たないという見解が妥当であろう。

6．おわりに

　日本の弁護士職務基本規程57条但書は，共同事務所について「ただし，職務の公正を保ちうる事由があるときは，この限りではない」とし，同規程64条1項但書，2項但書も，弁護士法人について同様の規定を設けている。ここで規定された職務の公正を保ちうる事由として，情報ブロックとしてのいわゆるチャイナ・ウォールが構築されていれば十分であるという見解もあるが，チャイナ・ウォールとしての必要十分条件が何かについては，特に定めがあるわけではない。チャイナ・ウォールの制度の目的が，依頼者から得た情報についての守秘義務を順守することにあるとするならば，その目的を達成するために現状のチャイナ・ウォールに不安を感じる依頼者にとっては，これだけでは不十分であろう。この点については，ドイツのように，チャイナ・ウォールの制度だけでは不十分であることを認めて，依頼者の同意を常に要求すべきではなかろうか。仮にそのようにすれば，弁護士事務所の側で，依頼者の同意をえることができるのにふさわしいチャイナ・ウォールの設定をする努力も期待できる。

ドイツでは，弁護士職業規則3条3項によって利益相反の規制の再拡張が規定されている関係で，日本とは異なる問題が生じている。異動元の共同事務所において共同事務所を異動する弁護士が，自分自身の関与のために活動禁止の適用を受けたのではなく，弁護士職業規則3条2項による拡張によって活動禁止の適用を受けた，すなわち事務所の異動とはいかなるかたちでも関わりのない，以前所属した事務所の別の弁護士が，対立関係にある委任を処理したというだけの理由で，活動禁止が適用された場合にも，異動先の弁護士がすべて利益相反の規制を受けてしまうという解釈は，行き過ぎであるように思われる。

質疑応答・ディスカッション

司会（佐瀬先生）

　東京弁護士会の佐瀬でございます。さっそく質疑にはいりたいと思いますが，その前に，多少自己紹介させていただきます。

　本日のシンポジウムを企画した森先生とは，2001年にドイツに一緒に行きました。そのときに，ドイツ法，特に弁護士法の概要を事前研究させていただき，ケルン大学の弁護士法研究所でヘンスラーさんとプリュッティングさんをご紹介いただきました。私は，そのとき以来，3～4回，ドイツには行きました。日本がドイツから学んでいるから当然なのでしょうが，ドイツ法の考え方にはわれわれには取り入れやすいところがあって，随分参考にさせていただきました。そのような縁もあって，今回も私の司会のセッションでは利益相反の問題を取り上げるわけです。午前のセッションの独立性の問題で利益相反も話題となったので，議論が広がると面白いと思っています。

　森先生が指摘したように，ドイツの場合は条文があります。ですから，条文解釈の問題としていろいろ問題提起がされていると思います。しかし，日本の場合は，その条文がない，それで解釈でもって補われている。土台が全然違うのです。ドイツの方の発言と日本の方の発言とではそこの土台が違う，ということを意識しないといけないと思います。具体的に決まっていて条文解釈できる国とそうではない国との違いがあると思います。その辺りを意識して聞いていただくと有益かと思います。

　それでは質疑にはいりたいと思います。まずは，独立性のところでも質問のあった田中先生から質問がきています。初めに，田中先生のほうで要領よくま

とめていただいていますので，質問をお願いしたいと思います。よろしくお願いいたします。

田中先生
　ヘンスラー先生が解説されたドイツの法律の解釈は，日本のわれわれが一般的に理解しているところとは，そう違っていません。お世辞ではなく，先生のお考えと加藤先生がお書きになっている教科書とを並べて 2 日くらいかけて熟考すれば，日本では弁護士倫理の権威になれると思っています。弁護士職務基本規程は，その弁護士倫理の基本として受け入れられています。
　弁護士は，法律に精通した専門職としての各種の業務を行っているのですが（弁護士法 2 条），業務の中軸にある行動原理は，依頼者のための全方向的「熱心代理」（zealous representation）をするということにあると考えられます（ABA モデルルール前文参照）。「熱心代理」の意味についての講釈は省略しますが，この点，弁護士法 3 条の趣旨を踏まえた職務基本規程 30 条（委任契約書の作成義務）を形骸化する柏木先生のご見解には違和感を覚えます。また，統合概念の名のもとに折衷主義の柱をたてれば，そのような柱は，論者により変容しかねません。私は，詳細な逐条的理由は割愛するとして，職務基本規程の大部分の基礎原理としては，以上の指向性のもとで分説されるべき「熱心代理」の倫理義務を主軸にした派性原理として説明できると思っています。
　柏木先生の基調意見は多くの点で傾聴に値すると思います。しかし，少々の疑問もあります。第 1 に，過去の依頼者を相手どる訴訟の受任についての柏木先生のご見解には異論がありえると思います。第 2 に，コンフリクト（利害相反）について規定した職務基本規程 28 条というのは，法 25 条とほぼ同文の職務基本規程 27 条の隙間を埋めるための弥縫策にすぎないと思います。また，その禁止されたコンフリクトとは何かについては，外国の事例を参考にしつつも，日本の社会事情に即して，今後の問題ケースの集積をもとにそれぞれがめざす職務像にそって考えていけば足るものと考えます。もっとも，職務基本規程 28 条は，コンフリクト回避義務の例示規定にすぎないので，そこから漏れ

た場面はお構いなし、というわけではなく、また、そこに規定された人的範囲や同意という文言の意義については、厳格な文理解釈をもとにするのではなく、それらのいずれについても、ある程度の外延的柔軟性のある解釈と適用が必要であると思います。その点、柏木先生は、コンフリクトの可能性が潜在しているか否かの調査までをも受任の可否問題にして括っておられますが、ここで現在性と潜在性の区別をなくする方法による解釈論には躊躇を覚えます。遺言執行者の職務への言及については、時間切れですので、やめておきます。

そのようなハードケースなども考えると、何が正しいか正しくないかということは、結局、人によるのではないのでしょうか。依頼者が誰なのかということを考慮しないで事件の性質だけから考えると難しい。

質問以外のことをたくさんしゃべりましたが、遺言執行者に関することが私の質問です。遺言執行者に関していうと、ドイツでは「どの相続人の代理人にもなってはいけない。親しかろうと親しくなかろうと、現に依頼者であろうとなかろうと、関係なく、代理できない」ということになっているのでしょうか。これだけが質問です。

司会

では、その点については、ヘンスラーさんでしょうか。柏木先生も答えたいところがあるのではないかという気がしましたが。ヘンスラーさんでよろしいですか。

森先生

一言申し上げておいた方がよいと思います。ドイツの連邦弁護士法45条1項3号は、遺言執行者であった者が弁護士として当該相続事件に関与することを明文で禁止しています。利益相反の問題というよりも、そもそも遺言執行者の職務からしてそうだということではないでしょうか。条文があるので駄目なのです。

司会
　今，森先生が説明をしましたが，条文があるからそもそも駄目だというお答えです。田中先生が聞きたいのは，その結論でよいのか，なぜ駄目なのかを聞きたいということでしょうか。

田中先生
　日弁連では「遺言執行者になった弁護士は中立だから，どの相続人の代理人にもなるな」というように読めるような懲戒の事由の説明がよくあるものですから，それについて，ドイツではどのように考えられているのでしょうか，と。

司会
　ドイツの条文の趣旨ということでよろしいですか。

田中先生
　ドイツではどのように理解され解釈されているのでしょうか，ということです。

森先生
　田中先生。連邦弁護士法45条1項3号（本書500頁）によって，法律上禁止されているのです。

田中先生
　私が関心をもったのは，その理由についてであり，その条文の存否ではなく，その規定が設けられたときの立法事実（legislative facts）とは何だったのかをお聞きしたいという点にありました。

柏木先生
　私のほうで説明をしたいと思いますが，よろしいですか。

司会

　はい。どうぞ。

柏木先生

　今のご質問に対する直接の返答になるかはわかりませんが，現在の日本の弁護士法では，弁護士の身分のままであらゆる仕事ができるようになりました。以前は弁護士の職務以外の兼業は許可が必要でした。ところが，ドイツの場合は，まだ弁護士の身分と職業（職務）とが一致していて，職務以外の業務は駄目だというのが原則です。そのため，恐らく，第45条も「業務の禁止」という言い方になっているのでしょう。ですから，この第45条は，違う業務をしてはいけない，代理人としての弁護士としての職務ではなく中立，第三者的な業務なので，それはやはりいけないという制度設計です。その立て付けに違反してはいけない，というのが駄目だという理由なのではないでしょうか。

司会

　多分，条文として書いてあるからこの禁止は仕方がないが，その趣旨をどのように解釈するかの問題だと思いますが。

　では，他にご質問等があれば。どうぞ。

遠藤先生

　第二東京弁護士会の遠藤直哉です。

　日本の状況をご説明しながら，ドイツのお2人にご質問も兼ねて，発言いたします。私は，25年ほど前に論文を書きました（『変革の中の弁護士――その理念と実践　下』所収）。その考え方はその後，日弁連の職務基本規程の解説に入りましたので，通説的な見解としてご理解ください。

　第1に，離婚事件の双方代理についてご紹介いただきましたが，これは仲裁という概念を入れないと説明できないだろうと思うのです。私がそれを提案したのは，アメリカのintermediationです。そこから取っただけです。アメリカ

では許されています。同じく，日本の弁護法第72条に，弁護士は仲裁をできると書いてあります。ですから，これを入れないと説明ができないはずなのです。では，ドイツではどうなのでしょうか。

本日のご説明では，それと，両方からお金を取ってよいかということが抜けています。両方からお金を取ってよいのでしょうか。

これは，私が提案して紹介はされていますが，実際にはなかなか広まりません。先ほど，ある先生がおっしゃったように，少しリスクがあって，私もやるときにはただでやったりしているのです。

第2に，実際に，仲裁が非常に有効で，広まっているのは，相続と連帯保証です。

依頼者のA・B・Cが事務所に来ます。相手方はDです。当然，A・B・Cの間には対立があります。聞けば聞くほど，対立になります。しかし，えぐり出した対立を文書にして，A・B・Cは将来これが解決したときにこのように分けます，というのを作ります。なぜかというと，当時，25年前には，A・B・Cが来たときに，「1人だけを代理する」つまり「自分はAだけをやる」「では，Bを紹介しよう」という方法があり，それ以外をやってはいけない，という考え方がありました。しかし，一方では，A・B・Cの間の調整もせずに，3人全体を代理して勝手にどんどんやっていってしまってよいという考え方に分離していったのです。

私は，それは両方とも依頼者の利益にならないと考え，やはり，紛争になる可能性があるときには，きちんと説明して同意を取って，利害調整の仲裁をして，それを書面化してから，Dと戦う（裁判をする），というルールを立てました。このルールはほとんど日本中に広まりました。

つまり，仲裁という概念を入れない限りは，A・B・C自体の代理をできないのです。本日のご説明の中で，仲裁ということを入れることにより，明確にできます。それから，実際にA・B・Cからお金をもらうわけです。それで問題はないはずなのです。その点はいかがでしょうか。

司会

　私は、少し理解できませんでした。「仲裁を入れる」というのは、弁護士が仲裁人となるので、その仲裁に参加している人全員から報酬を貰ってよいということですか。

ウェッセルズ先生

　もしかすると、皆様に誤解があるかもしれません。日本では、合意が成立した場合、その合意により届出れば離婚が成立するので、もはや裁判所に行く必要はありません。ドイツでは、離婚は裁判所によってのみ宣言できるため、裁判所に行かなければなりません。

　財産上の争いや扶養、住居の共有の分割に関して合意したり、これを相手方に移転したりすることは区別しなければなりません。これは裁判外の合意でも可能です。しかし、ドイツにおける離婚手続には裁判所が必要です。したがって、その場合にも、裁判上の手続がなければならないのです。そして、そこでは、私が誰かを代理することができるか否かが、なお問題となりうるのです。たった今示した事案で、私が、当初から一方当事者のみを代理するといっていて、この当事者がこれを承知している場合、私は、その当事者を代理し、離婚を申立てることができるのです。しかし、私が双方をともに代理していた場合には、その後は、一方であっても離婚手続を追行することはできません。そうなると、他の弁護士に委任しなければならなくなるわけです。

司会

　今の回答を聞いて、私も理解しました。

　要するに、日本で裁判所に行くという事例ではなく、当事者間で示談が成立するように弁護士が間に立つ場合は、その両者から報酬を取るためには、弁護士が仲裁人となるという概念を入れないと難しいのではないか、という理解でよろしいですか。

遠藤先生

　仲裁という概念を入れれば，複数依頼者の依頼をまとめて受けることをすべて断ることなく，説明をして全員の同意を取るとか，報酬も両方から取るとか，そういうことを説明すれば，報酬をとることができるはずです。私は，そのルールをアイデアとして出したのです。

　先ほどの報告では，ドイツでは離婚の場合に裁判所に行くのですね。そこで，質問です。日本でも，裁判所に行ったときはこういったやり方はできません。私の申し上げている intermediation のやり方は，訴訟外なのです。すべて訴訟外の話です。複数依頼者と法律事務所で合意ができて相手方と戦うときは，相手方との裁判です。先ほどの例のA・B・Cが相手方Dと戦うときには，ＡＢＣの間の仲裁はもう終わっているわけです。これは日本でも相当やっています。ですから，なぜドイツでは裁判所の法廷で双方代理ができるのか疑問です。恐らく仲裁の確認行為をするということでしょうか。

司会

　わかりました。

　裁判外だったらわかるのだけれども，裁判所のことではわからない，ということです。そこのところを聞いてみたいと思います。

　先ほど，離婚する場合に，夫婦で弁護士のところに行って，その夫婦がその弁護士に任せて，両方が合意していることが前提でしょうけれども，裁判にいく場合に両方からお金を取れるのか取れないのかも含めて，ご回答いただきたいと思います。よろしくお願いいたします。

ヘンスラー先生

　質問は以下の２点ですね。

質問１

　友人関係などがあっても，ドイツでは 45 条で弁護士は，遺言執行者になれないのか。

質問 2

　弁護士が，遺言執行にあたり，相続人および関係者を集めたメディエーションをすることは，利益相反代理とはならないのか。

　この質問は興味深いものです。喜んでお答えさせていただきます。原則的には，この遺言執行とメディエーションという二つの問題は，ある程度の関連性があります。

　この二つの場合には，もっぱら弁護士のみに認められた活動ではなく，他の職業に就いている者もまたこれを行える活動が問題となっています。しかしこれらの活動は，伝統的には弁護士の職業イメージに数え上げられています。

　今日に至るまで争われそしていまだ解決されていないのは，遺言執行者あるいは倒産管財人として活動している弁護士は，そもそものところ，なお弁護士として活動しており，その結果，このような活動についても，弁護士としての職業上の義務に服するのかという問題です。メディエーション活動についてみると，ドイツでは弁護士の自治に基づいて定められた弁護士職業規則18条において，メディエーションは弁護士としての活動であることが定められています。したがって，弁護士が，斡旋人，調停人あるいはメディエーターとして活動した場合には，職業規則が定めているルールに服しますから，利益相反禁止を守るよう注意を払わなくてはなりません。私の考えでは，遺言執行者としての活動，そしてまた倒産管財人としての活動にあたっても，同じく弁護士の職業上の義務を負います。しかし，前にも述べたとおり，この点は争いがあります。法律上には明確な規定はありません。

　メディエーション活動にあたり，弁護士の報酬は誰が支払うのかという問題ですが，それは個々の契約次第です。弁護士のメディエーターとして，もっぱら合意による解決という共通の利益のみを代理する場合には，双方のために活動することも許されます。ここでは，弁護士としての依頼のところでは，利益相反はありません。ここで合意がはかられることになる双方の（あるいは複数の）依頼者ないしは当事者との依頼関係・契約関係が成立しています。その結果，報酬請求権もすべての契約当事者に対して成立します。しかし，双方とも

が離婚を望む夫婦の法律相談でも，夫婦間に別の点で争いがある場合には，弁護士は夫婦の双方を代理することは許されません。依頼を受けた側と話をする際に，代理を引き受けていない当事者を立ち会わせることはかまいませんが，弁護士は引き受けていない当事者の利益を代理するものではないことをはっきりとさせておかなくてはいけません。メディエーションに戻りますと，問題が起きるのは，双方当事者の希望により，いっしょに合意によって解決をはかろうとしたものの，これが頓挫した場合です。この場合には，いかなる場合でも，その後に，メディエーションを担当した弁護士が，当事者の一方であれ，代理することは許されません。つまり，双方からの受任関係はいずれも，合意による解決がはかられた場合はもちろん，メディエーションが頓挫した場合にも完全に終わりとなります。

司会

　遠藤先生，よろしいですか。

　もう時間を過ぎているので，最後の質問にさせていただきたいと思います。もしあればご質問をお願いします。

市川先生

　弁護士の市川と申します。

　ヘンスラー先生に質問したいと思います。利益相反の趣旨と依頼者の同意による禁止の解除との関係について，いくつかの質問をしたいと思います。

　一つ目の質問です。田中先生のコメントにありましたが，利益相反が禁止されている趣旨はどのようなものだとお考えでしょうか。日本の場合は，柏木先生のお話にもあったとおり，依頼者の利益を保護することの他に，弁護士に対する職務の信頼を確保することの二つがあると考えられています。ドイツの場合もそのように考えられているのでしょうか。

　二つ目の質問です。そもそも同意による禁止の解除があるのかどうかがよくわかりません。ヘンスラー先生の初めの部分については，利益相反の要件のと

ころに依頼者の同意による解除の話が出てこなくて，共同事務所のところで依頼者の同意によって禁止の解除がされるという話が出てきています。それから，ドイツの弁護士職業規則（Berufsordnung）の３条２項の２文を読むと，翻訳の問題なのかもしれませんが，これが共同事務所についての規定なのか利益相反全般についての規定なのかがわかりにくいのです。共同事務所以外の場合にも，同意があれば利益相反の禁止が解除されるのでしょうか。

　三つ目の質問です。仮に同意による禁止の解除がなされるとすると，一つ目の質問の利益相反の趣旨との関係がどうなるのでしょうか。つまり，依頼者の利益を確保するだけのものであれば，依頼者の同意によって禁止の解除がなされることにつながってくるとは思うのですが，それ以外に弁護士の信頼確保が趣旨に入るとすると，依頼者の同意があるだけでは禁止の解除がなされないのではないでしょうか。このへんは柏木先生のご報告にもありました。そのあたりはドイツではどのように考えられているのでしょうか。

　よろしくお願いいたします。

司会
　一つ目の質問と三つ目の質問は同じだと考えてもよくて，趣旨として何なのか，それから，同意では駄目だという趣旨の場合がありえるだろう，というところだと思います。二つ目の質問は，共同事務所以外の形態というのはどのようなことを考えておられるのか，ということですね。

　では，ヘンスラーさんでよろしいですか。お願いいたします。

ヘンスラー先生
　ご質問は，ドイツにおける利益相反禁止の背後にある法律上の意図は何か。当事者の同意により，利益相反を回避できるか。共同事務所の場合はどうかですね。

　ドイツにおける規律をもう一度少し詳しくお話ししましょう。ドイツでは，利益相反の禁止は，任意規定ではなく強行規定です。相手方の同意が意味を持

つのは，その法形式はどうであれ，全員が受任関係に立つか否かにかかわらず，弁護士の業務共同体との関係においてのみです。つまり，ドイツでは，個々の弁護士に関しては「同意」は問題となりません。弁護士職業規則3条2項により，共同事務所に関してのみ，同意の有無がチェックされるわけです。手続の相手方の同意があることに加え，さらに，弁護士による利益代理が法的問題処理機構（広義の司法といってもよいでしょう）の関心に抵触しないことが求められています。ちなみにこの「関心事」なるものは不特定概念であり，実際には意味をなさないとすれば話は別ですが，そうでないとすると，少なくとも，裁判所がからむ事件は，ほぼこの要件に抵触することになるともいわれています。

このような規律となっているわけは，その背後にある相反利益代理の禁止の法益です。確かに，保護対象は，まず第1には依頼者の利益です。依頼者が裏切られてはなりません。しかし，こうした依頼者利益のみが根拠だとしたなら，依頼者が同意しさえすれば，つねにオーケーとなるはずです。この点で，ドイツにおける法の理解は，アングロ・サクソン系の法圏のそれとは異なっています。立法理由に照らすと，ドイツでは，依頼者の保護とともに「弁護士の実直さ（geraslinigkeit）」もまた確保されなくてはならないとされています。「弁護士活動の実直さ」とは，次のことを意味します。すなわち，弁護士は原則として二君に仕えてはならないということです。これにより，依頼者とならんで，弁護士たる者への敬意，そしてまた，相反利益代理により影響を受けかねない法的問題処理機構の機能性が守られることになります。

この特別の相関関係を，弁護士の守秘との比較をつうじて示してみたいと思います。守秘義務の領域では，唯一依頼者が「秘密の支配者」です。ドイツ法のもとでは，依頼者は，いつでも守秘を解くことができ，その結果，弁護士は官署や検察に対し何の制約も受けずに情報を提供してかまいません。これに対し，利益相反代理の領域では，「この禁止の支配者」ではありません。依頼者に加え，さらには，弁護士の「実直さ」という公共の関心（Allgemeinwohnbelange），そしてまた法的問題処理機構の機能性に常に留意しなくてはならないのです。

司会
　柏木先生とあまり変わらない意見だとは思いますが。市川先生，それでよろしいですか。

市川先生
　一つ確認させてください。同意による禁止の解除は共同事務所の場合のみ，というお答えだったと思います。共同事務所の場合にのみ禁止の解除があって，弁護士が単独でやっている場合に利益相反の禁止の解除が適用されないのはなぜなのか，なぜそこに違いがあるのかについて，一言コメントをいただければと思うのですが。

ヘンスラー先生
　個々の弁護士と共同事務所の区別をもう一度というおたずねですね。
　ドイツ流の法理解では，われわれにとって両者の区別は実に明解です。共同事務所内では，たとえばいわゆる「チャイナ・ウォール」などの隔離措置をつかって，依頼事務にあたっている弁護士間で情報が交換されてしまうのを防止できます。もちろん，このチャイナ・ウォールは，かなりしっかりしたものでないといけません。相反する利益を持つ複数当事者を，同一の共同事務所に所属する異なった弁護士が代理する場合，こうすることで，ある依頼に関する情報が，その依頼者の不利になるかたちで相手方依頼者のために用いられてしまうことを防げます。同じ事務所に所属するにもかかわらず，依頼者の同意が意味を持つといえるのはそのためです。これに対し，1人の同じ弁護士が，相反する利益の代理をしたとすると，この場合どのような情報や知識をどの依頼で使ってよいか，その限界付けをうまくすることができません。たとえ弁護士が真剣に，この限界付けをしようと試みたとしても，そしてまた，相反する利益を持つ双方の依頼を完全に分離して，相手方の依頼からえた知見とは一切関係せずに依頼を処理しようとしても，こうした線引きを確実に実行することはできません。弁護士がその努力にもかかわらず，相反する利益をともなう第2の

依頼からの情報を，無意識で第2の依頼に不利となるかたちで用いてしまう危険は常にあります。利益相反となっている依頼からえたセンシブルな知識を，完全に埒外におくことなど絶対にできません。ドイツ法の視点からは，この点に，業務共同に属する複数弁護士と個々の弁護士との間の決定的な違いがあるわけです。

司会

ありがとうございました。

1人の場合，単独弁護士の場合は，同意があってもだめということですね。

司会

まだご質問等があるとは思いますし，私も一言コメントすべきところですが，時間をかなり過ぎましたので，このあたりで第2部を終わらせていただきます。なお，私のコメントは，このシンポジウムを収録した本を出版する際に，加えたいと思います。

発言者
　田中　紘三　弁護士・元中央大学法科大学院特任教授
　柏木　俊彦　弁護士・ニューヨーク州弁護士
　遠藤　直哉　弁護士
　ウルリッヒ・ヴェッセルズ（Ulrich Wessels）　ドイツ連邦弁護士会副会長
　マルティン・ヘンスラー（Martin Henssler）　ケルン大学教授
　市川　充　弁護士
　ハンス・プリュッティング（Hanns Prütting）　ケルン大学教授
　ヴォルフガング・エヴァー（Wolfgang Ewer）　前ドイツ弁護士協会会長
司　会
　佐瀬　正俊　弁護士

コメント

佐 瀬 正 俊

　今回，ドイツと日本の弁護士がそれぞれの国の状況に合わせた「利益相反」に関する考え方を交換したことは大変意義深いものがあったものと思います。

1．ドイツと日本との違いの基本

　ドイツでは，職業法としての利益相反行為の禁止はあるものの刑事法として利益相反行為をした弁護士に対する3カ月から5年以下の自由刑の規定があることは大きな違いとなっているものと思いました。

　つまり，少なくとも法律に関してはその構成要件事実が解釈論となって議論されているということが大きな違いを生んでいるように思いました。その構成要件事実に関しての解釈論が，盛んに議論され，判例等も多く出されているということです。さらに連邦弁護士法では，具体的な行為の禁止規定はあるも，抽象的に利益相反の代理ができないことを規定しています。このような，法律の規定の仕方が，自然と解釈論が盛んになる下地があると思います。

　日本の弁護士法では，利益相反行為を禁ずるという規定ではなく，弁護士が職務としてできない行為として利益相反という考え方から考えられる行為の禁止を規定している。そして，法律ではなく，弁護士の職務基本規定として弁護士法と同様な行為の禁止規定をおいているが，抽象的に利益相反禁止規定をおいているものではない。そして，日本の弁護士に対する懲戒問題については，この職務規程違反がなくとも「その品位を失うべき非行」という職業とも関係のない事由でも懲戒をすることができるという規定となっている点から，弁護士の職務基本規定を厳密に解釈するということの必要性が少ないために，その

解釈論が発達していないのではないかと思うのです。

その意味では，今回のドイツにおける考え方に関しては大きな示唆を受けることができたものと考えております。

2．ドイツでの考え方

その基本は，ケルン大学のマルティン・ヘンスラー教授の説明にまとめられているものと思います。

まずは，弁護士の基本的な義務を，(1)独立性保持義務，(2)利益相反禁止，(3)秘密保持義務として，この義務は世界の弁護士が共通して守るべき義務だという。

その上で，その利益相反に関しては，解釈論として，① 利益概念（主観的か客観的かなど），② 相反行為（具体性がいるのか抽象的でもよいのか，現在・将来的なものを含むのか，潜在的な相反も含むのか，など），③ 代理行為（一つの委任関係に限定するのか，など），④ 事件の同一性が必要なのかなどとともに最近の傾向としては，これらのすべての要件に共同事務所形態（職務執行共同体）における一人に弁護士の他の事務所内の弁護士への影響に関する解釈が加わり，相当議論が盛んとなっているということでした。

この点，日本ではこのような解釈論も盛んではありませんし，共同事務所形態における利益相反問題は，各事務所で気をつけているということはあろうかと思いますが，ほとんど議論すらされていないという状況です。

果たしてこのような日本の状況でよいと思う人がどれほどいるのでしょうか。大変疑問な状況です。

3．柏木俊彦弁護士の解釈の提案

柏木弁護士は，依頼者に対する誠実義務，弁護士の独立性（その中でも判断の独立性）を重視し，そのような弁護士の基本的な義務から利益相反禁止義務も出てくるという説明をされ，弁護士の基本的な義務の関係を利益相反という観点だけではなく，弁護士のあり方論として整理し理解しやすいように提案をし

ているように思いました。

4．佐瀬としての感想

　ドイツと日本の違いはあるものの双方の国が，あるべき弁護士の姿を追求しているという姿勢は変わらないものと思います。ドイツは法律として規定がされている分解釈論が盛んになっているという点がすばらしいと思うのですが，反面法律があるためにその解釈論でいろいろな解釈が可能という面からして，あるべき弁護士の姿をどう実現するのかという点については，法律という面からして柔軟性に欠けるのではないかという気がしました。

　反面日本は，議論がされていない論点がありすぎるという点は大変問題として自覚をしなければならないのですが，あるべき弁護士像を利益相反という面から考え，あるべき禁止される利益相反行為とはどのようなものかを弁護士会として監督しやすいものと思いました。懲戒事由の構成要件該当性がなくても懲戒となるような「その品位を失うべき非行」という要件で動いているからです。これがよいのか，それとも予測可能性もない懲戒事由だという非難をするのかは別として，柔軟に利益相反という観点からもあるべき弁護士像を追求できるという面では，これからも本日シンポジウムで行った議論が進化してくれればよいものと考えています。

　本日の，皆さんのシンポジウムでの発言が，今後の日本における利益相反という解釈論又は弁護士のあり方に大きな影響を与えることを願っています。

講　　評

伊　東　　卓

　日本弁護士連合会の副会長を務めている伊東と申します。同時に，第二東京弁護士会の会長も務めております。

　本日は，大変有益な議論をありがとうございました。森先生から，厳しいコメントをというお話がありましたが，日弁連とドイツの連邦弁護士会・弁護士協会とは仲がよいといわれると厳しくともいきませんが，ひとこと。

　テーマとなったのは，弁護士の独立性それから利益相反の禁止でした。いずれも弁護士の職業の中核を成す規律になると思いますが，ドイツとの比較を踏まえて興味深い考察がなされたと思います。

　ところで，日本では現在，弁護士の数が増えています。とりわけ若い弁護士の数が増えています。その中にはこの中央大学で学んだ方も多くいらっしゃることはいうまでもありません。それはともかくとして，弁護士の数の増加はいろいろな環境の変化をもたらしています。そのために弁護士の職業上の規律に関して弁護士における認識が希薄化していないかというところが，私どもとしては少々気になっています。そのような状況の中で，本日のような考察がなされたことや，このような議論に関する発信がなされることには重要な意義があると考えています。

　それから，企業内弁護士もこのところ大変増えています。ただ，企業内弁護士に関する理解がいまだになかなか進んでいないのが現状です。本日は弁護士の独立性を論じるにあたり企業内弁護士の独立性についても触れていただいたことは，私どもにとっては大変有益な指摘だったと受け止めています。

　本日の論者の皆さまには感謝を申し上げ，それと同時に，私は中央大学で学

んだわけではありませんが，このシンポジウムを企画された中央大学に大いなる敬意を表したいと思います。どうもありがとうございました。

総　　括

　　　　　　　　　　　　　　　　　　　　　　　森　　勇

　⑴　本日は，午前・午後と長時間にわたり大変ありがとうございました。フロアーからいただいたさまざまな角度からの質問・問題提起は，テーマである「弁護士の独立性」と「利益相反禁止」の戦場や裾野の広がりの大きさを物語るといってよいでしょう。そしてまた，この二つの問題が，わが国とドイツでは，その根底を同じくするとはいっても，別々の，かなり形相が異なる顔を持っていることも，フロアーからの声が明らかにしてくれたと思います。

　⑵　最後に，このシンポジウムを終えるにあたり，主催者として感じたところを若干述べさせていただきます。まず第 1 部の「弁護士の独立性」です。この言葉は，少なくとも弁護士自身にとっては，時として実に快く響く言葉です。弁護士の「特権」，「ほかから干渉されず自由気ままに振る舞える。」こんな手前勝手な理解はあってはならないはずです。少しきつく申し上げれば，その手の弁護士さんが，まだいるように思えてなりません。しかし，「弁護士という職業が，高い倫理観・使命観のもとで営まれなくてはならない。」そうささやきかけるお題目に止まるものでもこの言葉はないはずです。フロアーから，法への「忠誠」で語れるのではないかというご発言がありましたが，それが法を遵守せよという以外の意味でないとすると当たり前のことをいっているのではとも感じられそうです。すこし先走りますが，そもそも忠誠というタームで調整できそうなのは独立性の一面でしかない。「依頼者からの独立」のみで，「国家からの独立」はその射程に入るか大いに疑問です。また ABS（Alternative Business Model）問題への取り組みはどういった視点でなされるので

しょうか。

　同じベルリン大学のクライン（Klein）とともに伊藤博文（1886年欧米視察）に感銘を与え，明治憲法に大きな影響を与えたとされているベルリン大学教授グナイスト（Rudolf von Gneist）がその「自由な弁護士（Freie Advocator. 1867）」で唱えた自由は，まずは弁護士の国家組織からの解放ですが，これは，弁護士の独立性の端的なあらわれです。ちなみに，わが国は，第二次大戦終結後の現在の弁護士法の時代になって，「弁護士よ，正業に戻れ！」という有名な台詞に代表されるような時代から抜け出したといってよいでしょう。法治国家（Rechtsstaat）の重要な担い手である弁護士には，この意味での独立性が不可欠であることはいうまでもないと思います。現在でも国家からの介入が皆無とはいえないし，また間接的なかたちでの国家の介入はもしかしたらむしろ増大しつつあるかもしれません。エヴァー先生が，特にこの危険を強調されたのは印象的でありました。ただ，国家からの独立ということは，今の時代，少なくとも，独立性の一つの要素でしかありません。団体内弁護士，勤務弁護士そして異業種間業務共同，特には昨今喧伝されているABSは，独立性に大きく関わります。こうした問題は，常に「独立性」という観点でスクリーニングしていかなければいけないわけですが，この際「独立性」なるものは，――うまい表現となってはいませんが――同じ色の衣をまとっているのか。それとも各問題ないしは局面ごとに異なる別の色の衣をまとっているのかは，私にとっては一つの関心事ですが，今回のシンポジウムでは残念ながらその輪郭までしか浮き上がらせることができなかったようにも思います。言い訳がましいですが，「独立性」と大上段に振りかぶりすぎたのかもしれません。独立性の裾野を広げすぎると，ご指摘のあったように議論が拡散してしまうのかもしれません。今後，より深掘りできればと思うところです。

　なお，本日は「勤務弁護士」に議論がおよびませんでしたが，勤務弁護士も団体内弁護士と同じ問題，つまりは「独立性と労働指揮権」の関係という問題を抱えています。実はドイツでも，勤務弁護士が問題として取り上げられるようになったのは，1980年代になってからではないでしょうか。本書刊行時に

は出版されている伊藤壽英編『法化社会のグローバル化と理論的実務的対応』（中央大学出版部，2017年）321頁以下に「ドイツにおける勤務弁護士とそれを取り巻く環境」という拙文を掲載させていただきました。当研究所所長からのお願いを伝達すると，この本を是非「ご購入」くださいとなりますが，私のほうからは，是非ともご参照いただければと存じます。

　(3)　次に，第2部「利益相反の禁止」です。日独両国の実定法規定には大きな偏差があるわけですが，利益相反禁止は，専門職，弁護士の信頼性の要の一つですから，すり合うかなとも思っていました。同意があれば，基本すべてオーケーの英米法的当事者中心主義と，法的問題処理機構の一員としての弁護士の機能を一つの重点とみるドイツ法とでは，相容れない部分があるのと同様に，私のみるところ，英米法とドイツ法的な理解を混ぜた日本の規律とドイツの規律の間の開きは相当なものがあるように思います。ちなみに，アメリカ合衆国では，いったん依頼者となった者を相手に回すのは，同意がない限り，利益相反になるとされているようですが，一方では同意があっても「利益相反禁止が働き」他方では，かつての依頼者を相手にすることが許される場合があると聞いています。Substantial Relationship Test がそれです。ある裁判所の見解だと，① 前の受任の対象と目的，② 以前の依頼者がコンフィデンシャルな自己情報を当該弁護士に開示していたか，そして ③ この情報が，現在の受任に関係するものかで決めようというもののようです。大まかにいえば，ドイツ風の「事件の同一性」基準は，まさに情報流用の問題ですから，その広がりは別として，基本的なところは同じようにも思えます。とまれこの点に関するわが国の問題検討は，いまだ途上という感を抱いています。

　個別的な事案に関する解決方法については，前提となる法制度が違うということがあります。たとえば，裁判離婚制度を採っている国と協議離婚が認められている国とではいろいろ違うと思います。また，本日は取り上げられませんでしたが，会社法の領域では，株主，出資者の権利状態や地位が日本とドイツとでは相当違います。ただ，ドイツで利益衝突，利益相反が問題となったケー

スはわれわれが問題を考えていく上で一つの大きな足がかりになるのではないか，と感じています。くり返しになりますが本書に資料として掲載させていただいたオファーマン（Offermann-Bruckart）先生の二つのご論攷では，ドイツで現実に問題として論じられたことのある相反事例を 80 以上紹介されており，非常に示唆に富むと思います。また同じ資料として掲載させていただいたキリアン先生のご論攷（資料第 2 部「利益相反の危険を理由とする弁護士の不受任」本書 415 頁以下）は，実態調査に基づいて，利益相反が如何に日々の問題であるかを明らかにしてくれています。わが国でも，そう遠くない将来，利益相反が，弁護士の受任阻害要因として日々問題となりうることを暗示しているといってよいでしょう。

(4) 最後にもう一つ申し上げておきたいことがあります。先ほど，日弁連副会長伊東先生から日本の現状についてのご意見がありました。やはり，「弁護士とは何か」と問われたら，大きくいってしまえば「法治国家の重要な担い手」です。決して国内法だけではなくて国際法も何もかもを含めたかたちの，法治国家の担い手です。弁護士自らが「法治国家の担い手である」という意識を持っていただくことこそ，弁護士が社会から敬意を払われる存在になるための不可欠な前提ではないでしょうか。もちろん弁護士の活動も仕事ですし，お金を稼がなくてはいけないのは当然のことですが，「法治国家の担い手としての自覚を持つ」。先ほど伊東先生がおっしゃった，特に若い人の職業法規範についての認識の低下ということがあれば，われわれが声を大きくして叫んでいくべきことになるのではないかと考えさせられました。

(5) まだいろいろな問題の決着はついていません。これで第 3 ラウンド目ですが，第 4 ラウンドくらいまではとも思っています。

ドイツからの諸先生方，遠方よりお越しいただきまして，貴重なご報告や討論への関与，大変ありがとうございました。また日本サイドから報告・コメントをいただき，あるいは司会を務めていただいた諸先生方にも心から御礼申し

上げます。

　また，本日のシンポジウムのスムーズな運営は，すべて日本比較法研究所のスタッフによるものであります。この場を借りて，御礼申し上げる次第です。

　それでは，本シンポジウムはこれで締めくくらせていただきます。

　　　　　　　　　　　　　　　　　　　　　　　　　　　　　　　　以上

日独弁護士職業法シンポジウム
――弁護士の独立と利益相反の禁止――
"Japanisch-Deutsches Berufsrechtsforum 2017"

2017年4月8日（土）　中央大学後楽園キャンパス
主　催：中央大学・日本比較法研究所
共　催：日本弁護士連合会・ケルン大学弁護士法研究所・ドイツ連邦弁護士会・ドイツ弁護士協会

　　9.45-10.10　　開　会　式
第1部　弁護士の独立性　司会：森　勇（中央大学法科大学院教授）
　　10.00-10.30　　ドイツ職業法における独立性について
　　　　　　　　　　Prof. Dr. Hanns Prütting（ケルン大学弁護士法研究所）
　　10.30-10.50　　ドイツにおける弁護士の独立性に関する現在問題
　　　　　　　　　　Prof. Dr. Wolfgang Ewer（弁護士・前ドイツ弁護士協会会長）
　　10.50-11.10　　日本における弁護士の独立性について
　　　　　　　　　　加藤　新太郎（中央大学法科大学院教授・元東京高裁裁判官）
　　11.30-12.15　　質疑応答・討論

　　12.15-13.30　　休　　　憩

第2部　弁護士による利益相反の禁止　司会：佐瀬　正俊（弁護士）
　　13.30-14.00　　連邦弁護士法および弁護士職業法における利益相反の禁止について
　　　　　　　　　　Prof. Dr. Martin Henssler（ケルン大学弁護士法研究所）
　　14.00-14.30　　弁護士の業務共同における利益相反について

	Prof. Dr. Matthias Kilian（ケルン大学弁護士法研究所）
14.30-15.00	日本における利益相反の問題について
	柏木　俊彦（弁護士・元大宮法科大学院大学学長）
15.00-15.20	休　　憩
15.20-15.40	ドイツの実務における利益相反の諸問題
	RA Dr. Ulrich Wessels（ドイツ連邦弁護士会副会長・ハム弁護士会会長）
15.40-16.00	コメント　坂本　恵三（東洋大学法科大学院教授）
16.00-17.00	質疑応答・討論
17.00-17.15	総括　森　勇（中央大学法科大学院教授）
17.15-17.30	閉　会　式

Samstag, 8. April 2017
„Japanisch-Deutsches Berufsrechtsforum 2017"

Institut für Rechtsvergleichung der Chuo Universität in Zusammenarbeit mit dem Institut für Anwaltsrecht der Universität zu Köln, der Japan Federation of Bar Associations der Bundesrechtsanwaltskammer und dem Deutschen Anwaltverein unterstützt von der Deutsch-Japanischen Juristenvereinigung e.V.

Datum :	8. April 2017 von 09:45 bis 17:30
Ort :	Kohrakuen Campus der Chuo-Universität, Gebäude Nr. 3
	(Kasuga Bunkyouku Tokio)
	http://global.chuo-u.ac.jp/english/siteinfo/visit/korakuen
Sprachen :	Deutsch, Japanisch. simultan übersetzt
Anmeldung :	Per E-Mail unter Angabe von Name, Titel, Tätigkeit
	E-mail ⇒ ra2016@tamacc.chuo-u.ac.jp

9.45-10.10 Uhr	Grusswort
10.00-12.15 Uhr	**Teil 1: Anwaltliche Unabhängigkeit**
	Leitung: Prof. Isamu Mori, Institut für Rechtsvergleichung an der Chuo-Universität
10.00-10.30 Uhr	Das Unabhängigkeitspostulat im deutschen Berufsrecht
	Prof. Dr. Hanns Prütting, Institut für Anwaltsrecht an der Universität zu Köln
10.30-10.50 Uhr	Gegenwartsprobleme der anwaltlichen Unabhängigkeit

	RA Prof. Dr. Wolfgang Ewer, DAV/vorm. Vizepräsident des BFB, Berlin/Kiel
10.50–11.10 Uhr	Unabhängigkeit als Problem des japanischen Berufsrechts
	Prof. Shintaro Kato, Chuo-Universität
11.30–12.15 Uhr	Diskussion
12.15–13.30 Uhr	Mittagspause/Lunch
13.30–17.00 Uhr	**Teil 2: Anwaltliche Interessenkonflikte**
	Leitung RA Masatoshi Sase
13.30–14.00 Uhr	Das Verbot der Vertretung widerstreitender Interessen in BRAO und BORA
	Prof. Dr. Martin Henssler, Institut für Anwaltsrecht an der Universität zu Köln
14.00–14.30 Uhr	Anwaltliche Interessenkonflikte in Sozietätssachverhalten
	Prof. Dr. Matthias Kilian, Institut für Anwaltsrecht an der Universität zu Köln
14.30–15.00 Uhr	Interessenkollisionen im japanischen Berufsrecht
	Prof. em. RA Toshihiko Kashiwagi, Omiya Law School
15.20–15.40 Uhr	Praxisprobleme der Vertretung widerstreitender Interessen
	RA Dr. Ulrich Wessels, Präsident der RAK Hamm/Vize-Präsident der BRAK
15.40–16.00 Uhr	Kommentar: Die japanische Perspektive
	Prof. Dr. Keizo Sakamoto, Toyo Universität
16.00–17.00 Uhr	Diskussion
17.00–17.30 Uhr	Schlussworte

資　　料

第 1 部　弁護士の独立性

法的助言職を構成する標識としての独立性：法律上の意味における独立と事実上の独立
―― 何が問題か ―― *

ハンス・プリュッティング

訳　應　本　昌　樹

　独立性の要請は法的助言職の自明の基礎に属する。しかし，昨今の事例およびアンケート調査が示すところによれば，要請と現実との間には著しい乖離がある。それゆえ，独立性の要求が近時の研究において繰り返し主題とされていることは驚くにあたらない。著者は，どうすれば弁護士職の三つの核心的価値の一つ（利益相反代理の禁止および守秘義務に並ぶ）としての独立性の輪郭を描くことができるか，その原則を明らかにする。

I　序　　論

　欧州弁護士評議会（CCBE）は，ドイツ語圏の弁護士会および弁護士協会の会長らの発議で，法治国家および社会のために規制される弁護士の職業像の特別の意義について，国民経済上の視点からも調査することを，学者であるヤロー（*Yarrow*）とデッカー（*Decker*）に委嘱した。このいわゆる「ヤロー報告（Yarrow-Bericht）」には，弁護士の独立性についての広範な言及もみられる。そこで述べられているのは要約すると次のとおりである。すなわち，「弁護士の独立性と法律の施行と法治国家性の発展との間には関連性がある…。専門職の独立性は決して命令によって確立できるものではない。むしろそれは職業的地位の支配的文化と密接に結びついている…。独立性の観念は弁護士

＊　本稿は，ケルン大学弁護士法研究所の第 25 回創立記念日ならびに著者の 65 回目の誕生日およびマルティン・ヘンスラーの 60 回目の誕生日を契機とする 2013 年 6 月 21 日のケルン大学弁護士法研究所のシンポジウムにおける講演に基づいている（シンポジウムの報告につき，*Hamacher*, AnwBl 2013, M 284 参照）。講演形式が維持されている。

職の文脈では何ら内容空疎な言葉ではない。それはむしろ法治国家性の維持のために決定的な役割を担っており，制度上の要素を取り扱う経済的分析により認められ，かつ参酌される相当の重大性がある。」[1]この確認は注意を引くものである。しかし，このことは，法律相談職の独立性の要請が空虚な決まり文句でもまったくの自明の理でもないことを明確に示している。むしろ独立性の要請を絶え間ない挑戦として理解しなければならない。

II 個別事例

事例1：2012年のシュテンダール区裁判所でのある倒産手続において，当該手続のために仮の倒産管財人が裁判所に推薦された。裁判所はこの管財人を任命することを望まず，他の者を念頭に置いていた。その後，再建に参加した銀行は，倒産した企業の再構築の目的での財団貸付（Massedarlehen）を与えるのは当初推薦された者が任命された場合に限る旨を明言した。結果としてもそうなった。これは倒産管財人の独立性の点でどうであろうか。

事例2：ある年配の弁護士がノルトライン・ヴェストファーレンの小さな町で単独弁護士として活動している。同弁護士には実質的に唯一の長期の依頼者として保険会社があるだけである。同保険会社のため，すべての事件の処理を行い，ここから生計を立てている。雑多な領域の他の事件は長い間断っている。この弁護士は独立しているのか。

事例3：ある企業内弁護士（Syndikusanwalt）は世界的に活動する企業の法務部門において活動している。同弁護士はとても独立的かつ柔軟に働いており，非常によい報酬を得ている。労働契約には，弁護士活動のためにいつでも解放されるとの条項がある。そのほか，すべての活動において弁護士の職業法に抵触しうる労働法上の指示を受けないことが保証されている。それでも同弁護士は独立性に欠けるのか。

事例4：2012年におけるある倒産手続において，近い過去において再生共同出資者（Sanierungsgesellschafter）および債権者銀行とともに密接に職務上協働した仮の倒産管財人が推薦された。裁判所はその独立性に疑問を持った。それにもかかわらず，裁判所には，全会一致の仮の債権者委員会の決議により，同管財人が推薦された。本件に対し，ハンブルクの倒産裁判官およびブレーメンの倒産管財人は，センセーションを巻き起こした見解[2]に立って，債権者は債権者委員会の全会一致の投票により倒産管財人の

---

1) ヤロー報告の引用部分は，Kammermitteilungen RAK Düsseldorf 2013, 212 以下に掲載されている。

2) *Schmidt/Hölzle,* ZIP 2012, 2238；dazu insb. Bork, ZIP 2013, 145.

独立性を放棄できる旨を提唱した。それは正しいのか。

事例5：ある60歳の，極めて成功し，さらには多方面にわたり実務に影響を与えた大学教授は，研究および教育において世界的に弁護士法を代表し，専任教授として最高度の独立性を享受している（研究および教育の自由）ところ，弁護士職の許可を申請した。同教授は上級官吏として独立性に欠けることを理由に拒否された。

III　出発点となる命題

「独立性（Unabhängigkeit）」という主題は，ともすれば煙たがられ，退屈だという反応まで引き起こしかねない。ここでは反対命題をもって対処するとしよう。そもそも本当に独立した人などいるのであろうか。われわれは皆高度に依存しているのではないか。パートナーに，親族，友人，同僚に，国の環境，政治・経済情勢に，観念的・物理的財産に，洪水や熱波などに。特に，弁護士の職業像に鑑みれば，裁判官，依頼者，自分の事務所や職員などに依存しているのではないかと問うことができよう。単純な命題がすでに示していることは，真の独立性はほとんど見かけることはないということであり，何からの独立性がなければならないのか，それは何に役立つべきなのか，どこに規範的基礎が由来するのかという問いについて，一層慎重に区別し，問わなければならないということである。これらの個々の問いを以下で検討することとしよう。

IV　概念明確化

これらの個別性に入る前に，一定の概念の解明が必要である。古典的な辞書あるいは電子的辞書で独立性（Unabhängigkeit）および依存性（Abhängigkeit）という対概念を入力すると，「依存した（abhängig）」という単語の類義語として，次のものが出てくる。すなわち，弱い（schwach），加減の悪い（krank），患っている（leidend），力のない（kraftlos），援助の必要な（hilfsbedürftig），保護の必要な（schutzbedürftig），自立していない（unselbständig），不安定な（unsicher），無防備の（wehrlos），無力の（ohnmächtig），不自由な（unfrei），意志のない（willenlos），追いやられた（getrieben），無理やりの（zwanghaft），捕らえられた（gefangen），ハンディキャップを負った（gehandicapt），拘束された（gefesselt），抑圧された（geknebelt）。「独立した（unabhängig）」と同列に置かれるのは，次の言葉である。すなわち，自由な（frei），自立した（selbständig），解放された（emanzipiert），成年の（mündig），制約されていない（ungebunden），主権を有する（souverän），自律的な（autonom），自己責任を負うべき（selbstverantwortlich），妨害されない（unbehindert），制限のない（unbegrenzt），

不安のない（angstfrei），束縛を受けない（ungehemmt），型にはまらない（formlos），開放的な（offen），率直な（freimütig），偏見のない（aufgeklärt），リベラルな（leberal）。独立性の見出し語は，数学（代数的独立性，線形独立性，推計学的独立性）においてだけでなく，哲学，政治，社会科学および法学においても用いられる。これに対応して，独立性の概念では，国の独立性から，政治や学問，人格の独立性，さらには連邦銀行や欧州中央銀行の独立性までに至る広い多様性を考慮に入れることができる。独立性の概念の境界を法的な観点から画することは困難であることが明らかである。まさに不確定の法概念の典型が問題となっている。

V 職業グループ

それでは，誰が，完全法曹の活動の範囲において，法律上の規定により，独立性の標識を提示するべきであるのか。当然，まず裁判官が考えられる。裁判官にはすでに憲法上独立性が保障されており（基本法97条，裁判所組織法1条，ドイツ裁判官法25条），その独立性は，通常，物的な独立性（sachlichen Unabhängigkeit）＝指示を受けないこと（Weisungsfreiheit），ならびに人的な独立性（persönlichen Unabhängigkeit）＝解任不可能性（Unabsetzbarkeit）および転属不可能性（Unversetzbarkeit），さらには扶養（Alimentation）および免責（Haftungsfreistellung）として特徴づけられる。仲裁裁判官（Schiedsrichter）にも民訴法1036条により独立性が求められる。これに対し，法学部における大学教授には，基本法5条3項により，研究および教授の自由のかたちでの独立性が保障されている。

弁護士のための独立性の要請は，われわれにとって，自明のことである（連邦弁護士法1条，3条1項，7項8号，43条a第1項，59条のb第2項5号のb）[3]。ここで連邦弁護士法43条a第1項は特に印象的に次のように定式化する。すなわち，「弁護士は，その職業上の独立性を危うくする拘束を負ってはならない（Der Rechtsanwalt darf keine Bindungen eingehen, die seine berufliche Unabhängigkeit gefährden）」。この定式は，その他の点では，かつての職業倫理規則（Standesrichtlinien）から，ほとんど原文どおり借用されているところ，意図的に連邦憲法裁判所が法的根拠として退けたものである[4]。

独立性は新しいメディエーション法がメディエーターに求めるものでもある（メディエーション法1条2項，3条1項）。法律上の根拠として引用されるものではなく[5]，た

---

3) 特に，*Henssler/Prütting*, BRAO, 4. Aufl. 2013, § 43a Rn. 2 以下参照。
4) BVerfG v. 14. 7. 1987, AnwBl 1987, 598 und 603.

とえば，弁護士の調停機関の規約に根拠を持つものではない（2条4号）ものの，調停人にも独立性が期待される。公証人の独立性は連邦公証人法1条，14条1項2文，16条から生じている。同じく，税理士（Steuerberater）（税理士法57条）および経済監査士（Wirtschaftprüfer）（経済監査士法43条）にも独立性が求められる。企業内弁護士（Syndikusanwalt）の特例については，立法者の視点からは限定的な独立性が連邦弁護士法46条から生じている。

最後に，倒産管財人にも独立性が求められる（倒産法56条1項1文）[6]。この独立性の要請は，準用により，仮の倒産管財人（vorläufigen Insolvenzverwalter）（倒産法21条2項1文），財産管理人（Sachwalter）（274条1項），仮の財産管理人（vorläufigen Sachwalter）（270条a第1項2文），さらには受託者（Treuhänder）（倒産法313条1項2文）にも適用される。この手短な概観から次のことがいえる。すなわち，ほぼあらゆる完全法曹の職業は独立性を求めるが，個別事案においてそれが何であるか，そしてまた誰がこの独立性を真に明示することができるかを誰も正確には知らない。

VI 何からの独立か？

1．国家からの独立（Staatsunabhängigkeit）

おそらく唯一の問題のない独立性の基準点は国家からの独立である。歴史的に大半の司法職にとって，そして特に弁護士にとって，それがあらゆる解放の出発点であった。それは，「自由な弁護士（freie Advokatur）」，したがって国家による監督からの免除のための闘争にかかわる。この国家の側からの指揮および監督上の独立（Weisungs- und Bevormundungsunabhängigkeit）は，今日，一般的に認められており，もはや深刻な問題とはなっていない。

2．当事者および関係者からの独立（Partei- und Beteiligtenunabhängigkeit）

連邦弁護士法3条1項から，弁護士の独立性は，依頼者にも関連するものであることが明らかに導かれる。そのほかは，弁護士に類似した助言の職業グループには当てはまらない。倒産管財人やこれと並ぶ職業グループにも，一般に認められているように，債務者および債権者，すなわち手続の関係者から独立していなければならないとされる。このことは，経済監査人にとって，商法319条における決算検査役（Abschlussprüfer）

---

5) *Jaeger,* AnwBl 2013, 406 以下参照。
6) これにつき個別には，*Prütting,* ZIP 2002, 1965 ; zuletzt Römermann, ZInsO 2013, 218.

の選任のための除斥カタログで特に明らかである。この関係者からの独立を否定しようとする者は，独立性の機能相関的な概念を誤解している。自己の依頼者のための助言および訴訟追行は，弁護士が契約上負った義務である。しかし，この契約上の義務は，弁護士の独立への侵害ではない。

雇用契約上負った義務は，弁護士が，自己の依頼者に危険を警告したり，訴訟提起を思いとどまるよう忠告したり，または極端な場合には雇用契約を解約告知したりすること，あるいは，委任をまったく受けないことを何ら妨げるものではない。

3．経済的な独立（Wirtschaftliche Unabhängigkeit）

よく用いられる経済的な独立の概念は扱いやすいものではない。そこでは財政的な依存性および経済的存立の保証の必要性の危険を軽視すべきではない。優越的な個別依頼者や権利保護保険者への経済的な依存，ならびに同僚やパートナーとの協働における危険も過小評価すべきではない。他方で，経済的な問題に端を発した危険が，きわめて狭い法的な核心領域を示すに過ぎないことは明らかである。

したがって，独立性が自動的に経済的に悪い状態により失われると主張することはできない。国家の司法を放棄することができないことに鑑みれば，国家は最低限の扶養につき義務を負っているとも主張することはできない。せいぜいいえるとすれば，自由職の領域においては機能を果たす能力のある報酬規則につき法治国家の義務があるということである。すなわち，少なくとも法的な観点から個人にとって経済的な存立の機会がある場合には，経済的な独立性がある。

4．社会的な独立（Gesellschaftliche Unabhängigkeit）

同様の不確実性を帯びているのは，社会的な観点における独立性もまた，世界観や信仰の共同体からのものであれ，イデオロギーや党政策を指向する圧力団体からのものであれ，望ましいはずであるとの見解である[7]。他方，疑いの余地がないのは，弁護士やその他の自由職には，任意の宗教や宗派に，または任意の政党やイデオロギー・グループに属したり，あるいはその見解に同意したりすることができることが，憲法上保障されているということである。これらの場合における独立性は，せいぜい具体的な状況に関するものである。そこでは，手続の他の関係者は，きわめて似通っていたり，あるいはきわめて対立的な状況にあったりするため，個別事案において法的な異論の余地が生じる。したがって，ここでは，裁判官について除斥および忌避の根拠の枠組みにおいて（民訴法41条，42条）規定されたような場合が問題となっている。

---

7) *Henssler/Prütting,* BRAO, 4. Aufl. 2013, § 43a Rn. 34 ff.

5．労働契約上の拘束（Arbeitsvertragliche Bindungen）

　特に問題なのは，労働法上の管理権（Direktionsrecht）によって特徴づけられる依存状態において弁護士が労働者として活動する状況である[8]。ここで，特に企業内弁護士にとって，連邦弁護士法46条から企業内弁護士には自己の使用者に関し独立性が欠けるということが導かれる。この議論はごく最近において繰り返し非常に徹底的に交わされた。ここでは，実務および通説に対し，一般的な労働契約上の労働者の拘束は，単独で考えると，弁護士の特別な状況に関し，さして説得力のあるものではないことが指摘される。このことは，企業内弁護士を弁護士に雇用される弁護士と比較すれば，すでに明らかである。また，文献においても指摘されるのは，労働契約および弁護士依頼契約のさまざまな法的性質は企業内弁護士の独立性の特定の危殆化を生じさせるものではないということである[9]。本質的な問題は，結局，使用者が労働法上保障された管理権に基づき企業内弁護士に，弁護士としての公法上の職業的義務に反することになる指示を与えるところにある。このような事態になれば，事実上，弁護士の独立性が危機に瀕することは明白である。他方で，そのような使用者の指示があれば，それは民法134条に違反し，民法138条にも違反すること，そして，それゆえ従うべきではないことが認められている。そのような労働法上許容されない指示の問題は実際には企業内弁護士の人的独立性の問題に限定され，したがってその性格の堅固さ（Charakterfestigkeit）の問題に限定される。

6．事実上の強制（Tatsächliche Zwänge）

　特に問題であるようにみえるのは，独立性の概念に関連して，事実上の性質を持つ拘束を道具として利用することである。一方では，純粋に事実上の強制，あるいは倫理的，心理学的，社会的または公共的（gesellschaftlich）な性質を持つ影響可能性が，好ましくない作用可能性に至りうることには疑いがない。他方で，厳密に考えれば，個別事案においてもいかに望ましくないとしても，純粋な事実上の事象が独立性の概念の一部とはならないことに真剣な疑いをさしはさむ余地はない。すなわち，独立性の概念は，弁護士が，親密な友人，自己の党もしくは自己の信仰共同体，イデオロギー的に考えを同じくする者，または性的関係がある者に，弁護士として助言を与え，あるいは代理することを禁じてはいない。

---

[8] これにつき直近では，*Prütting,* AnwBl 2013, 78, 83.

[9] *Bissel,* Die Rechtsstellung des Syndikusanwalts und die anwaltliche Unabhängigkeit, Bonn 1996, S. 68 ff.

7. 結　論

　以上の手短な概観から示されることは，独立性の概念は非常に幅広いということである。ただし，法的意味における独立性は，法的に生じている許容されない性質の拘束（*rechtlich bestehende Bindungen unzulässiger Art*）に関連するものに限られる。これを超えるさまざまな事実上，経済上または社会上の拘束は，独立性の法的概念には包摂されない。

VII　目的方向

　法律上の独立性の内容について考察すると，切れ目なく，大半の司法職従事者，そして特に弁護士に独立性を求める場合に，立法者はどのような目的を念頭に置いているのかというさらなる問題に行き着く。独立性が個人の自由との密接な結合を示す場合，弁護士の自由で規制されない活動により，法治国家の機能を果たす能力および国家内の権力均衡が強められるという期待がある。それは，裁判官，メディエーターおよび仲裁人の場合は，独立性を要求する果たすべき中立的な活動の機能的可能性であり，これに対して，倒産管財人およびこれと並ぶ活動の場合，独立性を必須のものとする他人の財産上の利益の受託者としての擁護の要素である。ところが，弁護士および類似のあらゆる法的助言職の場合，市民相互および市民の国家に対する権力均衡ならびに機会および武器の平等を保障しなければならないという事情がある。すなわち，法律上の独立性は，犯罪構成要件および強行的な規制に違反しないことを保障することにとどまらない。法律上の独立性は，繰り返し新たに登場する権力均衡ならびに機会および武器の平等に対する脅威を可及的に阻止する努力でもある。もちろん，独立性と拘束との関係を法で裁くことができるのは，事実上，刑事法規または職業法規に違反する範囲に過ぎない。その他の範囲では，具体的に確認された拘束が，個別事案において法律上の独立性の核心と呼ばれる限界を超えているかどうかを，具体的な個別事案において衡量しなければならない。

VIII　上述の個別事例

　このように，そうした不確定の法的概念の具体化が，個別事案の事情に依存することは，法律家にとっては何ら異例なことではない。そのような状況に際して好ましくないことは，輪郭のはっきりした個別の構成要件のメルクマールのもとに抽象的に包摂されえるほどには，法的概念を具体化することができないということである。さもなくば，

法律上の独立性は実質的に刑事法規および職業法規に違反しないことを意味するに過ぎないという結論に満足しなければならなくなる。それゆえ，本考察の仕上げとしては，自ずと今一度冒頭で引用した具体的な現時の個別事例を眺めるということになる。

1．シュテンダール区裁判所の事案

著名な人的な拘束のある財団貸付は，シュテンダール区裁判所の事案において議論されたように，おそらく，もっとも話題となっており，議論のある問題に属する[10]。ここで，あまりにも性急に，推薦された倒産管財人の独立性の否定に至る者は，債務者もしくは債権者が管財人を推薦することや開始申立ての前に債務者と一般的な相談をすることは必要とされる独立性を排除するものではないことを，立法者が2012年に倒産法56条1項3文において明らかにしたということをよく考えてみなければならない。他方，立法者は新たな倒産法56条のaにおいて仮の債権者委員会に倒産管財人候補者に要求されるプロフィールを立案する可能性を与えた。これを超えて，債権者の影響は，倒産裁判所が，倒産管財人の人物像に関する仮の債権者委員会の全員一致の推薦から実質的に逸脱できなくなることにより，大変に強くなった。この法律状態を評価するとともに，その信用受供者が信頼でき専門知識のある再建者に伴われることに，当然ながら大きな利益があるという財団貸付を与える銀行の視点から考えると，独立性を否定することはできない。あまりに硬直的に個人に執着することが手続に好ましくない感触を与えるとしても，法的には，手続を排斥するまでに至るということはできない。

2．依頼者が1人しかいない個人弁護士

保険を担当する上述の弁護士の顕著な経済的依存は，一般に認められた見解によれば，その独立性を喪失したということにはならない。ここで明らかなのは，経済的な依存性の概念は法律上の独立性に関してはあまり説得力が大きくないということである。これと異なる判断をしようとするなら，現に意図的に拒絶したさらなる委任を受けることをこの弁護士が強制されるのでなければならない。これに対し，堅持されなければならないのは，現に新たな他の委任を受けることが可能であるということである

3．企業内弁護士

論じられていることの多い企業内弁護士の独立性の問題は，ここで，繰り返し個別に

---

10) AG Stendal, ZIP 2012, 2030；ferner dazu LG Stendal, ZIP 2012, 2168；LG Stendal, ZIP 2013, 1389. 人的な拘束のある財団貸付の問題につき，Ganter, ZIP 2013, 597 参照。

取り上げる必要はない。こうした企業内弁護士の独立性は，結局のところ，その使用者の管理権の問題に帰することができるということを，別のところで詳しく説明した[11]。この拘束は，労働契約においてこの点につき対処すれば，避けられる[12]。ここでは，連邦通常裁判所の判例および文献における有力説が異なる見解に立っていることを，付言するにとどめる。もっとも，ごく最近，民事第 2 部の裁判長代行は，2013 年 4 月 19 日の講演において，通説とは異なり，ここで示した見解と同様の見解に立つことを表明した[13]。

4．独立性の放棄

明確に否定されなければならないのは，当事者，あるいは倒産事件では債権者が法律上の標識としての独立性を放棄することである。各規範の解釈の視点が，これと相容れないだけではない。実務上，倒産手続においては債権者の利益が問題となるだけでなく，債務者や司法の利益も守られなければならないという事実も，特にこれと対立する。結局のところ，そのような見解は，法的な観点における独立性は法的助言職および財産管理職の核心的要素であるということを見過ごしている。こうした要素を放棄によって切り捨てることはできない。

5．大学教授の法的地位

筆者はここに含まれるから，自らこの問題について態度表明することを控えなければならない。それゆえ，筆者は，周知のように，地球上の多くの国において大学教授に弁護士免許が与えられるのは自明のことであって，特に隣国のフランス，イタリア，ポルトガルおよびギリシャでも同様であるということを示唆するにとどめる。さらに，法律上，教授は刑事手続および連邦憲法裁判所において弁論することができるのに対し，民事裁判所での弁論を禁じられるという奇妙なコントラストを指摘することが許されよう。それゆえ，何度か連邦憲法裁判所に係属した手続において，連邦弁護士法 7 条 10 号の目的論的解釈が行われたであろうことが大変容易に想起されるところである。

---

11) *Prütting,* AnwBl 2013, 78.
12) *Bissel,* Die Rechtsstellung des Syndikusanwalts und die anwaltliche Unabhängigkeit, Bonn 1996, S. 68.
13) *Schwung,* AnwBl 2013, M 204 をも参照。

IX 結　　論

　独立性の法的概念を概観しても，誰もが満足するわけではない。しかし，将来，法的意味における独立性が経済上，社会上および事実上の独立性の局面から区別することができるようになったとすれば，すでに得るところがあったといえよう。独立性の法的概念は言葉のうえで一見してみえるよりははるかに狭い。それは第1に国家からの独立性を含み，機能に応じて多くの場合法律上の拘束性の意味における参加の独立性をも包含する。その他のすべては，個別事案において利益衡量により意味を持つに過ぎない。

　一方で法律上の独立性を弁護士の義務の核心的領域に挙げ，他方でこうした独立性をいくつかのに基本的構造に還元することは，矛盾することではない。むしろ独立性の概念の場面は，正義（Gerechtigkeit）の概念の場面と似ている。その概念を正しく定義できる者はいないが，誰もが具体的な個別事案においては完全に正確にその要求するところを知っている。

弁護士の「独立性」概念をめぐる一考察

本　間　正　浩

I 「独立性」——プロフェッションとしての根源的価値

　「独立性」がプロフェッションとしての弁護士にとってのもっとも根源的な価値であることは，多言を要しまい。プロフェッションの本質として「専門性」と「公益性」を数えることができるとするなら，そこに「独立性」がなければ，その本質を生かした役割を演じることは不可能である。専門家である以上は，その専門領域において，専門家としての独自の判断ができなければならない[1]。そして，公益の擁護者としての役割を考えれば，公益以外の不当な干渉に左右されてはならない[2]。

　しかし，弁護士の独立性といったとき，その「独立性」とはそもそもどのようなものであろうか。それはそれほど明確な概念であり，弁護士の行動を規律するにあたって有用なツール足り得ているのであろうか？

　この点，少なくともわが国では，弁護士の独立性というと，「誰からの」独立であるのかという議論，特に依頼者からの独立性に議論が集中してきた感があり[3]，そもそも

---

[1] かかる観点は海外文献についてはしばしば指摘されることであるが（たとえば，Hugh P. Gunz and Sally P. Gunz, "Ethical Implication of the Employmnet Relathionship for Professional Lawyers", 28 U.Brit. Clum. L.Rev. 123 (1994), at 125-126, 128 and 138 参照），わが国では言及されることは少なく，むしろ，次の「公益性」に重点を置いた説明が多いようである。しかし，「独立性」が依頼者の利益の外にあるものではなく，むしろその利益のためにこそあるという文脈において，この視点は決して軽視できないものと考える。

[2] 弁護士職務基本規程前文および2条．日本弁護士連合会弁護士倫理委員会編著「解説弁護士職務基本規程（第3版）（以下，「職務基本規程解説」と略称）」4頁（2017年），高中正彦「法曹倫理」（民事法研究会，2013年）41頁。なお，Suzanne Le Mire, "Testing Times: In-House Counsel and Independence", 14.1 Legal Ethics 21 (2011) at 31.

「独立性」そのものがなにを意味するかという点については必ずしも議論が行われてこなかったきらいがある[4),5)]。

本稿は「弁護士の独立性」概念を巡る諸要素について整理を試みることを目的とする。この点，オーストラリアの研究者である Suzanne Le Mire の企業内弁護士の関係[6)]

---

3) たとえば，職務基本規程解説 4 頁。
4) 本書 43 頁（加藤新太郎発言）。

もっとも，海外でも同様の指摘がある。「ある語を定義するにあたっての精密さ，熟孝 [といった] 質の高さは，弁護士の独立性の議論にあたってほとんどみられないものである。」Suzanne Le Mire, "Working Towards Independence as a "Term of Art"", Philippe Coen & Pr. Christphe Requlilly (eds.), "Company Lawyers : Independent by Design – An ECLA White Paper", (2014, LexixNexixis), 65 at 65, Le Mire (2011), op. cit. at 28 and 29

5) なお，わが国やドイツでは，弁護士の「独立性」というとき，往々にして「自由」の語が付加され，「自由と独立」が一対のものとして唱えられることがしばしばである（たとえば，職務基本規程前文および 2 条，職務基本規程解説 4 頁）。しかし，ここでいう「自由」の意味は必ずしも明確ではない。それが基本的人権としての「自由」権という意味と同じ意味で，あるいは弁護士が「自由」業であるという意味で，弁護士が個人としてその望むところをなすことができるという趣旨とは考えにくい。問題は職業，特に公共性を謳うそれとしての行動規律であるから，その受益者が当の弁護士本人であるということは筋が通らないからである。もっとも，ドイツでは「自由業」性を正面から弁護士の本質的要素と考えているようである（Hanns Prütting ほか「ディスカッション」，森勇編著『リーガルマーケットの展開と弁護士の職業像』（中央大学出版部，2015 年）157 頁，158 頁（Prütting 発言））。

この点，森勇教授は，「自由」は弁護士の独立が国家からの独立を主眼において考えられていた時期において唱えられた概念であり，国家から干渉を受けないという意味において「自由」は「独立」と同義であったとし，「独立」概念が拡大し，国家以外のものからの「独立」が問題になっている議論状況においては意味を失っていると示唆する。森勇「ドイツにおける勤務弁護士とそれを取り巻く環境―弁護士の独立性の一断面―」伊藤壽英編『法化社会のグローバル化と理論的実務的対応』(中央大学出版部，2017 年) 321 頁，323-325 頁。Prütting ほか (2015) 前掲 158 頁参照。

以上に対し，英米文献では「自由（「liberty」あるいは「freedom」であろうか？）」という概念を弁護士の業務と結びつける論は筆者の知る限りみかけない。

6) 筆者の主要な研究対象が企業内弁護士であることから，本稿中の引用文献も企

において独立性の問題を取り扱った研究[7]が非常に興味深いので，整理の方法については，主としてこれを参考にすることにする。「独立性」概念が多義的であり，そればかりか，各要素が必ずしも整合性を持たず，時に相矛盾することすらあることが適示されるであろう[8]。

II 「能力」としての独立性（Indepedence as "Capacity"）

1. 意　　義

Le Mire は，まず，「能力（capacity）」としての独立性というものを挙げる。これは，他から干渉を受けることなく，自律に基づいて判断する能力ないし，かかる自律が可能な状態に当人が置かれていることと概念することができる[9),10)]。

これがプロフェッションとしての弁護士の独立性の根幹に位置づけられるものであることはいうまでもない[11]。

しかし，自明のことのように思えるこの意味での独立性も，一つ深掘りすると，ことはそう単純ではない。

　　業内弁護士を扱ったものに偏った結果になってしまったが，ご容赦願いたい。
7）　Le Mire（2011），op. cit. また，Le Mire（2014），op. cit.
8）　なお，Le Mire は本稿で取り上げた「capacity」，「stutus」および「power」のほか，「関係性における障壁（relational barriers）」を独立性の内容として取り上げる（Le Mire（2011），op. cit. 35 et. esq.）。しかし，これはいわば「独立性概念」の「外延」として，企業内弁護士の独立性を「制約する要因」を個別に分析しようとするものであって，本稿で取り上げた三つの要素が「独立性」の意味を積極的に，いわば「内包」として定義しようとするものとは性質が異なるのであって，本稿では取り上げない。
9）　Le Mire（2011），op. cit. at 30-31. やや回りくどい定義になってしまったが，「capacity」を単に各人の「能力」と理解するのはここでの文脈的には狭すぎるように思われる。Le Mire は純粋に個人の能力の問題だけではなく，「他からの干渉なく判断ができる状態にその個人が置かれているか」という外界の事情を含めた「環境」ないし「状態」という意味で使っていると考えられるからである。Ibid. at 31
10）　加藤新太郎教授は「判断の独立性」という観念を用いるが（本書51頁），その趣旨は類似しているように思われる。ただ，共同受任に関する加藤の議論を見てみると，その「判断」という概念は必ずしも論理的に具体的な姿を有していないようにも思われる。後述245-246頁。
11）　Le Mire（2011），op. cit. at 29 and 31, Gunz and Gunz（2002），op. cit. at 249. 加藤本書51頁。

2. 自律／自恃と行動規範

　初めに問題としなければならないことは，弁護士個々人の自律（Self-desciplene），倫理（ethics），そして内面の信条（Internal belief），心意気（spirit）といった問題と，客観的な行動規範（code of conduct）あるいは職業規律（professional desciplene）の問題とを切り分けて議論することの必要性である。

　前者は個々の弁護士の内心の問題である。個々の弁護士が，その業務において自己の判断の独立性を意識し，他からの干渉を受けないという姿勢と気概を失っては，もはやプロフェッションの名に値するものではないであろう。

　しかしながら，個々の弁護士の内心の問題を直接的に行動規範にリンクさせることは避ける必要がある。内心の問題にとどまる限り，どのように厳しい基準を設けたり，あるいは判断基準が不明確であっても深刻な問題になることはない。これに対して，行動規範は人の外面に現れる人の行動を律するものであり，時には制裁を伴うものであるので，より厳密な検討が必要である[12]。しかしながら，往々にして両者が混同され，その結果として，議論が混乱することがまま見受けられる。

　たとえば，森山文昭教授は，プライベート・プラクショティナーと組織内弁護士を比較し，後者においてはその独立性が脆弱であると論じるのであるが，その議論にはこの両者の混淆がみられる。

　事実認識として，森山教授は「現実には，[組織内弁護士が弁護士倫理や良心に反することを雇用主が要求するといった] 事態に遭遇することはそれほど多くはないであろう。多くの場合には必ずしも弁護士倫理に反するとまでは言えないような限界事例であったり，それが組織としての方針にはならずさまざまな矛盾と葛藤が生ずるといったケースではないだろうか」とする一方，同様の問題がプライベート・プラクティスでも起こりえることを認識する。むしろ森山はプライベート・プラクティショナーが「依頼者の明示の意思に反することはできないという制約」が存することまでも認識する[13]。また，経済的独立性の問題についても，企業内弁護士と同様，プライベート・プラクティスにおいても深刻な問題足りうるとする[14]。すなわち，具体的な事実関係として，両者の間に顕著な差を提示していない。

---

12)　森勇（2017年）前掲326頁。
13)　森山文昭「弁護士制度改革と弁護士像—新しい人権モデルの提唱」，日本弁護士連合会・弁護士業務改革委員会・21世紀の弁護士像研究プロジェクトチーム編『いま弁護士は，そして明日は？』（エディックス，2004年）222頁，247頁。
14)　森山前掲246-247頁。

それにも拘わらず，森山教授はプライベート・プラクティショナーに比して組織内弁護士にはその独立性において本質的な脆弱性があると主張するのである。そして，これをこれを弁護士に対する規範の問題に結びつけ，企業内弁護士を弁護士として認めない選択肢もありえたとまで論じる[15]。

　その根拠として，森山教授が主張するのは，プライベート・プラクティショナーは「プロフェッションとして（中略）いかに依頼者を説得しているかということを『常に考えて』行動する（強調引用者）」[16]ということである。

　このようにプライベート・プラクティショナーと組織内弁護士を論じるにあたり，森山教授は前提として，法律形式に注目し，「プライベート・プラクティショナー⇒委任契約⇒独立」vs「企業内弁護士⇒雇用契約⇒従属」という図式を前提し，これが弁護士の内心を規定していくという論理という図式を立てている[17]。しかし，かかる図式は双方とも理論的・論理的にも理由がある議論であるとは考えられない[18]。まして，かかる図式を，プライベート・プラクティショナーの内心の問題の認識に直結させ，事実がそのようなものであるかのごときに断ずる論理は，粗雑と言わざる得ない[19]。加えて，そ

---

15) 森山前掲 248 頁。
16) 森山前掲 248 頁。
17) 森山前掲 248 頁。
18) この問題を論じるのは本稿の目的ではないので深入りしないが，ポイントの一つを挙げると，いみじくも森山教授も自認されるように，「委任契約」においても，委任者が受任者に対して具体的に指示をすることを妨げられることはなく，かかる指示は受任者を拘束するということである。したがって，そこから「依頼者からの独立」，すなわち依頼者から拘束を受けないという論理を導き出すことは論理的に困難である。言い換えれば，受任者「から」裁量権を「与えられていること」が当該契約が「委任契約であるか否か」の要素の一つとなるのであって，逆に「委任契約であるから」，委任者に「対して」裁量権を「主張できる」という論理になるわけではない。幾代通，広中俊雄編『新版注釈民法（16）』（有斐閣，1989 年）2, 4, 7 頁。
19) そもそも，現実の問題として，プライベート・プラクティショナーがいかに依頼者を説得しているかということを「常に考えて」行動しているという「姿勢」の有無に関する前提認識自体に疑義が示されている。ロースクールにおいて「法曹倫理」を担当したことがあり，弁護士会の推薦を受け，最高裁判所判事の職にあった山浦善樹弁護士は，プライベート・プラクティショナーは「『まちがっても』経営者の不正を指摘するような行為は，依頼中止となる危険があるから，弁護士としては『してはならないこと』（強調引用者）」と考えていると論じている（山浦善樹「民事手続と弁護士の行動指針―問題提起」民訴雑誌 52 号 57 頁（2006

の論理にはそれ自体として矛盾がある。一方において，企業内弁護士業務およびプライベート・プラクティス双方ともに，自己の意見を通すことができない場合がありうることを認めておきながら，一方はそれ自体を問題視し，他方では問題ないという。そして，後者の理由は「いかに依頼者を説得しているかということを『常に考えて』行動するものである（強調引用者）」ということである。しかし，森山の言うのは単にプライベート・プラクティスが内心においてそのような姿勢を持っているということに過ぎず，それが常に自己の意見が実現するという結果に結びつくわけではない[20]。このように，客観的には同じ状況において，一方は問答無用に独立性に問題ありと決めつけ，他方は「心がけている」という内心の姿勢を持って免罪しているのである。

また，加藤新太郎教授は，弁護士職務基本規程51条に関する議論の中で，前述した山浦弁護士の同趣旨の講演を紹介するが，その引用において，加藤はプライベート・プラクティショナーがかかる考えを持つということを客観的な事実認識としては肯定している[21]。そして，加藤教授は，これに対して，「［プライベート・プラクティショナー］

　年），63頁）。後述の通り，加藤新太郎教授も事実認識としては同様の見解を示す。

20) 　実のところ，森山教授の論理が成立するためには，その論理的前提として，「組織内弁護士は所属企業をいかに説得するかを『およそ考えることはない』」という命題が必要であるが，かかる前提は現実的根拠を欠く，まったくの思い込みというしかない。拙著「企業内弁護士の意義―いかにして企業に貢献するか―」臨床法務研究（岡山大学）18号47頁（2017年），48頁以下。

21) 　加藤本書43頁。加藤新太郎『コモン・ベーシック弁護士倫理』（有斐閣，2006年）58頁。

　なお，筆者の別稿中の同趣旨の指摘（拙著（2015）「弁護士業務基本規程51条の実務上の問題点」森勇編著前掲339頁，352頁）に対して，加藤教授は，自身はかかる見解を「規範的論として肯定的に取り上げたわけではない」とされる（本書70頁）。しかし，前掲書において，筆者は，加藤判事がこれを正しいと考えているかどうかを議論しているわけではない。（その点では講演者の山浦元判事自身，かかる見解が元判事自身の見解であると受け取ってほしくない旨，注記されている。山浦（2006）前掲58頁）。筆者のポイントは，別稿中で山浦元判事のコメントについて述べているように（拙著（2015）前掲252頁），筆者の論旨の本質は，山浦元判事や加藤教授が，かかる見解を多くのプライベート・プラクティショナーが有している，という事実を認識しているということにある。言い換えれば，山浦元判事および加藤教授の引用は（控えめに言っても少なからざる）プライベート・プラクティショナーがかかる見解を有していることの例証として引用したものである。ただし，筆者自身の事実認識としては，あたかもプライベー

であっても『経営者の不正を指摘することが（中略）『厳に慎まねばならない』というのであれば，いわんや組織内弁護士においてをや，となるのであろうか（強調ママ)』と問題提起する。

　問題はその次である。加藤教授はこの問いに対して「そうではないであろう」と自答し，「独立性を保持することが困難な状況にあったとしても，保身を図ることなく『清々しく，潔く』行動する弁護士も『少なからず』存在する（強調引用者)」ことを理由とするのである[22]。そして，その論理をもって，規程51条が組織内弁護士のみに適用があることを正当化する。

　これもまた，内心の信条の問題とルールの問題との混同の一例であるように思われる。行動が「清々し」いか，「潔い」かはまさに内心の信条（むしろ「心情」というべきかもしれない）の問題である[23]。しかも，プライベート・プラクティショナーにおいて，経営者の違法行為を指摘するべきという認識は一般的には存在しないとう認識を前提にするのであるから，かかる内心の信条は，プライベート・プラクティショナー間で一般的に認識されている規範よりもより高次元のものであるということが論理的である。その上で，企業内弁護士に対してはこれを規範として要求するということは，企業内弁護士に対してだけはプライベート・プラクティショナーに対して要求するものよりも一層高い，厳しい規範を（懲戒処分を背景にして）課すという論理に他ならない。こ

　　ト・プラクティショナーが普通にこのような考えを有しているという山浦元判事や加藤教授の認識は極端に過ぎるものと考えている（田中紘三，本書72頁）。本稿での筆者の指摘は，森山教授，「プライベート・プラクティショナーVS組織内弁護士」の図式的な決めつけに対するアンチテーゼとして，事実はむしろ相対的なものではないかということを指摘するにとどまる。
[22]　加藤（2006）前掲198頁。
[23]　この点についても，筆者の批判（拙著（2015）前掲352頁）に対して，加藤教授は，「行為規範である弁護士職務基本規程51条の基礎には，弁護士の内心のあり方の問題，この場合は弁護士として自分の目先の利益に惑わされることなく，つまり，保身を図ることなく清々しく，潔く行動するようにありたいという心構えの問題があることを指摘しているものです」と再批判をされる（本書71頁）。しかし，筆者の意見はまさにこの点にある。筆者は，まさに，加藤教授の言われる「心構え」の問題が，プライベート・プラクティショナーについては「心構え」にとどまり，組織内弁護士に対しては「規範」とすることの根拠として使われることの論理的不整合を指摘するものである。ここで「心構え」を持ち出すのは，「内心」と「規範」とを区別して分析することを主張し，規程51条について，かかる分析がおこなわれていないという筆者の意見をむしろ裏付けるものである。

れはダブル・スタンダードそのものである。

このように，弁護士の内心の信条の問題と行動規範の問題を混同するときには，議論は論理性を欠くものにならざるを得ない。弁護士の独立性をめぐる問題の実相は極めて複雑である。これに対応するのには，しっかりした分析・論理を用いる必要がある。

3. 判断の困難性

問題を内心の問題に絞るとしても，なお，重大な問題が存在する。それは「干渉」を受けないといったところで，具体的な場面において，何が「独立性」を侵害する「干渉」にあたるのかの判断は決して容易でないということである[24]。

(1) 考慮要素の多様性

弁護士が考慮しなければならない要素は多様である。弁護士は実務に従事している。概念法学であれば六法全書の中に埋もれ，事案の社会的事実関係や関係者の利害関係から「独立して」概念と形式論理とをもって完結できるであろうが，実務においてはあくまで現実の社会の中に法を適用することが必要である。この点において，弁護士の判断に当たっては，当該問題を取り巻く社会的事実関係，なかんづく依頼者を含めた関係者の意向・意思は当然のこととして検討要素とするべきものである。それはむしろ実務家としての弁護士の責務である。

事実や状況は，純粋な法解釈よりも，案件の帰趨に対して通常ははるかに決定的である。それは，経済的，社会的，技術的，心理的その他各種の非法律的要素を含む。この点，現実には，弁護士はそれらの分野の要素を検討するのに有利な立場にないことがしばしばであり，当該分野について弁護士よりもより知識・理解を持つ人々に頼らざるを得ないことがある。

また，考慮に入れなければならない重要な要素の一つとして，当該案件の帰趨によって影響を受ける人々の利害関係とその意図を除外することはできないであろう。

特に，依頼者の意向は重要である。結局のところ，弁護士にとっての主要な目的の一つは，依頼者の利益の擁護であるからである。これはその心理的な満足も含むであろう。

その鏡の反面において，依頼者その他の関係者が，自分の信ずるところを，あるいは，自分に有利に対応をしてもらうために，弁護士に接触して（自分の考える）事実を述べ，資料を提供し，意見を開陳し，さらには弁護士に対する「説得」を試みることは，関係者にとって当然のことであり，これを不当と指弾することはできない。しか

---

24) Le Mire (2014), op. cit. at 69.

も，その人々の知性や知識，判断力等は弁護士と同等ないし，場合によっては上回っているかもしれない。少なくとも，弁護士がこれらの人々に当然に優越していると一般的に決めつけることはできない。

もし，「自分は弁護士として独立の存在である。したがって，依頼者として貴方がなすべきことは，知っているすべての事情と関係資料を自分に提供することである。それを自分は法と自分の良心のみに従って客観的に判断する。貴方がどのようにしたいと考えているかは一切聞きたくないし，判断にあたって皆さんの意向は一切斟酌しないからそのつもりで」などと言い放つ弁護士がいたとしたら，実務家としては失格である。

結局のところ，現代の複雑な社会においては，弁護士は——かつてはそうであったかもしれないが[25]——依頼者その他に対して非互換的な優越性とそれによる自由裁量権を享受することはできない。

(2) 内心における独立性の判断の困難性

かかる状況下において，たとえ内心の問題としても，自分が種々の要素をその主導において「独立」に検討したのか，それとも，実は他の人々から不当に「干渉」され，「影響」を受けたのか，弁護士自身でも判断することは往々にして極めて困難であろう。

弁護士は最終的に各種の考慮要素についてバランスのとれた判断をしなければならない。そのときに，そのバランスの取り方，関係要素の取捨選択や判断の仕方，それが他から干渉を受けないで，「独立」して判断したものなのか，それともそういう要素を考慮したこと自体が他からの干渉なのか，どこまでが独立性があるのか，どこからなくなるのか，その判断はその弁護士自身にとってすら（すなわち，弁護士の内面においてすら），容易ではない。そもそも，それを論理的に峻別して認識することが可能かどうか自体，疑わしい。告白すれば，筆者自身，案件の検討中，あるいは終了した後に過去を振り返って，常に悩んでいるところであり，明確な結論を出すことができないことがしばしばである。この点，加藤教授は，「それはその人がその時点で，独立して判断した状況が存在すれば，格別問題とすることでもない」とされるが[26]，問題はそのように「独立して判断した状況が存在し」たかどうか判定可能であるか否かということであり，これが問題でない，言い換えればかかる判定は困難ではないというのは，少なくとも筆者の実務感覚とはまったく異なるものであり，その見解は「勇敢に過ぎる（too courageous）」と言わざるを得ない。

---

25) 森（2017）前掲325頁。
26) 加藤本書68頁。

(3) 行動規範としての独立性の議論の必要

　判断が困難であることは，おそらく，内面の問題としては，それでよいのであろう。むしろ，プロフェッションとして独立たらんと自分を律しようとし，しかし同時になにをもって独立であると考えるのか，その困難性を意識し，それを受け止め，常に悩む。その過程そのものがプロフェッションとしての成長の触媒となり，価値があると考えるべきである。そこでは，事に応じて異なった基準を用いることが必要になるかもしれず，時につれて変化していくことも当然あり得よう。個々の弁護士による考え方の違いも許容されてしかるべきである。結局のところ，弁護士の内面の問題は，当然のことながら外部から評価することはできないし，さらに言いきってしまえば，ことが内面にとどまる限りにおいて，それ自体が社会に対してなんらかの悪影響を心配することもない。

　しかし，それだけに，弁護士の独立性の問題を弁護士の内面の問題に限定して，それでこと足れりとするわけにはいかない。ことが内心にとどまり，その行動に反映することがなければ，その「内心の独立性」がその使命のために貢献したとは言えない。独立性が弁護士のプロフェッションとしての根源的価値のものであるとするならば，それが外部に現れて，なんらかのかたちでその使命の実行に現実に寄与するのでなければ，その価値は減殺されてしまう。

　ただし，「弁護士の独立性」が弁護士の行動規律の問題として現れるとき，当然のこととして，そこには外部との関係性の問題が生じてくる。「独立性」がもたらす外部への影響が，考慮されざるを得ない。「独立性」の意味内容，規律の仕方もあくまでその関係性の中で論じる必要がある。

　ここで，弁護士の独立性を語るとき，留意しなければならない陥穽が二つある。一つは，外部からの影響を遮断するということを追求するあまり，「独立」が「孤立」へと陥る危険である。もう一つは，ことを自らが優越性を保ちうることへ押し込むこと，すなわち，過度に「法律」問題のみに考察を限定することである。

　「『完全』に独立した弁護士はその行動について『無責任』ということになるかもしれない。(強調引用者)(Lawyers COMPLETELY independenct may become UNACCOUNTABLE for their actions. (emphasis added))」[27]という警句は，肝に銘じておくべきことである。

---

27) Le Mire (2011), op. cit. at 32. なお，Gunz and Gunz (1994), op. cit. at 134 および Hugh P. Gunz and Sally P. Ganz, "The Lawyer's response to Organizational Professional Conflict : An Emplical Study of the Ethical Decision Making of In-House Counsel", 39 Am, Bus L.J. 241 (2002) at 253-254 and 255-256 は，直接的には企業内弁護士についての記述であるが，プライベート・プラクティスにおいても同様にあてはまると考えられる。この点，Gunz and Gunz (2002), op. cit. at 256.

III 「ステータス」としての独立性（Status as "Status"）

　Le Mire が指摘する「独立性」の概念の一つとして「ステータス（status）」としての独立性がある。これは，弁護士が「独立」であると他から意識／認識され，そのようなものとして取り扱われるということである[28]。

　非常に興味深い指摘である。自分自身をどのような存在と考えるかということと同等に，同じ鏡の表裏として，他者がどのように見るかということも人の行動を規律するうえで，実際上重要な要素足りうるということができよう。バーナード・ショーの戯曲「ピグマリオン」（つまりミュージカル「マイ・フェア・レディ」）のヒロイン，イライザのセリフにあるように，「貴婦人と花売り娘の違いは，彼女がどのようにふるまうかではなく，どのように人から扱われるかにあるのです。（[T]he difference between a lady and a flower girl is not how she behaves, but how she's treated.）」[29]ということもまた一面の真理であると思う。

　弁護士の「独立性」なるものも，その本質はこのようなものであるかもしれない。このあたり，たとえば，企業内法務実務を行うのに弁護士資格が必要か，どこまで有益かという議論と同根のところがあり，さらに大風呂敷を広げてしまえば，「法の本質は何か」という問いに対して「法的確信」であると答えるところまでさかのぼることになるであろう。要するに，弁護士が独立であるということは，弁護士が独立にふるまうという以上に，社会が弁護士は「独立」の存在であると認識し，そのようなものとして取り

---

28) Le Mire (2011), op. cit. at 33-34 and 39. Le Mire (2014), op. cit. at 70. なお，Gunz and Gunz (1994), op. cit. at 130 参照。

29) George Benard Shaw, "The Pigmalion" (1912, reprinted 2003, Pengin Classics) 95. 邦訳小田島恒志「ピグマリオン」（2013年，光文社）211頁。このセリフは「マイ・フェア・レディ」でも残されている。Alan Jay Lerner (adaptation and lyrics), "My Fair Lady", (1956, reprinted 1985, Penguin Books) 112. なお，企業内弁護士の文脈であるが，弁護士がどのような役割を担うか，発揮できるかは，弁護士の側だけではなく，企業との相互作用として決まっていくものであると指摘するものとして，Sarah Helene Duggin, "The Pivotal Role of the General Counsel in Promoting Corproate Integrity and Professional Responsibility", 51 St. Lous U. L.J. 989 (2004) at 1021 1039. Robert L. Nelson and Laura Beth Nielse, "Cops, Counsel and Enterpreours: Constructing the Role of Inside Counsel in Large Corporation", 34 Law & Soc'y Rev. 457 (2000) at 490. プライベート・プラクティスの文脈においてはこれを異なると考えるべき理由はないように思われる。

扱う、という要素が重要であるということである[30],[31]。

IV 「力」としての独立性（Independence as "Power"）

「独立とはその望む結果を実現することのできる『力』であると定義することができる」[32]。Le Mire はジョン・ロックの認識として言及する。「その選択（中略）を現実に実行できない力を持たない独立には価値がない。」[33]

いみじくも、弁護士法1条が弁護士の使命として「基本的人権の擁護と社会正義の『実現』（強調引用者）」という表現を用いていることを引用するまでもなく、弁護士の活動が社会にとって本当に意味を持つのは、それが現実において実現した時である。

弁護士たるもの、この点は常に肝に銘じなくてはならないことである。弁護士倫理を議論していて、難しい問題に対する対応ということで、「言うだけのことは言う、それが容れられなければ辞任する」というコメントが往々にして出される。これは弁護士の protection としては意味のあることであっても、それが最終的に使命を果たしたという結果に寄与したのか、という点は常に自省しなければならないところである。Washing hands になっていないか、「独立」が「孤立」につながり、それが「自己満足」ひいては「無責任」[34]に陥ることはないかというリスクは弁護士の内心の姿勢の問題としては

---

30) Hugh P. Gunz and Sarah P. Gunz, Professional/Organizational Commitment and Job Satisfaction for Employed Lawyers", 47.7 Human Rel., 801 (1994) at 806 参照。

31) もっとも、「弁護士は独立である」という観念がマイナスに作用する場合もありうる。Le Mire は、かかる観念のゆえに、経営者は弁護士を当該企業の目標を達成しようとする動機づけに乏しいと考えて、弁護士を排除したり、過小な役割しか与えないようになるかもしれないという懸念を示す。Le Mire (2011), op. cit. at 34.

32) Le Mire (2011), op. cit. at 34.

33) Le Mire はこれについて John Locke, "Secound Treatise of Civil Government" (University of Adelaidee-book, 2007), reproroduced from 6th edn, 1674 s87 を参照する。ただし、筆者の手元にあるのは1690年版（EBook#7370）および同版からの加藤節訳（岩波文庫、2010年）であるが、これによるとその記述は、権力を持たない政治社会はそれとして存在することはできないという趣旨であり、「独立性」を直接的に扱ったものではないようにも思える。もっとも「independence」の類義語としてしばしば使われる「autonomy」の方に注目するのであれば、自己を自己完結的に支配するという意味において関連性があるといえようか。

34) 前述240頁。

常に意識しなければならないことである。

　この「力」としての独立性をめぐり，「独立性」概念との関係で考えなければならない問題がある。

　たとえば，企業内弁護士の究極の形態として，米国企業を中心として普及している「ジェネラル・カウンセル」というものがある。米国におけるジェネラル・カウンセルは企業内において極めて高い地位を占め，その権力および権威は企業内において強力である。CEO ですら，その言を尊重しなければならない[35]。Le Mire の示唆のとおり，「力」が「独立性」の一要素，少なくともそれを実効あらしめるための基盤であるとするならば，その意味において，ジェネラル・カウンセルは極めて強い「力としての独立性」を享受し，その「結果」として「能力の独立性」を有することになる。ここで重要なことは，「能力の独立性」があるから，すなわち「制約なくものが言える」から，企業内弁護士に「力としての独立性」，つまり「その言が実現される」ということではないということである。ここでは先後関係はむしろその逆である。すなわち，その言を実現する「力」を有しているがゆえに，「ものが言える」のである。さらに論理をさかのぼれば，その言に耳を傾ける必要を感じればこそ，ジェネラル・カウンセルというポジションを置くわけである[36]。その場合も，あくまで企業としては「結果」を出すこと，「結果」を出すことのできる者がいることが重要なのであって，制約なく「ものが言える」ことそれ自体から出発しているわけではない。

　ここで「独立性」概念との関係で，問題になるのは，ここでみる「力（power）」の本質が企業との「一体化」にあることである。すなわち，ジェネラル・カウンセルが企業においてその意思を実現することができるのは，それが企業において高レベルの意思決定権限を持ち，それにより，ジェネラル・カウンセルの判断がすなわちイコール企業の意思となっているからである[37]。「独立性」が依頼者その他の他者との「峻別」を最も根本的な前提とするとすれば，このようなジェネラル・カウンセルの立場は，「独立性」と根本的に矛盾することになる[38]。

---

[35] 拙著「『ジェネラル・カウンセル』とは何か─米国での経験」第 20 回日弁連業務改革シンポジウム基調報告書（2017 年）3，4-5 頁。

[36] ちなみに，このように，ジェネラル・カウンセルの必要を認識し，かかるポジションを設け，これに弁護士を据えるのは，また「ステータスとしての独立性」の発現形態の一つである。

[37] なお，本稿では典型的な例としてジェネラル・カウンセルを取り上げたが，企業の意思決定過程に組み込まれ，これに関与することでその意思を実現していくという過程は，企業内弁護士一般に共通するものである。拙著（2017）「企業内弁護士の意義」前掲。

それでは，ジェネラル・カウンセルは「独立」しているのであろうか，それとも究極の「非独立」の存在なのであろうか。ジェネラル・カウンセルがその意思を企業内で貫くだけの力を有しており，その基礎がジェネラル・カウンセルと企業の一体化にあるとして，かかる一体化をもって，ジェネラル・カウンセルが企業からの「独立性」を欠くと問題視するのであれば，そして，その一方において，プライベート・プラクティショナーがその意見を開陳することができたものの，依頼者がそのアドバイスに従わなかったとき，さらにそのゆえにそのプライベート・プラクティショナーは辞任することとなり，結果としてその意見が実現することがなかった場合，そのプライベート・プラクティショナーは弁護士としての「独立性を守り通した」と評価するのであれば，そこでいう「独立性」の意義・価値はどのようなものなのであろうか。

V 「独立性」概念の「ツール」としての問題

以上，弁護士における「独立性」概念は，多義的，多面的なものであり，時には概念自体に抵触が起こりえることを概観した。ここでは，議論のまとめとして，弁護士の行動規範を画するための「独立性」概念の「ツール」としての意義・価値を検討してみたい。

1．「独立性」概念の相対性

まず，行動規範として考えた場合において，「独立性」がどこまで絶対的なものであるか，改めて検討が必要であると考えられる。

法律実務が訴訟・紛争を中心として，その枠を外れたところに弁護士の活動が広く及んでおらず，かつ弁護士が単独で案件に対応するのが圧倒的多数であった時代，そして，情報の偏在が現在より顕著であり，弁護士が依頼者その他の非弁護士に対して，質的にその優位性を明確に保持できた時代であれば，弁護士がその「独立性」を高唱し，その判断に他者の干渉・容喙を許さない，といったことを相当程度貫くことができたかもしれない。しかし，複雑化した現代においては，現実にはそれは不可能事である[39]。

2．案件の共同受任　──検討例として──

この問題に関し，問題性が比較的わかりやすいかたちで現れるものとして，本稿では一つの案件を複数のプライベート・プラクティショナーで共同受任する場合の問題を取

---

38) Gunz and Gunz (1994), op. cit. at 136.
39) 森（2017）前掲 325 頁。なお，前述 238-239 頁。

り上げる。

　この点，加藤教授は，複数受任者間で意見の相違がある場合，「徹底した議論」をすることが重要であり，それが行われたのであれば，意見は「多数決」で決すればよいとする[40]。

　ここで議論したいことは，「『徹底的な議論』を行い『多数決』で決するということが弁護士の独立を『毀損しない』」という結論を「判断の独立性」という観念から導き出すことができるのか否かである。

(1) 程度問題としての独立性

　「多数決」で決するということは，少数意見となった弁護士は，結局は自分の意見を依頼者や裁判所に伝え得ないことになるに他ならない。そればかりか，法律意見書や訴訟書面に押印をしなければならないとするならば，それはすなわち，自分の意見と異なった意見であるにもかかわらず，それを自分の見解として表明することを強いられるということである。

　加藤教授は，本質的な要素は，議論の過程において，「経営弁護士か勤務弁護士かを問わず，さらには弁護士の経験年数も問わず，徹底的に意見を闘わせる」ことであり，「勤務弁護士であろうと，経営弁護士に迎合したり，阿ることなく，『独立した判断』をすることが，弁護士の独立性の発現であ」り，かかる状況が確保されていれば，多数決で結論を決しても，『弁護士の独立の観点からはなんら問題はない（強調引用者）』という[41]。しかし，弁護士の心構えの問題は別として[42]，結果として真意と異なった意見の表明を強いられたにもかかわらず，いかなる意味で独立の「判断」をしたことになるのであろうか[43]。

---

40) 加藤本書56頁。

41) 加藤本書56頁。

42) ここでも，おそらくは内心の問題と規範の問題の区別が整理されていない。内心の問題としても，本文で示唆した通り，問題の本質は，関係者の意向も含めた諸事情を衡量する過程においてバランスを失する可能性であり，むしろ，誠実・真摯に業務していても（あるいはだからこそ）直面せざるをえない問題であり，「迎合」とか「阿る」というレベルの問題ではないと考える。

43) 実のところ，「徹底的な議論」が行われていたとするならば，その結果として意見の不一致が生じた場面で少数者の意見を取り上げないことは，独立性の問題を緩和するのではなく，むしろ，より深刻にするはずである。徹底的に議論したということは，それだけ各弁護士が真剣に考えた結果として，なお意見の一致をみないということであるからである。

また，徹底した議論というのも，それはあくまで受任弁護士間の問題，いわば，「内輪」の問題である。一方の極論として，もし，その結果にかかわらず，特に，「内輪」の外，依頼者や裁判所にその意見を伝えることができなくとも，自分自身で「判断」することができさえすれば独立性が保たれたというのであれば，このような「内輪」での議論と，洞窟の中で誰にも妨げられることなく自分で「判断」したうえで，誰も聞いていないところで「王様の耳はロバの耳」を叫ぶことであっても，「独立性」が保たれているということになるのであろうか。

少なくとも，上記の問題を「判断」という言葉の通常の語義から説明することは困難であって，そこでいう「判断の独立性」の概念内容を論理的に分析・具体化する必要があるのではないであろうか。

一方において，ここでもし，多数決が独立性を毀損するということであれば，意見を否決された者は現に独立の「判断」を可能にしたというために，依頼者や裁判所に少数意見を述べる権利を持たなければならないのであろうか。あるいは，意見書や訴訟書面に捺印を拒否する権利を有するのであろうか。案件から辞任することなしに，それは可能なのであろうか。あるいは，その場合には辞任する権利があるのであろうか。もし，たとえば不賛成の論点が合計20の論点のうち一つでしかない場合はどうなるのであろうか，「部分的な」辞任が許されるのであろうか。

以上，極論をいくつか適示したが，結論としては，いずれもあまりに極端であって，妥当でないという結論には異論をみないであろう。しからば，弁護士の独立性といっても，それは「ある・なし」の二者択一のものではなく，その「程度」が問題となりうるものと考えざるを得ない。そして，一旦，程度問題であることを認めた以上は，どこまでの独立性が必要で，どこからは必須のものと考えなくてもよいか，どこで線を引くべきかの判断については，「独立性」という概念そのものを一次元的にいくら分析しても回答が出てくるものではないことも，認識するべきである。同時に，独立性と並列してこれに対峙し，それらとのバランスを取ることが必要な要素・価値が存在することを認めざるをえないことになろう。その意味においては，「独立性」も相対的なものであることを免れない。

(2) 対峙する要素

それでは，どのような要素が独立性との関係で考慮しなくてはならないものであろうか。

これについては先行研究も発見できず，筆者の能力をもってしては包括的に論じることは不可能であって，専門研究者の研究を待つほかない。ここでは，本稿との主題の観点から，関連性があると思われる要素を例示するにとどめる。

(a) 弁護士団としての統一性

まず，共同受任の場合において，現実の問題として，根本的な必要要素であるのは，弁護士団としての統一性である。これは事柄の性質上当然のことである。共同受任した個々の弁護士の間にいかに意見の相違があろうと，外部に対しては，統一した見解が出されなければならない。これは依頼者に対して当然のことである。仮に，少数派の弁護士に依頼者に対して少数意見の表明の権利を認めるようなことになると，専門家である弁護士間において徹底した議論を行ってもなお意見の一致を見ないような難しい問題について，まさにその難しさのゆえに非専門家である依頼者に判断を「投げる」ことになってしまう。これは背理に他ならない[44]。ましてや裁判所や相手方に対する書面において少数意見を表明するなど，ことがらの性質上ナンセンスであることはいうまでもない。外部に対する少数意見の表明が許されないのは，このような共同受任の本質から導かれることというべきである。

これについて，賛成しない意見に名を連ねることを強いられたとしても独立性に「問題はない」と言ってしまうのは，いかにも論理として不自然であり，そのいわゆる「判断の独立性」の実質を空虚ならしめるものである。結果として，「理由の後付け」の論法たるを免れず，一種の思考停止に陥ってしまう。むしろ，ここは自己の意見を表明できないことは独立性の制約となることを率直に認めつつ，少数意見を言えないという限度においては，弁護士団の統一性が少数派弁護士の独立性の問題よりも優越せざるを得ないと構成することが，議論を地に足の着いた，建設的なものにするゆえんであろう。そして，かかる認識の上に立って，両者をどのようにバランスさせるのかを考えるべきである。

「独立性」は all or nothing の問題ではなく，むしろ all or nothing の問題にしてはならない。「マッチ・ポンプ」の類になってしまうが，先に反対の極論として取り上げた「少数意見を述べる権利」あるいは「王様の耳はロバの耳と叫ぶ権利」の論は，実のところ all or nothing 式思考の戯画化というべきものである。完全に独立性を得られなければ，ゼロと同じというものではない。例え外部へ意見を出すことができない点で制約があり，また，その意見が必ず通るとは限らないとしても，議論を交わすことは弁護士

---

44) もっとも，問題の性質や依頼者の理解・判断能力等によって，複数の選択肢を示し，依頼者に判断してもらうことは当然あることである。しかし，その場合，依頼者にどのような問題および選択肢を提示するか，十分な理解のもとで選択をしてもらうためにどのような説明をするか等の決定が弁護士団として必要であり，それについて統一した決定をしなければならないという意味において，本文で述べたことと変わることはなく，意見の相違があるという理由で，その少数意見者の権利として少数意見を述べることができるということとは性質を異にする。

団の意見形成過程に参加することであり，その意思を実現する過程として，意味のあることである。

(b) 依頼者との信頼関係

もう一つ考慮に入れなければならないであろう要素は，依頼者との関係である。

依頼者との関係では，むしろ「依頼者からの独立性」が独立性の重要な要素と主張される[45]。しかし，これについては，次の2点において，これを貫くことができるかについて再検討の必要がある。

第1は，「依頼者からの独立性」という議論の論理的前提は，弁護士の依頼者に対する優越性であることである。繰り返しになるが，現代においては情報の偏在はかつてほど極端ではなく，弁護士が弁護士だからという理由で優越性を主張することはより困難になっている。

そして，第2は，依頼者からの独立が，弁護団の結論を「多数決で決すること」に結びつくとき，それは依頼者に対する関係では弁護士間の「内輪の論理」を押し付けるという面をまぬかれないように思われることである。

「多数決」の前提は弁護士間の「平等性」である。しかし，いうまでもなく，これはフィクションでしかない。経験，知識，能力，そして何よりも依頼者との関係の程度は弁護士ごとに異なる。「弁護士の平等」は弁護士社会の中でこそ通用するかもしれないが，外部に対して通用するものではない。「独立性」の名のもとに，かかる内輪の論理を依頼者に対してどこまで貫徹できるであろうか。

たとえば，30年の経験を持つベテラン弁護士がある事件を受任し，これを3年未満の経験のジュニア弁護士4人とともにあたることにしたとする。依頼者はそのベテラン弁護士と十年を超える関係があり，そのベテラン弁護士に深い信頼を寄せている。一方で，依頼者はジュニア弁護士とほとんど会ったこともない。不運なことに，ベテラン弁護士の意見にジュニア弁護士全員が不賛成を表明した。実際，これは常に起こりうる状況である。

この状況において，ベテラン弁護士は自身が誠実に考えて賛成できない意見であっても，外部に対しては多数者の意見を自分の意見として通すべきなのであろうか。そして，自分の本当の意見はそれと異なることについて，依頼者に対して沈黙を保たなければならないのであろうか。そうすることで，そのベテラン弁護士は依頼者の自己に対する信頼——それを基礎として今回の依頼に至ったもの——を裏切ったことにならないのであろうか。また，そのベテラン弁護士の「独立性」はどのように考えるべきであろうか。

---

45) 基本規程解説4頁。

あるいは，そのベテラン弁護士は自身の意見を依頼者に開示することができるのであろうか。そうした場合，依頼者はおそらく自分の依頼への対応にあたり，そのベテラン弁護士の意見を用いるよう要請するであろう。あるいは，反対するジュニア弁護士を担当から外すことを要請するかもしれない。代わりに，もしそのベテラン弁護士が辞任を選択するとすれば，依頼者は信頼関係を構築できていない残るジュニア弁護士への依頼を打ち切るであろう。その上で，ベテラン弁護士のみに改めて依頼をするかも知れない。これら依頼者やベテラン弁護士の行動のいずれかは，ジュニア弁護士たちの「独立性」を侵害したということになるのであろうか。

ここでも，個々の弁護士の「独立性」と他の要素——ここでは依頼者との信頼関係——との相克の場面が生じる。そしてここでも，——原則論としては——依頼者の弁護士に対する信頼を個々の弁護士の独立性よりも優先させざるをえないと考える。案件の利益を享受し，その不利益を負担するのは弁護士ではなく，当事者たる依頼者である。であれば，依頼者がその信頼する弁護士のサポートを受けることは，依頼者の重要な権利と位置づけられ，尊重されるべきであるからである。鏡の反面として，依頼者はその弁護士を信頼していればこそ，そのアドバイスに耳を傾けるのである。これに対するに，弁護士相互間だけの「独立性」をいたずらに優先させ，弁護士間の論理だけで，案件の対応方針や依頼者に対するアドバイスを決められ，それに依頼者が関与できないというのは，弁護士間の「内輪の論理」を依頼者に押し付けるものであり，依頼者と弁護士との関係の基礎であるはずの信頼関係を過度に軽視するものであろう。案件が不利益な結果に終わった場合に，依頼者が依頼したつもりのない弁護士の意見に従ったとしたのであれば，依頼者にとって納得はいくまい。

より根本に立ち返れば，弁護士の独立の重要な局面であると議論される「依頼者からの独立」も，決して，依頼者が弁護士に対して盲目的に従属することを意味するものではないはずである。その独立性を強調するあまり，依頼者の関与を一切受け付けないというのは過度のパターナリズムであり[46]，依頼者が一個の市民であることを忘れた考え方である。そして，前述のように，依頼者がその知性や知識において弁護士に対して常に劣位に立つと想定するのは，現実的ではない。

(3) 代替的な論理の可能性

そのように考えると，結局のところ，「依頼者からの独立」は，内心の自律や自恃の問題としては格別，これを超えた弁護士の行動規範の問題としては，積極的，能動的な性格のものではなく，むしろ，消極的，受動的なものであると考えるべきであろう[47]。

---

46) 前述 238-239 頁。

つまり，原則的には依頼者の依頼・指示が優先されるべきであるが，一方において，依頼ないし指示が違法あるいは不当な場合には，これに従う必要はなく，あるいは従うことは許されず，これに対して適切な対応を行う権利ないし義務があるということである。

もっとも，そのように考えると，もし「違法ないし不当な要求」が問題であるのであれば，何が「不当ないし違法」であるのか，たとえば，明らかに違法・不当な訴訟の提起や主張を要求されるといったことが，たとえば弁護士法1条の「基本的人権の擁護と社会正義の実現」に矛盾するとして議論すれば足りることではあり，むしろそうした方がより具体的にわかりやすい議論ができるのではないかということが問題になる。言い換えれば，行動規範の問題あるいは法の解釈論として，ここでことさらに「独立性」という概念を持ちだす必要がどこまであるのか，ということである。

同様に，たとえば弁護士職務基本規程51条は組織内弁護士の独立性に対する懸念に対応するものと解説されているが，これについても，端的に組織・団体の違法行為を抑止するための弁護士としての義務のあり方として議論を構成する方が，「独立性」といった不明確な概念を介するよりも，より現実に即した，実りの多い議論が期待できると考えるべきであろう。

であれば，特定の問題に対して，もし，より具体的で効果的な議論の枠組みをなるべく求めてそれを利用するべきであって，「独立性」を持ちだすのは最後の手段ということになりそうである。

このように考えてくると，改めて「独立性」概念を議論する意義は何かという根本問題にさかのぼることになる。Le Mire は，「多くの場合において，独立性はそれ自体がゴールではなく，信頼［の得］あるいは幅広い知識といった他の目的を達成するための道のりであ［り］，（中略）［それゆえに］その究極の目的はなんであるのか，そして，独立性［という概念］をもって，それが達成されている，あるいは達成することができるのか，ということに注意を払うべきである」とし[48]，そのうえで，「弁護士の独立性」がいかなる具体的な問題との関係において議論されているか，その点の精密な整理なくさまざまな異なる文脈の中で用いられることが議論の混乱をうみ，独立性概念の有用性

---

47) これに対し，森山教授は「［雇用主の弁護士倫理や良心に反する要求といった］事態に遭遇することはそれほど多くはないであろう。多くの場合には必ずしも弁護士倫理に反するとまでは言えないような限界事例であったり，それが組織としての方針にはならずさまざまな矛盾と葛藤が生ずるといったケースではないだろうか」とし，より積極的なものと考え，弁護士の意見が通らないことをそれ自体として問題視するようである。森山（2004）前掲247頁。

48) Le Mire (2011) op. cit. at 28.

を棄損している」と指摘する[49]。

VI　ま　と　め

　「独立性」が弁護士がプロフェッション足りうるための必須の要素であることは疑う余地がない。しかしながら，その内実は必ずしも明らかになっているとは言えない。「独立性」そのもの概念自体，さまざまな態様があり，時には各種の要素が矛盾を含む場面もありうる。何をもって「独立性」が侵害されたといえるか，その判断も容易ではない。

　問題は「独立性」を内心の問題にとどまらず，弁護士の行動規範の問題として考えたときにより顕著になる。独立性の侵害の判断基準が明確にならないというだけではなく，別の，分析・判断をより具体的かつ明確に行いうる概念が存在する場合もある。現実の判断にあたっては，「独立性」以外の要素もまた考慮に入れ，そのバランスの中で検討せざるを得ない場面もある。不明確な独立性という概念を持ち込まなくとも，結局のところ，弁護士の独立性もその行動規範を考えるにあたっては，相対的なものであるといわざるを得ない。どのような具体的な場面において，どのような意味合いにおいて「独立性」概念を議論する必要があるのか，具体的に検討する必要がある。

---

49)　Le Mire（2014），op. cit. at 65，なお at 68。また，Hans Prütting，森勇監訳，春日川路子訳「ドイツにおける企業内弁護士（Syndikusanwalts）の地位」，森勇編著（2015）前掲115頁，120頁参照。

第 2 部　利益相反

利益衝突：問題の所在は事案ごとに
ことごとく異なっている
—— 弁護士職業の中核的義務に関する実務で問題となった 35 のケース ——

スザンネ・オファーマン‐ブリュッハルト

訳　森　　　勇

　「弁護士は，相反する利益の代理をしてはならない。」この言葉で，本誌（AnwBl）2008 年 6 月号（446 頁以下）に掲載した論攷ははじまった。利益衝突に関するこの論攷は，とてつもなくすごい反響を呼んだ。その後，書面そしてまた電話による著者および編集部に対する数多くの問い合わせが寄せられた。この論攷でセンシブルになった弁護士たちが，個別の案件を説明した上で，これをどうとらえるのかについて意見を求めてきた。編集部および（デュッセルドルフ弁護士会事務局長）である著者にとり，2008 年の論攷に第 2 部を加えるきっかけであった。今回は，実務から拾った個別の事案に焦点をあてる。ここでの解説は，2008 年の論攷と連動したものであり，その論攷での解説内容の理解を前提としている。

　相反する利益代理の禁止，当事者の裏切りの禁止——簡単に利益衝突禁止——は，刑法 356 条 1 項，連邦弁護士法 43 条 a そして弁護士職業規則 3 条 1 項 1 号において規定されている。細かいところではずれているこれら規範は，一つの分母にまとめ上げることができる。この分母というのは，弁護士は，同一の法的事件において，同時にまたは時間を前後して相反する利益を有する当事者の相談にのり，ないしは代理してはならないとするものである。

　利益衝突の構成要件は以下の四つである。
　1：弁護士として取り扱っていること，ないしは取り扱ったこと。
　2：事実関係の同一性
　3：利益が相反する中でことを行うこと[1]

---

1) この点の詳細については，*Offermann-Burckart,* AnwBl 2008, 446, 447 ff.（Anwaltsblatt-Archiv= www.anwaltsblatt.de）でダウンロードができる。

そして，
4：上記1と2の要件と関連する関係者の当事者性という要件

とくにそもそものところ事実関係の同一性があるのか，そしてこれが認められるとしてそれでは関係当事者は，相反する利益を有しているのかという点は，複数の問題を引き起こす。それとともに，一つの生活事実関係の関係者が，そもそも刑法356条および弁護士職業規則3条の意味での当事者なのかという点も問われる。最後に，相反利益があるとされても，果たして当事者の同意により「治癒されるのか」がもう一つ問題となる。

以下では，これらのさまざまな問題を，具体的例を使って検討していくことにする。これらの具体例は創作ではない。すべて弁護士が説明してくれたところによったものである。事実関係につき判定をするに際しては，多くの場合に，学説上の議論にてらすならそうとも評価できるということと，「安全な道」だと思われるところを区別する必要がある。学説は，かなり広く分布しているし，公表されているこのテーマに関する裁判例は少ない。そこで，さまざまなケースにつき，果たして利益衝突の可能性があるか，あるいはすでに利益衝突が生じているか（たとえば弁護士会を代表する者として），相談を持ちかけられた者は，微妙な状況では，質問者に対し興味深い学説上の対立を披瀝することができるとしても，最後にはやはり注意するよう助言しなくてはならない。

相反利益代理を理由に起訴された者そして（あるいは）職業法上の（懲戒等の）監督手続の当事者となった弁護士の代理人となった者が置かれる状況は，これに比べ明らかに気楽なものである。なんといっても彼は，そもそものところ構成要件的にみてもまったく利益衝突はないこと，構成要件該当性阻却事由である当事者の同意があること，あるいは，被告人ないしは被不服申立人には，少なくとも事実あるいは禁止について錯誤があったことを理由づけるべく，非常に多くの議論を展開することができる。

以下の解説は，利益衝突があるかどうかの判断に際しては，感嘆符がつくのと少なくとも同数の疑問符がつくことを示すことになろう。

I 「同一の法的事件」というテーマにかかる事例

刑法356条1項および弁護士職業規則3条1項1文は，等しく「同一の法的事件」という概念を用い，そこでは，あるときは一方の側に立って，あるときは他方の側に立って活動してはならないとしている。同一の法的事件とは，単一あるいは重畳的な生活事実関係で，それを構成する歴史的事実および（あるいは）それに関与している人に照らしてみると，全体的あるいは部分的に，一体的としてのみ法的に観察されうるものをいう。このような同一の法的事件の古典的な例としてくりかえしあげられるのが，婚姻

(あるいは同性間のパートナー関係)を構成する一体的な生活事実関係である[2]。あるとき弁護士が，妻からの扶養法上の相談にのっていた場合には，いくらそれから年月を経たとしても，離婚手続でその夫を代理することは原則的には認められない[3]。もっとも，一体的な生活事実関係があるかという質問に，いつもそうはっきりと答えられるわけではない。

ケース1：異なる事件での区分所有者管理組合構成員の場合

区分所有者管理組合の2名の構成員が，各自独立に時期を異にして異なった事件について，弁護士Aに，区分所有者組合に対し彼らを代理するよう依頼した。1人X1は，バルコニーにおいてあるプランターの置き場所について区分所有者組合と争い，もう1人X2は，飼っている猫の数を減らすよう団体から求められた。

X1とX2自身が管理団体に属しているのであるから，団体を相手としてX1を代理することは常に，X2に対してX1を代理していることにもなるし，同様に，団体を相手としてX2を代理することは常に，X1に対してX2を代理していることにもなる。争いとなっている問題（一方はプランター，他方は猫）は，内的に何らの相関関係がないのであるから——慎重に考えたとしても——一体的な生活事実関係は認められない。2人の区分所有者を代理することは，可能である。

ケース2：弁護士が代理人となっている会社を相手に，個々の社員を代理する場合

弁護士Aは，継続的に，第三者に対する債権の請求およびその執行案件すべてにおいて会社Xを代理してきた。X社のある社員Yが，「Xから排除」されたとき，YはAに，X社に対する自分の代理人となり，この際できるだけ多くの清算金（Abfindung）を勝ち取るよう依頼した。

この場合，一体的な生活事実関係はない。この点は，現在進行形の二つの請求事件について債務名義はえられているものの，債務者に資力が欠けているために未だ執行が終わっておらず，かつまた，この債権が財産法上の精算の対照となる場合であっても同様である。もちろん，弁護士Aが，会社Xと社員Yとの間の社員契約交渉を行っていた場合には，話は別である。

ケース3：1度はある企業のために，別の機会にはその企業を相手として活動する際，矛盾した議論を展開する場合

---

2) BGH NStZ 1985, 74 = BRAK-Mitt. 1985, 114; BayObLG NJW 1981, 832; OLG Karlsruhe NJW 2001, 3197; 2002, 3561.

3) この点について，参照すべきものとして，AnwG Düsseldorf v. 27. 3. 2006 – 3 EV 327/02. のみをあげておく。

弁護士Ａは，ある企業Ｕを退職した労働者Ｂを代理してＵに対して 2007 年における歩合給分の請求をしている。この際問題の一つは，使用者つまりＵの 2007 年の資力である。Ｂからの委任の処理が終わらないうちに，ＡはＵから，2008 年において財政状態が悪化したために解雇した労働者に対する解雇告知保護手続での代理人となるよう依頼された。

この場合には，別個の生活事実関係が問題となっているから，本来の意味での利益衝突は認められない。もっとも弁護士Ａが，１度は企業Ｕには資力があると主張し，時をおかずに今度はＵの資力を争う場合には，弁護士としての真実義務違反とされる危険にさらされる。この状況は，Dahs が説明している次のような状況と似ている[4]。すなわち，弁護士が，親権に関する手続で，妻の代理人となり，その依頼にそって，夫が子供を性的に虐待したとその責任を追及したとしよう。はたしてこの弁護士は，そうこうするうちに仲直りをした夫婦の強い要請を受け入れて，今度は，性犯罪を理由とする刑事手続において，子供から誹謗されたとする夫の弁護をしてよいであろうか。このような依頼を受けることは，（そもそも）刑法犯たる利益相反（parteiverrat）である。なぜなら，この弁護士は，申立にかかる夫の行為を，１度は彼に対してうまく使い，しかし今度は同じ行為をその弁護人として弁護しなくてはならないことになるからである。もちろん，このケース４の場合，弁護士は，2007 年から 2008 年にかけて企業の経済状況が急激に悪化したと主張することは可能である。しかし，問題とされる時期が近ければ近いほど，さらには重なっている可能性がある場合には，第２の依頼を引き受けることは勧められない。

　　ケース４：以前所属していた事務所を相手とする活動

弁護士Ａは，2008 年の半ばまで，弁護士事務所Ｘの勤務弁護士であり，その後独立した。元のＸ弁護士事務所の依頼者であったからＹから，Ｘに対して償還請求をする件について依頼を受けることになった。この請求は，Ａがその処理にあたっていなかった依頼に関わるものであった。

ここでは，一体的な生活事実関係はないし，また弁護士Ａが以前処理にあたっていたということでもない。だとしても，受任は何も問題ないということではない。というのは，この受任は，労働契約に基づく事後的な忠実義務に抵触する可能性があるからである。弁護士Ａが，勤務弁護士ではなく事務所の共同所有者であり，別の共同所有者のパートナーであるときは，この事務所の別の共同所有者と連帯して責任を負う。たとえ弁護士Ａが事件処理にはあたっていない，つまりは損害を発生させておらず，そしてまた，自身としても，かつての自分のパートナーが損害を賠償することに関心を持っ

---

[4]　Handbuch des Strafverteidigers, Rn. 83.

ていたとしても，そもそもこの点に本来的な利益衝突が認められる[5]）。

ケース5：社員が夫婦2人からなる有限会社の代理と1人の社員の他の社員に対する離婚事件の代理

弁護士Aは，夫婦XとYを社員とするB有限会社のすべての税法案件について相談に応じ，またその代理人を努めている。XはY（同一有限会社の社員）との離婚に関し，Aに自分の代理を依頼した。

この場合には，まったく異なる案件が問題となっている。とはいっても，離婚事件において夫Xの代理はしないことが勧められる。というのは，弁護士Aは，夫婦双方の経済状態をよく知っているから，すぐに弁護士の守秘義務と当事者の代理に最善をつくすべき義務の間の衝突に陥ってしまう可能性があるからである。夫Xの妻Yを相手とした——おそらくは会社のものと考えられる——自動車の引き渡し請求の依頼も，断るべきであろう。

ケース6：以前相手方を代理したことによりえられた特別の知見

弁護士Aは，友人のXから自分の父Yを代理するよう依頼された。Yは，Xに対して，弁護士Aと必要な委任契約を結ぶ代理権を授与した。依頼の対象は，YからBへの複数の土地の売却を法的に支援することであった。その過程で弁護士Aは，Yが資金的に逼迫したときは，Xが貸付けをすることでいつも切り抜けていることを知った。土地の売却が終わってからしばらくして，XとYの間に亀裂が生じた。XはYに対してある貸付金の返還を求めた。Yは，自分は貸付けは受けていないと主張。そこでXは，Aに取立てを依頼した。Yは，以前の土地売却案件の際，弁護士Aに，貸付けを受けていたことを話していた。

貸付けが，土地の売却と直接関連をしていない限りは，一体的な生活事実関係はない。とはいうものの，一方ではAの以前の依頼者Yに対して守秘義務を負い，他方では真実義務およびXの代理に最善をつくすべき義務を負っていることから問題が生じる。この点からすると，依頼を断ったほうがよいという助言しかあるまい。

ケース7：飲食店借主（Pacht）の保証金返還請求を代理すると同時に，同人に対する滞納電気料金請求

飲食店賃貸契約解除後，弁護士Aは，借主Xを代理して貸主に対し保証金返還請求の代理人となった。その後すぐに，Aは電力会社YからXの飲食店にかかる滞納電気料金の支払い請求の代理を依頼された。

両事案とも，金銭債権は問題の飲食店と関係するものであるとしても，やはり一体的な生活事実関係とは考えられない。もっとも，ここでは，弁護士の守秘義務と依頼者の

5） 複数の連帯債務者の代理の詳細については，ケース22を参照。

代理に最善をつくすべき義務の2本の柱が緊張関係に立っている。このことから，たとえば，保証金がXに戻され，これにともない弁護士Aが，Xは再度資力を回復し，電気料金を支払える状態となったことを知り，加えてAが，強制執行ができるXの金融機関口座を知っている場合には，問題が生じる可能性がある。

ケース8：集団犯罪にあたっての証人の代理と別個の案件での被告人の代理

弁護士Aは，Xらを被告人とする刑事手続において，付添人としてXによる恐喝の被害者であるYの代理を務めた。その後，別の被告人Zが，Aに対し，当初は先の恐喝事件とは無関係と思われた刑事事件での代理を依頼した。もっともZは，先の手続で被告人となったXを含むほかの者4人と一緒に，ある犯罪組織に属しており，この犯罪組織は，さまざまな暴力犯罪および財産犯罪を行うべく組織されたものであった。Xのほか（仮にZでないとしても）この「ギャング」の構成員が，Yに対する恐喝に関係していたこと，そしてまたZが訴追されている犯罪は，この組織のその他の（さらにはすべての）構成員とともに行われた可能性は否定できない。

二つの犯罪が，本当に別個のものであるなら，一体的な生活事実関係は認められない。ただし，注意しなくてはならない。二つの犯罪が，「ギャング」の統一的な故意（たとえば，ある晩歩行者天国で，組み合わせを別にして，多数の通行人を襲い，そして通行人の有価物を奪い去るなど）に基づいているときは，この場合に認められる犯罪総体が，当初は別個とみられる諸事実関係を一つの事案に括り上げることがありうる。この場合には，（共犯者の代理を禁止する：訳者注記）刑事訴訟法146条1文[6]が適用されることになる。

ケース9：夫の別居案件を代理した後，別個案件で妻の代理をした弁護士を相手に妻の代理人となること

弁護士Aは，離婚案件で夫Xに助言した。（夫の意見によれば，別居時に精神疾患を罹患している）妻は，弁護士Bを代理人に立てて「激しく」戦った。いろいろな主張のうちの一つに，婚姻前にYがXに対して与えた貸金250,000ユーロの返還があった。妻Yが精神疾患の治療で治癒した後，夫婦はふたたびよりを戻した。妻Yは，弁護士Bに対する委任を解除し，そこで費用の請求書を受け取ったが，その請求額は，基本的には先の貸金の額を基準としたものであった。妻Yは，今度は弁護士Aを頼り，費用に関する争いについて，自分の代理人となるよう頼んだ。弁護士Aは，この際，次のように主張するよう求められた。すなわち，問

---

[6] 本条の意味での事実の同一性に関しては，*KK-Laufhütte*, Kommentar zur Strafprozessordnung, §146 Rn. 7. 参照。

題の貸金は一切なかった。そして弁護士Ｂは，良心にしたがって事実関係を検討していればわかってよいはずだった。したがって弁護士Ｂの相談対応は間違っていたと。

一見するところ，一体的な生活事実関係はないと考えてよさそうではある。というのは，弁護士Ａへの妻Ｙの依頼は，別居案件とは直接関係しておらず，妻Ｙとその以前の弁護士Ｂとの間の弁護士費用法上の争い，つまりは妻Ｙと弁護士Ｂとの間の委任契約に関係するものだからである。しかし，弁護士Ａが事案を詳細に調べた結果，妻Ｙの貸金債権は成立していたし，現在もあるということを知ることになったら，事がどうなるかは明白である。弁護士Ａは，弁護士費用法上の争いに関しては「もっとも確実な」方法を示さなくてはならないのに，弁護士Ａは，これを妻Ｙに黙っているわけにはいかない。この際弁護士Ａは，弁護士Ｂが，説得力ある訴額に基づき計算しているともいえないし，同じくまた，法状態の評価を間違っていたから弁護士契約の履行に瑕疵があるとも主張できない。他方弁護士Ａがえた新たな情報は，夫Ｘの不利に働く可能性を否定できない。このことは，とりわけ夫婦間の争いが再燃した場合はそうである。当初は何の問題もないと思われるこうした事案でも，妻Ｙの依頼を受けることは，即座にやめたほうがよいという助言しかあるまい。

ケース10：同一人物である夫Ｙに対する前婦X1と後妻X2の事件の代理

弁護士Ａは，前婦X1の夫Ｙに対する離婚手続において，X1を代理した。数年後，Ｙの後妻X2からＹに対する離婚手続での代理を依頼された。

非常に緩やかに解釈したとしても，二つの婚姻は，実際には相互に関連していないのであるから，この場合に一体的な生活事実関係があるとするには疑問がある。もっとも，この場合には，対応するＹの扶養義務をつうじて，法的には一つに括られる可能性がある。ＹがX1（そしてまた，たとえばX1とＹの未成年の子Ｂに対して）扶養義務を負っていて，その後ＹはX2と扶養に関し合意したが，全部の扶養料を支払えない状態となったときは，相反が生じる。このケースでは，事実関係の問題に止まらず，同方向を向いた競合する利益（この点については，Ⅱ２．Ｂ参照）という問題がある。この場合弁護士Ａは，X2の依頼を受けてはならない。そしてまた，仮にＡが夫Ｙから，X2との離婚事案で自分の代理人となることを依頼されたとしても，この場合たとえばX1の扶養料請求権にとり不利に影響を与えるような扶養料の支払い約束が俎上に上がったときは，問題が生じることが考えられる。

ケース11：回収との関係で借主を代理し，かなりたった後，滞納賃料請求で，貸主を代理

借主Ｘと貸主Ｙとは，Ｙの賃貸家屋改修義務についてその意見を異にしていた関係で，弁護士Ａは，Ｙを相手に借主Ｘの相談にのった。ことはうまくおさまっ

た。(Aが事件のことは忘れ，手元記録も破棄してしまっていた) 10年後，Yは，Xに対する滞納賃料請求を依頼した。まったく偶然に，Aは，自分が同一当事者の事件に以前関わったことに気づいた。Aは，すごく時間がたっているし法的な問題が異なるから，Yの依頼処理を続けられるはずだと考えた。

本件はそうではない。というのは，継続的債務諸関係は，通常一体的な生活事実関係だからである[7]。したがって，継続的債務関係（つまりここでは，賃貸関係）と関連するすべての法的な問題は，同一の法的事件の構成部分である。

II 利益相反および同意というテーマに関わる事案

同一の法的事件という要件，つまりは一体的な生活事実関係の存在が認められると，次には，弁護士が相反する利益を取り扱っているのかが問題となる[8]。

本来の構成要件としての行為，関係諸規定におけるいわゆる相反に該当する（prävarikationsrelevante）行為の文言は異なっている。弁護士法43条aでは，相反利益代理と表現されているが，弁護士職業規則3条1項1文は，弁護士が，利益の相反する他の当事者にすでに助言しあるいは代理していたときの活動を禁止すると定めているのに対し，刑法356条1項は，弁護士が義務に反して，双方当事者に助言しあるいはその代理人となることを要件と定めている。文言は違うがすべて，弁護士が，利益が相反する，2名ないしはそれ以上の当事者のために同時あるいは異時に活動するという意味である。果たして当事者の利益は相反しているのかという問題は，かなり多くのコンポーネントに分かれている。なぜなら，一体的な生活事実関係によって結びついたさまざまな

---

7) この点については，*Hartung/Hartung,* Kommentar zur Berufs- und Fachanwaltsordnung, §3 BORA Rn. 61 f. のみをあげておく。

8) 当事者背信 (parteiverrat) は，ローマ法上のQuästionenprozessにおける被告人のPraevaricatio (praevaricare＝真っすぐに行くのではなく，斜に行く) にその起源がある。Praevaricatorとは，刑事手続における告訴人でありながら，無罪判決確定後の刑事訴追権消滅（一事不再理）(Strafklageverbrauch = "ne bis in idem") の効果として，被告人を新たな起訴とそして予想される有罪判決から守るべく，不誠実にも被告を救済する者を指していた。ここから，同一の法的事件における違法な相反利益代理である „praevaricatio impropria" としてのAdvokatenpraevarikationが発展したのであった。ローマ法の継受がきっかけとなり，このPraevarikationが普通法にとりこまれ，ドイツ地方国家において法典化されたのであった。この点の詳細は，LK-*Gillmeister,* Kommentar zum Strafgesetzbuch, 11. Aufl., §356 Rn. 1. 参照。

人物が，そもそも「相手方」として相互に対峙しているか，あるいは，そもそも法的な観点からすると，相互に関係しあってはいないのかということから，まず問題となるからである。

そして次の問題は，利益状況は，客観的基準の身をもって評価されるのか，それとも，主観的な要素をも加えて判断されるのかである。ひるがえってこの問題と密接に関係しているのが，果たして同一の弁護士（あるいは，少なくとも業務共同ないしは合同事務所（Burogemeinschaft）のメンバー＝弁護士職業規則3条2項2文）による代理に当事者が同意したときは，構成要件の該当性を排除するかという問題である。さらには，競合する同方向を向いた利益あるいは競合さえしない同一方向を向いた利益という特別の問題がある。

1．相手方当事者

判例や文献では，どちらかといえばあまり取り扱われてはいないが，具体的な事実関係を観察するとしばしば焦点がそこに絞り込まれてくる問題は，一体的な生活事実関係の複数の主役が，（対抗的な）関係に立っているのか，つまり，同一の法的事案の（相反する利益を持った）当事者なのかという疑問である。

刑法356条，そしてまた弁護士職業規則3条に出てくる「当事者」という概念は，広く解釈しなくてはならない。当事者とは，一つの法的事件に法的に関与する自然人および法人をいう[9]。当該人物が法的な関心事を追求していれば，当事者というに足りる[10]。ここでの当事者概念を，訴訟法の意味で理解してはならない[11]。これに加え，当事者という属性は，内容的に判断すべきで，依頼との関係で判断してはならない。つまり，重要なのは，誰がその弁護士に依頼したかではなく，誰の利益のためにその弁護士が活動することになっているかである[12]。議論があるのは，利益相反は，ここでの当事者と概念の要件なのかである[13]。

---

9) BGHSt 45 148, 152.
10) *Baier,* wistra 2001, 401, 404 ; LK-*Gillmeister,* aaO, § 356 Rn. 39.
11) LK-*Gillmeister,* aaO, § 356 Rn. 40 ; *Schramm,* Das Verbot der Vertretung widerstreitender Interessen, S. 42.
12) つとに RGSt 71, 114, 115, 117 が指摘するところである。; LK-*Gillmeister,* aaO, § 356 Rn. 49.
13) たとえば，*Friedländer,* Kommentar zur Rechtsanwaltsordnung, 1930, § 31 RAO Rn. 12 ; *Geppert,* Parteiverrat, S. 38 ; *Rudolphi/Rogall,* Systematischer Kommentar zum. Strafgesetzbuch, § 356 Rn. 23 ; *Welzel,* JZ 1954, 276. これに反対なのは，LK-*Gillmeister,* aaO, § 356 Rn. 39 ; *Holz,* Parteiverrat, S. 49 ff. ; *Prinz,* Parteiverrat, S.

当事者となるかという問題は，果たして一体的な生活事実関係があるかという問題としばしば切り離すことができない。それゆえ，以下でもまた，くり返しこの二つのテーマが一緒に論じられる。

　　ケース12：1人の遺留分権利者を相手に，XとY2人の相続人を代理し，後にYを相手にXを代理する

　弁護士Aは，遺留分権利者Bを相手にXとYの2人の相続人を代理したが，この際コンタクトはもっぱらXととっていた。Xは，Yから授権されてYについても Aに依頼し，すべての情報をAに与えていた。Bとの協議が，XとYの2人にとり満足のいくかたちで終結した後，今度は，XとY間の協議でもめた。そこでXは，Aに対して自分の代理人となることを依頼した。

　本件では，請求権の基礎が異なってはいるが，相続案件という点で一体的な生活事実関係が認められる。しかし問題は，弁護士Aは，Bを相手とするYの依頼をも受けていたのであるから，Xの利益と対立するYの利益のために活動していたか，つまり，BとXそしてY全員が，二つに分断された相続事案における，刑法356条および弁護士職業規則3条の意味での当事者なのかである。この点は，断固否定されよう。とはいっても，非常に錯綜していて，後になってYを相手としてXのために活動することには問題があると思われる。このことは，たとえば，遺産の大方は，Yが占有している価値の高い硬貨コレクションからなっているという状況一つをとってみてもわかる。まずは遺留分計算のとき，そして今度は遺産分割協議に際して，このコレクションの範囲と価値が争われたとすると，弁護士Aは，Xの利益擁護のために，遺留分ではBに対してした主張とは反対のことを主張することになってしまう，ないしはそうせざるをえない状況に追い込まれてしまう[14]。

　　ケース13：2人の子に関し，1人については母親の代理をし，別の子については
　　　　母親を相手にして監護権紛争の処理にあたる場合

　弁護士Aは，2人の子供の父Xから，2人の子がその生計をともにしている母Yを相手に，Xのためにその監護権を貫徹することを依頼された。母親Yは薬物依存症のために，子供をしっかりと監護・教育できる状態にはないと，父親Xは主張している。弁護士Aが事案と詳しく取り組んでみると，Aは，何年か前，Xの子ではない別の子供に関する同じく監護権事案において，青少年局（Jugendamt）を相手にYの代理人となっていることがわかった。そのとき青少年局は，いまだに

124；*Schramm*, aaO, S. 43f. *Schramm* は，多数の当事者が同一の利益を追うということは，当然考えられると指摘する。

14) この点については，*Dahs*, aaO, Rn. 83 およびケース3参照。

非常に若いYは，子供を育てるには未熟だと主張していた。その当時は，Yの薬物依存は問題とはされなかった。

　この場合には，まずは，そもそも一体的な生活事実関係があるか，つまり，同一の法的事件なのかが問題となる。この点は疑問である。というのは，二つの監護権事案は，別異の子供に関するものだからである。他方，「Yの監護権行使能力」というテーマは，二つの事実関係を結びつける一種の括り効（Klammerwirkung）を発揮するのだという議論も可能であろう。そうすると，次の問題は，父親Xではなく青少年局を相手に争った母Yは，そのときAが相反する利益を代理した当事者といえるかである。もちろんYは二つの監護権に関する手続の当事者である。もっとも，Yは他の子との関係で他の者を相手として自身を防御したのであるから，Yのかつての利益状況は，異なっている。とはいうものの，二つの事実関係の絡み合い具合からして，どちらかといえば父Xの依頼を断ることが勧められる。弁護士Aは，少なくとも以前の自分の主張と矛盾するかたちで論陣を張らなくてはいけなくなるという危険がある[15]。このことは，当時は未成熟，今回は薬物中毒とその論拠のポイントが同一ではないとしてもあてはまる。

　ケース14：区分所有者の管理組合対建築者として建築瑕疵の責任があるとされる組合員

　マンション管理組合Xが，弁護士Aに，建築主Yを相手とする住宅の建築瑕疵事件を依頼した。Y自身もこのマンションの一戸の所有者，つまりは組合員である。

　そもそも弁護士が，その構成員の1人あるいは複数の組合員を相手として「マンション管理組合」を代理できるかという質問がしばしばなされる。しかし，つまるところこれは問題とみえるだけで，本当はそうではない。というのは，本件における当事者は，その他の所有者であって組合それ自体ではないからである（区分所有法43条1項・3項および44条参照）。この件が訴訟となったときの事件名は，たとえば「被告となっているYを除いた……通り所在のマンション管理組合の訴え」と表記される。

　もっとも，弁護士が以前組合の総会でYの参加のもと全組合について発見された建築瑕疵について助言し，この際建築士そしてまた建築主であるYに対する対応についてその善し悪しを説明していた場合には，問題となりえよう。

　このような場合に，将来もなお他の区分所有者と「折り合い」を付けなくてはならないYにとっても，そしてまた残りの管理組合（員）にとっても，できるだけ事に即し，かつ痛みのない交渉をということであれば，「王道」として一つ考えられるのは，残りの管理組合（員）をAが代理し，Yについては，Aと業務共同を組むB弁護士が代理

---

[15]　前のケースと同様である。

人となるという方法が考えられる。構成要件該当性を阻却する同意の可能性および（規則新3条2項2文を適用した場合の）弁護士Bを取り込む点に関する基本的な問題点については，以下Ⅱ2.AおよびⅢで論じることとする。

ケース15：個々の組合員による組合総会決議の取消と組合の代理

弁護士Aは，マンション組合Xの理事長Bより組合総会に出席して（たとえば，どのような建築上の変更には，どの程度の多数で決議しなくてはならないかとか，区分所有者となっていない建築主に対して，建築瑕疵を理由にどう対応できるかなど）の特定の法律問題について説明するよう依頼された。Aは，法律状況を説明し，決議案を提案したが，その決議は単純多数で決議された。ある区分所有者Yが，決議取消を求めた。Bは，Aに決議取消手続で他の区分所有者の代理をするよう依頼した。

一見すると，この場合の状況は，「関係人である」建築主が同時に区分所有者であるケースと同様である。区分所有法46条1項1文によれば，決議を無効とする宣言を求めるYの訴えは，その他の区分所有者に向けられたものであり，抽象的に組合に向けられたものではない。それに加えこの事案での特殊性は，利益衝突が後になってはじめて生じた点にある。1人の区分所有者がマンション管理組合の決議取消を求める場合，その区分所有者は，組合の外に身を置くことになる。このことは，弁護士そしてまた管理組合に関してみれば，突然利益衝突状態に身を置くことになるという結論をもたらすものではない。若干異なるのは，取消を求めた区分所有者が，早い時点で総会の主流に反対していることをはっきり示していたり，この点が総会で激しく議論されていた場合である。この場合には，初めから次のことを指摘しておくのがうまいやり方である。つまり，自分は，いわゆる中立の助言者であると理解しており，たとえば事後の決議取消手続が起きたときには，（いずれのサイドからであれ）自分は受任する用意はない（あるいはその状況にない），または，反対している個々の組合員に対して，組合それ自体に助言しているのであり，反対の区分所有者は，自分で弁護士を頼んだ方がよいとしておくことである。

興味深いのは，たった1人の区分所有者だけが決議取消を求めているが，その他の区分所有者にも多数決に反対した者がいる場合に，果たして利益衝突はないのかという問題である。しかしここでは，実際上は利益相反はない。というのは，区分所有法46条1項1文により，決議取消は，すでに述べたようにそのほかのすべての区分所有者，つまりは，決議には反対したものの，決議の取消を求めずかえってそれをよしとした区分所有者にも向けられているからである。マンション管理組合から依頼された弁護士は，個々の区分所有者が実際に取消を求められている決議についてどう考えているかとは関係なく，すべての「その他の所有者」の代理人である。

ケース 16：各組合員によるマンション管理組合の決議の取消と建築主として建築瑕疵の責任を負う組合員と組合との間の和解締結にあたっての代理

　ケース 14 で弁護士 A は，マンション管理組合のその他のメンバーのため，発覚した建築瑕疵の除去に関して建築主 Y と和解を結んだ。その後，他の管理組合のメンバー Z が，和解の可否および内容に関する組合総会決議の取消を求めた。A は，果たして，当該取消手続（区分所有法 46 条）において，Z を相手として，（建築主 B を除く）その他の区分所有者を代理することができるか。

　ここでは，ケース 15 で述べたことがあてはまる。区分所有者 Z は，組合を離脱しており，自身で衝突状況を作り出している。ただし弁護士 A は，その後の行動をそれまでに起こっていたことと結びつけなくてはならない。組合総会の間にすでに意見の相違が明らかになっていたときは，決議取消手続において多数派の代理をするのはやめるべきである。これに対し A が組合からの相談をメインとしており，組合総会では「和解」の問題とは関係せず，その後に（Y を除いた）組合から，和解の締結とそしてその後取消との関係で（Y と Z を除く）区分所有者の利益の擁護を依頼されたときは，A に関しては何の問題もない。

　ケース 17：社員 2 人の有限会社からの排除

　B は，X と Y のみを社員とする有限会社であるが，その間に紛争が生じた。X は，Y がアルコール依存症となり，おそらくは行為能力を欠いていると非難し，B から Y を排除した。弁護士 A は，X と B 側に立った。Y は，この排除は不適法であり，加えて A には利益衝突があると主張した。

　社員が 2 人だけの会社（二人会社）であっても，そのうちの 1 人を排除することはできる（有限会社法 140 条 1 項 2 文）。複数の社員が残っていないことから，この場合の排除は，事業はそのまま継続するなら，当該社員を退社させるものではなく，他の社員が事業を引き継ぐことになる[16]。残った社員 X と会社 B を同一の弁護士が代理することは，（まずもっては）問題ない。後に排除原因がないことから不適法であるとされた場合には，いうまでもなく状況は変わる。

　二人有限会社（あるいは，社員が二派に団結している有限会社）が原告となって，多数持分を有する社員（あるいは多数持分を有する一派）に対し，有限会社に帰属する権利を主張した場合，訴訟では，有限会社の（依存関係にある）業務執行者ではなく，少数持分社員が，会社の代表者である[17]。社員に対する訴訟でも，会社を代表するのは業

---

16)　*Sudhoff/Masuch,* Personengesellschaften, § 17 Rn. 3 u. 36.

17)　OLG München WM 1982, 1061, 1062；*Lutter/Hommelhoff,* Kommentar zum GmbHGesetz, § 35 Rn. 8.

務執行者であり（有限会社法35条1項），この場合，業務執行者は会社の代表として，有限会社の最高機関である社員総会の決定に従うという原則は，二人有限会社で多数持分社員を訴える場合には適用されない。というのは，雇用関係にある業務執行者に有限会社法47条4項2号に違反するような指示を与えるのは，現実の力関係からして多数持分社員だからである。二人会社における代表関係の判断は，誰が主導権を握っているかにかかっている。というのは，二人有限会社では，社員に対する訴訟等を行う旨の判断は，形式的な決定を要しないという原則が妥当するからである。かえって，社員の1人の判断に基づき必要な行為をとれば足りるからである[18]。

3人以上の社員からなる会社では，排除された社員がする排除の基礎となった決議の取消を求める訴えでは，1名ないしは数名の業務執行者が代表する会社が被告となる[19]。弁護士は，会社それ自体そしてまた業務執行者の双方を代理できる。ここでは，マンション管理組合の場合とは状況が異なる。というのも，個々の社員が個人的に訴訟相手になるのではなく，「会社」が訴訟相手になっているからである。問題になるとしたら，弁護士が，決議の取消を形式的には求めてはいないが，しかしこの決議に反対し会社から離脱することを考えている社員に，この関係で，つまりは会社の利益に反するかたちで，助言する場合であろう。

社員1人からなる有限会社では，弁護士は原則的には会社と社員である業務執行者の双方の代理ができる。ただしここでは，有限会社法35条4項および双方代理の禁止（民法181条）から生じる特殊性に留意しなくてはならない[20]。

ケース18：（親権者に代わる）補充監護者の指定決定に対する子と親共同の不服申立

15歳の子が企業を相続した。この際被相続人は，この子供の親は当該財産の管理をしてはならないと定めた。後見裁判所は，親族関係のない人物を，企業運営に関しての意思表示ができるようにするため，子のための補充監護人と指定した。親そしてまた子自身も補充監護人を拒絶し，弁護士Aに，親と子共同の不服申立手続での代理を依頼した。

子は14歳以上であるから，親も子も自身で監護に関する命令に対し不服を申立てることができる（家庭裁判所法59条以下）[21]。この場合親と子は，（たとえ意見が一致し

---

18) OLG München WM 1982, 1061, 1062.
19) 取消ないしは無効確認訴訟の際の当事者適格については，*Lutter/Hommelhoff,* aaO, Anh. § 47 Rn. 34 u. 66 参照。
20) この点の詳細は，*Lutter/Hommelhoff,* aaO, § 35 Rn. 21 ff. 参照。
21) 旧法のもとで子が独立して抗告することができる要件に関しては，*Jansen/Brie-*

ている，あるいはそうみえても）その利益が相反する同一の法的事件の当事者である。最低でも 14 歳の（かつまた行為能力がない）子は，不服申立て権を単独で行使できるだけではなく，有効に自分の代理人を依頼できる[22]。民法 1909 条および家庭裁判所法 158 条 1 項により，裁判所は，その利益の擁護に必要な限りにおいて，未成年のために手続のための監護人を選任することができる。子供の利益とその法定代理人の利益がかなりの程度相反するときは，この監護人を選任するのが通例である（家庭裁判所法 158 条 1 項）。しかし，家庭裁判所法 158 条 5 項によると，子供の利益が弁護士またはその他の妥当な手続代理人により適切に代理されているならば，監護人は選任すべきではない（あるいはそれを取消す）べしとされている。とはいっても，法定代理人が，自らの選択で子のために代理人を選任することで，立法の目的が妨げられてはならない。代理人による代理が，家庭裁判所法 158 条 5 項の意味で「適切」であるのは，代理人による代理が，法定代理人とは必要な距離がおかれている場合のみである。

わけても適切性が欠けているのは，法定代理人が選任した弁護士またはそのほかの手続代理人が，子の利益を，自己（ここでは親）の利益にそった一定の方法で擁護することを依頼された場合である[23]。

上記のことからして，（おそらくは事業に関し，ある特定の判断の射程をはかるにはあまりに未熟であり，親を信頼しそして（あるいは）それまでのよい関係を危険にさらしたくない）子の同意は問題外である。同意がそもそも構成要件該当性を阻却するかという原則問題については，II 1. A参照。

　ケース 19：共同遺言について夫婦の相談を受け，そしてその後に相続から外された妻の相談をうけること

　弁護士Aは，税務上の事案について（後に）被相続人となるBとその妻Xの相談にのり，加えて，――夫婦は予定はしてはいたものの最終的には実現しなかった――共同遺言の作成についても相談にのった。Bの死後，Xにとっては驚きであったが，彼女には遺留分が定められ，そして相続人にはAの前の婚姻から生まれた子Yが指定されたことが判明した。XはAに，この関連で，当該遺言を取消すことができるかについて助言を求めた。

このケースでは，まずは――少々抽象的であるが――Bは刑法 356 条および弁護士職業規則 3 条の意味での当事者とみることができるのかという問題がある。弁護士は，その依頼者が死亡した後にあっても，依頼者の利益を代理する義務を負い続けるしま

---

semeister, Kommentar zum FGG, §59 Rn. 6 ff. 参照．
22) *Jansen/Zorn*, aaO, §50 Rn. 34 および *Jansen/Briesemeister*, aaO, §59 Rn. 16.
23) BT-Drucks. 13/4899, S. 132；*Jansen/Zorn*, aaO, §50 Rn. 34.

そうすることを期待されているということを前提とすることができよう。弁護士委任契約は，依頼者の死亡によりその効力を失わないと推定される[24]という事情からすると，このように考えることになる。民法672条1文の推定規定によると，依頼者の死亡は，死亡が終了原因として特に合意されていたか諸般の事情に照らすとそう考えられる場合以外は，依頼関係の存続にとって何らの意味を持たない。被相続人が，さらに弁護士を遺言執行者に指定しなかった場合には，相続に関する相談にあたっては死亡が委任の終了原因になることを前提としなくてはならない。他方，弁護士が，以前自分が代理をした被相続人の（最期の）意思を妨げる手助けを，遺留分権者または相続人にするのは，問題となろう。

しかしこのケースの場合は少し異なる。というのも，弁護士Aが夫婦の相談にのったときは，BとXの意向は，双方ともに同方向を向くかたちで，共同遺言書を作成することに向いていた。その意向が変わる以前に相談当時の依頼関係が終了していたなら，弁護士Aは，その目から見て何も変わっていないという前提に立つことができる。もっとも，事実関係が大きく絡み合っていることから，妻Xの依頼を受けることは，どちらかといえば断るべきではあるまいか。この際同じく考えなくてはならないのは，弁護士Aは，死亡によりその行使権限が相続人に移るBに対する守秘義務に反してしまう可能性のあることである。

　　ケース20：被後見人の1人の相続人を他の相続人との関係で代理する

　　　弁護士Aは，高齢でリッチな婦人Bの後見人に選任された。Bには，血縁関係のない娘XとYがいたが，B自身とも争い，そしてまたXとY同士も争う日々を送っていた。2人は，後見についても繰り返し介入してきていた。Bが死亡した後，Xは，Yを相手に自分を代理することを弁護士Aに依頼しようと考えている。

ここでは，さまざまな観点からして，ケース19の場合とはその状況が異なっている。後見と相続協議は，そもそも一つの一体的な生活事実関係，つまりは同一の法的事件なのかからして，かなり疑問がある。断定はできないが，否定してよかろう。これに加え，後見は，Bの死亡により終了している。そして最後に，上記二つの点に照らすと，被後見人は，その（相反する）利益のために弁護士Aが以前活動したことのある，一体的な法的案件の当事者とは決してみることができない。もっとも弁護士Aは，受任にあたり，以前自分が被後見人および（後見と関連して接触があった）Yあるいはそのいずれかから，自分の真実義務との衝突をもたらす可能性があるなんらかの事実を知

---

24) *Feuerich/Feuerich,* Kommentar zur Bundesrechtsanwaltsordnung, § 50 BRAO Rn. 15 ; *Kilian/vom Stein/Offermann-Burckart,* Praxishandbuch für Anwaltskanzlei und Notariat, § 29 Rn. 525.

ったかを，真剣に検討する必要がある。
　　　ケース21：そのライバルを相手に私立学校を代理することとライバルの複数の
　　　　　　　職員の代理
　　　弁護士Aは，私立学校Xからそのライバル Bを相手して，Xの利益擁護を依頼
　　された。Xの校長によれば，Bは，Bで教鞭をとる教員の社会保険料を支払わない
　　ことで，競争上の優越性を不当に作り出しているということであった。弁護士A
　　は，同じときに，Bの複数の教員から，この未払いの点に関し助言と代理を求め
　　られた。Bの教員は，この点に関し，二つの「グループ」に分かれていた。一つのグ
　　ループは，「法的に正しい」解決を望んでいる。もう一つは，私立学校Bが考えて
　　いるおそらく金銭的にみて有利な「取引」に応じる決断をしたグループである。弁
　　護士Aは，このような取引に現実性があるか，そしてそれは適法かについては最
　　終結論を出せるまでに熟考はしていないが，少なくとも問題であるとは考えてい
　　る。
　　関係者が事案をまったく異なった視点からみていたとしても，やはり一個の一体的な
生活事実関係に関するものであり，したがって同一の法的事件とみてよかろう。というのは，一つの事案の結論が，他方の事案に影響する可能性があるからである。さらに，私立学校Xもそしてまた Bに勤務する教員は，彼らが相互に直接的請求権関係ないしは求償関係に立っていなくとも，すべてが同一の法的事件の当事者である。「きちっとした策をとりたい」教員に関してみると，これら教員とXは，同方向を向いた利益を追ってはいるが，おそらくは競合関係にある。なぜなら，Xが勝利しその結果Bが「崩壊」すると，このことは，Bの教員たちがBに対するその請求権を実現する可能性に影響を与えるからである[25]。これに対し，Xおよび取引に指向する教員を同時に代理することは，そもそものところ，そうした場合Aは，矛盾した議論を展開しなければならなくなることからして問題といえよう[26]。
　　　ケース22：倒産管財人を相手とする連帯債務者として責任を負う2人の監査役
　　　　　　　の代理
　　　破産した株式会社の監査役2人XとYは，倒産管財人から損害賠償を求められ
　　た。2人は，連帯してその責任を負う。業務執行者および株式会社に対して告知が
　　なされるはこびとなる。XとYは，同じ弁護士に代理を頼みたいと望んでいる。
　　ここでは，連帯債務者（そしてまた連帯債権者）の代理という基本的な問題がある。

---

[25]　同方向を向いた競合する利益に関しての問題点については，さらに下記 II 2. B
　　　参照。
[26]　この点については Dahs, aaO, Rn. 83 およびケース3参照。

連帯債務者（ないしは連帯債権者）は，お互い同士そしてまた彼らの債権者（ないしは債務者）との関係でも，刑法356条[27]および弁護士職業規則3条の意味での当事者である。連帯債務者ないしは連帯債権者が共通の利益を追求している場合でもことは変わらない[28]。弁護士Aが，民法426条に基づく債務者間の求償において，複数の連帯債務者の代理を引き受た場合，（あるいは，複数の連帯債権者にあっては，債務者の資力が限られているために，ほかの債権者の依頼を受けることで，第1の依頼者の強制執行の見込みが減じられる場合には），利益相反となる[29]。2人の監査役が，最悪の場合には同じ金額を支払う用意があるし，またできるとの合意をした場合に，上記の評価が変わってくるかは，同意に構成要件該当性阻却の効果を認めるかどうかにかかっている（この点に関しては，下記Ⅱ2．A参照）。

　　ケース23：反則金事件における事故の相手方の代理

　　弁護士Aは，交通事故事案で，運転者Yを相手に運転者Xの代理人となった。過失の問題ははっきりしていた。YがXの優先通行を無視していた。事案の処理はスムーズに進んだ。Yの自動車保険会社は，Xの損害を全面的に賠償した。その後Yは，Aに優先通行の無視を理由とする反則金事件での代理を依頼した。

　一見すると考えられないと思われるかもしれないが，実務ではこうした状況がしばしば起こる。相手方をうまく代理したことで，Yが依頼しようと確信したのは明らかである。本件での第1の問題は，そもそも同一の法的事件となるのかである。というのは，民事的な解決と事故の関係者の1人の秩序違反を理由とする訴追は，──法的にみると──直接の関係はないからである。とはいえ，ここでは一体的な生活事実関係が存在するという出発点に立たなくてはならない。事故関係者であれば当事者といえるのかに関してみると，本件では，Yは双方の事実関係の当事者であることははっきりしているが，Xは，民事的な解決が図られた後は，反則金事件とはまったくのところ関係がないという特殊性がある。とはいっても，反則金手続の中で，Xが事故のいきさつを説明する際に嘘をついた，あるいは誤ったということが判明した場合どうなるのかということを考えてみると，XとYともに一体的な生活事実関係の当事者であることがわかる。さらに，弁護士Aは，それまで事件とまったく関わりのない弁護士，あるいはすでにY側についていた弁護士のように自由ではいられない。Aは，それまで主張してきたところと矛盾しないようにしようとすると，Yに加えてきた非難を繰り返すしかない[30]。

---

27) LK-*Gillmeister,* aaO, § 356 Rn. 46.

28) LK-*Gillmeister,* aaO, § 356 Rn. 46. 加えてまた，*Kalsbach,* Standesrecht, S. 388 がつとに指摘していたところである。

29) LK-*Gillmeister,* aaO, § 356 Rn. 46.

ことがよりはっきりとするのは，たとえば当事者が損傷した自動車の利用損害の額については争っているために，事故事案はその主なところでは決着がついているが，全面的にはまだ解決はしていない場合である。Ｘは，Ａが突然Ｙのためにも活動しようとしていることを知ったら，Ａとの信頼関係がかなり損なわれたと感じよう。

ケース 24：和解の締結に関して使用者Ｘのために活動し，そしてまた，消費者破産において解雇された労働者Ｙのために活動する

　弁護士Ａは，補償金をえてしかるべき解雇された重度の障害を持つ労働者との参画局（Integrationsamt）の面前での和解において，使用者Ｘを代理した。その交渉が続いている間に消費者破産となったＹは，Ａに対し免責手続での代理を依頼した。そもそも，和解がうまくいった場合だけ，Ｙは手続費用を支払うことができる状況にある。

断言はできないが，この場合にはそもそも一体的な生活事実関係がなく，したがって，構成要件である「同一の法的事件」とはならない。なぜなら，二つの事案は，つまるところ相互に関係しておらず，また，Ｙという人物の同一性と「単なる」Ｙに金銭がもたらされる可能性というものが，これらを結びつけているだけだからである。したがって，ＸとＹは，一体として判断されるべき法的な事案の当事者ではない。このことは，次の場合にはいずれにしても妥当する。すなわち，補償金の額が第２の受任の前に確定しており，免責手続と関連したなんらかの考慮から影響を受けることがない場合である。

２．相反する利益

一体的な生活事実関係が認められるのか，そしてまたそもそも刑法 356 条および弁護士職業規則 3 条にいう当事者概念を満たしているのかという問題と，当事者は相反する利益を有しているのかというその次の問題の限界は，相互に流動的であり，それ故にこうした事例では，しばしばあちらに行ったりこちらに来たりしなくてはならないことになる。

利益衝突との関係で多くの課題を引き起こしているのが，果たして当事者たちは，相反する利益を有しているのかという（一見簡単そうにみえる）点である。この問いかけに答えるのが難しいのは，客観的な利益状況と主観的な利益状況が常に一致しているわけではないこと，利益なるものはしばしば移ろうものであること，そしてまた同じ利益がすでに対立関係にあったり，あるいは後にそうなる可能性があるからである。

本質的には，二つの問題領域にわけておく必要がある。一つは，利益とは何かを定め

30）　この関係では同じくまた，*Dahs,* aaO, Rn. 83 およびケース 3 参照。

る際に，果たして主観的な要素が意味を持つのか（ないしはもたせてよいのか），その場合それはどの程度なのかという問題である。もう一つは，同方向を向いていて競合しない利益と同方向を向いているが競合する利益という特別の問題である。

A 「主観的要素」の問題
　果たして利益状況を決めるのは客観的・理性的第三者か，それとも当事者自身かについては見解が分かれる[31]。正しい解決は，支配的見解もそうだがその中間にある。基本的には，依頼した者がその具体的な利益がどうなのかを決める。特に家族事件や相続事件でそうだが，大方がよしとする現実的な解決ではなく，理想的かつ最高のものを追うことが依頼者の関心事となっているという状況がしばしば見受けられる。とはいえ，契約上弁護士は，依頼者を「ばかげたこと」から守り，依頼者のため「その」権利の実現を図り，そしてその際できる限り当事者が自らを傷つけることがないよう保護する義務を負っている。特に取引につうじていない，そしてまた（あるいは）感情的となっている依頼者は，好ましい安寧を求めるとかあるいは本来うべきものよりより多くをえたいとの期待から，「身勝手に」交渉するのが賢明とは思われないところで，性急に判断したり，あるいは不合理な判断を下し，さらにはあきらめてしまう傾向がみられる。この場合にひどいことにならないようにするのが弁護士の任務である。
　客観的な視点かそれとも主観的な視点かという問題と密接に関連しているのが，利益衝突の構成要件該当性がある場合に，関係者の同意は，利益衝突の義務違反性を阻却し，結果構成要件該当性を阻却するのかという問題である。
　（どちらかといえば）客観的な利益状況に切り結ぶ者の大多数は，弁護士のやり方に対する関係者の同意は，発生している利益衝突を排除することはできないとしている[32]。
　主観的な利益状況に（も）焦点をあてる者は，その濃淡はいろいろであるが，当事者が紛争の対象を処分できるかぎり，依頼者の同意は，相反する利益を打ち消し，こうし

---

31) 厳格な客観的把握に賛成するのは，*Grunewald*, AnwBl 2004, 437, 439；同, ZEV 2006, 386；厳格な主観的把握に賛成するのは，：LK-*Gillmeister*, aaO, § 356 Rn. 59. 事案に即して判断するのに賛成するのは，BGHSt 7, 17, 20 f.；15, 332, 334；34, 190, 192；OLG Karlsruhe NStZ-RR 1997, 236, 237；*Feuerich/Feuerich*, aaO, § 43a BRAO Rn. 64；*Fischer*, Kommentar zum Strafgesetzbuch, 27. Aufl., § 356 Rn. 7；*Kleine-Cosack*, Kommentar zur Bundesrechtsanwaltsordnung, § 43a BRAO Rn. 88；*Schönke/Heine*, Kommentar zum Strafgesetzbuch, 27. Aufl., § 356 Rn. 18.

32) この点については，*Feuerich/Feuerich*, aaO, § 43a BRAO Rn. 68 が，BGH BRAK-Mitt. 1985, 114 を引き合いに出して賛成する。

て（たとえば和解交渉とか依頼が主観的に限定されている場合には）例外的に義務違反はなくなる[33]，あるいは義務違反性は完全に否定されるとしている[34]。

しかしまた，主観的なとらえ方を否定し，利益対立はあるとする者も，同意が利益相反の違法性を阻却し，その結果構成要件該当性を阻却する者もいるし[35]，そしてまた，まったく反対（利益は主観的に理解するが同意は認めない）の見解も主張されている[36]。

少なくとも他の弁護士と業務を共同している弁護士に関しては，弁護士職業規則3条2項2文が，現在では同意の可能性を明確に規定している。要件は（単に）利益が相反する依頼の当事者が，十分な説明を受けた上で明示的に同意したことおよび「法的紛争処理機構の関心（Belang）」に反しないことである。単独で事務所を営む弁護士（単独弁護士）に関しては，明確な規律は示されていない。2003年7月3日の事務所を移籍した弁護士に関する連邦憲法裁判所の裁判[37]がそのきっかけとなった弁護士職業規則3条の改正は，それ故に若干（そしてまたドグマチックな観点からみても）混乱している。どうみてもわからないのは，おそらくは緊密な関係のもとで業務を行っている業務共同関係にある2人の弁護士は，相反する利益を代理してもよいが，単独弁護士は，今までどおり許されないのかである[38]。もっとも，連邦憲法裁判所がその裁判を下す際に対象としたのは，2人の業務共同弁護士でもなければ単独弁護士でももちろんなく，チャイナ・ウールを備えた大事務所であったし，依頼者もことがよくわかっている事業者であった。

相反する利益を有する依頼者の同意については（それを単独弁護士に対してあたえるのかそれとも事業共同体の複数の構成員に対してあたえるのかにまったく関係なく），高いハードルをもうけるべきである。依頼者は，利益相反がある，あるいは少なくとも

---

[33] たとえば，*Schönke/Cramer,* Kommentar zum Strafgesetzbuch, 26 Aufl., § 356 Rn. 20 はいまだなお，BGHSt 15, 335 を指摘して賛成する。現在では，*Schönke/Heine* in der aktuellen 27. Aufl., § 356 Rn. 20 にみられるように，スタンスを置いている。

[34] *Henssler/Eylmann,* aaO, § 43a BRAO Rn. 157 参照。スタンスを置くのは，*Kleine-Cosack,* aaO, § 43a BRAO Rn. 104.

[35] *Grunewald,* AnwBl 2005, 437, 439；同．ZEV 2006, 386, 387 参照。

[36] LK-*Gillmeister,* aaO, § 356 Rn. 56 参照。

[37] NJW 2003, 2520 = AnwBl 2003, 521, 523, 524 m. Anm. *Kleine-Cosack,* AnwBl 2003, 539.

[38] この点については，*Grunewald,* ZEV 2006, 386, 387 参照。Grunewald は，何人弁護士が活動しているかは関係がないとして，弁護士職業規則3条2項2文が，単独弁護士についても適用になるとする。

ありうるということを抽象的に知るだけでは足りず，これに加え，具体的にどこに利益衝突があるのか，どのような行為の可能性および法的構成の可能性があるのか，そして，自身の弁護士による代理を放棄したら，こうした可能性の選択および利用がどの程度制限されるのかを知っていることが必要である[39]。

利益衝突があるかどうかの判断に際しては，主観的要素（もまた）意味を持つのかという問題は，各見解ごと，「相反利益」あるいは「構成要件該当性を阻却する同意」との関連で議論されるから，「主観的な要素」をともなっているすべてのケースは，すべてを一括して取扱うのがよい。ここでは，ドグマチックな整理よりも，結論のほうが重要である。

　　　ケース 25：売買契約の双方当事者に同時に助言する
　　弁護士Aは，売買契約の双方当事者から，その交渉にあたって相談にのり，そしてまた契約締結に立ち会うことを求められた。この契約では，売買代金は特定の条件が満たされたときは，事後的に増額されるとされていた。Aは，両当事者の相談にのってよいか。

複数の契約当事者への助言という状況は，いわゆる同意離婚前の夫婦の相談にのるのと同じである[40]。（当初）交渉当事者が同じ目標，つまりは契約の締結をめざしていたとしても，根源的な利益相反，つまりは他方の負担が自分には［ベスト］になるという各人の客観的利益がある。たとえば売買契約では，売り主の利益は，できるだけ高い値段になることであり，買い主のは，できるだけ安くである。となるとすべての関与者にとりもっともよいのは，自分の弁護士に相談し代理させることであろう。しかしこれ

---

39) *Erb,* Parteiverrat, 2005, 222, 223 頁は，次のように述べてこの点を指摘する。すなわち，「（最初に依頼した）当事者は，同意に先立ち，単に弁護士の自分に対する忠誠を放棄するだけではなく，双方の代理に基づく手かせのような実体的不利益が自分には生じる可能性のあることをわかっているようにしなくてはならない。双方を代理することに同意して同一の弁護士を用いることは，単に不適切とか勧められないというだけではなく，場合によっては依頼者にとってかなりのリスクをはらんでいるのであるから，広範にわたる説明義務を課すことは，通常弁護士に，自分の依頼者に対して，双方の代理に対する同意をしないよう助言することをうながすことになろう。まずもって弁護士は，自分から同意により双方の代理が正当化されることを指摘し，さらには依頼者に対し，弁護士に忠誠を求める権利の放棄を求めたりそれを強要することがあってはなるまい。」と。

40) この点については，BayObLG NJW 1981, 832, 833；OLG Karlsruhe NJW 2002, 3561, 3562 f.；LG Hildesheim FF 2006, 272 m. Anm. *Schnitzler；Schnitzler/Groß,* MAH Familienrecht, § 2 Rn. 30；*Offermann-Burckart,* FF 2009, 104, 105 ff. 参照。

は現実的ではない。とはいっても，2人ないしそれ以上の契約当事者のために活動する弁護士は，あらかじめ当事者に対し，自分は中立的・客観的な助言者であって，考えられる契約内容の利点・欠点をすべて示し，そして1人の当事者だけの単一利益が守られるように支援することはない旨を明らかにしなくてはならない[41]。弁護士が全面的に一方当事者の側に立とうとするなら，離婚しようとしている夫婦の相談にのる場合と同じく，1人の当事者から明確なかたちで受任し，その他の当事者に対しては，自分は話をする用意はあるが，しかし，自分は依頼者に対して義務を負っており，もっぱらこの依頼者の利益をその視野においていることを明らかにするしかない。ここであげたケースではさらに，事後的な価格の引き上げにつうじる条件が成就したかについて争いの生じる可能性があることから，より問題となる。

ケース26：複数の契約当事者の相談にのるとともに公認会計士を補充的に引きこむ

弁護士Aと税理士Bそして公認会計士Cからなっている業務共同体Xは，ある有限合資会社（GmbH&Co.KG）のすべての税法事案について相談にのってきた。この会社が売却されることになったとき，すべての関係者，つまり会社と買い主の明確な意向により，この業務共同体が契約書作成にあたり助言することを求められた。そのために，契約書には，このXが「法的助言者」と明示された。契約が成立した後，新たな所有者は，公認会計士Cに，当該企業を監査するよう依頼した。監査が終わる前に，もとの所有者と買い主の間でかなり大きな意見の相違が生まれた。買い主は，契約をなかったことにしたい。ここで以前の所有者は，弁護士Aに自分の代理を依頼した。

そもそもCによる監査は，公認会計士および公認会計人（Vereidigter Buchprüfer）職業規則3条に違反している。公認会計士が，企業買収にあたり助言者として，たとえばデュー・デリジェンスをするが，買収対象を自身で監査しあるいは相談にのっていた（後になっても，した）としたら，利益相反が認められる[42]。売却交渉における弁護士Aの活動もまた，すべての者が同意していたとしても，すでに次の点からして問題である。すなわちそれは，このX業務共同体は，当該有限合資会社の「顧問助言者」の地位を持っていたからである。その後の，今度はふたたびもっぱら売り主側に立ってするBの活動は，そもそも問題外である。

ケース27：「扶養に関する依頼」を子が成人した後にも続ける

弁護士Aは，長年にわたり，その父親Yを相手に，離婚したその母のもとで暮

---

41) 同旨として *Offermann-Burckart,* FF 2009, 104, 107 f. 参照。
42) *Schramm,* aaO, S. 176 f.；*Wißmann,* WPK-Mitt. 1999, 143, 148.

らしている未成年の子Xを代理してきた。Xが18歳になった後も母Bと生計をともにしているXは，Aに対し，引き続き親Yに対する代理人を務めるよう要請した。母に対する扶養請求は望まなかった。Aは，Xの依頼を受けることに問題ないと考えた。Aは，元夫Yに対する母Bの扶養請求を一度もしたことはなかったし，これからもすることはありえないということであった。

　扶養請求権を持つ親の一方と未成年の子を養育（Betreuung）にかかる事案でともに代理するというのは，家族法の領域ではよくみられる状況である。この際，子供がそのもとにいる一方の親の代理権は，民法1629条2項2文から導かれる。子供が成人すると，ことは根本的に変わる。この場合果たして受任した弁護士は，利益衝突に陥ってしまうのか。それは具体的な状況に大きくかかっているし，この際の線引きは流動的であり，リスクのポテンシャルは高い。「子」がそれまで養育してきた一方の親のもとにいる場合は，（主観的には）利益対立はない。もっとも，子供と親の間の平和的な協調関係が変化し，子供が家を出て，今度は世話をしてきた親を相手に扶養料を請求したとなると，状況は即刻変化する。問題なのはまた，子供が自分の権利に明るくなく，まずは母親が義務を負っていると感じる弁護士が，法状態を幅広く明らかにして子供に対しすべての可能性を説明しない場合である[43]。

　弁護士が，母親（ないしは養育にあたっている親）のためにも，扶養請求権を行使したか，ないしは今主張しているかという問題は，結果的には成人した子の依頼を受けることの適法性に関係しない。なぜなら，一つには，養育している親にはそれ相応の助言が常になされていたと考えられるし，他方で，養育している親は，法定代理人として一種の仲介人の機能を有しているだけではなく，自身も刑法356条および弁護士職業規則3条の意味での当事者だったと主張することができよう。そして最後には，以前においてもすでに，原初的な利益衝突が常にあった。というのは，たとえば，養育している親の経済状況が非常によいことから，子の親が民法1606条3項1文により扶養義務を一部あるいはさらにすべて負うかどうかをチェックしなくてはならなかったからである[44]。それまで養育してきた親に対する扶養請求を妨げてきたその無資力もまた，こうした見方を変えるものではない。というのは，一方で無資力ということで原初的な利益衝突がなくなるわけではないし，他方では財政状態は急激に変化する可能性があるからである。

43）　全体については，*Haßkamp,* KammerMitteilungen der Rechtsanwaltskammer Düsseldorf 2006, 282 f.；*Offermann-Burckart,* FF 2009, 104, 108；Schnitzler/*Groß,* aaO, § 2 Rn. 35. 参照。

44）　この点については，Schnitzler/*Bömelburg,* aaO, § 6 Rn. 36 f. 参照。

ケース28：退社した社員とその持分を取得した社員の代理

弁護士Aは，ミスを犯したとして会社Bから損害賠償を請求されている退社した社員Xから代理を依頼された。同時にAは，Xの持分を買いたがっている他の社員Yから必要な交渉をしてくれるよう依頼された。XとYは，Aが相手方の代理人となることに対し明確な同意の意思を表明している。

ここでは，一体的な生活事実関係であり，したがって同一の法的事件である。そして刑法356条および弁護士職業規則3条の意味での当事者の地位に立っており，加えて利益対立があることを認めなくてはならない。売買交渉と損害賠償事案の規律はまったく無関係に進められるとするのは，生活常識に反しよう。二つの問題は，残念なことに，XとYとの協調関係がおそらくそう長く続かないまでにからみ合っている。

B　利益が同方向を指向している特別のケース

「並行的な依頼」の処理ないしは同方向を指向し相互に競合しない利益の代理は，原則許される[45]。同方向を向いていてしかも競合しない利益と，同方向を向いてはいるが競合する利益の区別は，個別事例では難しい。この区別は，たとえば債務者の資力といった，（まずは）弁護士が判断できない要素にかかっているからなおさらである。またこれに加えて，（たとえば事後的に生じた債務者の支払い上の困難）といった状況の変化のせいで，競合しないものから競合するものへと実に簡単に変わってしまうことがある。

ケース29：生活共同体（Bedarfgemeinschaft=社会法（SGB）Ⅱ7条3項および3a項）の複数のメンバーの代理

弁護士Aは，いわゆる生活共同体のメンバーである男性XとYから，職業安定所（ARGE. 就職までの生活支援も担当）を相手とする代理を依頼された。

XとYの合意がありかつ2人とも資力を欠いているかぎり，これは，同一方向を向いた競合しない利益の代理である。話が異なるのは，わずかな収入しかないXが，Yとはなんら生活費の共同負担をともなわないルームシェアーだと主張し，これに対し無職のYは，本当のところであるパートナー関係（したがって，社会法Ⅱ7条3項・3項aが規定する生活共同体）を主張したときである。

ケース30：賃貸契約での当事者の不透明

---

45)　たとえば，Henssler/*Eylmann,* aaO, § 43a BRAO Rn. 153 f.; *Kleine-Cosack,* aaO, § 43a BRAO Rn. 99 ff.; *Kümmelmann,* AnwBl 1981, 175; *Offermann-Burckart,* AnwBl 2005, 312, 315; 同，ZEV 2007, 151, 153; 同，AnwBl 2008, 446, 449; *dies.,* FF 2009, 99, 102.

家屋の新所有者Bは，夫婦Xとその成人の子Yに対し，滞納賃料の支払いともっぱらYがすんでいる家屋からの退去を求めた。夫婦Xは，自分らは契約当事者ではないと主張した。Xと元の賃貸家屋所有者との間で締結された賃貸契約は，建物所有権が移転する前に，息子Yとの間の契約に「更新」されたというわけである。XおよびYは，弁護士Aに各自の利益を擁護してくれるよう依頼した。事実関係がよくわからないと考えたAは，本当にXとY双方の代理ができるか悩んだ。

XとYとの間で，誰が借主か，つまりはBの相手方が誰かについて争いがなく，双方ともが，賃貸契約は有効にYに移転したという前提に立っているなら，結論的にいうと同方向を向いた防御の利益（利益内容は防御）が認められる。しかしAは，もしXとYとの間で，借主は誰か，ないしは誰が家賃を支払うべきかについて争いが生じたら，直ちに辞任しなくてはならなくなることを指摘しておくべきである。

ケース31：相続人に対して複数の遺留分権利者を代理する

複数の遺留分権利者が，弁護士Aに，相続人（相続人指名をうけた者）を相手とする代理を依頼した。

ここでも同じく，同方向を向いた競合しない利益の代理となる。もっとも，相続人が，すべての遺留分権利者に対して等しくその義務を履行することに同意しない，ないしはその状況にないときは，競合関係が生じる。複数の遺留分権利者が，遺産を占有しているとかその一部を占有しているという状況も同じく問題であろう。

ケース32：倒産した企業の複数の社員の代理

弁護士Aは，倒産したファッション・ブティックの4人の業務執行者から，破産管財人に対し彼らを代理するよう依頼された。そのうち2人は，清算してしまうことがよいとしており，残りの2人は，再生の場合には働き続けたいとしている。

清算のみに関心を持つ2人の業務執行者を1人で代理するのは，倒産財団が請求権をすべて満足させるに足りないときは問題となる。働き続けたいとしている2人の業務執行者の利益は，再生の場合，ファッション・ブティックでは，業務執行者のポジションは一つしか確保できないことが確定した場合，つまり2人は一つのポジションをめぐって争うこととなる場合には，競合することになる。

ケース33：職務発明，企業秘密の漏洩と剽窃

弁護士Aは，従業員であったXを，その以前の使用者でXが企業秘密を漏らしたと非難しているYを相手にして代理する。同時にAは，Xの新たな使用者でYの競争企業であるZを，YがZの発明を剽窃したとして代理をしている。この二つの件は，XがYのもとで働いている間にYの支援のもとでしたある発明の評価に関するものである。

XとZが事案のとらえ方において意見が一致している限り，同方向を向いており，か

つまた競合しない利益の代理である。もっとも，事案が進む中でXとZの意見が「分かれる」危険がないわけではない。たとえば，Zが，Xは自分に間違った事実関係を伝えており，Yが発明の実施請求権を有していることを知ることとなった場合である。

ケース34：怪我をした同乗者と無過失の所有者／運転者の代理

運転者Bにその責任がある簡易な衝突事故で，Xが運転する（保有する）車に乗っていたYが軽い障害（HWSトラウマ）を受けた。XとYとは，Bの保険会社を相手に，自分たちの利益を擁護してくれるよう弁護士Aに依頼した。

第二次損害賠償法の改正のための法律[46]によれば，同乗者は，搭乗する車両の保有者に対しても，道路交通法7条1項11の2文および民法253条2項の危険責任に基づく慰謝料請求権を有している。唯一の例外は，保持者が公権力の場合のみである（道路交通法7条2項）。これに加え，その乗用車で同乗者が損害を受けた保有者／運転者に対しこの危険を追求できるのは，有料での運送の場合に限定されていたが，この制限は完全に廃止されてしまった。この場合に利益衝突とならないのは，Bに責任があることが完璧に明らかになった場合に限られる。Xもまた責任があることが明らかになる可能性が，ほんの少しでもあるなら，弁護士Aには，保有者／運転者と同乗者を一緒に代理しないことが勧められる。*Hartung*は，怪我をした同乗者の依頼は，最初から第三者に対するものに限定して対車両保有者は依頼から除くというやりかたもあるとしている[47]。もっともこれがうまくいくのは，同乗者が場合によっては保有者／運転者に対しても請求できることを――少なくとも原則的には――知っている場合に限られる。同乗者の考えがここまでおよばず，弁護士がYにこのことを何も伝えていなかった場合には，利益衝突に陥り，そしてまた依頼者の利益を全面的に守るべき契約上の義務に違反することになる。

ケース35：後に家族内紛争を引き起こすこととなった複数の家族構成員の代理

高齢のBは賃貸家屋所有者である。（まだ行為能力はあるが）ケアが必要になったときに，その娘XとYは，ケアを分担することを決めた。ことを容易に運ぶため，これに加えてYは，BとXがすでにそこに住んでいる複数の住居に分かれた屋敷の空いた住居に，家族とともに引っ越すことを決めた。Bは，その屋敷の所有権をXとYに譲りたいと考えている。この3人の当事者すべてが，居住権とケアの仕方についても定めた譲渡契約の作成を弁護士Aに依頼した。契約案ができる前に，娘のXは親のBおよびYと，なくなってしまったと思われた（が後に発見された）預金通帳をめぐって争いとなり，それまでの約束を反故にしただけではな

---

46) この点については，*Eggert*, ZAP Fach 9, S. 647 参照。
47) In : Hartung/*Römermann*, aaO, § 3 BORA Rn. 89.

く，XはBの屋敷内の住居から出ていくこととなった。さらにBは，家を娘Yのみに譲渡し，Xを相続から排除することを望んでいる。BとYとは，弁護士Aが引き続き彼らの利益を擁護し，それに必要なことすべてを進めてくれるよう希望している。

この事案では，当初の協調的な利益状況が，根本から変わっている。客観的には当初から存在していたが主観的な目的設定によって覆いがかぶされていた利益対立が，表面に浮き出てきたのである。弁護士Aは，3人すべての依頼を辞するのがよい。

III 規則3条2項2文の新規律

すでに先にも述べたように，(いまなお新しいといってよい)弁護士職業規則3条2項2文は，業務共同体を変更した者に関する連邦憲法裁判所の裁判[48]にしたがって，(その法的形態の如何を問わず[49])「同一の業務共同体または合同事務所」に所属する弁護士に対する同意があれば，構成要件該当性が阻却されると規定している。

驚くべきことに，規則3条2項2文に関する質問がくるのは，非常に珍しい。そこでは弁護士職業規則の新規律も取り上げられている本雑誌(AnwBl)2008年の第6号掲載の論文は多くの反響をもたらしたが，このテーマに関する反響は実にマージナルなものであった。そもそも一度でもこの新規律と取り組んだことのある同僚の目には，この規定はエキゾチックないしは危険と映っている。つまるところ，同一の事務所の構成メンバーには，相反する利益のために活動しようなどと考える者などいないことは明らかで，だからこそ，利益衝突の恐れがはっきりしている場合には，むしろ依頼を断ってしまうからである。これに加え，同意があっても相反する利益のために活動してはならない理由となる「法的紛争処理機構の利益」なるものが，どんなときに認められるのかについては，いわれているとおり法的不安定がつきまとっている。

もっとも，先にあげた事例のいくつかでは，「王道」として弁護士職業規則3条2項2文を利用できるかが議論された。結果的にみると，感情的なポテンシャルがほとんどみられない取引事案および商人とされる依頼者に関しては，新規律との抵触を恐れる必要はない。

とはいっても，先にも述べたとおり，相反する利益を持つ依頼者の同意のハードルは高い。これに加え，業務共同体内では，十分な説明の後に依頼者が(書面により)同意

---

[48] NJW 2003, 2520 = AnwBl 2003, 521, 523, 524 m. Anm. *Kleine-Cosack*, AnwBl 2003, 539.

[49] この規定は，2005年11月7日の第3期規約委員会が決議した文案である。

を表明することに加え，業務共同体への依頼の場合とは反対に，個々の業務共同体のメンバーへ個別的に依頼がなされることも，弁護士職業規則3条2項2文の当然の適用要件となろう。つまり，業務共同体のメンバーである弁護士AがXを代理しAと業務共同を組むBがYを代理する場合には，委任契約は，AとBが業務共同体のメンバーとして一緒にXYと委任契約を結ぶのではなく，AはXと，BはYと別個の委任契約を結ばなくてはならないことになる[50]。

　これに対しその他の対策は，法律によっても弁護士職業規則によってもとる必要はない。特に，利益相反の依頼をうけた業務共同体のメンバーは，相互に守秘義務を負うのかどうか，これは規則からはわからない。もっとも連邦弁護士会が，それとともに，規約委員会が決議した弁護士職業規則3条2項2文を，規約委員会の決議の認可権者である連邦司法省（弁護士法191条a）に送った「公式の理由書」は，——正鵠をえてはいないが——これを暗示している。理由書では次のように述べられている。すなわち，「いつ法的紛争処理機構の利益が無視されたことになるのかという問題に関してみると，相反する利益を持つ依頼は，施設としての同一の事務所でよりも，同一の業務共同体が持つ施設としては別の事務所で処理するのがどちらかといえばベターである。というのは，わけても，『守秘の必要がある情報が，届いたファックスを垣間みる』ことで漏れてしまうからである[51]。」と。そうだとすると，同意に基づいた相反する利益の代理は，さらには，事務所内では，——たとえばチャイナ・ウォールが存在することで——機密性が確保されていることにもかかっているということになろう。もっとも弁護士職業規則には定められていないし，（単に業務共同体のメンバーがかなり少ない場合に限らず）そうと考えるのも，常識的ではない。これに加え，弁護士職業規則3条2項2文が適用になる多くの場合，たとえば同一の業務共同体のメンバーが，異なる契約当事者に付き添う場合には，弁護士同士もまた情報交換をし，こうすることでできる限り考え抜かれ，かつまたすべての方向から検討が加えられた解決をうることに依頼者たちは利益を有しているというのが，まさしくその実態なのである。

---

[50] もっとも，こうした考慮が必要だということは，弁護士と同じく当該職業実践体に所属するその勤務弁護士が，それぞれに相反する利益を持つ依頼者の代理人となる場合は，問題だということを示している。勤務弁護士は雇用関係にもとづいて指示に従わなくてはならないことから，ここではさらに，利益相反のケースでの個人弁護士の活動に関するすべての制約が取り払われることになってしまおう。

[51] この理由書は，デュッセルドルフ弁護士会会報（KammerMitteilungen）2006年170頁に掲載されている。

IV 同一の職業実践体——または合同事務所

　弁護士職業規則 2 条 2 項 1 文によれば，相反する利益の代理が禁止されるのは，「同一の法的事件の利益が相反する他の当事者にすでに助言をし，または，その者の代理を努めた」弁護士に限られない。「その法的形態または組織形態にかかわらず，同一の業務共同体または合同事務所において当該弁護士と結合をしているすべての弁護士」にもこの禁止は及ぶ[52]。これは，先に述べた弁護士職業規則 3 条 2 項が定める例外規定がかかっていく規定である。

　Anwaltsblatt 2008 年 6 号で発表した私の論文に関連して，「その法的形態または組織形態如何にかかわらず，同一の業務共同体または合同事務所」とはどう理解すべきなのかという質問もいただいた。具体的にいうと，いわゆるがっちりとした協力関係（Kooperation）も，これにあたるのかという質問である。

　形式を踏んだ協力関係は，その形式を問わずすべて弁護士職業規則 3 条 2 項 1 文の意味での業務共同体の概念に包摂されることに争いはない。これにあたるのは，わけても（同一都市内）共同事務所，（隔地間）共同事務所，パートナー社団，弁護士有限会社そして弁護士株式会社である。勤務弁護士そしてフリーランス弁護士もこれにあたる。これとならんで，実務ではよくとられている合同事務所は明文であげられている。

　このほか，表見あるいは外見上の共同事務所も，規定にある業務共同である。この形態の場合，共同利用しているレターヘッドにはその「メンバー」があげられてはいるが，内部関係では，団体法上の結合関係はなく，そこに示されている外見上のパートナーは，実は勤務弁護士あるいはフリーランスでしかないとか，さらにはまた，一切仕事を一緒にはしていない。相反する利益代理の禁止に関しては，紛争処理機構のために求められる弁護士による職業実践の「実直さ」も問題となるところから[53]，外部にそのように露出している弁護士は，その見せかけを受け入れなくてはならない[54]。

　しかし問題となるのは，協力関係はどうかである。規則 8 条に登場する「協力」の概念に関しては，法律上の定義はないし，民事法上の法律用語として使われてはいない。*Hartung* は，認可地が異なる弁護士がゆるやかなかたちで助け合う（Zusammenarbeit）形態と理解し，協力は，社団的な関係をもたらさないとの結論を導く[55]。*Zuck* は，さま

---

52) *Hartung/Hartung,* aaO, § 3 BORA Rn. 97 ff. 参照。
53) BT-Drucks. 12/4993, S. 27.
54) *Hartung/Hartung,* aaO, § 3 BORA Rn. 98 も同旨。

ざまな契約タイプが考えられるとして，たとえば，強力な業務支援の要素あるいは請負の要素を持つ双務契約，社団契約，――経験や情報交換，共同購入といった単に付随的な目的のためのものではあるが――法人格なき社団，ヨーロッパ会社（EWIV）あるいは有限会社という法形式によるものなどを挙げる[56]。*Hartung*は，協力を次のように理解している。すなわち，競争力を改善するため，弁護士法59条a1項に基づき業務共同を組むことが認められている職業従事者を加え，社団契約的な合意に基づいて，継続的かつ組織的に確固としたかたちで弁護士が助けあうものであるが，共同事務所では不可欠の共同受任および共同で報酬を受けるということがないものだとする[57]。共同事務所の設立と同じく，協力関係の創立には，社団契約あるいは少なくともそれに類似の契約を締結することが必要である。これにより，内的な社団が成立する。この内的社団は，参加したほかのパートナーの法的・業務上の独立性を揺るがすものではなく，これをつうじてパートナーとなった者は，その共同助け合いを内部的に規律するものであり，共同事務所としての拘束とかそれと結びついた連帯債務関係に立つことはないのである。それ故に，協力関係契約においては，委任と報酬の受領は，各パートナーが個別に行うこと，パートナーは，他のパートナーの活動および事務所運営には責任を負わないこと，そしてパートナーは，その事業的・法的独立性を失わないことを定めておかなくてはならない。

　もっとも実務では，協力関係は，しばしば契約としての合意といったものではなく，本来の意味での呼びかけに基づいて創設されている。労働法を得意とする事務所が家族法に関する助言を必要としている依頼者に，（その事務所の所有者らが知己ということで特定の他の事務所を）紹介し，反対にこの顧客を紹介された事務所のほうは，労働法関係の依頼者を前者の事務所に紹介するといった具合である。これがうまく機能していることは確認されており，各事務所が，そのレターヘッドには，他の弁護士を協力パートナーとして掲げてはいるものの，その内容は，そもそものところ依頼者の紹介と相互の「広告」だけをその内容とする「互助」を最適化すべく，このような「協力」関係を結んでいるのである。

　弁護士職業規則旧3条2項のもとでは，活動禁止は，「共同した職業実践のための共同事務所に，他のかたち（勤務関係・フリーランス）で所属している弁護士または合同事務所に所属する」弁護士にも拡大されると規定していたことから，協力関係はこれにはあたらないとされていた。しかし，その「法的形態または組織形態にかかわらず」と

---

55) Anwaltsrecht, S. 57.
56) Vertragsgestaltung bei Anwaltskooperationen, Rn. 26 bis 31.
57) In : *Henssler/Prütting*, aaO, § 59 a Rn. 120.

いう若干異なる文言をとり，かつまた旧規定のように「括弧書き」でのその定義がなされていない弁護士職業規則新3条2項1文のもとでは，協力関係はこれにあたらないと断言しきることはできない。ということで Hartung は，協力関係は，弁護士職業規則新3条2項一文の文言からも，そしてまた協力関係の意味と目的からしても，職業実践共同体にあたることになるとしている[58),59)]。

しかし，協力関係を利益衝突に組み込まれる職業実践共同体にあたるとするのは行き過ぎであろうし，また憲法上も非常に疑問がありそうである。というのは，協力関係では，まさに直接一緒にやるということはないからである。通常協力関係のパートナー同士は，単に緩やかでどちらかといえば情報交換的なつきあい方をしている。実際に協力関係も対象となるということであれば，すべての弁護士そしてすべての法律事務所に対して，協力関係に入らないことを勧めるしかない。なぜなら，どうみても利益より不利益のほうが大きいからである。さらに，そもそも協力関係にあるだけの事務所間で，自分達がどのような依頼を処理しているかについての情報を交換してよいのかは，守秘義務の観点からするとつとに疑問である。

同じことがヨーロッパ社団（EWIV）そしてまたそのほかの緩やかな弁護士ないしは事務所同士の結びつきにもあてはまる。

V 結　語

以上述べてきたことからわかるのは，——表題のとおり——それぞれの生活事実関係は異なっており，そしてまた，しばしば種々の観点からとらえることができるということである。リスクをとりたくない弁護士は，状況をその根本から検討し，疑問があるときは，できれば依頼を受けるべきではない。この際考えておくべきは，依頼者は，——法律上のあらゆる点からみても——忠誠を求める請求権そしてまた「自分の」弁護士から最善の助言そして代理を求める請求権を有しているということである。依頼者との信頼関係は，高価な財であり，弁護士はこれから目を離しては決してならない。相反する利益代理の禁止は，（独立性そして守秘義務とならぶ）弁護士という職業の三本柱の一本であり，これらは，法的紛争処理機構の機関たる弁護士の地位（連邦弁護士法1条）を充実させるだけではなく，そもそもそのまず一番の前提をなしている。他方で，しばしば依頼者は，（たとえば契約交渉にあたり）複数の弁護士が必要となる理由がわから

---

58) In : *Hartung/Römermann,* aaO, § 3 BORA Rn. 101 f.

59) *Feuerich/Feuerich,* aaO, § 3 BORA Rn. 11 も同旨。もっとも，特に理由を付すことなく，*Hartung* をあげているだけである。

ないという現実から目をそらしてはならない。それ故に，高い職業倫理と市場の一定の規則性の間の折り合いをうまくつける必要がある。

利益衝突・今も昔も：すべてのケースは異なっている
―― 弁護士職業の中核的義務に関する実務で問題となった50のケース ――

スザンネ・オファーマン - ブリュッハルト

訳　森　　　勇

　「弁護士は相反する利益の代理をしてはならない。」このあまりにもシンプルで自明のことのように響く文言が，実務では多数の問題を引き起こしている。利益衝突の基礎について著者は，本誌（AnwBl）2008年の6月号において，利益衝突の基礎に関する論攷を発表した。読者から大きな反響があり，それを受けて著者は，本誌（AnwBl）2009年11月号において，実務で問題となった35のケースを使って，利益衝突の個々の要件（および当時改正された弁護士職業規則3条2項2文）について詳細に論じた。しかしこの論攷は，締めくくりではなく，今日までに著者の手元に，さらに多数の質問が持ち込まれる契機となった。先の論攷から2年をへた今，一部はよくありがちで恒常的に繰り返される実務からとったケース，そして一部はエキゾチックな計50ケースを本稿では取り上げていこう。家族法そして交通法では，簡単なケースが大方をしめるが，大規模事務所にとってアクチュアルなケースもある（たとえば，新たに依頼者となる可能性のある者が，事務所を事件から排除するため，コンフィデンシャルな書類を同送してきた場合である）。

I　序

　多くの弁護士は，ある特定の依頼を受任することが利益衝突となる可能性があるか，あるいは，すでに受任している事件が相反関係にあるのかという問題を，第六感をもってとらえている。このことは，たとえば「もちろん本件では両方の依頼者の代理ができる。なんといってもみんなそうしている。」あるいは，「個々ですべての関係者を代理することなど問題とはならない。」といった対応をもたらしている。よろしからざる第六感に頼るのは，間違っている。これに対し，よろしきをえた第六感によった場合には，しばしば混乱することになる。

　そして，利益衝突というテーマは，純粋の直感では，絶対に乗り越えられない。この

難しいテーマを克服できるのは，法律が定めているところをその根本から解析し，その多様な構成要件要素を分解し，事実関係をきっちりとあてはめ，そしてその際には正しい順序をふんでこれを行う場合にのみである。こうすれば，第六感の信奉者でも，まったく新たな驚くべき認識にしばしばたどり着く。

II　法的な基礎

　相反利益代理の禁止は，刑法（356条1項）にも連邦弁護士法にも（43条a4項）そしてまた弁護士職業規則（3条1項1文）にも定められている。

　規定の仕方はまったく異なっているが，これら規定の中核的なところでは，その考えは同一である。つまりそれは，弁護士が弁護士の資格をもって，同一の法的事件において，同時または異時に，（この同一法的事件において）その利益が相反している2人またはそれ以上の当事者に助言を与えそして（あるいは）その代理人となってはならないということである。

　禁止される行為を主観的観点からみてみると，職業法上の諸規定のほうが刑法356条を凌駕している。というのは，刑法は故意を要件としているのに対し[1]，連邦弁護士法43条a4項および弁護士職業規則3条1項1文では，過失による義務違反で足りるとされているからである[2]。これに加え，刑法356条では，個々の弁護士の行為のみが制裁の対象となるのに対し，連邦弁護士法43条a4項では，共同して業務にあたっている者も対象となり[3]さらに弁護士職業規則3条2項では，勤務弁護士，フリーランス弁護士そして合同事務所で執務している弁護士などもこれに巻き込まれる。

　このような相反利益代理の禁止の根底にあるのは，依頼者に対する信頼関係であり，弁護士の独立の確保であり，そして法的紛争処理機構の利益のため求められる弁護士職業実践の実直さである[4]。刑法と職業法は，相容れない関係に立つものではない。かえってそれらは相互に補完し合っているのである[5]。

---

1)　BT-Drucks. 12/4993, S. 27 ; *Eylmann*, AnwBl 1998, 359, 360 ; *Feuerich/Weyland/Feuerich*, Kommentar zur Bundesrechtsanwaltsordnung, §43a BRAO Rn. 54.
2)　*Hartung/Römermann/Hartung*, Kommentar zur Berufs- und Fachanwaltsordnung, §43a BRAO Rn. 59.
3)　現在ではBVerfG NJW 2006, 2469 = ZEV 2006, 413が明確としている。
4)　BT-Drucks. 12/4993, S. 27.
5)　この点については，つとに *Kalsbach*, Kommentar zur Bundesrechtsanwaltsordnung, §45 BRAO Anm. 2が指摘するところである。

III 個々の要件

利益衝突の構成要件と以下での解説が準拠する分類は以下のとおりである。
・事実関係の同一性／同一の法的事件
・事件の処理ないしは以前の事件処理
・利益相反／利益衝突のもとでの行為
・同一の業務共同体のメンバーへのこの禁止の拡張／ある職業実践共同体から他の職業実践共同体への移籍
・当事者の同意が認められることとその要件

以下ではこれらの要件について簡略に説明し、重要な事案を使ってその理解を深めていきたい。2009 年の本誌掲載の論攷と同じく、ここで取り上げるケースはすべて、弁護士が説明してくれた事実関係、裁判あるいは（連邦検察庁の）起訴状からとった事実関係をベースにしたものである。

この場でも、本稿は、主に助言者としてのポジションに立って論じているということを指摘しておく。このポジションは、子供が池に落ちた後からゲームに参加する、弁護人としてのポジションより難しい立場であることははっきりしている。というのは、相反利益代理を理由に起訴されそして（あるいは）職業法上の懲戒手続が開始された同僚弁護士の代理をする弁護人は、すでに構成要件的にみて利益衝突など一切ないとか、構成要件該当性を阻却する同意があったとか、あるいは、被告人ないしは被懲戒者は少なくとも要件あるいは禁止について錯誤に陥っていたことを理由づけるために、想像力をたくましくして思いめぐらしてよいし、おそらくはそうすべきである。これに対し、良心的な意見を求められた助言者は、まずは「確実な道」を見極めるようにしなくてはならず、その際にはできるだけ——あればの話だが——判例あるいは支配的な見解によるようにしなくてはならない。しかし、後者はまさにそう簡単ではない。というのは、ここでは、各見解そしてまた議論の方向性が実に錯綜しているからである。つまり、利益相反は、好奇心をかき立てるテーマであり、そうあり続けるテーマなのである。

1．事件処理にあたっている（あたっていた）ことおよび同一の法的事件に関する事例

すべてのケースでまず必要なのは、当該弁護士が、自分がすでに以前に関係した、あるいは現在別の角度から取り組んでいる事案で活動することである。

A　同一の法的事件という概念について

　刑法356条1項および弁護士職業規則3条1項1文は，等しく「同一の法的事件」という概念を用い，そこでは弁護士は，あるときは一方のため，またあるときは他方のために活動してはならないとされている。

　この際同一の法的事件とは，実に原則的な話ではあるが，一層あるいは多層からなる生活事実関係であり，それを基礎づける歴史的な事実および（または）それに関わる人物に照らすと，その全部またはその一部を，法的には一体としてとらえる以外ないものを指している[6]。

　果たして同一の法的事件となるかという問題が予想もしないような困難をもたらすのは，珍しいことではない。

B　事件処理にあたっている（あたっていた）こと

　それ故，これ以降の考察のとっかかりとなる，どんなかたちであれそもそも弁護士が当該事案に関わっていたかそしてまた（あるいは）関わっているかという前提問題からはじめるのが，思考経済にかなう。事件処理にあたっている（あたっていた）ことという問題である。

　弁護士職業規則3条1項1文は，――少し混乱させるものとなっているが――完了形を用いて，はっきりと次の場合についてのみ活動禁止を定めている。すなわちそれは，弁護士が同一の法的事件において，すでに利益相反にある他の当事者の相談にのりあるいは代理をしていた場合である。これに対し，刑法356条は，「尽力する」そしてまた連邦弁護士法43条aは，実に中立的に「相反する利益の代理は許されない」と規定し，言葉のロジックからして現在形も取り込んでいる。つまり，異時的，つまりは時間的にはずれている相反利益が禁止されるのと同じく，代理弁護士が相反する利益を同時に代理することが禁止されるのは当然のことである[7]。というわけで，弁護士職業規則3条1項1文は，用語法としてはうまいものではない。

　事件処理にあたっている（あたっていた）ことというスローガンのもとで議論されているのは，従前の活動が弁護士としての活動であった場合のみ禁止されるのか[8]，それ

---

6)　こうした定義の立て方については，*Offermann-Burckart*, Anwaltsrecht in der Praxis, § 10 Rn. 23 参照。

7)　したがって，*Hartung*, AnwBl 2011, 679, 680 左欄上の定義は狭すぎる。

8)　BGHSt 13, 231, 232 = NJW 1959, 2028, 2029 ; 20, 41, 42 = NJW 1964, 2428, 2429 ; 24, 191, 192 = NJW 1971, 1663, 1664 ; *Gillmeister*, Leipziger Kommentar zum Strafgesetzbuch, § 356 StGB Rn. 36 ; *Henssler/Prütting/Henssler*, Kommentar zur Bundesrechtsanwaltsordnung, § 43a BRAO Rn. 196 （旧版の執筆者 *Eylmann* の見解 § 43a

とも，他の職業実践としての活動でも足りるのかである[9]。

広くとる見解，つまりは何であれ職業上取り組んでいたこともその中に取り込む見解には，次の3点がその根拠となる。まず第1に，果たしてそれがまだ一般的な職業活動であるのか，それともすでに弁護士としての活動となっているのかを区別するのは，しばしば難しいことである。次に，弁護士兼公証人に関しては特別の状況がある。つまり，（たとえば公正証書の作成といった）そのすべての活動は純粋の公証人としての活動であり，これを取り込まないと，そもそも弁護士法43条aおよび弁護士職業規則3条1項1文の対象外になってしまう。そして最後は，シンディクス弁護士（団体内弁護士）の両生類的な位置づけである。つまり，近時彼らには，——弁護士許可の授与申請に際し，そしてまた法定年金（国民年金）加入義務の免除という問題にあたり——彼らが，弁護士ではない使用者のためのその活動の枠内においても，一部「弁護士として」活動することが認められている点である。

　　ケース1：刑法犯の代理とその後における他の事件を起こした同一人物に対する
　　　　　　刑事附帯請求原告の代理

弁護士Aはある傷害事件の刑事手続で被告人Xの代理を務めた。この手続が終結した3年後に，公道上でかなりの暴力を加えられたうえXにハンドバッグを奪われたYは，弁護士Aに，Xに対する刑事附帯手続の付帯原告となる自分を代理するよう依頼した。

ここでは，被告人は同一だが別の犯行が問題となっているのであるから，一体的な生活事実関係は一切ない。もっとも，Aは，その守秘義務の維持に特別の注意を払う必要がある。たとえば，以前の弁護でAに明らかとなったXの暴力行使癖の詳細を述べることに熱を入れてはならない。

　　ケース2：社会保険庁（保険者）を相手として母親を代理するとともに当該母に
　　　　　　対して貸金返還を求めるために息子を代理

弁護士Aは，社会保険庁を相手とする社会保険に関する二つの事案で母親Xを代理した。一つは入院手当であり，もう一つは，年金請求権の計算とその行使に関してである。年金の事案が片付くまで成人の息子Yが規則的に財政的な支弁をも

BRAO Rn. 135, を変更している）．

9) たとえば，*Geppert*, Der strafrechtliche Parteiverrat, S. 117 ; *Schönke/Schröder/Cramer/Heine*, Kommentar zum Strafgesetzbuch, § 356 StGB Rn. 15 ; *Kleine-Cosack*, Kommentar zur Bundesrechtsanwaltsordnung, § 43a BRAO Rn. 88 ; *Offermann-Burckart*, AnwBl 2005, 312, 313 ; *Kilian/Offermann-Burckart/vom Stein/Offermann-Burckart*, Praxishandbuch Anwaltsrecht, § 13 Rn. 11 ff. 参照．

って母Xを支援していた。年金が入ることが確実になったのち，Yは，この「つなぎのために渡した金員」の返還をXに対して求めた。Yは，この金銭は貸金としてXに渡されたものだとの立場をとっている。これに対し母親Xは，贈与だとの立場をとり，返済を拒否した。そこでYは，弁護士Aにその請求をしてくれるよう代理を依頼した。

ここでは一体的な生活事実関係はないとしてよかろう。というのは，母Xの年金請求権の行使とYの財政的な支弁は事実としては関係してはいるものの，法的な関連はないからである。もちろん，「息子による母の支援」という問題に関わっていた場合は少し話が異なってくる。守秘義務の観点からは，注意が必要である。弁護士Aは，たとえばXの具体的な財産状況をYに知らせてはならない。

　　ケース3：（倒産した）企業の代理人を種々の事案で務めることと当該企業を相手にその従業員の代理人となる

弁護士Aは，長年にわたりX企業の相談にあたりかつまたその代理を務めてきた。取り扱ったのは，ほぼ例外なく，Xの顧客に対する金銭債権の行使と瑕疵の主張に対する防御であった。労働法上の問題が依頼の対象となったことは一切なかった。Xの資力が理由で，Aは辞任した。その後以前Xの従業員YがAを訪れ，Xに対する関係で自分の代理人をAに依頼した。問題は，職務発明に基づく請求権であった。

この場合には，一体的な生活事実関係はない。というのは，顧客に対する債権の請求および瑕疵の主張に対する防御と職務発明に基づく元従業員Yの請求権との間には何ら関連がないからである。もっとも，弁護士の守秘義務との関係で問題が起きる可能性がある。というのは，Aが長年にわたるXのための活動から，新たなYからの依頼のために使える可能性のある，あるいはさらに依頼者の利益のために利用しなくてはならないことになるようなXに関する特別の知識を持っている場合である。問題が深刻化しないのは，雇用されている間の職位が高かったこの従業員Y自身が，Xに関する重要な情報をすべて持っており，Aはそれ以上のことを知らない場合である。

　　ケース4：離婚手続で妻を代理し，今度はその妻を相手に受信料徴収センターの代理人となる

弁護士Aは，離婚手続において妻Xの代理人を務めた。この依頼が終了した後，弁護士Aが常々そのために活動しているYが，Xに対し，未納になっている受信料の支払い請求を依頼した。Xは，受信料徴収センターに対して次のように主張している。すなわち，「受信機を家に設置したのは自分の以前の夫だから，自分は受信料の支払い債務を負ってない。自分はテレビを一切見ない」と。

Xが元の夫のことを持ち出したとしても，一体的な生活事実関係はない。そもそも，

Xの主張はとおらない。なぜなら，受信料契約の2条2項によれば，受信料支払い義務は受信機を保持していることにかかっており，誰が設置したとか受信機が利用されているかにはかからないからである。もっともここでもまた昔からの問題，つまりは守秘義務の問題がある。というのは，Aは，そのかつての依頼者Xの財産状態の「内情」を知っているが，新たな依頼にあたり，絶体これを利用してはならないからである。

ケース5：公正証書による契約の作成にあたり離婚した夫婦の相談を受けることとその娘がする後の相続人に対する代理をすること

弁護士Aは，生命保険や財産分与（Zugewinnausgleich）などのさまざまな問題について定めた公正証書による契約の作成にあたり，離婚した夫Bと妻X1の相談にのった。Aが受任したのは夫Bのみであった。何年か後，Bは死亡。Bは，唯一の相続人として12年間同棲していたYを指定していた。Bの娘X2とX1は遺留分を主張することを考え，まずは弁護士Aに，Bの財産状態についての情報提供を求める訴えをYに対し提起するよう依頼した。

公正証書による契約とBの財産状況とその開示を求める訴えが仮に関係していたとしても，一体的な生活事実関係の存在は否定して差し支えあるまい。したがって，弁護士が娘X2のために活動するのは，亡くなったBの推断的意思に反しないかという難しい問題は，ここでは持ち上がらない。少し異なるのが，AがBの遺言の作成に際し相談にのっていた場合である。

ケース6：ある企業の代理と後に企業を買収した者に対して業務執行者の代理人となること

弁護士Aは，ある企業Bの代理人をさまざまな建築案件で務めている。これに加えAは，Bの業務執行者であるXの個人的な案件（離婚・賃貸など）でも常々代理を務めていた。Aの関与がないなかでBの所有者が変わり，Xはその企業を離れたのち，XはAに，当該企業を買収したYに対して未払い報酬を請求してくれるよう依頼した。Xがいつの時点で（売買の前か後か）退職したのか，そしてまた，誰が請求の相手となるのか（元の所有者か買った者か）ははっきりしていない。

Aが当該企業の建築案件についてのみ相談にのりまたその代理を務めていたということであれば，一体的な生活事実関係はそもそものところない。これに対してAが，たとえば業務執行者の報酬に関係する案件で相談にのっていたし，そしてまた（あるいは）企業の売却に携わっていたとしたら，特にはっきりしていない要素があるという背景のもとでは，判断は難しいものとなる。ほかの前提問題がはっきりしてはじめて利益衝突となるかについて信頼のおける判断が可能となるのであるから，受任はどちらかというならやめるべきであろう。

ケース 7：集団的労働法上の案件について有限会社を代理し，引き続き有限会社
　　　を相手にもっぱら執行役員会（Vorstand）会長を代理すること

　　弁護士 A は，集団的労働法に関する案件，つまりは，IG-Metal 労働組合との協
約締結に関して，ある有限会社の代理人を務めていた。この有限会社の執行部が複
数に分裂した際，A もこれに巻き込まれた。A は，執行役員会会長 X と個人的な知
己をえていたため，受任できなかった。有限会社と X との契約が 5 年延長された
まさにその後すぐ，新たな持分権者 Y が X を解雇しようと試みた。この Y は，言
いがかりと X には映る多くの非難を浴びせ，X に対し解消契約を提案してきた。
そこで X は A に，まず相談にのること，深刻になったら自分の代理人となるよう
依頼した。

　X が会社のために活動した集団的労働法上の案件と執行役員会会長の契約とは関係し
ていないから，一体的な生活事実関係は認められない。守秘義務の問題も，X がそれま
では手綱をしっかり握っており，そしてまた「予断のない」弁護士にすべての情報を提
供できるなら生じない。

　　　ケース 8：損害賠償案件で夫婦を代理しそして離婚手続で夫を代理する

　　弁護士 A は，以前依頼していた税理士に対し，不動産売却に関連して誤った助
言をしたとして損害賠償請求をする X と Y 夫婦 2 人の代理人となった。この依頼
を受けた後すぐに，夫 X は，A に自分の妻 Y に対する離婚手続での代理を依頼し
た。

　原則的には，一体的な生活事実関係は認められない。もっともこうした評価は，離婚
手続および財産分与交渉にあたり，たとえばどちらの側に税理士から賠償金が支払われ
るか，そしてまた（あるいは）税務相談の結果が夫婦の財産状況にどのような結果をも
たらすのかといった不動産に関わるテーマが問題となる場合には，変わってくる可能性
がある。

　　　ケース 9：扶養問題で夫の相談にのり，そして性的虐待を理由とする未成年の子
　　　供の代理をする

　　弁護士 A は，2 人の未成年の娘を持ち，妻と離婚をしようとしている夫 X から
離婚後の扶養請求について相談を受けた。数週間後妻 Y が A に接触した。Y は X
が娘たちを性的に虐待しているとし，必要な手続をとること，特に青少年局（Ju-
gendamt）とコンタクトをとってくれるよう依頼した。

　婚姻（あるいは同性間のパートナー関係）により，一体的な生活事実関係がもたらさ
れるのは，同一の法的事件のまさに古典的な例である[10]。もっとも，Y が X に対して加

---

10) 　BGH NStZ 1985, 74 = BRAK-Mitt. 1985, 114 ; BayObLG NJW 1981, 832 ; OLG

えた．Xは性的虐待をしているという非難は，婚姻関係とは直接関わってはいない。したがって，Aが本来の離婚案件についてもYから依頼を受けたことにならない限りは，一体的な事実関係はない。そうはいっても，相談対象が密接に絡み合っていること，そして問題が特段センシブルであることからすると，新たな依頼を受けるのは，絶対やめた方がよい。

ケース10：かつて相手方の代理人であった弁護士を相手に，相手方であった妻を代理すること

弁護士Aは，夫Xに離婚案件で相談にのりそして代理をした。離婚成立後，かつての夫婦は，「恋人関係」を維持していた。弁護士Bの請求額について話している際，Yは，自分がXより非常に多く支払ったことがわかった。YはAに，自分の弁護士の請求書を調べ，そして場合によっては返還請求を自分の元の弁護士Bに対してすることを依頼した。

この場合一体的な生活事実関係があるかは，疑わしい。というのは，以前は離婚が問題となっていたが，今度の問題は，Yが負担するその弁護士の手数料請求だからである[11]。もっとも，Yの元の弁護士の請求は，つまるところ，いまだ請求はなされてはいないが，再度主張される可能性がある。YのXに対する請求を考慮に入れてなされていることを，Aが知ることになる危険がある。たとえば，弁護士Bは，検討の末，YのXに対する貸金債権の主張はやめるよう助言していたが，実はこの請求はうまくいくことをAが知ることになった場合である。弁護士Bの手数料請求の検討にあたっては，夫Xにとり不利となるこのような認識をAはその胸のうちに収めておくことは許されまい。

ケース11：子との面接交渉権に関し母の代理を務め，性的暴行の非難に対して父親の弁護をすること

弁護士Aは，その離婚した夫Xの面接交渉権に関して，3人の未成年の子を持つ母親Yの代理人となった。当事者双方にとって満足のいく解決がはかられた。しばらく後に，教師をしている夫Xが，2人の未成年の生徒に対する性的虐待を理由に告訴された。彼は，この告訴は，「まったくの作り話」だとして，Aに弁護を依頼した。彼が特に恐れたのは，別れた妻がこのことを知ったとき，面接交渉権を問題化できることであった。

両方の依頼は，一体的な事実関係では絶対ない。しかし，Aは，夫Xの弁護を引き

Karlsruhe NJW 2001, 3197；2002, 3561.
11) この点については，すでに *Offermann-Burckart*, AnwBl 2009, 729, 731 – ケース9. があるので参照。

受けた後は，面接交渉権について，もし後に問題が再燃した際の新たな交渉にあたっては，活動することは許されまい。というのは，児童虐待の非難と面接交渉の問題が，結びつけて論議されることになった場合には，それまでは別の事実関係が一体的なものへと融合するからである。

　　ケース 12：第 1 の婚姻から生まれた子の代理と同一の夫（父親）を相手に第 2
　　　　　　　の婚姻の妻の代理

　弁護士 A は，第 1 の婚姻から生まれ成人した X を代理して B を相手に扶養請求をする委任を受けた。B は Y と再婚していたが，Y は，A に対し，B との離婚手続での代理を依頼した。

　ここでどう評価すべきかは，必ずしも明確ではない。というのは，子に対する扶養の確保と離婚案件は，厳格にみると異なる生活事実関係である。もっとも，子の扶養請求権と 2 番目の妻 Y のありうる扶養請求権は，一種の「つなぎの管」となることで，法的にひと括りとされることがありうる[12]。財産不足の場合，つまりは夫 B の手元に残されるべきものを引いた後に配分の対象となる財産が，X と Y の必要を満たすに十分ではない場合には[13]，B に対する二つの扶養請求権は，競合関係に立つことになる。

　　ケース 13：子会社の売却にあたりホールディングを代理し，この子会社の重要
　　　　　　　な契約相手を代理すること

　X 社および B 社と C 社がある。X 社がホールディング会社，B 社は X 社の子会社で，中間ホールディング会社であり，C 社は B 社の子会社である。C 社は各種医療機関の運営者を支援しており，その顧客の中には，最新構造の MRT を保有するなど，最新の機器を備えた D レントゲン施設もある。X ホールディングは，B 中間ホールディングスを C 社とともに売却することについて，買収に関心のある者と交渉しているが，この際，ミュンヘンにある隔地間共同事務所の弁護士事務所 A が X の相談にのり，交渉に立ち会った。交渉相手が最大の関心を寄せているのは，C 社が医療機関と結んでいる契約であり，とりわけ，先に挙げた D レントゲン施設の所有者 Y との契約である。弁護士事務所 A は，デュッセルドルフにも事務所を持っている。この事務所に，先に挙げた D レントゲン施設の所有者 Y が新たな依頼を持ち込んだが，彼の希望は，C 社との契約の解消である。もし C 社と D 間の既存の契約が解消されると，X の交渉相手である Y は，ほぼ確実に B 社お

---

12) この点については，*Offermann-Burckart*, AnwBl 2009, 729, 732 − ケース 10 で取り上げているので，これを参照。

13) この点の詳細は，*Gerhardt/von Heintschel-Heinegg/Klein/Gerhardt*, Handbuch des Fachanwalts Familienrecht, 6. Kap. Rn. 734 ff. 参照。

よびC社買収への関心を失う結果をもたらす。この事実はしかし，オフィシャルに話し合われたことはなかった。弁護士事務所Aには，偶然にもさまざまな情報が集まってきたのであった。

一見するところでは，（一方は売買交渉，他方はC社との契約を解消したいというDレントゲン施設所有者の意図であり）一体的な生活事実関係はない。ただ，DのC社との契約を解消したいという意図が，もしかするとB社（そしてC社）の売却をDが知ったことと直接つながっている可能性があり，その場合は，話は違ってくるであろう。全体としてみると，このような関係のもとでは，関与している所在を異にする共同事務所間で，かなり大きな忠実性の衝突が生じてくる。守秘義務の維持について綿密に考えておかなくてはならない。もっともよいのは，デュッセルドルフの新たな依頼を受けないことである。

ケース14：支払いをしない顧客に対し自動車修理工場を代理し，そして，他の修理依頼に基づき同一の修理工場を相手にこの顧客を代理する

ある自動車修理工場Xは，その客Yの車が事故で受けた故障等を修理した。Yが支払いをしないので，Xは，弁護士Aにその債権の請求を依頼した。修理が終わった数日後，争いとなる前に，Yは再度その車をXに持ち込み，牽引装置の取り付けを依頼した。Yの見解によれば，牽引装置の取り付けはうまくできていなかった。Yは改善を依頼したが，すべて問題ないという立場のXは，これを断った。そこでYは，自分から弁護士Aにその請求権の行使を依頼した。

そもそもこのようなことはあまりないと考えるのが普通だが，実務では，このようなケースないしは類似のケースは，繰り返し起こっている。果たして一体的な生活事実関係があるかという問題に答えるのは難しい。表面的にみると，事故による故障の修理と牽引装置の取り付けは，同一の修理工場そして同一の車両に関するものであっても，相互関係はない。もっとも，二つの事案が密接に絡み合っていること，そしてYが，自分が主張するXに対する請求とXの自分に対する請求とを相殺するという考えを持つ可能性があるという事実からは，一種の法的な観点からの括りの効力＝一括効（Rechtliche Klammerwirkung）が生じる。したがって，AはYの依頼を受けないのがよい。

ケース15：利益調整および社会計画（いずれも合理化の際の解雇調整）に際してある企業の事業所協議会（Betriebsrat）の代理人となり，そして同一企業の従業員を解雇保護手続で代理すること

弁護士A1とA2は，共同事務所のメンバーである。A1は，利益調整および社会計画交渉にあたり，B企業の事業所協議会の代理をした。利益調整には，解雇保護法1条5項に従い，解雇予定の従業員リストが添付されていた。このリストの作成にA1弁護士は関与していた。利益調整と社会計画交渉が終わった後，A2は，リ

ストの名前が載った企業Bの多数の従業員から，多数の解雇保護手続での代理を引き受けた。

ここに挙げた例は，一体的生活事実関係があるかについての見解が，如何に多様でありうるかを示している。所属弁護士会の理事会は，職業法上の監督手続において，一体的な生活事実関係があるとし，相反利益代理禁止違反があるとした。当事者背信の嫌疑を理由とする刑事手続は，反対に停止となった。州上級検察庁は，弁護士職業規則3条1項違反を理由とするA2の懲戒請求をした。弁護士裁判所は，主弁論（公判）を求める懲戒中立状を却下。理由は，「労働法上の利益調整手続でのA1による事業所評議会の代理は，懲戒請求を受けた弁護士A2が活動している解雇保護手続と同じ事件ではない。解雇保護手続は，ある使用者の事業所協議会を相手にするものではなく，使用者自体に向けられたものである。」というものであった。州上級検察庁の抗告を受けて，第二審である弁護士法院は，弁護士裁判所の決定を取消，主弁論を求める懲戒中立状を受け入れた[14]。弁護士法院は，慎重に一体的生活事実関係があることを理由付け，わけても次のように説示した。すなわち，「利益調整と社会計画の対象は，その要件と方式——特に，事業の変更，事業に由来する解雇の必要性，補償金の額およびその補償の上限（Deckelung）——だったのであり，弁護士A1とA2の活動はともに一体的な生活事実関係に基づいている。この点は，そもそも解雇に立ち向かうことができるようにするには，A2は解雇保護手続において，利益調整と社会計画における規律を標的にせざるをえないということから明らかとなる。A2は，解雇理由がない，社会選択（解雇対象者の選択手続）が保障されていない等々を主張しなくてはならない。A2が，単に補償金額の引き上げのみに努力する場合でも，彼は自分の依頼者のために，社会計画における補償上限の取消を勝ち取らなくてはならない。そのためにやはりA2は，社会計画中におけるその点の規律を具体的に攻撃していく必要がある。このことから，A2の受けた依頼は，利益調整および社会計画の基礎となっている事業変更およびその締結と内容の歴史的な経緯と実に具体的に関連しており，したがって，その同僚弁護士A1が受けた依頼と同じ法的事件に関するものであることが明白となる。」[15]としたのであった。

ケース16：倒産管財人を代理した後，その倒産管財人を相手として倒産した企業の業務執行者を代理すること

弁護士Aは，フローリング関連会社Bの取引上の案件をすべて代理してきた。Bが倒産した後は，Aは，倒産管財人Xの代理を務めた。倒産手続終了後，Bの元

---

14) AGH NRW – 2 AGH 32/09.

15) 本件では弁護士裁判所で引き続き行われた主弁論において，刑事訴訟法153条2項にしたがい2,500ユーロの支払いと引き替えに，手続は停止された。

の業務執行者Yは，倒産管財人相手にして自分の代理をするようAに依頼した。Yは，Xに対して損害賠償を請求したいと考えている。その理由は，XがYの名声を毀損するやり方で，不当にも，Yの素人的な行動と経済的にみて誤った判断がBの倒産を招いたと主張し，これを喧伝したというものである。

たとえYのXに対する想定上の損害賠償債権が，Bの倒産および倒産管財人Xの活動と直接関係していないとしても，事実関係が，一体的な生活事実関係を認めなくてはならないまでに絡み合っており，いずれにしてもYの依頼は受けるべきではない。YとXとの間の意見の相違が，Xの選任時あるいは選任後すぐに生じていたとするなら，A弁護士についてはこの時点で，そもそも倒産管財人Xのために活動できるかという問題が生じる。この際考慮すべきは，倒産管財人は，倒産会社の承継人でもなければ倒産債務者の代理人でもなく，支配的な見解によれば，(その効果は有利にも不利にも倒産財団にもおよぶ)訴訟上そして実体法上も自己の名をもって行為する職務上の受託者 (Amtstreuhandler) だということである[16]。それゆえ倒産債務者(およびその機関)と倒産管財人間のいさかいは，同一の弁護士が，倒産債務者(および，あるいはその機関)のためにもそして同時に倒産管財人のためにも活動することはできないという結果を常にもたらすのである。

　　ケース17：差し迫った倒産に関係して企業の相談にのり，その後，この企業の社員の脱退に関してその相談にのること

　弁護士Aは，差し迫った倒産に関しX企業の役員会の相談にのった。問題はどう倒産を回避するかであった。その後に受任は終了し，Aは2年間Xとは一切コンタクトがなかった。その頃，Xの社員の一人でありXからの退社と持分の売却を考えているYがAをたずねた。Yは「Xの稼ぎ頭」である。XにとってYの退社は，おそらく資金の枯渇をもたらすことになる。Yが退社の意向を持っていたことが，2年前にも倒産の危機の原因であった。

時間が経っており，かつまたその間に状況が改善したとしても，この場合には，一体的な生活事実関係ありとしなくてはならない。

　　ケース18：ある病院の管理部から弁護士に転身した後に，以前の部下を代理すること

　弁護士Aは，弁護士認可を受ける前はある病院の事務長をしていた。Aの仕事には，とくに人事が含まれていた。Aが病院を辞めて弁護士になった後，自分が病院に勤務していた間に雇い入れた多数の病院職員から，問題となっている労働法上

---

16) この点については，Runkel, Anwalts-Handbuch Insolvenzrecht, § 6 Rn. 166. のみをみれば足りる。

の案件（わけても解雇保護手続，休暇請求権の確保）について，対病院で代理人となってくれるよう依頼された。

一体的な生活事実関係が認められる。ここで筆者が主張する「一体性」を広くとらえる見解，つまり，弁護士が同一の法的事件にそもそものところ弁護士として従前関与していたかどうかを考慮しない見解によれば，以前取り扱ったことという要件は満たされている。特別法として弁護士法 45 条 1 項 4 号が関わってくるとも考えられるが，そうはならない。というのは，A は確かに，「その弁護士としての活動外，あるいは弁護士法 59 条 a 1 項 1 文の意味でのその他の活動外で，同一の案件を扱ってはいた」が，この職業活動はもう終わっているからである。もっとも厳格に考えると，弁護士が（弁護士としてではなく）職業上携わった事案の処理は，弁護士法 45 条の意味での「活動」にのみ切り結び，45 条全体には切り結んではいない弁護士職業規則 3 条 1 項 2 文によっても許されない[17]。こうした難しいドグマチックな問題領域を克服するには，厳格な言葉の意味での「弁護士として以前取り扱ったこと」を前提にしないことである[18]。弁護士 A は，以前は事務長として病院側に立っていたのであるから，A が，労働契約の解釈について疑義がある問題に関し，かつても今も同様に考えているとしても，相反する利益のために活動することになるということを基本としなくてはならない。

ケース 19：受任する以前に情報の入った CD を受け取ること

大規模事務所の勤務弁護士である弁護士 A は，後に「特許小悪魔（Patent-Troll）」[19]であることが判明することになる X より，企業 Y を相手とする特定の依

---

17) 果たして連邦弁護士会の規約は，法律上の禁止の範囲を具体化したり，さらには法律の範囲を超えて拡大できるかという困難な（そしてその答えは否定的な）問題の詳細な検討は，本稿では紙幅との関係で無理がある。この点については，*Henssler/Prütting/Henssler*, aaO, § 3 BORA Rn. 27 ; *Kilian/Offermann-Burckart/vom Stein/Offermann-Burckart*, aaO, § 13 Rn. 101 参照。

18) この際留意しなくてはならないのは，病院の事務長は，その点にドイツ年金同盟（Deutschen Rentenversicherung Bund）の保険加入義務を免れるかがかかっている四つの要件（法律相談，法的判断，契約書など法律関係の創造そして法探知（Rechtsberatung, Rechtsentscheidung, Rechtsgestaltung und Rechtsvermittlung））を満たしている。この点の詳細は，*Jung/Horn*, KammerMitteilungen der Rechtsanwaltskammer Düsseldorf 2010, 317 ff. 参照。

19) ウィキペディアによれば，"Patent-Troll"（"Patentjäger"，"Patenthai"あるいは"Patentfreibeuter"ともいう）とは，特許を不適切な方法で利用する人または企業の蔑称である。ある特許の基礎となっている技術的な発明を利用するつもりのないのに特許を取得し，あるいは，新規性がわずかしかないささいな特許を守ろう

頼を受けるよう要請された。AはXに対し，Yは，所属事務所の常客の一人であるから，自分が受けるかどうかの判断はできないし，また依頼を受けるとは考えられないと伝えた。にもかかわらず，Xは，先の依頼に関する情報が入ったCDをAの手元に送ってきたが，事務員が受け取り，誤って，データがさらにチェックされることがない間違った書類綴じに納めてしまった。数日後にYから事務所に対し，この「特許小悪魔」を相手に自分の代理人となるよう依頼があり，事務所はそれを受けた。Xは，自分はすでに非常に多くの情報を事務所に提供しており，もはやAがYから受任するのは問題外であると主張。事務所側は，Xとはまだ委任契約は結んでいないこと，これに加え，問題のCDは，徹底した調査によりやっと発見され，中身を閲覧せずにXに返送したと主張した。

　ここでは，一体的生活事実関係の存在は明白である。しかし問題は，Aないしは事務所が従前取り扱ったかである。単なる依頼のマーケティングと連邦弁護士法43条a 4項および弁護士職業規則3条1項1文の意味で従前実際に取り扱ったかの線引きは，流動的である。このことはわけても，各事務所がいわゆるビューティー・コンテストに参加した場合にあてはまる。この点について厳格な基準によるとすると，危惧を抱く相手方がうまくやることで，依頼者が早い段階から閉め出されるということにもなりかねない[20]。このケースでの「特許小悪魔」のやり方もまた，見え透いている。というのは，Xは，おそらく意識的にパートナーではなく，勤務弁護士とだけ話をし，予告なくして情報データを送りつけているからである。依頼のマーケティングにあたる弁護士は，受任する可能性のある依頼者が，利益相反の有無についての審査をする前は，それにより具体的な事実関係を把握できるような詳細な情報の提供をまだ受けないように注意する必要があろう。事務所の職員に対しても，受任前は，詳細な審査のため弁護士に渡してほしいとされても，軽々に依頼に関する書類等を受け取ってはならないと，厳しく指示しておくべきである。

　　　ケース20：相手方弁護士のところで修習中に取り扱った案件で活動すること
　　最近弁護士認可を受けたばかりの弁護士Aは，夫Xより離婚事件での代理を依頼された。Aは，弁護修習を弁護士Bの事務所で受けた。Bは，ずっと以前から，妻Yの弁護士である。Aは，修習生としてYとBとの離婚手続に関する打ち合わせに何回も立ち会った。
　一体的な生活事実関係が認められる。そしてまたここで主張している立場からすれ

とするのも，この類である。
20) この点については，*Henssler/Prütting/Henssler*, aaO, § 43a BRAO Rn. 191 m. w. Nachw. 参照。

ば，修習生としての活動も，連邦弁護士法43条 a 4 項および弁護士職業規則 3 条 1 項 1 文の意味での従前の取り扱いにあたる[21]。

2．利益衝突，共同事業体および同意というテーマ領域での事案

「同一事件」の（従前における）取り扱いという要件が充足された場合，次に問題となるのは，弁護士が利益相反をしたかである。

そもそもの構成要件該当行為，つまり「背信とされる」行い[22]なるものは，問題の諸規定において，異なるかたちで規定されている。連邦弁護士法43条 a 4 項は，「相反する利益の代理」と規定し，弁護士職業規則 3 条 1 項 1 文は，「弁護士が相反する利益にある当事者の相談にすでにのっていたあるいは代理をしていた限りにおいて，活動を禁ずる」としているのに対し，刑法356条 1 項は，「弁護士が助言あるいは補佐することにより，その義務に反して双方当事者に尽力する」ことをその要件としている。その中身は，中心的なところでは同じである。つまり，その利益が相反している 2 人ないしそれ以上の当事者のために，弁護士が，時間的に順次または同時に活動することがいずれについてもその要件となる。

「尽力する」（刑法356条 1 項），「代理する」（弁護士法43条 a 4 項）そして「活動する」（弁護士職業規則 3 条 1 項 1 文 BORA）という法文の文言には，すべての相談，訴訟外・訴訟内でのすべての代理，その他のすべての補佐活動，そして弁護士職業規則18条が明確に示すとおり，弁護士がするすべての斡旋，調停そしてメディエーション活動が含まれると解される[23]。

弁護士が同一の法的事件で相談にのりそして（あるいは）代理人となった当事者の利益が全面的または一部相矛盾するかそうなる可能性があるときは，利益相反が認められる。

---

[21] この関連で，弁護士職業規則 3 条の新規定に付された規約委員会の「公式理由書」BRAK-Mitt. 2006, 212, 213 も参照。この理由書は，他の議論も紹介しつつ，修習生または法務部の法務助手（Rechtsassessor）が以前相談にのっていた場合，これらの者が，弁護士という新しい役割において，反対側に法的意見を提供し，法律相談にのりあるいは代理人となることは許されないという結論にいたっている。

[22] この概念についてはすでに *Offermann-Burckart*, AnwBl 2009, 729, 732 注 8 がある。より詳細には Gillmeister, aaO, § 356 StGB Rn. 1 参照。

[23] *Feuerich/Weyland/Feuerich*, aaO, § 43a BRAO Rn. 66；Henssler/Prütting/Henssler, aaO, § 43a BRAO Rn. 186.

A　当事者の地位を持つ者の間での対立

　この判断は，判例そして文献が特別の問題としてはほとんど注目していないが，具体的な事実関係を考察するにあたりしばしば困難をもたらす前提問題を解明することにまずもってはかかっている。その問題とは，一体的な生活事実関係にある複数のプレーヤーたちは，そもそも（敵対的な）関係にあるのか，つまりは（相反する利益を持つ）同一の法的事案の当事者なのかである。この際，刑法 356 条 1 項においても，弁護士職業規則 3 条においても用いられている「当事者」という概念は，広く解釈する必要がある。当事者とは，法的事件に法的に関わる自然人・法人すべてをいう[24]。当事者たる地位にあるというためには，人格が法的および（あるいは）経済的な関心事を追っていることで足りる[25]。

　当事者たる地位にあるかどうかという問題は，これを，一体的生活事実関係が認められるかという「1.」で扱った問題と切り離すことがまったくできない場合が頻繁にある。当事者たる地位は，主には弁護士が誰の利益のために活動していることという問題にかかっていることから[26]，この問題を本章「II」で取り上げるのがより妥当である。

B　相反する利益

　中立的な言い方をすると，禁止されるのは，相反する利益のために弁護士が活動することである。いつ利益相反があるのかは，一見すると簡単そうである。たとえば，貸主と借主，使用者とその従業員，離婚しようとしている夫婦は，そもそも相反する利益を追っているということは，実に明々白々である。しかし，当事者が本来は相反する利益に関し事実上合意していた場合はどうか。その主たる関心ができる限り自分にとり有利となるようにすることではなく，たとえばさまざまの人々の間における友好的な人間関係を作り上げる（ないしは再生すること）にあるために，当事者の利益が，世間一般の見方からするなら歩んでしかるべき方向を向いていない場合はどうなるのか。さらに 2 人ないしはそれ以上の当事者の利益が同一方向を向いている場合はどうか。はたまた，当初は利益が同一方向を向いていたが，後に（たとえば事実状況あるいはモチベーションの変化が原因で）対立することになった場合はどうであろうか。

　これらすべての設定にあっては，主として次の二つのアスペクトが問題となる。すなわち，一つは，利益の定義を主観的観点からするべきなのか，それとも客観的観点から（あるいは，主観・客観をない交ぜにした観点から）すべきかである。そしてもう一つ

---

[24]　BGHSt 45, 148, 152.
[25]　*Baier*, wistra 2001, 401, 404 ; *Gillmeister*, aaO, § 356 StGB Rn. 39.
[26]　BGH, Urt. v. 25.06.2008 – 5 StR 109/07.

は，いわゆる「同一方向を向いた利益」をどのように扱うかである。

1) 利益は主観的に定義すべきか，それとも客観的にか？

利益を定義するに際し，もっぱら客観的な利益状況，つまりは理性的な第三者の視点による状況の判断が基準となるのか，それとも，通常は客観的な利益状況と対応するが，個々の場合には齟齬する可能性もある当事者の意思もまた考慮するのか。この点は議論が非常に沸騰している[27]。

主観的なカバーをかけるかたちで，客観的に定義する，つまりは，中間をいくというのが正しいのではあるまいか。というのは，依頼の「主人公」は，弁護士ではなく，依頼者であり，依頼者自身が，その具体的な利益状況はどんなものかを見定めて，弁護士に対して——弁護士の独立性が最大限尊重されることは当然ながら——一定の方向を示すことができる。よく起きるのは，依頼者にとっては，（実質的に）一番上ではなく，（理想的に）最高のものを獲得することが，関心事となる場合である。このことは特に家族法そして相続法にあてはまる。そこでは，多くの判断が，どちらかといえば実質的・法的にみて理性的なレベルより，むしろ感覚的なレベルでなされている[28]。他方で弁護士は，依頼者をその愚行から守り，その「よろしきをえた」権利の確保を支援し，この際に，わけても依頼者自身から依頼者を守る義務を契約上負っている。したがって，たとえば弁護士が，多くから OK だとされている「合意に基づく」離婚のケースで，双方当事者を代理し，そしてたとえば，情緒的に弱いパートナーが，他方のパートナーとはすっきりした関係に戻れるのではとの期待から，不合理にも諸請求権（家財の引渡し請求権，扶養請求権あるいは財産分与請求権）の行使を放棄することを許すとしたら，それは実に大いに問題であろう。こうした理性を欠く行動は，この場合，明らかに一方当事者の意思にそうし，そして他方当事者の（客観的な）利益にかなうが，しかし，弁護士はこうしたことを勧めては絶対にならない[29]。

---

27) 学説分布の詳細は，*Offermann-Burckart,* Anwaltsrecht in der Praxis, § 10 Rn. 57 ff. m. zahlr. w. Nachw. 参照。

28) この点の詳細については，*Offermann-Burckart,* ZEV 2007, 151, 152 f.；同, FF 2009, 58, 104, 105 ff. 参照。

29) この点については，BGHSt 17, 305, 306，*Gutmann,* AnwBl 1963, 90（評釈つき）；BGHSt 18, 192, 199 f.；BGH NStZ 1982, 331；1985, 74；*Feuerich/Weyland/Feuerich,* aaO, § 43a BRAO Rn. 67. 参照。*Eylmann* 執筆の旧版（§ 43a BRAO Rn. 149 ff.）と異なり，離婚事件でも利益を完全に主観的定義にかからせている。「同意により利益を同方向に向いたものとするかどうかは，婚姻当事者の自由である。裁判所は，別居期間中については，双方当事者の一致した提出に拘束されないという事実は，

2) 利益が同方向を向いている場合

2人ないしそれ以上の当事者が，互いに対立するのではなく，原則的には同一の利益を追求して第三者と争うという状況は，特別のケースとなる。競合する同一方向を向いた利益，競合しない同一方向を向いた利益を区別しなくてはならない。

「平行する依頼」を処理すること，つまりは，同一方向を向いた競合しない利益の代理は原則許される[30]。

実務では，状況や利益状態が変わり，元は同一方向を向いた競合しない利益が，同一方向は向いていることに変わりはないが，しかしいまや相互に競合する利益となり，あるいは，全体的には相反する利益となることから問題が生じる。たとえば，同一の法的事実において，多数債権者の同一の債務者が支払いを出来ない状態になり，すべての債務を完済できなくなった場合[31]，あるいは一緒に代理をしていた複数相続人の1人が，寝返った場合がこれである。

ケース21：金融機関を相手とした投資家の代理とデュー・デリジェンスに際し

その利益を自分で計りそして確定するのは各人の自由に委ねられているということに変更を加えるものではない。利益を客観的に定義すると，合意に基づく離婚のケースでは，両方が了解しているのに，夫婦を無理矢理利益相反状態に定めることになってしまう」と。これに対し，*Schulz*（AnwBl 2009, 743, 748）は，合意に基づく離婚は問題が多く，自分は，法廷で活動する家族法の専門家に対し，法的な概念のレパートリーからこれを消去するよう助言さえしているとのことである。

30) たとえば，*Henssler/Prütting/Henssler*, aaO, § 43a BRAO Rn. 181；*Kleine-Cosack*, aaO, § 43a BRAO Rn. 117；*Kümmelmann*, AnwBl 1981, 175；*Hübner*, Leipziger Kommentar zum Strafgesetzbuch, 10. Aufl., § 356 StGB Rn. 125；場合分けするのは，*Gillmeister*, aaO, 11. Aufl., § 356 StGB Rn. 30, 62 f., 65 ff. である。

31) *Henssler*（in : *Henssler/Prütting*, aaO, § 43a BRAO Rn. 181）はさらにこれを広く認めている。すなわち，「そもそもまったく異なった事実関係から生じている複数の請求権がおちいっている真の競合関係が，これら事実を一体的な生活事実関係にまとめ上げてしまうことがある。これはたとえば，1人の弁護士が複数の債権者の代理人となって，まったく異なる債権を1人の同じ債務者に対して主張し，そしてまた強制執行を行う場合である。」と。この見解は，あまりに広すぎ，容認できない。というのは，ここでは，（上記のとおり）一体的生活事実関係は否定されることになるはずであるし，次のことは常識に反する。すなわちそれは，ある弁護士が，同一の債務者に対し，1人の依頼者のためには労賃債権を主張し，もう1人の依頼者のためには賃料債権を主張するのは，債務者が支払う意思を持っていないとか支払い能力がない場合には，認められないとすることである。

て潜在的に買収に関心を持つ者の代理

　弁護士Aは，経済的に「深刻な状況」に陥った銀行Bを相手に複数の投資家Xらの代理人となった。当該銀行を買収したいと考えている金融企業Yは，Aに事前審査，つまりはデュー・デリジェンスを依頼した。Aはその以前からの知見に基づくと，デュー・デリジェンスの結果は，おそらくは買収の関心に水をかけてしまうネガティブなものとなると考えている。

　そもそも疑問なのは，ここでは一体的な生活事実関係があるかである。というのは，投資家の利益の擁護とありえる銀行の売却とは，間接的に何か関係しているにすぎないからである。これに加え，デュー・デリジェンスの「相手方当事者」は，銀行のみである。もっとも，Aのネガティブな評価結果は，買収が奏功しないことで銀行は破滅し，そして，投資家の請求権が満足をえられないという結果をもたらすなら，彼が代理している投資家にとって不利に働くことが考えられる。$Henssler$は[32]，生活事実関係が同じではなくとも，特定の状況下では，本来は相互に関係しない請求権が，真に競合する関係となってしまう可能性があり，こうして相反することになるとしている。たとえば，ある弁護士が複数の依頼者の代理人となり，異なる生活事実関係に基づく1人の相手に対する各依頼者の請求権を行使するとすると，これらの請求権は，強制執行にあっては，（当然のこととして）競合関係に立つ場合である。このような立場からすると，本ケースでもまた，生活事実関係は異なっているにもかかわらず利益相反が認められるといえるかもしれない。もっとも，こうした考えは行き過ぎである。こうした見解は，弁護士が，まったく異なる事案に関してまったく異なる依頼者の代理人となることを，単に相手が1人だというだけで禁止することになる。このようなとらえ方をすると，集合的訴訟は事実上行えなくなる。

　　　ケース22：事業用不動産の売主の代理とこの土地の借主に対し買主を代理すること

　弁護士Aは，種々の事業用不動産のYへの売却に関し，Xの相談にのるとともにその代理人となった。売買が完了した後，YはAに対し，購入した事業用不動産の借主で家賃を滞納している者を相手に代理人となって，滞納家賃を請求してくれるよう依頼した。

　借主らとかなりの問題が起きたことから，YはXに対してまずは売買代金が高額に過ぎると主張し，そして最終的には，売買契約を解消しようとした。問題は，Aが再度Yを相手としてXの代理人となれるかである。

　借主たちの支払いモラルが悪いことは，Yが契約解消を考えることになったことと直

---

[32] *Henssler/Prütting/Henssler,* aaO, §43a BRAO Rn. 181.

接的に関係しているのであるから，やはり一体的な生活事実関係を認めることができる。もっとも，次に問題なのは，Ａははたして相反する利益を代理をしていたのか，ないしはＸとの依頼関係をふたたび持つことで，相反する利益を代理することになるのかである。明らかにこれにはあたらない。というのは，ＡはＹの弁護士として借主たちを相手としていたのであって，Ｘを相手に活動していたわけではないからである。反対に，借主の支払いモラルを高めて滞納をできる限り少なくすることは，最終的にはＸの利益にもなる。ＡがＹのために活動する中で，家賃の滞納は，本当のところはＹがＸに対して主張しているほどそうひどくはないということを知ったとしたなら，守秘義務の問題はいずれにせよありえよう。

ケース23：建築主（不動産業者）の代理と後に隣地所有者を相手として越境建築をしているとされた取得者を代理すること

弁護士Ａは，何年か前に継続的な依頼の枠内で不動産業者Ｘの代理人となり，Ｘのために完成した戸建て家族用住宅の販売契約書を作成した。Ａは，契約の処理にも関わっていた。受任関係が終わった後かなりの年数が経ってから，かつて住宅を取得したＹは，隣地のＢから，越境建築を除去するよう請求された。かなり高い確率でＸが当時測量を誤り，Ｙのガレージがほんの少しだけ隣地の上に立っていることが判明。Ｙは，隣地所有者との交渉について代理人となってくれるようＡに依頼し，そして，うまくいかなくとも，不動産業者Ｘに対して損害賠償を請求することは考えていないと明言した。

弁護士Ａは，当時契約書の作成と契約の処理に関わっていただけで，技術的な詳細には関係していなかったことは，一体的な生活事実関係の存在にとりネガティブに作用する可能性がないわけではない。他方，当然のことながら，付属建物を含む戸建て住宅を約束どおりに建てるということも，契約処理の重要な一部である。時間が経ったということで，ことはすんだともならない。ただし，もしかしたら，後にＹのＸに対する損害賠償請求が明かになるかもしれないという事実は，Ｙが一切損害賠償請求権を行使せず，そして弁護士Ａがその請求権の行使にあたりＹを代理することが絶対にないということが確実であれば，利益衝突を自動的にもたらすことはない。現在代理人となっている依頼者が，かつての依頼者に対して請求をするという純粋に理論的な可能性だけでは，利益衝突は認められない。

ケース24：貸主を相手にある住宅の２人の借主を代理し，その後１人の借主を相手にもう１人の借主を代理すること

弁護士Ａは，大家Ｂを相手に，同棲している借主ＸとＹを代理した。問題となったのはとくに，賃料減額の妥当性と美観を保つための修繕であった。

事件処理が終わった後，ＸとＹは別れた。Ｘは，Ｙとは賃料を分担する約束があ

ったとして，賃借関係に基づく支払い債権を請求。XはAに，Yを相手とする代理人となるよう依頼。

ここでは，そもそも一体的な生活事実関係が欠けているとしてよさそうである。というのは，確か二つの依頼は，なんらかのかたちでXとYの賃貸借関係に関係してはいるが，しかし，視点が完全に異なる。さらには，対立的な当事者の地位というものがない。Aは，第三者つまりは大家のBにはっきり狙いを定めて，XとYの代理人となった。今度は，XはYに対し，まったく別の法的根拠に基づいて請求している。大家が最初の依頼終了数カ月後に，Xおよび（または）Yに対して滞納賃料の請求をAに依頼するとしたら，状況は異なろう。この場合には，賃貸借という継続的債務関係が，その括り効を発揮することになろう。

ケース 25：担保が競合する場合

弁護士Aは，ある銀行のためにさまざまな担保譲渡契約書を作成した。この際Aは，銀行と各債務者間の契約関係に関して若干の知見を獲得していた。契約相手つまり債務者には，ある鋳物企業Xが含まれていた。銀行からの受任が終わってかなりたってから，新たな依頼者Yは，AにXに対して貸主法定担保権を行使してくれるよう依頼した。Aは，銀行とXとの契約関係がその後どうなっているのか，つまり，たとえば銀行のXへの融資は解消したのかそれとも続いているのか，はたして割賦弁済はしっかりなされているのか等々については知らない。

Yの依頼を受けることには，債務者つまりは鋳物企業Xが，すべての債務の履行ができない状態にあるという心配が障害になりえよう。こうした，たとえば *Henssler* が主張するような広い見解についてはすでに取り上げたところである。もっともこのケースでは，二つの点を考慮しなくてはならない。一つは，Aが銀行から受けた依頼は，担保権譲渡契約書の起案のみだという点である。その行使について彼は関係していなかった。二つ目は，それが法定のものであるか約定のものであるかに関係なく，担保権の行使は，その順位，つまりは，その設定ないしは成立の時点にかかっており，その結果，さまざまな担保権の間には，真の競合関係は，そもそも成り立たない（民法 1209 条および 1257 条）という点である[33]。

ケース 26：事故関係者双方が同じ自動車保険に加入している場合

弁護士Aは，自動車保険会社Xの訴訟代理人を常時務めている。ある交通事故のケースで，事故に関わったYとZとが，責任の所在について争った。Yは，Zと

33） たとえば貸主法定担保権に関する民法 1209 条の準用については，*Prütting/Wegen/Weinreich/Nobbe*, Kommentar zum Bürgerlichen Gesetzbuch, § 1257 BGB Rn. 参照。

保険会社 X を訴えた。その代理人は，Y の顧問弁護士 B である。Z は，Y に対して反訴を提起。Y も加入している保険会社 X は，その顧問弁護士である A に，反訴への対応を依頼した。これ以外に A は本件には関わっていない。

もちろん，X の訴訟代理人 A が，Y の側と Z の側の双方に立って活動することはできない。もっとも，連邦通常裁判所は，1990 年 10 月 23 日の興味深い裁判[34]において，自動車保険会社が（本件の A にあたる）顧問弁護士に，反訴への対応のみを依頼したケースで，利益衝突の危険を問題化した。第 6 民事部は，利益衝突を理由に，一般自動車保険約款 10 条 5 号に基づき自動車保険会社から反訴のみへの対応に限定して与えられた訴訟代理権は，（Y にあたる）被害者が起こした訴えには例外的におよばず，被害者を被告とする反訴のみにおよぶと結論づけた。通常の場合を規律する民事訴訟法 81 条によれば，代理権の範囲は法定され，訴えおよび反訴の両方を含み，そして同 83 条 1 項によれば，その範囲を対外的に制限することは原則できない[35]。連邦通常裁判所は，次のように敷衍する。「このような原則は，その適用が法的に絶対に受け入れられない結果をもたらす場合には，――民事訴訟法 83 条にあげられている例外のほか――さらに制限されることになる。訴訟代理人が，代理権の制限不可の原則により，依頼を予断なく処理することを妨げる利益衝突に直面し，その結果，信義誠実のもと，利益が重畳する領域であっても，当事者に弁護士の行為を帰せしめるのにはおそらく無理がある場合がこれである。」と。注目に値するのが，連邦通常裁判所が，次のように判断することで，単に利益衝突の危険さえあればよしとしている点である。すなわち，「訴訟代理人とその当事者間に衝突をもたらすのが，他ならぬ民事訴訟法 83 条 1 項であり，そして双方とも他の方法ではこれを回避できないところでは，同条は例外的に後退を余儀なくされる。こうした状況が生まれるのは，相互に提起された交通事故に基づく損害賠償請求の訴訟上でのやりとりにあたり，双方の側に同じ自動車賠償責任保険会社が控えており，この保険会社が，普通保険約款 7 条 2 項 5 号，10 条 5 項に基づいて反訴に対する防御のために原告（本ケースの Y）に弁護士をつける場合である。この場合には，自動車賠償責任保険会社が，原告のため，彼に対して提起された賠償請求に対する防御を目的として選任した弁護士は，その（日頃の）依頼者である保険会社の利益に照らし，その当事者の利益よりも，二つの保険関係を全体としてみることで認められる利益により重きを置いた方がよいと考える可能性がある。そしてこのことは，通例のように特に自賠責保険会社が相被告となっているときは，反訴に対する防御のための訴訟委任が，民事訴訟法 81 条により本訴にもおよぶ，つまりは弁護士がその限りで紛争全体に

---

34) NJW 1991, 1176.
35) BGH NJW 1991, 1176, 1177.

(Rechtsstreit）影響をおよぼすことができるし，そうならざるをえないとするなら，利益衝突をもたらすことになる[36]。」と述べる。結論的にいうとこのことは，基本自賠責保険会社の顧問弁護士というポジションは，本ケースのYのために反訴の範囲内で活動するのを妨げないということを意味する。

ケース27：同一株式会社の株主と役員の代理

弁護士Aは，ある株式会社の経営陣を相手に，その複数の少数株主の代理人となった。問題となつたのは，特に，情報請求権の有無とその範囲である。さらには，一人の株主の依頼を受けて経営陣を告訴した。Aが，前渡金（着手金）を請求した後，この株主たちは，本事案をここで打ち切ることを決めた。告訴の結果どうなったかをAは知らなかった。何カ月か後に，この会社の経営陣とさまざまな株主間でかなりの意見対立が生じ，それが原因で主要株主が臨時総会の招集を求めた。今度は会社の経営陣がAに，まずは臨時総会前に相談にのってくれるよう，そしてまた裁判所に持ち込まれた場合には，代理人となるよう依頼した。第1回目の打ち合わせの際に，Aは，意見の違いが具体的にどこにあるのか，そして臨時総会の招集を求めた株主の他に，どの株主が関係しているのかを聞かなかった。

この場合は，注意が必要である。現在の問題が，Aが少数株主の代理人となり，わけても刑事告訴の際に問題となったところと同じであれば，一体的生活事実関係が当然認められる。弁護士Aは，受任する前に，会社からの新たな依頼が，どのような具体的事実関係および法的問題をめぐるものなのか，そしてまたどの株主が相手なのかを正確に調べておく必要がある。かつてAが相談にのった少数株主が，たとえば「締め出し」などで株主でなくなっているということであれば，相手方という，地位が欠けることになる。

ケース28：事故を引き起こした者の代理と自動車牽引業者の代理

弁護士Aは，交通事故の相手であるBと保険会社を相手に，交通事故の当事者Xの代理人となった。結果は，Xにとり不利なものとなった。処理が終わって数カ月後，事故の際，動かなくなった乗用車を牽引した牽引業者Yから，Aに対し未払いの牽引費用を請求してくれるよう依頼があった。

このケースでは，牽引費用もまた損害の一部となるから，やはり一体的な生活事実関係を前提として進めるべきである。もっとも次に問題となるのは，Aが牽引費用に関して相反する利益のために活動していたかである。というのは，Aは今まで牽引業者Yを相手としていたわけではなく，事故の相手Bに対する代理人となっていたからである。二つの状況が想定できる。一つは，Yが牽引費用の請求をする前に，Xに不利なか

---

[36] 同上。

たちで責任問題に決着がついていた場合である。もう一つは，請求はそれ以前になされており，そしてまた，Xにとり不利な決着となる前に，Aが牽引費用をすでに相手方Bおよびその保険会社に対して請求していた場合である。第1の場合では，Yの依頼を引き受けるまでに，弁護士Aは，「牽引費用請求」というテーマとはいまだ一切関係していなかった。後者の場合では，弁護士Aは，Xのために牽引がなされた事実を原則的にはある程度認識していたのである。弁護士Aは，Yのサイドに立って何かをしたわけでは一切ないし，Yと相反するXの利益のために何かしたわけでも決してない。厳格にいうなら，いずれの場合にもAの依頼を受けることの障害は何もない。はたしてこうした依頼を受けるか受けないかは，利益衝突の問題ではなく，好みの問題である。

　ケース29：離婚手続での夫の代理と夫の死亡後に妻を相手に新たな夫の（異性の）パートナーを代理すること

　弁護士Aは，その妻Xに対する離婚手続において，その夫Bの代理人となった。離婚手続の終結，Bは死亡した。今度は，Bと数年来同棲していたYが，Xを相手に代理をしてくれるよう頼んできた。Yの説明によると，公開墓地でのBの埋葬の際に，Xと争いになり，Xからかなりの傷害を加えられたとのことであった。Yの関心は，損害賠償請求権の行使である。Xは，Bの死亡の後自分が相続人であり，弁護士Aとの依頼関係を相続人として引き継いでいる。したがって，Aは，自分を相手にYの代理をすることはもはやできないと主張。Aは，Bとの依頼関係はその死亡により終了したと考えている。

　基準となるのは，民法672条1文の意思推定規定である。この規定によれば，委任，つまりは依頼関係も，委任者の死亡により終了しないと推定される。

　若干異なってくるのは，死亡が終了原因となることが特に合意されているとか，個別ケースの特殊事情から終了したと考えられる場合である[37]。婚姻事件での裁判確定前に一方配偶者が死亡したときは，手続は本案につき終了したことになる（家庭裁判所法131条)[38]。これにより（報酬問題も含め）依頼関係も自動的に解消し，そもそも一体的生活事実関係があるかという難しい問題にさらに立ち入っていく必要がなくなる。若干異なるのが，BがYに高価な腕輪を渡していて，離婚交渉においてXがそれは自分のものだと主張し，そしてXとY2人のけんかの際に，話がその腕輪の所有関係もおよんでいた場合である。というのは，この場合には，Bからの依頼には，Xへの腕輪の返還問題にも含まれていた，つまりは依頼が継続しているという立場に立つことができるからである。この場合には，利益衝突は明白である。

---

37)　*Prütting/Wegen/Weinreich/Fehrenbacher*, aaO, § 672 BGB Rn. 1.

38)　*Gerhardt/v. Heintschel-Heinegg/Klein/von Heintschel-Heinegg*, aaO, 2. Kap. Rn. 17.

ケース 30：当事者が誰かはっきりしない場合

弁護士Aは，最近まであるスポーツ団体のメンバーであり，この団体のため特定の事務処理を担っていた依頼者Xから依頼を受けた。Xと団体の間には，――不明瞭な文言の――事務管理契約が存在していた。退職直前Xは部下としてBを雇い入れた。この際彼は当然のことだが，Bとの雇用関係は（たとえば自分との間ではなく）団体との間に成立したものと考えていた。Xが退職した後，同じくはっきりしない文言の労働契約に照らして，団体とBの間の労働関係は成立していないか，いずれにしても現在はないという立場をこの団体はとった。Bは，自分は団体の職員だと考えている。弁護士Aは，事案の検討をした上で，Bの労働関係はXとの間ではなく団体との間に成立し，そして現在も存続しているとの結論に達した。団体がBに続けて勤務させることを望まなかったため，Bは団体を被告として労働裁判所に訴えを提起し，Aを代理人に立てた。Aにとっては青天の霹靂であったが，労働裁判所は，Bは団体の従業員ではなく，Xの従業員であったし，また現在もそうだとの判断を下した。こうした展開に腹を立てたXは，Bの依頼を受けたのは利益衝突となるとAを非難した。Aはこれを争った。

ここでの判断は難しい。Aが証明できるかたちで，その依頼者Xには，Bから請求される可能性は（一切）ないとの絶対的確信があったと主張するときは，少なくとも利益衝突の主観的事実面は欠落していることになる。しかし，弁護士Aは，その法的な見解が他の法律家，わけても労働裁判所には受け入れてもらえず，結果XがBから請求を受ける危険を常に考慮しておかなくてはならないのであるから，Bの依頼を当初から一切受けないことがAにはすすめられよう。これと違うのは，Bが，Xには迷惑をかけないしXに対して何かをしようとは考えていないと確約した場合のみであろう。

ケース 31：監護権手続において子の母を代理し，後に祖父母を代理

弁護士Aは，その当時の夫を相手に，監護権に関する手続において2人の未成年の子の母親を代理した。Aは，薬物問題をかかえている母親に子らの監護権を行使させるのは適切ではないということを知って，辞任した。その後母親の両親，つまり子らの祖父母から，代理を依頼された。祖父母は，子供らの父が教育には適していないし，子供らを平穏な関係におきたいとの理由で，その監護権をえようとしている。

元々の監護権に関する手続が，子らの父と母のみが当事者だったとしても，ここでは「監護権の規律」という一体的な生活事実関係がある。弁護士Aは，受任してはならない。というのは，いずれにせよ母親もまた監護権に関する手続の相手方であるし，そしてまた，相反する利益，つまりは監護権を保持するという利益のために，Aが代理人となっていたからである。

ケース32：係争物の購入後に弁護士自身が当事者になる場合

弁護士Ａは，二軒長屋式住宅の一軒を持つＹを相手にして，もう一軒を持つＸの代理をした。案件は，Ｙの家の配管から水漏れがあって，Ｘ家の地下室が浸水して損害が生じたというものである。Ｙは，販売不動産業者Ｚに訴訟告知。いまだ手続が係属中に，弁護士Ａは，この家を気に入り，配管の問題はそうたいしたことはないと考えて，この家を買った。Ｘに関しては辞任。Ａは，Ｘを相手とする訴訟を続けたいと考え，Ｘに対する自分の事件の代理を同僚に依頼すべきかどうか考えた。これに加え，もしＺが参加するときに，弁護士として代理人となれるかどうかも考えた。

弁護士Ａが突然紛争に巻き込まれる，つまりは相手方当事者となったという事実に基づいて，相手方の代理人ともなるのかという，まずもっては多分に希有な問題がある。事実だけでみればそのとおりである。しかし，Ａは弁護士としてすべての事柄について自己の代理人となり，さらに勝訴の場合には相手から費用償還を受けられる。Ａが，利益相反が当然に生じたことが原因で，自分の代理を他の弁護士に依頼しなくてはならないというのは，しっくりこない。しかし，不動産業者の代理人となるのは，問題である。訴訟告知の効果は，民事訴訟法74条に規定されている。告知人にこの第三者が参加したときは，その当事者との関係は，補助参加に関する諸原則により決まる（民事訴訟法74条1項）。参加人は，当事者でもないし，当事者の法定代理人でもなく，独自の権利に基づく補助者である[39]。したがって，告知した者と一体となって「当事者」になるのではなく，独自の権利とオプションを持っている。つまり，ＡによるＺの代理は，以前の依頼者Ｘのとは相反する利益を持つ「一方当事者」の代理となろう。

ケース33：求償事件で弁護士自身が当事者になる場合

弁護士Ａは，遺産分割交渉においてその兄Ｙを相手に，相続人Ｘの代理を務めた。Ａは争いを和解で終わらせる努力をし，友好的であることの証として，Ｘが所持していて兄Ｙが是非にもほしがっている絵を兄に渡すようＸに助言した。Ｘは，この助言に従った。しかし，これでＹもＸに歩み寄るという期待した効果は生じなかった。とくにＸを怒らせたのは，渡した絵をＹが売却し，かなりの利益を出したことである。ＸはＡとの委任関係を解消し，そして，自分はＡの誤った助言によりかなりの損害を被ったとして，ＸはＹに対して，絵画の売却でえた代金の支払いを求める訴えを提起した。この訴訟では，ＸがＡに告知をした。Ａは，参加をしたものの，Ｘの側ではなくＹの側であったが，問題は，別の代理人を立てず

---

[39] *Schneider*, Die Klage im Zivilprozess, §13 Rn. 1055 ff.; *Zöller/Vollkommer*, Kommentar zur Zivilprozessordnung, §67 ZPO Rn. 1 m. 多くの文献等資料付。

に自分で訴訟行為ができるかである。
　ここでは，先に述べたことがあてはまる。Aが別の弁護士に頼まなくてはいけないというのは，常識的でない。告知された第三者として，Aは，独自の法的地位を有している。もちろん，Yの代理人となるのは論外である。

ケース34：弁護士が独自の経済的利益を持つ場合

　弁護士Aは，債務者Yに対してかなりの額の返済を求める依頼者Xの代理人となった。支払いについてかなりの問題を抱えているYの家が競売にかけられた。Aはこの家を手に入れたがった。Yと主債権者である銀行はAに売ることを承諾したが，その価格は評価額を下回るが強制競売に関する一般的な経験からするとほぼ相当であった。このように売却した場合，果たしてYが，Xを含むすべての債権者を満足させられるかは定かではない。

　ここでは，A自身が自己の利益のために，自分の依頼者の金銭請求権を危険にさらすという深刻な状況がある。はっきりはしていないが，Aは，Yの家に関して，より高い値段がつくのを妨げたかもしれないし，そして，この点もまたはっきりはしていないが，こうしたことで，依頼者Xがその債権の一部を実現できないことについて責任を負わなくてはならないかもしれない。もっとも，Aが行ってはならないのは，「Xの利益に相反する利益のために」相談にのり，あるいは代理人となることのみである。一般的な取引に自分が関わることは，利益衝突に関する規定の対象とはなっていない。ここでは，一般的な忠誠義務が問題となるだけである。

ケース35：第三者との関係で相互に争っている複数の相続人を代理

　弁護士Aは，相続人Yを相手に，相続人Xの代理人となっている。XとYは，一軒の家を相続したが，家をどうするかとか，その他の遺産となるのは何かについては，何らの合意も成立してはいなかった。この件では，Yは別の自分の弁護士を代理人としていた。相続した家は，現在賃貸している。家賃の滞納が生じたとき，XとYは，費用のことを考えて，滞納借主を相手に，Aにその利益の貫徹を共同して依頼することに合意した。借家人がAの1回目の督促に応じなかったとき，Yは，Aは腕が悪いのではないかと感じ，「Aは，利益衝突があるからYの代理人となってはならない。委任契約は公序良俗違反で無効だ。」と指摘して前渡金（着手金）の支払いを拒絶した。

　ここでは，そもそものところ，一体的な生活事実関係があるかが問題である。というのも，相続協議と賃貸紛争というテーマは，確かに同じ家屋と同じ所有者に関するものではあるが，つまるところ相互関係がない。一体的な生活事実関係があると仮定したとしても，利益相反は一切ない。なぜなら，XとYの利益は，同方向を向いており，そしていずれもが貸主の地位にあるということから，競合するものでもないからである。

もちろん，XとYが本当に相続人なのか疑問であり，たとえばYが，相続人は自分1人であり，したがって家賃は自分1人のものだと主張している場合には話は異なる。
　　ケース36：手続停止後において同一の犯行の被告発者を代理すること
　　弁護士Aは，数人による傷害事件の被告であるXの弁護人を務めた。刑事手続は，Xに関する証拠不十分を理由に，刑事訴訟法170条2項により停止された。手続停止後に，Xの友人で同一の犯行について追及されているYから，その代理を頼まれた。
　これは，相反利益代理禁止の特殊ケース，つまり，刑事訴訟法146条が規定する複数代理の禁止の一つである。これによると，弁護人は，同一の犯行で起訴された複数の被告人を同時に代理してはならない。この同時性は，「一番目の」被告人の弁護人が，その（以前の）依頼者をもはや弁護する状態になくなったときに消滅する[40]。Xを無罪とする判決が確定しそれにより既判力が生じた場合，あるいは，XがAとの委任関係を解消した場合には，AによるYの弁護は，何ら問題があるまい[41]。手続の停止処分はしかし，既判力を生じず，訴権の消滅をもたらさない[42]から，Yの弁護は，事案のような状況では問題外である。もし弁護士Aからみて，Xに対する刑事手続が再開されないことが確実であるなら，理論的には，つぎの方法がある。すなわち，AがXとの弁護関係を一切解消することを宣言し，Xに対して，どんなことがあろうと二度とXのためには活動するつもりのないことを通知するというやり方である。しかしこうしたやり方は，Yに対する刑事手続の中で，Xが犯行に関わったことを証明できることがわかった。さらにYは，もしかしたらXにとり不利益になるかたちで無罪となり，そしてXに対する手続が再開される場合には，非常にまずい状況となる。これに加え，Aはいうまでもなくxのための活動を終えた後も守秘義務を負っているが，この点は，AがYのために弁護のあらゆる手段を用いることができない状況を生み出す可能性がある。
　　ケース37：古典的な三角関係
　　あるホテルXが高価なフィットネス機器を購入し，製造メーカーYの効能書にしたがって，インターネット上でその「特別の性能」を宣伝した。競業ホテルが，Xに対しその宣伝の差止めを求めた。フィットネス機器についての説明が実に誇大であり，不適切だというのがその理由である。Xそしてまたその製品が不当なやり方でその評判をおとしめられているととらえたYは，弁護士Aに代理を依頼した。

---

[40]　BT-Drucks. 10/1313, S. 23 ; *Laufhütte*, Karlsruher Kommentar zur Strafprozessordnung, §146 StPO Rn. 5.
[41]　先に述べたとおりである。
[42]　*Schmid*, Karlsruher Kommentar zur Strafprozessordnung, §170 StPO Rn. 23.

ホテルXと機器製造メーカーYの利益は，（競合せず）同一方向を向いている。というのは，双方にとっての関心事は，フィットネス機器が彼らの示すような特性を持っていること，つまりは，ホテルの宣伝が誇大なものではないという点にあるからである。ただ，手続の過程で，フィットネス機器は，Yがいうような性能を持っていないこと，そのためXの宣伝は本当に不適切だということが判明した場合には，話は違ってこよう。

ケース38:「生存中における相続争い」の複数当事者の代理

弁護士Aは，有限会社の形態をとる家族事業Dの顧問弁護士である。多数株主である父親Xは，その財産を，当該企業で働いている成人の娘BとCに分け与え，こうすることで自分の死後に2人の間で相続争いが生じるのを避けたいと考えた。Xは，税金のことも考えて，どうやったらBとCそれぞれに多額の金銭と会社持分を分け与えることができるかをAに相談した。BとCはこのことを知ったが，そうこうしているうちに，──その理由はAにはわからなかったが──娘たち2人とXは，かなり激しい争いとなり，これがもとで，会社DはBを解雇し，そしてまたCには解雇をちらつかせた戒告処分を下した。会社の85パーセントの持分を持つXは，労働法上の交渉において自分Xおよび会社Dの代理をAに依頼した。持分計15パーセントのその他の会社Dの業務執行者は，Xの妻とBとCの母親Yである。Yは，できるならこの争いすべてから距離を置きたいと考えている。

多数持分社員であるXと少数持分社員Yの利益は，現時点では同方向を向いており競合もしてはいない。しかし，Yが娘BC側に立つことも排除できないから，弁護士Aは，注意が必要である。ここでは，Aが共同事務所のメンバーだとすると，XとYの書面による同意を同時にえて（弁護士職業規則3条2項2文）Yには，その利益擁護を別のメンバーの弁護士に依頼してもらうのが「王道」であろう。

ケース39：車両所有者の代理と事故を起こした運転者の代理

弁護士Aは，ある事故につき乗用車の所有者Xと自動車保険会社Bの代理人となった。その車を運転していたのは，ある修理工場の従業員Yであり，修理した後Xの車の性能テストをしていた。事故の際，Xの自動車と衝突した第三者の自動車はかなりの損傷を受けた。運転していた従業員Yは，──まずは一応信頼できるまでに──事故の責任は全面的にXY以外の第三者にあると主張し，Aに自分Yの代理人ともなるよう依頼。

このような場合も，相当な注意が必要である。XとYをともに代理してよいのは，事故がこの第三者によって引き起こされた点にまったく争いのない場合に限られる。後になって，たとえば，交差点では，「右優先」といった状況で，Yがスピードを出しすぎていたことから，ともに責任があることがわかった場合，利益相反があることにな

り，両方を辞任しなくてはならないという状況に追い込まれることになる（弁護士職業規則3条4項）。

　　ケース40：損害を受けた第三者に対し発注者と受注者の双方を代理

　弁護士Aは，Y市の委託を受けて冬場道路にスリップ防止の砂等を撒布する企業Xの代理を，すべての案件について恒常的に務めている。Bは，乗用車を運転中の朝，凍結した路面でスリップして木に衝突し，そのため車はかなりの損傷を受けた。Bは，Y市が砂等を撒布する義務を怠ったとし，Y市を相手に損害賠償を求めた。Y市は，Xに訴訟告知をし，AがXを常々代理していることを知りつつ，Y市の代理人ともなるよう依頼。

　本件では，XとY市の利益は，Bの請求に対する防御であり，原則的には，同方向を向いている。しかしながら，手続中XがY市の（たとえば，特定の天候のときは，特定時に特定道路上に特定の量の砂等を撒布するといった）指示を守っておらず，これによって契約違反があったことが判明したために，XとY市との間に意見の相違が生じる危険がある[43]。

　　ケース41：分裂した家族の複数のメンバーの代理

　老婦人Bは，その娘のCに不動産を贈与した。後にBは，「重大な忘恩行為」を主張し，Cにその不動産の返却を求め，この請求権を息子のXに譲渡した。その後すぐにこの老婦人Bは死亡した。協議中にCもまた死亡。そこでXは，返還請求をCの相続人である2人の息子YとZに対して主張した。Bの生前にはそのすべての案件，とりわけ不動産の贈与およびその後のCに対する返還請求でも相談にのり，そして代理人を務めてきた弁護士Aは，今度はBの相続人YとZから，代理人を依頼された。

　問題はまず，老婦人Bの死亡後この老婦人のためにAが行ってきた委任関係はどうなるのか（そしてまたCの死亡後にはどうなるのか）である。先に述べた民法672条1文の解釈ルールによれば，委任も，委任者の死亡によっては終了しないと推定される。ただし，死亡が終了事由として特に合意されていたか個別ケースの事情から終了すると考えられる場合は別である[44]。すべての事情を勘案すると，委任が継続しているとなると，民法1922条により，委任者の法的地位を相続人が引き継ぐ。原則的には，（すべての財産法上の案件の代理）という依頼関係は，相続人であるXおよびCと継続する。そしてCの死亡によりCの子供に引き継がれ，その結果，YおよびZからAに対して別個に依頼をすることは，本来は不要である。ここで相続法上の機微に触れなくとも，

---

43)　この点については，たとえば，*Schneider*, aaO, § 13 Rn. 1021参照。

44)　*Prütting/Wegen/Weinreich/Fehrenbacher*, aaO, § 672 BGB Rn. 1.

一見して弁護士Aが利益衝突に陥っていることはわかる。このことからAはいずれにしても——そうこうするうちに争いとなった——不動産の贈与に関する部分の依頼については，すべて辞任すべきである。

　　ケース42：交通違反に関して企業従業員を代理し，平行して行われている走行記録手続で企業を代理すること

　　弁護士Aは，スピード違反を理由とする反則金手続につき，ある企業Xの配送ドライバーYの代理人となった。Yが使った違反車両の所有者には，運行記録の作成が義務づけられていた。Xの経営者は，企業Xは「全面的にYをバックアップする」とのサインを送り，交通局を相手とするXの代理をAに依頼した。

本件では，一体的生活関係が認められる。もっとも問題は，Aがはたして相反する利益を持つ同一の当事者の代理人となっているかである。Yがスピード違反を犯してはいないと主張し，そしてXが同一の根拠を持って運行記録の作成義務につき防御するとしたら，2人の利益は同一方向を向いている。ただ，Yが反則金手続中違反を認めなければならないことになり，運行記録の案件が新しい事態に直面する危険はある。この場合には，XとYについて労働法上の問題も生じる可能性がある。

　　ケース43：ある企業の代理と当該企業の買収に関心を持つ者によるデュー・デリジェンスに際しての代理

　　弁護士Aは，長い間ある企業Xの代理人をすべての法的案件について務めてきた。Aは，Xの財政状況，わけてもその強いところと弱いところを最もよく知っている。Xは売却されることとなり，取得を考えている者Yが，Aにデュー・デリジェンスを依頼した。売却を「一気に」片付けたい企業Xの経営陣は，この依頼をAが受けるよう要請した。

売買契約の当事者，つまり売主と買主は，売買の対象物が何かとは一切関係なく，そもそも利益相反の関係に立つ。いずれもが，自分のため相手の負担で経済的に「最良のもの」をうる点に客観的な利益を有している。売主は，特にできるだけ高い代金をえることと，できるだけ保証を少なくすることに利益を有している。買主の利益は，できるだけ代金を低くし，そしてできるだけ多くの保証をえる方向に向いている。売主と買主双方のために活動する弁護士は，当事者にあらかじめ次の点を明確に示しておく必要がある。すなわち，自分は考えられる規律の利点と欠点すべてを明らかにし一方の当事者のみの単独の利益を擁護することはしない，中立かつ客観的なアドバイザーだということである[45]。弁護士が安全な道を歩みたいなら，——たとえば離婚を望む夫婦2人の相

45）　この点については，*Offermann-Burckart*, AnwBl 2009, 729, 738 - ケース25を参照。

談にのる場合と同じく――一方当事者から明確な依頼をするようにさせ、そして他方に対しては、自分は確かにあなたと話をする用意はあるが、しかし自分は自分に依頼した一方の当事者のみに対して義務を負うとともにもっぱらその利益に目を向けていることをはっきりと伝えておくことである。本件では、Aが「中立的にふるまう」ことなど問題外である。というのは、Aは長年にわたり売却対象となっているXの法律相談を受けてきたし、Xの内情を正確に知っているからである。Aが買収に関心を持つ者のために、デュー・デリジェンスをしたとすると、その従前のXのための活動においてえた知見をなんらかのかたちで用いることなどできない。これはまた、その守秘義務とも抵触するから、Xの了解をえなくてはならない。もっとも、この了解があったからといって、Aが自動的におちいることになる忠誠義務との抵触（Loyalitätskonflikt）が解消するわけではない。

　ケース44：事故を起こした運転者と怪我をした同乗者の代理

　　オートバーンで重大事故発生。路側帯のないオートバーンで、乗用車がエンジン故障のために右側の車線で停止した。運転者Xが携帯を使って救助を求めている間、Xと2人の同乗者、Xの父Y1とX（母親）の未成年の子供Y2は車にいた。その状況を認識するのが遅すぎた別の乗用車の運転手Zは、停止していた故障車に追突。故障車の3人の搭乗者（X、Y1とY2）とZは重傷を負ったが、死亡は免れた。Xは弁護士Aに、Zおよびその保険会社を相手に、自分とY1およびY2の代理人となるよう依頼した。Aは停止し追突された車両の運転手のみが事故の責任を負っていると考えた。しかし、Zの保険会社との交渉過程では、Zにも責任があると主張した。その理由は、Zは、Xの車に故障が生じた後の行動を誤った、特には回避行動をとらなかったというものであった。

　本件では、XとY1および未成年者Y2との間には、利益衝突が認められる。というのは、Y1およびY2は、Xに対して（も）おそらく請求権を有しているからである。運転者と同乗者が、事故の相手にすべての責任があること、そして共通する請求権をまずは事故の相手方に対して主張していくということで原則合意していたとしても、そもそも当初から当然に利益相反がある。というのは、責任問題の判断は、怪我をした同乗者の意思とは無関係だからである。運転者に（も）責任があるということがわかれば、怪我をした同乗者は、自動的に運転者に対しても請求権を持つ[46]。利益衝突がないとされるのは、怪我をした同乗者が、法的拘束力を持つかたちで運転者に対するすべての請求権を放棄するか、あるいは、運転者をも代理する同乗者の弁護士が、第三者に対する請求権の行使のみを受任した場合だけである[47]。本件では、Y2に関する状況には、難しい

46）　同旨として、*Offermann-Burckart*, AnwBl 2009, 729, 740 – ケース34を参照。

ものがある。というのは，怪我をした X の子 Y2 は，いまだ未成年であり，法定代理人である母親 X との利益衝突があるからである。X が Y2 の父親と別居していて監護権が母親 X のみにある場合には，特別監護人（民法典 1909 条）を任命する必要があろう[48]。

C　共同事業体あるいは合同事務所形態のメンバーへの禁止の拡大

利益衝突禁止が，本来事件処理にあたっている（受任している）弁護士と——それが技術的にはどのようであれ——共同している弁護士にもどこまで拡大されるのか，簡単にみておこう[49]。

刑法 356 条の意味では，犯人は，事務所で働く多数の弁護士ないしは法務士（Rechtsbeistand）の内，実際に事件の処理にあたった者だけである[50]。該当するのは，事務所内での具体的な仕事の分担により，1 人の弁護士だけのこともあれば，たとえば，チームを組む 1 人の職業実践共同体のメンバーと 1 人のフリーランスといった複数の場合もある。

「弁護士の利益相反の禁止」を定める弁護士法 43 条 a 4 項では，独立を果たしていない勤務弁護士，フリーランス，合同事務所のメンバー等々には拡大されない。もっとも，自動的に共同受任となる共同事務所のメンバーには拡大される。これは，かの有名な共同事務所メンバーの移籍について連邦憲法裁判所が下した裁判では，いまだなお及ばないとされていたが[51]，後に同裁判所もこれを認めた[52]。

弁護士職業規則 3 条 2 項 1 文は，その 1 項の利益相反禁止を共同事務所のメンバーにも拡張している。ここでは 2 項 1 文は，原則を「どのような法形態あるいは組織形態で

---

47)　最近のものでは，*Hartung/Römermann/Hartung*, aaO, § 3 BORA Rn. 89 参照。

48)　*Prütting/Wegen/Weinreich/Bauer*, aaO, § 1909 BGB Rn. 7.

49)　この点の詳細については，たとえば *Offermann-Burckart*, Anwaltsrecht in der Praxis, § 10 Rn. 123 ff.

50)　*Gillmeister*,（aaO, § 356 StGB Rn. 31 ff.）の興味深い見解がある。かれは原則として，単なる合同事務所と共同事務所形態とをまずは区別し，その上で，依頼者が誰に法的事件を依頼し，そしてまた，誰がその依頼の処理にあたることをおそらく期待したかに焦点をあてる。しかし，こうした見解は生活実体に反するものであり，採用できない。

51)　BVerfG NJW 2003, 2520 = AnwBl 2003, 521, 522 f. m. Anm. *Kleine-Cosack*, AnwBl 2003, 539.

52)　BVerfG NJW 2006, 2469 = ZEV 2006, 413；この点については，*Offermann-Burckart*, Anwaltsrecht in der Praxis, § 10 Rn. 125 f. に詳しい。

あるかに関わらず，当該弁護士と同一の業務共同体あるいは合同事務所で結合している弁護士」に適用すると定めている。弁護士職業規則3条3項は，1項および2項は「弁護士がある業務共同体または合同事務所から他の業務共同体または合同事務所に移籍した場合も」これを適用すると定めて，こうした規律を確たるものとしている[53]。

この二つは，共同形態から離脱したメンバーに関する先の連邦憲法裁判所の裁判の当然の帰結として取り入れられた弁護士職業規則3条2項2文により制限されている。これによれば，3条2項1文と——準用の関係で——同3項もまた，「個々事案において，相反する依頼となる両依頼者が，広範な情報提供のもとで代理することに明示的に同意し，かつ，法的紛争処理機構の利益に反しない」ときは，適用されない。

ケース45：分裂した合同事務所経営者

XYAそしてB4人の弁護士が，合同事務所の形態をとっていて，そこでは各弁護士がすべての案件につき独立して活動している。合同している弁護士XとYは，合同事務所とは関係のない借金の案件で争いとなった。XはAにYはBに委任した。

弁護士職業規則3条2項1文等により，相反利益代理禁止は合同事務所のメンバーについても適用となるから，同時に行われたAによるXの代理とBによるYの代理は，認められない。XもYも，自分で自分の代理ができるから厳格にみれば同じ事務所のメンバーも代理人となれるのではないかという考えは成り立たない。より悩ましいのは，XはAに依頼したが，Yは自分で自分の代理をするケースである。これは原則認められると考えられる。というのは，Yが当事者であるということが前面におかれ，Yが弁護士であることは，ある程度後退しており，そのため，合同事務所のメンバーの誰も，相反する利益を持つ他の当事者（Y）の利益の「代理」をしてはいないことになる。はたしてこの場合，事務所に持ち込まれた争いの火種ということで，Xの代理を引き受けろというアドバイスをAに対してするのがよいのかは，好みの問題である。

ケース46：ある弁護士がフリーランスとして活動している二つの独立した事務所が離婚手続の当事者を代理

弁護士Aは，デュッセルドルフにある共同事務所甲のメンバーである。Aは，離婚手続で妻Xを代理している。倒産法を専門とするB弁護士は，倒産法事案に関するものについては，甲のため継続してフリーランスとして活動してきた。Bは，このほかにもケルンにある乙弁護士事務所のフリーランスとしても継続的に活動してきた。偶然にも，乙弁護士事務所のメンバーである弁護士Cが，離婚事件

---

[53] この概念については，*Offermann-Burckart*, Anwaltsrecht in der Praxis, § 10 Rn. 127 ff.

での夫Yの代理人となっていた。

　いうまでもなく，離婚案件は一体的生活事実関係である。しかし問題は，甲のためにも乙のためにもフリーランスとして活動しているが，この具体的な離婚事件にはまったく関係していない弁護士Bは，にもかかわらず甲乙事務所の利益衝突をもたらすのかである。弁護士職業規則3条2項1文は，(個々の弁護士に向けられた，すでに相反する利益を持つ他方当事者の相談にのりあるいは代理人となった法的事件での活動禁止を定める) 1項の禁止が，その法的・組織的な形態如何に関わらず当該弁護士と同一の業務共同あるいは合同事務所のメンバーとなっているすべての弁護士にも適用されると定めている。いわゆる星座型共同事務所 (Sternsoziät = LMNの3人の弁護士が一体として業務共同を組むのではなく，LとMの弁護士が共同関係に立ちMとN，そしてLとNの弁護士が共同する形態：訳者注記) を禁止していたかつての弁護士職業規則31条が廃止されたことで可能となった。Bが甲乙両事務所の業務共同メンバーの場合には，いずれの事務所も事件処理を続けてはならない。この点ははっきりしていよう (弁護士職業規則3条4項)。しかし問題は，両事務所をつなぐ者が，フリーランスのみであり，しかもこのフリーランスはいずれの事務所に関しても事件とは無関係の場合に，利益衝突となるのかである。ごく最近までは，この点についての答えがイエスであることははっきりしていた。というのは，弁護士職業規則旧8条および9条には，「その他のかたちでの職業上の共同 (Berufliche Zusammenarbeit in sonstiger weise)」という概念のある種法的な定義がみられたからである。というのは，この二つの規定にあらわれてくる「その他のかたち」という文言の後には，「勤務関係，フリーランス」という括弧書きが続いており，それは，フリーランスもその他の職業上の共同であることを表していたからである。第4期の規約委員会が，2010年6月26日の第5回会議において決議し，2011年3月1日に施行された弁護士職業規則新8条と9条には，同様の法的な定義はない。これにより現在では，フリーランスは，いずれにせよ直ちに弁護士職業規則3条2項1文の適用対象とならない，あるいは，どうみても当該フリーランスがいずれの側においても利益相反となる依頼の処理にあたっていなかった場合には適用対象とはならないと主張することが可能ではある。もっとも弁護士職業規則8条 (そして9条) の改正は，「その他のかたちでの職業上の共同」あるいは「職業実践共同体」の範囲を限定し，そして，たとえばフリーランスをこの対象から外すためになされたものではない[54]。「安全策」という観点からすると，つまるところ，勤務関係そしてフリーランス関係は，弁護士職業規則3条2項1文の適用範囲には入らないと考えるという助言はで

---

54)　この点については，Protokoll der 5. Sitzung der Vierten Satzungsversammlung v. 25./26. 06. 2010, S. 33 ff. 参照。

きない。

　少なくともフリーランスが同時ではなく相前後して異なった事務所のために活動する場合について，かつては，重要な制限がもうけられていたが，それは，弁護士職業規則8条（そして9条）の改正により，全面的に削除されてしまった。というのは，弁護士職業規則旧3条3項は，この禁止は，かつての共同関係において業務共同者でもなくそしてまた外部にそのようには示されてはおらず，かつまた当該事件の処理にあたってはいなかった弁護士には，これを適用しないと定めていたからである。

　　　　ケース47：ある事務所の業務共同関係にある弁護士が一方当事者の事務所から相手方の事務所に移籍したが，移籍先弁護士事務所側では，その所属弁護士が相手方当事者から単独弁護士として委任を受けて離婚手続で代理人となること

　妻Xは，弁護士A，BそしてCをメンバーとする甲共同事務所にその離婚処理を依頼した。この件は，弁護士Bがこの依頼を担当した。家族法とは今まで一切関係してこなかった弁護士Cが，それまでは弁護士DとEをメンバーとする乙共同事務所に移籍した。Xの夫Yは，弁護士Dに離婚事件で自分の代理人となるよう依頼。委任契約は，Yの希望で，乙共同事務所とではなく，弁護士Dとのみ結ばれた。

問題は，夫Yと弁護士Dとの間の受任関係にも弁護士Cの「感染力」がおよぶかである。無意識のうちにここでは，弁護士職業規則3条2項2文の「王道」を考えることになる。この王道とは，2003年7月3日に連邦憲法裁判所が下した共同事務所間の移籍に関する裁判[55]からの帰結として考え出されたものである。実際，共同事務所甲と弁護士Dは，充分な説明をした上でXとY双方から，書面により受任関係の継続に対する同意をもらえば，確実に安全である[56]。しかし，XとYあるいはそのいずれかが同意を拒んだときはどうなるのであろうか。この場合には，少なくともはっきりとした警告のシグナルが送られていることになる。すなわち，一方もしくは双方当事者が状況をクリティカルにみていること，そして，関係する弁護士としては，（たとえば弁護士会への不服申立とか刑事告訴といった）不快な状況を考えなくてはならないサインである。

---

55) BVerfG NJW 2003, 2520 = AnwBl 2003, 521 m. Anm. *Kleine-Cosack*, AnwBl 2003, 539. この点の詳細は *Offermann-Burckart*, Anwaltsrecht in der Praxis, § 10 Rn. 39 ff. 参照。

56) しかし，„amtliche Begründung", BRAK-Mitt. 2006, 212, 215, 参照。これによれば，事務所内での「汚らわしい離婚騒動」は，不適法のはずとされている。

上記のケースの解決は，一次的には，甲乙両事務所ともに利益衝突となるのか，それとも甲乙いずれかについてのみ利益衝突があることになるのかという点にかかるものではない。規約委員会が弁護士職業規則3条に付し，そして連邦司法省が同意の判断を下す根拠とされ，かつまた解釈のよりどころとなる「公式」の理由書には，活動禁止となるのは，移籍先事務所だと記されている[57]。すなわち，「こうしないと，移籍元事務所の依頼者には，秘密保持の必要がある情報が相手方の手に移転するのを防げないと映る。それゆえ移籍先事務所は原則，事務所にとり依頼のほうが大切かそれとも転入してくる者のほうが大切かを考えなくてはならない。これに対し，移籍元事務所側に活動禁止を課すのは，認められない。なぜならその依頼者は，弁護士の移籍により秘密として維持する必要がある情報が移転するのを妨げる何らの手立ても持っていないからである。移籍が行われると，移籍元の事務所の依頼者からみて，不適法な情報の移転が起きる危険が取り返しのつかないかたちで生じる。」と。*Henssler*は，弁護士職業規則3条3項をここまで広く解釈するのは説得力がないとする[58]。「弁護士職業規則3条3項が準用する3条1項の禁止は，確かに移籍により解消はしない。事件の処理にあたっていなかった共同事務所からの移籍者は，弁護士職業規則3条1項の禁止には服さないとしても，利益相反となる依頼で活動できるのは，将来的にも双方当事者の同意をえた場合のみである。これに対し，移籍先共同事務所の弁護士には，弁護士職業規則3条2項の適用範囲拡大は及ばず，禁止されることはない。つまるところ，移籍先の共同事務所は，いかなる時点でも相反する依頼の処理にあたってはいなかったのである」と。規約委員会が，自分の作った規定に付した解釈は規範の保護目的にかなっている。移籍元の事務所の依頼者にとり，「自分側の」事務所の弁護士が，「敵方の」事務所に移り，そしてこの移籍のみならず，「敵方の」事務所が敵の代理を続けていくという状況に手をこまねいていなければならないというのは，耐えがたいことである。この場合に依頼者は，自分から進んで「自分の」事務所との受任関係を解消する以外ないが，こうするとまずはこの依頼者に予想しがたい費用の負担がのしかかることになってしまう。

現行の弁護士職業規則3条の文言からすると，全体的には若干平仄が合っていないところがある。たとえば，かつての規定では，「下位の地位」にある，自身が担当していない弁護士について認められていた限定が削除されてしまったのはなぜか。その理由はわからない。同じように価値評価に矛盾がみられるのは，自身が担当しなかった勤務弁護士は，移転先事務所に感染させるのに，弁護士職業規則3条の文言上は，単独弁護士としてさらには個人的にでも，移籍元事務所がその相手方の依頼を処理している者の依

---

57) BRAK-Mitt. 2006, 212, 215 f.
58) *Henssler/Prütting/Henssler*, aaO, § 3 BORA Rn. 32.

頼を引き受けてもよいようにみえる点である。というのは，弁護士職業規則3条2項1文は，その文言からすると，「同一の職業実践共同体または合同事務所のメンバーとなっている弁護士」のみをその対象としている（つまり以前はそうであった弁護士は含まれない）からである[59]。そしてまた，弁護士職業規則3条3項は，業務共同体または合同事務所間の転籍のみを対象とする（単独弁護士として自分の事務所を設立した弁護士は対象外）と明文を持って定めているからである。

先にあげたケースに関し，弁護士Dが，明確な単独授権を受けて活動していた場合，この具体的ケースでは弁護士Aがもたらす利益衝突に該当しないと，それなりに議論することはできるが，安全な道を歩みたいということであれば，やはり依頼者の同意をえるのがよいが，先にも述べたように拒絶される危険はある。

　　ケース48：事務所の所属変更と訴訟告知
　　弁護士Aは，越境建築事件で隣家のYを相手とする事件においてXを代理している甲事務所の勤務弁護士である。Yは，家を設計した建築業者Zに告知。Zは，Yの側に参加し，今度は自分から土地測量士Wに告知。そうこうしているうちにXの依頼の処理にはあたっていなかったAは，乙事務所に移籍をした。WはX側に参加を考えて，乙事務所に代理を依頼した。

移籍先事務所も（あるいはまさしくこれが）利益衝突となるという見解に従うと，はたしてWは，古典的な意味での「相手方当事者」なのかが問題となる。Xの勝訴判決は，直接的にはYのみにしか及ばない。もっとも，引き続いてYがZおよび（もしくは）Wを訴えたとすると，この訴訟では職権で参加的効力をふまえて判断しなくてはならない（民事訴訟法68条）[60]。償還請求訴訟で被告側に参加した第三者は，事件が被告にとりネガティブに終わったときは，次は被告から請求される危険に常にさらされている。こうした状況の場合には，原告からの請求を免れるという利益は，形式的には同方向を向いてはいるが，毒性を持つことになる潜在的な利益衝突が認められる。そうでないとすると，被告はそもそも第三者に訴訟告知などしないはずだからである。

D　依頼者の同意

利益状況の問題と緊密に関係するのが，困難かつ激論が沸いている次のような問題である。すなわち，依頼者双方あるいは一方の同意は，同一の弁護士あるいは事務所によ

---

[59]　弁護士職業規則3条旧2項1文では，明文をもって「合同しあるいは合同していた」と規定されていた。

[60]　さしあたり，*Zimmermann*, Kommentar zur Zivilprozessordnung, § 68 ZPO Rn. 参照。

る助言および（あるいは）代理に関し考慮されるのかという問題がそれである。

1) 共同事務所形態およびその他の共同体のメンバーに対する同意

「その法的または組織的形態の如何を問わず，同一の業務共同体あるいは合同事務所に所属する弁護士」に関しては，2006年7月1日に発効した弁護士職業規則3条2項2文が，第1項の活動禁止は，「個々の事案において，相反する依頼となる両依頼者が，広範な説明のもとで代理することに明示的に同意し，かつ，それが法的問題処理機構の利益に反しない」ときは適用しないと定めている。この際情報提供と同意は，書面で行われなくてはならないとされている（弁護士職業規則3条2項2文）[61]。この新しい規定が設けられたのは，2003年7月3日に連邦憲法裁判所が下した共同事務所間での移籍に関する裁判[62]にある。この裁判で連邦憲法裁判所は，共同事務所のメンバーは，相反利益代理禁止から免れることは一切できないとしていた弁護士職業規則3条旧2項は違憲であるとの判断を下したのであった。このことから規約委員会は，新たな規律を作る義務があると考えたが，しかし，多くの者の見解によれば，その新たな規律は目標を逸脱しているし，いずれにしても連邦憲法裁判所の裁判に照らし必要とされるところをかなり越えている[63]。このことは，弁護士職業規則3条2項3文によると，同一の職業実践共同体のメンバーによる相反利益代理は，いずれにしても法的紛争処理機構の利益に抵触してはならないとされていることで，変わるものではない。

理解しがたいのが，連邦司法省の認可をえるためこの規定に付されて同省に送られた「公式の」理由付けである。理由書では，とくに問題となる依頼の種類と関係する事務所の構造ごとにわけられている。「通例では，破廉恥な離婚戦争」や他の被告人の不利益となる代理は，今までと同じく同一事務所（Buro）内では認められない。そして，利益相反となる相談業務は，同一の業務共同体の場所的に異なる事務所でよりも，場所的に同じ事務所で行われることが多い。そこには，「夕方ファックスをちょっとのぞく

---

61) この規定の成立史については，*Hartung/Römermann/Hartung*, aaO, § 3 BORA Rn. 25 ff. に詳しい。

62) BVerfG NJW 2003, 2520 = AnwBl 2003, 521 m. Anm. *Kleine-Cosack*, AnwBl 2003, 539. この点の詳細については，*Offermann-Burckart*, Anwaltsrecht in der Praxis, § 10 Rn. 39 ff. u. 86 ff. 参照。

63) この点については，たとえば *Hartung*, NJW 2006, 2721, *Kleine-Cosack*, AnwBl 2006, 13, 17 および *Scharmer*, BRAK-Mitt. 2006, 150 参照。*Scharmer* は，「弁護士」の意識的無認識と「規約委員会」の意識的健忘症だとする。ただし *Maier-Reimer*, NJW 2006, 3601 は別の評価をしている。

目」に，守秘の必要がある情報が映ってしまう危険があるとする[64]。衝突についての考慮と守秘義務の問題がごちゃ混ぜになっている。ちなみに，この点は共同事務所移籍に関する連邦憲法裁判所裁判にもみられる弱点でもある。同一の事務所で，ある弁護士がほかの弁護士の依頼を知らないということは，普通考えられないことであるし，たとえば共同事務所という考えとも矛盾する。一般的に通常の共同事務所での打ち合わせでは，ことはどう進めていくべきなのであろうか。相反利益を持つ当事者の代理をする共同事務所の弁護士は，その相手方との打ち合わせが行われるときは，その場を立ち去らなくてはならないのであろうか。そしてまた，弁護士職業規則3条2項2文適用のもと，利益相反関係にある依頼を代理する事務所のメンバーは，「夕方ファックスをちょっとのぞく」のをやめるとか，この場合には少なくとも自分に直接関係しない案件にはその目を閉じなくてはならないというのであろうか。これらの問題だけみても，ここで公式の理由書が示している諸考慮がいかにでっち上げかがわかる。

2） 単独弁護士への同意

単独弁護士に関しては，弁護士職業規則3条2項2文のような明文規定はない。そのため，ここでは今までと同じく同意に関してさまざまな見解が見受けられる[65]。職業実践共同体のメンバーと単独弁護士間の基本的差異は，──すでに述べたように──まずは，職業実践共同体に関する状況の判断にあたり，組織である側面を過大評価することをよしとするものではない。したがって *Grunewald*[66] の次のような見解，すなわち，依頼者（ら）の同意が重要となる点に関しては，結局のところ（複数であろうが単に1人であろうが）何人の弁護士が関係しているかは何の意味も持たないという見解に賛成する。

3） 同意の要件

より重要なのは，可能とされた同意にはどのような要件が課せられるべきかである。このハードルは高い。依頼者は，単に相反利益がある，あるいは少なくともその可能性があるということを抽象的に知るだけでは足りない。依頼者は，具体的にどの点に利益

64） BRAK-Mitt. 2006, 79.
65） 同意があればよしとするものとして，*Henssler/Prütting/Eylmann*, Kommentar zur Bundesrechtsanwaltsordnung, 2. Aufl., § 43a BRAO Rn. 157 ; *Grunewald*, ZEV 2006, 386, 387。これに対し，*Feuerich/Weyland/Feuerich*, aaO, § 43a BRAO Rn. 68 ; *Henssler/Prütting/Henssler*, aaO, 3. Aufl., § 43a BRAO Rn. 202 ff. ; *Kleine-Cosack*, aaO, § 43a BRAO Rn. 113 は，よしとしない。
66） ZEV 2006, 386, 387.

相反があるのか，どのようなやり方や法的な組み立て方があり，今の自分の弁護士による代理を放棄したら，どの程度こうしたやり方や組み立て方の選択と利用が制限されるかについてもまた理解していなくてはならない[67]。

ケース 49：かつて分裂した当事者間の合意を図ること

弁護士Aは，成人の子Xの代理人として，その父Yに対して扶養料の請求をした。XとYの亀裂は，Xが同じくAを代理人として，Yに対し傷害を理由に刑事告訴するほどに深かった。YがXに平手打ちを食わせたということであった。後に争いがおさまり，XとYは，今度は一緒にAに，2人の間の意見の相違を解くよう支援してくれることを依頼した。これに加え，XはAに，Yに対する刑事告訴を取り下げてくれるよう依頼した。

このケースでは，二つの選択肢が考えられる。もし子Xが，このような請求権はないと考えたか，それとも最低でも和解に役立つようその請求を見送るということで，Yに対する扶養請求権をすべて放棄する場合には，争いとともに利益相反も消滅する。弁護士がメディエーターや仲介人となっていたときは，後に当該争訟的交渉に関して一方当事者の代理人となれないが，この禁止は，反対のケース，つまり弁護士が，元は対立していたが，いまや和解を望んでいる当事者にはあてはまらない。子Xがそれまでと同じく，Yに対し扶養請求をするなら，状況緩和の程度は，双方ができるだけ歩み寄りでの解決を模索しているという限度に止まり，利益衝突は続いているし，この場合「なお考えられるのは，唯一」Aが双方を代理する点に対するXとYの了解があればよいとするかである。単独弁護士に対して与えられた同意をもってよしとするのは，先に示したように，多くから否定されている。それなりに根拠はあるが，なんといっても「安全な道」とはいえない。これと反対の見解にしたがうとしたなら，当事者の同意と弁護士から当事者にする教示の要件について高いハードルを課すべきである。

E　子の扶養事件

利益衝突というテーマが繰り返し（新たなかたちで）問題となる依頼類型は，成人後の子の扶養請求である[68]。その密度は違うが，これら事例が関係してくるのは，利益を主観的にみるか客観的にみるか，および（あるいは）同意があればよいとするかである。

---

67) この点の詳細については，*Erb*, Parteiverrat – Rechtsgut und Einwilligung im Tatbestand des § 356 StGB, S. 222, 223. *Deckenbrock,* AnwBl 2009, 170, 172 および Offermann-Burckart, Anwaltsrecht in der Praxis, § 10 Rn. 100 ff. 参照。

68) 最近のものとしてはたとえば，*Hartung,* AnwBl 2011, 679 ff. 参照。

本稿でこのテーマを論じ尽くそうとすると，本稿に与えられた紙幅をこえてしまう。これは，別稿に譲らなくてはならない。とはいえ，実務で最も頻繁に登場する問題のケースは，これを簡単にみていくことにする。

1) 事実関係の例

ケース50：扶養請求事案で，一方の親とともに代理されていた子が成年になったとき

以下では，扶養請求事案にあって，未成年の子と親の一方が同一の弁護士により代理されているケースについてのさまざまなバリエーションをみていく。いずれについても，その後に子が成人した場合，はたして2人の代理人を続けてよいのかということが問題となる。

バリエーション1：両親は結婚をしておらず，しばらくして別居となったが，しかし，それまでと同様に未成年の子と家計は同じ。子の監護権は，母親が持ち，弁護士Aは，母と子を代理。

両親は，非金銭的扶養（同居）を担っている（Naturalunterhalt）。子の法定代理人は母（民法1629条1項3文）。

バリエーション2：未成年者の両親は，合意離婚したが，離婚までの間は同居していた。離婚成立後母は，子とともに別の町に転居。子の監護権は，父親および母親が共同で行使。弁護士Aは，母親と子を代理。

この状況では，金銭による扶養と非金銭的扶養は，民法1606条3項2文により，同価値とされる。子が生計をともにする母は，——自身就業能力があっても——非金銭的扶養を，父は，金銭扶養（扶養料支払い）を担っていることになる[69]。民法1629条2項2文に基づき，母親は父親に対し子の扶養料請求をする。

バリエーション3：未成年の子の両親は（いまだ）離婚はしていないが，別居中である。離婚手続は進行中。子は父親のもとで暮らしている。監護権は，両方の親が持っている。弁護士Aは，父親（および子）を代理。

金銭的扶養と非金銭的扶養については，先に述べたとおり。ただし，——婚姻はまだ解消していないから——民法1629条3項1文で，子の母に対する扶養請求は，父親が自己の名で請求。

バリエーション4：両親の離婚後，子は寄宿舎で生活している。監護権は母親の単独行使。弁護士Aが，母と子を代理。

---

69) この点については，*Gerhardt/v. Heintschel-Heinegg/Klein/Seiler,* aaO, 6. Kap. Rn. 265 のみをあげておく。

両親とも，その収入に応じて金銭扶養の義務を負う（民法 1606 条 3 項 1 文）。時折子が，週末一方の親のところに行っているとしても，この点は変わらない。監護権者である母が，子の法定代理人である（民法 1629 条 1 項 3 文）。

　　バリエーション 5：両親は結婚したことはなく，現在は別居。未成年の子は，あるときは母親，あるときは父親と暮らしており，実際の監護とか世話を主にしているのがどちらかはわからない。両親とも監護権者となっている。弁護士 A は父親を代理。

ここでは，非金銭的扶養義務と金銭的扶養義務が交互に入れ替わっている。実務では，──双方の親に支払い能力がある場合には──子の生活必要費は，2 人の収入の合計から算出され，場合によっては所在を変えることで生じる費用（たとえば交通費）をこれに加え，その上で，民法 1606 条 3 項 1 文に基づき収入割合に応じて責任を分担する[70]。子の養育に父と母で交互にあたるモデルが厳格なかたちで採用されている場合には，子の法定代理は，監護権の規律がどうなっているかにかかる。監護権の規律がなされるまで，あるいは，双方が監護権を持つとされた場合，引き続き両親 2 人がともにこの代理権を持つ。その結果，扶養請求に関して扶養監護人を任命してもらうか，民法 1628 条に基づき，家庭裁判所に対し，扶養請求権の単独行使の申立てをしなくてはならない[71]。

2) 利益状況と代理状況

先にあげた各種のバリエーションは，いずれの場合でも 3 人の当事者がおり，その利益は，厳格に客観的にみると，対立している。なぜなら，純粋に客観的な見方をすると，子は，最高の監護と扶養をえたいが，これに対し親は，扶養の程度をできる限り低くしたいからである。

バリエーション 5 では，立法者は，利益相反を次のように解決している。すなわち，家庭裁判所は，一方の親の申立てに基づいて，判断を一方の親に委ね，あるいは民法 1666 条，1693 条および 1697 条により，扶養監護人を任命するというやり方がそれである[72]。もちろん第 2 番目のやり方では，一方の親の弁護士を，同時に子の監護人に任命することはできない。バリエーション 2 と 3 では，子とその子が生活を共にする親，そしてバリエーション 1 と 4 では監護権を持つ親と子は一体である。バリエーション 3 で

---

70) *Gerhardt/v. Heintschel-Heinegg/Klein/Seiler,* aaO, 6. Kap. Rn. 294.

71) BGH FamRZ 2006, 1015 ; *Gerhardt/v. Heintschel-Heinegg/Klein/Seiler,* aaO, 6. Kap. Rn. 353.

72) *Prütting/Wegen/Weinreich/Ziegler,* § 1629 BGB Rn. 14.

は，この「一体性」は，民法1629条3項1文で定められている訴訟担当により，子と同居している親が子の扶養請求権を自己の名で行使できるというところまで拡大されている。このように，一方の親と未成年子との間の利益衝突はそもそもない[73]。バリエーション1と4では，子は監護権者が代理し，バリエーション2では，子と同居している親が代理人となる（民法1629条1項3文または2項2文）。未成年の子とその子と同居する一方の親（バリエーション2と3）の共同の利益は，他方の親から可能な限り高額の金銭扶養をうることである[74]。

3） 子が成人した後の状況

大方の場合，そもそものところ問題が起きるのは，子が成人したときである。満18歳をもって，法的な意味での親の監護は終わり，その結果，「子の監護と教育」という親の義務が終わる。養育扶養 Betreuung（=非金銭扶養）と金銭扶養が同価値とされる基礎がなくなる。養育の必要に，高額の金銭的な必要（扶養額）が取って代わる。両親とも（つまり，子供が同居を続けている親も），この場合には金銭扶養義務を負い，民法1606条3項1文によりその支払い能力に応じて分担する。この限りで，両親は相互に情報提供義務を負う。「養育」にあたる親は，子供からその費用を取り立てることができる。問題となってくるのは，成年の子がどのくらいの期間扶養を請求できるかである[75]。

扶養請求ができる成年の子についても，同じくいくつかのバリエーションを区別しなくてはならない。

　　バリエーション1：成年の子は，一方の親，たとえばそれまでも一緒に暮らしていた母親と同居。実際のところの関係に変更はない。母親が引き続き子の食事，衣

---

73) したがって，*Hartung* がその最近の論攷（AnwBl 2011, 679 ff.）で取り上げている訴訟担当は，「利益衝突」というテーマの考察との関連性に関しては，限定的である。

74) この際家庭裁判官は，最近の連邦通常裁判所の裁判に照らし，対話中しばしば次の点を問題としてくる。すなわち，未成年の子とその子と同居している一方の親の利益は，本当に，他方の親からできるだけ多くの扶養料をえることに等しく向いているかということである。というのは，養育にあたっている親が他方の親から扶養料が支払われるので，自分で働く機会をさがすのを怠ったり，自分の仕事をより拡大することを怠った場合には，後々成人した子にとって不利となりかねないからである（キーワードは"親扶養"）。

75) 限界については，*Schnitzler/Götz*, aaO, § 7 Rn. 1 ff., および *Gerhardt/v. Heintschel-Heinegg/Klein/Seiler*, aaO, 6. Kap. Rn. 265 参照。

類その他子が必要とするものを用意している。子は，父親が支払っている金銭扶養料を，「小遣い」をのぞきすべて母親に渡し，そのほか現金はいらないとしている。

　バリエーション 2：子がそれまで養育にあたっていた親のもとを離れ，もう 1 人の親，例でいうと父親のところに引っ越す。

　バリエーション 3：子が，おそらく折り合いが悪く，それまで養育にあたっていた親を離れ，独立して生計を立てる。

　バリエーション 4：1 人で（寄宿舎あるいは祖父母）のところにいた子が，独立の生計を立てあるいは一方の親のところに移る。

　バリエーション 5：子の養育に父と母で交互にあたるモデルのもとで，父と母のところを行ったり来たりしていた子が，成人後もこのやり方を続ける。

それまで監護権者および（または）養育にあたってきた一方の親のみを代理してきた弁護士にとって問題となるのは，将来的にも，この親と子を代理できるかである。実務家のこの問題への答えは，実に多様である。若干の，といっても 1，2 の弁護士会の理事会は，親の代理と成人となった子を同一の弁護士が代理することは一切できないとしているが[76]，ほかの弁護士会の理事会は，いずれの場合でも（付加的に）成人となった子からの相談を断り，同僚弁護士に任せなくてはならないのは「常識に反する」，そしてまた「依頼者にとり不親切」だとする[77]。

Hartung はこのテーマに関する最近の論攷[78]で，訴訟担当の場合（民法 1629 条 3 項）だけ，つまり婚姻は継続していて，子がともに暮らす側の親が，子の扶養料を自己の名で請求してきた場合のみについて論じている。この場合に子が成人すると，まず弁護士は相反利益のために活動していたことになり，子の代理は，唯一今まで代理していた親の同意がある場合のみ引き受けることができるとする[79]。*Hartung* は，当事者の利益を客観的にとらえるかそれとも主観的にとらえるかという問題と，同意の問題を混同している。これに加え，彼は，弁護士が成人となった子の利益と相反するかたちで，かつての訴訟担当者である親を代理していると主張するが，これは，利益状況の評価にあたりことをあまりに単純化しすぎている。彼は少し前のところで，利益の定義にあたっては「依頼者の評価」が重要という見解を主張しているが，利益相反があるとする彼の立場は，この見解と矛盾している。それまで子が一緒に暮らし，成人後も一緒に暮らしてい

---

76) Protokoll der Tagung der Berufsrechtsreferenten v. 20. 05. 2011, S. 9 f. この議事録は非公開。

77) Protokoll der Tagung der Berufsrechtsreferenten v. 20. 05. 2011, S. 10 f. この議事録は非公開。

78) AnwBl 2011, 679 ff.

79) *Hartung*, AnwBl 2011, 679, 681.

る親が,自分の利益と(そのためにベストを尽くそうとしている)子の利益が相反していると考えているなどありえない。反対に,その親と子は,(注74で示した留保つきながら)他方の親ができるだけ多くを支払うという点に共通の利益を持っていたし,そしてまた持っている。さらに,子がともに暮らしてきたし現在も,ともに暮らしている親は,成人になるまで一切扶養をしていなかったわけではない。していなかったのは金銭的扶養のみであり,非金銭的扶養は行ってきていた。この非金銭的扶養は,その価値という点では,絶対に金銭的扶養に後れるものでは決してない。そして,民法1629条1項3文および2項2文のケース,つまりは,単独で監護権限を持ちそして(または)養育にあたっていた親が,自己の名ではなく子供の名で活動している状況では,利益は,オリジナルには同方向を向いており――他方の親に支払い能力があるとした場合には――かつまた競合していない[80]。子が成人したからといって,そのほかの関係には変わりはなく,利益は同方向を向いておりかつ競合はしていない[81]。つまりここで展開した見解によれば,そもそも利益相反は一切ないのである。そして,純粋に客観的に利益をとらえつつ,代理を認めようとするなら,いずれにしても同一の弁護士による代理への同意から出発する必要があるが,この同意の要件は,定められているような高いハードルが課せられることになる。結論からいうと,利益衝突という構成要件を,そもそも利益相反がないということでクリアーするか,構成要件該当性を阻却する同意に目を向けるかで,何らの違いも生じない。ちなみに,単独弁護士に与えられる同意は,そもそも認められるかという重要な問題を *Hartung* は提示していない。彼は,弁護士職業規則3条2項2文において,職業実践共同体の複数の構成員に対する同意に求められている広範な情報提供の必要性に関する諸要件は,これに留意しなくてはならず,同意は書面でなされなくてはならないと述べるに止まっている。

　いうまでもなくやはり「確実なやり方」というわけではないが,リベラルな取り扱い

---

80) この点については,「二重当事者」を取り上げている,*Schnitzler*/Groß, aaO, §2 Rn. 36参照。「養育にあたっている親は,「管理人(Sachwalter)として,(子の扶養料請求という)外部案件につき,すべてについて鍋・釜は一個であるから,固有の利益を有している。したがって,その法定代理人を務めている子とともに自身も当事者である。」と,述べる。この点については *Offermann-Burckart*, AnwBl 2008, 446, 449, 同,FF 2009, 104, 108も参照。

81) Groß, (*Schnitzler*, aaO, §2 Rn. 35)は,それ故,妻と成人の子をともに代理することは,債務者(父親)の収入がすべての扶養請求権を満足させる状態にないときも,不適法とする。この方向にある *Haßkamp*, (Kammer Mitteilungen Rechtsanwaltskammer Düsseldorf 2006, 282 f.) および,*Offermann-Burckart*, FF 2009, 104, 108も参照。

をしてよいとする方向を指示するのが実務の理性というものである。多くの場合依頼者にとっては——そのほかの関係には一切変更がないのに——, なぜ子が成人したら, 突然自分の弁護士が別に必要となるのか, その理由を理解できない。家族法上の協議にあたっては, もっともセンシブルな領域が取り扱われることから, 自分の内密ごとを今の弁護士のほかに, 他の弁護士にもまた開示しなくてはならないのは, 関係者にとっては大きな負担と受け止められる。そして, 厳格な取り扱いを支持する者の大方が, 利益相反の場合には双方弁護士が辞任しなくてはならないと定めている弁護士職業規則3条4項を無視している。そもそもが厳格にかつ純粋主義的に仕事をしようと考えている者は, つまるところそれまでの弁護士に対しても, 今まで代理してきた親のためにもはや活動してはならず, 辞任することが求められることになる。しかしこうしたリアクションは, 関係者の理解をまったくえられないであろう。

　成人した子が, それまで一緒に暮らしていた親から離れたときは, 格別の注意が必要である。「旅立った」子は, 新たに獲得した独立性を考慮して, 自分の弁護士に委任すべきであろう。というのは, 生活関係の変更により, 通常は, 利益状況もまた, もはやそれまでとの連続性を欠くことになるからである。そして, もし成人になった子が, 他方の親のところに移り住んだときは, 「出て行かれた」親と子の共同の代理は, 以降は認められない。こうなると, 単独で監護権を持ちそして（あるいは）養育してきた親と子をともに代理してきた弁護士が, 民法1629条1項3文および2項2文のケースで, この親の代理を継続できるかが再度問題化する。というのは, この場合には子供自身が当事者であったし, そして今では相手方にその立ち位置を変えているからである。もっとも, 子が自分でこうしたのであり, 弁護士をある意味やむなくして利益衝突状態に引き入れたのであるから, これを理由に弁護士に「縛りをかけたり」, そしてまた弁護士を辞任しなくてはならない状況に追い込むべきではなかろう[82]。

　バリエーション4ではどうなるのかは, 子が, それまで親権者であり, 子とともに当該弁護士により代理されていた親のところに移り住んだのか, それとも, ほかの弁護士が代理してきたもう一方の親のところに行ったか, はたまた,（そもそも一方の親と子をともに代理することは認められない）両親がともに親権者であったかにかかる。第一の場合は, それまで養育にあたってきた親と一緒に住み続け, そして親と同じ弁護士により代理されている場合と同じことが原則あてはまる。後二者では, 親と子をともに代理することは, 問題外である。バリエーション5では, 民法1628条により判断権限を与えられていた親（第1選択肢）と子をともに代理することは認められる。

---

82) この点については, *Offermann-Burckart*, AnwBl 2009, 729, 733 f. – ケース15と16参照。

IV 結　　語

　ここで取り上げた諸ケースからわかるのは，利益衝突の問題は，筋のとおったあてはめのみによって解き明かされなくてはならないということである。安全な道を行きたい者は，事件処理にあたったことという点，そして一体的な生活事実関係の定義に際しては，広いバッファーをとり，そしてまた，利益を客観的にとらえ，さらに──職業実践共同体に関する弁護士職業規則3条2項2文が定める特別の場合を除き──同意があればよいとはしないことである。そこまで石橋をたたかないやり方，つまりは，利益の定義にあたり主観的な要素を加え，同意があればよいとするのは，特に弁護士会および（あるいは）検察から目を付けられている弁護士の弁護人が，当該弁護士に有利に利用できるかなり強力な論拠となる。同意があればよいとする者は，依頼者への説明についてはおおいに注意しなくてはならない。これに加え，同意は書面によるべきだし，説明も同じく文書化しておくべきである。

利益相反：職業法上の永遠の火種
―― 裁判所へのアピール：原則を希釈しては決してならない ――

マルティン・ヘンスラー

訳　森　　　勇

＊　本稿は，1988 年に創設されたケルン大学弁護士法研究所の創立 25 年とハンス・プリュッティング（Hanns Prütting）教授の 65 歳の誕生日ならびに著者の 60 歳の誕生日を記念して 2013 年 6 月 21 日に開催された上記研究所のシンポジウムでの講演に基づいている（Hamacher, AnwBl 2013, M 284 の本シンポジウムに関する報告参照）。講演の体裁はそのままである。

　相反する利益代理の禁止ほど，弁護士にとって実務上格段の意味を持っている職業法上の規律の有り様は，他にない。この弁護士の中核的義務が長い伝統を持ってはいるものの，数多くの個別問題をとってみると，こうした禁止の射程が厳密にはどこまでなのかは，今日にいたるまで明らかになってはいない。射程の厳密化が図られない決定的な理由は，相反する利益代理の禁止が，刑法 356 条，連邦弁護士法 43 条 a 4 項そして弁護士職業規則 3 条という，三つの相異なる規範で同時に規定されていることにある。さらに実務は，利益衝突を定める際のそれ自体確定していると思われていた諸原則を放棄してしまった最近の二つの連邦通常裁判所の裁判（AnwBl 2012, 769 と AnwBl 2013, 293）によって，不安定な状況におかれている。著者は，判例におけるかかる転換の背景を批判的に探り，そして，弁護士の利益衝突の領域におけるその他のアクチュアルな問題と展開に検討を加えて，この点に関する調和のとれた解決コンセプトを構想する。すなわち，それは，「活動禁止が働くのは，当該依頼者の利益が実際に侵害されることになる場合のみである。予防原則に基づいて依頼処理にあたることを禁ずるような連邦弁護士法は，憲法上保障されている職業の自由に反する」というのがそれである。

I 背信行為の禁止——長い伝統があるにもかかわらず未解決の問題

今日の相反する利益代理の禁止は，ローマ法にさかのぼる[1]。歴史的には，ローマのQuästionenprozess における告発者（Ankläger）の *praevaricatio* に由来する。*Praevaricator* とは，被告人が無罪となり，あるいは，少なくとも軽い刑にする目的を持って，不誠実に刑事訴訟を利用する者をさす。背信行為（Prävarikation）の要件は，告発人が，真実ではあるが被告人にとって不利な証拠を提出せずあるいは隠すことで充足された。その後，告発人の背信行為（*praevaricatio propria*）から，弁護人の背信行為（Sachwalteruntreue = *praevaricatio impropria*）という犯罪構成要件を導いてきた。この *praevaricatio* の広い理解，砕けていうと「まっすぐな道からそれる」ことは，相反する利益代理禁止として，単にわが国法体系の屋台骨であるだけに止まらず，世界中で弁護士職業法の確固たる構成要素となっている[2]。弁護士の職業像にとっての意義という点では，相反する利益代理禁止は，弁護士の独立性とその守秘義務というその他の二つの重要な基本的義務と同格である[3]。実務上の重要性そしてまた問題となるケースの数という点からすると，むしろ利益相反の禁止は，職業上の義務のなかで，まごうことなきナンバーワンである。その原因は多様である。弁護士が取り組む事件がますます複雑なものとなっていること，弁護士の活躍する分野が拡大していること，弁護士業務の国際化，そしてまた，ますます肥大化する事業組織へと共同化していく傾向が顕著となっていることにその原因がある。これに加え，事件が膨大な数に上っている，つまり，想定できる事案類型が止まるところを知らないまでに多様なこと，そしてこの際，*Susanne Offermann-Burckart* が Anwaltsblatt に連載した論考のタイトルにおいて適切にも指摘したように[4]，ケースごと，ことごとく異なっていることもまた原因となっている。

---

1) Dig. 47.15 : „Praevaricator est quasi varicator, qui diversam partem adiuvat prodita causa sua. Quod nomen Labeo a varia certatione tractum ait : nam qui praevaricatur, ex utraque parte constitit, quin immo ex altera. ; Dig. 50. 16. 212 : „Praevaricatores eos appellamus, qui causam adversariis suis donant et ex parte actoris in partem rei concedunt : a varicando enim praevaricatores dicti sunt".

2) *Deckenbrock,* Strafrechtlicher Parteiverrat und berufsrechtliches Verbot der Vertretung widerstreitender Interessen, 2009, Rn. 3. 相反利益代理の禁止のより詳細な歴史については，*Deckenbrock* aaO, Rn. 17 ff. m. w. N.

3) いわゆるコアバリュー（core values）一般については，*Henssler,* in : Henssler/ Prütting, BRAO, 3. Aufl. 2010, § 43a Rn. 1 m. w. N. 参照。

2011年の実態調査によると，過去3年間において，平均5つの依頼を利益衝突を理由に断らなくてはならなかった[5]。ほかの事件でも，依頼を断り，あるいは中断するまでにいたらない場合であっても，Prävarikationに基づく活動禁止があるかどうかについて争いがある。他の職業法上のテーマで，弁護士会への問い合わせの数が利益衝突ほど多いものは皆無である[6]。先にあげた法律相談市場における現実の展開とならび，立法者の側も，問題の増加に寄与している。連邦弁護士法43条a4項と45条そしてまたそれを補完する弁護士職業規則3条は，不透明であり，一貫性を欠いており，欠陥を抱えておりそしてまた誤解を招くものとなっている。
　それ故に，裁判所も一般的に妥当する指標をうまく発展させることに手こずっていることは，驚くことではない。後にいくつかの例を挙げて示すことにするが，連邦通常裁判所の各部の間ですら，意見が分かれているが，あるいは，体系的に思考をめぐらすことなく，もっぱら個別ケースに焦点をあてている。連邦通常裁判所の多数の部がこの問題に関わる事件を管轄していることが[7]，ドグマチックな指針が発展していくのを難しくしている。認可問題などの行政法的な弁護士事件[8]あるいは弁護士裁判所の懲戒処分が問題のとき[9]は，弁護士部（Anwaltssenat）の担当となり，民法138条に基づく弁護士契約の有効性[10]あるいは訴訟代理人選任の有効性[11]に関係する民事法あるいは民事訴訟法上の問題，受任させないことを求める競争法上の差し止め訴訟[12]，あるいは利益

---

4) 問題がいかに多様かということは，*Offermann-Burckart*が取り組んだ85の事例を読んでみれば明らかになる。vgl. *Offermann-Burckart,* AnwBl 2009, 729 ff. und AnwBl 2011, 809 ff. 業務共同の場合の相反利益代理の禁止一般については，*Deckenbrock,* AnwBl 2009, 170 ff. 参照。

5) 実態調査の結果については，*Kilian,* AnwB. 2012, 495 f.；同, AnwBl 2012, 597 f. 参照。

6) *Offermann-Burckart,* AnwBl 2008, 446.

7) *Henssler/Deckenbrock,* NJW 2012, 3265 f. がすでに指摘したところである。

8) BGH NJW 2012, 3039 Rn. 5 = AnwBl 2012, 769（弁護士会の不当な教示（Belehrung）に対する訴え）。

9) 近時のものとしてはAGH（弁護士法院＝懲戒などの弁護士事件の第二審）München, NJW 2012, 2596 = AnwBl 2012, 655（弁護士裁判所手続開始申立事件）参照。

10) BGH NJW 2009, 3297 Rn. 30 ff.

11) BGH NJW 2013, 1247 Rn. 13 = AnwBl 2013, 293.

12) たとえば，OLG Hamburg, NJW-RR 2001, 61, 62；OLG Koblenz, NJOZ 2005, 4119, 4122 ff. 参照。

相反を理由とする解約告知の民法 627 条以下に基づく効果[13]に関しては複数の民事部が担当し，連邦弁護士法 43 条 a 4 項とパラレルの関係に立つ刑法規定である刑法 356 条をめぐる問題については刑事部が担当する[14]といった具合に，利益相反に関係する事件の管轄は拡散している。

　この際，刑法 356 条の客観的構成要件は，これを正しく読めば連邦弁護士法 43 条 a と同じであることが，ほとんど考慮されていない[15]。さらには，法的安定は——たとえば弁護士職業規則 3 条 2 項および 3 条における業務共同体に関する規定の解釈といった——実務上重要な問題についての裁判例が一切ないことで損なわれている。

II　連邦弁護士法 43 条 a 4 項の要件——未解決の問題

　「弁護士は相反する利益を代理してはならない。」一見，連邦弁護士法 43 条 a 4 項の要件は，模範的に簡潔かつ精緻とみえる。この活動禁止の法的要件は，この簡単な法文言がうかがわせるところとは大違いに，複雑である。この要件は，明文になっていないメルクマールを含めると，次のような基準から成り立っているが，これらの基準すべては，補完的に論じられる未解決の問題をはらんでいるのである。

・法的事件の同一性——問題の所在。「同一事件」の線引きはどのようにやるのか？　相異なる事実関係の結びつきの緊密度はどの程度必要か？
・利益——問題の所在。その定め方。主観的かそれとも客観的にか？
・相反——問題の所在。抽象的あるいはまったくの潜在的な将来の利益衝突で足りるのか？　利益が競合するときはどうなるのか？
・代理——問題の所在。代理は一つの依頼関係においてなされたものでなくてはならないのか？　事前の関わり合いは，同じく弁護士としての機能において行われていなくてはならないのか？
・依頼者の同意を欠く場合における事件との個人的取り組みあるいは業務共同体の同僚

---

13)　たとえば，BGHZ 174, 186 Rn. 7 ff. = NJW 2008, 1307 = AnwBl 2008, 297 m. Anm. *Henssler/Deckenbrock*, NJW 2008, 1275 ff. 参照。
14)　最近のものとして BGHSt 52, 307 Rn. 8 ff. = NJW 2008, 2723. 参照。
15)　差異は，有責性の要件に関するものと，規範が事業共同事務所のメンバーにまでおよぶかの 2 点につき，vgl. *Henssler*, in : *Henssler/Prütting*（注 3），§ 43a Rn. 213 f.；*Deckenbrock*（注 2），Rn. 241 f., 283 f.

による取り組み——問題の所在。同意の際の要件は何か？　業務共同体関係においては，この禁止はどこまでおよぶか？

さらに第6番目の問題は，連邦弁護士法45条との棲み分けである。この点に関しては，規約として定められている弁護士職業規則3条が，この二つの規律を一つの規範にまとめて規定している。

III　事件の同一性

私が強く勧めているのは，利益相反事例についていえば，「同一の法的事件」というメルクマールからまずは検討することである。このメルクマールは，裁判例においては，規範の目的にとって重要でない事実関係を振り分けるための，最初の比較的目の粗いフィルターの役割を持っている。刑法356条および連邦弁護士法43条a4項の客観的要件が共通しているわけであるから，刑法上の評価と職業法上の評価は同一となる[16]。

「同一事件」の振り分けにあたり，連邦通常裁判所は，先に述べたフィルター機能という意味で，実に寛大な態度をとっている。いずれにしても対抗しあう可能性のある利益を持つ多数の関係者間において，法諸原則に基づいて処理・判断されるべきすべての事案が「同一の法的事件」となりうる[17]。事実関係が一部同一の場合でも足りる[18]。したがって，一つの婚姻事件あるいは一つの相続事件が，同一事件としての括りを生じさせる可能性がある[19]。

こうした定言から，法的事件の同一性をめぐるすべての問題が始まる。すなわち，どうやって，要件論的にみて重要な法的事件の部分的同一性と，無関係な事実関係の重なり合いを区別するのかについては，今までのところ，裁判例においてもそしてまた文献においても，十分な説明がなされえなかった。しかし，最近の多くの事件では，まさにこの振り分けの問題が繰り返し俎上にのぼってきている。「同一の法的事件」という要件は，全体としてみるとなるほど広く解釈されてはいる。しかしながら相当性原則のもと，職業実践を制限することには一定の限度があることから，文献においては同時に，

---

16)　再度注15を参照。

17)　BGHSt 52, 307 Rn. 11 = NJW 2008, 2723 ; BGH NJW 2012, 3039 Rn. 7 = AnwBl 2012, 769.

18)　BGH NJW 1953, 430, 431 ; BGH NJW 2012, 3039 Rn. 8 = AnwBl 2012, 769 ; BGH NJW 2013, 1247 Rn. 9 = AnwBl 2013, 293.

19)　BGH NJW 2012, 3039 Rn. 8 = AnwBl 2012, 769 ; BGH NJW 2013, 1247 Rn. 9 = AnwBl 2013, 293.

ある依頼が他の依頼に単に間接的な影響をおよぼすだけでは十分ではないことが強調されている[20]。

実際のところ，刑法356条の要件に取り込まれている「同一の法的事件」というメルクマールは，異なる依頼の基礎になっている二つの事実関係が，一部重なり合っていることだけでは足りないということを，誤解を招く余地のないまでに明らかにしている。焦点を切り結ぶべきは，「法的事件」，つまりは，二つの依頼において法的な意義を持つ，法的にみて重要な事情である。たとえば，二つの異なる手続で，ある企業持分の価値が問題になったとしよう。一つの手続では，依頼者は，企業持分の所有者の信用力を消極的に評価していた，つまりは，価値の低い方が依頼者にとっては有利な場合であり，もう一つは，持分のさらなる売却をきっかけとして，ここでは売り主として登場する依頼者にとっては持分の価値が高い方が有利となるとしても，こうした関係だけでは，法的事件の同一性を満たすことはない。依頼者の法的利益ないしは法的紛争に直接関係しない経済的な相関関係は，考慮されるべきではない。そうでないと，ある紛争の依頼者が勝ちをおさめて有利な財産状況が生じただけで，第2の依頼の引き受けに影響することにもなりかねない。利益相反の禁止の規範目的は，こうした場合には侵されていない。二つの依頼の間には，法的な関連がない。なるほど連邦通常裁判所は，二つの紛争における当事者が異なっていることだけで，必要とされる法的事件間の関連は否定されるとはしていない[21]。しかし，連邦通常裁判所は，依頼に関係する人物間になんらかの関連があることを不要としているわけではない。上記のような連邦通常裁判所の判示が意味するところは，問題となる手続において，依頼者らが，手続法的な狭い意味で両当事者，つまりは原告と被告になっている必要はない（いわゆる「手続の同一性」）ということだけである[22]。これに対し，刑法356条および連邦弁護士法43条a4項は，同じ当事者が双方の紛争に実質的に関与していることを絶対の要件としている。同一の法的事件の例としてあげられるのが，同一の弁護士が，以前差押債務者が行った裁判所手続において，第三債務者の代理人となっていたが，今度は差押債権者のために，差押えた債権を第三債務者を相手に行使していく場合である[23]。このような代理が許されな

20) 詳細は，*Kretschmer,* Der strafrechtliche Parteiverrat（§ 356 StGB），2005, S. 171 ff. 参照。
21) BGHSt 7, 261, 263 = NJW 1955, 800；BGH NJW 2011, 373 Rn. 11 = AnwBl 2011, 65（zu § 45 BRAO）．*Böhnlein, Feuerich/Weyland,* BRAO, 8. Aufl. 2012, § 43a Rn. 61 および *Henssler,* in：*Henssler/Prütting*（注3），§ 43a Rn.199, 200 も同旨。
22) BGHSt 5, 301, 304 = NJW 1954, 726, 727；BGHSt 9, 341, 346 = NJW 1956, 1687, 1688；BGHSt 18, 192 = NJW 1963, 668, 669；BGH NStZ 1981, 479, 480；BGHSt 34, 190, 191 = NJW 1987, 335；BGH NJW-RR 2008, 795 Rn. 9.

いのは当然である！

　今までに裁判所の判断が下された，当事者が同一ではない事件のすべてにおいて，（衝突する）複数の依頼は，核の部分で同一の事実，つまりは同一の売買契約，同一の交通事故，同一の相続同一の犯罪行為そして同一の債権をめぐる争いに基づいたものだったことである。当事者が入れ替わったのは，同一の法律関係に多数が関わっていた，ないしはそこから複数の権利が導かれるという特殊性，あるいは，権利が第三者に移転したという特殊性に基づくものであった。そのため，各ケースでは，直接的な法的関連をともなう事実関係の重なり合い，ないしは，別の言い方をするなら，単に複数の人が直接関わっていた「同一の法的事件」が問題ではあったのである。

　反対に，複数の紛争で，特に同一の対象財産（売買・賃貸・保証の対象）が問題となっているという状況さえあれば，法的事件は必ずや同一であるとしてはならない。たとえば，2006 年に借主 A の代理人として，貸主 B に対し，瑕疵の除去を求める訴えを提起した弁護士が，2011 年に，当該住居用建物を B から取得した D の依頼を受けて，今度は財政状態が悪くなった A に対し滞納家賃の支払いを求める訴えを提起することは認められる。

　同一の住居用家屋，さらには同一の賃貸借関係が問題となっていることは，重要ではない。重要なのは，法的紛争である。これはほかの法的問題と関係する。同じことが，同じ車が何度も売買された場合にもあてはまる。弁護士は，1 年前に，同じ車の「前の前の所有者」がその車を売買する際に代理人となったというだけで，その車の買い手の相談にのることを禁じられるということはない。二つの売買は，法的に関係してはいない。

　二つの賃貸借契約が同じ既存の契約書式を用いていることから同種の事実関係が問題になる場合であっても，弁護士が借主 A との関係では建物所有者を代理し，借主 B については，建物所有者を相手に B を代理しても差し支えない。この点について争いはない[24]。この弁護士が，一方の賃貸借紛争において，同一文言の賃貸借条項について，以前のあるいは現在並行して進んでいる紛争で主張した解釈とは異なる解釈を主張してもよい。異なる依頼に応じて相矛盾する法的な立場を主張したからといって，相反する利益の代理とはならない。弁護士が禁止されているのは，同一の生活事実関係を，相異なる方向で法的に評価することである。しかし，法的事件の同一性がそもそも欠けているなら，依頼者の利益代理人という弁護士に付与されている役割が求めているとおり

---

23) BayObLG NJW 1959, 2223, 2224.
24) OLG Hamburg, NJW-RR 2002, 61, 63 ; *Henssler,* in : *Henssler/Prütting*（注 3），§ 43a Rn. 201 m.w.N. ; vgl. auch *Offermann-Burckart,* AnwBl 2009, 729, 730（ケース 1）．

に，相容れない法的見解を主張することにまったく問題はない。

　要するに，必要とされる法的事件の同一性が認められるには，事実関係が重なり合っていること，つまり依頼が直接法的に関連していなくてはならないのである。

IV　利益相反：利益状況は主観的に判断するのかそれとも客観的に

　問題となった上記のすべての例で明らかになったことは，法的事件の区切りと密接に関連しつつ，それと同時に利益相反とは何かという問題が生じているということである。弁護士は，たとえば先に挙げた賃貸人の事件で，そもそも相反する利益の代理をしているのであろうか。いうまでもなく，利益相反があるかは，事実関係が重なり合うという背景のもとでのみ判断することができる。この限りにおいて生じてくる諸問題を明確にするために，ごく最近，つまりは2012年4月と2013年1月に連邦通常裁判所が下した二つの裁判をここで示しておきたい。

1．2012年4月23日における連邦通常裁判所弁護士部の判決

　まずはじめにあげておくべき弁護士部の判決は，次のような事実関係に関するものである。ある女性弁護士はその所属（監督）弁護士会から，利益相反禁止違反があるとして教示処分（Belehrung）を受けた。当該弁護士が，依頼者Aからその妻Bに対する付随事件を含む離婚手続を受任しただけではなく，これに加え，夫婦の成人の子であるMのために，母Bに対する扶養料の支払いを求める訴えをも提起したことが問題とされたのであった。弁護士会は，これが連邦弁護士法43条a4項に違反するとみた。離婚および財産分与手続（Zugewinnausgleich）での父Aの利益は，Bの財産分与請求権，場合によっては扶養請求権に対する防御のために，自分の財産が少ないことを認めさせることに向いていた。これに対し息子Mは，父母双方に対するその扶養請求権にとって有利となるよう，母についてのみならず父についても，その財産状況ができるだけよいとされる点に利益を有していたというのがその理由である。当該弁護士は，自己を弁護すべく，AもMも自分に対し，弁護士として双方の代理人となることを了解している旨を伝えていたと主張した。「これに加え，M自身，利益衝突があるとは考えておらず，そしてまたその扶養請求権を母親に対してだけ主張することを望んでいた」というのが当該弁護士の言い分であった。

　連邦通常裁判所弁護士部は，当該弁護士の教示処分の取消を求めた訴えを認め，結論的には相反する利益の代理にはならないとした。もっとも，「扶養請求権を持つ成人の子の利益と，双方が扶養義務を負い，民法1606条3項1文によりその収入および財産

状況に従って割合的にその責任を負う親の利益とは，法的にみると相反するというのが出発点になる」と判示しているところである。その理由は，「当事者の利益は，客観的な基準により定められるべきものであり，Mが当該弁護士に対してBに対する請求権のみの行使を委任し，ほかの依頼者であるAに対する請求権の行使は委任しなかったということは，原則的には何らの意味も持たない。成人の子に対し，扶養請求権の行使に関して相談にのる弁護士は，請求権は親双方にむけられていることを指摘しなくてはならない。その弁護士が，扶養請求および夫婦財産制に関する交渉の枠内で，すでに親の一方を代理しているときは，そもそもこのような指摘からして，すでに代理している一方の親の利益を害するものである。なぜなら，子の利益は，その弁護士がすでにその代理を引き受けており，したがってその者の収入・財産状況を把握している一方の親についても，それが高い収入をえていることをできるだけ明らかにすることに向いているからである[25]。」としているところである。

しかし，同じく同一の法的事件というメルクマールにより減縮されることにはなるが，利益概念のこのように広い，つまりは客観的な理解に引き続き，弁護士部は，今度は反対に連邦弁護士法43条aの要件を限定する。すなわち，弁護士部は，「具体的事件での利益衝突は，実際に生じていなくてはならない」とする。「憲法上の理由からして，可能性はあるがしかし実際には存在しない（潜在的な）利益衝突では十分ではない。なぜなら，Mは，父親であるAがいるところで，自分の母親Bに対し扶養請求権を行使したいと弁護士に相談し，そしてその時点で，父親Aは将来においてもその息子の生活の面倒を1人でみる用意があったのだから，二親双方への扶養請求権の行使ということは，まったく問題となっていなかった。これらの事情に照らせば，必要とされる現実に即した客観的な考察をめぐらしてみると，利益対立はない[26]。」としたのである。

2．2013年1月16日連邦通常裁判所第4部の決定

連邦通常裁判所が2013年に下した2番目の裁判は，相続法をめぐるものであった。単独相続人Xは，その兄弟の未亡人Yに対し，亡くなったその母親Cの不当利得に基づく相続債権を主張した。この未亡人Yには，訴訟中に弁護士が付置されたが，この弁護士は以前，単独相続人Xに対する（相続から除外された）未亡人Yの子Aの遺留分請求につき，平行して行われ確定した手続においてAの代理人となっていた。裁判所がこの事実を知った時点で，当該弁護士の付置は，利益衝突を理由に遡及的に取消された。この取消決定に対し，当該弁護士および未亡人Yが不服を申立てたが，その理

---

[25] BGH NJW 2012, 3039 Rn. 11 ff. = AnwBl 2012, 769.
[26] BGH NJW 2012, 3039 Rn. 14 f. = AnwBl 2012, 769.

由は，子であるAがさらに遺留分請求をするかどうかは，Xが主張している相続債権が認められるかどうかによることになるというものであった。連邦通常裁判所は，弁護士付置の取消をよしとした。連邦通常裁判所にとって決定的だったのは，「遺産の価値（そしてそれにともなう遺留分請求権）は，（Aの母親である）未亡人Yに対する請求が認容された場合には，増加する。」ことであった。「なぜなら，かかる遺留分の増額部分は，先の遺留分紛争が結末をみた後においても主張できるのであるから，子であるAがその母親であるYに対する訴えの決着を受け入れる用意があるとしても，やはり利益衝突がある。」としたのであった[27]。

3．客観説への隠れた回帰か

　この二つの裁判は，利益概念を客観的に定義する説を再生させる立場に立っている。依頼者の具体的な利益状況は問題外として，むしろ裁判所は，権利保護を求める市民に「正しく理解された利益なるもの」を押しつける権限をふりかざしている。「連邦弁護士法43条 a は，弁護士の独立性および法的紛争処理機構の利益のために必要とされる弁護士の職業実践の際の実直さをも維持するものであることからして，主観的なとらえかたをしてはならない。」というわけである。このような結論は，さまざまな理由からみて不安をかき立てるものである。*Maier-Reimer* は，その限りでは正当にも，これは依頼者を職業法的に後見するものだと述べているところである[28]。

　二つの裁判は，すさまじい後退であり，かなり以前に片づいた正反対の方向を向いた議論を再開するものである。利益状況は，客観的に定めるべきかそれとも主観的に定めるべきかという問題は，何十年にもわたり激しい議論[29]となった後，遅くとも今世紀になる頃には主観説が勝利したことははっきりしていた。2010年2月になっても，たとえば連邦通常裁判所第9民事部は，次のように判示していた。すなわち，「利益相反（Privatverrat）の要件に関して繰り広げられた過去の論争，つまりは，一人の弁護士により代理されている多数の依頼者に関して基準となる利益は，客観的に定められるべきか，それとも依頼者追求している主観的な目的により定められるべきかという議論は，過去のものとなった。この点については，基本的に意見は一致している。」と判示していたのである[30]。連邦通常裁判所の個別の部が，今になって必要もないし――実によく

---

27) BGH NJW 2013, 1247 Rn. 11 f. = AnwBl 2013, 293.
28) *Maier-Reimer*, NJW-Editional 17/2013.
29) 論争の状況については，*Henssler,* in : *Henssler/Prütting*（注3），§ 43a Rn. 171 ff. ; 同, FS Streck, 2011, S. 677, 682 ff. ; *Henssler/Deckenbrock*, NJW 2012, 3265, 3267 f. ; *Deckenbrock*（注2），Rn. 146 ff. 参照。

わからないところであるが——その判例変更を単に暗示的にすら開示することなく，客観説に立ち戻りたいとしたのはなぜか．その理由は謎である．実際にこうしなくてはいけなかった理由はない．最上級連邦裁判所がこうした隠れた進路変更をすることは，率直にいってその品位を落とす．さらには，こうした進路変更は，——私見によるなら——依頼者と弁護士の間の依頼関係についての驚くまでの不見識を証明している．

「利益」なるものは，そもそも主観的に定まる構成要件である．これに加え，どのような利益を代理してもらうのかを依頼をもって定めるのは，依頼者であって弁護士ではない[31]．民法675条1項により弁護士契約に適用されることとなる民法665条の規律からすると，弁護士は原則として依頼者の指示に従わなくてはならない．このことは，指示に従った事務の処理が依頼者の不利になる場合であっても同じである[32]．この指示権限は，依頼処理の成果とコストのリスクは依頼者のみが負担するのだから，依頼処理の基本線は依頼者がコントロールできなくてはならないということの帰結である．こうした指示権限と不即不離の関係に立つのが，どのようにその利益の擁護がはかられるべきかは，自分一人で決断できる依頼者の権限である．このような民事法上の諸原則を，利益相反に際しては考慮しなくてはならない．法律が，一方では依頼者に指示権を与え，しかし他方では，そこに依頼者の利益が示されている指示を，弁護士職業規則3条と結びついた連邦弁護士法34条a4項の意味での利益とは何かを定めるに際し無視するのは，矛盾ではないだろうか[33]．

連邦通常裁判所弁護士部自身，2012年4月23日の判決において，客観的な利益の定義に帰依するにあたり，ある種「腹痛」のようなものを感じていたことは，利益衝突の必要とされる強度（程度）についてのその説示に示されている．「息子のMは，父親Aのいるところで，扶養請求権を（唯一）その母親Bに対してだけ行使することにつき相談し，加えて父親Aは，将来にわたっても，1人で息子の生活の面倒をみる用意がある」としていることを理由として，連邦通常裁判所は，とはいっても具体的な利益衝突がないとしたのである．実際のところ連邦通常裁判所は，——この点を意識しないままではあるが——不可欠な利益概念の主観的な定義を，やはり採用しているのである[34]．

---

30) BGH, Beschl. v. 4. 2. 2010 – IX ZR 190/07, BeckRS 2010, 04533 Rn. 4. 双方当事者の依頼に基づく契約書案の作成に関してはBGH Beschl. v. 16. 12. 2008 – IX ZR 229/08, BeckRS 2009, 04949 Rn. 4. 参照．

31) *Henssler,* NJW 2001, 1521, 1522；同，FS Streck, 2011, S. 677, 682；*Henssler/ Deckenbrock,* NJW 2012, 3265, 3267 f.；*Deckenbrock*（注2）, Rn. 146 ff.

32) BGH NJW 1985, 42, 43；BGH NJW 1997, 2168, 2169. のみ参照すれば足りる．

33) この点の詳細は，*Henssler, FS Streck,* 2011, S. 677, 682；*Henssler/Deckenbrock,* NJW 2012, 3265, 3267 f.；*Deckenbrock*（注2）, Rn. 148. 参照．

もっとも，自らが引き起こしたドグマチックな混乱のまっただ中にあって，連邦通常裁判所が示した結論は正しかった。ただこの難しい分野において，ついに多くの法的安定性が生み出されると期待していた実務にとってみると，この裁判は，なんといっても腹立たしいものであることに変わりはない。

　もっと問題なのは，いうまでもなく2013年に第4部が下した決定である。というのは，裁判所は上記の裁判と同じような軌道修正を放棄していたからである。子であるAにとり，可能性のある収入（不当利得で求めているもの：訳者注記）に自分が遺留分割合で与かることより，母親Yに訴求された額の費用を免れさせることのほうがより重要かどうかは，明らかに連邦通常裁判所にとってはどうでもよかったのである。「こうした事実状況にあっては，単なる潜在的な利益衝突があるだけに止まらない」という第4部の主張は，そもそも理由が付されていないことからして説得力がない。

　こうしたやり方で，連邦通常裁判所の判例は，依頼者を後見するものとなっている。たとえば法的紛争処理機構の完璧性といったより高位に位置する保護対象は，おそらくは当該依頼者の利益にまさるということである。しかしそれでは，権利保護を求める市民は，自分が信頼する弁護士への道を閉ざされたままとなってしまう[35]。いずれにせよ，当該当事者たちが，統一戦線を組んでおり，それぞれがそのやり方がもたらす不利益について相応の説明を受け，あるいはどのみちそれを知っている場合には，彼らは押しつけ的な保護をそもそも必要としない。かえって，弁護士に対し限定した依頼だけをすることは，それぞれの依頼者の当然の権利である。つまり，両親の2人ともが扶養義務を負っていることを知りつつ，意識して自分の母親だけに請求しようと決めた依頼者は，父親に対し請求する点に利益を有していないのである[36]。

　そうであれば，両者の間には潜在的に止まらず，むしろ明らかな利益対立（Gegensatz）があるにもかかわらず，2人の依頼者が同一の弁護士であるメディエーターに，その間の紛争解決にあたり自分たちを支援するよう依頼ができる[37]のと同様，連邦通常裁判所が判断を下した二つの事実関係においても，双方からの依頼を受けることが認められるはずである。

---

34)　*Henssler/Deckenbrock,* NJW 2012, 3265, 3267 ff.;　*Offermann-Burckart,* FF 2012, 356, 358. がつとに指摘するところである。

35)　*Maier-Reimer,* NJW-Editorial 17/2013. 参照。

36)　*Henssler/Deckenbrock,* NJW 2012, 3265, 3267 f.

37)　メディエーション法による改正については，*Henssler/Deckenbrock,* DB 2012, 159 ff. にある概要を参照。

4．同意の意義

「連邦弁護士法 43 条 a の保護の対象は，処分不可であり，したがって当事者の主観的な利益は無視されなくてはならない」という連邦通常裁判所の指摘は，事の本質を見過ごしている。連邦通常裁判所は，厳格に区別されるべき二つの問題領域をまぜこぜにしている。どのように当事者の利益が定義されるべきなのかという問題と，当事者は，利益衝突があってもオーケーを出してよいかという問題は，厳格にわけなくてはならない。そもそも競合する利益があるのかということと，あるいは当該当事者の了解があれば，利益相反になっても活動してよいかは，重要な相違がある。依頼者の（一方的な）利益代理人としての弁護士は，同時に反対方向に向いている利益を擁護する義務を負うことはどんなことがあっても許されない[38]。弁護士職業規則 3 条があるために，事業共同の場合だけは，少し違うことになる。先にあげた裁判におけるように，弁護士が代理することになる利益がそもそも相反しないのであれば，活動禁止は正当化されない。1987 年に連邦憲法裁判所は，正当にも，当時はまだ適用されていた見かけ上で利益相反を判断して禁止の可否を決めるやり方からその基礎を奪い取った。すなわち，利益衝突が外形上あるように写ることは[39]，それ故に問題としてはならないと判断したのであった[40]。望むらくは，連邦通常裁判所が，よりよいものに帰依して，利益概念についての客観的な定義をつうじて違憲状態をふたたび作り出したり，あるいはそういった状態に若干でも近づかないことである。連邦通常裁判所の裁判官に対し読むことを薦めるべきは，業務共同体をとる事務所の移籍に関して連邦憲法裁判所が下したかの有名な裁判の一節である。その一節とは，「とはいってもこのことは，何が自分の依頼者の利益に奉仕し，したがって同時に法的問題処理機構に奉仕するのかは，これに関わる依頼者の具体的な評価を顧慮することなく，抽象的かつまた弁護士会あるいは裁判所により権威的に定められるべきものだということを意味するわけではない。」[41]というものである。

最後に，主観的な利益概念をよしとするのであれば，利益状況は，固定的ではなくダイナミックなものだということに留意しなくてはならない。当初は双方当事者の利益が同じ方向を向いていたとしても，それはいつでも利益が相反する状態に変化する可能性

---

38) *Henssler,* in : *Henssler/Prütting*（注 3），§ 43a Rn. 202 ; *Henssler/Deckenbrock,* NJW 2012, 3265, 3269 ; *Deckenbrock*（注 2），Rn. 165 f.
39) 弁護士倫理要綱（RichtlRA）46 条 3 により，以前から，「相反利益代理とみられてしまうこと」を避けなくてはならないとされていた。
40) BVerfGE 76, 196, 206 ff. = NJW 1988, 194, 195 = AnwBl 1987, 603, 605 f. ; siehe auch BVerfGE 108, 150, 164 = NJW 2003, 2520, 2522 = AnwBl 2003, 521, 524.
41) BVerfGE 108, 150, 162 = NJW 2003, 2520, 2521 = AnwBl 2003, 521, 523.

があるし，その逆も同様である。しかし，相反する利益代理の禁止に違反するのは，利益相反の状態でも双方当事者のために実際に活動する場合のみである[42]。その結果，利益相反は行為を行う時点で存在していなくてはならない。それゆえ，利益についての判断の基準時は，早くとも弁護士が双方当事者のために活動を始めた時点である[43]。このような制約から同じく次のことが導かれる。すなわち，依頼事務を終了した後になってはじめて当事者間に利益衝突が生じたとしても，相反する利益代理にはなりえない。潜在的な利益衝突では足りない。したがって，被告が以前一度相反する利益を有していたということだけではなく，将来それを持つことになるかもしれないということは，禁止にあたるかどうかとは無関係である。相反が生じることが予見できるということもまた決して活動禁止を正当化するものではない[44]。他方，1人の依頼者の利益の変化により，利益が同方向を向いていた状況から，利益衝突へと発展していったときは，弁護士はすべての依頼処理を停止しなくてはならない[45]。

V 利益の相反——未解決の問題：連帯して債務を負う複数の債務者の代理？

次のメルクマールである利益「相反」の判断についても，利益とは何かの検討と無関係にこれを行うことはできない。「相反する」という概念は，整合せず，矛盾しそして対立している2ないしはそれ以上の複数利益間の関係を表すものである[46]。相反する複数の利益とは，つまり，対立し，矛盾しあるいは整合しない諸利益である。一つの利益の実現が，直接的に他方にとり負担となる場合は，常に利益相反がある[47]。依頼者に損害を与えていなくとも，構成要件を充足するが，利益衝突が現実のものとなっていなくてはならない。潜在的ないしは将来の利益衝突は，——すでに述べたように——活動禁

---

42) BGH NStZ 1982, 331, 332; OLG Düsseldorf, NZV 2003, 297; *Henssler/Deckenbrock,* NJW 2012, 3265, 3268 f.; *Deckenbrock*（注2），Rn. 161.

43) RGSt 71, 231, 236; OLG Karlsruhe, NJW 2002, 3561, 3563; *Kilian,* in: *Koch/Kilian,* Anwaltliches Berufsrecht, 2007, B Rn. 634; *Deckenbrock*（注2），Rn. 172; *Henssler/Deckenbrock,* NJW 2012, 3265, 3268 f.

44) OLG Karlsruhe, NJW 2002, 3562, 3563; *Deckenbrock*（注2），Rn. 168 f.; *Henssler,* FS *Streck,* 2011, S. 677, 685 ff.; *Henssler/Deckenbrock,* NJW 2012, 3265, 3269.

45) *Deckenbrock*（注2），Rn. 170 f.; *Henssler/Deckenbrock,* NJW 2012, 3265, 3269.

46) *Kilian,* in: *Koch/Kilian*（注43），B Rn. 635; *Schramm,* Das Verbot der Vertretung widerstreitender Interessen, 2004, S. 88; *Grunewald,* ZEV 2006, 386.

47) Kleine-Cosack, BRAO, 6Aufl. 2009, § 43a Rn.92; *Schramm,* 2003, DStR 1316, 1318.

止の原因とは一切ならない[48]。こうしてみると，現在頻繁に議論されているある問題，つまりは連帯して責任を負う共同訴訟人を一括して代理することの可否は，実に明解に解決される。以下例を見てみよう。業務を共同する事務所が，取締役に義務違反があったことを理由とする請求に対抗するにあたり，取締役と株式会社の代理人となっている。利益衝突の単なる可能性だけでは，連邦弁護士法43条aの禁止規範は適用されないとすると，このような代理は，適法である。よくみてみると，立法者は，多重的な代理が適法であることを当然の前提としている。同じことを，弁護士報酬を規律する規定である弁護士報酬法7条（RVG）および区分所有法50条（WEG）から読み取れる[49]。連邦通常裁判所もまた，「1人の共同訴訟人は，自身の弁護士にかかる費用の償還を求める請求権を有しない。」としている。「訴訟当事者は，（弁護士の旅費は必要限度のみ償還対象になるとする：訳者注記）民事訴訟法91条2項2文の法的な考えからして，その費用を，その正当な利益の擁護とバランスがとれる程度までに低くおさえる義務を負う[50]。確かに利益相反の存在は，自分自身の代理人を選任する正当な理由となるのが原則である[51]。しかし，請求認容判決の場合に，被告らが内部的に責任を分担することから利益衝突が予想されるという事情だけは，これを顧慮してはならない。」としたのである。つまり，連帯債務者の内部関係において現実に償還が問題となってはじめて，民法426条1項1文の連帯債務者間の負担調整が内包している潜在的な衝突関係が重要性を持つことになる。この潜在的な衝突関係は，外部関係において行われる紛争の対象ではなく，せいぜいその結果である[52]。

---

48) BVerfGE 108, 150, 164 = NJW 2003, 2520, 2522 = AnwBl 2003, 521, 524 ; BVerfGK 8, 239, 244 = NJW 2006, 2469, 2470 = AnwBl 2006, 580, 581 ; RGSt 71, 231, 236 ; BAGE 111, 371, 375 = NJW 2005, 921, 922 ; BGH NJW 2012, 3039 Rn. 14 = AnwBl 2012, 769 ; AGH Hamm, Beschl. v. 4.6.2010 – 2 AGH 32/09, BeckRS 2011, 25789 ; *Deckenbrock*（注2), Rn. 168 f. この問題点についての詳細は，*Henssler*, FS *Streck*, 2011, S. 677, 684 ff. ; *Henssler/Deckenbrock* NJW 2012, 3265, 3268 f. 参照。

49) つとに，*Henssler,* in : *Henssler/Prütting*（注3), § 43a Rn. 184a ; *Deckenbrock*（注2), Rn. 206 ; *Erb*, Parteiverrat – Rechtsgut und Einwilligung im Tatbestand des § 356 StGB, 2005, S. 257. が指摘するところである。

50) BGH NJW-RR 2003, 1217, 1218 ; BGH NJW-RR 2004, 536 ; BGH NJW 2007, 2257 Rn. 12 ; BGH, Beschl. v. 3.2.2009 – VIII ZB 114/07, BeckRS 2009, 06496 Rn. 6 ; BGH NJW 2012, 319 Rn. 6.

51) Vgl. BGH NJW 2007, 2257 Rn. 20.

52) BGH NJW 2007, 2257 Rn. 19 ; OLG München BRAK-Mitt. 2010, 277 (Ls.) ; *Deckenbrock* (Fn. 2), Rn. 207 ; *Erb*（注49), S. 257. BGHZ 188, 193 Rn. 15 = NJW 2011,

VI 受任処理にあたっていなかった業務共同関係にある事務所の構成員がその所属を変えた場合

デリケートな業務共同関係は，大きな広がりを持っていることから，現在争われている問題に集中するという本稿の枠内では，多くの未解決の問題の中から，一つだけを取り上げよう。それはすなわち，受任処理にあたっていなかった業務共同関係にある事務所所属弁護士が事務所を移籍した場合の職業法上の効果である。出発点は，以下のような典型的な事例，すなわち，二つの国際的な大事務所が，ある大規模な国際仲裁にあたり，各当事者を代理しているという事例である。仲裁申立人の代理人となっている業務共同関係にある事務所においてこの事件を担当していなかった弁護士Kは，仲裁の相手方の代理人となっている業務共同関係にある事務所に移籍した。辞任すべきか。

1．（受任処理にあたっていなかった）移籍者にかかる個人的な活動禁止

競合する同一の法的事件の依頼を，移籍元事務所と移籍先事務所がともにその処理にあたっていた場合についてみると，移籍者は，自分自身が処理にあたっていなかった場合であっても，当該依頼者双方の了解をえないで，新事務所において依頼の処理にあたることは許されないとする点に争いはない。前の事務所において弁護士は——当該依頼者双方の同意がある場合は別に——その同僚が依頼処理にあたっていたという理由だけで，弁護士職業規則3条2項により，利益相反の状態で活動することは禁じられる。このような活動禁止は，弁護士職業法3条3項により，他の職業実践共同体に移籍した後でも存続する[53]。

2．移籍者を受け入れた業務共同関係にある事務所への感染

これに対し，こうした移籍者の個人的な活動禁止は，彼を受け入れた事務所全体にもおよぼすべきかは，争われている。この点に関していえば，職業法に関する文献では，弁護士職業規則3条3項の解釈をめぐる激しい見解の対立が繰り広げられている。広く

1078も参照。この問題についての詳細は，*Henssler,* FS *Streck,* 2011, S. 677, 689 ff. 参照。

53) *Henssler,* in : *Henssler/Prütting*（注3），§3 BORA Rn. 29 ; *Böhnlein,* in : *Feuerich/Weyland*（注21），§3 BORA Rn. 32 ; *Kleine-Cosack*（注47），§3 BORA Rn. 26 ; *Deckenbrock*（注2），Rn. 588, 647 ; 同, in : *Henssler/Streck,* Handbuch Sozietätsrecht, 2. Aufl. 2011, M Rn. 120 ; 同, AnwBl 2009, 170, 175 f. ; 同, AnwBl 2012, 594, 595 ; *Kilian,* in : *Koch/Kilian*（注43），B Rn. 658 ; *Maier-Reimer,* NJW 2006, 3601, 3604.

受け入れられている文献上の見解は，この活動禁止を移籍先事務所にも一般的に及ぶとしている[54]。先に挙げた例のように，受け入れた事務所が移籍の前から相手方からの依頼処理にあたっていたときは，「双方依頼者の同意がない限り，辞任しなくてはならない。標準的な移籍元事務所の依頼者の目からみて，移籍者は，敵方に『寝返った』のであり，そうすると，コンフィデンシャルな情報の交換が妨げられることになる」とする。弁護士職業規則 3 条 3 項のこのような広い理解には私は賛成できない[55]。この規範の文言は，こうした広い解釈をよしとするものではない。実際には処理にあたっておらず単にそうしてきたと「見做される」だけの弁護士に課せられる活動禁止を受け入れた事務所の同僚弁護士にまで拡張することを，この文言から導くことはできない。移籍した弁護士が事件の処理にあたっていなかったときは，この弁護士は，規則 3 条 1 項の禁止に服さないが，具体的な法的事件に関しては，例外的に当該依頼者双方の同意がえられた場合は別に，同条 2 項が規定する活動禁止の拡張に基づき，自ら事件の処理にあたることは禁止される。この禁止は，——先にも述べたとおり——弁護士職業規則 3 条 3 項から導かれるとおり，他の事務所への移籍により解消することはない[56]。

これに対し移籍した弁護士が，移籍先の新たな事務所の同僚弁護士に，活動禁止を「感染させる」ことはない。なぜなら，同僚弁護士は，弁護士職業規則 3 条 2 項の要件に該当しないからである。彼らは，利益相反となる同一の法的事件について相談を受けあるいは代理人となり，その結果弁護士職業規則 3 条 1 項の要件を満たしている弁護士

---

54) *Böhnlein,* in : *Feuerich/Weyland*（注 21），§ 3 BORA Rn. 32 ; *Hartung,* in : *Hartung,* BORA/FAO, 5. Aufl. 2012, § 3 Rn. 131 ff. ; 同，NJW 2006, 2721, 2725 f. ; *Zuck,* in : *Gaier/Wolf/Göcken,* Anwaltliches Berufsrecht, 2010, § 43a BRAO/§ 3 BORA Rn. 28 ; *Dombek,* in : *Dombek/Ottersbach/Schulze zur Wiesche,* Die Anwaltssozietät, 2012, § 2 Rn. 36 ; *Offermann-Burckart,* in : *Kilian/Offermann-Burckart/vom Stein,* Praxishandbuch Anwaltsrecht, 2. Aufl. 2010, § 13 Rn. 120 ; 同，AnwBl 2011, 809, 823 f. ; 同，NJW 2012, 2553, 2555 f. ; *Saenger/Riße,* MDR 2006, 1385, 1388 ; *Quaas,* NJW 2008, 1697, 1699. 規約委員会第四部会が承認した職業規則 3 条の理由書（SV-Mat. 12/2006），BRAK-Mitt. 2006, 213, 215. も参照。

55) 同旨 *Henssler,* in : *Henssler/Prütting*（注 3），§ 3 BORA Rn. 32 ; *Kleine-Cosack*（注 47），§ 3 BORA Rn. 27, 40 ; 同，NJW 2013, 272, 273 ; *Deckenbrock*（注 2），Rn. 589, 647 ff. ; 同，in : *Henssler/Streck*（注 53），M Rn. 122 ; 同，AnwBl 2009, 170, 175 f. ; 同，AnwBl 2012, 594, 595 f. ; *Kilian,* in : *Koch/Kilian*（注 43），B Rn. 660 ; *Maier-Reimer,* NJW 2006, 3601, 3604.

56) *Deckenbrock*（注 2），Rn. 649 ; 同，AnwBl 2009, 170, 175 ; *Maier-Reimer,* NJW 2006, 3601, 3604.

と業務を共同しているわけではないのである。反対に，移籍先の事務所は，いかなる時点でも相反する依頼の処理にあたっていたわけではない。移籍者が，事件の処理にあたっていたとされる場合ではなく，移籍元事務所のための活動の枠内で，たまたまセンシブルな知識をえたとしても，依頼者の利益は，守秘義務（連邦弁護士法43条 a 2項および弁護士職業規則2条）により充分守られる。守秘義務のもと，どんな種類のものであろうと，情報を移籍先事務所の同僚弁護士に開示することは，例外なく禁止される。移籍弁護士は，自身が抵触する依頼の処理にあたってはならないのであるから，秘密保持の必要がある情報が用いられる危険もまた一切ない[57]。

禁止を新たな同僚弁護士にまで拡大するためには，弁護士職業規則3条2項1文に「業務を共同していた」という文言を付加しなくてはならないはずである。しかし，弁護士職業規則の制定にあたった者（立法者）は，2006年までの弁護士職業規則3条2項を改正するに際しこれをしなかった[58]。事務所の移籍の場合について，規定に穴のあることはよくわかっていたが，この穴は，特則である弁護士職業規則3条3項（この点では，単に準用のかたちで弁護士職業規則3条1項および2項が適用となるとしている）により，部分的にしかふさがれなかった。このことは，弁護士がある業務共同関係にある事務所をやめても，弁護士職業規則3条2項により定められている活動禁止の制約を受け続け，移籍先事務所でも，自身は，利益相反となるかたちで同一の法的事件の処理にあたってはならないということを意味している。これに対し，弁護士職業規則3条3項は，その明確な文言に従うなら，従前その活動禁止を課せられていなかった弁護士（つまりは移籍先事務所の弁護士）にも禁止効が波及することを規定してはいない。この点に関し，「二重の拡張」が必要とされているはずだとは，弁護士職業規則上の規範からは読み取ることはできないのである[59]。

最近ミュンヘンの弁護士法院（弁護士裁判権の二審：訳者注記）は，ここでの私の見解を取り入れた。「弁護士職業規則3条の規定は，基本法12条1項に基づく職業実践の

---

57) *Deckenbrock,* AnwBl 2012, 594, 595.

58) *Deckenbrock*（注2), Rn. 650；同，AnwBl 2009, 170, 176. 職業規則旧3条2項は，以下のとおり。「この禁止は，ほかの弁護士，あるいは連邦弁護士法59条 a が規定する他の職業に従事している者で，当該弁護士と業務共同関係にある事務所に属し，または，そのかたちはいかようであれ（勤務・フリーランス），そのほかのかたちで共同して職業実践にあたり，あるいは合同事務所のかたちで共同していたないしはいた者が，どのような立場であれ同一の法的事件において，相反する利益のため相談を受けあるいは代理を務める．さらには，その他のかたちで職業上その事務処理にあたったことがある場合にも，適用となる．」

59) *Deckenbrock*（注2), Rn. 651；同 AnwBl 2009, 170, 176.

自由に照らして解釈しなくてはならない。この自由の制約が認められるのは，公共の利益（Gemeinwohl）という十分な理由があって，それが正当化される場合に限られる。」と。そして弁護士法院は，正当にも，「この点を考えるに際しては，考えられる依頼者保護のみをその視野におさめるにとどまってはならず，これに加え，移籍弁護士の利益および移籍先事務所の利益もまた考慮しなくてはならない。」と[60]。すでに連邦憲法裁判所は，「つまり，業務を共同して行う権利そしてまた自己の判断でその職場を選択し，そこに止まりあるいはその職場から離れる権利もまた，基本法12条1項により保護される職業実践にあたる。ある法規範の経済的効果が，労働関係に入っていくことを著しく困難にする場合もまた，この自由の侵害となる。」と判断していた[61]。

これを受けて，ミュンヘンの弁護士法院は，説得力をもって次のように指摘している。「弁護士職業規則3条3項を広く解釈することは，『今日弁護士に顕著にみられる移籍の傾向に照らすと』，活動禁止がある事務所から次の事務所へと無制限に広がって行き，わずか数年の内に，ある都市の弁護士の多くが，一つないしは複数の法的事件に関し，弁護士職業規則3条の活動禁止に雪だるま式に巻き込まれていくという結果をもたらしてしまう。このことは，弁護士が，同一の地ないしはその周辺にある事務所へ移籍することを，著しく困難としよう。さらにこれに加え，——この点は同じくそしてまた格別大都市にあてはまることであるが——，この諸関係がどうなっていくのか，実際のところ予想できそうもない。このことは，職業の自由の相当性を欠く制約となるし，この際弁護士職業規則3条2項2文（依頼者の同意）は，憲法に適合する結果をもたらす修正としては十分でない。」と[62]。

このようにみてくると，移籍先事務所レベルで区別していく必要がある。移籍弁護士が，移籍元事務所において自身事件の処理にあたっていた場合には，——このことは弁護士職業規則3条1項ないし3項からダイレクトで導かれることだが——当該弁護士にあてはまる活動禁止は，移籍先事務所に関しても妥当する（感染する）。これに対して，単に，移籍元事務所で業務共同していた他の弁護士が利益相反となる事件の処理にあたっていた場合には，活動禁止に服するのは，移籍した弁護士のみである。この場合，移籍先事務所は，引き続き委任処理にあたることを妨げられない。

---

60) AGH München, NJW 2012, 2596, 2597 f. = AnwBl 2012, 655, 657. 賛成の評釈付き。同旨，*Deckenbrock,* AnwBl 2012, 594 ff. ; *Kleine-Cosack,* NJW 2013, 272, 273. これに対し *Offermann-Burckart,* NJW 2012, 2553 ff. は，断固これに反対である。

61) つとに，BVerfGE 108, 150, 165 = NJW 2003, 2520, 2522 = AnwBl 2003, 521, 524. にみられる。

62) AGH München, NJW 2012, 2596, 2597 f. = AnwBl 2012, 655, 657 f.

VII　連邦弁護士法43条a 4項と同45条の関係

1．問題の所在

最後の問題として，弁護士職業法における不明確さがかなり残っているところを取り上げることにする。すなわち，連邦弁護士法43条a 4項と同45条の関係がそれである。一見すると，いずれも活動禁止の範囲を定めている二つの規範は，注意深く考え抜かれ，欠けるところなく相互にしっかりと噛み込んだ一体的な体系であり，これをもって立法者は，単にありうるというだけのものも含めたすべてのケースに関し，必要な依頼者の保護と法的問題処理機構の機能性を確保しているようにみえる。連邦弁護士法43条a 4項は，弁護士が，利益が相反する2人の別の依頼者のために，弁護士として活動する場合を対象としているのに対し，同法45条の規定は，同一の法的事件に関して，機能ないしは役割が変わったケースをその対象としている。

連邦弁護士法45条は，同法43条a 4項とは異なり，同時ないしは以前の弁護士活動に切り結んではおらず，弁護士としての活動が，第二の職業あるいは別の活動と抵触する場合を規律している[63]。連邦弁護士法45条のカタログからひろいあげてみると，たとえば裁判官（1号），公証人（2号）そして倒産管財人（3号）としての活動があげられる。4号は，受け皿となる規範という意味で，一般的に，同一の事件について弁護士活動としてではなく職業として関わっていた場合につき，活動禁止を定めている。

基本コンセプトが実に明瞭であるにもかかわらず，なぜ実務では繰り返し問題が生じているのか。連邦弁護士法43条a 4項と同法45条の二つの規範をよく検討してみると，この二つは，やはりぴったりとは整合していないことがわかる。むしろ，1994年の連邦弁護士法改正案についての立法がすすめられる過程において，この規律の整合性が失われていったのであった。著者は，わけても参考人として連邦衆議院法務委員会に

---

63)　たとえば，*Henssler,* in : *Henssler/Prütting*（注3），§ 43a Rn. 196 ; *Kilian,* in : *Henssler/Prütting*（注3），§ 45 Rn. 1 ; *Deckenbrock*（注2），Rn. 255 ff. ; 同, AnwBl 2009, 16, 17 sおよび（刑法356条につき）BGHSt 13, 231, 232 = NJW 1959, 2028, 2029 ; BGHSt 20, 41, 42 = NJW 1964, 2428, 2429 ; BGHSt 24, 191, 192 = NJW 1971, 1663, 1664 ; *Gillmeister,* in : LK/StGB, Bd. 13, 12. Aufl. 2009, § 356 Rn. 36. 参照。たとえば，*Böhnlein,* in : *Feuerich/Weyland*（注21），§ 43a Rn. 56 ; *Kleine-Cosack*（注47），§ 43a Rn. 100 ; *Offermann-Burckart,* in : *Kilian/Offermann-Burckart/vom Stein*（注54），§ 13 Rn. 14 ; 同, AnwBl 2011, 809, 815 が主張する反対の見解によれば，連邦弁護士法43条a 4項は，弁護士としての活動ではない場合にも，（本当に利益衝突がある場合には）適用をみることになる。

参加するなどして[64]，当時の立法過程を追っていたが，連邦弁護士法45条をどのような規定とするかをめぐって，弁護士や連邦司法省の代表が参加して開かれたケルン大学や職業諸団体の数多くのシンポジウムなどで繰り広げられたインテンシブな議論を，今なお思い起こす。今日見受けられるようにさまざまなケースがあることを当時は予測できなかった[65]。

2．利益衝突を要件としなかったこと

　本条の適用上の問題は，連邦弁護士法45条が同法43条a4項とは異なって，利益衝突が要件とされていないことからもたらされている。したがって，第二職業として家主団体の法務担当職（Justizier）にあり，その職にある者として団体の会員に賃貸借法に関する相談にのった弁護士は，その件で相手方つまりは賃借人の相談にのることは禁じられるが，それだけではない。本規範の文言に従えば，利益が同じ方向を向いている場合であっても，弁護士として引き続きこの会員自体の相談にのることも絶対に許されないことになってしまう[66]。同じことが以前に財産管理人（Vermögensverwalter），家屋管理人（Hausverwalter）および企業コンサルタント（Unternehmensberater）として活動していた場合にもあてはまる[67]。

　利益衝突を要件とせずに活動禁止を広くとる規定の仕方は，当時の立法手続，つまりは1994年の連邦弁護士法改正草案審議の際にも，批判されていた。この批判を受けて法務委員会は，連邦弁護士法45条1項に，次のような文言を加えることとしたのであった。すなわちそれは，以前の取組み（事件処理）の基礎となっていた委任が終了した場合は，（もはや）活動禁止はおよばないとするものである。このような限定は，ある企業の法務担当従業員――あるいは先の例では家主団体の法務担当職――を辞した弁護士が，指揮命令に従う立場で担当した事件を，引き続き弁護士としてその処理にあたることを可能にしようとするものであった[68]。実際にも，こうした活動禁止の時的な線引

---

64)　BT-Drucks. 12/7656, S. 46.

65)　その当時からすでにわかっていたが，残念ながら未解決の特別の問題は，修習生である。著者は，次に発表する論攷で，この問題に深く取り組む予定である。

66)　ただしBVerfG NJW 2002, 503 f. = AnwBl 2002, 182 f., 参照。この裁判によれば，連邦弁護士法46条2項1号の「常勤またはこれに類する勤務関係」というのは，利益衝突の危険がありうる契約関係のみを指すとされている。

67)　Vgl.K*ilian*, in: *Henssler/Prütting*（注3), §45 Rn. 34. AGH München, BRAK-Mitt. 2003, 182（経理担当）および（説得力ある理由付けを欠いているが）AnwG Freiburg, NZM 2006, 447（マンション管理会社の執行役員（Geschäftsführer））のケースも参照。

きは，弁護士が以前第二の職業として行っていた活動を，今度は弁護士としてそのまま続行する限りは，何の問題もない。45 条 1 項 4 号後段の適用を受けることが想定されたのは，まさにこうしたケースだということは，立法理由書からわかる。

　同じくこの規範の文言からすると，第二の職業として行った活動が終わった後であれば，弁護士は，当然のこととして，かつての雇用者ないしは依頼者，あるいは先の家主団体のケースでは貸主に対する，したがって利益相反となる依頼をうけることができることになる[69]。この規律は，法政策的にみて満足のいくものではない。もっとも規範は一義的であり，したがって確定的である。ただ，職業法にあっては，──刑法の場合と同じく──憲法上の理由から，明確性の要請と類推の禁止がはたらく[70]。弁護士職業規則 3 条の規範も，こうした欠陥をうまく埋められないと思われる[71]。

3．業務共同関係にある事務所全体への拡張

　連邦弁護士法 45 条が定める活動禁止の実に特別な点は，同条 3 項に定められている業務共同事務所条項である。この条項によれば，「当該弁護士と業務共同事務所を営み，またはその他の方法で共同してその業務を行いあるいは行っていた弁護士およびその他の職業に従事する者にもこれを適用するとともに，そのうちの 1 人が 1 項および 2 項の意味で関与していたときもまた，」その活動が禁止される。相反する利益の代理禁止に関してみると，これとは異なり，連邦弁護士法 43 条 a 4 項には，これと同じような禁止の拡張はみられない。この点，役に立つのは，連邦弁護士会規約委員会が定めた弁護士職業規則 3 条 2 項と 3 項のみである。

　連邦弁護士法 45 条 3 項と弁護士職業規則 3 条 2 項を比較してみると，当該両当事者の同意が重要であるとしているのは，弁護士職業規則のほうだけだということがわかる。これに対し，連邦弁護士法 45 条は，共同した職業実践という事実関係すべてを包括的に対象としているようにみえる。たとえばある事件で以前仲裁人として活動していた弁護士が，その当事者の一方を代理していた共同事務所に移籍したとしよう。その場合，連邦弁護士法 45 条 3 項の文言によれば，仲裁手続の双方当事者が，依頼を継続して処理することに同意したとしても，辞任義務が生じる。この矛盾は，弁護士職業規則 3 条が連邦弁護士法 43 条 a 4 項による活動禁止と同法 45 条による活動禁止を等しくそ

---

68)　BT-Drucks. 12/7656, S. 49.
69)　*Kütemann,* Interessenkollision des Anwalts, 2002, S. 156.
70)　*Kütemann,* Interessenkollision des Anwalts, 2002, S. 156.
71)　この点については，*Henssler,* in : *Henssler/Prütting*（注 3），§ 3 BORA Rn. 3 ff. 参照。

の対象としている，つまり，よりリベラルな弁護士職業規則3条の規律は，連邦弁護士法45条の場合をもその対象としているということを考えると，重要な意味を持つこととなる。すなわち，適用されるのは，果たして弁護士職業規則3条2項なのかそれとも連邦弁護士法45条なのであろうか。

　この緊張関係の解決にあたっては，2006年における弁護士職業規則3条2項の改正は，共同事務所に関して連邦憲法裁判所が下した有名な裁判に由来するということ，つまりは，連邦弁護士法45条3項の規定よりも新しいということに留意しなくてはならない。担当した法廷は，この裁判において，連邦弁護士法45条3項（連邦弁護士法改正の際1994年に最後の改正）とまったく同じように，個別的な考慮を一切許さない弁護士職業規則旧3条2項を基本法12条に反するとし，この規定は無効だとの判断を下した。この点に関し，連邦憲法裁判所は，弁護士職業規則旧3条2項は，移籍先事務所にとっての不利益を，公共の福祉から必要とされる最低限までにおさえるものとはなっていないと指摘し次のように判示した。すなわち，「この規定は，個々の場合に，果たして守秘義務が守られているとの信頼を確保するための保障措置がとられているかどうかを個別的に審査することができるとするルールを設けていない。」[72]と。この連邦憲法裁判所の論拠を，連邦弁護士法45条3項の対象となる事実関係に置き換えることができる。すなわち，「相手方当事者」が，この点について同意し，加えて持っている情報が，事務所に流れていってしまう危険を阻むことができるのであれば，ここでもまた，その弁護士と隔地間共同事務所を組む弁護士が，ひとたび同一の事件に弁護士以外の仕事として取り組んだことだけでは，活動が禁止されないとすることができる[73]。

　このような憲法上の出発点に立つなら，（双方依頼者の同意）という弁護士職業規則3条2項2文の例外の要件を，一部の学説がいうように，「連邦弁護士会の規約が定めた規律をもって，法律上活動禁止が強行的に職業実践共同体に拡張されているのを破ることはできないのだから」，重要でない[74]ということは許されない。かえって，その文言からすると，広範におよぶことになる連邦弁護士法45条3項の共同事務所は，制限的・憲法適合的に解釈することが求められる[75]。そうであるなら，弁護士職業規則3条

---

72)　BVerfGE 108, 150, 166 = NJW 2003, 2520, 2522 = AnwBl 2003, 521, 525.

73)　*Deckenbrock*（注2），Rn. 639；同，in：*Henssler/Streck*（注53），M Rn. 150；同，AnwBl 2009, 16, 19.

74)　*Bormann,* in：*Gaier/Wolf/Göcken*（注54），§ 45 BRAO Rn. 46；*Hartung,* in：*Hartung*（注54），§ 3 BORA Rn. 112；*von Lewinski,* in：*Dombek/Ottersbach/ Schulze zur Wiesche*（注54），§ 4 Rn. 99. も参照。

75)　このような解釈は，方法論的には何ら疑問がない。われわれの法秩序においてと同じように，職業法（たとえば，守秘義務参照）においても，ある規範がその

2項は,上位規範である議会が定めた法律上の規律を違法に制限するものではなく,むしろ,憲法適合的な解釈をとれば,――連邦弁護士法43条a 3項におけると同じく――つとに同法45条から読み取ることのできる諸制約を規定したにすぎない[76]。

VIII 総括と展望

　弁護士にとって,相反する利益代理の禁止をめぐる未解決の問題とそれにともなう法的不安定は,かなりポテンシャルの高いリスクとなっている。したがって,判例が,より多くの法的明確化に向けた努力を何らしないだけではなく,むしろ反対に,そのコースを変更し自己の理論を示さないことで,法的不安定をさらにあおり立てていることは,実に満足のいくものではない。ほぼすべての弁護士は,その職業生活の過程において,裁判所の判断を確たるまでに予見することができない限界事例に直面することになってしまおう。著者は,周知のとおり,厳格な職業倫理上のルールを定立しそれを維持することを提唱してきた[77]。しかしこのことは,弁護士が,これらすべての限界ケースで,注意を払うべきとの職業法上の義務に従い,依頼処理を断るべきだということを意味するものでは決してない。

　複数依頼者の同方向を向いた希望を引き受けることは,原則として倫理に反するものではない。連邦通常裁判所が判断を下したケースは,ことがよくわかる例である。そこで示された限界事例では,多くの場合問題は,倫理的な行動とよろしくないとされる職業実践の間の稜線が移動する中で,倫理上のミニマムを見つけ出し,そして倫理的にはまだ受け入れうる限界までつきつめて行くということではなかった。問題はむしろ,立法者と判例がどうなるかがはっきりしないにもかかわらず,依頼者の利益と職業を成功裏に実践するという弁護士自身の正当な利益を考慮した,明確な方向性を見い出すことであった。実務においては,相反する利益代理の禁止がどこまでなのかについて生じている不安定さは,その依頼者に関してはうまくやっている嫌われ者の弁護士から,依頼や第二の職業を「取り上げる」ために利用されているといったことが見受けられる。一

　　処分性について明文で規定していないというのは,珍しいことではない。むしろこの問題は,規範の目的を考慮し,そしてまたいうまでもないが憲法上の要請を考慮して,個別的に答えられるべきものである。
76) *Deckenbrock*（注2）, Rn. 645 ; 同, in : *Henssler/Streck*（注53）, M Rn. 154 ; 同, AnwBl 2009, 16, 21 ; *Kleine-Cosack*（注47）, § 45 Rn. 46 f. ; 同, AnwBl 2006, 13, 14 f. ; *Kilian,* in : *Henssler/Prütting*（注3）, § 45 Rn. 45 b.
77) *Henssler,* AnwBl 2008, 721, 728, 同, AnwBl 2009, 1, 7 f.

部では，単に相手方に対し圧力をかける煙幕となっている[78]。こうした濫用は排除されなくてはならない。弁護士諸兄姉にあっては，このような正当な関心事の実現に際し，ケルン大学弁護士法研究所による支援をあてにしていただいて差し支えない。

---

78) *Henssler/Deckenbrock,* NJW 2012, 3265, 3270. 参照。この論攷は，つとにこの点を指摘していた。

二重信託の禁止：本当にすべてが不適法なのか？

ステファン・サーライ
ステッフェン・ティーツェ
訳　森　　　勇

【弁護士職業規則3条1項［新］2文に対する批判的検討】
　ほとんどそれは，規約委員会における信仰をめぐる争いであった。受任継続中に弁護士がいわゆる二重信託を受けることは，それだけで禁止されている利益相反にあたるのか，それともあたらないのか？規約委員会は新たな弁護士職業規則の3条1項［新］2文を定めて，新たな規範を定立したが，委員会はこれを，明確化をはかるためのものととらえている。（この点については，本書383頁以下，フォルカー・レーマーマン「双方にとり有益な信託」も参照されたい）著者は，この新たな規定を判例のコンテクストの中で整理し，加えて本規範が基本法12条において定められている職業の自由をも考慮した場合，本当にこの規範が適用される領域があるのか。あるとしたらそれはどこかを探ろうとするものである。著者は，信託的な効果をともなうすべての弁護士の活動が禁止されるわけではないという結論にいたっている。

I　序

　第五期連邦弁護士会規約委員会の第6回会期が2014年5月5日にベルリンで開催され，この会期において，弁護士職業規則3条1項の改正が決議された。この決議により，弁護士職業規則3条1項に次のような2文が挿入され，この2文は2015年1月1日をもって施行されている。

　　　［弁護士はまた，受任中において依頼者および請求の相手方ないしはそのいずれかから，双方当事者のための信託的な管理もしくは保管を目的として「財価」を受け取ってはならない。］

　二重の信託というものは，人が考える以上にすぐに生じてしまうものである。

ということで，次のようなケースが裁判所に持ち込まれる。それは，弁護士が訴訟の相手方に電話をし（真実にたがうことなく）次のようなことを通知した場合である。すなわち，弁護士名義の特別の口座に送金された金額は，双方の請求権が解明された後に債権者に引き渡されることになりますと話しただけで二重の信託は成立してしまうのである[1]。もっとも，次の場合にはまだ二重の信託というものは成立するわけではない。すなわち，弁護士が，第三者と自分のクライアント間の合意に基づいて，第三者からその特別の口座宛てで金銭を受領した場合である。この場合には，弁護士は通常自分のクライアントのみの代理人である[2]。

双方にとって有益な信託というものは，すでに多くの論文のテーマとされてきた[3]。このような信託は，企業取引あるいは企業再生とのからみで用いられるデバイスとしてよく知られている[4]。もっとも，実際適用される例はこれ以外にもある。考えられるのは，たとえば，引換え給付の清算の場合やあるいはそれと類似したものであり，これらは，普通によくあることなのである。これらもまた新たな規律文言の対象となるのであろうか。

この規約（Satzung），つまり弁護士職業規則3条は，連邦弁護士法43条a4項に規定されている「相反する利益擁護の禁止」を全面的に拡張するものであるから，この新たな規律は，弁護士が二重の受託者となるのを一切認めない[5]ことを意味しているのであろうか。本稿をもって明らかとするところであるが，結論はノーである[6]。

II 背　　景

1．制限ではなく明確化

弁護士職業規則3条1項に2文が加えられたことについて，その理由を十分に説明した資料は一切存在しない。みたところ，次のような出発点に立っていると思われる。す

---

1) So BGH v. 01. 12. 1988 – III ZR 151/87.
2) Vgl. BGH v. 12. 10. 2006 – IX ZR 108/03, NJW-RR 2007, 267.
3) Vgl. *Budde*, ZInsO 2011, 1369；*Undritz*, ZIP 2012, 1153；*Achsnick*, Die doppelnützige Trehand in der Sanierung, 2010, S. 5 ff.；*Stockhausen/Janssen* in FS *Görg*（2010），S. 491；*Braun/Riggert* in FS *Görg*（2010），S. 95；*Riggert/Baumert*, NZI 2012, 785；*Römermann/Gavilá* NZI 2012, 481；*Reuther*, NZI 2013, 166；*Laier*, GWR 2010, 184.
4) Vgl. *Römermann/Gavilá,* NZI 2013, 166；*Laier,* GWR 2010, 184.
5) 職業規則違反の法的効果については，Deckenbrock, AnwBl 2010, 221 ff. 参照。
6) 規定補充書面。同旨 Baumert, NJ 2014, 320 ff.；反対，Schons, BRAK-Mitt. 2014, 250, 251.

なわち，この2文の付加は職業法上の義務を強化するものではなく[7]，ことをはっきりとさせようとするものだということである。このように2文を付加したことは，職業の担い手つまりは弁護士に，利益相反問題を考える際の拠り所を与えるものであり，そしてこうすることで利益相反という問題に対するセンシビリティを高めようというものである。

連邦弁護士法59条b1項2号により与えられた弁護士職業規則を定める権限に基づき，連邦弁護士会規約委員会は，弁護士の職業上の権利と義務を，カテゴリーごとに列挙するかたちでより詳細に定めることができる。弁護士職業規則3条1項2文に関する授権は，連邦弁護士法59条b2項1e号（相反する利益の代理の禁止）[8]でなされているのであって，連邦弁護士法59条b2項1f号（他人の財産価値の取り扱い）の授権によるものではない。その証拠は，この規定のタイトル＝表題であり，規定の位置であり，そう行為するよう求められている，相反する利益擁護の禁止であり[9]，この規約制定に関わった者達が明らかにしている意図であり，そしてまた，二重の信託活動それ自体を禁止するのではなく，二重の信託と依頼の処理の組み合わせを禁止しているこの規律自体である。これに加えて，憲法に照らしても，このようなとらえ方が支持される[10]。したがって，弁護士職業規則3条1項2文は，同3条1項1文，連邦弁護士法43条a4項ならびに刑事訴訟法356条とあいまって，次のように理解がなされなければならない。すなわち，その規律の中核にあるのは相反する利益の擁護を禁止することである（利益相反行為の禁止）[11]。弁護士職業規則3条1項2文が，連邦弁護士法43条a4項に定められている禁止を明文化ないしは具体化[12]するものと理解されるのであれ

---

[7] Vgl. *Dahns*, NJW-Spezial 2014, 382；*Dahns*, NJW-Spezial 2014, 446；著者は，連邦弁護士会の事務長（Geschäftsführer）のひとりである。より限定的なのは，*Baumert*, NJ 2014, 320 ff. である。；vgl. BRAK-MITT. 2014, 250 ff.

[8] Vgl. Hierzu *Henssler* in *Henssler/Prütting* BRAO（3. Aufl. 2010），§ 43a Rn. 195. § 43a Rn. 195.

[9] 弁護士職業規則3条1項1文の文言「弁護士は，同一の法的事件の利益が相反する他の当事者に，助言し，または，そのものの代理を務めていたとき，あるいは，連邦弁護士法45条および46条の意味でのその他のかたちで，当該法的事件と取り組んでいたときは，活動をしてはならない。」参照。

[10] Vgl. *Baumert*, NJ 2014, 320, 321 f.

[11] ここを出発点とするのは，たとえば，*Böhnlein* in *Feuerich/Weyland* BRAO（8. Auff. 2012），§ 43a Rn. 64 ff.；*Offermann-Burckart*, AnwBl 2009, 729 u. a.

[12] これまでの弁護士職業規則3条についてこういうのは，*Maier-Reimer*, NJW 2006, 3601, 3603；*Römermann/Funke Gailá*, NZI 2012, 481, 486.

ば[13]。これに加え従前の判例およびこれに関連する文献を参照することができるし，また参照していかなくてはならない。

2．一般的受託禁止と特別の受託禁止

1) 相反する利益擁護の禁止——連邦弁護士法43条a

（連邦弁護士法43条a4項および）弁護士職業規則3条1項1文によって弁護士に対しては次のようなことが禁止されている。すなわちそれは，同一の法律事務（…）において，同時にもしくは相前後して対立する利益について相談を受け，あるいはその代理を務めることである。通説の見解によれば，その要件は次のような要素からなっている[14]。すなわち，(1)弁護士としてある法律事務を取り扱う，もしくは，それに従前関わっていたこと。(2)事実関係が同一ないしは同一の法律事務であること。(3)相対立するもしくは相容れない利益状況のもとで事務処理にあたること，および(4)関係者が当事者となっていることである。

(a) この規範は弁護士の基本的義務を定めるものであり，したがって，弁護士の職業実践の本質的要素である[15]。立法理由書においては，この規範の目的として次のように述べられている[16]。「連邦弁護士法43条a第4項の規律の基礎にあるのは依頼者との信頼関係であり，弁護士の独立性の擁護であり，そして司法の利益のために求められる弁護士の職業実践に際しての実直さ（Gradlinigkeit）である。弁護士の職業上の義務は刑法356条の刑事規定の範囲を超えるものである。」ここから次のような三つの相互に関連する保護目的が導かれる。すなわちそれは，(a)抽象的な関係としての弁護士と依頼者との間の信頼関係の確立とその確保，および(b)具体的な事件における弁護士と依頼者との間の信頼関係の確立と確保，そして，(c)弁護士の独立性の確保と弁護士の職業実践に際しての実直さを確保することである[17]。

(b) 争われているのは，連邦弁護士を43条a4項の「代理」とはどういう意味なのか，ないしは，弁護士職業規則3条1項の意味での取組み（Befassung）とは，どう理解すべきかである。「代理」および「取組み」という概念は，まずもっては非技術的に

---

13) 強化したとするのは，*Baumert*, NJ 2014, 320, 321 f., 325。反対に，規約への委任という意味で，この規程は憲法適合的に解釈できる。

14) *Offermann-Burckart*, AnwBl 2009, 729 参照。

15) Vgl. *Römermann/Praß* in BeckOK- BRAO (Ed. 4, 01. 07. 2014), §43a Rn. 16；

16) Vgl. BT-Drucks. 12/4993, S. 27（re. sp.）。

17) Vgl. *Römermann/Praß* in BeckOK- BRAO (Ed. 4, 01. 07. 2014), §43a Rn.16；*Böhnlein* in *Feuerich/Weyland* – BRAO (8. Aufl. 2012), §43a Rn. 54；*Hartung* in *Hartung/Römermann*（4. Aufl. 2008), §43a BRAO Rn. 59.

理解すべきであるし，職業上の取り組みすべてがこれに入ると考えてよい。したがって，そこから取り除かれるのは，まずもっては対象物との私的なかかわり合いである[18]。しかしながら，争われているのは，果たして弁護士はその擁護にあたって，職業上――つまり助言および代理する者という意味での弁護士として――活動していなければいけなかったのかである。連邦通常裁判所は，わけても，利益相反行為の可罰性を規定する刑法356条の解釈にあたって，弁護士として職業上取り組んでいることが必要としているのである[19]。これと異なる見解[20]は，職業上取り組んでいれば，どのような者としてであれ，連邦弁護士法43条a 4項に該当するとする。

なるほど，そうでないと，個々の場合に限界付けの問題が生じてしまう。このことが，はっきりしない場合にはその範囲を広くとらえる理解をよしとするものである[21]。しかしながら，本源的な弁護士としての職業活動のみがその対象となるとするのが正しい[22]。確かに個別的な場合には，信託も，それが相談的な活動もしくは利益の擁護につうじるような場合には，これにあたることになる[23]。しかし，限界づけの判断基準は，弁護士が個別事案の検討をしてリーガルサービス法（Rechtsdienstleistungsgesetz）2条1項の意味におけるリーガルサービスの提供をしたかであり，そして，個別事案の検討に基づいて，法律相談，契約書作成などの法律関係の形成，あるいはその他のかたちで他人の法的利益の擁護にあたったかである[24]。このことは，わけても，脇をしっかり固めている連邦弁護士法45条以下の活動禁止，弁護士職業規則3条1項のかつての文言から「いかなる役割（立場）であっても」という文言が削除されたこと，そしてまた，

---

18) Vgl. *Henssler in Henssler/Prütting* BRAO (3. Aufl. 2010), § 43a Rn. 198.
19) Vgl. BGH v. 06. 10. 1964 – 1 StR 226/64, BGHSt 20, 41 ; a, A. *Oftermann-Burckart*, AnwBl 2008, 446, 447.
20) Vgl. *Geppert*, Der strafrechtliche Parteiverrat, S. 117 ; m. w. N. *Offermann-Burckart*, AnwBl 2005, 312, 313 : *Offermann-Burckart*, AnwBl 2011, 809, 810. *Kleine-Cosack* in BRAO/FAO/BORA (6. Aufl.2009), § 43a BRAO Rn. 100 も同旨。
21) この先の議論についても含め，*Offermann-Burckart*, AnwBl 2011, 809, 810 参照。
22) しかし，*Kleine-Cosack*（in BRAO/FAO/BORA (6. Auffl. 2009), § 43a BRAO Rn. 100 および Offermann-Burckart, AnwBI 2011, 809, 810（その他の文献はこれを参照）は反対。私見と同じく通説を採るのは，たとえば，*Henssler* in *Henssler//Prütting* BRAO (3. Aufl. 2010), § 43a Rn. 196, 186（その他の文献はこれを参照）；BGH v. 06. 10. 1964 – 1 StR 226/64, BGHSt 20, 41.
23) *Kleine-Cosack*（in BRAO/FAO/BORA (6. Aufl. 2009), § 43a BRAO Rn. 98) が，二重の信託に標準を宛てているのかは不明である。
24) この規定の補充書面参照。*Baumert*, NJ 2014, 320, 324 も同様。

連邦弁護士法43条a4項および弁護士職業規則3条1項にあっては，基本法上保護されている職業の自由（基本法12条1項）が問題となるという事情から導かれる。

　その保護目的をみてもまた，ここでは立場を問わず職業上の活動すべてがその対象となるとすることは求められてもいないし，そしてまた正当でもない。連邦弁護士法43条a4項の適用に関して，受任する以前に事案に関わったことは，何の意味もなさない[25]。ただ，弁護士職業規則3条1項では問題となるし，結果的には考慮されることがありうるのである。

　(c)　「同一の法的事件」という基準は，明文上挙げられているわけでない。しかしながら，弁護士職業規則3条1項および連邦弁護士法43条aの二つの相互関係から導かれる基準であり，それ自体は承認されている[26]。*Kalsbach* は，次の場合には同一の法的事件となると考えている。すなわち，「法的な判断の対象となる状況の事実的なコンプレックス全体を一体ととらえてしかるべき場合」[27]がこれにあたるとしている。この基準はどうも広すぎるとも思われるが[28]，しかしながら，エンドレスの広い理解にいたるものでもない。この概念はむしろ規範的であり，そしてまた，憲法適合的に解釈すべきものであり[29]，ここでは，歴史的経緯の同一性[30]，委託された利益の事実的・法的内容の同一性（つまり実体的な法律関係）[31]および最低でも一部当事者が同一であることが基準としては重要である。これに対して重要でないのは，時間的経緯がどのようになっているのか，手続の数はいくつなのか，あるいは実体的にみて同様の請求権もしくは類似の請求権が問題となっているのかである[32]。

　(d)　もっとも難しいのは，利益衝突を定義することである。利益が相容れない（衝突する）というのは，*Grunewald*[33]によれば次の場合に生じるとされている。すなわち，

---

25)　Vgl. *Henssler* in *Henssler//Prütting* BRAO (3. Aufl. 2010), §43a Rn. 188.

26)　*Kieine-Cosack* (in BRAO/FAO/BORA (6. Aufl. 2009), §43a BRAO Rn. 91（その他の文献はこれを参照）を参照。これについては，BGH, NJW 1991, 1176 ; *Henssier*, NJW 2001, 1521, 1523.

27)　Vgl. *Kalsbach* in GS *Josef Cüppers* (1955), S. 250 ; im Anschluss *Schramm*, DStR 2003, 1316, 1318.

28)　Vgl. *Kleine-Cosack* (in BRAO/FAO/BORA (6. Aufl. 2009), §43a BRAO Rn. 91.

29)　Vgl. *Kleine-Cosack* (in BRAO/FAO/BORA (6. Aufl. 2009), §43a BRAO Rn. 96（目的論的には，憲法適合的に厳格に解釈すべしとする）.

30)　Vgl. *Henssler*, NJW 2001, 1521, 1523.

31)　Vgl. *Kleine-Cosack* (in BRAO/FAO/BORA (6. Aufl. 2009), §43a BRAO Rn. 93.

32)　Vgl. *Henssler* in *Henssler/Prütting* BRAO (3. Aufl. 2010), §43a Rn. 199 ff.

33)　Vgl. *Grunewald*, ZEV 2008, 386.

一方がなんらかの利益をえようとし，それが少なくとも他方にとって負担となる場合である。よく用いられる定式によれば，連邦弁護士法43条a4項は，いずれにしても弁護士に対し，次のことを禁止してる。すなわち，同一の生活事実関係を，ある時はある利益のために法的に評価し，他のときにはこれに対峙する利益に奉仕するかたちで評価にあたることである[34]。この二つの定式は，つまるところ，ほとんど役に立たない。それ故，多数のこの点に関する個別事例を検討していかなければならないのである[35]。

「相反する」という定義のためには，まずもって利益という概念を明らかにしなければならない。利益については，独自かつ厳格に区別のできる定義をすることが非常に困難であるから，決定的なのは，誰の視点から，正当かつ法的な[36]関心事という意味でのこの利益というものを判断するのかということである。すなわち，これを主観的に依頼者の視点から見るのか[37]，あるいは客観的に現実の利益としてとらえていくのかである[38]。果たして，依頼者の同意をえれば，相反する利益の擁護をしてもよいかという争いもまた，これと密接にむすびついている[39]。擁護の対象となる利益なるものは，主観的に判断すべきだというのが正しい。というのは，他の見方は基本法2条1項，そしてまた依頼者の弁護士に対する指示の権利と調和しないからである。確かに，個別事例においては，依頼者もまた，「自身から保護される」必要がある。しかしながらそれは，依頼者が表明した希望が，すべての事情を知ってそれを適切に整理してみると導かれる合理的な利益と相反するという，古典的な事例の場合である。この点を依頼者が認識している限り——つまり説明をちゃんとしたかが重要であるが——ここでは依頼者の意思が優先する[40]。

---

34) 同旨 *Henssler* in Henssler/Prütting BRAO（3. Aufl. 2010），§43a Rn. 169 は，*Henssler* NJW 2001, 1521, 1522 を引用してこう説く。BGH v. 23. 10. 1990 – VI ZR 105/90, NJW 1991, 1176, 1177（本件では訴訟代理権の制限が問題とされた）．

35) たとえば，*Offermann-burckart*, AnwBl 2011, 809 ff. の諸ケース参照。

36) Vgl. *Kleine-Cosack* in BRAO/FAO/BORA（6. Aufl. 2009），§43a BRAO Rn. 105（彼は，「法的に重要な種類の利益」と表現する）．

37) Vgl. BGH v. 04. 02. 1954, BGHSt 5, 301, 307 ; BGH v. 15. 1. 1981, NJW 1981, 1211, 1212 ; *Henssler*, NJW 2001, 1521, 1522 ; *Kilian*, WM 2000, 1366, 1368 ; *Schramm*, DStR 2003, 1316, 1318.

38) Vgl. BGH v. 02. 02., 1954, BGHSt 5, 284, 286f. ; *Grunewald*, ZEV 2006, 386, 387 ; *Westerwelle*, Rechtsanwaltssozietäten und das Verbot der Vertretung widerstreitender Interessen, 1997, S. 94f.

39) Vgl. *Offermann-Burckart*, AnwBl 2008, 446, 448 ; m. w. N. *Baumrt*, NJ 2014 320, 322.

このことからすると連邦弁護士法43条 a 4項および弁護士職業規則3条1項の意味での利益の相反は，次の場合にこれを認めなければならない。すなわち，一つの利益を貫徹すると，他の利益の貫徹が直接的に危うくなる，あるいはそれが不可能となる危険が存在する場合である[41]。この場合，頓挫してしまう現実の危険は，これを利益衝突の危険と混同してはならない。連邦弁護士法43条 a 4項および弁護士職業規則3条1項は，利益衝突が現実に存在する場合のみをその対象としている[42]。このような見方が憲法的な観点からすると求められているのである[43]。いうまでもないことだが，その前段階において，潜在的な利益衝突の可能性およびその効果について説明する義務が生じていることはありうる[44],[45]。

(e) このように相反する利益を擁護するといった場合において，同意によってその瑕疵を治癒することができるかという問題は，これとは分けて考えなければならない。大方は次のように考えられている。すなわち[46]，利益概念を客観的にとらえることとのバランスから，同意によって瑕疵を治癒することができるし，これは処分自由の問題である[47]，ないしは，まさに利益概念を主観的に定義することから，同意可能性・処分自由

---

40) 規定補充書面。*Schramm*, DStR 2003, 1316, 1318； *Henssler* in *Henssler/Prütting* BRAO (3. Aufl. 2010), § 43a Rn. 172 (その他の文献についてもこれを参照) も同旨。

41) Vgl. *Henssler* in *Henssler/Prütting* BRAO (3. Aufl. 2010), § 43a Rn. 172.

42) Vgl. *Henssler* in *Henssler/Prütting* BRAO (3. Aufl. 2010), § 43a Rn. 172; Vgl. *Kleine-Cosack* in BRAO/FAO/BORA (6. Aufl. 2009), § 43a BRAO Rn. 107; vgl. auch BGH v. 8. 11. 2007 – IX ZR 5/06, NJW 2008, 1307.

43) Vgl . BverfG v. 03. 07. 2003 – 1 BvR 328/01, NJW 2003, 2520; BverfG v. 20. 06. 2006 – 1 BvR 594/06, NJW 2006, 2469; BAG v. 25. 08 2004 – 7 ABR 60/03, NJW 2005, 921; BGH v. 23. 4. 2012 – AnwZ (Brfg) 35/11, NJW 2012, 3039.

44) この点については，簡明な *Offermann-Burckart*, AnwBl 2008, 446 454; *Deckenbrock*, AnwBl 2010, 221 ff. 参照。

45) Vgl. BGH v. 8. 11. 2007 – IX ZR 5/06, NJW 2008, 1307.

46) しかし，*Henssler* in *Henssler/Prütting* BRAO (3. Aufl. 2010), § 43a Rn.202.; *Kleine-Cosack* in BRAO/FAO/BORA (6. Aufl. 2009), § 43a BRAO Rn. 113 (その他の文献についてもこれを参照) は反対。判例をあげると，現在は同意をえて取り消されている違法な行為に関しては，たとえば，BGH v. 16. 11. 1962 – 4 StR 344/62, BGHST 18, 192; BGH v. 21. 07. 1999 – 2 StR 24/99, NJW 1999, 2568 f. (さらに義務違反が治癒されるとする BGH v. 24. 06. 1960 – 2 StR 621/59, BGHSt 15, 332.) がある。

47) 同旨 *Gruewald*, ZEV 2008, 386 ff.

が導かれる[48]としている。*Kleine-Kosack* が示唆しているように[49]，決定的なのは相反する利益擁護の禁止の機能なのである。

依頼者の信頼というものは，連邦弁護士法43条a4項に基づき，そもそも依頼者に帰属する保護されるべき利益であり，その結果処分可能である。この規範の一つの目的である弁護士の独立性の確保は，どちらかといえば，（その他の義務を負っている）弁護士と依頼者の具体的な利益の間の利益衝突を防ぐこととなるものであり，このようにして，弁護士そしてまた紛争処理機構一般に奉仕するものである。法的問題処理機構の利益のために求められている実直さは公共財であり，個人が処分できるものではない。しかしこの法的財（Rechtsgut）の射程に照らしてみると，具体的な危険のある場合のみが対象となる。果たして同意をえることで瑕疵を治癒できるかどうかは，どのような法的財が問題となるかによって決まるとするのが正しい見方である。この際，利益の衝突が具体的であればあるほど，より一層処分自由だとはできにくくなる。具体的には，弁護士としての義務に抵触する場合，弁護士と依頼者の利益が相反する場合には，依頼者の同意をえても，受任は許されないと思われる[50]。

したがって，たとえば，いわゆる「ビューティー・コンテスト（委任する弁護士をえらぶコンテスト）」[51]あるいはそれに類似したものに参加した後に相手方から受任することは原則として可能だという見解には説得力がある。このことは，いずれにしても次の場合には妥当する。すなわち，弁護士がこのようなコンテストに参加したことを開示した後に，その弁護士に依頼を引き続き処理させようとしている場合がこれである。

2) 弁護士職業規則3条1項2文の理解

(a) 弁護士職業規則3条1項2文の文言は，さらにこの上を行くものである。というのは，この規定の文言は，ダイレクトに利益相反を要件としておらず，財産的価値の信

---

48) 同意に高いハードルを設けるのは，*Offermann-Burckart*, AnwBl 2008, 446 451, これに対し，*Römermann/Praß* in BeckOK BORA (Ed. 4, 01. 07. 2014), § 43a Rn. 192 ff. は，寛大である。
49) Vgl. *Kleine-Cosack* in BRAO/BORA/FAO (6. Aufl. 2009), § 43a BRAO Rn. 113.
50) 同一事務所内での抽象的な利益衝突の場合には同意を認めている弁護士職業規則3条2項2文を，具体的な抵触が基本だとすることの根拠にできるかもしれない。しかし，こうした議論は，比較的説得力を欠く。というのは，職業上の義務は，個々の弁護士の問題であって，事務所の問題ではないからである。
51) この点に関する議論については，*Henssler* in *Henssler/Prütting* BRAO (3. Aufl. 2010), § 43a Rn. 190 ff.；*Offermann-Burckart*, AnwBl 2008, 446, 447.（その他の文献についてもこれを参照）参照。

託的な管理のみに切り結んでいるからである。その要件は(1)弁護士が受任中であること，(2)財産的価値の受領，(3)それを依頼者あるいは相手方から受けていること，そして，(4)この財産価値の受領が，双方当事者のための信託的な管理もしくは保管の目的でなされていなければならない，というものである。

(b) 受任中というのは，弁護士としてある生活事実関係と職業上取り組むことと理解すべきである。財産的価値の受領ということもまた，なんら問題をもたらすものではない。それがどこからのお金かということについても，同じである。

これに対し複雑なのは最後にあげられている要件，すなわち，双方当事者のための信託的な管理である。この際，問題となるのはたとえば，信託と評価できるのか（つまり，あるものについて，経済的には第三者つまり信託者に帰属するにもかかわらず，――通常――弁護士自身の名前で処分できるという授権と位置づけられるか），あるいはその範囲の確定ないしはどの種の信託なのか[52]といったことが問題となることはない。従前問題となったのは，果たして二重の信託が成立するのか，そしてまた場合によっては誰に対する関係で成立しているのかであった。連邦通常裁判所の見解によれば，受任対象と関連して結ばれた合意の履行のために第三者から受領した金銭を，特別の口座に保管する弁護士は，通常その依頼者のみの代理人として振舞っているとされる[53]。反対に，弁護士が相手に対して，次のようなことを通知した場合には，その段階ですでに信託が成立するに十分であるとされている。すなわち，彼の特別口座に振り込まれた金銭は，双方の請求権の解明が終わった後に債権者に支払われることになるという通知がそれである[54]。

確かに，連邦通常裁判所は，弁護士が一方の当事者に対してだけでなく他方の当事者に対しても義務を負うことになる場合には，二重の信託にあたるとしているのである。このように実に広範にわたるとらえ方は，予断なく考察してみると次のようになる。すなわち，新たな文言によれば，まさしく古典的な信託ケースでは，信託はもはや許されないということである。というのは，弁護士職業規則3条1項2文は，何ら場合分けをしていないし，また二重の信託というものを定義していないからである。委任関係がある場合には，こうしたものは一切禁止される。しかし，委任関係がない弁護士には常に許されるということなのであろうか。このように理解するのは，保護されるべき利益に照すと，一定の条件下でのみ筋がとおっているように思われる。

---

52) この点については，*Schramm,* in MünchKomm BGB (6. Aufl. 2010), Vor §§ 164 ff. Rn. 31 ff. 参照。

53) Vgl. BGH v. 12. 10. 2006 – IX ZR 108/03, NJW – RR 2007, 267.

54) 同旨 BGH v. 01. 12. 1988 – Ⅲ ZR 151/87.

III 未解決の問題

弁護士職業規則3条1項2文における新たな規律は,明文化にすぎないといわれていること,そして二重の信託となる可能性のあるケースが非常に多くあることに照らすとさまざまな問題が生じてくる。

1．すべての二重の信託がその対象となるのか，それとも利益相反が生じている二重の信託の場合のみなのか

(a) 広くとらえる見解にとって有利なことは,文言が無制限となっている点およびこの禁止が規定されている位置が一般的な職業上の義務のところだという点である。これに対して,この規律は従前唯一禁止されていたことの明文化にすぎないこと,そして先に述べたシステマティカルな考慮（規範の表題,連邦弁護士法3条1項でのコンテクスト並びに規約委員会への委任の範囲）ということは,こうした広いとらえ方に対してマイナスにはたらくものである。これに憲法上の考慮が加わる[55]。

連邦憲法裁判所は,正当にも次のようなことを出発点としている。すなわち,基本法12条によって保護されている弁護士の職業実践は,自由な弁護士という原則をその特徴とするものであり,この原則により国家によるコントロールは認められない,ないしはその規制の範囲は制限されるということである[56]。これに加えて弁護士の職業実践は,自由かつ規制が許されない個々人の自己決定権のもとにある。連邦弁護士法43条ないし59条bにおける職業実践の規律および連邦弁護士法59条bにもとづき規約委員会が定める弁護士職業規則により具体化されている弁護士の諸義務は,職業実践の制限であり,これはそれ自体原則的には狭く解釈されるべきものである。このことは,重要な価値判断は議会の立法者が自らしなければならないということからすると,より強くあてはまる[57]。連邦憲法裁判所は（わけても連邦弁護士法43条a4項との関係で）何度も次のことを指摘してきた。すなわち,職業の自由を制限する要件としての利益衝突

---

55) Vgl. *Baumert*, NJ 2014, 320, 321 f., 325. 彼は,文言を限定しないと,違憲だとする。

56) Vgl. BVerfG v. 08. 11. 1978 – 1 BvR 589/72, BverfGE 50, 16 (Rn. 37); BverfGE v. 12. 07. 2001 – 1 BvR 2272/00, NJW 2001, 3325 (Rn. 6). その他の文献についてもこれらを参照。

57) この点については,*Herzog/Grzeszick* in *Maunz/Dürig* GG (71. El. 2014), Art. 20 Rn. 105 ff. 参照（その他の文献についてもこれを参照）。*Kleine-Cosack* (in BRAO/FAO/BORA (6. Aufl. 2009), § 43a BRAO Rn. 96.

があるかどうかの問題にあっては，具体的ケースにおけるすべての関係者の利益を考慮することが不可欠である，と[58]。連邦憲法裁判所は厳格な基準を定めているのである。

(b) 先に述べたような目的論的かつシステマティカルな考慮に照らすならば，つまるところ，論拠がしっかりしているのは，本規定は，具体的な利益衝突がある二重の信託関係にのみ適用されるとするほうである。過剰な規制は，明らかに意図した目的を超えている。受任中における二重の信託を無制限に禁止するのは，憲法上疑念があるということも，この見解にとって有利にはたらく。

(c) このことは，この種のもしくはこれに類似する信託を引き受けてきた弁護士の実務にも対応するし，こうした実務は，判例によっても認められているところである[59]。このような信託を認めていたかつての弁護士倫理綱要44条に対応するようなルールが欠けているという事情だけでは，受任中における二重の信託は原則禁止されるとする論拠とはなりえない[60]。

たとえば，公証人なら，(その公証人が認証した土地取引) に関して，受託者として信託を受けることができるという反論が考えられるが，この反論もまた最終的にはあたらない。むしろこのような議論はそれ自体矛盾しているといえる。というのは，受託者の地位は常に，「利益代理」という意味での代理であるとしたならば，公証人も同じくこうした活動をすることができない。なぜならば，これは公証人には禁じられているからである。連邦公証人法14条1項2文によると，公証人は，(利益代理という意味での) 代理人でなく，「むしろ独立かつ公平な関係者の世話人」だからである[61]。にもかかわらず，公証人はまさに土地取引にあっても，通常受託者として活動しており，このこと自体すでに，信託それ自体が利益代理だというとらえ方を否定するものなのである[62]。

これに加え，なるほど公証人の関与はないが，しかしながら受託者の関与が必要とされる場合が数多くある。その例としてあげられるのは裁判上あるいは裁判外の和解の清算，分割払い義務をともなう契約の清算，あるいは強制執行をさけるための担保の提供の際等々である。このような場合，信託の立ち上げは，通常双方の信託者の利益になる

---

58) Vgl. BVerfG v. 20. 06. 2006 – 1 BvR 594/06, NJW 2006, 2469 (Rn. 14); BverG v. 03. 07. 2003 – 1 BvR 238/01 BvR 238/01, NJW 2003, 2520.

59) Vgl. OLG Hamm v. 09. 05. 1986 – 28 U 182/84, AnwBl 1987, 42 ; BGH v. 1. 12. 1988 – Ⅲ ZR 151/87 ; OLG Düsseldorf v. 22. 02. 2000 – 24 U 16/99.

60) Vgl. *Kahlert*, BRAK-Mitt. 2014, 264 f.

61) 同旨．*Kahlert*, BRAK-Mitt. 2014, 264 f.

62) こうした活動は，望ましいものでもある。この点については，§ 113 Abs. 2 GnotKG および KV 22200, 22201 参照。

ものであるが，だからといって，受託者が双方当事者の利益を代理することに必ずしもなるわけではない。保護する利益の衝突（つまりは双方の信託者の衝突）の可能性が単にあるからといっても，それだけでは，重大な違反とするには不十分である。そうでないと依頼を受けた弁護士は，受託者としての活動をすることが一切できないことになる。これに加えて，どのようなものであっても潜在的な相反する利益があれば，要件が満たされるとすると，次のようなことになってしまう。すなわち，――受託者の地位を利益代理ととらえようとすれば――二重の信託は，依頼関係とは無関係の場合でも，連邦弁護士法43条a 4項により，禁止されることになってしまう。

さらに，いかなる場合でも，公証人あるいは弁護士を受託者としないですますことができるわけではない。というのは，リーガルサービス法の諸規定に抵触するからである。もしある活動を行うためには法的な検討が客観的にみて必要だというのであれば，活動の重点は，当該問題の法的側面に存することになるが，これはリーガルサービス法2条1項に該当する[63]。

(d) 最上級裁判所の判断もまた，従前二重の信託それ自体は直ちに不適法であるということを前提としていたわけではなかった。たとえば，連邦通常裁判所は，文頭で引用した裁判において，連邦弁護士法43条a 4項あるいは弁護士職業規則3条1項違反という効果が生じうるとは，一言もいってはいなかった[64]。同じく学説もまた，そのようにとらえていた[65]。

二重の信託を引き受けるにあたり何ら具体的な利益相反がない場合には，連邦弁護士法43条a 4項および弁護士職業規則3条1項違反はないというのが正しい見方である。なぜならば，ここでは信託に基づいた利益の代理なるものが存在しないというだけではない。双方に有益な信託を基礎づける契約は三面的なものであり，したがって，契約上の規律によって具体的な利益相反を回避することができるのであるから，おおかたについては利益相反は生じないのである。

もし弁護士の受任から生ずる義務と信託関係に独自の義務が競合する場合には，利益概念が主観的にとらえられていることから，真の利益相反は，弁護士自身のみに生じうる問題に止まらない。信託契約に基づく義務に関してみると，（その理由はどうであれ）他の2人の契約に関与した人物の利益は，同方向を向いている[66]。仮に信託者が支払の

---

63) より詳細には，*Römermann/Funke Gavilá*, NZI 2012, 481, 484 f. 参照。

64) 同旨 BGH v. 01. 12. 1988 – Ⅲ ZR 151/87. ただし OLG Düsseldorf v. 22. 02. 2000 – 24 U 16/99 も参照。

65) Vgl. *Busse*, NJW 1999, 3017, 3019. 反対意見（当時は，*Holl* in *Hartung* BORA/FAO/CCBE (2. Aufl. 1997), §3 Rn. 36)を含むその他の文献についてもこれを参照。

66) Vgl. *Kahlert*, BRAK- Mitt. 2009, 265, 266.

条件が充たされたかどうかについて争う場合には，受託者は，信託契約において明確な（受託者を拘束するような）異なる規律がなされていないのであれば，支払をする権限，そしてまた支払うかどうかの判断権限を有しない[67]。弁護士として，利益衝突が生じうるのは，特には，受託者に対して信託契約上独自の判断権限が与えられている場合か，あるいは自己が行使することができる独自の裁量を有している場合である[68]。なぜならば，ここでは弁護士が代理している利益が，訴訟の相手方との信託関係から生じている注意義務ないしは利益擁護義務と衝突する可能性があるからである。その結果，受託者である自分に対する損害賠償請求権が発生する可能性がある。相手方信託者が，弁護士を信託契約違反を理由にして請求を立てていくか，あるいは自分の依頼者が委任契約の侵害（および/あるいは信託関係の侵害）を理由に請求してくるか，そのいずれかである。

そうしてみると，問題となるのは，弁護士である受託者の義務が衝突する可能性がある場合のみということになる。

2．「受任中」という要件は訴訟上の和解成立後の清算にもあてはまるのか

同じく問題と思われるのは，受任中という概念が訴訟上の和解にもあてはまるのかということである。これについては，わけても訴訟物が問題となるし，同じく（受任手続に関連する裁判外の活動も当該手続上の活動であると定めている：訳者注記）弁護士報酬法（RVG）19条1項2号の解釈問題である点は，これを肯定的に解釈すべきという方向にはたらく[69]。しかし，つまるところ，依頼をするかどうか，したがってまた弁護士が守るべき利益の範囲を定めるのは依頼者であるから，この概念は，異なる合意ができるということを前提に緩やかに解釈すべきである。依頼はもはや次の場合には「受任中ではない」。すなわち，弁護士が同一の事件に弁護士として関与していない場合である。これは訴訟上の和解の清算に関してもまた，通常の場合には認めるべきである。

3．依頼者の了解をえることで弁護士職業規則3条1項2文を排除することができるか

弁護士職業規則3条1項2文との関連において同じく問題なのは，果たして依頼者の

---

67) Vgl. OLG Hamm v. 9. 5. 1986 – 28 U 182/84, AnwBl 1987, 42f., 44.
68) Vgl. *Kahlert*, BRAK-Mitt. 2009, 265 266.
69) 弁護士報酬との関連において同旨．*Ebert* in *Mayer/Kroiß* RVG (6. Aufl. 2013), § 48 Rn. 33 ff.

了解――つまりこの場合には信託者たる双方当事者の了解――をもって，禁止されている利益相反を免除し，あるいは，各要件を適用除外とすることができるかである。

このような了解が有効とされるためには，そもそものところ，考えうる利益相反のあらゆる法的効果を広範にわたり説明している場合のみである。もっとも，弁護士が相反する利益を擁護する義務を負うことになる場合，つまりその弁護士自身が義務の衝突を抱え込んでいる場合は，利益相反の禁止が法的紛争解決機構の保護も目的としていることに鑑みるなら，同意による免除ということは論外である。ただ，単に利益相反が将来生じる危険が存在するだけの場合には，これと異なる評価はありえよう。

弁護士が信託合意の後に擁護すべき利益は，委託にかかる行為の内容が弁護士にとってはっきりとしており，弁護士が「裁判官」のように，考えられる条件が成就したかどうかについて判断してはならない場合には，同方向を向いている。連邦通常裁判所が，説明義務ないしは潜在的な利益相反から出発していることからみると[70]この点を連邦弁護士法43条a 4項の問題とするか，それとも43条a 4項の問題ではないとするかは，どちらでもよかろう。この点を承認することになれば弁護士職業規則3条1項2文の保護は，少なくとも一部処分自由の対象になるということを肯定することにもつながる。しかしながら，具体的な作為あるいは不作為義務が相反するところでは，この処分自由は認められない。処分自由といってよいのは，このような具体的な信託契約に基づく具体的な作為ないしは不作為請求権が，信託契約において放棄されている場合のみである。なぜなら，この場合には弁護士への委任が制限されているからである。

IV　結論：他のオプション

1．回避のための戦術

連邦通常裁判所の判例によれば，絶対ではないものの，信託契約は共同事務所所属弁護士すべてと結ばれており[71]，そしてさらには相反利益擁護の禁止は弁護士職業規則3条2項により所属弁護士全員におよぶことから，現在におけるもっとも安全かつ優先順位の高い解決は，第三の弁護士を受託弁護士とすることである。

さらにはまた，双方にとり有益な信託を確保するために，合意が次のように形成されている場合でも足りよう。すなわち，弁護士に独自の裁量もしくは判断の余地が一切与えられていないか，つまり諸条件が，その成就についてなんら争いが生じえないよう十分に明確に定められている場合か，もしくは争いが生じたときは，受託者の諸義務は停

---

70)　Vgl. BGH v. 8. 11. 2007 – IX ZR 5/06, NJW 2008, 1309.
71)　Vgl. BGH v. 10. 03. 1988 – III ZR 195/88, NJW – RR 1988, 1299.

止するとされているかのいずれかである。

　しかしながら，信託合意において，受託者はその自己の依頼者の利益の擁護義務のみを負うと明確にしていたとしても，それだけでは十分ではない。というのは，こうしても，信託者から受託者である弁護士に対する信託合意違反を理由とした損害賠償請求権を十分確実には排除できないし，そしてまた，これでは信託者に対して事前に十分に警告したことにはならないからである。先に挙げた明確な規律とならんで，さらにどのような種類であれ，信託との関係で（相手方に対する）相談を受ける義務を排除しておかなければならないのであろう。

2．独自の解決方法の利点

　ここで展開した解決策は多くの観点からみてもっとも優れているように思われる。

　ここで提案した解釈は，規約立法者の意思を考慮したものにとどまらない。加えてまた，特に必要とされる連邦弁護士法43条ａ4項の憲法適合的解釈とも調和している。この解釈によれば，今後も弁護士は，連邦弁護士法43条ａ4項により保護される利益を侵害あるいは危険にさらすことなく，双方当事者の（経済的）利益のため，信託事件を引き受けることができる。利益が害される危険は，かかる双方にとり有利な信託を引き受ける以前の説明義務に照らすなら，ほぼ排除できる。いずれにしても，受託者の権限と義務が明確に規律され，そしてその受託者としての地位における義務の衝突が回避されている場合には妥当する。

　この見解はさらに，判例が，単なる抽象的な利益相反と将来のポテンシャルな衝突を一方とし，他方では具体的現実的な利益衝突を区別すべきだとしている点を考慮したものである[72]。前者は，基本的には無害であり，また，発生した弁護士の報酬請求権にも原則として関係しない。ということでベルリン高等裁判所は正当にも次のことをよしとしたのであった。すなわち，受任中に，民法134条に基づき（連邦弁護士法43条ａ4項に違反したことを理由として）事務処理契約が無効とされることになったとしても，このことですべての報酬請求権を消滅させることにはならない[73]。むしろ具体的な利益衝突（利益相反）が生じる以前にすでに発生していた報酬請求権は存続するというものである。連邦通常裁判所の判例によれば，これとは異なったことが妥当するのは，助言

---

72)　2006年6月20日の裁判（1 BvR 594/06, NJW 2006, 2469 Rn. 14）および03. 07. 2003年7月3日の裁判（1 BvR 238/01, NJW 2003, 2520）にみられる連邦憲法裁判所による連邦弁護士法43条ａ4項および弁護士職業規則3条2項の厳格なとらえ方参照。

73)　Vgl. KG Berlin v. 12. 07. 2007 – 16 U 62/06, NJW 2008, 1458.

をしたことが，依頼者にとってまったくのところなんら関心のないものであった場合である[74]。

V　判例との関係

著者の知る限り，先に述べた理解はすでに存在している判例と何ら問題なくマッチするものである。

1．裁判実務の鳥瞰不可およびそこでの諸前提の不開示

最初に挙げておくべきは，利益相反に関する裁判実務が時として実に鳥瞰の効かないものとなっていることであり[75]，その結果，カテゴライズすることが難しいということである。このことは，利益衝突からの保護と関連した依頼者の処分自由について争いがある[76]からというだけではなく，想定される事案のバリエーションが広いということとも関係している。この点に関する裁判例は，連邦弁護士法43条a4項違反を理由とした民法134条に基づく報酬合意の無効に関する争訟に関係してよく登場する。これに対し，(懲戒を所管する) 弁護士裁判所の裁判例は稀有である。

中心的な対立点は――明示的に述べられているわけではないが――(利益相反) の理解についての二つの見方である。論点を浮き彫りにするかたちでいうと，一つは利益相反を広く理解することから出発し，単純な利益衝突ないしは抽象的な利益衝突の兆候さえあれば十分だとするものである。ここで主張されている反対の見解は「利益相反」をどちらかといえば狭く解釈し，具体的な利益衝突のみを禁止しようとするものである。この点と連動して，判例における説示や理解は，限界事例における利益相反禁止諸規範の適用範囲をはっきりとは示していないわけである。

2．裁判実務

(a)　今までのところ利益相反の概念を非常に広く理解する裁判例の数は限られている。

---

74) Vgl. BGH v. 23. 04. 2009 – IX ZR 167/07, NJW 2009, 3297.
75) このほかの多くの個別のケースについては，*Offermann-Burckart*, AnwBl 2009, 729 にまとめられているものを参照。
76) 争いと問題点については，*Offermann-Burckart*, AnwBl 2008, 446, 448f. を参照。その他の文献についても同様。Vgl. BVerfG v. 03. 07. 2003 – 1 BvR 238/01, NJW 2003, 2520；BAG v. 25. 08. 2004 – 7 ABR 60/03, NJW 2005, 921；KG v. 12. 07. 2007 – 16 U 62/06, NJW 2008, 1458；それ以前にも，OLG Karlsruhe v. 26. 04. 2001 – 2 U 1/00, NJW 2001, 3197 がある。

フライブルク地方裁判所が 2009 年に判断した事案[77]では，裁判所は誤って利益相反の概念を広く理解して判断を下してしまった。すなわち，（いずれにしても）次の場合には利益相反があるとした。その場合とは，離婚事件を委任された弁護士は，その依頼者のためにもそしてまた依頼者の配偶者である妻のためにも受託者として不動産売買を清算しなければならない場合を利益相反にあたるとしたのであった。裁判所は，信託の依頼を受けることは連邦弁護士法 43 条 a に抵触するとしたが，その理由は，信託依頼を受ける前になされている離婚事件の依頼と，問題となっている信託の依頼とか利益相反になるのは明らかだというものであった。原告および被告の同意は，連邦弁護士法 43 条 a 4 項および民法 134 条によって弁護士への委任契約を無効とすることになるこうした瑕疵を除去するものではないとしたのであった。

よく知られているのは，同じくハンブルク弁護士裁判所が 2007 年に下した判断である[78]。この裁判によると，自分の依頼者とその相手方当事者に対し，相手方当事者の請求権を担保するため，弁護士が持っている他人勘定口座に，もはや取り戻しができないかたちで一定額を振り込ませた場合には，相反する利益の代理禁止に触れるとしたのである。

(b) しかしながら，裁判例の多数は，利益相反の概念を狭く理解して判断を下していると思われる。このことは信託活動の実施が問題となっている場合にはいずれにしてもあてはまる。この際，最低でも具体的な利益の衝突というものが要件とされている。

こうした中，他の州では上級地方裁判所にあたるベルリン州のカンマーゲリストは，2007 年に次のような判断を下していた[79]。すなわち，別居している夫婦双方に対して，一緒に別居の効果について別居の合意書の作成とともに相談にあたることは，すべての場合に利益相反の禁止に触れるものではないとしたのであった（連邦弁護士法 43 条 a 4 項）。もっとも，夫婦の利益の衝突が具体化した場合には（本件では裁判所外での財産分与の枠組みの中であるが），双方に対して弁護士としての助言し，その利益を代理することは禁止されるとしたのであった。裁判所は次のように判示する。すなわち，弁護士がその夫婦の双方の相談にあたることを継続した場合（本件では各配偶者を分離して，話し合いが何回か行われたのであるが），この場合には離婚の効果の規律に向けられた弁護士の事務処理契約は無効である（連邦弁護士法 43 条 a 4 項，民法 134 条）[80]。

---

77) Vgl. LG Freiburg v. 09. 06. 2009 – 6 O 86/07, AnwBl 2009, 869.
78) Vgl. AnwGH Hamburg v. 10. 06. 2008 – II AnwG 21/07, AnwBl 2009, 143 und 392 = NJW – Spezial 2008, 766.
79) Vgl. KG Berlin v. 12. 07. 2007 – 16 U 62/06, NJW 2008, 1458.
80) BGH v. 19. 9. 2013 – IX ZR 322/12, NJW 2013, 3725 f. は，同旨。

カールスルーエの上級地方裁判所もまた，正当にも限界を認めつつも，連邦弁護士法43条a4項の保護は，少なくとも部分的には処分可能であることを前提として判断を下している[81]。この上級地方裁判所の裁判によると，弁護士が双方当事者の了解のもと，メディエーターとしてあっせんを目的に弁護士活動をすることは適法である。しかしながら，同一の事件について，後に弁護士としての活動をすることは，連邦弁護士法43条a4項により認められない。助言者および代理人としての活動の継続は，双方当事者の利益相反が明確となった場合には義務違反となる。仮にそれを可とする合意がなされていたとしても，この点に変更をもたらすものではないとされている[82]。もっとも，かかることがらの報酬法上の効果と代理法上の効果を指摘しておくことは不可欠であろう。ということで正当な見解によるならば，一度成立した報酬（手数料）は「遡及的に」消滅することはない。

2010年，連邦通常裁判所は，その活動が，引き続き存続することがありうる双方に共通する利益に限定されている限りは，利益相反があったとしても利益代理をすることができるとした[83]。そして2012年，連邦通常裁判所は，単に潜在的な利益相反にあたっては連邦弁護士法43条a4項による活動禁止ははたらかないとしたのであった[84]。

（c）しかしながら，注意すべきは，連邦通常裁判所は，弁護士契約あるいは信託合意が，第三者に対する保護義務をも基礎付けることがありうるという立場に立っていることである。このような付随的義務もまた，利益衝突をもたらすことがありうる。

連邦通常裁判所は，2006年に下した裁判[85]において，（弁護士が依頼者の代理をしていると位置づけている）弁護士の「単なる預かり人」という地位と，受託とを区別したと思われる。依頼者のために金銭を単に受領することは，原則，金銭を渡した者に対する追加的な弁護士の契約上の義務を生じさせることは一切ない。第三者が，依頼者との合意を履行すべく弁護士に渡した金銭を他人口座に保管している弁護士は，通常は単に依頼者の代理人として行為をしているにすぎない。もっとも，事情によっては個々の場合若干異なることもありえよう。連邦通常裁判所は，つとに，弁護士による振込金の清算との関係において，こうした規律を，第三者のためにする契約に関して認めていた。基準となるのは信託合意の内容である。

---

81) Vgl. OLG Karlsruhe v. 26. 04. 2001 – 2 U 1/00, NJW 2001, 3197.
82) 同じく厳格な概念をとるものとして，OLG Koblenz v. 29. 11. 2006 – 1 U 44/06, NJW-RR 2007, 1003 および BGH v. 08. 11. 2007 – IX ZR 5/06, NJW 2008, 1307 参照。
83) 刑事裁判における判断である。BGH, Beschluss v. 4. 2. 2010 – IX ZR 190/07, BeckRS 2010, 04533.
84) Vgl. BGH v. 23. 4. 2012 – AnwZ（Brfg）35/11, NJW 2012, 3039.
85) Vgl. BGH v. 12. 10. 2006 – IX ZR 108/03, NJW-RR 2007, 267.

しかし，さまざまな裁判例に示されているように[86]，連邦通常裁判所は，一般的にみてこのような付随的義務を寛大なかたちで認めているということでは決してない。この他の裁判実務については全体を鳥瞰した論考が多数あるので，それを参照されたい[87]。

VI 結 語

われわれ弁護士は，最上級裁判所が弁護士職業規則3条1項2文の解釈をはっきりと示すまでまだ待たなければならない。

潜在的な利益相反に対する弁護士のセンシビリティを高めようという目的は達成されているように思われる。しかしながら，不幸なのは次の点である。すなわち，このような目標が，まさしく規範の文言の中にわかるかたちで取り込まれていないということであり，そしてまた目標とされた「明文化」ということが法律状態の明確化につながっていないことである。このような理由からして最上級裁判所がはっきりした態度を示すまでは，一定の範囲ながら法的不安定が生じていることとなる。特に安全にいきたいと思う者は，将来的には双方にとって利益になる信託取引を放棄しなければならない。

弁護士職業規則3条1項2文のもっとも妥当な解釈によれば，この禁止規定は，具体的な利益相反が生じた場合における信託関係のみに適用されることとなる。この具体的な利益衝突の典型は，——いずれにしても弁護士と依頼者との間のことではあるが——弁護士が義務の衝突（Pflichtkollision）にさらされている場合である。複数の信託者に対する義務の衝突は，信託契約において，弁護士は一切裁量もしくは判断の余地を与えられていないことを明確にすることで，これを回避できる。連邦弁護士法43条a4項の保護目的に照らすならば，これに加えてさらに，双方の信託者に対して将来の利益相反が生じる可能性があることおよびその効果を伝えなければならない。下級審の裁判例もまた，連邦レベルでの最上級裁判所が未解明の問題を解明するまでは，確固たる判断力をきかせ，かつまた規約委員会の関心事を考慮しつつ弁護士職業規則3条1項2文を適用していくことが望まれる。なぜなら，こうすることがまた，紛争解決処理機構とそして依頼者の利益になるからである。

---

[86] Vgl. BGH v. 22. 7. 2004 – IX 132/03, NJW 2007, 3630. もっとも，反対の例は BGH v. 13. 5. 2004 – III ZR 368/03, NJW-RR 2004, 1356（特別の信頼関係があった場合）．

[87] たとえば *Offermann-Burckart,* AnwBl 2011, 809 ff.; *Offermann-Burckart,* AnwBl 2009, 729 ff.; *Offermann-Burckart,* AnwBl 2008, 446 ff. 参照．

双方にとり有益な信託：
以前は禁止，今や正真正銘の不適法
——新たな弁護士職業規則3条1項2文が，2015年1月1日に施行——

フォルカー・レーマーマン

訳　森　　　勇

　相反する利益の代理禁止は，連邦弁護士法43条a4項に規定されている。禁止の詳細な内容は，弁護士職業規則3条に規定されているが，今やその補充がなされた。2015年1月1日に施行される3条1項2文をもって，規約委員会（Satzungsversammlung）は，信託委任を規律した。本稿は，双方にとり有利な信託に関するこの規範の背景を示し，その様式（Formulierung）と実務への影響を論じ，加えて，利益相反に関する法の将来の「立ち位置」を探りあてていくものである（弁護士職業規則3条1項〔新〕2文については，本書363頁以下，ステファン・サーライ／ステッフェン・ティーツェ「二重信託の禁止：本当にすべてが不適法なのか？」を参照されたい）。

I　相反する利益の代理禁止：立法者が見逃した「コアバリュー」

　相反する利益の代理禁止は，弁護士職の歴史的な「コアバリュー」である。弁護士は，絶対的に依頼者に対してだけ義務を負っているのであり，相手方であろうと，裁判官であろうと，はたまた抽象的な正義のイデオロギーであろうと，他の誰に対しても義務を負うことはない。相反する利益代理の禁止は，いかなるものであれ外部からの影響を受けないという意味での独立性と関連している。そうととらえることができるということもあり，職業法上，まさに生み出されつつあるテーマとなっている倒産管財人は，これまでは「独立性」という概念のみをもって取り扱われてきたが（倒産法56条），そこで中核にあるのは，なんといっても利益相反である[1]。
　相反する利益代理の禁止ということが，非常に重要な意味を持っていることに照らす

---

1)　詳細は，*Römermann*, ZInsO 2013, 218 参照。

と，この規定を検討してみても，その輪郭をほとんど描き出すことができないのは，残念としかいいようがない。今までの歴史が荒れ果てた荒野のようであったことが，説得力のあるシステムを何ら提示することなく，むしろ時として偶然に左右されがちな諸規範を生み出してしまった。ということで，たとえば，この禁止の実に重要な側面，つまり相反する利益を1人の弁護士が弁護士として擁護することは，刑法356条において，「職務上の犯罪」の章で規定されている。このことによって，まさに実務では，和解的解決を目指して進むのがよろしきをえていると考えて始めたものの，どういうわけにせよ一方を代理することになってしまった弁護士は，当然のこととして，そもそものところ弁護士の職業法に属する規範，つまり，ドイツの検察官の日常に属しないテーマの扱いに慣れていない刑事司法の過酷さに直面することになっているのである。

連邦弁護士法は，簡にして要をえるかたちで，1994年にはじめて導入された規律において，「弁護士は相反する利益を代理してはならない」と定めている。それが，同法43条a4項である。同法59条b2項1文e号は，詳細は弁護士からなる規約委員会の定める弁護士職業規則によると定めている。この点に関し規約委員会は，弁護士職業規則が発効して以来，これと取り組んできたが，うまくいった場合もあれば，そうでない場合もあった[2]。

II　クリティカルな状況

近時においては，相反する利益の代理禁止違反のまさに古典的な状況さえも，職業法上の関心を引くことがますます多くなり，その結果，弁護士職業規則3条拡大のきっかけとされたのであった。問題とされている状況をみてみると，驚きのあまりわが目をこすることになる。つまり，次の場合が，明確に違反となるとされている。

・信託を条件（負担）とする相手方からの金銭収受。
・倒産および再生の分野での双方にとり有益な信託。

信託を条件（負担）とする相手方からの金銭収受にあっては，特に問題となるのは次の場合である。すなわち，弁護士が，第三者に対して金銭請求権を有している依頼者を代理する。支払いにいたるには，少なくともその第三者の考えによれば，たとえば依頼者からのなんらかの給付といった，ほかのある前提が満たされなくてはならない。依頼者としては，最後には金銭をえられることが確実になった場合でなければその給付を行うつもりはない。ということから，第三者から，弁護士に対し，その信託口座に金銭を

---

[2]　この展開の詳細については，*Römermann/Praß*, in : *Römermann*, BeckOK BORA, § 3 Rn. 1 ff. 参照。

支払うが，特に次のような条件付きでどうかという提案がなされる。すなわち，第三者が同意するとか，これに類似する要件が満たされた場合のみ払い出せる（支払うものとする）との条件である。弁護士がこれに同意し金銭を自分の信託口座上に保管する。こうして弁護士は，自分の依頼者のみならずその相手方に対しても契約上の義務を負うことになる。

　再生の分野では，いわゆる双方にとり有益な信託なるものが定着している。直截に「双方にとり」有利という言葉を使ったこの表記を聞けば，そのとたんに，相反する利益という問題に気づくはずである。にもかかわらず，実務では，このモデルは広く用いられている。この場合に，核となっている部分がどうなっているのか，それは以下のとおりである。ある企業が，経済的におかしな状況に陥ったとする。銀行は，それまでの融資の方向を維持する，場合により新規の融資をすることとなるが，企業の存立は，すべて，企業主が「双方にとり有利な信託」に従うことにかかっている。この際この企業主は，受託者に任せることになるが，この受託者は，同時に銀行のためにも活動する。企業主はこの受託者に，すべての権利を，包括的かつ撤回不可として委託する。銀行がオーケーを出す投資家が現れれば，この受託者は，投資家への企業主の事業持分全体の投資家への引渡しを行う。実務では，受託者としての活動に対し，非常に高い報酬が支払われている。基本手数料に加え，仕事量に応じた報酬部分と通常は追加の成功報酬がこの活動には支払われる。成功報酬があり，そのために制約が課せられることから，背後には弁護士事務所が控えてはいるが，弁護士が直接受託者にならないことが多い。むしろ，弁護士社団ではなく，営利企業であるが，弁護士が業務執行社員（Geschäftsführer）としてそのトップにすわっている受託有限会社を設立することが多い。

III　弁護士職業規則3条の改正

1．規約委員会が決定した条文の文言

　「金銭・財産的利益および報酬」関係を担当する規約委員会の第3部会の申立に基づき，第5期規約委員会の第6回会合において，2014年5月5日，弁護士職業規則3条2文を追加する旨の決議がなされた[3]。これに先立ち，何回も部会が開かれ，そして規約委員会で1回討議に付されていたが，そこでは申立についての採決はなされなかった。第三部会は，最後になされた申立の理由書において，次のように述べている。すなわち

3）　弁護士職業規則3条1項新2文は次のとおり。「弁護士はまた，受任中において，依頼者および請求の相手方のないしはそのいずれかから，双方当事者のための信託的な管理もしくは保管を目的として，財価を受け取ってはならない。」

「最後の規約委員会の会合における議論において明らかになったことは，規約委員会のメンバーのかなりの部分に誤解がある」と[4]。議論に加わった弁護士である代議員は，そもそも相反する利益の代理の禁止にあたるのはどのような場合なのか，そして，法律上の，つまりは現行の規律の妥当範囲の限界をどこに引くべきかを，明らかに理解していなかったのであった。

最終的になされた決議の文言は以下のとおりである。「弁護士はまた，受任中において，依頼者および請求の相手方ないしはそのいずれかから，双方当事者のための信託的な管理もしくは保管を目的として，財貨を受け取ってはならない」。

理由書においては，はっきりと次のように述べられている。すなわち，「部会の見解によれば，これにより法律上の規律が厳格になることはない。むしろこれは，弁護士に対してよりどころ（Hilfestellung）を示して，弁護士のこの問題に対するセンシビリティーを高めようとしているだけのことである。一方だけの——つまりは，経済的な考慮から明確かつ断固決別した——利益代理をもってして，弁護士の地位は，社会においては，紛争解決処理機構の清廉潔白な一機関とされ，そしてまた，積極的に高い評価をえているのである。」[5]と。

第三部会は，申立の理由書において，時として相反する利益の代理禁止に牴触するこれまでの実務を正当化しようとする主張と，簡単に取り組んでいる[6]。すなわち，「多くの賛同をえている見解によると，双方当事者の利益は『同一方向を向いている』。何らの衝突が発生していない場合には，生じているのは最大でも，『もしかしたらそうなるかもしれない程度の危険状況』であるが，これは禁止の根拠とはなりえない。」というのがその主張である。部会が正当にも指摘するように，このような議論の方向は，次の点を見落としている。それは，自分の依頼者をどのようなかたちであれ拘束すること，つまりは，どんなものであれ，弁護士が第三者に対して義務を負うことは，それだけで依頼者の利益に反することになるということである。この点は，たとえ，弁護士に特別の告知権を認めるやり方をとったとしても変わらない。

2．請求の相手方

追加された規定の文言によれば，問題となるのは，依頼者と請求の相手方が対峙して

---

[4] 弁護士職業規則3条についての第三部会の申立。SV-Mat. 18/2014.
[5] 第三部会の委員長 *Schons* のいうところも，文言も事実上同様である。BRAK-Mitt. 2014, 250, 251.
[6] 弁護士職業規則3条についての第三小委員会の申立。SV-Mat. 32/2013（未公開）．

いる場合である。「請求の相手」という文言は，双方当事者の関係において，請求権が存在していなくてはならない，ということを意味している。この際，依頼者が債権者なのか，それとも（もしかしたら）債務者なのかはまったく関係がない。もっとも，「請求の相手方に対して」という規定の仕方をしたのは，まさにこうすることで，依頼が特定の請求に結びついていないといけないことをはっきりとさせている。その結果，依頼者と相手方との関係において，請求権をともなう権利関係が存在しない場合には，この規範の適用はないことになる。これに対し，その請求がなされているかどうかは，関係がないといってよかろう。「請求の相手方」というのは，その役割に照らすなら，請求がされていなくとも，その者に対する請求権がありさえすればよい。別の言い方をすると，「相反する利益なるもの」があれば足りる。これは，つとに法律により規定されている状況を規定したものといってよかろう。

3．目的と対象

　それに続く新規定の他の部分，つまり「双方当事者のために信託的に管理もしくは保管する目的で」という部分をみても，やはり同じ結果となる。請求の相手方の利益に結びつくかたちで目標を設定するということは，弁護士にとりありえない。「双方当事者のため」という規定文言は，ここではおそらくのところ，次のことを前提としていると思われる。すなわちそれは，問題なのは，信託的な管理に複数の者が関係していることが明らかな場合だということである。これは，次のような状況もまた相反する利益の代理禁止にあたってしまうので正確ではない。すなわち，信託上の（受託者の）負担が，請求の相手方のみの利益のためであり，それ故，そもそものところ管理は依頼者の取引相手のためだけに行われるという場合がそれである。

　「信託による管理もしくは保管」という言葉が選択されたのは，あることを特に明確にするためと思われる。実際のところ，とにもかくにも問題は，行為の種類がどうかということではなく，むしろ率直に，相手方のためそしてその利益のために活動することである。細かくみて，それが保管契約なのか，管理なのかそれともそれに類似するものなのかは，どうでもよいことである。同じく，「信託的」という概念からも，何ら限界を引くことはできない。むしろ規約委員会第三部会は，相反する利益の代理を禁止する規定中に一種その適用事例を書き加えようとしたのであり，それに制限列挙の性格を与えるつもりはなかったのである。

　すでに文言においても，「財価」という概念は広い。第三部会の申立理由書によれば，事業の一部もこれにあたる。この際に第三部会にとっての関心事は，倒産法の文献で展開されている双方にとり有利な信託の適法性に関する議論である[7]。このような仕組みを推進する人々は，学説中ではときにはっきりと述べられている批判をわざと無視し，

そしてまた，おそらくのところ，最初の信託契約が裁判所によって無効とされるとか，委託者が損害賠償請求をするとか，弁護士会がラディカルな処分をするとか，はたまた検察が乗り出してくるまでは，これを継続しようとしているのである。今後，「警告がなかったではないか！」とは，誰もいえなくなるはずである[8]。

　この新規定が，金銭のみに関わるものでないことは，そもそも驚くことではない。要するに，連邦弁護士法43条a4項における相反する「利益」という法律上の規定文言には，何らの限定はない。そこにはあらゆる利益が含まれる。それどころか法律は，有体あるいは無体の財産的価値という概念をはっきりと超えるものとなっているのである。

4．受 任 中

　規定中の「受任中」という部分は，規約委員会での第1回目の議論の後で追加されたものである。申立理由書をよく読んでも，このような文言が付加された意味がわからない。申立理由書では「明確化」を目指したとされており，加えてそこでは，問題があるようには思えないが，最後に疑問符がついた次のような説明が続いている。すなわち「依頼関係がないところでは，弁護士はすべて，党派性のない第三者として活動ができるのは当然ではないのか？」続けて「弁護士がこのような依頼を引き受けて後に問題を抱えることになった場合には，この弁護士である受託者は，連邦弁護士法45条により，活動を続けることができない。」としている。弁護士への依頼の枠外で，弁護士でもある人物が，そのしたいことを自由にすることができるし，またそうすることを認める。人はこれを維持しようとしてきた。しかしながら，この規定を立案した人たちは，明らかにそう考えていたわけではない。（まったく明白だということではないが）おそらく彼らは，次のことを規定しようとしていると思われる。すなわち，「弁護士は，一定の金員を，複数の当事者のために信託的に保持することを，こうしても，他の者に対する関係でそのうちの1人の代理を務める義務を負うことなく，その受任の対象とすることができる。」とするものである。

　もし委員会がこう理解していたとするなら，これがあたっているかは，かなり疑問がないわけではない。争訟当事者間で，ある1点，つまり，弁護士に金銭の管理と相互的な負担をゆだねる点についての合意が成立したとしても，この場合には利益相反は一切

---

7)　委員会の理由書は，*Römermann*, NZI 2012, 481 および *Riggert/Baumert*, NZI 2012, 785. をあげている。

8)　詳細については，*Römermann*, INDat-Report 3/2014, 22；*Römermann/Funke*, NZI 2012, 481. がすでにある。

ないということではない。より妥当なのは，弁護士が，疑問がある場合には当初から信託的な活動を断り，その性格上弁護士に比べるとどちらかといえば党派性のない公認会計士あるいは公証人にこれをゆだねることである。

IV　目的の欠如と真に改革が必要な点

　第三部会は，その草案理由書において，繰り返し，「弁護士にとり良いように，弁護士職業規則3条1項2文をもって『明確化』をはかるのだ」としている。法律状態は，部会の見解によっても変わらない。この規範は，どちらかといえば，教育的な性格のものである。さらに規範を定めることをもってするこうした国民教育学は，規約委員会の一部に，その存在根拠の安全が揺り動かされていると映っていることを暗に示している。しかしながら，法律の詳細を定めるべき弁護士職業規則のある条文のある項の中に，さらにある文を付け加えることで，職業法上の利益相反の問題をほとんど考えず既存の規範を無視している弁護士諸兄姉をして，法状況を理解させ今後これに従うようにさせようというのが，本当に現実性のある真剣な目標なのであろうか。

　草案の起草者は，正当にも，相反する利益の代理がもたらす職業法上のリスク，さらには刑法上のリスクを指摘している。これに加えて，次のような危険も喧伝されている。すなわち，それは，連邦通常裁判所が，将来弁護士の責任をその依頼者を超えて第三者にも拡張する可能性である。この場合，弁護士の責任が第三者に対して拡張され，さらには相手方に対しても拡張されるのは，特別の個別事例に限られるが，それは，判例もまた，弁護士は一方のみの利益代理だという弁護士像に従っているからである。そこで，こうした危険に対処するべく，弁護士職業規則3条に新たな1文を取り入れようとしたのだというわけである。

　これは驚天動地である。第三者に対する責任の拡張は，いまなお広くに行き渡っているというわけではないとしても，ずっと以前から認められている[9]。弁護士職業規則3条1項2文が，よりによってこうした傾向を止めるなどということはありえない。明ら

---

[9]　以下のみ参照。（税理士につき）BGH, Urt. v. 14.06.2012 – IX ZR 145/11, GWR 2012, 293（Römermann の評釈つき）; 2014年2月6日の最終決定 – IX ZR 53/13; BGH, Urteil v. 07.03.2013 – IX ZR 64/12, GmbHR 2013, 543,（513頁に *Römermann* の評釈つき）; BGH, Urteil vom 06.06.2013 – IX ZR 204/12, GmbHR 2013, 934（Römermann/Praß の評釈つき）。連邦通常裁判所（BGH）の2013年6月20日の決定は，– IX ZR 61/10 下記の判決に関する上告不許可に対する不服申立を却下し，内容的にはそれをよしとしたものである。OLG Hamm, Urteil vom 05.03.2010 – 25 U 55/09.

かに別の時代に由来する刑法356条に基づいた刑法上の帰結は，法政策上の忌まわしい出来事であるが，これが批判を受けていない理由は唯一，適用事例がほとんどないからであろう。実務で非常にドラスティックな結果をともなう刑法犯である当事者背信（parteivevrat）の餌食になっているのは，特に人が良い弁護士である。

最後に，わざわざ弁護士職業規則3条に書き込みをすることで，一方の利益代理という弁護士像を強化しようという改正の目標設定は，弁護士職業規則7条aおよび18条の規定と見過ごしがたいコントラストをなしている。ここでは弁護士職業法上でメディエーターのことが規定されている。この二つの規定は，よくみるとその施行以来憲法に違反しているのがわかるということは無視したとしても[10]，遅くともメディエーター法施行後にあっては，メディエーターというのは独自の仕事であり，したがって弁護士の活動領域の拡大の一態様では決してないことは，はっきりしている[11]。弁護士は生まれつきの調停者（Schlichter）と説明しようとするのは，この職業の基礎を考えていない者である。

もし規約委員会が，第三部会の喧伝する新規律の目標は真摯なものだと受け止めていたとしたのであれば，規約委員会は，次のようにすべきである。すなわちそれは，

- 利益相反の特別のケースである可罰的な利益相反（罪）を不可罰とし，刑法の「職務上の犯罪」の章から，体系的に具体化して職業規則の中に落とし込むという政治的なイニシアチブを今やとること。
- その依頼者の利益のみの一方的な代理人という弁護士の役割から乖離している（いうまでもなく無効である）諸規定，まずは弁護士職業規則7条aおよび18条を廃止すること。そして，
- 不明確かつ余計な内容の，弁護士教育学的な解説のための規範を廃止すること，

である。

第三部会長は，弁護士職業規則3条に新たな文言を新たに加えたことを，この改正は，ここ数年来に規約委員会が行った決定の中で「なんといっても，もっとも重要かつ有意義な決議である」とたたえている[12]。だが，このような評価が正鵠をえているとする根拠は，一切ない。

---

10) 弁護士職業規則7条aについては，*Römermann*, in: *Römermann*, BeckOK BORA, § 7a Rn. 14 ff., そして同18条については，*Römermann/Günther*, in: *Römermann*, BeckOK BORA, § 18 Rn. 5 ff. 参照。

11) 詳細については，*Römermann/Praß*, AnwBl 2013, 499, および *Römermann/Praß*, AnwBl Karriere 2/2013, 78 参照。

12) *Schons*, BRAK-Mitt. 2014, 250, 252.

ドイツ弁護士法における利益相反

マティアス・キリアン

訳　春日川　路子

I　はじめに

　代弁人たる弁護士は，固有の人格のなかでの相反を避けるため，相反する利益を有する 2 人の依頼者のために働くことは許されない。これは当然のことであり，一般に受容されている。それゆえに立法者は，利益相反の発生をいわゆる活動規定により妨げようとし，その規定が無視された場合には法的助言者の誤った行動を，職業法そしてまたは刑事法において罰しようとした。これらの規定は，上位概念である背信的行為（Prävarikation）でくくられている。ラテン語の概念である *praevaricatio* とは，"ガニ股で歩く"とほぼ同じ意味であり，具体的にこの規定の存在理由を表している。この概念は，代弁人が自分の当事者の肩越しに，同時にその相手方にも助言をしていることから，股割きのせいで，左右に揺れながらぎくしゃく歩く代弁人を絵にとるように描写している[1]。ニュルンベルクの法律顧問であり弁護士（Advokat）ニコラウス・フォン・グュールヒェン（*Nikolaus von Gülchen*）が背信的行為を理由としてニュルンベルクの中央広場で公開のもと斬首されたの[2]は，確かに 400 年も前のことであるが，具体的事例と絶えることなく著作が望まれることによって，問題が現在的なものであると示される。刑事裁判所，民事裁判所ならびに職業裁判所は，弁護士を通じて相反利益代理の問題，および，当事者への背信の問題に繰り返し携わらざるをえない[3]。これと同時に背信的行為

---

1)　*Liermann,* Richter, Schreiber, Advokaten, 1957, S. 34.
2)　*Liermann,* a.a.O.
3)　職業法の観点からは，BGH NJW 2012, 3039；NJW-RR 2008, 795；NJW 2001, 1572；AnwGH Bayern NJW 2012, 2596；AnwGH Schleswig-Holstein BRAK-Mitt 2011, 200；AnwGH Nordrhein-Westfalen BRAK-Mitt. 2011, 250；AnwGH Baden-Württemberg, Beschl. vom 9. November 1999 – AGH 21/99（II）–（未公刊）；AnwG Freiburg NZM 2006, 447；AnwG Köln, AnwBl. 2000, 200. 民事法の観点からは，BGH NJW 2016, 2561；NJW 2013, 1247；NJW-RR 2010, 67；OLG München

は，ドイツの弁護士が犯す可能性のある，最も重大な職業上の過誤の一つである。このことは，立法者がドイツ刑法356条[4]において当事者への背信を犯罪の一つとして数え上げ，かつまた，ドイツ連邦弁護士法（以下BRAO）43条a4項[5]が，相反利益代理の回避を職業法上の基本的義務に挙げたことから明らかである。もっとも裁判所実務においては，この問題に関する職業裁判所での手続件数が明らかに少ないのにひきかえ，特に民事法上の争いに注目が集まる。報酬に関する争いにおいては，弁護士契約の無効を基礎づけ，かつ，弁護士が起した支払請求から逃れるために，弁護士に対する相反利益代理または当事者への背信の非難が非常に頻繁になされる。それに対して弁護士会には，予定された依頼を引き受けることに疑義があるか[6]という会員からの照会が非常に頻繁にみられ，また弁護士会はそれを報告してはいるが，裁判所まで持ち込まれる懲戒権に関する争いは明らかにわずかしかない。

　この点に関し，一般条項としてのBRAO 43条a4項は，これ以上はないというほど簡略に次のように規定している。

　"弁護士は，相反する利益を代理してはならない。"

　　BRAK-Mitt 2015, 140; OLG Frankfurt NJW 2016, 1599; OLG München BRAK-Mitt 2010, 277; OLG Bremen BRAK-Mitt 2008, 231; KG NJW 2008, 1458; OLG Hamburg NJW-RR 2002, 61（BRAO43条a4項への違反に基づく不作為請求），LAG Köln NZA-RR 2001, 253（BRAO43条a4項への違反に基づく弁護士契約の無効），OLG München, NJW 1997, 1313（BRAO43条a4項への違反に基づく報酬請求権の喪失），OLG Karlsruhe, NJW 2001, 3197（BRAO43条a4項への違反に基づく損害賠償請求）; LG Saarbrücken BRAK-Mitt 2015, 142; LG Köln AnwBl 2013, 552; LG München BRAK-Mitt 2010, 40. 手続法の観点からは，OLG Karlsruhe NJW 2015, 1698がある。

4）　StGB 356条については，*Geppert*, Der strafrechtliche Parteiverrat, 1961による。さらに*Dahs*, JR 1986, 349; *Gatzweiler*, NStZ 1986, 413; *Pfeiffer*, FS Koch（1989），127 ff.

5）　BRAO 43条a4項については，*Deckenbrock*, Strafrechtlicher Parteiverrat und berufsrechtliches Verbot der Vertretung widerstreitender Interessen, 2010; *Westerwelle*, Rechtsanwaltssozietäten und das Verbot widerstreitender Interessen, 1997; *Kütemann*, Interessenkollision des Anwalts, 2002による。

6）　デュッセルドルフ弁護士会への実務上の問い合わせにつき具体的に，かつての代表であるオファーマン－ブリュッハルトが複数の連載論文にて報告している：AnwBl. 2008, 446 ff., 2009, 729 ff.; 2012, 809 ff.（85の実務上の事例）。

弁護士の職業規則では，この禁止がいくらか詳細に繰り返されている。弁護士職業規則（以下 BORA とする）3条1項は以下のように定める。

"弁護士は以下の場合には，活動してはならない，すなわち，弁護士が他方の当事者を，同一の法律問題を相反する利益において，すでに助言し，または，代理した場合には……。"

ドイツ刑法（以下，StGB とする）356条は，いまだに依頼関係が終了していない場合に，弁護士が依頼者の相手方に対して法的資格に基づき補助することを処罰する。

（StGB 356条）"(1) 弁護士……が，その資格において自己に委託された案件（Angelegenheiten）について，同一の法的において助言又は相談を通じて，義務に反して双方当事者のために働いたときは，3月以上5年以下の自由刑に処する。"[7]

加えてドイツ刑事訴訟法（以下，StPO とする）は，1人の弁護士による，複数の被疑者の弁護を禁止する。

（StPO 146条）"弁護人は，同一犯罪についての数名の被告人を同時に弁護することはできない。また，1個の手続において，異なった犯罪についての数名の被告人を同時に弁護することもできない。"

さらに BRAO 45条2項は，弁護士がすでに弁護士として処理した法的事件と関連する限度で，特に第2の職業（副業）において行われる弁護士の活動の禁止を定める。BRAO 46条 c において定められている，シンディクス弁護士の代理の禁止および活動の禁止，ならびに，地方議員が所属する共同事務所の地方の代理の禁止もまた，根本となる問題の発現である[8]。

II 相反する利益の代理の禁止（BRAO 43条 a 4項）

1．はじめに

職業法の中心的な規定は，BRAO 43条 a 4項であり，それは弁護士に相反する利益

---

[7] StPO 146条につき網羅的に，*Krekeler,* AnwBl 1981, 5 ff.; *Kleine-Cosack,* AnwBl 2005, 338 ff., 条文の日本語訳は，宮澤浩一ら訳『ドイツ刑法典』（法曹会，2007年）211頁を参照した。

[8] このことについては，たとえば *Menger,* NJW 1980, 1827 ff.; *Stober,* BayVBl. 1981, 161 ff.; *Bauer,* NJW 1981, 2171 ff. を参照。

の代理を禁止する。奉仕者とは逆方向の利益をなす弁護士が，どのような職務においても独立した代弁人の地位をも失うという点では，この規定は弁護士が依頼者との間で信頼関係を維持し，独立性を確保する役に立つ。BRAO 43 条 a 4 項はまた，弁護士の職業実践が実直であること，つまりは一方の側にのみ奉仕することを指示する法的問題処理機構のかたちをとって，公共の利益にも同時に資する。しかし，BRAO 43 条 a 4 項が法的問題処理機構の利益，ならびに，誤解の余地がなく実直な法的問題の処理のために求めているのは，具体的に相反利益が存在する場合に，相反する利益の代理を回避するということのみである。義務に違反した行為がなされたとの単なる推測や外観は，基本法 12 条 1 項のかたちであらわれ，BRAO 43 条 a 4 項により影響を受けることになる憲法上の地位の制限を正当化するものではない。

2. 規定が適用される対象者

BRAO 43 条 a 4 項が適用される者は弁護士であり，その弁護士が活動している弁護士会や，あるいは職業実践共同体ではない。職業実践共同体が BRAO 43 条 a 4 項の対象となるのは，BRAO 59 条 c 以下により認可を受けた弁護士会社が（類推で）問題となる場合のみである。なぜなら，これは BRAO 59 条 m によりそれ自身が規範の意味での"弁護士"として取り扱われるからである。内容が拡張される明文の条項，すなわち，BRAO 43 条 a 4 項において定められている禁止が，弁護士とともに職業実践をするすべての者にも妥当するという条項は，BRAO 43 条 a 4 項にはない。確かにそのような共同事務所条項は，BRAO 45 条 3 項，46 条 3 項にあるが，それらの規定は特別な場合を定めているのであって，類推適用はできない[9]。共同事務所全体に禁止の効力を，民法上の考慮を用いて代理の要件事実を梃子として構成することもできない。というのも，依頼の担い手はどのような法的なフォームがとられていても社団それ自体であり，その社団の構成員としてそこで結びついている職業の担い手ではないからである[10]。単独の弁護士によるのではなく，職業実践共同体での相反する利益の代理の問題の取り扱いは，規約である BORA 3 条 2 項で規定する。この共同体全体への相反する利益の代理の禁止の効力の問題については，私の別の報告に譲る。

3. "同一の法的事件"

BRAO 43 条 a 4 項の適用範囲にはいまだ明らかにされていない部分があるが，最初にそれを限定するものの一つは，StGB 356 条に立ち返ることによってえられる。この

---

9) *Kilian,* WM 2000, 1366, 1368 m.w.N.
10) さらに（連邦通常裁判所の弁護士法院にて）BGH NJW 2001, 1572, 1573.

規定が含む構成要件の基準（メルクマール）である"同一の法的事件"から，部分的に同一の，2人の依頼者を結びつける争いの素材がなくてはならず，これがあってこそ，BRAO 43条a 4項の意味における利益の対立が考えられるということが前提となる。BRAO 43条a 4項に関しては，この制限は条文上"読み込まれて"おり，これを具体化する規約上の規範であるBORA 3条1項が，このことを明らかにしている。対応する構成要件の補足は，しばしば疑念がもたれるところ[11]ではあるが，やはり意味がある。つまり，BRAO 43条a 4項が与える保護と，（たんに）BRAO 43条a 2項によって弁護士の黙秘の義務に関して保障される保護との境界線を示している。同一の案件における活動に至らないものについては，BRAOの背信的行為の規定の適用可能性は問題にならない。このことから，弁護士は異なる案件においては原則として，依頼者の利益にも不利益にも活動できる[12]。もっとも，これによりもたらされた利益衝突が，たとえ職業法上は問題ないものであっても，民事法上意味を持つ可能性はある（以下「8．背信的行為には至らない利益の対立」を参照）。

　複数の関係人の間で少なくとも場合によっては対立する法的な利益をともない，法的な原則によって取り扱われるべき，かつ，処理されるべき[13]案件は，すべて"法的事件"となる可能性がある。法的事件が同一か否かにとって重要であるのは，委任された案件の事実上・法律上の内容であり[14]，たとえ同一の実体的利益が異なる請求または訴訟の対象となっていても変わらない[15]。1人の依頼者によって弁護士に提示され，それから生じる実体的な法律関係をともなう案件が，他のクライアントから当該弁護士にもたらされた事実関係と部分的に重なりあってさえすれば，弁護士はそこから生じる法的な利益を相反するかたちで擁護することは許されない。このことから，ほかの法的事件であれば，依頼に関係する相手方の代理が許されることが明らかになる。それゆえ（比較的）大規模な法律事務所にとっては，利益衝突の問題と密接に関係する，弁護士の黙秘の義務（BRAO 43条a 2項）が特別重要である。特別な意味を持つというのは，依頼が多数あるために，そのような事務所においては，たしかに通常は"同一の法的事件"という前提が欠けるのかもしれない。だが，依頼者に関しての経済的な性格を持った情報は，同一の業界のクライアントの依頼にとっては興味深いものである可能性がある。そうした微妙な情報を保有したからといって，弁護士が欠格に該当するわけではな

---

11)　*Westerwelle*, S. 85f.；*Schramm*, S. 94f.
12)　BGH NJW 1985, 41.
13)　BGH NJW 2008, 2723, 2724.
14)　BGH NJW-RR 2008, 795；NJW 1963, 668, 669；NJW 1954, 726；BayObLG NJW 1989, 2903.
15)　BGH NJW 197, 335, BayObLG NJW 1989, 2903.

い。弁護士はただ，ある依頼に基づくこのような情報を他の依頼に用いることが許されないだけである。

BRAO 43条 a 4項は，"同一の法的事件"の存在を前提としていることから，他の案件が，以前当該弁護士がすでにこの依頼者のために活動した案件とは別の案件であれば，職業法上弁護士が現在またはかつての依頼者を相手とすることを妨げるものではない。こうした状況下で弁護士の活動が禁じられる可能性があるのは，弁護士が依頼者の1人と，他の案件でこの依頼者を相手として依頼を受けない，ないしは，支援をしないという契約を結んだ場合である。

BRAO 43条 a 4項には，時間的な制約はない。よって，引き続きの相反する利益の代理もまた許容されない。したがって弁護士は，依頼を締結した後に同一の法的案件において，その法的案件では相反する法的利益を引き受けることになってしまう新たな依頼を引き受けることは許されない。当該利益の代理がすでに終了しているか否か，または，いまだ継続しているか否かとは関係なく，その代理を引き受けた利益に決して対抗してはならない。このように禁止につき時間的な限定がないことから，弁護士にその職業上の活動可能性において著しい制限を課さないようにしようとするなら，相反する利益とはなにかとの特定は，内容に関してもそしてまた基準時に関しても，重大な意味を持つ。正当にも，利益が逆方向を向いていることに関しては，各代理の時点において判断するのではなく，第2の当事者の代理が開始した時点において判断されている[16]。

4．利益の対立

BRAO 43条 a 4項は，活動の禁止が相反する利益を前提としていることで，さらに制限される。相反する利益とは，対立し矛盾した，両立しえない利益を指す[17]。相反する利益の定義は，StGB 356条における利益の対立（Interessengegensatz）の概念と同一である。それを実現させると直接他の利益の犠牲を生じるような諸利益を，相反するという[18]。典型的には，相反する利益の代理から生じる弁護士の利益衝突は，衝突している依頼における利益を両方の依頼者のために最適に代理できるように，弁護士は同一の歴史的な出来事（Vorgang）を，一度はある意味に評価し，そして次には他の依頼者の利益のために前とは矛盾する意味に評価しなければならないということを引き起こす。

利益の対立が存在するかは，個々の事案の具体的事情を考慮して判断される[19]。重要

---

16) *Schramm*, S. 93 ff.
17) *Schramm*, S. 88.
18) Henssler/Prütting-*Henssler*, § 43a Rdn. 171 ; *Kleine-Cosack*, § 43a Rdn. 92.

なのは，適用可能性のある条文の典型的な利益の衝突が，具体的事案において実際に発生しているかである[20]。単に可能性だけで実際には存在していない（潜在的な）利益の衝突まで引き合いに出すと，それは過剰な禁止に抵触する[21]。確かに依頼の引き受けを妨げるものではない潜在的な利益の衝突が，その後の依頼の進行において具体化し，それから両方の依頼者につき活動の禁止に行きつくというリスクは，常に存在する。この限りでは，弁護士は依頼の引き受けに際して，リスクのない（潜在的な複数の）依頼者のうちのただ１人のための活動をするのか，それとも，リスクをはらんだ両方の依頼者のための活動をするのかとの判断を強いられる。

　相反する利益と，競合する利益とは区別される。弁護士は原則として，同じ方向に向けられた同一の相手方に対する請求を貫徹する際に，複数の依頼者を代理することが許される。結びつけているのは相手方なので，問題の請求が実際に競合関係に陥っていない限りは（たとえば，破産手続または解雇無効訴訟が想定される），不可欠とされる生活事実関係の同一性はない。

　純粋に経済的な利益は，たとえ（その経済的）利益が同一の生活事実関係に関連していても，利益が相反する法的地位に現れていない限りは[22]禁止の対象とはならない。よって，一つの法律事務所が一つの入札において複数の依頼者を代理すること，また，たとえばある弁護士がメディエーターとして活動することは，許容される。そのような場合においては，たとえば入札競争における"目的物"の取得，または，メディエーションによる当事者の了解のもとでの和解による法的争いの解決といったように，活動の法的な側面は，相互にぴったりと重なってはいるが，競合しているのは経済的な利益のみである。それは，依頼を処理するにあたり可罰的な弁護士の"よじれた歩み"とはなりえない。弁護士が競合する依頼者たちの経済的な利益の情報なしに良い法律相談ができるかは，別の問題である。同じ方向に向けられた法的利益の代理の場合，ある種の問題は，もともと同じ方向に向けられた利益が依頼を処理する過程で相反する可能性がある[23]との事実から生じる。こうした理由から，（当初）同じ方向に向けられている利益

---

19) BGH NJW 2012, 3039, 3041.
20) BGH NJW 2012, 3039, 3041.
21) BGH NJW 2012, 3039, 3041；BAG NJW 2005, 921, 922；AGH Nordrhein-Westfalen, Beschl. v. 4.6.2010 – 2 AGH 32/09, BeckRS 2011, 25789.
22) *Kleine-Cosack,* § 43a Rdn. 105；*Henssler,* NJW 2001, 1521, 1523；*Steuber,* RIW 2002, 590, 594. 他の見解はHenssler/Prütting-Henssler, § 43a Rdn. 170. ただ一見して純然たる経済的な利益相反については，たとえばLG Potsdam Urt. v. 17.9.2015 – 51 O 38/15（未公刊）。
23) 具体例は，*Kilian,* Grundlagen, S.94による。複数の共同相続人を他の相続人に

の代理は慎重になされるべきであろう。

　BRAO 43条a4項には保護法益として異質なものが混在しており，加えて，それぞれが独特の視点から問題点にアクセスする刑事裁判所，民事裁判所ならびに職業裁判所の判例によってそれが作り上げられていることにより，適用される評価基準の確定は難しいものとなっている。弁護士職が清廉潔白であるという普遍性に対する信頼が保護されるべき場合には，客観的な利益の対立という判断基準は，事柄に即している[24]。職業法上の評価にとってもまた，弁護士が容易に運用できる態度の指針を提供できるので[25]，客観的な見方は他に比べて有意義に思われる。しかし，条文を正当にも依頼者の保護規範ととらえたときは，少なくとも争いの対象物が当事者によって任意に処分されうる[26]範囲においては，主観的な特定が親和的である。それゆえに主観的な理解は，すでに（関与している権利保護を求める市民の）"利益"という概念には，言葉の意味からしてそのような基準が暗に含まれているということからしても，親和的である。

5．構成要件に該当する行為

　構成要件に該当する行為は，相反する利益を代理することである。単に相反する利益が存在するだけでは不十分であり，むしろ弁護士は実際に法的に面倒をみて，相反する利益を弁護士として代理する必要がある。したがってまさに矛盾に目を向けつつ，当該両依頼者の代理人として，いずれにしても弁護士として活動していなくてはならない。立法者が選んだ，"代理"という概念は，あまりよい概念ではない。（StGB 356条は，"働く，奉仕する（dienen）"と，古めかしいが事に即して適切に表現している）。一方で，訴訟代理または裁判外の代理の意味での代理は，問題とされていない。他方で構成要件は，この概念の使用を容易に思い起こさせると思われる依頼者の代理ではなく，依頼者の利益の代理となっている。代理の概念は，非専門的により広い意味に理解され

　　　対して代理していたが，依頼の経過において共同相続人の1人が"前線"に変わった。

24）　Hartung-*Hartung,* §3 BORA Rdn. 29 ; *Feuerich/Weyland,* §43a BRAO Rdn. 64.
25）　客観的な見方については，たとえばBGH NJW 2012, 3039, 3040 ; NJW 1954, 482, 483 ; NJW 1954, 428 ; OLG Zweibrücken NStZ 1995, 35, 36 ; Hartung-*Hartung,* §3 BORA Rdn. 29.
26）　主観的な見方については，たとえばBGH NJW 1987, 335 ; NStZ 1982, 465, 466 ; NJW 1981, 1211, 1212 ; NJW 1963, 668, 670 ; KG NStZ 2006, 688 ; OLG Karlsruhe NJW 2002, 3561 ; Henssler/Prütting-*Henssler,* §43a Rdn. 172 ; Gaier/Wolf/Göcken-*Zuck,* §43a/§3 BORA Rdn. 6 ; Schönke/Schröder-*Cramer,* §356 StGB Rdn. 18 ; *Deckenbrock,* Rdn. 146 ff.

る。弁護士のすべての職業上の活動が把握されるので，たとえば単なる助言を与えることも含まれる。このことは，BORA 3 条 1 項 1 文が明らかにしている。弁護士が異なる依頼者のために，相反する利益のもとで活動することが要求される。ただ依頼者が，他の依頼の観点から相反する利益を追求することだけでは十分ではなく，むしろ弁護士が，依頼者のまさに相反する利益を追求することを任されたことが要件である。そのような活動は，必ずしもその人物がする必要はない。したがって，弁護士が依頼者の為に，勤務弁護士または修習生を使って活動した場合にも，こうした活動に該当するとされる。

同一の弁護士による相反利益の代理において，当該依頼者の同意は原則として問題とならない。BRAO 43 条 4 項の保護目的に照らすと，弁護士の活動にあたり，この規範は処分の対象とはならない[27]。若干異なるのは，――限定付きであるが――同一の共同事務所の異なる弁護士による，相反利益代理の場合だけである（これについては，ヘンスラー教授の講演で触れられる）。これはおおいに意味がある。原則として依頼者には，職業法上許されない利益の代理をこれによって実現させることが可能になる。つまり，依頼者は問題となっている利益は，もはや他の依頼者の利益と衝突しないとするのである。依頼者がこれをすることができる状況にないときは，自分の利益代理を当該弁護士にさせることに固執して，その弁護士が矛盾した行動に出ることになるだろう。

6．具体例の検討

BRAO 43 条 a 4 項の対象とされるケースを代表するのが，ある弁護士がある訴訟において，原告側代理人でもあり被告側代理人でもあるときだ――この場合には，その弁護士は絶えず立場を入れ替えることはできず，かつ，まず原告側にいるときには，たとえば売買代金請求の存在を論証することになり，同時に，次いで被告側にいるときには，当該売買代金請求の存在に反対する主張をして根拠を述べることになるのは明白である。相反する利益の代理があるとされるケースは，すべて教科書事例のように明白なものではなく，いつ要件が充足されたかという判断にも，いままでのところ不明確性がつきまとう。このことから，BRAO 43 条 a 4 項ならびに StGB 356 条についての価値ある具体例の検討が有益である。判例においては，とりわけ以下の状況において BRAO 43 条 a 4 項ならびに StGB 356 条への違反が肯定された。

- 二つの，配偶者によって行われた連続的な離婚手続において，一方の当事者に次いで他方の配偶者を代理すること[28]。

---

27) 他には *Grunewald,* ZEV 2006, 386, 387.
28) BGH NJW 1963, 668, 670 ; NJW 1962, 1831, 1832.

- 合意離婚において，両方の配偶者を代理すること。この事例類型は，激しく争われている[29]。はっきりさせるために指摘しておくべきは，同一の弁護士による配偶者双方の代理である。正当な見解によれば，合意離婚の場合においてもこうした代理は許されない。両方から相談を受けている場合には，弁護士は配偶者のうちの一方のみの代理が許され，かつ，そのことをすぐに明らかにしなければならない。配偶者の一方が弁護士によって代理され，配偶者双方が離婚とその効果につき同意を与えた場合には，配偶者の他の一方は，家庭裁判所において弁護士によって代理される必要はない。この双方の視点は，厳格にお互いに分離される。弁護士が夫婦の両方を代理することが許されるという，反対の見解に従う場合には，弁護士はすべてのケースで，依頼の開始時にリスクについて注意を喚起しなければならない。すなわち，依頼の進行中利益の相反が生じる可能性のあること，かつ，よって弁護士はBORA 3条4項によって両方の依頼をやめることを強いられるとのリスクについてである。この注意喚起をしなかった場合には，新たな弁護士へ依頼する必要性や追加的に生じる弁護士費用という点から，弁護士はBGB280条1項や311条2項[A]により損害を賠償する義務を負う[30]。夫婦双方への助言が目的とされた離婚に付随する諸問題に関する合意（Scheidungsfolgenvereinbarung）につながらず，加えて，当初の意見の一致にもかかわらず，弁護士による助言の間に利益の相反が生じた場合には，弁護士は夫婦どちらのためにもいまとなってはもはや活動が許されないということ[31]については，少なくとも見解は一致している。

- 破産管財人および破産債権者のために，同時に活動すること[32]。
- 被告を弁護し，その後の解雇訴訟においてその使用者を代理すること[33]。
- 捜査手続において事故の加害者を弁護し，かつ，公判手続において事故の被害者を代理すること[34]。

---

29) 連邦最高裁判所は，この問題にこれまでBRAO 43条a 4項を適用してこなかった，BGH 2013, 3725, 3726参照。下級審においては，OLG Frankfurt FamRZ 2010, 1687；OLG Karlsruhe NJW 2001, 3197, 3198f.；KG NJW 2008, 1458, 1459；LG Köln AnwBl 2013, 552；LG Hildesheim AGS 2005, 143, 144；AG Neunkirchen FamRZ 1996, 298, 299；他の見解は，AG Gifhorn FPR 2004, 161. StGB 356条については，BGH NStZ 1982, 331；NStZ 1985, 74参照。
30) BGH NJW 2013, 3725, 3726 f.
31) BGH 2013, 3725, 3726参照。
32) EGH Celle BRAK-Mitt 1981, 44.
33) EGH München EGE XIV, 244.

ドイツ弁護士法における利益相反　401

- 捜査手続において，2人の被疑者のために活動すること[35]。
- 回復手続の後の売却利益の支払いを求める旧所有者の相続人と，新所有者のために前後して活動すること[36]。
- ある人間を告訴し，かつ，その者をそれに引き続いて弁護すること[37]。
- 刑事手続においてある人間を弁護し，かつ，これを根拠とする離婚手続においてその配偶者を代理すること[38]。
- 弁護士が以前に2人の共同相続人を第三者との関係で代理していた場合において，一方の共同相続人を他の共同相続人との関係において代理すること[39]。
- 遺留分請求を主張する際に遺留分権者を代理し，かつ，相続財産債権に対し防御する際に親の側を代理すること[40]。
- 扶養を求める権利を有する子どもを代理し，かつ，扶養事件において現物給付による扶養（Naturalunterhalt）を行っている親を，他の親との関係において代理すること[41]。
- 債務者に対する訴訟において第三債務者を代理し，かつ，その後に第三債務者に対して，担保権者のために活動すること[42]。
- 債権者のために差押決定および添付命令を取得し，その後引き続いて第三債務者を債権者に対して代理すること[43]。
- 一つの刑事手続において，弁護人として活動し，かつ，証人の補助人（Zeugenbeistand）として活動すること[44]。
- 仮成年後見人と，被後見者を代理すること[45]。

以下の事案では，判例ないしは学説において違反がないとされている。

---

34) BayObLG NJW 1995, 606, 607（StGB356条について）.
35) OLG Stuttgart OLGSt StPO § 142 Nr 5.
36) OLG Brandenburg MDR 2003, 1024.
37) BGH NJW 1963, 668, 670 ; NJW 1962, 1831, 1832 ; NJW 1956, 1687, 1688.
38) BGH AnwBl 1954, 199.
39) BayObLG NJW 1989, 2903（StGB356条について）.
40) BGH NJW 2012, 3039, 3040.
41) Henssler/Prütting-*Henssler,* § 43a Rdn. 180b ; *Hartung*, AnwBl 2011, 679.
42) BayOLG NJW 1959, 2223, 2224（StGB356条について）.
43) BGH AnwBl 1966, 397.
44) RAK Köln vom 13.3. 2001, III Abt. 787/00.
45) OLG München NJW-RR 2010, 131, 132.

- 従業員代表委員会を代理し，かつ，解雇された従業員代表委員会の構成員を代理すること[46]。
- そのうちの一つの企業はプロジェクトを設定し，他の企業はその販売を行うという関係にある[47]複数のコンツェルン企業を代理すること。
- 一つの競売手続において，複数の入札者を代理すること[48]。
- 弁護士のメディエーターとして活動すること[49]。
- 扶養事件において，夫婦の一方を代理し，かつ，その子どもも代理すること。
- 離婚に伴う財産分割手続において夫婦の一方を代理し，かつ，扶養手続において夫婦のもう一方に対して子どもを代理すること[50]。
- 連帯債務者として複数のものに対して主張されている請求に対抗するため，この複数の被告を代理すること[51]。
- 強制執行事件において，複数の債務者を代理すること。
- 企業買収において，異なる買収希望者を代理すること。
- 他の1人の共同相続人に対して引渡を請求している，複数の相続人を代理すること。
- 共同相続人と，同時に遺留分権者でもある1人の共同相続人を代理すること[52]。
- 投資に関係して，複数の被害者を代理すること。
- 以前同様に，他の企画において代理した芸術家に対して，音楽プロデューサーのために活動すること[53]。
- ひき逃げの嫌疑のある依頼者を弁護し，かつ，証人として尋問されることを防ぐ目的である被害者を代理すること[54]。
- 刑法上の捜査手続において市長を代理し，かつ，地方自治体の議会の構成員に対する行政事件手続においてその地方自治体を代理すること[55]。

---

46) BAG NJW 2005, 921, 922；これについては *Kilian,* RdA 2006, 120 ff. 異なる見解をとるものとしては，LAG Hamm NZA-RR 2004, 262, 263f.
47) OLG Koblenz NJW-RR 2007, 1003f.
48) *Henssler,* NJW 2001, 1521, 1529.
49) OLG Karlsruhe, NJW 2001, 3197, 3198.
50) AGH Nordrhein-Westfalen BRAK-Mitt 2011, 250.
51) OLG München BRAK-Mitt 2010, 277.
52) AGH Schleswig-Holstein BRAK-Mitt 2011, 200, 201.
53) OLG Hamburg NJW-RR 2002, 61, 63f.
54) OLG Düsseldorf NZV 2003, 297, 298（StGB356条について）。
55) OLG Düsseldorf NZV 2003, 297, 298（StGB356条について）。

なお，依頼者との契約上の合意により生じた弁護士事務所の欠格は，BRAO 43条a 4項が適用される事案ではない。ときおり弁護士事務所は，特別に重要な依頼者と，その競合相手の依頼を引き受けない，ないしは，担当しないということを合意する（"独占合意"）。そのような合意は，弁護士事務所がその依頼者に関して取得した，非常に繊細な情報の保護のためである。そのような合意に違反しても，自動的に職業法上の相反する利益の禁止への違反となるわけではない。むしろその違反となるかは，ケースバイケースで BRAO 43条 a 4項の基準を手掛かりに判断されなくてはならない。

7．法律上の効果

BRAO 43条 a 4項に違反すると，ただ監督権に基づく職業法に反する行為となるだけでなく，そこに定められている要件のもとで，StGB 356条の刑罰規定違反ともなる。民事法の観点からからみると，依頼者との間で締結された事務処理契約は，BGB 134条^{B}により通常無効とされる[56]が，この場合 BRAO 43条 a 4項への抵触が故意によって生じたのか，それとも，過失によって生じたのか[57]は重要ではない。それに対して，すでに与えられた訴訟委任や，それまでになされた訴訟行為は有効である[58]。

相反する利益の代理が発覚した後は，弁護士は両方の依頼を辞任しなければならない，換言すれば，弁護士はどちらか一つの（依頼の）継続，たとえば利益の多い依頼の継続を選択することはできない[59]。BORA 3条4項はこのことを明文で明らかにしているが，法律効果の発生は，活動の禁止を含んでいる BRAO 43条 a 4項に基づくものである。

---

56) BGH NJW 2016, 2561, 2562 ; OLG Köln BRAK-Mitt 2015, 140 ; LAG Köln, NZA-RR 2001, 253, 254 など参照。BRAO 43条 a 4項は任意規定ではないという連邦通常裁判所の理由づけは，両当事者は BORA 3条2項によりそもそも背信的行為に同意できることからすると，いうまでもなく矛盾している。この裁判は全体としては，職業法上の条文の取り扱いには一定程度の不確実性があることを示している。

57) KG NJW 2008, 1458, 1459.

58) BGH NJW-RR 2010, 67f. ; OLG Brandenburg EWeRK 2016, 325, 331 ; OLG München NJW-RR 2010, 131, 132 ; OLG Rostock AnwBl 2008, 633 ; OVG Sachsen-Anhalt IÖD 2006, 51, 52 ; OLG Oldenburg ZMR 2005, 651, 652 ; OLG Brandenburg, MDR 2003, 1024 ; LG München I BRAK-Mitt 2010, 40.

59) 共同事務所が交代した場合の法律上の効果につき，*Saenger/Riße,* MDR 2006, 1385, 1389.

8. 背信的行為には至らない利益の対立

BRAO 43条 a 4項の要件に該当しない場合には，職業上の義務に違反する背信的行為には至らないが，そのような利益の対立が，何の効果も生じないということにはならない。確かに弁護士は，異なる案件において同時に依頼者の利益にも，不利益にも活動することができる[60]。だが実際に平行してなされる活動または潜在的に平行してなされる活動は，民事法に基づいて損害賠償請求権（BGB 311条2項，280条1項），または，報酬請求権を失うこと（BGB 628条1項2文）というかたちで，不利益な結果をもたらす可能性がある。判例は，確かに同一の案件において相手方の利益に活動したわけではないが，"顧問弁護士"として相手方からしばしば相談を受けていた弁護士は，このような状況を（依頼者に対して）示すべきだと認めた[61]。これに相応する開示義務は，弁護士事務所が依頼者を相手とした他の案件であり，したがってBRAO 43条a 4項によっては捕捉されない案件の依頼を受ける場合にも存在する[62]。弁護士が，存在する第三者との依頼の関係を考慮して，純粋に内部的な代理を超えて，裁判外または裁判上でその依頼者のために活動する用意がない場合[63]にも，同じことが妥当する。

契約する以前の時点で，換言すれば，依頼を受任する前に注意喚起義務の違反が認められる場合には，判例はBGB 311条2項や280条1項に基づいて損害賠償請求権を認めている。依頼処理の過程で開示義務を怠ったことを理由に，依頼者が依頼の解除をすると決めたことから生じた損害は，弁護士が賠償する。これは典型的には，新たな弁護士に委任する必要から生じる追加の弁護士費用である。（たとえば，依頼者に対する依頼の受任により）義務違反が依頼の受任後に生じた場合には，損賠賠償の権利を使って迂回する必要はない。この場合には，BGB 628条1項2文の利益の喪失に基づく報酬請求権の消滅が問題となりえ[64]，本来失われるはずの報酬支払いがすでになされた場合には，BGB 812条1項1文^{C}の給付したものの不当利得返還が問題となりうる。

---

60) BGH NJW 1985, 41.
61) BGH NJW 2008, 1307, 1308.
62) OLG Frankfurt NJW 2016, 1599.
63) BGH NJW 2008, 1307, 1308.
64) BGH NJW 1985, 41 ; OLG Frankfurt NJW 2016, 1599.

III　弁護士としてではない事前または事後の関与（BRAO 45 条）

1．概　　　要

　BRAO 45 条 1 項 1 号から 4 号は，弁護士が以前に同一の案件において，たとえば，裁判官や公務員，公証人，破産管財人，または，その他弁護士としての活動外において活動していた場合には，その弁護士に弁護士として活動することを禁止する。BRAO 45 条 2 項は，反対の状況を規定し，そして，弁護士が同一の案件においてすでに弁護士として事前に関与していた場合には，弁護士としてではない役割において活動することの禁止も定めている。BRAO 45 条 3 項は，その弁護士とともに共同事務所を営み，または，その他のかたちで合同してその業務を行っていた弁護士にも，この活動の禁止を拡張する。BRAO 43 条 a 4 項の場合とは異なり，この場合には双方とも弁護士としてする活動の衝突ではなく，同一の法的な案件における弁護士としての関与と，弁護士としてではない関与とのかち合いが問題となる。

　BRAO 43 条 a 4 項の場合のように，この欠格は，同一の法的案件において二つの活動がなされる場合のみに作用する。BRAO 45 条が"法的事件"または"案件"を問題としている限り，BRAO 43 条 a 4 項の場合と同一の要請が当てはまる。それに対してBRAO 45 条は，相反する利益の存在という要件を取り入れていない点で，BRAO 43 条 a 4 項とは異なる。一つの案件に弁護士としてではなく事前または事後に関与すると，欠格の効果を生じる。これによりこの規定の適用範囲は，可能性という点では明らかにより広いものである。

2．弁護士としてではない事前の関与（BRAO 45 条 1 項）

〔1〕　対象となる活動

　BRAO 45 条 1 項は，同一の案件ないしは法的事件において，弁護士としてではない事前の関与があった場合に，弁護士としての活動を禁止する。もっとも活動の禁止は，いかなる関与でもよいのではなく，特定の弁護士としてのものではない活動の場合にのみ認められる。いうまでもなく，欠格となる活動の一覧は非常に広く想定されており，事実上弁護士職と同時に営まれうるほぼすべての活動が，捕捉されるとしてよいように思われる。というのは，BRAO 43 条 a 4 項とは異なり，BRAO 45 条は相反する利益に照準を合わせておらず，その結果コンセプトからしてより迅速に欠格の効果が生じるため，特に以下のことに注意しなくてはならない。すなわち，活動が実際に第 2 の職業（副業）の性質であり，BRAO 45 条に該当するのか，それとも，弁護士の活動領域とはみることができず，その結果 BRAO 43 条 a 4 項により判断がなされなければならない，

ないしは，することができるのかということである[65]。

BRAO 45条1項1号によって，裁判官，仲裁人，検察官，公務員，公証人，公証人職務代行，または，公証人の代理人または管理人としての公的な役割における事前の関与は，欠格となる[66]。非上級公務員や任期付き公務員または名誉職に就いているものも対象者である[67]。ある人が公務に属するかについて重要なのは，公法人による雇用，公法上の上級官庁の組織への配属のみだというわけではない。弁護士がBRAO 45条1項1号の定める役割を果たしていた場合には，その弁護士は同一の法的事件においては，もはや弁護士として活動することは許されず，その際利益の相反が存在するか否か[68]は問題とならない。確かに個々の依頼を越える包括的な活動の禁止は，たとえば上級公務員または裁判官に関してみると，公務員分限法（BeamtStG）[69]のようなそれまでの活動を規律する公法上の規定に由来する可能性がある。だが公務から退いた後に，一定期間具体的な個別事案において職務上の利益に配慮を迫る具体的な事情がないのに，弁護士になることを全般的に禁止するのはゆるされない[70]。

BRAO 45条1項3号により，同様に倒産管財人[71]，相続財産管理人，遺言執行者，監護人としての（公職に類似した）活動，または，"同種の役割"を担う活動による同一の案件への関与は，活動禁止をもたらす可能性がある。ただし活動の禁止は，常にというわけではなく，公務に類似した役割における関与と関連して，弁護士が，弁護士によって管理される財産の担い手に対して弁護士としてふるまうべき場合にのみはたらく。弁護士があらかじめ活動しなければならなかった役割が，すべて列挙されているわけで

65) AnwG Freiburg NZM 2005, 447, 448 参照（住居管理の場合に否定）。
66) BRAO 45条1項2号は特別法として，法的地位または文書の解釈が争われている限り，または，それに基づく強制執行が行われる限りにおいて，公証人，公証代理人または公証管理人としての公証的な活動に言及する。2号の規定は不必要なものであり，かつ，廃止されるべきとされる。というのも，そこで挙げられている活動は，1号の公証人の事前の関与の場合に，すでに活動禁止の包括的な命令に含まれるからである。
67) BGH NJW 2015, 567, 568；他にはさらに，AnwG Düsseldorf Urt. v. 13.12.2012 – 3 EV 259/10, BeckRS 2014, 23742.
68) Hartung/*Hartung*, Rdn. 23 zu § 45 BRAO.
69) VG Hannover BRAK-Mitt 2016, 301, 303f.；VG Münster BRAK-Mitt 2016, 96；VG Saarlouis BRAK-Mitt 2012, 232（労働裁判所の長としての活動）。
70) VG Münster BRAK Mitt 2016, 96；他の見解は，VG Hannover BRAK-Mitt 2016, 301, 303f.
71) たとえば，AG Hamburg ZinsO 2004, 1324, 1325 参照。

はない（"……または，同種の役割において"）。明示されている役割，たとえば，さらに後見人，看護人，相続財産清算人[72]，ならびに，物件保管人（Sequester）が問題となる。また活動の禁止は，強制管理人[73]として事前に関与した場合にも検討の対象とされた。弁護士が他の役割において，当事者の利益の独立の代弁人としては活動しなかったということではなく，弁護士が自身にゆだねられた職務を裁判所または官署のコントロールのもとで行ったことが重要である。

BRAO 45条1項4号により，第2の職業（副業）の範囲内での事前の関与は，この第2の職業（副業）の活動がいまだ終了していない限り，欠格につながる。したがって，すべての業務上または職業上の事前の関与が有害なのではなく，ただ現在の，つまりはいまだ終了していない職業上の事前の関与が有害である。事前の関与は，職業上のものである必要がある。活動が独立してなされたか否か，活動が一端において弁護士の依頼の対象でありえたのか否かと同様に，活動のやり方は重要ではない。また弁護士が第2の職業（副業）の枠内で，法的も事実上も指揮権に基づく影響下にあったかもまた重要ではない[74]。実際の活動期間も関係がない。その活動が継続を意図してなされ，かつ，この意図をもって営まれたということ[75]で十分である。活動の禁止は，第2の職業（副業）の終結とともに終了する。問題とされているのは，かかる第2の職業（副業）としての活動であり，その活動の枠内における法的案件への従事の終結ではない。

(2) 構成要件に該当する行為

構成要件に該当する行為は，事前の"活動"ないし"関与"である。その限りでは，判断[76]や文書化・登録だけでなく，すべての活動がこれにあたる。同一の生活事実関係に関連するどのような行為も，その後の弁護士としての活動を排除する。

3．弁護士ではない事後の関与（BRAO 45条2項）

BRAO 45条2項は，弁護士が先行する法的案件に弁護士として関与した後に，同一

---

72) AGH Mecklenburg-Vorpommern BRAK-Mitt 2009, 242；AnwG Mecklenburg-Vorpommern BRAK-Mitt 2008, 33, 34f.

73) OLG Oldenburg ZMR 2005, 651, 652.

74) Henssler/Prütting-*Kilian*, § 45 Rn. 45；Feuerich/Weyland-*Träger*, § 45 Rn. 28. 他の見解は，OLG Koblenz NJW-RR 2007, 1003；Gaier/Wolf/Göcken-*Bormann*, § 45 Rn. 38；個別の事案に焦点を合わせるものとして，AnwG Köln BRAK-Mitt 2012, 85, 86.

75) BVerfG NJW 1962, 579；NJW 1963, 1243.

76) BGH NJW 1968, 840.

の法的案件に弁護士ではない役割をもって関与する場合につき，BRAO 45 条 1 項 3 号，4 号の活動の禁止を裏返したものである。(弁護士ではない事後の関与)。弁護士は，弁護士としての活動の終結後に，同一の法的案件において，公務としても (BRAO 45 条 2 項 1 号)[77]，またほかの職業上も (BRAO 45 条 2 項 2 号)，活動することは許されない。実務上頻繁に生じる，弁護士ではない事後の関与の適用事例は，たとえば事前に (またはいまだ) 手続受任者として活動している弁護士が，BGB 1896 条の成年後見人の職務を引き受ける場合である。このような活動は，被後見人の同意ないしは要望があっても，不可能である[78]。弁護士公証人は，BRAO 45 条とあわせ，公正証書作成法 (BeurkG) 3 条 1 項 1 文 7 号にも注意を払わねばならない。この条文は，弁護士公証人がすでに同一の案件につき，弁護士として活動していた場合には活動禁止を定めている。この禁止は，ある配偶者のため離婚事件において弁護士が活動する場合や，少なくとも離婚の効果をも定めている[79]法律行為の証書を作成する場合に，実際のところしばしば問題となっている。

BRAO 45 条 1 項 3 号ないし 4 号についての解説は，その趣旨からみてここでも妥当する。第 2 の職業 (副業) の活動に関しては，BRAO 45 条 1 項 4 号とは異なり，BRAO 45 条 2 項 2 号には確かに何ら時間的な制限が存在していない，換言すると活動の禁止は，弁護士に認可がある限り，かつ，それゆえに職業法上の主体である限り妥当する。弁護士が弁護士職を退いた場合には，弁護士としての事前の関与は，せいぜい他の職業活動に関する規定 (たとえば，裁判官については偏頗に関する規定[80]) の対象となりうるだけである。

問題の法的案件における活動が，第三者のためになされたのか，それとも，かつての依頼者のためになされたのかとは関係なく，活動は即座に禁止される。また，弁護士がかつての依頼者のために弁護士ではない活動をしようとする場合，後の活動が依頼者の利益になるのか，それともならないのかはどうでもよい。いずれにせよ，後の活動がか

---

77) BGH NJW 2014, 935, 936. 確かに，BRAO 45 条 2 項 1 号の意味における職務の役割を委ねることは，職務を委ねざるを得ない裁判所にとって先行する弁護士の活動が明白ではなく，同時に，弁護士もまたそれを隠している場合にのみ実際的だろう，LG Kleve, NJW-RR 2015, 967 f. など参照。

78) BGH NJW 2016, 1235, 1236；LG Kleve NJW-RR 2015, 967 f.

79) BGH DNotZ 2013, 310, 312 f. その他の典型的な事例：遺言による処分を文書化・登録すること，および，相続人のためのその後の活動，AnwG Frankfurt BRAK-Mitt 2010 223.

80) OLG München NJW 2014, 3042, 3043f.；LG Freiburg NJOZ 2016, 1148, 1149 参照。

つての依頼者の利益になる場合には，いかなる憲法上の観点をもってこれに対抗できるのかは，実に分明ならざるところがある[81]。かつての依頼者は，かつての弁護士に，何の問題もなく新たな依頼をできるし，弁護士はこれを受けてよかろう。まさにそのような依頼が BRAO 45条2項2号によって強制されることになるのであり，したがって，弁護士は職業法上の拘束を受けることなく，第2の職業上法的ケアを提供できないという考えは，連邦憲法裁判所が常に強調する，職業義務の遵守に際しての弁護士の自己責任という背景に照らしてみると，まさにこじつけである。

4．法的効果

BRAO 45条の活動禁止に違反した場合には，BGB 134条[82]により，弁護士契約の無効という法的効果が生じる。BRAO 45条の活動禁止がただ弁護士のみに向けられているということと，無効という法的効果とは矛盾しない。重要なのは，禁止の保護目的であり，それは法的問題処理機構を信頼した者の保護，および，利益衝突の阻止である[83]。弁護士が禁止に違反する活動に基づいて報酬を請求できるとすると，この禁止はかなり空文化するといわれる。

弁護士契約が無効であるとして，何ら契約上の報酬請求権が存在しない限り，弁護士は事務管理に基づいて報酬をえることもできない[84]。この場合提供された役務は，BRAO 45条のもと違法な活動であり，諸事情に照らして，弁護士は必要なものだったとすることが許されない[85]。不当利得法上の BGB 812条1項，818条2項の価値補償を求める請求権の存否は，弁護士が故意に禁止に反して行動したのか，それとも，弁護士は自分の行為が禁止に違反するとの弁識に軽率にも目をつぶったのか[86]に左右される。BGB 817条2文は，これらの場合には不当利得請求をゆるさない。

IV　刑事事件における重複代理の禁止（StPO 146条）

StPO 146条は，弁護人が同一犯罪において数名の被告人を同時に弁護すること（犯

---

81)　よってまた，OLG Karlsruhe NZA-RR 2016, 601, 604 ; *Kleine-Cosack,* § 45 BRAO Rdn. 35 ; Hartung-*Hartung,* § 45 BRAO Rdn. 46.
82)　BGH NJW 2011, 373, 374 ; OLG Hamm, NJW 1992, 1174, 1175 ; OLG Stuttgart, MDR 1999 1530.
83)　BT-Drucks. 12/4993, S. 29.
84)　BGH NJW 2011, 373, 374.
85)　BGH NJW 2011, 373, 374.
86)　BGH NJW 2011, 373, 374.

罪の同一性)，ないしは，同一の手続で数名の被告人を同時に弁護すること（手続の同一性）を禁止する。この規定の意味における弁護人には，私選弁護人と国選弁護人，そしてまた，復代理の弁護士や，BRAO 53条の一般的な代理人も含まれる。StPO 146条に関しては，実際に利益の相反が存在することは問題とはならない。むしろそもそものところが，立法者の視点からみると数名の同一犯罪の被告人を同時に弁護する場合，ないしは，同一の手続で数名の被告人を同時に弁護する場合に原則として生じることとなる，利益衝突の抽象的な危険に切り結ばれている。客観的な対立状態が存在していないにもかかわらず（代理が）禁止されることから，規定の合憲性につき疑問が示された。だが連邦憲法裁判所は，こうした見解に与しないことを繰り返し示してきた[87]。

StPO 146条に基づき許されないのは，数名の被告人を同時に弁護することだけである。それに対して，連続する幾重にも重なった（複数の）弁護は許容される。よって，1人の弁護人が，一番初めの依頼が完了したのちに，他の同一犯罪の被告人を弁護することは可能である。とはいっても，このような場合には，職業法上の相反利益代理の禁止への違反が生じる可能性がある。この点，訴訟上の規定であるStPO 146条は，別個独立の職業法上の評価を排除するものではない。

StPO 146条は，同一の職業実践共同体所属の複数の弁護士が，それぞれ共同被告人を代理する場合には適用されない。手続法においては，禁止規定は共同事務所全体に拡張されない。このことから，StPO 146条は共同事務所の弁護士たちを，実質的にみて単独弁護人と扱っている。この場合において，当該依頼者のうちの誰が共同事務所のどの弁護士に依頼したか，つまり，共同事務所のどの構成員が弁護人として選任されたかという判断は，特別な意味を持つ。

StPO 146条へ違反した場合には，裁判所は弁護人をStPO 146条aに従い拒否しなければならない。だが弁護人が拒否される以前に行った行為は，StPO 146条a2項により有効である。StPO 146条へ違反した場合には，民事法上依頼契約は無効であり，弁護報酬を求める請求権は生じない[88]。

V　事例とその具体的説明

事例1：大学生Sは，彼女のFとともに，Zとの交通事故に巻き込まれた。Sが自動車を運転しそれにFが同乗していたとき，Zが誤ってSの車両に衝突した。Zは協力的な態度をとったものの，SとFは軽いけがを負い，弁護士Dに相談した。

---

87) BVerfG NJW 1975, 1013, 1014 ; NJW 1977, 1629, 1630.
88) LG Freiburg, NJW 1985, 1912 ; LG Koblenz NStZ-RR 1998, 96.

Dは，Zに対して，SもFも代理する用意があると伝えた。Dの共同経営者であるEがこれを聞いて，Dは2人の被害者のうち一方しか代理できないだろう，と懸念を示した。Dは，責任の状況は完全に明らかであり，すべてを"いっぺんに片付けて"ケリをつけるのが多分に経済的であると思った。また，実際に扱いにくいものであったとしても，Dは共同経営者にFの依頼の処理を任せることができ，かつ，彼はSを担当すると考えた。Dの法的な解釈は適切か？

ここでは，弁護士による二面の活動が問題とされており，その結果，BRAO 43条a 4項に触れることになる。問題は，活動が同一の法的案件における相反利益の代理となるかである。

自動車に乗っていた者は2人とも，交通事故に基づいて請求を導き出そうとしているが，この交通事故は，法律上の意味において"同一の法的事件"である。自然人であれ法人であれ，少なくとも潜在的に矛盾する法的な利益を持った複数の関係人の間で，法的原則によって取り扱われ，そして処理されることになる法的案件は，このような同一の法的事件にあたることがある（この際，事実関係の部分的な同一性で足りる）。この要件は，一つかつ同一の交通事故に基づく損害賠償の請求の場合には，満たされている。

また，運転手の過失共同は否定できないので，利益も対立している。このことから，同乗者Fの請求は事故の相手方に対してだけでなく，乗っていた車の運転手に対しても向けられる可能性がある。それゆえ弁護士は，場合によっては同乗者Fに，追加的に運転手に対して請求を立てることも指摘しなければならない。ちなみにこの請求は，状況次第では共通の債務者に対するものよりも，容易に貫徹できる可能性がある。そもそも同乗者Fが，運転者に対して向かっていく考えがあるか，ないしはそれを望むか否かは意味を持たない。というのも，弁護士が代理しなければならない利益は，通説によれば客観的に確定されなくてはならないからである。たとえ事故の被害者Fが，ほかの加害者から成功裏に損害賠償を手に入れても，それでもなお利益の対立は存在する。なぜなら共同責任を負う被害者Sは，請求を受けたZから求償請求を受ける可能性があることから（BGB 426条，840条），Sは外との関係でも，責任範囲をできる限り少なくすることに利害を有しているはずだからである。

"代理"の概念には，すべての弁護士による活動が含まれる。

したがって，DがFを代理した場合には，43条a 4項による活動禁止がはたらいてくる。BORA 3条2項1文は，個別の弁護士にとってのみ妥当するBRAO 43条a 4項の禁止を，一つの職業実践共同体のすべての構成員に拡張する（もっとも，共同事務所の弁護士がそのつど個人の弁護士として受任する可能性，それに加えて対立する依頼を共同事務所の外で担当する可能性がないわけではない）。ただしBORA 3条2項1文に

おいて，当該依頼者が包括的な情報をえたうえで相反利益の代理を承諾しており，かつ，法的問題処理機構の利益と矛盾しない場合には，この共同事務所全体への禁止は適用にならない。この要請が満たされる場合には，共同事務所はSとFを代理することができ，DとEがそれぞれ2人のうちの1人を代理する。

　　　事例2：Zは共同事務所Sに，ある銀行に対する自分の利益の保護を依頼した。Zが裁判外での助言のために2万2千ユーロを超える報酬を支払った後になって，銀行に対し仮処分をえることが考えられた。Sは，確かに申立書のドラフトまでは終わらせたが，裁判所でZのために活動できないと説明した。共同事務所のメンバーが他の案件でその銀行を代理しており，そのメンバーは"最大手の顧客"を"かき乱す"ことは望んでいないと，このような対応をした理由を述べた。Sは法に違反した行動をとったといえるか？

　これは，BRAO 43条a 4項に該当するケースではない。同一の法的案件での相反する法的な利益の代理はない。Zの法的案件において，Sはそれまで継続的な依頼者のために活動はしていなかった。Sが相手方を数多くの法的案件において継続的に代理しているということは，何ら違反の理由とはならない。ドイツの職業法においては，そのような状況から単に事実上いつでも生じる可能性のある，同一の案件における相反する利益の代理に至らない"一般的な利益の衝突"は，対象外である。

　もっとも連邦最高裁判所は，弁護士が新たな依頼を受任した当事者の相手方からしばしば依頼を受けていた場合には，相手方からのこれらの依頼と事実上あるいは法律上関連がないとしても，その弁護士はこうした状況について説明しなくてはならないという民事法上の義務を認めている。したがって，当初からその弁護士が，相手方に対して依頼者を裁判上代理する用意がない場合には，弁護士は聞かれずともこれを明らかにする必要がある。弁護士がこれを怠った場合には，契約上の義務に違反し，したがって，損害賠償義務が生じる。この損害は，無駄に費やされた弁護士報酬である。

　　　事例3：弁護士Rは，会社法上，独占禁止法（競業法）上，売買法上の問題において，X会社のために顧問として活動していた。X会社との全般的な協力は，非常に友好的な雰囲気のなかで業務執行者のGを介してなされた。よろしきをえた協力のもと，GとRは互いによく理解しあっていた。ある日，X会社の複数の社員がRのもとにやってきて，事務所としての業務執行者Gの排除，つまり，その解雇またはX会社との労働契約の終了について相談した。弁護士Rは，期待されているようなかたちでX会社のために活動することが許されるのか，と疑問に思った。

　BRAO 43条a 4項の違反は，問題とならない。Rは，同一の法的案件において活動しているとはいえないだろう。このことは，RがGのためにその労働契約上の事項に

ついて，すでに弁護士としてX会社を相手として活動していた場合に限り，認められるだろう。この点については，上記事実関係はなんらのよりどころを示していない。Rは，明らかに弁護士としてGのためには活動しておらず，友好的な関係はもっぱらRがX会社のために行った，Gがその業務執行者であることから必然的にRとともに展開しなくてはならなかった活動に基づいて生じたものであった。

したがってこれは，引き受けるにあたってなんら法的な阻害要因がないにもかかわらず，弁護士が依頼を断るべきか否か熟慮しなければならない，弁護士の規範の外での利益衝突の例である。Gについてみると，このRのジレンマは，自分が友好的な関係を持つ人物の利益に反して行動しなければならないことから生じる。X会社については，Rは業務執行者と友好的に関係を築いていることを明らかにする必要があるのかとの問題に直面する。というのも，依頼者の視点からみるとこれは，依頼者の利益の貫徹のために取り組むべき責務に悪影響をおよぼす可能性があるからである。

問題となっているケースは，ドイツ弁護士協会の弁護士倫理委員会において活発に議論され，そしてこのケースは，こうした状況下での弁護士の正しい振る舞い，または，誤った振る舞いについて一義的な解答は存在しないということを示している。この議論において弁護士の多数は，たとえその依頼を放棄しなければならないという法的義務が存在しないとしても，依頼は引き受けないほうがよいという見解であった。

民法関連条文

A　BGB 311条（法律行為上および法律行為類似の行為による債務関係）抜粋：2項：241条（債務関係に基づく諸義務）2項による義務を伴う債務関係は，以下によって生じる。1.契約交渉の着手，2.交渉当事者の一方がなんらかの法律行為的な関係を考慮して，相手方に対し同人の権利，法益および利益に影響を及ぼす可能性を与えたこと，または，同人にその可能性を委ねる契約締結の用意，または，3.法律行為類似の行為によって生じる接触。ディーター・ライポルト著・円谷峻訳『ドイツ民法総論（第2版）』（成文堂2015年）566，567頁。

B　BGB 134条（法律上の禁止）法律上の禁止に違反する法律行為は，その法律から別段のことが生じない限り，無効である。前掲注A円谷訳・556頁。

C　BGB 812条（不当利得法における返還請求権）1項1文：他人の給付により，または，その他の方法により，他人の費用で法的理由なく何かを取得する者は，その他人に返還を義務付けられる。前掲注A円谷訳・581頁。

利益相反の危険を理由とする弁護士の不受任
――実態調査によると，このことは大規模事務所だけではなく，
すべての事務所にあてはまる――

マティアス・キリアン

訳　森　　　勇

　弁護士が職業法を真摯に受け止めていることは明白である。大方の弁護士は，過去3年間に利益相反を理由とした不受任があったと答えた。これに加え，ソルダン研究所（Soldan Institut）が行った調査の結果は，どの程度頻繁に利益相反が問題となるかは，事務所の規模ではなく，弁護士が活動している市場の規模・態様により左右されていることを示している。利益相反が原因となって辞任することを余儀なくされている頻度は，大都市の弁護士に比べ，小都市の弁護士のほうが明らかに高い。そしてまた，大規模事務所のほうがその頻度は低い。

I　利益相反――職業法の永遠の火種

　利益衝突の回避ないしは――ドイツ流の職業法の理解によると――相反利益代理の回避は，弁護士の独立性および守秘義務とならぶ，全世界にわたり広く認められている弁護士の「コアバリュー」である。ドイツ法では，連邦弁護士法43条a4項が一般条項として，弁護士に利益衝突が生じることを防ごうとしている[1]。この欠陥がある[2]規定は，「弁護士は，相反利益を代理してはならない」と規定している。

---

1)　とりわけ利益衝突の可能性がある若干の状況については，特に規定が設けられている。刑法356条は，弁護士が，その依頼関係がいまだ終了していないのに，依頼者の相手方に対し法的な支援を提供（Beistandleistung）することを可罰行為と規定している。刑事訴訟法146条は，1人の弁護士が複数の被疑者（被告人）の代理人となることを禁止している。連邦弁護士法45条2項は，わけても弁護士が第二職業に従事して行う活動につき，弁護士がすでに弁護士として取り扱った法的事件に関係するときは，この活動をしてはならないとしている。

2)　Vgl. *Henssler*, in : *Henssler/Prütting*, BRAO, 3. Aufl. 2010, §43a Rn. 166.

弁護士職業規則 3 条は，連邦弁護士法 43 条 a 4 項の不完全な規律を明確化している。
　この 4 項は，規範という点からみると，相反利益の代理禁止の要件を非常に不完全なかたちでしか定めておらず，弁護士職業規則が施行される前は，解釈により具体化されていたものである。この連邦弁護士法に基づき設置される規約委員会が定める弁護士職業規則は，連邦弁護士法 43 条 a 4 項にはその文言が書かれていない，刑法 356 条に依拠した「同一の法的事件」という構成要件を取り込み，「代理」という誤解を招く概念を相談にまで拡大し，これに加え，「職業上関わったこと」の必要性を強調している。
　このテーマに文献（学会）が長年にわたり割いてきた非常に多大なエネルギーに鑑み[3]，ソルダン研究所が公表する 2011 年度の「弁護士職業法バロメーター」（弁護士環境に関する実態調査：訳者注記）の枠のなかで，職業法上の利益相反禁止が，実務では弁護士ないしはその事務所による受任にどの程度影響を与えているかが解明されることになった[4]。そういうことで，調査に参加した弁護士に対し，過去 3 年間に，連邦弁護士法 43 条 a 4 項の意味での利益衝突が原因で，依頼を断らなくてはならなかったケースはどのくらいあったかについて回答を求めた。

II　利益衝突の頻度

　2011 年度弁護士職業法バロメーターに回答してくれた弁護士は，過去 3 年間に利益衝突を理由として平均 5 件の依頼を断らなくてはならなかった。全体のうち 17 パーセントは，受任できなくなるような利益衝突には直面しなかったと回答した。27 パーセントは，1 ないし 2 件の依頼が受けられなくなったと回答した。32 パーセントが，3 ないし 5 件の依頼が受けられなくなったと回答した。5 件を超えた依頼を利益衝突のために受けられなかったのは，23 パーセントであった。そのうち 15 パーセントは，6 ないし 10 件，また 6 パーセントが 11 ないし 20 件，そして 2 パーセントが 20 件を超えていた。

---

3) *Henssler,* aaO, § 3 BORA vor Rn. 1 にあげられている，今世紀になってから発表された弁護士職業規則 3 条に関する論攷が 30 を超えていること一つをとってもわかる。

4) 本研究に用いられたデータは，ソルダン研究所が行ったファックスによるアンケートに基づいている。2011 年 4 月 26 日から 5 月 23 日までに，1157 人の弁護士が回答を寄せてくれた。質問表は，実際に弁護士として活動している弁護士 6 万人の中から「偶然原則」のもと無作為に抽出された同数の弁護士に送付された。偶然性に基づく選抜という基準が満たされるよう，この 6 万人の弁護士すべてに，無作為抽出に当選するチャンスが与えられていた。

図1 過去3年間で利益衝突が原因となり依頼を断らなくてはならなかった数

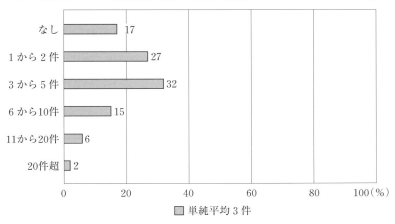

職業実践共同体における利益衝突の取り扱いに関する職業法上の特別の規律（弁護士職業規則3条2項）が存在することからすると，はたして利益衝突の頻度は，共同事務所の場合と単独事務所（ないしは合同事務所をとっている単独弁護士）とで異なるのか，これを個別的にみていくことは，特に興味を引かれるところである。このように分けてみてみると，その頻度は共同事務所より低いが，単独事務所でも利益衝突が生じていることがわかる。単独弁護士の場合，ここ3年で5件超の依頼を断った者の割合は16パーセントであり，合同事務所の弁護士では，その割合は15パーセントであった。同一地域にしか事務所を持たない共同事務所では，その割合は30パーセントである。隔地間共同事務所では，26パーセントであり，国際的な共同事務所での割合は28パーセントである。もちろんこのことは，単独弁護士のほうが，そもそも利益衝突におちいる頻度が明らかに低いということを意味するものではない。単独弁護士では，その21パーセントが，調査対象の期間中に，そもそも利益衝突に遭遇したことはないと回答しているが，この割合と弁護士全体の値との差は，わずか4パーセントしかない。共同事務所の規模それ自体は，利益衝突を理由とする依頼の不受任の頻度に特段の影響を与えていない。規模が異なる共同事務所の弁護士のうち5件超の依頼を断った割合は，24パーセントから31パーセントである。

表1 事務所のタイプごとにみた，過去3年間で利益相反を理由に依頼を断らなくてはならなかった数

	単独弁護士事務所	合同事務所	同一地共同事務所	隔地間共同事務所	国際共同事務所※
0件	21%	23%	12%	16%	22%
1-2件	34%	29%	23%	29%	17%
3-5件	29%	33%	35%	29%	33%
5件超	16%	15%	30%	26%	28%
単純平均	3	4	6	6	6

$p< = 0.05$
※ 数は少ない。

表2 事務所の規模ごとにみた，過去3年間で利益相反を理由に依頼を断らなくてはならなかった数

	単独弁護士	弁護士が5名までの共同事務所	弁護士が6-10名までの共同事務所	弁護士が11-20名までの事務所	弁護士が20名超の事務所
0件	22%	11%	18%	14%	12%
1-2件	32%	27%	18%	17%	19%
3-5件	30%	33%	33%	45%	37%
5件超	16%	29%	31%	24%	31%
単純平均	4	7	6	5	7

$p< = 0.05$

　利益衝突を理由に依頼を断る必要にもっとも大きな影響を与えているのは，弁護士が活動している地域の規模である。権利保護を求める市民に与えられた弁護士の選択肢が比較的少ない小都市的な環境下では，大都市におけるより多く，受任資格を奪う活動禁止が問題となっている。20万人ないしはそれ以上の住民がいる都市の弁護士の5分の1が，調査対象期間中，職業法に抵触するような利益衝突に直面したことはなかったと回答している。住民1万人未満の小都市の弁護士では，この数値は5パーセント，住民が1万人から5万人未満の都市では，10パーセントとなっている。事件数でみると，これらの弁護士が過去3年間で受任できなかったのは平均で7件であったが，大都市の事務所の弁護士では，反対に，たった3件のみであった。際だった違いがみられるのは，住民がほぼ20万人の住民のところである。住民20万人未満の都市の弁護士では，25パ

表 3 活動している都市の規模からみた，過去 3 年間で利益相反を理由に依頼を断らなくてはならなかった数

断った依頼の数	住民の数						
	9,999 人以下	10,000 人から49,999 人	50,000 人から99,999 人	100,000 人から199,999 人	200,000 人から499,999 人	500,000 人から100 万人以下	100 万人超
0 件	9%	10%	11%	12%	29%	26%	21%
1-2 件	24%	22%	28%	30%	21%	35%	32%
3-5 件	33%	34%	32%	33%	37%	26%	31%
5 件超	34%	34%	29%	25%	13%	13%	16%
単純平均	7	7	5	5	3	3	4

$p <= 0.05$

ーセントから 34 パーセントが 5 件超の事件を断らなくてはならなかったと回答しているのに対し，20 万人超の都市の弁護士では，5 件超と回答したのは，13 パーセントから 16 パーセントである。多くとも 2 件しか依頼を断ったことがなかった弁護士を，「ほとんど関係がなかった者」と表現するなら，その数は，大都市（住民 50 万人超）の弁護士では，53 パーセントから 61 パーセントであるのに対し，小都市（5 万人未満）の弁護士の場合には，わずかに 32 パーセントから 33 パーセントのみである。

III 評 価

活動禁止（不受任）につながる利益衝突（連邦弁護士法 43 条 a 4 項，同 45 条）は，職業実務において無視することができない役割を演じている。弁護士は過去 3 年間で平均 3 件の依頼を利益相反が原因で断らなくてはならなかった。調査対象期間中にそもそも利益衝突は問題とならなかったと答えた弁護士は，わずか 17 パーセントのみであり，これに対し，8 パーセントの弁護士が 20 件超で受任できなくなっていた。事務所の規模は，利益衝突が理由で依頼を断らなくてはならなかった頻度に格別の影響を与えていないのに対し，影響を与える中心的なファクターは，事務所の所在都市の規模であった。利益相反が理由で依頼を断らなくてはならなかった頻度は，大都市の弁護士に比べ，小都市の弁護士のほうが明らかに高い。したがって，利益相反の効果としての活動禁止（不受任）は，よくいわれているような「大規模事務所が抱える問題」だというわけではない。そうだからといって，大規模事務所においては，利益衝突の兆候は比較的

わずかであるということにはならない。かえってこのことは，利益相反が問題となる場合に，利益相反マネージメントのかたちでの多様なリアクションがとられていることをも暗示している。この利益衝突マネージメントの内容は，（本コラムの次のテーマであるが）依頼者の同意を取り付けること，依頼関係を予防法学的観点から組み立てること，そしてまた，たとえばチャイナ・ウォールの構築，あるいは渉外的な事実関係の場合には，職業法上の衝突状況を解消するため，利益相反により寛大な外国法を準拠法とするといったような，その法的な有効性が争われているリアクションをとることである。

利益相反禁止違反の効果

森　勇

I　はじめに

　利益相反の禁止は，弁護士の独立そして守秘義務とならぶ弁護士に課せられた中核的な職業上の義務，つまりは弁護士のコアバリューである。利益相反は，ドイツでは，Privarikation とも表記されるが，この言葉はローマ法の Praevarikatio（Praevaricari）に由来するとされている。もっともこの Privarikatio は，もともとの意味は日本風にいえば「二足の草鞋をはく」ということで，ローマ法上の糾問手続において，告発人が被告人を無罪とするために行う策謀のことであったが，それが，利益の対立する相手方をも代理する手続立会人（弁護士）へと拡張されて用いられるようになったのであった[1]。

　こういった歴史だけをみても，利益相反禁止は，少なくともローマ法の影響下にある各国の共通の財産であることは容易にうかがえる。もっとも，その保護法益ないしは保護目的については，これを法的問題処理機構に対する信頼維持に（も）求めるドイツと，もっぱら当事者利益・当事者への忠誠（Royality）にその基礎があるとするアングロ・アメリカでは，当然ながら禁止の射程に偏差があるし，さらには同じ方向性を示しつつも，各国の社会的背景等を反映した偏差があることも否めまい。

　しかし現実の問題としては，わが国でもドイツでも，そしてまたアングロ・アメリカでも，具体的なケースがはたして利益相反にあたるのかどうかの判断は，かなり複雑な様相を呈していることは，2017 年 4 月に中央大学で開催されたシンポにおける報告等や資料として本書に収められているドイツで問題となった例をみてもわかる。要するに，「かする，かすらない」の世界といってよい。

　もう一つは，その先，つまり，利益相反となる場合の法的効果である。まずもって，利益相反となる法律相談・代理等の法律事務をしてはならないというのは当然として，

---

[1]　*Deckenbrock*, Strafrechtlicher parteiverrat und berufsrechtliches verbot der Vertretung widerstreitender Interessen, 2009, S. 23.

はたして違反となる場合，たとえば代理は有効なのか。また，弁護士契約わけても報酬契約はどうかといった点の立ち入った議論がなされ，裁判例が登場するようになったのは，ドイツでもそう昔のことではない。ことがそう簡単ではないのは，一つには，利益相反禁止が，弁護士のみに向けられた職業法上の禁止規範（一種の「取締法規」）だという点である。そしてもう一つには，利益相反となるタイミングが，当初からその場合，事務処理中に利益相反となる場合，そして事務処理完了後と三つあるからである。

本稿は，利益相反の法的効果について近時ドイツで展開されている議論と裁判例を紹介し，わが国に若干なりとも幅寄せしてみていき，これにより問題の所在をより鮮明とすることで，あまり法的効果について立ち入った議論がみられないわが国に，次への議論を進める一助を提供しようとするものである。

II 受任事務処理の禁止と停止

1．事務処理の禁止と自発的停止

そもそも当初から利益相反が認められるときは，弁護士はその事務処理を開始してはならないのは当然である。不注意でこれを見逃し，その後気がついたときは直ちに事件処理を停止しなくてはならない。ドイツにおける弁護士の自治的な職業規範である「弁護士職業規則」3条4項は，明文でこれを定めている。わが国の弁護士法にも職務基本規定には明定はされてはいないが，至極当然のことでしかない。

当初から利益相反となる複数事件を受任した場合は，いずれかを停止すればよいわけではなく，すべての事件の処理を停止する必要がある。当初は利益相反がない複数事件を同時に受任したが，後に利益相反が顕在化した場合も同様である。いずれの依頼者も，当該弁護士が自己の利益擁護者だと信頼しているわけであるから，一方だけを代理することは忠実性を欠く（Untreu）からである。懲戒裁判権を行使する名誉法院（【Ehrengerichtshof】現在の弁護士法院【Amwaltsgerichtshof】）のかつての裁判例などには，利益相反事件を間隔をおいて受任したときは，利益相反は後の事件の受任により発生したのであるから，後者についてのみ事件処理を停止すれば足りるとする見解もみられたようであるが[2]，利益相反禁止は，事件が同一である限り永久に続くものであり，後からの依頼者の弁護士に対する信頼もまた保護されるべきものであるから，後から受任した事件により利益相反となる場合でも，すべての事件から手を引かなくてはならない[3]。

---

2) S. *Schramm*, das Verbot der wiederstreitrnde Interesse (2004), S. 138, FN. 515

3) *Schramm*, aaO, S.138 ; *Deckenbrock*,Tätigkeis Verbot : Rechtsfolgen beim Verstoß,

2．依頼者への通知義務

さらに「弁護士職業規則」3条4項では，依頼者に対して直ちにこのことを通知しなくてはならないと規定されている。締結した契約を特に自らの側の事情で履行できないことおよびその理由を契約の相手方に通知すべきは，どのような契約でも信義則上当然で，弁護士と依頼者間の契約（以下「弁護士契約」）では特に信頼関係がその基礎になっていることを持ち出すまでもあるまい。したがって，わが国でも弁護士は同様の振る舞いを求められるとしてよいであろう。ただ，依頼者に対する説明にあたっては，相反利益当事者に対する守秘義務に留意する必要があることは指摘しておく必要がある（弁護士職業規則3条5項は，「利益相反に関する規定が守秘義務に影響を与えない」と規定し，守秘義務の優位を明らかにしている。）。

一つ問題とされているのは，受任事件の事務処理終了後に利益相反事件を受けてしまったときに，前の依頼者にもこのことを説明しなくてはならないのかである。一般に弁護士職業規則3条4項の規定は，現在処理中の事件に焦点を結んでいることから，適用はない（したがって義務違反として懲戒理由にあたらない）ととらえられているようであるが，少なくとも弁護士契約上通知義務があるとされている[4]。これとの関連で指摘されているのが，次のような弁護士の依頼者に対する損害賠償に関する弁護士契約上の義務である。すなわち，判例によると，弁護士は，依頼者に対し，自分に対する損害賠償請求権があることを指摘しなくてはならず，さらには，この請求権を行使し確保できるよう依頼者を支援しなくてはならない[5]。こういった指摘・支援義務の根底には，専門職にある者と依頼者との業務に関する能力の不均衡を調整することは専門職たる者が負ってしかるべき義務だという考えがあるものと思われる。このような専門職が負う義務からして，（わが国でも）事務処理完了後でも，前の依頼者に通知すべきであろう。自分の依頼した弁護士が利益相反事件の事務処理に関わったという情報は，前の依頼者のその後の振る舞いに影響を与える可能性のあることは否定できないからである。

　　AnwBl 2010, S. 221（222）は，これを認めると，事件の事務処理終了後に利益相反事件を受任することが多くの場合に認められてしまうとする。なお，本稿で取り上げる問題点は，この論文に多くをよっている。

4）　*Deckenbrock*, aaO, S. 223.
5）　NJW 2003, S. 622（623）参照。確定した判例によれば弁護士は，依頼者の自分に対する損害賠償請求権が成立している可能性があるときは，受任事務終了までに，この点と（ドイツ民法の時効に関する改正にともない廃止された）連邦弁護士法旧51条bにより短期消滅時効にかかることを通知しなくてはならず，これを怠ったときは，この懈怠を原因とする二次的損害賠償が発生するとされている。

3. 相手方からの職務停止の方策

　弁護士が利益相反状態にあるのに，受任事件事務処理をすすんで停止しない場合はどうか。受任事務処理中は，利益相反の疑いを依頼者が抱けば，依頼者サイドが解除に動くであろうし，そうでなくとも，事務処理の前提である信頼関係が失われて，弁護士は円滑な事務処理をできないから，利益相反がはっきりしているのにすすんで事件の事務処理を停止しない弁護士は，普通はいまい。したがって，現実に問題となるのは，受任事件事務処理終了後のケースで，もとの依頼者と利益相反該当性について意見が異なった場合であろう。この点についてドイツでは，弁護士の利益相反禁止は，弁護士契約の当然の内容ともなっていることから，契約事務終了後の義務として存続し，この義務を梃として，新たに受任した事件の処理の差止め請求ができる（状況によっては仮処分ができる）とされている。

　さらに，競争法上の視点もドイツでは提示されている。そもそものところ，たとえば職業法が禁止する不当な広告をある弁護士がしたときは，他の弁護士は，その差止めを請求できる。この点はわが国も同様であろうが，違いは，わが国ではそうした不正競争に基づく差止め請求が弁護士間でなされたという話は聞かないのに対し，ドイツでは決して希有のことではない。ドイツの不正競争防止法は，いうまでもなく「競争の公正さ（Lauterkeit des Wettbewerbs）」の確保をその目的としているが，問題は，連邦弁護士法43条a4項の趣旨が，この公正な競争の確保にもあるのかである。そうだとすると，利益相反事件の相手方弁護士は，当該弁護士の事件処理の差止め請求ができることになる。

　この点，連邦通常裁判所は，連邦弁護士法43条a4項については明確な判断をしていないようだが[6]，以前に弁護士以外の職業の枠組みでとりあつかった案件に弁護士として関わることを禁止している連邦弁護士法45条1項4号について，その趣旨はもっぱら秩序正しい法的問題処理機構の確保と弁護士たる者の完璧性を維持するもので，公正な競争を保護することをもその趣旨とするものではないとしている[7]。しかし肯定説も多い。この場合の前提は，ドイツの不正競争防止法が，明確に消費者を保護主体の一つとしてあげていることである。そして，判例によっても，非弁護士による法律相談・代理を禁止する現行のリーガルサービス法（Rechtsdienstleistungsgesetz. 以前は，法律

---

6) BGH NJW 2003, 819（820）.

7) BGH NJW 2001, 2089. 弁護士が不動産広告が不正競争だとして差し止めるよう警告。業者団体が，不正競争を理由に弁護士のこうした行為の禁止を求める訴えを提起し，本条違反が不正競争となるかについて判断したもの。

相談法〔Rechtsberatungsgesetz〕）は，質の悪いリーガルサービスを排除する点，消費者保護の要素を持ち，したがって同法違反は「公正な競争」に反することになる。同様に，連邦弁護士法43条a4項も，個別事件に関してではあるが法律相談・代理を禁じるものであり，その消費者保護的要素は，非弁護士の法律相談禁止と変わらないからである，と説く[8]。もっとも，不正競争防止法の趣旨に関する彼我の理解の差からして，わが国でもこうした議論が展開される余地はあまりなさそうではある。

III　訴訟法上の効果

(1)　弁護士が，利益相反に触れるにもかかわらず，代理人として行った裁判上・裁判外の行為の効力はどうか。わが国ではこの点，業務停止の懲戒処分を受けた場合の訴訟代理権に関する判例上の規律をみすえて，さらには，利益相反禁止が個別的な代理禁止である点をも考慮して決すべきことになろう。わが国では，最判昭和38年10月30日大法廷判決が，利益相反の趣旨という観点から，いわゆる異議説を採ることを明らかにしている[9]。ドイツではどうか。まずもって，懲戒[10]として業務停止が命じられたときに関し，連邦弁護士法156条は，裁判所が当該弁護士を排除すべしとしてはいるが，同114条a2項は，当該弁護士の代理権行為および当該弁護士に対する法的行為のいずれも無効とはならないと規定する。その理由として，弁護士は懲戒によりその弁護士資格を失うことはなく，また，そのような制裁が科せられたことを多くの人が知るのは例外であり，法交渉の安定のため，こうした規定が設けられていると説明される[11],[12]。なお，ドイツでは，業務停止は，全面的な資格停止に限らず，特定の法分野に限った業務停止命令も認められる。

(2)　学説は，同条を受けるかたちで，利益相反においても，訴訟代理権に関係しない

---

8)　*Deckenbrock*, aaO, S. 223.
9)　民集17巻9号1266頁。
10)　後（VI　違反に対する制裁　1．制裁としての懲戒と刑事罰）に述べるように，その刑事制裁的色彩から，ドイツの弁護士職業法違反に基づく制裁は「懲罰」と表現するのが適切であるが，当面は，懲戒と表記しておく。
11)　*Henssler/Prütting*, BRAO 4 Aufl. § 114a, Rn. 4. なお，依頼者が知っていたかどうかは関係がない点，わが国の異議説とは異なる。
12)　ちなみにいわゆる非弁の問題は，リーガルサービス法の規律対象である。非弁の訴訟行為の効力に関する明文の規定はないが，無効とするのが最上級裁判所の判例である。BGHZ 154, 283（286f.）．この点は，懲戒として弁護士資格を剥奪された者についても，同様である。

とするのが支配的である。そしてまた，判例も，利益相反は，代理権には影響しないとする。連邦通常裁判所がこれを肯定した事案は，民法上の組合形式で業務共同をしていた2人の弁護士XとAが，ご多分に漏れず袂を分かつことになり，民法上の組合は解散，両者は，自分のクライアントについて他方弁護士に与えた委任を撤回し合うこととなった。ついでXは，委任事務が終わったクライアントYに対し，それまでの報酬を事業共同体である民法上の組合に支払うよう請求した。AはYの代理人となったが，第一審となった区裁判所（Amtgericht）は請求を認容した。YはAを代理人として控訴。控訴審となった地方裁判所（Landgericht）は，次のように述べて，利益相反を理由にAの代理権を否定し，控訴を却下した。すなわち，「活動禁止それ自体から，直ちに代理権の授与は無効となるわけではない。しかし本件では，被告Yの以前の訴訟代理人が，受任することで，弁護士の業務共同体の諸請求権の行使を，被告と謀って阻害しようと試みているということがある。こうした行いは，民法138条により公序違反として単に弁護士契約（Anwaltsvertrag）の無効をもたらすのみならず，訴訟代理権の授与もまた無効となる。」と。地方裁判所が上告を許可。連邦通常裁判所は，上告を受けて，控訴審たる地方裁判所の判決を取り消し原審に差し戻し。その理由は以下のとおりである[13]。すなわち，

「I……

II 控訴裁判所の見解と異なり，第一審被告代理人の控訴は，有効である。なぜなら，付与された訴訟代理権の有効性については，何らの疑念もないからである。訴訟代理権は，その前提の事務処理契約（Geschäftsbesorgungsvertrag）の帰趨に連動しない。基本たる取引に瑕疵があっても，訴訟代理権には影響しない。本件はその例外に該当しない。

1. 連邦通常裁判所は，相反利益擁護（Wahrnehmung）の禁止（連邦弁護士法43条a）違反について民法134条が適用されるのか，そしてその結果，弁護士契約は無効となるかについては，これまで判断を下してこなかった（…判例の引用…）。本件においてもこの問題に当部が判断を下す必要はない。相反利益代理に関して，一般にドイツ民法134条の適用の余地がある（…余地ありとする文献引用…）としても，そしてまた，──控訴審が指摘したように──利益相反が問題となるのは双方代理の場合だけではないとしても，これが訴訟代理権の無効をもたらすことはない。

2. 確定した最上級裁判所の判例によれば，弁護士に与えられた代理権，そしてまたこの弁護士が当事者の名で行った法律行為の成立あるいは有効性とは無関係とされている（…判例・文献の引用…）。

---

[13] BGH AnwBl 2009, 649.

3. 弁護士が行う法的行為の効力は，職業法上の活動禁止違反とは関わらない。広範かつ一般的な活動禁止の場合でも，法的安定のために関係者を保護すべく，弁護士の法的行為の有効性は維持される（…判例の引用…）

　a. 法律相談法（現在は，先にあげたリーガルサービス法：著者注記）1段1条の許可を欠いて結ばれた，広範にわたる権限を付与する事務処理契約は，確かに無効であり，広範にわたる契約締結代理権とともに，事務処理にあたる者に対して与えられた執行受諾の意思表示をする代理権も認められない（…判例の引用…）。この裁判では，そうでないと当該法律上の趣旨と目的が達成できないとして，法律相談法1段1条1項1文は，民法134条と連動して，訴訟上の代理権をも否定しているとされる。許可なく法律相談にあたる事務処理受託者が，その依頼者のために行ったすべての法的行為がその効力を持つのは妨げられなくてはならない。受託者が依頼者に実体法的な債務引き受け（民法780条）をさせることができないのに，依頼者の負担で訴訟上の執行受諾の意思表示はでき，このようにして——これとは比較にもならないほど危険な——債務名義を作れるというのは，受け入れがたいことであろう。したがって，民訴法794条1項5号の執行受諾がなされた場合の特別の法的効果は，民法134条が適用されることを求めているのである（…判例の引用…）。受託者に委ねられた任務をしっかりと行うには，訴訟法の領域に関しても，そしてまた，まさにこの領域に関し，確かな法的見識が必要であり，この見識は，一般的には弁護士と——官庁による能力審査のもと——他人の法的案件の処理をする許可をえた者のみが有している。弁護士でもないし，また必要な許可をえていない者が法的案件を扱うときは，その者が訴訟法上の分野で行った行為は無効である（…判例の引用…）。

　同様な視点が，弁護士資格を喪失すると同時に，訴訟代理権は失われるとされていることにも反映している。

　b. しかしながら，こうした考えを，本件に取り入れることはできない。依頼者の保護ということが，事務処理契約の無効を訴訟代理権まで拡張しないよう求めている。先に論じたケースとは反対に，被告の以前の訴訟代理人が弁護士として認可を受けていることは，疑問の余地がない。不適切な法的事項の代理人から依頼者を保護する必要性（…判例の引用…）は，問題とはならない。弁護士契約が無効であることから訴訟代理権まで否定するとしたなら，被告そしてまたその他の訴訟関与者の，被告から受任した弁護士の訴訟行為は有効だとの信頼は，無視されてしまうことになろう。したがって，これまでの判例の立場を維持する。

　控訴裁判所は，訴訟代理権が無効とされるのは，被告の前の訴訟代理人Aが，被告と共謀して，弁護士業務共同体の報酬請求権を消し去ろうとしていることからも導かれるとしているが，これは関係がない。代理権に関する実体的規定とそれに基づく考察

は，訴訟上の代理には適用とはならない。民事訴訟法78条以下の規定は，訴訟代理に関する特別法である。したがって，代理に関わる実体法上の規律は，訴訟法がその準用を規定しているか，そこに代理に関する一般的な法的思考が表現されている場合に限られる（…判例の引用…）。したがって，上告答弁書で主張されている訴訟の相手方および一般公衆の保護から例外が認められることはない。
Ⅲ……」と。

そもそものところ，訴訟代理権は，弁護士と依頼者間の契約の有効性とは切り離して判断すべしとするドイツの法状態，つまりは，実体法上も，代理権の授与は無因行為（Abstraktprinzip）だとするその基本的な姿勢からすると，当然の帰結といってもよさそうである。

なお，禁止法規違反行為は無効とするドイツ民法134条が，利益相反禁止に反する（あるいは事後的になった）弁護士契約にも適用があるかは，上記判例でも一つの問題として指摘されているところである。ただ，この問題は，上記判例もいうように，そこから直截に訴訟代理権の帰趨が導かれるものではなく，ダイレクトには，利益相反の場合でも弁護士契約は有効か，生臭い話でいえば契約上の報酬を請求できるのかどうかとダイレクトに関係してくる問題であり，次章で詳しくみていくところである。

(3) もちろんこれに反対する見解も，弁護士法の権威の1人から，主張されていることには言及しておくべきであろう。氏は，利益相反禁止は弁護士のみに向けられたものであり，このような法律上の規律の保護目的からして，仮に弁護士契約が無効でも，訴訟代理権は否定されないとしたロ－ストック上級地方裁判所の判決に対する評論として，次のように説いている[14]。すなわち，「Ⅰ……

1. ……上級地方裁判所の見解は，相反利益代理禁止の保護目的を見誤っている。連邦弁護士法43条a4項の規律は，自分の依頼者に義務違反を働いた弁護士は，その職業階層が秩序正しく機能していることに対する公衆の信頼を揺るがす者だという理解によって立っている。個々の市民は，その権利の擁護と貫徹のため，多くの場合に弁護士の専門的知見を利用する必要性があるのみならず，多くの場合に法律をもって弁護士を利用することが義務づけられている（民事訴訟法78条）。すべての法的案件についての委任を受けた独立の助言者（連邦弁護士法3条1項）たる弁護士が，課せられた任務を正常に果たしていくための前提は，厳格な職業倫理と弁護士の信頼性と清廉潔白さに対する市民の限りない信頼である（…判例・文献の引用…）。このような前提は，法治国家を志向する法的問題処理機構において不可欠なものであるから，連邦弁護士法43条a4項は，法的問題処理機構全体を保護するものである。この規範は，これとならん

---

14) AnwBl 2008, 633.

で，間接的に個々の依頼者をも保護するものであるが，はたしてこの個々人の保護は同格なのか（…文献の引用…），劣後するのか，それとも単に反射的に保護されるだけなのか（…判例・文献の引用…）については見解が分かれている。

2. ……【代理権の授与に無因である：著者要約】したがって，原則として基礎となった契約が無効でも，代理の効力には影響しないのが原則ではある。しかし，個別のケースで，代理権授与と基本となる契約締結に，いずれの有効性にも関わる同じ瑕疵があり，あるいは，例外的に，代理と基本となる契約が，民法139条の意味で一体の取引とみられ，代理権の授与の基礎となった基本となる契約の無効が，代理の無効にも関わるときは，無因性だけを指摘したとしても説得力はない。

3. ……

【連邦通常裁判所は，弁護士以外の活動として取り組んだ同一の事件に関与することを禁止する連邦弁護士法45条1項4号違反の場合に，代理権には影響しないとしている。また，広範にわたる業務停止の場合についても，代理権には影響を与えないと連邦弁護士法に規定されており，連邦弁護士法45条1項4号は特定の活動のみを禁止したものであるから，同様だといわれている。：著者要約】

II　ロストック上級地方裁判所の裁判が，連邦通常裁判所の確定した判例と一致していることから，ロストック上級地方裁判所の裁判は正しいということになる。しかし，こう結論づけるのは，性急である。ロストック上級地方裁判所の事例では，連邦弁護士法43条a違反を理由に，補佐人が被告弁護士の代理権の有効性に対して異議を申立てていたという特殊性がある。つまり，訴訟代理人に与えられた訴訟代理権の効力如何という問題が生じたのは，訴訟代理権の基礎となっている債務法上の基本たる契約の有効性を実体法的に検討した結果ではなく，訴訟関与者が訴訟法上の異議を述べたからである。代理権の基礎となった基本たる契約の有効性を実体法的に検討した結果，この基本たる契約が無効という結論にいたったのであれば，裁判所は，訴訟代理権が有効かを職権をもって取り上げる必要はなく，民法80条，88条そして89条の訴訟法上の特別規定を根拠に，……訴訟代理権の無因性から出発することができる。

しかし，弁護士訴訟において，訴訟関与者が，他方の訴訟代理人の代理権に異議を述べたときは，裁判所は，異議を述べられた代理権の有効性を審査し，必要なら証拠調べをしなくてはならない（…判例の引用…）。このことは，民事訴訟法88条から導かれる。この規定によると，代理権が適切に授与されているかという問題は，訴訟関与者が代理権に異議をのべたときは，常に審理しなくてはならないとされている。ロストックの上級地方裁判所は，そうはしないで，本件にはあてはまらない，基本たる契約が無効の場合代理権に影響するかという問題に関する連邦通常裁判所の判例を持ち出している。……しかし，代理権に対して明示的に異議が述べられた場合には，裁判所はこの問

題を避けてとおってはならない。……つまり，ロストック上級地方裁判所の裁判は，そもそものところ訴訟法上の理由からして誤っている。」と。

(4) 先に紹介した連邦通常裁判所と上記の批判，とりわけ後段（I 2 および II）を対照してわかることは，ドイツでは代理の無因性を根拠とするある種法実証主義的形式論理がかなり重要視されていることがわかる。上記の批判も，無因性のもと，異議があった場合の訴訟実定法の規律から，その場合のみに限定して——連邦通常裁判所の確定判例の枠組の内でという制約があったのかもしれないが——議論が展開されている。代理の無因性をとらないわが国では，これに依拠したドイツ流の議論は使えないことはいうまでもない。

IV　報酬請求権の帰趨

1．弁護士契約の効力

(1) (a) 弁護士契約が利益相反禁止に違反しているときは，契約上の報酬請求権は認められるのか。その帰趨は，ひとえに契約自体の効力にかかる。もちろん，そもそも契約締結時においてすでに利益相反が生じている場合と，たとえば潜在的な利益相反が事後に顕在化した場合とでは異なる。ただ，前者では，そもそも無効で，契約上の報酬請求権は一切認められなくなるのに対し，後者では，顕在化前の契約上の報酬請求は当然認められてよいが，それ以降はどうか，つまりは顕在化にもかかわらず弁護士が辞任しなかった場合に，当該弁護士契約は将来に向かって（事後的に）失効するのかという違いはあるが，こと契約の効力という点では問題の本質は変わるまい。

(b) この点，わが国では，あまり明確な議論はみられない。主には前者をにらんでのようであるが，無効説が主流のようである。もっともその根拠はあまり定かではなく，おそらく考えられるのは，民法90条の公序良俗違反であろう。委任類似と考えられる弁護士契約上の善管注意義務の原始的不能というのも，ありえないとまではいえないまでも，当初から利益相反が認められる場合に限られようし（後者では解除事由しかならないことになろう），かなりのこじつけであることは否めない。もっとも，民法90条違反ということになると，そこで議論がなされている取締法規違反の90条該当性に対応した議論をしなくてはならないはずであるが，そこまでの掘り込みはないようである。

(c) (i) ドイツはどうか。公序良俗違反の問題に組み込まざるをえないわが国とは異なり，この問題に関わる個別の規範が定められている。ドイツ民法134条がそれである。同条は，「法律上の禁止に反する法律行為は，当該法律からこれとは異なることが明らかではないときは，無効とする。」と定めており，連邦弁護士法43条a4項がここでいう禁止規範にあたるか，ことを左右するわけである。同条のいう禁止規範とはど

のような法規範を指すのかについては，ドイツ民法施行法 2 条に「民法および本法の意味での法律とは，すべての法規範を指す。」と定められているから，一見するとたとえばわが国の弁護士基本職務規程のような自治的な規範もこれにあたるようにも思われるが，この点は必ずしも分明ではない。次に，確かに当該法律は，禁止を命じてはいるものの，その効果についてには何ら規定していない場合，無効となるのかについても，細かな議論がなされているところである。これらは，弁護士の自治的規範である弁護士職業規則違反がドイツ民法 134 条の適用を受けるかという局面でよりシリアスな問題となっているところであり，別にこの点に取り組む論攷を予定しているところから，その詳細はその際に譲り，ここでは，連邦弁護士法 43 条 a 4 項が，ここでいう無効をきたす法律上の禁止にあたるかについて，問題の所在ないしは議論状況をかいつまんでみてみよう。

(ii) 連邦弁護士法は連邦法であり，連邦議会の制定になるものであるし，「してはならない」という規定であるから，禁止を内容とする法律であることには異論はない。次に弁護士法 43 条 a 4 項は，職業法上の制約，つまりは弁護士の職業活動についての規律であり，かつその名宛人は，職業法というその性格からして，弁護士のみで依頼者に（も）向けられたものではない。しかも，その違反の効果については，特に定めがない。こういった場合に，ドイツ民法 134 条により違反した法律行為が無効とされるかは，その禁止の趣旨と目的に照らして判断すべしと解説されてはいるが[15]，そもそものところ，「趣旨と目的」が何なのかについては，広い解釈の余地があり，問題がこれだけで解決できるというものではない。

ドイツ民法 134 条により無効となることはないとする見解の一つは次のように説く[16]。すなわち，連邦弁護士法 43 条 a 4 項は契約の締結をコントロールする規範ではなく，それは，弁護士の私権にとっては何らの意味を持たない職業上の行為命令である。一般的にいって弁護士の職業法上の行為命令は，私権を形成するものではない。ドイツ職業法は，当該職業グループ特有の秩序法（Ordnungsrecht）であり，弁護士でないものに対してまでその効力をおよぼさない。この職業特有の警察法規は，弁護士界の職務法として弁護士職業共同体内部でのみ執行される。職業上の行為規範は，これ以外，私法秩序における効力を有しない，と。同じく弁護士契約に影響を与えないとする他の見解[17]は，次のように説く。すなわち，ドイツ民法 134 条は，支配的見解によれ

---

15) Münchner Kommentar zum BGB 7Aufl.(2015), § 134 Rdnr. 103.
16) *Knöfel*, AP Nr. 1. zu § 43a BRAK.
17) *Kilian*, Keine wiederstreitender Interessen des RA bei Tätigkeitswerden für Betriebsrat und betriebsmitglied im Verfahren nach § 103 abs. 2 BetrVG AdP 2006, 120 (123).

ば，通常それが契約当事者双方に向けられた法律上の禁止の場合のみ契約の無効をもたらす。これに対し，たとえば連邦弁護士法 43 条 a 4 項のような職業法上の行為命令のように，一方に向けられた法律上の禁止にあっては，そうではなく，例外的に法律行為の無効を求めるという法律の目的こそが重要なはずである。当事者背信（利益相反＝Prävarikation）に関してみると，この規範の保護目的を確保するには，まずは問題となる，弁護士にとってはその職業継続を脅かしかねない諸制裁（連邦弁護士法 113 条以下の弁護士裁判所による懲戒および刑法 356 条の刑事罰）で十分なはずだ，と。

もっとも，適用否定説の旗色は芳しくはなく，支配的見解といえるのは，ドイツ民法 134 条により，弁護士契約は無効となるとする。要は，一方のみが禁止の名宛人とされている場合，その規定の「趣旨と目的」が当該法律行為の無効まで求めているかである。無効説に立つ者は，弁護士以外による法律相談を原則禁止している法律相談法（現在は，リーガルサービス法）に違反した契約を，それが非弁護士にのみ向けられたものであるにもかかわらず，ドイツ民法 134 条により無効とした連邦通常裁判所の裁判例をまずはよりどころとする。この裁判例は，以下のように説く[18]。すなわち，この法律の趣旨と目的に照らすと，弁護士以外が法律事務処理にあたることを防止する消費者保護は，契約を無効とした場合のみそれを達成することができる。そうでないとすると，一方で依頼者の履行義務（報酬支払い義務など：筆者注記）はそのまま残ることになるし，他方，依頼を受けた法的サービスの提供者は，認められない活動を継続しなくてはならない義務を負うことになる，と。

これをもとに，論者は次のように敷衍する。すなわち，連邦弁護士法 43 条 a 4 項が禁止する利益相反[19]となっているにもかかわらず依頼処理を続ける弁護士には，少なくとも当該案件に関する限り，非弁護士と同じく，法的事務の処理にとり必要とされる資質を欠いている。なぜなら，何らの影響を受けることなく依頼者の利益を擁護できる状況にはないからである。権利保護を求める市民の保護を確実なものとするためには，

---

18) BGHZ 37, 258（261f.）; NJW 2011, 2581.

19) 連邦弁護士法の授権に基づき，弁護士が自治的に定めた弁護士職業規則（Berufsordnung des Rechtswalts）は，その 3 条で連邦弁護士法 43 条 a 4 項をより詳細に定めている。先にも述べたとおり，そもそものところ，この弁護士職業規則が定める禁止が民法 134 条の禁止規定にあた（りう）るかそれ自体が議論の対象となっており，この議論については別に論じる必要のあるところであるが，こと利益相反に関していえば，職業規則の規律は連邦弁護士法 43 条 a 4 項の具体化であり，両者を一体として判断すべきだとされている。*Deckenbrock*, AnwBl 2010224.

契約上の義務を除去する必要がある。競合する依頼の拒絶を求める相反利益代理の禁止は，弁護士が禁止違反の活動により弁護士報酬をえることができるとしたなら，骨抜きとなってしまう。したがって，単なる職業法上の制裁だけでは，利益相反の禁止が持つ弁護士のコアバリューという地位そしてその背後にある消費者保護の考え方にはそぐわないであろう。したがってこの規範は，単なる取締法規定ではない，と[20]。

(2) 判例はどうか。2016年5月16日，機会はそれなりにあったにもかかわらず[21]，それまで態度を明らかにしてこなかった連邦通常裁判所は，はじめて利益相反の場合における弁護士契約の効力について判断を下した[22]。事案がどうかは，利益相反が認められる弁護士契約の効力いかんとは直接には関係しないが，少しユニークなので，その概要をみておこう。

本件では，連邦弁護士法59条以下でその設立が認められている弁護士有限会社が[23]，弁護士としての助言等を内容とする弁護士顧問合意と物品（土壌改良等に用いられる木材チップ）の納入仲介合意を合体させた契約に基づいて，クライアントに契約に基づく報酬を請求した。この契約によると，原告となった弁護士は，木材チップの納入斡旋とそれに基づく納入業者・被告間の契約のドラフティングないしはリーガルチェックをすることとなっていた。利益相反が問題となったのは，この契約では，物品納入の斡旋に対する報酬が，物品の納入価格のみを基準とし，弁護士が受け取る斡旋・仲介の報酬は，斡旋にかかる物品の納入が相場と比べて安くなればなるほど，より多くなるとされていたのであった。換言すると，仲介した当該納入業者の納入価格と当月の市場の平均価格との差額が多ければ多いほど，報酬が増えるというのがその合意内容であっ

---

20) 一つ問題となりうるのは，利益相反の禁止は，直裁に契約締結の禁止を命じたものではなく，利益相反禁止に違反する弁護士の活動を禁止したものであり，契約締結まで禁止したものではないのではないのかという点である。もっとも弁護士が契約上の義務を履行しようとすれば，そこで直ちに義務違反となるわけであり，また，弁護士報酬もこの活動までは発生していないのであるから，活動開始までは有効で，活動したとたんに無効になるという構成もとる必要は無いとする。

21) *Deckenbrock*, AnwBl 2016, 595f.（595）.

22) AnwBl 2016, 594 ff.

23) Anwalts-GmbH．連邦弁護士法59条c．なお，弁護士が共同受任（共同責任）なる業務共同の形態は多様であるが，一般に弁護士社団（Anwaltsgesellschaft）と表記されている。ちなみに，Sozietät も同義に用いられることがあるが，本来は，民法上の組合の形態をとるものをさす。このほかパートナー社団（partneresellschaft）も弁護士社団である。なお，弁護士株式会社なるものも判例法上認められているが，これは，受任主体にはなれない。

た。なぜこうした合意が利益相反となりうるのか。その理屈は簡単である。このような報酬合意のもとでは，報酬の増殖に利益を持つ弁護士は，納入価格が低額となるよう活動するのが自己の利益にかなう。当該弁護士としては，弁護士なら考慮すべき他の条件，たとえば瑕疵担保，納入担保などの関心事は二の次にして，もっぱら納入価格を引き下げさせようとする可能性があるが，そうなると，弁護士の自己の利益と，全体として有利となる契約内容を指向するクライアントの利益が衝突するということである[24]。

原審のミュンヘン上級地方裁判所は，この論法で［具体的な］利益相反の危険ありとしたのであったが[25]，連邦通常裁判所はこれを覆したというのが本件である。連邦通常裁判所は，この点について概要次のように述べる。すなわち，原告がより低額な納入価格を納入業者から引き出すために，納入業者にとり有利で被告にとっては不利な条件をのみ，これにより報酬の増殖を図ることは実際のところ可能ではある。しかしながら，この点は問題とはなっていない。もし原告が，このようなことを行うなら，商法86条1項後段[26]に規定されている事業者の利益を擁護すべき商事代理人の義務に違反し，加えて，コストの面からみて被告にとりもっとも有利な納入となるような斡旋・仲介する契約上の義務に違反することになる。利益相反に触れるとしたら，それは，先の原・被告間の合意ではなく，個々の行為がとられたときである。はたして契約上の義務が侵害されることがあるのか，そしてまた，それがどの範囲で生じうるかは，通常契約の適法性の評価には影響を与えるものではない。弁護士の法律相談契約のほとんどには，乱用の危険がはらまれている。できるだけ多くかつ高額の報酬をえたいという希望は，弁護士をしてたとえば次のような行動をとらせることがある。すなわち，義務に従って契約に反して，適切かつ依頼者の利益となる裁判外での合意をはかろうとはせず，かわりに当事者にとっては無駄で余計な費用がかかる訴訟をすすめ，その上で控訴審において和解するといったものである。こういうことをした弁護士は，契約上その依頼者に対し，そこから生じた損害を賠償する義務を負う。だからといって，弁護士契約が無効となるわけではない。したがって，本件契約は，利益相反を理由にドイツ民法134条により無効とはならない，とする[27]。

---

24) 弁護士職務基本規4項になぞらえてよかろう。
25) AnwBl 2015, 94 ff.
26) 商事代理人は仲介または取引の成立に努めなくてはならない。商事代理人は，この際企業の利益を擁護しなくてはならない。
27) 連邦通常裁判所は，このほか，原告弁護士が，当該弁護士契約では，原則弁護士の独立性に抵触するとされている「仲介業（markler）」を行うこととなっており，弁護士認可の撤回（連邦弁護士法14条2項8号）対象となる可能性があることから，この点が弁護士契約の無効をきたすかについてもとりあげている。結論

少し脇道にそれたが，利益相反はここまで深刻なのかを垣間見たところで，本題のドイツ民法134条に関する説示，つまりは，利益相反法律上の禁止は，同条にいう法律上の禁止にあたるとするところをみてみよう。結論からいうと，この点では控訴審であるミュンヘン上級地方裁判所と結論も理由付けもほぼ変わらない。連邦通常裁判所は，次のように敷衍する。

「[7][28] 2. 連邦弁護士法43条a4項に違反したときは，その弁護士契約は無効である。

[8] a. 連邦弁護士法43条a4項は，民法134条の意味での禁止法規にあたるか，つまりは，その違反は，当該契約の無効をもたらすのかは，下級審裁判例および文献においても争われており（…文献引用…）また，最上級裁判所の裁判例もいまだない（…裁判例引用…）。

[9] b. 規範の文言上一義的な連邦弁護士法43条a4項の規定は，弁護士に，相反する利益の代理を禁じている。民法134条の意味での法律（Gesetz）とは，すべての法規範を指す（民法施行法2条参照）。連邦弁護士法43条a4項は，職業法上の規定であって，決して民事法上の規定ではないということは，民法134条の適用を妨げるものではない。もっとも，連邦弁護士法43条a4項が求めるところに違反した場合に，どのような民事法上の法効果をもたらすのかについてこの規定は定めていないので，解釈によりそれを明らかにする必要がある。

[10] aa) 連邦弁護士法43条a4項が定める禁止の名宛人は弁護士であり，依頼者も名宛人となっているわけではない。契約当事者の一方のみに対する法律上の禁止違反は，この法律上の禁止が，その一方のみの行為に影響を与えて，契約締結を思いとどまらせようとするものである場合には，原則として当該法律行為の無効をきたさない。この場合に民法134条により例外的にある法律行為を無効とすることが正当とされるのは，その法律行為によってもたらされる法的規律を受入れかつ存続させることが，禁止法規の趣旨とその目的とそぐわない場合のみである（…判例引用…BGH, Urteil. vom 12.1975-VIII ZR 306/74, BGHZ 65,368 参照）。

[11] 連邦通常裁判所は，連邦弁護士法46条2項1号および同法45条1項1号が定める職業活動の禁止に違反する契約は，民法134条により無効とする判断をすで

的には，判例を提示しつつ，分限法上活動が不適法とされても，弁護士契約を無効とするものではないとの判断を示している。

28) [ ]のナンバリングは，他の文献とは微妙に異なることから，編集者によるものと思われる。

に下している（…判例引用…）。連邦弁護士法46条2項1号によれば，弁護士が，同一の案件で，恒常的な勤務関係ないしはこれと同種の就業関係において法的助言を与える弁護士以外の助言者として，法的問題をケアするかたちですでに関与していたときは，活動してはならないとされる。また，同45条1項1号によれば，弁護士が，同一の法的事件につき，裁判官，仲裁人，検事，公務員，公証人，公証人の代理人または公証事務管理人として関わっていたときは，活動してはならないとされている。これらの裁判の理由においては，いずれも，次のように述べられている。すなわち，『これらの禁止の保護目的，つまりは，紛争処理解決機構に対する信頼と，利益衝突の封じ込め（…立法理由書の引用…）は，弁護士がそれらに違反した活動に基づき報酬を請求できるとしたら，達成できなくなる』と（…判例引用…）。連邦弁護士法43条a4項の活動禁止についても同様である。禁止に反して締結された契約は無効であり，のちに法律相談が無意味ではなく，報酬を払うかたちで別の弁護士が繰り返す必要がないことがわかったとしても，弁護士の報酬請求権を発生させない（…判例引用…）。この点では，職業法上の制裁および刑法上の制裁（連邦弁護士法133条以下［懲戒：筆者注記］，刑法356条［ドイツでは，利益相反は刑法犯である。：筆者注記］）だけでは十分ではない。

［12］bb）もっとも，法律上の禁止違反は，その禁止が処分可能なものであるとき，つまりは当事者が合意でこれを代えられるときは，通常法律行為の無効をきたさない。当事者が異なる合意をすることが認められるときは，原則，無効というサンクションを加える必要はない。その任意性に照らすと，その趣旨と目的が同じくそれに反する取引を無効とすることを原則として求めていない単なる秩序規定と何ら異なるところはない（…判例の引用…）。しかしながら，すでに述べたように，連邦弁護士法43条a4項は，関係する依頼者の利益のみではなく，さらには弁護士の独立性そしてまた法的問題処理機構の利益のために求められる弁護士の実直さ（Gradlinigkeit）を擁護するものである（…立法理由書の引用…）。この点に関して双方契約当事者は，処分権限を持たない。連邦弁護士法43条a4項は，合意により変更できるものではない（…判例の引用…）。」

(3) 判示されているように，利益相反禁止は，単に依頼者保護を目的とするだけではなく，法的紛争処理機構に対する市民の信頼を保護法益とするものであり，これをつうじての消費者保護の枠組みでもある。利益相反を内容とする契約は全面的に無効とすべきゆえんである。そして利益相反禁止に当初から反していたときは，契約の全面の無効は，契約上の報酬請求権の全面否定をもたらすことになる[29]。

---

29) 依頼者間の利益相反では，同時に受付すれば，いずれも無効だが，前後すると

(4) (a) ちなみに，報酬請求は認められないとしても，弁護士がその行為によって依頼者の費用を減じている場合には，依頼者が利得をえているのであるから，不当利得として依頼者は返還義務を負う。たとえば，（利益相反の場合でも弁護士の代理権は否定されないとするなら）弁護士が受任した事件を完全に処理してしまった場合である。ただし，弁護士が故意または重過失により利益相反禁止に違反したときは，不法原因給付として償還請求権は認められないし（ドイツ民法 817 条），また，当該不当利得の対象となる給付が弁護士サイドからなされたとしても，やはり別の弁護士に依頼しなくてはならなくなった（報酬を支払わなくてはならなくなった）ときは，不当利得返還請求権は消滅すると説かれる。

この点は，仮にわが国でもドイツと同じく報酬請求権は全面的に否定されるとした場合には，同じくあてはまろう。もっとも，ドイツでは，純粋に裁判外の法律相談のほかは，弁護士報酬は各種手続事務ごと法定化されているから，事件が終結していなくとも不当利得金額は，この法定額によることができるし，合意によることが認められている場合には，いわゆる相場によればよい（弁護士報酬法〔RVG〕34 条，ドイツ民法 612 条 2 項）とされている。しかしわが国では，報酬額は，着手金と成功報酬あるいはタイムチャージないしはこれらの組み合わせであり，弁護士の各具体的行為に対する報酬金額という仕組みにはなっていないし，タイムチャージにしても相場といったものは，必ずしもはっきりしない。おそらく現在の報酬システムのもとでは，事件が完結しないまでの弁護士の給付（労務）を，金銭的に評価する（不当利得金額を探知する）ことはできず，結果請求することは事実上できないように思われる。

(b) もう一つ考えられるのが，事務管理に基づく費用償還請求である。この点につきドイツでは，ドイツ民法 134 条に該当する法令違反行為は，行為者が，その行為は「状況に照らし必要と考えてよい」ものにあたらない[30]として，償還の対象にはならないというのが確定した判例[31]となっている。この点わが国では民法 702 条が本人の意思に反する場合でも一定範囲の償還請求権を認めていることに照らすと，その限度，たとえば，時効中断のための催告費用などは，償還の対象となるようにも思われる。

きは，先に成立した弁護士契約が事後的に利益相反が生じた場合（以下 2．）として取り扱われることになる。

30) ドイツ民法 677 条は，本人の明示的・黙示的意思に照らし，「本人の利益のために必要な」事務の管理を事務管理とは規定し，同 783 条で，費用償還義務を定めている。

31) BGH 37, 258（263f.）．

2. 事後的に利益相反が生じた場合の報酬請求権

1) 弁護士契約の帰趨

(1) 利益相反につき，それが顕在化した場合のみ禁止に触れる，あるいは利益相反の有無は主観的，つまりは利益帰属主体の意向をふまえて判断するという立場からするなら，事後的な利益相反の発生は珍しいことではない。ドイツの実務家や弁護士からの意見紹介にあずかる弁護士会（担当者）が，口を酸っぱくして，「利益相反が生じる可能性がある案件では，双方当事者から依頼を受けるな。」と助言するのは，利益相反が現実のものとなれば，いずれの依頼も辞任しなくてはならず，元も子もなくなってしまうからである。

この場合にも弁護士契約は，遡及的に無効となるとするのは，いうまでもなく不合理であり，契約上の義務そしてまた報酬請求権の消滅は可及的とすべきはいうまでもない。利益相反状態の発生と同時に弁護士が依頼者にその旨を通知（無催告告知）すれば，利益相反行為はないのであるから，ドイツ民法134条の出番はない[32]。とまれ，契約上の報酬請求権は，消滅することはないとするのが最上級裁判所の裁判例であり，学説がその理由付けにしばしば引用するこの連邦通常裁判所の裁判例をみておくこととしよう。

(2) (a) 事案は，民法上の組合の法形式をとる弁護士の業務共同体が，依頼者 A 会社に対して，その会社の譲渡に関する法律相談や交渉等を受任事項とする弁護士契約に基づき，報酬を請求したケースである。まず問題となったのは，その弁護士契約においては，会社の譲渡契約が成立した場合には，法律相談・交渉に対する報酬のほか，別個に報酬を支払う旨が定められていた点である。連邦弁護士法49条b2項は，成功報酬を原則として禁じており[33]，本件弁護士契約で譲渡契約成立の際に支払うとされた報酬は，禁止されている成功報酬ではないのかが争われた[34]。本題の利益相反については，

---

32) *Schlosser*, NJW 2032, 1376 ff.（1380）.

33) かつてはドイツでは，成功報酬は全面的に禁止されていたが，連邦憲法裁判所の違憲判決を受け，2008年7月1日以降一部許容されてはいる（弁護士報酬法4条a）。もっとも，わが国の成功報酬とは異なり，片面的成功報酬でかつ依頼者がある意味資力を欠く場合に限定されている。

34) 本件弁護士契約では，報酬は，① 契約交渉の準備や契約書等のドラフティングに対する報酬，② 交渉および交渉立ち会いに対する報酬，そして問題の ③ 契約が成立した場合の（和解が成立した場合に相当する）報酬の三つのカテゴリーに分けて規定されていた。そこで一つには，③ は，訴訟の際和解が成立した場合には，特に一定の報酬が支払われるとされているのであるから，交渉がうまくいっ

原告弁護士（業務共同体）が，被告の無限責任社員からの被告に対する会社譲渡にともなう清算金の支払い請求を代理した点，および，被告に事業用不動産を賃貸している貸主を代理して，特別事由に基づく契約解除を被告に通知してきた点が，これにあたるとされた。

　控訴審裁判所は，一方で上記報酬契約のすべての条項はドイツ民法 134 条の禁止法規に抵触するとして無効とし，他方で，報酬合意がない場合として，報酬を判断した。控訴審が上告を許可したのを受けて，両当事者とも上告した。

(b) 連邦通常裁判所は，控訴審の判断をほぼ全面的に受け入れ，① 報酬契約はすべて無効である。② ただし弁護士契約自体は有効で，法定の報酬は請求できる。そして ③ 利益相反でも報酬請求は信義則に反しない[35]，とその判断の要旨を述べ，まずは原告の上告を棄却し，続けて被告の上告についても，次のように述べて棄却した[36]。すなわち，利益相反が認められても，少なくとも本件では，最初の依頼に基づく法定の報酬請求は失われないとしたのであった。

　「a) 利益相反の場合に弁護士契約は民法 134 条が適用となり，その結果弁護士契約は無効となるかについて，連邦通常裁判所は今まで判断を下していない（…先例・文献の引用…）。したがってまた，利益相反の場合に，複数の弁護士契約中，後の弁護士契約のみが無効となるのか，それとも全部が無効となるのかについてもいまだ判断は下されていない。」仮に民法 134 条が問題となるにしても，本件で原告が求めている報酬に関しては，当部がこの点について明確な判断を下す必要はない。

　「b) 弁護士がすでに報酬相当のことを行い終わった時点で，弁護士が利益相反をおかしても，それにより弁護士契約が遡及的に無効となることはないし，また法定の報酬が消滅することもない。契約上の基礎がなくなることは，依頼者の利益に適わないと思われる。反対に，——たとえば事務処理がうまくなかったことを理由とする損害賠償という点に照らすと——契約上の基礎を維持することが依頼者の利益に適うことがある。……利益相反が発生する以前にすでに弁護士の受任事項の処理がなされている限りでは，依頼者保護のために，弁護士契約の法的な承認を遡及的に否定することは求められ

　　　たことは和解の成立と同様であるとして，成功報酬に当たらないのではないかという点であった。もう一つは，③ の合意が無効だとした場合でも，① と ② の合意も有効ではないのかという点である。連邦通常裁判所は，原審と同じく成功報酬であり，① と ② 履行期が一緒だから全部無効だと判断している。

35) 非忠誠を理由とする仲介者の報酬請求権否定を規定するドイツ民法 654 条の類推適用のもと，報酬請求権は信義則に反するとの被告の主張に応えたものである。ドイツ民法 654 条の類推については，後述 2)(2) 参照。

36) BGH NJW 2009, 3297.

ない。弁護士職業規則3条4項により，弁護士が利益相反に気づいたときは，すぐ依頼者にこれを通知し，そして同一の法的事件に関するすべての依頼を終わらせなくてはならないとされていることがその証である。過去に関しては，弁護士契約は維持されたままである。利益相反が生じる前に，弁護士が取得したこうした報酬請求権も失われるとするのは，このことと相容れまい。このような制裁を連邦弁護士法43条a4項から導くことはできない。上告理由書で主張されているこれとは反対の見解は，すべての報酬請求権を遡及的に奪って，「裏切り者」に罰を加えることをこの規定はその目的とはしておらず，むしろこの規定は，弁護士に将来に向けて相反利益の代理をさせまいとするものだということを見落としている。したがって，民法134条を連邦弁護士法43条a4項違反にも適用しようとする場合でも（…文献の引用…），その無効という効果を遡及的に適用はできない。

c) 被告はその上告理由で，ケルン州労働裁判所の裁判（…出典…）に依拠して，無効の効果は，区別なくかつ遡及的にすべての依頼関係におよぶという見解を主張しているが，この裁判から，被告の主張する見解を導き出すことはできない。ケルン州労働裁判所のケースでは，事業所協議会（Betriebsrat）のメンバーと事業所協議会が，その利益の確保のためにほぼ同時に弁護士に依頼をし，したがってまた，当該弁護士が同時に双方の依頼に関して活動していた。被告の依頼の処理は，――企業譲渡の事後処理事務がいまだ完全には終わっていないことから――原告が相反する利益を持つ以前の業務執行者の代理を務めた時点ではいまだ継続しているとしても，この点は本件では本質的に異なっている。この限りでは，ケルン州労働裁判所に賛成する *Kleine-Cosack* の所見（…文献の出典…）から，彼が，どのような状況であれば，全報酬請求権を否定するのかを明確に読み取ることはできない。」と。

2) 報酬請求権の減額ないしは消滅

(1) 以上のように，判例は告知構成，つまりは，弁護士および依頼者が無催告告知をするまでは，（弁護士依頼者が漫然と弁護士契約の無催告告知を怠った場合でも）契約が続くと考えているようであるし，学説も多くがこれに賛成していると思われる[37]。ただ，ここであえて私見を述べさせていただくなら，利益相反状態が生じた後の依頼者のための活動は，職業法上の義務違反となるのであるから，ドイツ流ではドイツ民法134条が（類推）適用，わが国では民法90条の（類推）適用となり，弁護士契約は，事後的無効となり，したがって契約上の報酬請求権は，利益相反状態が生じた後は，もはや発生しないとすべきであろう。

---

[37] ただし，*Klein-Kosack*, BRAO 5 Aufl. §42a Rdnr. 131. 判例で引用されている *Kleine-Cosack* は，民法134条の適用を主張している。

とまれ，上記連邦通常裁判所の判例がとる告知構成では，一つには，ドイツ民法628条1項の減額がまず問題となる。すなわち，ドイツ民法626条および627条の無催告告知の場合，ドイツ民法628条1項1文は，それまでの給付（仕事）に応じて契約上の報酬を受けることができるとされているが，同項2文は，一方当事者の契約違反による告知の場合には，当該違反当事者は，告知によりその給付が相手方にとって何の利益にもならないときは，報酬請求権は認められないと定めている。この規定が弁護士契約にも適用となることは，判例・学説の認めるところである[38]。依頼者の（経済的にみて）利益にならないとは，これも判例学説がこぞってあげる例であるが，別の弁護士を依頼しなくてはならず，その弁護士に同じ報酬（二重の報酬）を支払わなくてはならなくなった場合であり，おおむねこの場合に限られよう[39]。通常新たな弁護士は，正規の報酬を請求するであろうから，利益相反におちいった弁護士の契約上の報酬請求権は，通常ほぼゼロになると考えてよかろう[40]。

わが国の民法には，ドイツ民法628条1項1文・2文に相当する規定はない。しかしながら，一方では，告知前の給付に対する契約上の報酬を受けられるのは，一般論として当然であるし，他方で，告知の原因がもっぱらその者にある契約当事者が，告知によりそれまでの給付が無意味になった場合でも，契約上の報酬を取得できるとするのは，公平な負担分担という視点からは正当化されまい。その根拠は別として，わが国でも同様に考えてよいのではあるまいか。

(2) もう一つ考えられているのは，ドイツ民法654条による報酬請求権の消滅である。この規定は，仲立人（ただし，ドイツでは商行為の媒介に限られない）が，「契約に反して相手方のためにも活動したときは」仲介報酬請求権および要した費用支払い請求権は認められない。」と規定するものであるが，その趣旨からして広く信頼関係を前提とする双務契約に類推適用されることには，判例学説ともほぼ異論がない。弁護士契約は，まさに信頼関係を前提とする契約であるから，本条の類推適用となる。

本条の（類推）適用により，弁護士の事務処理がすべて完了した場合[41]，つまりはドイツ民法628条1項2文が適用とはなりえない場合でも，契約上の報酬請求権を消滅させられる。本条の主戦場は，事務処理が完了した場合だとされるゆえんであろう。た

---

38) BGH, Urt. v. 8. Oktober 1981 – III ZR 190/79, NJW 1982, 437, 438；v. 7. Juni 1984 aaO,；MünchKomm-BGB/*Henssler*, 5. Aufl. § 628 Rdnr. 22, 26.

39) BGHZ174, 186, 192；Urt. v. 30. März 1995 – IX ZR 182/94, NJW 1995, 1954；v. 17. Oktober 1996 aaO,.

40) 下級審は，経済的な利益以外でも，たとえば中断などがあれば，その分の報酬を認める。ただし *Henssler*, Munch. Komm. 5. Aufl. § 628 Rdnr. 22 は反対。

41) *Deckenbrock*, aaO, S. 228.

だ．本条による報酬請求権の消滅は，一種の民事罰であり，依頼者にとり利益となるところがあるかどうかとは関係がない．したがって，いまだ事務処理が終わっていない場合にも，本条の趣旨を推し進めていけば，契約上の報酬請求権の全面否定を導くこともできよう．事後的に利益相反となった場合についての先の連邦通常裁判所の判決において信義則違反が検討されたのは，まさに本条が受任事務処理未了の場合でも類推適用されることを前提としたものであった．

もっとも，本条が重大な忠実義務違反に関して適用をみる際は，故意または重過失がその要件とされており，いわば「寝返り」が要件とされているから，かなりそのハードルは高そうである．

V 損害賠償請求権

最後に可能性として指摘されているのが，債務不履行に基づく損害賠償請求権（ドイツ民法280条1項．同134条により契約が無効の場合には，契約締結上の過失の法理を立法化した同311条2項1号）ないしは，保護法違反を理由とする不法行為に基づく損害賠償請求権（ドイツ民法823条2項）[42]である．不法行為に関してわが国に置き直してみると，「法律上保護される利益」の侵害ということになろう．ただ，財産的損害の発生，つまりは利益相反による経済的損失の発生が要件になるが，果たしてどのような場合に債務不履行あるいは不法行為としての損害が発生するか，ないしは，これらの損害賠償請求権を認める必要があるのは具体的にどのような場合なのかは，必ずしも判然としない．まず当初から利益相反となる場合，事務処理中に利益相反が発生した場合そして事務処理完了後に利益相反となる場合のいずれにあっても，それが弁護士としての適正な業務であれば，利益相反に際してのある行為を加害行為とみることには，ドイツ法のもとでも無理がありそうである．たとえば，利益相反関係にあるA社のB社に対する同一事件にかかる債権の時効中断（完成猶予）のための措置（たとえば催告）がなされた場合に，B社が時効完成でえるはずの利益（債権額）を損害だとするのは無理であろう．そもそも利益相反の禁止は，一方依頼者からのコンフィデンシャルな情報を他方依頼者の利益に用いる点にその根源があり，上記の例ではそのようなことはまったくないからである．つまり，利益相反禁止に違反して代理等がなされただけでは，財産的損害は発生せず，たとえば上記の依頼者Bの情報が「利益が相反する同一事件」で用いられたことが必要となるはずである．果してこういった場合が，どの程度ありうるの

---

42) 2項は日本にはない．利益相反禁止の処罰規定である刑法356条ないしは連邦弁護士法43条a4項がその保護法にあたるとみるわけである．

かは別として，そもそもそうしたことがなされたという立証はほぼ不可能であろうから，こうした観点からの損害賠償が認められるとしても，現実問題としては実に希有の例ということになるのではあるまいか。なお，利益相反が生じたときは，直ちに依頼者にこれを明らかにし辞任するべき義務があり，これは一種の説明義務であるから，これを怠った場合には説明義務違反となることはいうまでもない。しかし，この違反からは，財産的損害が発生することはあまり考えられない。わが国では（認められたとしてもわずかな）慰謝料請求の根拠とはできようが，ドイツでは慰謝料請求は限定されているから問題外である（ドイツ民法253条2項）。

残るのは，報酬を事前に支払っていた場合であろうが，この場合，そもそも弁護士契約が無効となれば，ドイツでもわが国でも不当利得としての返還義務が生じるし，事務処理未了の間に問題が生じたときは，先に述べた契約解除構成のもとでも，精算義務があるから（ドイツ民法628条3文。）[43]，（「理屈として，損害賠償も考えられる」という以外）ことさら債務不履行・不法行為に基づく損害賠償を持ち出す必要があるのは，「不当利得として返還すべき利益がもはや存しない」というあまり考えられない場合のみではなかろうか。ちなみに，事務処理完了後では，先にあげた依頼者の情報利用が加害行為となる例しか考えられず，すでに述べたようにあまり意味があるとも思われないが，どうであろうか。

VI 違反に対する制裁——結びに代えて

1．制裁としての懲戒と刑事罰

以上，ドイツにおける利益相反の私法上の法律効果に関する議論ないし判例を，一部ではあるが日本法に投影させて概観してきた。もちろん利益相反禁止違反に対しては，まずは——日本にはない——刑事罰とわが国でいう懲戒が用意されている。これを素材に，ドイツの懲戒機関の構造と懲戒の種類そして刑事罰との関係を簡略に俯瞰して，結語に代えよう。

2．懲戒と懲戒機関

(1) 利益相反禁止違反は，職業法上の義務違反として懲戒事由にあたる。ただ，わが国の懲戒が行政処分であるのに対し，ドイツの懲戒は，義務違反に対する懲罰（Ahndung）[44]という表現からもうかがえるように，刑罰の色彩が強い[45]。懲戒処分は現在，

---

43) 契約解除の場合の規律（ドイツ民法346条）が優先適用となる。帰すべき事由でないときは不当利得が働くことになる。

「譴責（warning）」，「戒告（verweis）」，「22,000ユーロ以下の反則金（Geldbuße）」，「一定の法分野での5年以下の業務停止」そして「弁護士資格剝奪」の5種類であるが，戒告と反則金は併科できる。

　利益相反禁止違反に対する懲戒処分がどの程度なのか，つまりはその重さは，違反の程度・態様さらには従前処分を受けたかなどを総合して決せられることはいうまでもあるまいが，一つ注目すべきは，利益相反禁止違反が，非常に重大な義務違反だととらえられていることである。その結果，違反が悪質なときは，いわゆる初犯でも，弁護士資格の剝奪もありうるとされている[46]。

　(2)　すでに何度か紹介してはいるが[47]，補完の意味も込めて簡単に，ドイツ懲戒裁判権の構成をみておこう（連邦弁護士法92条以下）。まず審級構成であるが，第一審は，弁護士から指名された名誉裁判官3名からなる弁護士裁判所（Anwaltsgericht），控訴審は3名の名誉裁判官と2名の職業裁判官により構成される弁護士法院（Anwaltsgerichtshof），そして上告審にあたるのが2名の名誉裁判官と同裁判所長官ならびに2名の職業裁判官により構成される連邦通常裁判所弁護士部（Anwaltsenat）である。訴追権者は，第一審と第二審は，いずれも上級地方裁判所の検察が，連邦通常裁判所については，最高検ともいうべき連邦検察である。ちなみに，こうした特別の裁判権が認められている職業は弁護士のみである。

　(3)　弁護士には，検察に対して，自らに対する弁護士裁判所手続を開始する，つまりは訴追することを求める権利が認められている（連邦弁護士法123条）。もちろんその目的は，義務違反の嫌疑を振り払い，いわゆる「身の潔白」を明らかにするためである。したがって，検察が訴追しないとか手続を停止するときは，その理由を弁護士に通知しなくてはならず，その中で義務違反が認められるあるいは違反の有無が明確に示されていないときは，弁護士法院に判断を求めることができる。もっとも，現在では，弁護士がいらぬ嫌疑をかけられたと受け止めた場合には，民事上の対応，つまりは差止めとか損害賠償請求を選択し，この制度を利用することはほとんどないであろうとされている。

　(4)　懲罰ではないが，懲戒の一種に分類してもよいと思われるのが，弁護士会理事会

---

44)　連邦弁護士法113条。

45)　現在では，懲戒機関の「処分（Maßnahme）」と表現されているが，1961年の改正までは，「刑罰（straf）」と表記されていた。

46)　*Deckenbrock*, aaO, S. 222

47)　「ドイツにおける勤務弁護士とそれを取り巻く環境」注63ないし65（368頁）参照。伊藤壽英編『法化社会のグローバル化と理論的実務的対応』（中央大学出版部，2017年）所収。

による叱責処分（Rüge）である（連邦弁護士法74条）。これは，弁護士が義務違反を侵したもののその責任が軽く，弁護士裁判所手続，つまり検察に対し懲罰手続の開始を求めるまでは必要がない場合に課せられるものである。一種の行政処分である。叱責処分を受けた弁護士は，まずは理事会に対して異議を申立てることができる。異議が退けられたときは，弁護士裁判所に判断を求めることができる（連邦弁護士法74条a）。

なお，弁護士会理事会の職責の一つとして，教示（Belehrung：（連邦弁護士法73条2項1号））がある。叱責処分との違いは，叱責処分が過去の行為に対する非難の要素を持った行政処分であるのに対し，教示は，予防的性格のものであり，将来に向けた指導であり，行政処分ではない。もっとも教示には，「中立的で圧力とはならない」教示と，教示のきっかけとなった行為を「非（Missbillig）とする趣旨の」教示の2種類があり，そもそもこのいずれにあたるかも，教示の内容如何によることから，はっきりしないし，さらには，後者と叱責処分は紙一重のところがある。教示は処分ではないから，本来不服（異議）申立の対象にはならないが，それが一定の作為不作為を命じたり，教示に従うと当該弁護士がかなりの不利益を被る場合には，不服申立ができるとされている。もっともこの場合には，理事会がする行政処分に対する不服の一般原則に従い，第一審は——叱責や懲罰では弁護士裁判所となるのと異なって——弁護士法院となる点で，体系的には矛盾があるとされている[48]。

3．刑　事　罰

先に述べたように，ドイツでは利益相反は，刑法犯である。ドイツ刑法356条は，汚職と同じくこれを3カ月以上5年以下の自由刑に処すと定めている。なお，利益相反禁止違反は，法典上公務犯罪（Amtsvorgehen）に分類されているが，これは歴史的なもので，ドイツ刑法が制定された1871年当時，弁護士は公務員（Beamte）とされていたことによる。弁護士が利益相反違反で刑を科されたときは，弁護士裁判所による職業法上の制裁は見送られることになっている[49]。二重処罰禁止がその趣旨であり，ここにも弁護士裁判所の懲罰が，刑罰の性格を持っていることがあらわれている。

刑事手続と弁護士裁判所の懲罰手続の関係については，連邦弁護士法118条が，刑事

---

48) *Henssler/Prutting*（*Hartung*），BRAO 4 Aufl. § 73 RN 28.
49) 連邦弁護士法115条b。正確にいうと，同条は，弁護士の義務を守らせ，あるいは，弁護士に対する敬意維持にとり必要なときは，刑事罰に加え，さらに弁護士裁判所の懲罰を科せるとしてはいるが，たとえば，弁護士としての職務に関係ない，弁護士に対する敬意を損なうような行為で問題となるものであり，利益相反の場合の刑罰は，弁護士の義務違反そのものに対する制裁であるから，この例外には該当しない。

手続の絶対的優位を前提として，次のように規律している。すなわち，利益相反禁止違反で公訴が提起されたときは，原則弁護士裁判所の手続は，停止される[50]。弁護士が，刑事手続で無罪となったときは，弁護士裁判所の手続は，刑事罰の要件は満たさないが，利益相反はありとされた場合を除き，行われない。次に，弁護士裁判所は，刑事裁判所の事実認定に原則として拘束される。ただし，弁護士裁判所が，そのメンバーの多数をもって刑事裁判所の事実認定に疑義を抱くときは，事実認定をやり直すことができる。最後に，刑事手続が停止中に，弁護士裁判所が懲罰につき判断を下し，その判決確定後，再開された刑事手続で，刑事裁判所が弁護士裁判所の判断と矛盾する判決を下したときは，弁護士裁判所の判決に対する再審申立ができるとされている。

---

50) 例外的に，継続できるのは，事実関係が明白であり，弁護士裁判所と刑事裁判所の事実認定にずれが生じないことが確実か，刑事手続が被告人には関係がない事情で停止された場合である。

第3部　守秘義務

弁護士の守秘義務
――弁護士職業規則2条の改正に寄せて――*

スザンネ・オファーマン－ブリュッハルト

訳　森　　　勇

訳者はしがき

　ここに掲載させていただくのは，日本比較法研究所と日本弁護士連合会共催のもと，2015年9月30日に弁護士会館で行われた講演の翻訳である。
　講演者は，ドイツ弁護士で，デュッセルドルフ弁護士会事務局長であり弁護士規約委員会（Satzungssammulung）委員でもあるスザンネ・オファーマン－ブリュッハルト博士（Dr. *Susanne Offermann-Burckart*）である。博士は，ドイツにおいては弁護士職業法に精通した実務家として知られ，弁護士法上の諸問題に関するその論攷は枚挙にいとまがない。
　博士は，今回と同じく日本比較法研究所と日本弁護士連合会が共催した2014年10月開催のシンポジウム「リーガルマーケットの展開と弁護士の職業像」において報告者そしてディスカスタントとしてご参加いただき，成果を上げることができた。日本びいきの博士が，今秋私的に日本を訪問されると聞き，多忙な中1日，本講演に時間を割いていただいた。本講演のテーマである「弁護士の守秘義務」は，弁護士にとっての一大テーマであり，ドイツの状況を知ることは，わが国の弁護士にとっても大いに参考となるものと思われる。
　今回も快く共催をしていただいた日本弁護士連合会，そしてお名前は控えさせていただくがその実現に尽力してくださった諸先生に，この場を借りて御礼申しあげるとともに，今後さらに両者の協力関係を深めさせていただけることを期待するものである。
　なお，本講演は第26回中央大学学術シンポジウムの研究プロジェクト「弁護士業務の専門化」により，日本比較法研究所の基金助成を受けているとともに，2015年度科

---

*　Die anwaltliche schweigepflicht: Die neue Regelung des Art. 2 der Berufsordnung des RA

学研究費助成事業である「変貌するリーガル・マーケットとドイツ弁護士職業法」研究の一環であることを付記させていただく。

I 序

自由主義を標榜する世界と同じく、ドイツにおいても守秘義務は弁護士という職業の本質をなしている。この義務は、相反する利益代理の禁止（利益衝突）および弁護士の独立性の擁護とならび、弁護士職のいわゆる「コアバリュー」に属している。

この際、守秘は、単に弁護士の義務であるというだけではなく、その権利ともなる。弁護士は、秘密を漏らしてはならないだけにとどまらず、口を閉ざすことも許される。たとえば、訴訟において、証人としてその依頼者にとって不利な証言をしなくてはならない場合がこれである。

守秘の義務と権利は、また、「マーケティングの観点」からも興味深いものがある。というのは、これが弁護士を、（たとえば、企業コンサルタントや金融仲介者といった）弁護士と競争関係にあるサービスを提供する者からなるグループから際立たせているのである。

他方、弁護士の守秘義務に関する厳格な規律は、コンピューター・インターネット時代にあっては、当然に一定の限界につきあたる。そしてこれが、実務では、ほぼ解決不可能な摩擦をもたらしている。この点についてドイツの弁護士は、ここ数年にわたり、実に激しく対立した議論を展開してきた。そしてこの議論は、2015年11月1日をもって施行される弁護士職業規則（BORA = Berufsordnung des Rechtsanwalts）2条の直近の改正をもって、一応の終結がはかられたのであった。つまり、「弁護士の守秘義務」は、ドイツからすると、実に話題のテーマなのである。

II 法的な基礎

ドイツにおいて弁護士の守秘義務は、法律およびその授権を受けて連邦弁護士会規約委員会が制定する規約（Satzung）の双方で定められている。法律としては、連邦弁護士法（BRAO = Bundesrechtsanwaltsordnung）43条a2項、刑法203条そして規約である弁護士職業規則2条である。

個々の規定の内容は次のとおりとなっている。
連邦弁護士法第43条a第2項
　弁護士は守秘の義務を負う。この義務は、弁護士がその職業を行うにあたり知ったすべてにおよぶ。公知の事実およびその重要性に照らしてみて守秘の必要がない事実には

適用しない。
刑法第 203 条
　⑴　他人の秘密，すなわち，個人的な生活領域に属する秘密もしくは事業上または取引上の秘密であって，
　　　3．弁護士，弁理士，公証人　法律により規律されている手続における弁護人，監査人，公認会計士，税理士，税務代理人または，弁護士，弁理士，監査もしくは税理社団組織あるいは組織の構成員として告げられ，あるいはその他の方法で知ったものを，権限なくして漏らした者は，1 年以下の自由刑もしくは罰金に処す。
　⑵　省略
　⑶　弁護士会の会員は，第 1 項第 3 号に定める弁護士に同じ。第 1 項および第 1 文にあげられた者の業務上の補助者およびその者のもとで業務の準備にあたる者は，同文の者に同じ。守秘の義務を負う者の死後においては，死亡した者あるいはその相続人から秘密を取得した者もまた，第 1 項および第 1 文と第 2 文に掲げられた者に同じ。
　⑷　第 1 項ないし第 3 項は，関係者の死後に権限なくして他人の秘密を漏らした犯人にも適用する。
　⑸　犯人が対価をえて，あるいは故意に自己もしくは第三者に利得を生じさせ，あるいは，他人に損害を与えたときは，2 年以下の自由刑または罰金に処す。
弁護士職業規則第 2 条
　以下では，2015 年 10 月 31 日まで適用される旧規定と，11 月 1 日より施行される新規定をわけておく。
旧第 2 条
　⑴　弁護士は守秘の権利を有し，義務を負う。
　⑵　この権利と義務は，弁護士がその職業を行うにあたり知ったすべてにおよび，受任終了後も存続する。
　⑶　本職業規則およびその他の法規定が例外を認めている場合，あるいは，依頼関係に基づく請求権の貫徹あるいは防御もしくは弁護士が自らの事件において防御のために開示が必要とされる場合には守秘義務を負わない。
　⑷　弁護士は，その従業員およびその業務活動を援助するその他の者に対して，明示的に守秘を義務付け，かつまた守秘させなくてはならない。
新第 2 条
　⑴　弁護士は守秘の権利を有し，義務を負う。受任終了後もまた同じ。
　⑵　法律または法が例外を求め，あるいは認めている場合には，（連邦弁護士法第 43 条 a 第 2 項の）守秘義務違反にあたらない。

(3) 次の場合には，守秘義務違反に当たらない。弁護士の行為が，
　a) 同意に基づいている場合，
　b) たとえば，依頼関係に基づく請求権の貫徹あるいは防御もしくは弁護士が自らの事件において防御のためなど，正当な利益擁護のために必要な場合，
あるいは
　c) 第三者に対する給付請求を含め，事務所の事務処理の枠内でなされ，かつ，それが，客観的にみて，社会生活上公衆から受け入れられる日常的な行為態様に相応する場合（社会的相当性）。
(4) 弁護士は，その従業員が，当該受任に関してではなくとも，その他のかたちで弁護士のために活動している場合には，書面をもって守秘を義務づけ，かつまた守秘させなくてはならない。
(5) 4項は，弁護士がそのサービスを受けているその他の者についても，次の場合には，これを適用する。
　a) 弁護士がその者に対し，守秘の対象となる事実を知らせたとき。
　b) その者が，自分のサービスを提供するに際し，守秘の対象となる事実を知ったとき。
　弁護士が，このようなサービスを企業からえるときは，弁護士はこの企業に対し，第1文（上記a) b) の事実：訳者注記）の事実について守秘することをその従業員に義務づけるよう求めなくてはならない。サービスを提供する者または企業が，法律上守秘義務を負い，あるいは，そのサービスの内容に照らすと守秘義務を負うことが明らかな場合には，第1文および第2文の義務はこれを負わない。
(6) 弁護士は，守秘義務に照らして必要とされる信頼性に対する具体的疑念を生じさせ，かつ検討を加えてもこの疑念が払拭されない諸事情を知ったときは，ある者または企業をその依頼処理に協力させ，またはそれらからその他のサービスを受けてはならない。
(7) 個人情報保護のためのデータ保護法の諸規定の適用に変更はない。

一見してすぐにわかるとおり，弁護士職業規則の改正は，かなり大幅なものとなっている。本稿では，後にその詳細をみていくこととしよう。

III　基本的事項

弁護士職業規則2条の改正点に入る前に，まずは，弁護士の守秘義務の射程，守秘義

務違反の効果，そして，守秘義務と対応する弁護士の権利がどうなっているかについてその一般的なところを確定しておこう。
　I　弁護士が負う守秘義務の射程
　弁護士の守秘義務は，内容の点，主観的範囲の点そして時的な点についてみても，ほぼ完全に網羅的である。

1．保 護 利 益

　刑法 203 条によれば，保護されるのは，他人の秘密（のみ）であるが，連邦弁護士法 43 条 a 2 項に基づく弁護士の守秘義務は，弁護士がその職業を実践するにあたり知ることとなったものすべてにおよぶとなっている。

　規定の仕方が異なっていることから，両規範の射程もまた異なるのか，つまり，連邦弁護士法 43 条 a 2 項は，刑法 203 条よりも多くの事実および情報を保護しているのかが議論されている。というのも，「すべて」というのは，言葉のロジックからして「秘密事項」よりも広いからである。

　もっとも支配的な見解は，守秘義務は，当然のこととして，本当に慎重な取り扱いも必要だとされる情報のみに関わるものであるから，弁護士職業法でも刑法でも，保護される事実は同一であるととらえている[1]。

　簡略にいうと，守秘義務が問題となるのは，限定された範囲の人しか知らない事実に関してである。

　そもそも自分とは受任関係があるという事実，依頼者は誰なのかそして報酬額もまたこれに属する[2]。守秘する必要がないのは，公知の事実またはその重要性からして守秘の必要がまったくない事（のみ）である。

　このほか，守秘義務に注意をはらうべきは，受任してからだけではなく，受任関係が成立する以前も同様である。たとえば，新たな依頼を持ち込まれた弁護士が，利益相反のチェックをしてみると，自分はすでに相手の代理をしている（あるいはしていた）ことが判明した場合である。この場合，この弁護士に許されるのは，依頼を持ち込んだ者に対し，自分には受任を断らなくてはならない重大な事実があると伝えることのみである。しかし，厳格にいえば，断らなくてはいけなくなった理由が，すでに相手方から受任している点にあることを明らかにすることは許されない。いうまでもないことだが，

---

1) この点については，次の二つの文献をあげておくにとどめる。*Siegmund,* Die anwaltliche Verschwiegenheit in der berufspolitischen Diskussion, 2014, S. 101, und *Henssler,* in : *Henssler/Prütting*, Kommentar zur BRAO, § 43a BRAO Rdn. 45. 参照。

2) *Henssler,* aaO, § 43a BRAO Rdn. 45.

実務が常にここまで「完璧」だというわけではない。

時として判例ですら，この問題が「マージナル」なところでしか表われてこないときは，弁護士の守秘義務というテーマにまで目配りするのが難しい状況にある。

たとえば，連邦通常裁判所は，大いに注目を引くとともに大いに批判を受けたその2007年11月8日の裁判[3]で，弁護士は，その依頼者に対し，——その事務所がいつもながら代理人を務めている——相手方に対して裁判上の対応はとらないことを，その依頼者に対し受任時に伝えなくてはならないとの判断を下している。本件では，当該弁護士が，その事務所がいつも代理人を務めてきた者を相手とするある女性依頼者を裁判外で代理していた。利益相反にあたるかどうかのチェックは，それぞれの依頼者の依頼が無関係であったことから，行われていなかった。この女性依頼者が，ついにはその相手方に対し裁判上の対応をとることを弁護士に頼んだところ，弁護士はこれを拒絶した。というのは，相手方をついには怒らせてしまい，依頼者を失う危険を冒したくはなかったからである。そのため，女性依頼者は，連邦通常裁判所が判示したように，正当にも弁護士の報酬請求書の受け取りを拒否した。つまり，「弁護士は，相手方が自分の事務所の上(顧)客の一人であり，いずれにせよこれに対して裁判上の処置をとることはないという，なぜ拒絶するのかの理由を，直ちに，つまりはすでに受任の際に明らかにしておかなくてはならない。」と判示したのであった。しかし，そもそもこうした通知が，弁護士の守秘義務に照らしてできるのか，この点について連邦通常裁判所は何も触れていない。

2．広範にわたる開示禁止

守秘義務のもと，誰であろうと秘密を漏らしてはならない。つまり，他の弁護士に対してであっても，(その弁護士が，事務所の共同経営者のように，受任関係にあるのでなければ) 秘密を漏らしてはならないし，自分の家族，そしてまた依頼者の家族に対しても同じく漏らしてはならない[4]。

したがって，弁護士が行動する際には，常に最大の注意をはらう必要がある。弁護士が依頼者の家に電話をしたところ，依頼者の妻とか家計を同じくする人物が電話に出たとしよう。この場合に弁護士は，家族が弁護士との受任関係についてすでに知らされていると簡単に考えて，電話した理由を告げてはならない。

昨今の携帯電話の時代では，公の場所で，いつもながらの大きな声での通話は避けるべきである。時々列車で移動する人，あるいは空港の待合室で搭乗を待っている人は，

---

3) NJW 2008, 1307 = AnwBl. 2008, 297.
4) *Henssler*, aaO, § 43a BRAO Rdn. 58 ff.

同行者が，いかに大声かつまたおおっぴらに，携帯電話で取引関係上の人の名前や詳細な情報を「まき散らしている」ことに驚愕しているのである。

弁護士事務所の待合室も，秘密保護の対象範囲である。ドイツでは，弁護士が，守秘義務を負っていない，たとえば企業コンサルタント，金融ブローカーあるいは建築士と業務提携（業務共同）することが禁止されているが，この点が，特にその理由の一つとしてあげられている。このような業務提携がなされると，警察官は，こうした「守秘義務を負わない者」に対して，現在逃亡している刑法犯が，事務所の待合室にいたかを質問した場合に，たとえば企業コンサルタントは，守秘義務を持ち出すことはできず，状況を開示しなくてはならないというわけである。

原則として，依頼者の権利保護保険にも，弁護士の守秘義務が及ぶ。もっとも通常は，依頼者が，「必要なものはすべて」権利保護保険と一緒に決めるよう（明確に）弁護士に求めるので，このことで，守秘義務が免除されたことになる。権利保護保険は，被保険者に対し，弁護士の守秘義務を免除するよう求める権利も有している。（ほかの損害保険などでは）被保険者は，保険者が自分に移転した請求権を行使する際には，これを支援する義務を負っている[5]。

ほぼ異論のないところであるが，弁護士は，その依頼者に対してのみ守秘義務を負い，相手方もしくはその他の第三者に対しては守秘義務を負わない[6]。これと異なる見解は，依頼者の弁護士は許されないが，依頼者自身は，相手方もしくは第三者に関する事実を開示してよいという，不合理な結果となってしまおう。

もっとも，個々の場合において，弁護士が相手方もしくは第三者からえた事実が，自分の依頼者のためにも守秘すべきかどうかの判断は難しい。たとえば，依頼者が，以前一緒に仕事をしていたパートナーと争い，弁護士がそのパートナーから，かつての事業活動上の（脱税など）税に関わる不整合についての情報をえたとしよう。この情報が，相手にとってのみ不利なものなら，弁護士はこれを開示してかまわないし（開示すべきである）。しかし，当該情報が，自分の依頼者にとり不利益となりうる危険があるときは，この情報を守秘しなくてはならない。依頼者自身が開示を認める場合には，弁護士は，可能性のあるネガティブな結果を助言しなくてはならない（この点の詳細については，下記 III．I 5．(1) 参照）。

3．守秘義務の時間的な広がり

受任関係に基づく守秘義務は，無期限である。つまり，受任終了後でも，依頼者が死

---

5) *Henssler,* aaO, § 43a BRAO Rdn. 59.
6) *Henssler,* aaO, § 43a BRAO Rdn. 62.

亡した後でも，そしてまた弁護士が死亡した後も続く。弁護士死亡の場合には，その相続人に引き継がれる。

相手方から新たに受任することが，相反利益代理の禁止には触れないものの，守秘義務のためにできないことが実務ではしばしばおこる。利益相反代理禁止により受任できないのは，昔も今も同一事件が問題となる場合のみである。これにくらべ，守秘義務から受任できなくなる場合ははるかに多い。弁護士が以前の受任関係から，たとえば，以前の依頼者の財産状態についてかなり詳しい知識をえていたとすると，利益衝突がないにもかかわらず，元の依頼者を相手とする依頼を，次のような場合には受任することはできない。すなわちそれは，当該弁護士が，かつての依頼者（つまり今の相手方）の財政状態についての知識を利用できるかもしれないし，そしてまた，それを新しい依頼者のために利用しなくてはならなくなるかもしれないといった場合である。

古い記録の取り扱いにあたっても，もちろん守秘義務に注意しなくてはならない。この義務は，記録保管義務期間を超えても同じである。事務所移転後，昔の記録を元の事務所があったビルの地下室に放置してはいけないし，ゴミ箱に捨てるのも許されない。これら古い記録は，弁護士自身か，それなりに質の高い業者によって廃棄・処分される必要がある。

弁護士が仕事を辞め，その事務所をほかの弁護士に売却するときは，通常（そしてまた特に）記録も一緒に売却する。しかし，事務所売却をスムーズにやるためには，該当する依頼者の同意が必要である。すなわち，売り手側の弁護士は買い手側の弁護士にその事件記録を簡単に渡してはならず，渡す前に依頼者に，記録の譲渡に同意するか，そしてまた，それにともなって生ずることになる受任弁護士の変更に同意するかを聞かなくてはならない。依頼者が不同意の場合には，受任関係を終了しなくてはならず，依頼者にその事件記録を渡さなくてはならない。これに関してもまた，実務においては，しばしばそうなっていないが，ここではそのことには深く立ち入らないことにしよう。

なお弁護士が重病とか死亡によりその事務所の運営を維持できないので，弁護士会がいわゆる清算人（連邦弁護士法55条，53条）を任命した場合は，若干異なる。この場合清算人は，それまでの弁護士の地位を引き継ぐため，その限りでは「別の人物」とは扱われない。

4．守秘義務を負わされる人的範囲

守秘義務を負うのは，各ケースごとに異なるが，直接受任した弁護士に限られない。

(1) 弁護士業務の共同

ほかの弁護士（または業務共同が認められている職業にある者）と民法上の組合（共

同事務所＝Sozietat），パートナー社団（Partnergesellschaft），弁護士有限会社あるいは弁護士株式会社の枠組みを使って，弁護士業務を共同して営んでいる弁護士に関しては，まずは次のことが妥当する。すなわち，――いずれにしても原則ではあるが――依頼者の同意がない場合でも，受任と受任関係を，共同している弁護士に伝える権限を有している。そもそも，依頼は――これもまた原則ではあるが――業務共同組織の構成員全員がこれを受け，そしてその処理をしているのだということからして，こうなる[7]。他方でこのことは，依頼の処理にあたる弁護士の同僚組合員，パートナーあるいは社員等々もまた，守秘の義務を負うという理解につながっている。

特別の問題は，コンプライアンスの観点から必要とされてしかるべき大規模事務所のいわゆるチャイナ・ウォールの存在である。

上記の業務共同の諸形態と区別されなくてはならないのが，合同事務所（Burogemeinschaft）である。これは，共同受任ということがない緩やかな業務共同である。共同事務所のメンバーは，お互いに秘密保持の義務を負っている。このことは，実務においていくつかの問題をもたらしている。というのは，ドイツにおいては，利益衝突にあたる，つまりは相反利益代理の禁止は，共同事務所のメンバーにも及ぶとされているからである。このことから，次のようなまさに「分裂症」的な状況が生じてくる。すなわち，合同事務所のメンバーは，一方ではなるほど利益相反のチェックをしなくてはならないが，その当然の前提として，最低でも受任関係の存否が開示されていなくてはならない。しかし他方では，メンバーはお互いに守秘義務を負っているのである。そもそものところ，この緊張状態を満足がいくかたちで解決するのは不可能である。

(2) そのほかの事務所従業員

事務所で働くその他の従業員，たとえば，弁護士を専門的に支える従業員（パラリーガル），経理担当者，掃除婦，建物の管理人あるいはコンピューター・ソフトを使ったサービスを提供する者等々は，刑法203条からわかるように，二つの古典的なグループにわけられる。203条3項2文により，弁護士と同じに扱われるのは，「業務に従事している補助者と当該職業につく準備のために（弁護士のもとで）活動している者（のみ）」である。

つまり，まずは修習生そしてまたインターンシップ中の学生が，弁護士と同じに扱われる。

本規定の意味での「補助者」というのは，その支援的活動が，「弁護士の職業独特の

---

[7] この点については，次の文献をあげておくにとどめる。*Henssler,* aaO, § 43a BRAO Rdn. 76 ff. 参照。

活動と内的に関連している」者のみを指す。これに該当するのが，弁護士を専門的に支える従業員と事務所の管理責任者（事務長），弁護士の秘書そしてまた経費計算を任されている事務員[8]つまりは経理担当者はこれにあたるが，終業後，特に弁護士事務所に自由に出入りができ，取り仕切れる「かの有名な」掃除のおじさんやおばさんは，これに該当しない。

したがって，掃除婦，建物の管理人，あるいはまた，コンピューターの専門家といった人に守秘義務を課すには，弁護士が彼らとその旨の契約を結ぶしかない。といっても，この契約に違反したとしても，刑が科せられることはないし，また彼らは，証言拒絶権を持つことになるわけでもない。

(3) 弁護士の相続人

刑法203条3項3文により，弁護士が亡くなった後は，その弁護士からもしくはその遺産から秘密を知った者は，弁護士と同じにあつかわれる。このことは，関係する者にとってみるとびっくりすることであり，そしてまた驚愕の事態となることが繰り返しおきている。

したがって，ある弁護士の未亡人は，彼女の亡くなった夫が持っていた記録をゴミとして出し，こうすることでゴミ回収人がそれを回収してしまうことがないようにしなくてはならない。かえって彼女は，弁護士自身と同じく，（先に述べたように）確実な記録廃棄をはからなくてはならない。彼女がその亡くなった夫の事務所を売却するときは，買い手に記録を渡す前に，関係する依頼者から，記録を別の者に移す点についての同意をえなくてはならない。

5．守秘の限度

弁護士が自分にゆだねられた事項を開示することができるのは，厳格な要件を満たした場合のみである。

(1) 依頼者の同意

「秘密の主」は，依頼者である。依頼者が，受任関係に基づいた情報の開示に同意する旨を明示していたとき，さらには依頼者が弁護士に対して情報を別の者に渡すよう求めたときは，守秘義務はなくなる。

わけても，弁護士が，依頼者の権利を擁護ないしは貫徹するために，受任関係をまっとうする際に，事実を提示し，あるいはしなくてはならない場合は，いうまでもなく守

---

8) *Lenckner/Eisele, Schönke/Schröder*, Kommentar zum StGB, § 203 StGB Rdn. 64.

秘義務はない。たとえば，いわゆる弁護士の催告状，訴状あるいは答弁書でする場合がこれである。

これとは別に，依頼者にとって「秘密を放棄」することが望ましい場合も同じである。たとえば，弁護士が依頼者あるいは「依頼者の敵」に対する刑事手続に関する詳細を報道に流すことが，依頼者の利益になる場合である。

弁護士は，依頼者とは無関係の「固有の」守秘の権利を有するわけではない。たとえば依頼者が，ある脱税事件手続において，その弁護士は反対の助言をしたにもかかわらず税務当局と協力しようと決め，税務当局に対し，特定の細かな情報は，これに応じるかたちで守秘義務を解かれた自分の弁護士からえることができる旨を通知したときは，当該弁護士は，依頼者を保護するためであっても守秘義務を盾にとることはできない。守秘義務を解かれた弁護士は，証人として真実義務を負い，場合によっては，弁護士そして依頼者を害するような事柄を明らかにしなくてはならなくなることを知らずに，弁護士が民事訴訟において証人として尋問が予定されている弁護士の守秘義務を解いた場合も同じである。ドイツ弁護士のさまざまな会合において少し以前に，この点について一定の変更をすべきではないか，つまり，弁護士は，それでも守秘するということが，依頼者保護という利益のもとではできるのではないか，ということが議論された。しかし，多数は，こうした考慮は，依頼者の判断権限を奪う不適法なお節介だとしたため，こうした努力は先には進まなかった。弁護士が，その依頼者に対しその行動にはどんな問題があるかを説得できないときは，それが引き起こす可能性がある結果を示すことで，こと足れりとしなくてはならず，それ以外では，依頼者は，「秘密の主」にとどまらず，「依頼の主」でもあることを受け入れなくてはならない。

弁護士が，メディエーターとか調停人あるいは仲介者として活動したとき，守秘義務を解かれるのは，すべての当事者が了解した場合のみである。

弁護士が，メディエーターとしてではなく，一方当事者のいわゆる付き添い弁護士としてメディエーションに関わった場合，難しい状況に追い込まれることがある。ドイツ法およびヨーロッパ法のもとでは，メディエーション合意契約上，メディエーションの当事者は，うまくいかなかったときは，たとえばそれに続いて行われる裁判所での手続において，メディエーションでわかった詳細を開示してはならない義務を負っている。依頼者がこの義務を無視して，付き添い弁護士に，訴状においてメディエーション手続で打ち明けられたことの詳細をあらいざらい話すよう求めたとすると，この付き添い弁護士は，窮地に追い込まれる。しかしこの場合は，一つの考えとしてありうる弁護士独自の守秘権について先に述べたことが同じくあてはまる。付き添い弁護士はその依頼者に対し，（弁護士ではなく）依頼者自身が契約上の義務に違反することになり，これにより損害回復請求にさらされる危険があること，そしてまた，依頼者の行いは「モラル

に反する」ことを指摘することができるだけである。やむをえないときには，弁護士は，自分の依頼者の不誠実な行為により，依頼者との信頼関係が破壊されたことをも理由として，受任を終了することが認められよう。

(2) 依頼者の黙示の了解

たとえば依頼者が重傷を負い意識不明となって，その意思を表明できないときに，弁護士が受任関係からえた情報を開示してよいか，あるいはもしかしたらそうすべきかという問題に直面することがおこりうる。この場合の判断は，個別ケースごとにしか判断はできない。弁護士はこの場合，できる限り慎重でなければならないであろう。

依頼者が亡くなったときもまた，黙示の了解というデバイスを使って，対応しなくてはならない。守秘義務は，受任関係が終了しても存続し続けるし，とりわけ依頼者が死亡した場合もそうである。そうなると，弁護士にとっては，「永遠に口を閉ざす」ということにもなりかねない。しかしこのことは，（たとえば，それに続く相続法上の争いに際しては）亡くなった依頼者の利益に反することが多くある。この場合には弁護士は自己の責任のもと，話すか黙るかの決断をしなくてはならない。

Henssler の見解によれば[9]，当該秘密が経済的な価値を持っている，あるいは，いずれにしても経済的価値と関連している場合には，若干異なる。というのは，相続人が，当該財産の価値を取得することで，同時に問題の秘密の帰属者となるので，この帰属者には，秘密の処分権限も移る。これは，興味を引く特別の問題ではあるが，この点に立ち入るのは，本講演に与えられた時間等を超えるので，割愛する。

(3) 未払いの報酬請求件の貫徹

弁護士職業規則の2条3項は，その新旧いずれにおいても，受任関係から生じた請求権を貫徹するために開示が必要なときは，守秘の義務はない。

依頼者が報酬を支払わないときは，彼に対して訴えを提起し，その手続において，弁護士の債権の根拠となる事実を開示することができなくてはならない。

しかし，この場合弁護士は，考えのおよぶ限り慎重でなくてはならないし，受任関係の内容を「見境もなくしゃべっては」ならない。つまり，依頼者は全体的にみて真剣さに欠けるという印象を与えたとか，以前受任したときからすでに依頼者の支払いに関するモラルはよくないとかいうことを，裁判所において述べることは許されない。

「報酬債権の貫徹」という問題との関係で言及すべきは，弁護士は，当該債権を第三者，とりわけ弁護士のための決済機関（Verrechnungsstelle）に譲渡できる。この点に

---

[9] aaO, §43a BRAO Rdn. 65.

ついて，かつては，厳しく制限されていた。現在では，この点につき，連邦弁護士法49条b4項において次のように定められている。

「弁護士または弁護士社団（第59条a）に対する報酬債権の譲渡，あるいはその取り立て権限の付与は許される。このほかの譲渡ないしは取り立て権限の付与は，依頼者が書面をもって明示的に同意した場合，あるいは債権が既判力を持って確定された場合のみ，これをすることができる。依頼者の同意に先立って，依頼者に対し，弁護士は，新たな債権者または取り立てを授権した者に対し，情報提供義務を負っていることを説明しなくてはならない。新債権者または取り立ての授権を受けた者は，受任した弁護士と同様の守秘義務を負う。」

つまり原則的には次のとおりである。すなわち，弁護士の報酬債権を決済機関に譲渡することができる。ただし，依頼者の明示の同意が必要である。依頼者が支払わず，加えて弁護士が督促命令または確定判決を取得した場合には，同意は不要である。

(4) 依頼者からの損害賠償請求に対する防御および自分の事件での防御

旧規定でも新規定でも，弁護士職業規則2条3項によれば，受任関係に基づき生じた請求から自らを防御するのに必要なとき，あるいは，弁護士が自らの事件での防御に必要なときは，弁護士は守秘義務を解かれる。

依頼者が，弁護士が「下手」をしたと非難し，それを理由に損害賠償請求をしてきた場合には，これに対する防御の手段を弁護士が持ってしかるべきである。

しかしこのような場合でも，弁護士はできる限り慎重でなくてはならず，自分に向けられた請求から身を守るのに必要とされる以上のものを開示してはならない。

所属弁護士会に対して依頼者が不服を申立てた場合，また（たとえば預かり金を着服したことを理由に）刑事告訴がなされた場合も同様である。

さらには，その独自の利益擁護のため，依頼者の非難があたらないとするものであり，それ故自分を防御するのに必要な，依頼関係に基づいて知った事実を，弁護士が開示することができてしかるべきである。

(5) マネーロンダリング防止法に基づく通報義務

組織犯罪の克服に奉仕する「重大な犯罪による収益の移転防止に関する法律＝マネーロンダリング防止法（Das Gesetz über das Aufspüren von Gewinnen aus schweren Straftaten）＝ Geldwäschegesetz（GwG）」2条1項7号により，弁護士，弁護士会所属弁護人（Kammertechtsbeistand），弁理士および弁護士にも，弁護士等が次の取引の計画ま

たは実行に関与するときは，適用される。
  a) 不動産，特に事業所の売買
  b) 金銭，有価証券あるいはその他の財産の管理
  c) 銀行預金口座，貯金口座または有価証券口座の開設あるいは管理
  d) 社団の設立，その事業運営または管理のために必要な手段の創生
  e) 信託社団，社団または同様の枠組（Strukture）の設立，事業運営あるいは管理
　弁護士が依頼者の名義またはその計算で，金融取引あるいは不動産取引をする場合も，また同じ。
　この場合には，マネーロンダリング防止法は，本人確認義務，記録義務および保存義務とならび，その11条において，疑いがある場合という要件のもとで，通報義務をも定めている。これによれば，弁護士は，確実な事実から，ある金銭がからむ取引がマネーロンダリングまたはテロリスト組織への資金提供のためのものだと考えられるときは，連邦弁護士会にその依頼者を通報しなくてはならない（11条1項，4項）。この場合連邦弁護士会は，事案に照らして必要であれば，意見書を付して，当該通報を刑事訴追官署に回付するとともに，その写しを，告発に関する中央官署である連邦犯罪局（Bundeskriminalamt）に送付するものとされている。
　通報義務が生じる場合に関するマネーロンダリング防止法11条の全文は以下のとおりとなっている。

　（嫌疑ある場合の通報）
　(1) ある取引または取引関係と関係する財産的価値につき，刑法第261条の犯罪が問題となり，あるいは，その財産的価値がテロに対する財政支援と関係していることを示す事実があるときは，義務者は，その取引額に関係なく当該取引あるいは取引関係にかかわらず，口頭，電話，ファックスあるいは嫌疑通報中央官署である連邦刑事局および所轄刑事訴追官署に直ちに通報しなくてはならない。取引相手が第4条第6項第2文の開示義務に反していることを示す事実があるときも，第1文に基づく届出義務を負う。
　(1-a) 通報した取引は，検察により取引の実行が不可とされないときは，早くとも，通報義務者に対し検察が同意を通知した後，または通報日から平日で2日が経過した後に，これを行うことができる。この場合，土曜は平日とはみなさない。取引の延期ができないとき，あるいはそのために可罰と考えられる行為の受益者の追求が妨げられる可能性のあるときは，取引を行ってもよい。通報はこれを直ちにしなくてはならない。
　(2) 第1項の通報を，口頭または電話によって行ったときは，ファックスまたは電

磁的なデータ伝達手段により再施しなくてはならない。連邦内務省は，それが嫌疑の通報の中央官署である連邦刑事局の任務遂行にとり必要な限りで，連邦財務省および連邦経済・技術省の意見を聞いた上で，連邦参議院の同意なしに政令をもって，第1項および第14条第1項の通報の方式および適法なデータ保管者，伝達方法およびデータフォーマットに関する規定を定めることができる。

(3) 第2条第1項第7号および第8号の意味での通報義務者は，通報義務の対象となる事実関係が，契約当事者の法律相談または訴訟追行の際にえた情報に関係するときは，第1項と異なり，通報義務を負わない。義務者が，契約当事者が法律相談をマネーロンダリングもしくはテロに対する財政支援のために受けた，あるいは受けていることを知ったときは，通報義務を免れない。

(4) 職業組織に属している（弁護士会など：訳者注記）第2条第1項第7号および第8号の意味での通報義務者は，第1項の通報を所管連邦職業会にしなくてはならない。この会は，第1項の通報に意見を述べることができる。この会は，第1項の通報を，その意見書とともに，第1項第2文にのっとり，直ちに嫌疑通報中央官署である連邦刑事局および所轄の刑事訴追官署に回付しなくてはならない。公証人会所属の公証人についても，職業組織に代え，職業監督を所管する州の上級官署とした上で，これを適用する。

(5) 第1項および第2項の通報義務は，刑法261条第9項の通報の任意性を排除しない（自首による減刑：訳者注記）。

(6) 第1項の通報内容は，第15条第1項および第2項第3文にあげた刑事手続，最高3年以上の自由刑にあたる犯罪行為を理由とする刑事手続，課税手続および第16条第2項に基づく所管官署の監督任務ならびに危険予防のためにのみこれを用いることができる。

(7) 連邦内務省および連邦財務省は，マネーロンダリングおよびテロに対する財政支援克服のため，連邦参議院の同意のもと，第1項第1文にしたがって常に通報する義務がある典型的な取引を，政令をもって定めることができる。この政令は，時限とするものとする。

(8) それにつき，第1項および第14条の通報がなされた刑事手続および刑法第161条の犯行を理由とする，あるいは，第1条第2項の意味での行為が疑われることから捜査がなされたその他の刑事手続にあっては，所轄の検察は，嫌疑通報中央官署である連邦刑事局に，公訴の提起およびすべての手続停止の裁判を含むその結末を通知する。通知は，控訴状，理由を付した手続停止の裁判および判決の写しを送付してこれを行う。第1項の通報をした通報義務者には，それが自分の通報行為を再検討するのに必要な限度で，刑事訴訟法第475条による申立に基

づき，記録に基づく情報を提供することができる。刑事訴訟法第477条第3項は，この限りでは適用しない。通報義務者は，第3文によってえた個人情報を，その通報行為の再検討のためにのみ用いることができ，そしてまた，再検討のためにはもはや必要でなくなったときは，破棄しなくてはならない。

(6) 自己の税に関する案件において，弁護士に情報提供拒絶権はあるか

はたして弁護士は，自分の税に関する問題において，税務署に対して情報提供義務を負うのか，ないしは情報拒絶権を持つのか，そしてまたその範囲如何は，いつも議論を巻き起こしている。デュッセルドルフの弁護士会は，この点に関し，弁護士にとって有利な立場を標榜している。デュッセルドルフのかつての副会長 *Karl-Heinz Göpfert* 博士は，2009年の会報[10]において，弁護士会理事会の決議の内容を以下のように明確に記述している。

「弁護士は，（たとえば立ち入り調査）のような自己の税に関する案件に際し，自分に求められた協力行為をすると，依頼者の個人的なデータおよび諸関係を明らかにしてしまうときは，租税徴収法（Abgabeordnung ＝ AO）102条1項3号aおよびbに規定されている情報提供拒絶権を持ち出すことができるし，そしてまたそうしなくてはならない。刑罰をもって守られている守秘の義務は（刑法203条1項3号）は，この場合，特に依頼者の同一性および相談関係（Beratungaverhaltnis）に関係する。文書化されている資料（たとえば経理資料，銀行関係の伝票，郵便発送記録あるいは走行（移動）記録）から，守秘義務により保護される秘密がわかるときは，これらを提出してはならない（租税徴収法104条1項）。

情報提供拒絶の理由を示すことは必要ではない。この権利は無制限に妥当する。税務署からの情報提供要求および提出要求に応じてよいのは，秘密保護の対象者である当該依頼者が，明示的に守秘義務を解除した場合のみである。」と。

これに対して，2015年4月15日に下されたケルン財政裁判所の判決[11]は，弁護士の守秘義務を限定的に解釈している。事案は，外国と関係したもの，具体的には売上税法（Umsatzsteuerrecht ＝ UStG）の18条a1項1文と連動した同2文に関する事件である。この規定によれば，（弁護士をも含め）ドイツの企業家は，他のEU構成国に住所・営業所を置き，その構成国において納税義務を負う者に，納税義務があるなんらか

---

10) *Göpfert,* Mitteilungen der Rechtsanwaltskammer Düsseldorf 2009, 113, 115 f.
11) FG Köln, Urteil vom 15. 04. 2015 - 2 K 3593/11.

の給付（サービス）を「した」ときは，連邦中央税務局（Bundeszentralamt für Steuer）に届けなくてはならないとされている。このいわゆる「概要届出（Zusammenfassende Melding）」では，依頼者の売上税本人確認番号および依頼者に対してなされた納税義務がある給付（サービス）の税計算の基礎となる金額を示さなくてはいけないとされている。ケルンの財政裁判所は，弁護士の守秘義務は，この届出義務を免除するものではないという見解をとっている。

　判決理由中では，まず次のように述べられている。すなわち「確かに，弁護士に依頼をした者は，その個人的な生活領域にしばしば関わりを持つ自分の情報が，その意向を問うことなくしては公開されないという点に利益を有している。この利益は，情報に関する自己決定権（基本法1条＝人間の尊厳との関連のもとでの同2条2項＝人格権）をつうじて，憲法上も保障されている。刑法上も，刑法203条1項3号により保護されているし，職業法上もまた，連邦弁護士法43条a2項により保護されている。このような個人的な利益とならび，弁護士の守秘に対する一般的な信頼もまた，弁護士の守秘義務による保護の対象である。この一般の信頼というのは，法治国家原則に基づいて構築されている法的紛争処理機構（司法）にとり不可欠であり，そしてまた，基本法12条により保護されている弁護士の職業実践の自由に具現しているところである。この際弁護士の守秘義務は，受任関係がある場合に限られない。かえって，弁護士が依頼をえようとしている際に知ったものも含まれるし，あるいは依頼を受けることにはまったくならなかった場合でも同じである（上記III. I. 1参照）。」と。

　もっとも，ケルン財政裁判所は，さらに続けて次のように判示している。すなわち，「他方で，売上税法18条aの要請するところの中核的目的は，法秩序により承認されている課税の平等の保護である。つまりは，憲法上に位置づけられている公的利益（基本法3条1項＝法のもとの平等）および法治国家原則の保護がその目的である。したがって，具体的に何を記載することが弁護士に対して求められているかという問題は，相当性原則を考慮しつつ，弁護士の守秘義務と課税の公平ということを考量（Güterabwägung）することをつうじて判断されなくてはならない。」と判示したのである。

　この際財政裁判所裁判官は，特に，「売上税法18条aに基づき開示される事実関係（本人確認番号と税計算の基礎）は，課税の公平と公正という目標を凌駕するほど重要ではない」ということを顧慮すべきだとしている。ということで「この点に照らすなら，特定の職業グループに属する者が，課せられている守秘義務を引き合いに出すことで，国による再審査の手段を一般的に奪うことができるとしたら，それは正当ではないであろう。」との判断を示した。

　ケルン財政裁判所はさらに，次のように敷衍する。

「最後に,次のような事情からしても弁護士の守秘義務に,売上税法18条aの開示義務が優先するとしてよい。すなわち,弁護士が,連邦中央税務局に対し,依頼者の売上税本人確認番号および税計算の基礎を示したとしても,この弁護士が,刑法203条1項1号に規定する犯罪を犯す危険にさらされることはない。確かに,このような受任関係からえた情報の開示は,弁護士の守秘義務違反となる可能性がないわけではない。しかしこの場合は,刑法203条1項1号の意味での権限を欠く開示ではない。なぜなら,この場合には,依頼者の黙示の同意があったということにできるからである。すなわち,依頼者は,それが税務上の目的から必要とされそして利用されることを知っているから,弁護士に対し,その売上税本人確認番号を通知しているのである。この売上税本人確認番号を通知することで,依頼者は黙示的に,弁護士がこの売上税本人確認番号を税務上の目的に用い,場合によっては,税計算の基礎とともに,概括届出に記載することに同意しているのである。こうした推断的同意は,仮にこれだけでは構成要件該当性を排除するものではないとしても,違法性を阻却する効果を持つ。」

これに関して生じてくる複雑な個別問題をこの場で詳細に取り上げていくのは,本講演の枠を超えることになろう。いずれにしても,ここで関係してくる実にさまざまな実務家の利害を公正に調整していくのは,非常に難しいことだけははっきりしている。

(7) 特別の場合
　弁護士会がしばしば会員から問い合わせを受ける特別の問題がある。これは,テーマという点では,本来「推断的同意」に属する特別の問題であるが,別して取り上げておくべきものである。依頼者が自らを危険にさらす,あるいは毀損する恐れのある場合にはどうするか。
　ここではまず第1には,（実務では実に頻繁にあることだが）弁護士が,自分の依頼者が身体的および（あるいは）精神的な障害のために,本来は看護を受けなくてはならないとか,いずれにしても行為能力を欠いており,そのために不適切な行動をつうじて,わけてもその財産的価値を毀損する危険があることを知ったという事実関係があるときが問題となる。この場合弁護士は,依頼者保護のため,たとえば,依頼者の親族あるいは看護人選任を管轄する裁判所に注意を喚起するといった,必要な手当てをすることは認められるか,さらにはそうすることが求められているのかを,弁護士会に問い合わせてくる。この場合の弁護士会からの助言は,――生命の危険がない限りは――最大限慎重にである。
　もっと困難かつ問題が多いのは,自分の依頼者には（たとえば失業,離婚協議中ある

いはストレスから）現実に自殺の危険があるとの危惧を弁護士が抱いた場合である。まさに，危機的状況にある依頼者は，受任関係の絶対的秘密を信頼することができてしかるべきであることから，ここでもまた難しい判断を迫られる。危険な状況が強く疑われる場合のみ，弁護士は行動をとってもよい。深刻な事態の場合には，違法性阻却ないしは責任阻却となる緊急避難（刑法34条，35条）によることができる。

II　守秘義務違反の効果

弁護士が有責に，つまりは故意または最低でも過失により，守秘義務違反をしたときは，職業法上の制裁を科せられる。まず考えられるのは，管轄弁護士会理事会による叱責処分（Rüge）（連邦弁護士法74条）であるが，これは，ほとんど「意味がない」ので，軽微な場合のみあてはまる。

多くの場合には，守秘義務違反に対しては，弁護士裁判所からの制裁が科せられる（連邦弁護士法113条）。たとえば反則金（Geldbuße）であり，違反が重大なときは，一定期間，一定の法領域での活動を禁止する旨の制裁が科せられる。

弁護士が，故意に守秘義務違反をしたときは，これに加え刑法203条により刑罰を科せられる。この場合には，刑法上の有罪判決が下るのを待つことになる。これに引き続いて，いわゆる「職業法上のプラスアルファ」があるか，つまり，違反行為に対する叱責は，刑法上の制裁によりすでに充分なされているか，あるいは，――こちらのほうが通常の場合であるが――職業に関連していることを理由に，弁護士裁判所からの懲戒をさらに科すべきかが審査される。

違反によって依頼者に具体的な損害が生じたときは，場合により弁護士は，依頼者から賠償請求を受けることがある。もっとも実務では，この点難しい個別的な問題があるところではあるが，ここでは割愛する。

III　守秘義務に対応する権利

はじめのところであげておいたが，守秘は義務というだけにとどまらず，そこから弁護士のいわゆる特権が導かれる，弁護士の権利でもある。具体的には，次のような権利が守秘義務との関係で認められる。

1. 民事訴訟における証言拒絶権（民事訴訟法383条1項6号）
2. そこから導かれる権利として，裁判所の文書提出命令に服さない権利（民事訴訟法142条）
3. 刑事訴訟における証言拒絶権（刑事訴訟法53条1項3文）
4. 刑事訴訟法97条1項ないし3項に基づく押収免除
5. 刑事訴訟法100条cに基づく盗聴・録音の禁止
6. 捜査処置の禁止（刑事訴訟法160条a）

IV　データ保護

周知のとおり，ドイツでは「データ保護」が重要な意義を持っている。弁護士の守秘義務と各種のデータ保護規定[12]との間の関係は，それだけで一つの講演のテーマとなる。したがってここでは，——自分の依頼者のことが問題となる限度では——弁護士の守秘義務に関する諸規定は，原則としては特別規定であるから，データ保護法上の規範に優先するというところだけを取り上げる。

データ保護法上の考慮が必要となるのは，たとえば弁護士がコンピューターを使ってデータ処理をする際とか，Eメールを使って連絡を取り合う際に，相手方またはそのほかの第三者の保護に値するデータであって，それらの者の基本法上保護されている「情報の自己決定権」が問題となるようなデータを，管理しあるいはほかに流す場合である。

この場合についてドイツでは，データ保護法に基づく弁護士に対するコントロールは，国のデータ保護官庁がすべきなのか，それとも弁護士会がすべきなのかが，議論となっている。連邦弁護士会は，「職業上秘密の担い手となる者」とりわけ弁護士に関する「部門別データ保護コントロール担当署（Aufsichtbehörde）」を設置すること，そしてそのために，いわゆるデータ保護基本法49条に次のような2項を追加することを求めている。

　　「職業上秘密の担い手となる者の職業監督について，この法律が発効する時点において，所管部署が存在するときは，この所管部署が，監督署を設立することができる。」

連邦弁護士会は，部門別データ保護コントロール部署を創設することによってのみセンシブルな弁護士と依頼者の関係に，国家が一切介入しないことを確保しようとしているのである。こうすれば，監督署を，信頼関係を根本におく職業の自治管理機関に設けることができる。つまりドイツでは，弁護士のためのデータ保護管理者（Datenschutzbeaufträger）を，先にみたようにマネーロンダリング防止法に関してすでに部門別監督署として機能している連邦弁護士会に移すことができるようになるわけである[13]。

---

12) この点の詳細は，*Zuck,* in: *Gaier/Wolf/Göcken,* Anwaltliches Berufsrecht, § 43a BRAO/§ 2 BORA Rdn. 30. 参照。

13) Vgl. Stellungnahme der BRAK Nr. 25/2013 aus November 2013 zum Vorschlag einer Verordnung zum Schutz natürlicher Personen bei der Verarbeitung personenbezogener Daten und zum freien Datenverkehr（Datenschutz-Grundverordnung）, S. 3.

IV　弁護士職業規則新2条

　すでに長きにわたり，ドイツの弁護士の間では，次の点についての不安が広がっている。すなわちそれは，弁護士が今日その事務所でしていること，そして——日々の生活の現実に埋もれまいとするなら——しなくてはならないことの多くを，弁護士が負っている広範にわたる守秘義務と調和させるのは本当に難しく，わけてもまた弁護士職業規則旧2条が定める例外をもってしても，十分にはその手立てが講じられてはいない点である。

　問題は，すでにあげた事務所の掃除婦あるいはIT専門家であり，わけても，弁護士が必要に応じて利用する外部のサービス提供者，たとえば書面作成サービス業者とか事務所サービス企業であり，特には，スムーズな事務所運営にとりほぼ不可欠といってよいIT領域の「システムパートナー」である。システムパートナーは，遠隔管理の際そして「電話を使ってエラーを除去」する際には，事務所のコンピューターシステムに「入る」わけであり，その結果，とどのつまりはすべてのデータをみることができる。

　つまり対象となるのは，——弁護士職業規則新2条3項cの表現を借りれば——新たな規範では「社会的相当性」という標語をもって書き換えられている，「客観的にみて，社会生活上公衆から受け入れられる普通の行為態様」に相応した，「第三者からの給付（サービス）提供を求めることも含む事務所での事務処理」である。これについては，規約として弁護士職業規則を制定する権限を持つ規約委員会において，「ノン・リーガル・アウトソーシング」というスローガンのもと，——実に激しい——議論が展開された。

　「ドイツ弁護士の議会」である規約委員会の課題は，弁護士に対し，日々の仕事上の現実である「グレー・ゾーン」のところについて，一定程度の安定と方向性を示すことであった。この大それた試みには，そもそも難がある（そして，そもそもが失敗と断じられた）ところであるが，その理由は，規約委員会が規約として定める弁護士職業規則は，法律の下位にあるため，つまりは規約をもって法律に「反する」ことを定めることができないからである。ある行為が刑法203条により罰せられるとされている場合に，規約で定めた規範が，これに反するような行為をしてもよいとし，そして（または）違反を容認することは，この刑法規定があることにより認められるものではない。職業問題を担当する規約委員会の第二部会が，自身で新規律を完成させ，そして規約委員会総会にこの新規律を納得させることができるまでに多くの時間を要したのは，特にこのせいである。最後の最後でこれが達成されたのは，規約委員会のメンバーは，同僚である弁護士が置かれていた（そして現在でも置かれている）緊急事態を認識し，同僚に，最

低でも足がかりとなるもの（Hilfsstellung）を提供したかったことと連動している。目標は，弁護士職業規則（そして次は法律）を生活実態に適合させ，「社会的に相当な」，つまりは通常の行為態様を，可罰行為から外すことである。

　第二部会が，最終的にたどり着いた結論に付した詳細な理由書においては，ドイツの法律用語としてはよく用いられはするが，さまざまな解釈ができる「社会的相当性」が取り上げられており，そしてまずは，社会的相当性については，一般的に承認された定義は存在しないとの指摘がなされている。第二部会は次のように敷衍する。すなわち，「裁判所での表現の仕方と文学でのそれとでは，多かれ少なかれ齟齬する文言が用いられていた。ここで用いることにした文言は，連邦通常裁判所の刑事裁判例（BGHSt. 23, 226, 228）によったものである。それによれば，

　『公衆から承認され，そして，社会的行為自由の範囲内でする行為であることから，刑法の視点からしても社会生活においては何ら嫌疑をかけられない日常的な行為』が，社会的相当とされる。この定義は，二つのことを求めている。一つには，日常性という事実的な要素であり，もう一つは，社会生活において公衆に承認されているということである。

　弁護士職業規則新 2 条 3 項 c にある『客観的』という言葉は，社会的に相当かどうかの問題は，個々の弁護士の主観的視点から答えられるべきものではないことを明らかにするためである。

　これに加えて，『社会的相当性』という括弧書きを付したことで，社会的相当性という慣用語に関する規約委員会の定義であることが明確にされている。」と。

　この弁護士職業規則の新 2 条は，2014 年 11 月 10 日第 5 会期規約委員会により可決されたのであった。

　もっとも，当初改正は発効しないようにも思われた。というのは，規約委員会の決定について認可権限を持つ連邦司法・消費者保護大臣が，2015 年 3 月 4 日付の書簡により，新たな規定の一部について異議を述べ，それを取消したからである。大臣の書簡によれば，「新規律には，規約委員会にはその発令の権限がない刑法 203 条の意味での秘密開示権限規範（Befugnisnorm）が含まれている。規約委員会は，その限定された授権の範囲内（連邦弁護士法 59 条 b）では，ありうる弁護士の守秘義務違反に関する新たな秘密開示権限規範を定める権限を有さない」ということであった。

　規約委員会が新たな決議に付した詳細な理由付けが，連邦司法・消費者保護省に提出されてはいたものの，明らかに見落とされていたことが皮肉にも明らかになった後，そしてまた，法律上規約委員会の議長となる連邦弁護士会会長が，大臣とさらに協議をした後，連邦司法・消費者保護大臣は，そのもとの判断を覆し，最終的には 2015 年 3 月 31 日付け書簡において新規定を認可したのであった。そこでは次のように述べられて

いる。すなわち、「再審査の結果、規約委員会の決定は、まだ受け入れられうる。というのは、『補足的な説明に基づくと』、弁護士職業規則2条の新たな規律は、刑法203条の意味での開示権限規範を何ら創設するものではないと考えてよいからである。」と。

すでに先に暗示したところであるが、まさにこの点こそが問題なのである。弁護士から「アウトソーシングを受けた者」により起こりうる違反行為が、一方では自身の問題として刑事罰を受ける可能性により、他方ではそれに相応する（わけても証言拒絶権といった）特権により裏打ちされない限りは、弁護士職業規則新2条にはさしたる意義は認められない。この規定は確かに、弁護士にとっては、負担の軽減にはなる。なぜなら、今や弁護士は、──少なくとも原則として──現実に存在している「許可規範（erlaubnisnorm）」を引き合いに出して、もしかしたら加えられる批判に対し防戦することができるからである。しかし、補助者自身が違反しても、単に契約上の義務に反するだけであり、刑法上の規範に違反することにはならないとされている限り、依頼者の秘密保護は「穴が開いた」状態であることはこれまでと変わらない。そして、新たな規約上の規範による保護もまた、（先に述べたように）その及ぶ範囲はそう広くはない。というのは、規約は、法律の下位にあり、そのため刑法203条に基づいた可罰性をそもそも排除することができないからである。そうはいってもやはり、連邦司法・消費者保護省が、規約上の規範を認可し、この規範に一定の拘束性を付与したことは、議論をする上で有益ではある。

弁護士は今や、「第三者」、つまりは弁護士の秘密保護にもともと組み込まれてはいない者を、それが事務所での事務処理の枠内でなされ、かつまた客観的にみて、社会生活において公衆から受け入れられる日常的な行為態様に相応するときは、「公式に」利用して差し支えないこととなった。このような第三者ないしは相応する企業の選抜にあたっては、弁護士は最大限の注意をはらわなくてはならない。そのほかに、弁護士はこれらの者に対し、──その処置の意義について十分に説明した上で──守秘義務を守るという宣言への署名を求めなくてはならない。

連邦司法・消費者保護省は、──いま不確実な状態が残っていることからすると重要なことであるが──新たな職業規範をめぐり混乱を示した過程で、できる限り早く刑法203条を相応なかたちで改正したいと考えているというサインを送った。しかし、言うは易く行うは難しであろう。というのは、いうまでもないことであるが、弁護士（そしてまたそのほかの自由職業従事者）のみならず、裁判所および検察、そしてまたすべての官庁や施設も、「ノン・リーガル・アウトソーシング」を利用しているからである。つまり、弁護士に関する特別の規律だけでは、どうにもならない。かえって、実に大きな「さいころ」をふる必要があるのである。

V　弁護士電子私書箱

　上述したことと関連して，最後に非常に簡単ではあるが，ドイツ弁護士が抱え込んだ別の新たな事柄に言及しておこう。いわゆる弁護士電子私書箱の問題である。これは，連邦弁護士会が，2016年1月1日までにすべての弁護士について整備しなくてはならず，2018年1月1日以降これをつうじて，すべての裁判所および官庁とのやりとりが行われるべきとされているシステム（標語的には，いわゆる電子署名）である。

　外部からのハッカー攻撃による，データ保護そして同時に弁護士の守秘義務を脅かすかなりの危険があるとの批判が加えられている。ペンタゴンでさえこうした攻撃に対して安全ではないのに，送信元は弁護士事務所のサーバーだと誰が信じることができるのか，というわけである。

　もっとも，――この場で指摘しておくのを忘れてはならないことであるが――守秘義務を負う者自身が違反したのか，それとも彼は刑法上問題となる外部からの攻撃の犠牲者なのかで大きな違いがあることはいうまでもない。弁護士事務所のサーバーに対するハッカー攻撃は，事務所への侵入であり，記録の窃取以外の何物でもない。

＊

弁護士の職業秘密
―― ドイツ弁護士法における展開とその方向 ――

マティアス・キリアン

訳 應 本 昌 樹

I 序

1．弁護士の職業秘密の憲法上の基礎

　ドイツでは，連邦弁護士法1条および3条により，弁護士は司法機関であり，したがって法治国家制度の一部でもある。その職務は，法治国家的に秩序付けられた司法の局面で，公共の利益においてなされる[1]。弁護士は，依頼者の利益を代理する独立の補佐人および助言者であり，その職業はいわゆる信頼職（Vertrauensberuf）として性格づけられる。依頼者と弁護士との最高度に人格的（höchstpersönlichen）な信頼関係の発展および存在の基礎は，弁護士の職業秘密である。それは弁護士職の支柱であり，それを守ることはあらゆる弁護士の基本的義務である。依頼者の保護に加えて，それは機能しうる司法に資する[2]。職業秘密は職業遂行の自由を人格的・経済的生き方の基礎として保障する基本法12条1項1文により，憲法上守られている[3]。連邦憲法裁判所は，確立された判例において，弁護士の職業遂行の国家の統制からの保護は，弁護士または権利保護を求める者の個別的な利益のみにあるのではなく，弁護士の職業上の活動は実効的でかつ法治国家的に秩序付けられた司法の面で公共の利益においてなされるとの立場を表明している[4]。弁護士は司法機関として依頼者の利益の擁護をもって国家の権力行使の統制を果たすとともに，これにより司法保障＝司法の判断を仰ぐ機会が持てること（Justizgewährung）に寄与する[5]。この使命を果たす前提は，連邦憲法裁判所がその確

---

1) *Schürrle*, ZGR 2014, 630.
2) Henssler/Prütting-*Henssler*, BRAO, 4. Aufl. 2014, § 43a Rn. 41 ff.
3) BVerfGE 110, 251f. = NJW 2004, 1305.
4) Wittmann, NJW 2015, 3420, 3421.
5) Wittmann, NJW 2015, 3420, 3421.

立された判例において強調するように,弁護士と依頼者との侵されない (ungestörtes) 信頼関係である。職業秘密は,弁護士と依頼者との間の信頼が存するための基本条件として理解されており,したがって弁護士の職業遂行のための基本条件である。連邦憲法裁判所は,職業秘密は,かねてより弁護士の基本的義務に数えられ,弁護士の職業遂行の欠くことのできない条件として基本法12条1項により保護されるとしている[6]。

依頼者自身もまた,憲法により国家による職業秘密の侵害から,憲法上保護されている。一般的人格権(基本法1条1項との連動のもとでの同2条1項)に基づき,情報の自己決定権が導かれる。この権利に基づき,いかなる個人的な生活事実関係およびデータを誰に開示するかは,依頼者の自由である。依頼者がその弁護士に個人情報を開示する場合,それは弁護士が守秘することへの信頼に基づいている[7]。したがって,依頼者関係書類を国家が確保・押収することは,基本権である情報の自己決定権の侵害となりうる。こうした国家の処分については,比例原則に特に注意を払わなければはならない。これに加え,依頼者のための特別の保護が,基本法2条1項の法治国家におけるフェアな手続を求める権利および基本法20条3項との連動のもとでの同1条1項に基づく実効的な弁護(防御)を求める権利,そしてまた法的審問を求める権利(基本法103条1項)から導かれる[8]。そのうえ,基本法10条および13条は,違法に弁護士事務所または自宅が捜査や電話盗聴を受けることから依頼者を保護している[9]。「誰も自身の告発を強いられない(nemo Tenetur)」の原則のもと,憲法上,いかなる者も自己を告発し,あるいは他のいかなる方法であれ自らを罪に堕とす必要はないことが保障されている。このことは,一般的人格権および人間の尊厳の保障から導かれる[10]。国家の処分を通じて,依頼者がその守秘に信頼して弁護士に教えた情報が取得されてしまうと,これら原則が侵害されることになる[11]。

2.弁護士の職業秘密の要素

職業秘密には概念上区別されるべき次の二つの局面がある。

---

[6] BVerfGE 110, 251f. = NJW 2004, 1305.
[7] *Siegmund*, Die anwaltliche Verschwiegenheit in der berufspolitischen Diskussion, Rn. 159.
[8] *Magnus*, Das Anwaltsprivileg und sein zivilprozessualer Schutz, S. 26 f.
[9] *Magnus*, aaO, S. 26 f.
[10] BVerfG 56, 41 ff.
[11] *Wild*, Die anwaltliche Verschwiegenheitspflicht in Deutschland und Frankreich, S. 42.

(1) 守秘の義務

まず，職業秘密は弁護士の守秘の義務，すなわち，委任から生じた守秘すべき情報をこれに対する権利のない第三者に与えることの禁止を含む。弁護士の守秘義務は法律上さまざまなところで扱われている。それは連邦弁護士法 43 条 a 第 2 項の職業法上の規律や刑法 203 条において法律上規定されている。守秘義務は弁護士がその職業の執行において知ったすべてに及ぶ。弁護士が第三者の側から知り，あるいは自己の調査に基づき確認したことや，委任にとって重要なこともこれにあたる[12]。偶然知ったこともこれに含まれるが，前提となるのは得られた情報が少なくとも依頼者の利益にもかかわることである。内容的には，依頼者の同一性や委任関係があること自体も含まれる。秘密保持を要しないのは，顕著であるかまたは意味のない事実のみである。守秘義務はあらゆる者に対する関係で――他の弁護士に対する関係でも――，かつ，時間的に無制限に，つまり委任関係を超えても適用される。

(2) 守秘の権利

次に，職業秘密は，弁護士の守秘の権利，すなわち，市民が一般に情報提供の義務を負う場合であっても国家当局に対し委任に関連する情報の開示を守秘する弁護士の権能を意味する。弁護士の守秘の義務は，特に，刑事訴訟法や民事訴訟法のようなさまざまな手続法において保護されている。ここで，守秘の権利は，質問に対して情報提供を拒否できる権利として理解されるだけではない。かえって守秘の権利は，国家の側からも，守秘の権利を空洞化するような，弁護士やその事務所に対する措置は厳格な要件のもとでのみ許されるという趣旨で尊重されなければならない。

3．（憲法より下位の）法規レベルでの弁護士の職業秘密の保護

基本法 12 条 1 項 1 文による憲法上の保護とならんで，ドイツでは，数多くの法律とりわけ手続法上の規律が，弁護士の職業秘密を保護し，その確保を図っている。連邦弁護士法 43 条 a 第 2 項は，守秘義務が弁護士の基本的義務であることを定め，弁護士職業規則 2 条が，弁護士の守秘の義務と権利を定める。刑法典 203 条 1 項 3 号は，弁護士を含む職業秘密保持者による個人の秘密の侵害を刑法犯としている。これにより弁護士は，弁護士としてゆだねられ，あるいは知ることになった他者の個人的秘密を権限なく開示した場合には処罰される。

これらの規定とならび，職業秘密は，さまざまな手続法における証言拒絶ないし情報提供拒絶権，そして，刑事訴訟法 97 条 1 項の押収禁止により保護されている。弁護

---

12) Henssler/Prütting-*Henssler*, aaO, § 43a Rn. 46.

士の証言拒絶権は，弁護士の守秘の権利の発現である。そのため，たとえば刑事訴訟法53条1項3号は，弁護士は職業秘密の保持者として証言を拒絶する権利があると定めている。団体内弁護士については，典型的な弁護士としての活動を行う限度で証言を拒絶できる。これに加え，刑事訴訟法97条1項により，記録書面，通知書面その他の書面は，それが証言拒絶権に関わるものである限り，押収が禁止される。弁護士と依頼者間の記録書面もこれにより押収禁止であるが，これらが証言拒絶権者，つまりは弁護士の手元にある場合に限られる。これにより，弁護士の証言拒絶権が，弁護士の通信の押収によって骨抜きにされないようにしているのである[13]。刑事訴訟法160条aもまた，職業秘密の保護に役立っている。同条は，弁護士が証言を拒否すべき内容に関わるときは，これを禁ずる。これは，諸官庁が，証言拒絶権そしてまた押収禁止をかいくぐることを目的に，捜査上の措置を行うことを禁止しているのである。民事訴訟においても，民事訴訟法383条1項6号により，弁護士には，証言拒絶権が認められている。判決にとって重要な事実関係の認定に際しては，裁判所は，一定の証拠調べおよび探知禁止に注意しなければならない。たとえば証人などの証言者に対しては，職業上の守秘義務に服する事情について問いを発してはならない。このように，ドイツの手続法において職業秘密は，広範にわたる保護を受けているのである。

4．弁護士の職業秘密の限界

弁護士の守秘義務には限界がある。つまりはそれが解かれることがある。守秘義務の解除には3類型が認められる。すなわち，依頼者の同意，弁護士による正当な利益の擁護および弁護士に対する法律上の開示義務の履行である。

(1) 依頼者の同意

依頼者は唯一の「秘密の主（Herr des Geheimnisses）」として弁護士を守秘義務から解放することができる[14]。守秘の解除における同意は明示的にすることができるが，その趣旨の態度を示すことで，黙示的（推断的）でもよい。たとえば共同事務所において活動している弁護士に情報を伝達し，これによりその同僚を必要に応じて委任事務に引き入れる場合には，そうした黙示の同意が認められる。依頼者がする弁護士に対する弁護士会での苦情処理に際しても，黙示の同意があるとされ，これにより，弁護士は依頼者からの非難に対する立場を明らかにし，苦情手続をすすめることができる。通常の弁

---

13) *Wild*, Die anwaltliche Verschwiegenheitspflicht in Deutschland und Frankreich, S. 36.

14) Henssler/Prütting-*Henssler*, aaO, §43a Rn. 62.

識能力および判断能力があることが，常に有効な同意の要件となる。

(2) 弁護士による正当な利益の擁護

加えて，弁護士は，狭い要件のもと，正当な自己の利益を擁護するため，依頼者の同意がなくとも，さらにはその明示的な意思に反してまでも，打ち明けられたことを開示する権利がある[15]。そのような開示の際の正当な自己利益は，たとえば，依頼者が弁護士に報酬を支払わず，それゆえ弁護士が報酬請求権を裁判で行使し，そのために委任に関する事実を主張・立証しなければならないような場合に認められる。

(3) 弁護士に対する法律上の開示義務

最後に，守秘義務の法律上の解除も問題となる。ドイツには現在かなりの数の法律上弁護士に命じられる開示義務があり，職業遂行の中核としての弁護士の守秘義務をますます侵害し，危険にさらしている[16]。たとえば，弁護士は，情報提供義務および通知義務を課されることで，公法上の危険防止に利用される[17]。特に，刑事訴追，あるいはテロリズムやマネーロンダリングの撲滅といった理由から，守秘義務に対する解除が法律上正当化されうる。これにより，依頼者の弁護士への信頼は損なわれうる。

II 職業政策上の論点

以下では，どの領域において弁護士の守秘に対する侵害が考えられるか，さらには，現在，弁護士の職業秘密に関してどのような危険が職業政策上議論の的になっているかをみていく。

1．刑事訴追

依頼者と弁護士との間には，特別の信頼関係がある。依頼者は弁護士が委任関係から生ずる内容について守秘すると信頼している。そうであってのみ，依頼者はその弁護士に対し広く心中を打ち明け，たとえば行為への関与に関するすべての情報を与えることができる。もし，弁護士が得た情報を場合によっては人に渡すであろうということを前提としなければならないとすれば，依頼者がそうした気にはならないことが多くなろう。弁護士の守秘は憲法上保証されており，また，情報の自己決定の権利の面から依頼

---

15) Henssler/Prütting-*Henssler*, aaO, § 43a Rn. 88 ff.
16) *Schürrle*, ZGR 2014, 647.
17) *Schürrle*, ZGR 2014, 648.

者の側にも基本法上保護されている。それゆえ，以前からの厄介で答えるのが難しい問題は，国家は効果的な刑事訴追のために，原則として保護される委任関係から生ずる情報を，そもそも使用することが許されるのか，許されるとして，その範囲はどのようなものかというものである。

　刑訴法53条は職業秘密保持者に，証人尋問の場合に，職務執行の範囲で知った情報に関する証言拒否権を与えている。つまり弁護士は，刑事訴追措置の枠内で国家当局からの質問に対し答えることを拒むことができる。国が，たとえば，文書通信を監視したり，事務所を捜索したり，あるいは通話を傍受したりすることで，証言拒否権を骨抜きにしてしまうことがないように，2008年には，刑訴法160条aの導入により，その保護はその他のすべての捜査措置に拡大された。刑訴法160条aに含まれる捜査行為 (*Ermittlungshandlungen*) には，刑事訴訟法に定められるすべての措置――公然のものであれ秘密裏のものであれ――が含まれる。当初，刑訴法160条aは，刑事弁護人とその他の弁護士とを区別していた。それゆえ，刑訴法160条aは，まずは，刑事弁護人の証言拒否権が認められる知見についてのみ，絶対的な証拠調禁止および証拠利用禁止を定めるに止まっていた。その他刑事弁護人となっていないすべての弁護士に関しては，刑訴法160条aは単に，相対的な証拠調禁止および証拠利用禁止しか規定しておらず，機密性の保護は常に，個別事案における相当性にかかっていた。すなわち，常に個別事案ごとに，刑事訴追における公益と依頼者発言の機密性のいずれが勝っているかを考量して判断する必要があった。この区別は，弁護士団体から長きにわたり批判され，ついに2011年2月1日に廃止された。刑訴法160条aの絶対的な保護は，すべての弁護士および弁護士会の構成員に拡張された。これによりすべての弁護士に，職業上の秘密領域の保護が無制限で認められることになった。刑訴法160条aによってもなおカバーされていないのは，税理士，公認会計士および弁理士である。これは業際的な共同事務所を指向する弁護士につき，捜査措置にあたっての保護を弱めてしまう可能性がある[18]。

2. テロリズムの克服

　2009年，「連邦犯罪庁および刑事警察事案における連邦と州との協力に関する法律 (Gesetz über das Bundeskriminalamt und die Zusammenarbeit des Bundes und der Länder in kriminalpolizeilichen Angelegenheiten)」(連邦犯罪庁法 (BKAG)) において，連邦犯罪庁のテロ克服のための追加的な権限が導入され，同庁に国際テロリズムの危険に対する防衛の使命が付与された。同時に，刑事訴追の目的ではなく危険防止の目的によ

---

18) *Siegmund*, Die anwaltliche Verschwiegenheit in der berufspolitischen Diskussion, 2014, Rn. 533.

る視覚および聴覚による住居監視（「盗聴工作（Lauschangriff）」），さらにはオンライン捜索や通話の監視といった秘密の監視措置が可能となった。もっとも，刑訴法160条aと同じく，連邦犯罪庁法20条u第1項は，証言拒否権のある者に特別の保護を命じている。これによれば，連邦犯罪庁法20条a以下による措置は，刑訴法53条1項1文1号，2号，4号に挙げられた者に向けられ，これらの者が証言を拒否することができる知見を明らかにしてしまう場合は許されない。ただし，連邦犯罪庁法20条u第1項の絶対的な保護は，2011年以前の旧刑訴法160条aと同じく，法律の文言上，刑事弁護人のみに適用され，弁護士そのものには適用されない。そこで，連邦犯罪庁法の施行以来，弁護士（Rechtsanwälten）と弁護人（Verteidigern）との区別は恣意的であり，非刑事分野の委任関係の保護の必要性は刑事分野と比較してより小さいとは必ずしもいえるわけではないという批判がなされている。弁護士の職業秘密は，これに対応する監視措置がとられうることから，基本法12条1項にも違反しているのではないかとの根本的な疑問が提起されている。事実，刑事弁護人については確定した職業像はなく，まさに連邦犯罪庁のテロリズム防衛のための予防的な捜査活動では，いまだ捜査手続が開始されていないこと，つまり通常はいまだ弁護人が選任されてすらいないことからして，すでに，刑事弁護人と「その他の（sonstigen）」弁護士との保護に違いをもうけることは，説得的なものではない。それゆえ，もっぱら刑事弁護人の地位に結び付けられた連邦犯罪庁法20条uの絶対的な保護は，ほぼ空振りに終わっている。これをふまえ，若干の著名な弁護士が連邦犯罪庁法の規律に対して憲法異議（Verfassungsbeschwerde）を申立てた。ごく最近，連邦憲法裁判所は，2016年4月20日の判決[19]をもって，連邦犯罪庁法における職業秘密保持者の保護にあっては，刑事弁護人と弁護士を区別することは許されないと判示した。すなわち，「連邦犯罪庁法による監視措置は，まさに刑事訴追ではなく，むしろ予防的な領域，危険防止に資するのであるから，職業秘密保持者の保護において差別は許されない。」と。

3．マネーロンダリング

マネーロンダリングでは，違法に入手された金銭または違法に獲得された財産上の価値が，実際の出所を偽装するために，適法な金融および経済の循環に潜り込まされる。マネーロンダリング問題は，二つの局面で弁護士に関連してくる。すなわち，弁護士自身が刑法典261条による犯罪としてマネーロンダリングの非難を受けることがある一方で，他方では，弁護士は，他人のマネーロンダリングを知る場合，重大犯罪から生じた収益の発見に関する法律（略称：マネーロンダリング撲滅法，GwG）により当該他人

---

[19] NJW 2016, 1781.

の犯罪を告発する義務がある。弁護士の職業秘密は，間接的には刑法典 261 条に，直接的にはマネーロンダリング撲滅法に関連してくる。

(1) マネーロンダリング罪の構成要件（刑法典 261 条）

刑法典 261 条 2 項 1 号によれば，弁護士が刑法典 261 条 1 項による違法な先行行為から間接的に生じたに過ぎないものでもその物件を受け取り，かつその出所を少なくとも軽々しく（刑法典 261 条 5 項）誤信して，所轄官庁に告発することなく弁護士報酬を受け取ることは犯罪となる[20]。そのようなマネーロンダリング，つまり汚れた金銭または財産上の価値の「洗浄（Waschen）」は，刑罰をもって威嚇されている。これが弁護士にとって関連があるのは，通常，犯罪に由来する可能性のある金銭を活動の報酬として受け取る危険にさらされている場合である。これは特に犯罪によって生計を立てているか，あるいは犯罪から資金を捻出している依頼者を担当する頻度の高い刑事弁護人にとって一つの問題となる。（マネーロンダリングによる）自己の可罰性を免れるためには，弁護士は，当然の帰結として，そのような者から申し込まれた委任を拒絶するか，あるいは受任した事件を辞任しなければならない。すなわち，依頼者はその責めに帰すべきマネーロンダリングにつながる犯罪を行った可能性があるとしか弁護士は思っていない場合でも，弁護士が自衛のために辞任することを被疑者は覚悟しなければならないことになるとすると，被疑者がその選任した弁護人を失わないようにするために，弁護士と，犯罪の嫌疑の主要な点について，オープンで忌憚のない全幅の信頼を置いたコミュニケーションをしりごみしてしまう可能性がある。連邦憲法裁判所は，2004 年 3 月 30 日の判決[21]において次のように判示した。すなわち，「弁護士が報酬として受け取った金銭の出所を確実に知っている場合に限り，刑法典 261 条 2 項 1 号は憲法に適合する。こうした限定解釈を考慮する場合にのみ，刑法典 261 条 2 項 1 号は憲法適合的である。」と[22]。もちろんここでも，連邦憲法裁判所は刑事弁護人とその他の弁護士とを区別したが，これは刑事訴訟法旧 169 条 a の枠組みと同様に，両者の区別の難しさをもたらすものであり，統一的な弁護士像と相容れない[23]。この連邦憲法裁判所の判例は，その結果，刑事訴追官庁（Straf-verfolgungsbehörden）および裁判所は，刑法典 261 条を適用する場合，刑事弁護人の特別な地位を捜査手続のときから適切に考慮する義務があることになるため，職業秘密にとり重要性を持っている。それゆえ，連邦憲法裁判所は多く

---

20) Kindhäuser/Neumann/Paeffgen-*Altenhain*, StGB, 4. Aufl. 2013, § 261 Rn. 124.
21) BVerfG NJW 2004, 1305-1313.
22) BVerfG NJW 2004, 1311.
23) *Siegmund*, aaO, Rn. 613.

の裁判において，特にマネーロンダリングの疑いを調査すべき法律事務所の捜索は，前提となる金銭の出所を弁護士が知っていることに対する十分な端緒がないため違法であると判示している。

(2) マネーロンダリング法に基づく弁護士の特定義務および通報義務

間接的ではなく直接的に，1993年10月25日の重大犯罪から生じた収益の発見に関する法律（マネーロンダリング法，GwG）は，職業秘密に切り込んできている。この法律は，さまざまなEU指令に依拠しており，その施行以来繰り返し改正されてきた。刑法典261条の罰条が，マネーロンダリングを，刑罰を備えた行為禁止により罰する趣旨である一方，違法な金融取引の発見を目的とするマネーロンダリング法は，マネーロンダリングの撲滅に際しての私人の積極的な協力の義務をそのベースにおいている。簡単にいうと，マネーロンダリング法の名宛人は，違法な金融取引を露見させ，国家当局にこれを知らせるために，取引関係の枠組みの範囲内で，特定義務，監視義務および調査義務を負わされている。弁護士と依頼者間の取引が問題となる場合に，違法な金融取引を暴露するため，マネーロンダリング法は弁護士をも利用することになっているが，これが職業秘密に直接抵触することは明白である。にもかかわらず，弁護士は完全にマネーロンダリング法の適用範囲から除外されてはいない。マネーロンダリング法2条1項7号によれば，弁護士が依頼者のため，次の取引の立案または実行に協力する場合，同法は弁護士にも適用される。

a. 不動産または事業所の購入もしくは売却
b. 金銭，有価証券もしくはその他の財産上の価値の管理
c. 銀行口座，貯蓄口座もしくは有価証券口座の開設または管理
d. 会社の設立，経営もしくは管理に必要な資金の調達
e. 信託会社，会社もしくは同様の組織の設立，経営もしくは管理，または
f. 依頼者の名義および計算で金融取引もしくは不動産取引を実行する場合

マネーロンダリング法11条1項1文によれば，弁護士は，こうした取引を見つけた際には，すでに「嫌疑の段階での（verdachtsabhängige）」通報義務を負わされている[24]。弁護士は，諸般の事情から，問題の取引によってマネーロンダリングまたはテロリズム資金調達がなされ，あるいは試みられたことが推認される場合には，遅滞なく，口頭，電話，テレタイプまたは電子的データ送信により，連邦弁護士会に告発しなければならない。ここでは先行行為のあったことが「間違いなく確実である（sicher feststehen）」必要はない[25]。訴追可能な犯罪が行われたことが犯罪捜査学的経験上推認され，

---

24) Henssler/Prütting-*Henssler*, aaO, § 43a Rn. 93.

疑いを生じさせる契機となるものが，刑法典261条の定める先行行為を推定させ，証拠方法の発見のためや，捜査がなされることで足りる。連邦弁護士会は通報につき意見を表明することができ，その意見とともにこの通報を連邦犯罪庁――嫌疑通報の中央当局――および管轄の刑事訴追官庁に転送しなければならない（マネーロンダリング法11条4項）。マネーロンダリング法12条によれば，弁護士は，その依頼者に，同法11条による通報またはそれに続いて開始される捜査手続を知らせてはならない。前述のマネーロンダリング法11条1項1文による告発義務は，当然のことながら，――法律上正当化された――守秘義務への侵害にあたる。

　立法者は，通報義務を生じさせることになる取引は，弁護士に典型のものではない，つまりそれは弁護士によっても提供され実行されるが，弁護士だけ，あるいは主に弁護士によってなされる取引ではないとすることで，信頼保護の特別の意義に配慮しようとした。これに対し，弁護士の「中心的な業務（Kerngeschäft）」である法的助言および法的代理はここには含まれていない。すなわち，マネーロンダリング法11条3項によれば，通報義務のある事実関係が，契約相手の法律相談または訴訟代理において得られた情報と関連する場合には，もはや通報義務は生じない。ただし，こうした例外に対して，義務者が，契約相手が法律相談をマネーロンダリングまたはテロリズム資金調達のために利用したか，または利用していることを知っている場合には，通報義務がなくなることはない。

　マネーロンダリング法により，弁護士の職業秘密は，たとえば米国における公法上の監視義務よりもかなり強く侵害されている[26]。それゆえ，弁護士職業団体さらにはこれ以外からも，マネーロンダリング法の規律は厳しく批判されよろしくないとされてきた[27]。弁護士の活動をその本質的な要素の点で揺るがし，弁護士の職業像に異変を生じさせているとの懸念が示されている。「弁護士はいつも告発の可能性を考えなければならないのであるから，告発義務は委任関係の始めから依頼者と弁護士との信頼関係に負荷を与えている。」[28]ということである。しかし，まさに，弁護士が，そのすべての活動についてマネーロンダリング法の適用範囲から全面的に除外されていないのには，やはり理由がある。マネーロンダリングまたはテロリズム資金調達を，弁護士が典型的に関わる取引によって計画する者が，弁護士であれば法的助言や法的代理にあたらない同一の取引にでも通報義務を負わないからとして，通報義務を負う金融サービス提供者また

---

25)　LG München I, wistra 2005, 398.
26)　*Schürrle*, ZGR 2014, 641.
27)　*Schürrle*, ZGR 2014, 644.
28)　*Van Galen*, NJW 2003, 117.

は仲介者に代え，意図的に弁護士に委任することがあってはならないというわけである。

(3) マネーロンダリング法に基づく銀行に対する特定義務および通報義務

マネーロンダリング法は，弁護士の職業秘密にとって，さらに大きな意味がある。弁護士によって開設された依頼者の金銭が入金されている信託勘定を管理する金融機関も，マネーロンダリング法2条1項1号にいう義務者である。これによれば，同機関も，経済的な権利者，つまり依頼者についての情報を，マネーロンダリング法3条および4条5項による特定義務を果たすために，提供しなければならない[29]。加えて，同機関は，金融制度法1条1項1文にいう金融機関として，経済的な権利者，つまり依頼者についても，同機関で扱っている口座の特定の元本データが蓄積されているファイルを作成する義務がある（金融制度法24条c第1項2号）。連邦金融庁は，重大犯罪から生じた収益の発見に必要で，かつ特に個別事案において緊急性がある限り，金融制度法24条c第2項に基づき個別データを同ファイルから呼び出すことができる。他の国家当局の求めに応じて，同庁は金融制度法24条3項によりファイルの中から情報を提供することができる。自動化された口座元本データの照会は，さらなる弁護士の守秘義務の弱体化につながる[30]。しかしながら，連邦憲法裁判所は2007年6月13日の決定により，これが憲法上正当化される旨を判示した[31]。確かに，連邦憲法裁判所は，依頼者と弁護士との特別の信頼関係およびその憲法上の保護を強調したものの，同時に，それが金融制度法24条cの措置によって侵害されることはないとの見解を明らかにした。「信頼が存するのは，弁護士が実際にそれ相応の影響力を行使することができる場合に限られる[32]。金融制度法24条c第1項2号は，弁護士ではなく，口座取扱い金融機関における情報調査を定めているのであるから，銀行の通報義務の場合はこの限りではない。そうした調査が問題となる限りでは，特定の金銭を銀行口座において信託的に管理するとの約定に内在し，弁護士が始めから制御できない開示のリスクが現実化することになるのである。」と[33]。

4．金融制度

さらに弁護士は，その職業秘密を侵害することになる情報提供義務および提出義務

---

29) *Siegmund*, aaO, Rn. 620.
30) *Siegmund*, aaO, Rn. 629.
31) NJW 2007, 2464.
32) NJW 2007, 2472.
33) NJW 2007, 2472.

を，金融制度法（KWG）44条1項および44条c第1項に基づいて負う。これらの条項によれば，事業者は，不法な銀行取引が行われるか，金融サービスが提供されるか，または金融制度法3条による禁止取引が行われたことを確認したか，あるいはこれが正当にも推定されるときは，要求に応じて，連邦金融庁およびドイツ連邦銀行にすべての取引履歴情報を提供し，資料を提出しなければならない。同条の趣旨および目的は，信用市場および金融市場の健全性の保護ならびに金融制度の安定性の維持にある。情報提供および提出の義務があるのは，取引の決済に関与するすべての事業者である。立法者の意思によると，ここでの事業者は，典型的に銀行業を営む者に限定されていない。独立して活動する弁護士は，金融制度法44条c第1項1文にいう事業者である[34]。連邦行政裁判所は2011年12月13日の判決において，次のように判示している。すなわち，「金融制度法44条c第1項1文は，監督官庁が，不法な銀行取引を行う事業者の機先を制するために，情報源を生み出せるようにしようとするものである。同条項は公益の保護および個別の投資家を金融市場における信用ならない商品から守ることに資するものである。これには弁護士の守秘義務も道を譲らなければならない。守秘義務の侵害は，コンタクトのデータの開示および取引の提出により周縁部に触れるに過ぎないから，不相当でも，期待不能でもない。」と[35]。しかし，連邦行政裁判所によれば，弁護士に対する情報要求は，これに代えてその依頼者に対する措置が可能で，かつ，成果が上がるものであるときは，基本法12条1項とは相容れず，したがって，裁量上の瑕疵があることになる。とはいえ，弁護士は，もはや依頼者の個人的生活関係を，それが明るみにでることから広い範囲にわたり守れると保証することができないから，弁護士と依頼者との信頼関係は，金融制度法の規律によっても侵害されることになる[36]。

5．課　税

公課法102条および104条は，租税事件において，弁護士に，その資格において打ち明けられ，知るにいたったすべてに及ぶ情報秘匿権（守秘権）を認めている。こうした秘匿権は，弁護士の自己の租税上の利益にかかわる場合にも適用される。金融官庁に対しては，公課法102条による情報秘匿権の及ぶすべてのデータの閲覧を拒否することができる。委任に関する情報はその開示を留保することができ，情報提供もそれ相応に匿名ですることができる（公課法104条1項1文）[37]。ただし，財政裁判所の判例はこの

---

34)　BVerwG NJW 2012, 1242.
35)　BVerwG NJW 2012, 1242.
36)　*Schürrle*, ZGR 2014, S. 647.
37)　*Siegmund*, aaO, Rn. 632.

原則の例外を作っている。弁護士は，営業上の接待費を税制上控除しようとする場合には，依頼者名および接待の状況を公にしなければならない（所得税法4条5項1文2号）ということである。連邦財政裁判所は，2004年2月26日の判決において，通常弁護士は，このような経費を弁護士の守秘義務を引合いに出して拒否することはできないと判示した[38]。「この場合，依頼者は，社会的にみて接待経費が財政官庁に対して主張されることを覚悟してしかるべきであり，依頼者の黙示の同意があるとみてよい。」と[39]。公課法193条1項によれば，法律上守秘の義務があり情報提供を拒否する権利がある者に対しても，立ち入り調査（AußenPrüfung）を命ずることができる。ここでは，第三者，つまりは依頼者の情報も，それが重要であるか，または確認した事柄が，租税事件における不法な幇助に関係するときは，捜査をすることができる（公課法194条3項）。これにより職業秘密は侵害される。財政行政は，2000年まで，こうした統制手段をとってこなかった。ただし，連邦財政裁判所は，2008年4月8日の裁判により，納税義務者としての弁護士は電子的に蓄積されたデータへのアクセスを妨げることはできないと判示した[40]。同裁判所は2009年10月28日の判例において，依頼者が同意し，その同一性に関する秘密保持を放棄したときは，委任に関連する資料も引き渡さなければならない旨の判断をした[41]。同意がないときは，中立的，つまりは匿名の形式で，資料の提供を求めることができるとしている[42]。

6．データ保護法

連邦データ保護法（BDSG）1条1項により，データ保護法は，個人に関するデータの取扱いにおいて，個人をその人格権の侵害から保護している。データ保護法と職業法上の守秘義務には異なる保護目的と保護観点があり，両者のそれは部分的にしか重ならない。データ保護とは対照的に，守秘義務は個人に関しないデータや事実をも含むものの，依頼者に限定され，その他の該当者はない[43]。連邦データ保護法または連邦弁護士法のいずれが優先であるかは，議論がある[44]。データ保護統制機関による弁護士の監督においては，繰返し衝突が起こりうる[45]。ティーアガルテン区裁判所は，2007年，弁護

---

38) BFH NJW 2004, 1614.
39) BFH NJW 2004, 1614.
40) BFH NJW 2008, 2366.
41) BFH NJW 2010, 1405.
42) BFH NJW 2010, 1405.
43) Henssler/Prütting-*Henssler*, aaO, § 43a Rn. 120.
44) *Siegmund*, aaO, Rn. 726.
45) BeckOK BORA-*Römermann/Praß*, § 2 Rn. 45.

士の守秘は依頼者の信頼にとって欠かすことのできないものであるとして，依頼者と弁護士との信頼関係に直接に影響を及ぼすことはできない旨を判示した[46]。弁護士が情報提供を義務付けられるとすれば，弁護士および依頼者はもはや得られた情報を統制することができない。その点で，連邦弁護士法は，連邦データ保護法1条3項1文にいう特定領域における特別規定にあたる，と[47]。ベルリン高等裁判所は，連邦データ保護法1条3項2文が関連し，これにより法律上の守秘義務に抵触しないとした[48]。両裁判は，ティーアガルテン区裁判所は連邦データ保護法1条3項1文により，職業法上の規定が優先されることを出発点としているのに対し，ベルリン高等裁判所によれば，連邦データ保護法1条3項2文によりデータ保護法上の規定が職業法上の規定を排除するとされる点で異なる。同高裁によれば，弁護士は，データ保護受任者（Datenschutzbeauftragten）に対し，守秘義務に依拠して連邦データ保護法38条3項1文による情報提供を拒否する権利がある。連邦データ保護法38条3項1文による情報提供は，原則として情報提供義務を負う者がもし情報を提供すれば刑事訴追（刑法典203条）の危険にさらされるような場合には，これを拒否することができる。

III 近時の展開

近年，弁護士実務の範囲は大きく変貌し，発展し続けているため，さまざまな新種の弁護士活動の形態が出現している。弁護士の守秘義務の侵害はこれと結びついて起きることが考えられる。守秘の保護は，弁護士市場における実際の変化の過程を通じ，攻撃を受け，制限され，もしかすると水面下で侵食されている。

1．電子的通信

ドイツの法律事務所の経営は近年ますますデジタル化している[49]。法律や判例の検索は，とりわけオンラインサービスにより行われる。弁護士同士や依頼者とのコミュニケーションは，主に電子的に行われる。

(1) 依頼者との電子メールによるコミュニケーション

そこで，まず，電子メールによるコミュニケーションが守秘義務と相容れるのか，あ

---

46) AG Tiergarten NJW 2007, 97.
47) AG Tiergarten NJW 2007, 97.
48) KG NJW 2011, 324.
49) *Siegmund*, aaO, Rn. 765.

るいは弁護士は追加的なデータ保護措置をとったり，適式の電子署名を利用したりしなければならないかが問題となる。電子メールは傍受されたり，誤送信されたりする危険があるものの，そのリスクは実際上小さい[50]。連邦弁護士法43条のa第2項から導かれるのは，弁護士は署名手続や暗号化手続を実行しなければならないということである。それにもかかわらず，信頼上のリスクが高い場合には，用心のための措置をとるべきである。弁護士は，その注意義務を果たすために，依頼者に確実なコミュニケーション方法，存在する盗聴リスク，さらにはデジタル処理のリスクを指摘し，説明しなければならない。加えて，通常の安全水準（連邦データ保護法9条の付属書）を遵守しなければならない[51]。それゆえ，電子メール，携帯電話ファックスもしくは固定電話ファックスによるコミュニケーションは，依頼者の同意があった場合にのみこれを行うことができる。しかしながら，暗号化されていないコミュニケーションのための電子メールアドレスが提供されている場合は，すでに黙示の同意があったものと評価できる[52]。もっとも，弁護士は，個人用の電子メールアドレスが，実際に第三者，たとえば依頼者の職場の仲間や家族から覗かれないことを確認しなければならない。

(2) 裁判所との電子的コミュニケーション

2022年1月1日から民事訴訟法130条のd第1文により裁判所とのコミュニケーションはもっぱら電子的になされる運びとなっている[53]。連邦弁護士会により，特別の電子的な弁護士私書箱（連邦弁護士法31条のa）が新設され，そこで弁護士の電子的コミュニケーションが処理されることになる予定であった。開始期日は前倒しされ，目下の見通しでは，2016年9月29日からすべての弁護士が私書箱を使用できることになっている。権限のない者——連邦弁護士連合会自身も——が通信にアクセスすることができないよう，電子的私書箱は認証技術および暗号化技術により保護される。

(3) クラウド・コンピューティング

弁護士による非集中型のITリソース，いわゆるクラウド・コンピューティングの利用が広まりつつある。そのボリュームと地理的広がりに従い恒常的に変動するコンピュータネットワークの仕組みにおけるデータ処理である[54]。ここでは，データは「デー

---

50) Heussen/Hamm-*Degen*, Beck'sches Rechtsanwaltshandbuch, 11. Aufl. 2016, § 66 Rn. 109 f.
51) *Siegmund*, aaO, Rn. 767.
52) *Siegmund*, aaO, Rn. 767.
53) Gesetz vom 19.10.2013 zur Förderung des elektronischen Rechtsverkehrs.
54) *Cornelius*, Cloud Computing für Berufsgeheimnisträger, StV 2016, 380.

タ・クラウド」に保存されており，普通の場合とは異なり，ローカルなコンピュータないしはサーバーに保存されているわけではない。データは，継続的・自動的なシンクロによって，いつでも呼び出すことができる状態にあり，こうして，接続するすべての機器で直接使用することができる。さまざまな利用形態の区別がある。「パブリック・クラウド」では，アクセスは無制限である。「プライベート・クラウド」では，個人的な利用となり，「コミュニティ・クラウド」では，コミュニティでの共同利用となる。そしてまた，「ハイブリッド・クラウド」は，プライベートと公開での利用をミックスしたものである[55]。

　職業秘密保持者である弁護士が処理したデータの自動シンクロを利用することには，職業法上および刑法上の規律に照らすと，疑問がある。問題は，弁護士がその依頼者にかかる書類等をクラウドに保存してよいか，あるいは，そうすることで守秘義務に違反することにならないかである[56]。弁護士職業規則2条3項c）では，クラウド・コンピューティングについては明確には規定されてはいない[57]。そうであっても（未だ），今のところ，クラウドに保存することが社会的に相当であるとみるわけにはいかないであろう。しかしながら，職業規則2条は，弁護士の行為を刑法上どう評価するかに影響するものではない[58]。原則として，刑法典203条は，他人の秘密を権限なく開示することを可罰行為としている。文書あるいは他者が認識できるかたちとなっている（頭の中にあるだけではない）秘密にあっては，知ることができる状態におかれれば，可罰性を備えるに足りる[59]。通常，クラウド・サービス・プロバイダーのスタッフは，知りうる状態にある[60]。クラウド・コンピューティングの利用が，刑法典203条の可罰行為とならないのは，弁護士が特別の予防措置をとるか，あるいは依頼者の同意を得ている場合のみに限られる[61]。考えられるのは，刑法典202条aに基づくアクセス管理の形式での暗号化である。もっとも，これができるのは，クラウド内のファイルを加工しないものとされている場合のみである。匿名化や仮名化も，原則をいえば可能ではあるが，これが依頼事務の処理とどの程度マッチするかは問題である[62]。依頼者が開示に同意した場合には，違法性が阻却される。この場合には，依頼者が処分権限を持っていることと，そ

---

55) Kilian/Heussen-*Kilian*, Computerrecht, Rn. 14.
56) BeckOK BORA-*Römermann/Praß* § 2 Rn. 35d.
57) BeckOK BORA-*Römermann/Praß* § 2 Rn. 35d ; *Cornelius*, aaO, S. 381.
58) BeckOK BORA-*Römermann/Praß* § 2 Rn. 35e.
59) Schönke/Schröder-*Eisele/Lenckner*, StGB § 203 Rn. 19.
60) *Cornelius*, aaO, S. 383.
61) *Cornelius*, aaO, S. 383f.
62) *Cornelius*, aaO, S. 390.

の同意の射程を認識して任意で同意することが必要である。一部では，黙示の同意でも足りるとされている[63]。黙示の同意ありとされるのは，たとえば依頼者がその記録等をインターネットを通じて呼び出したいとしている場合である[64]。

2．非法律的事務のアウトソーシング

　法律事務所において補助的サービスは外に出されること（アウトソーシング）がますます多くなり，特定の仕事を費用を抑えて処理したり，負荷のピークを緩和することができるようにしたりするために，事務所には労働者の代わりに一時的なサービス提供者が組み入れられる。たとえば，外部の筆記事務所（Schreibbüros）や通訳者を投入したり，事務所技術のために，ITサービス提供者や整備業者に委託したりすることであるが，文書破棄や電話サービスに事業者などを利用することもある。問題は，どの程度まで，そうした外部の第三者が，刑法典203条および連邦弁護士法43条a第2項に基づく守秘義務，さらにはこれに基づく依頼者との信頼関係と相容れるのかである（サービス提供の過程に第三者が介入する場合において，そもそも連邦弁護士法43条a第2項にいう構成要件上の開示にあたることになるのかは，必然的に検討しなければならないにしても，たとえば技術者が介入する場合は，必然的にこの第三者がセンシティブなデータにアクセスする可能性があるということにはならない）。

　刑法典203条3項2文によれば，職業上活動する補助者に対する秘密の開示は正当化される。ここでいう補助者とは，たとえば事務員などの法律事務所の組織に組み込まれている者である。依頼者は通常法律事務所には複数の補助者がいることを前提にしているから，補助者がセンシティブな情報にアクセスできることは，刑法および職業法の上では問題とならない。重要なことは，補助者が委任事務処理に関与していることを，依頼者が認識できるかどうかである。たとえば，技術的な器具の整備，翻訳，または職業的なデータ消去を委任され，したがって法律事務所の組織に組み込まれていない者は，刑法典203条3項2文にいう補助者ではない[65]。職業法上は，外部のサービス提供者が投入される場合，黙示的同意をよりどころとすることが考えられるものの，常にそうした同意が認められるわけではない[66]。それゆえ，刑法上も，職業法上も，外部のサービス提供者に仕事を出し，その者が依頼者のセンシティブなデータにアクセスできることが，弁護士の守秘義務違反に結びつくことは排除されない[67]。

---

63) *Siegmund*, aaO, Rn. 767.
64) *Siegmund*, aaO, Rn. 767.
65) Henssler/Prütting-Henssler, aaO, § 43a Rn. 83 a.
66) *Siegmund*, BRAK-Mitt. 2015, 9, 10 ; *Gläß*, BRAK-Magazin 6/2014, 4.

職業規則における新たな規律により，立法者は，2015年，この非法律事務のアウトソーシングの問題を初めて法律上扱った。弁護士職業規則2条3項c号によれば，職業秘密を侵害する弁護士の行為が，給付の利用を含む法律事務所の作業過程の中で第三者に対して行われ，客観的に通常の公共により承認された社会生活における行為態度に適合する，つまりは社会的に相当である場合，守秘義務の違反には当たらない[68]。社会的相当性が認められるには，行為態様は，たまにしか起こることが許されないものではなく，弁護士からも依頼者からも異議を述べられることはないと評価されるものでなければならない。社会的相当性の評価を誤るリスクは常にあるから，弁護士は，できる限り，より確かな代替案として，最初から依頼者と合意しておくことや，アドホックになされる説明を通じて，依頼者の了解を取り付けておくことがなんといってもすすめられる。特定のタイプの補助者に仕事をさせることが社会的に相当であるとしても，信頼関係違背を疑わざるを得ない場合には，弁護士はその第三者を慎重に選んだり，その利用を控えたり，あるいはその利用を止めたりしなくてもよいことにはならない。弁護士職業規則2条5項1文によれば，仕事をした第三者は守秘の義務を負わなければならず，さらにその第三者は弁護士職業規則2条5項2文によりその従業員に守秘の義務を負わせなければならない（当該第三者がすでに他の理由で守秘義務を負う場合，これらの義務はなくなる）。同条項はよく企図されているが，実務上は，業界特有でないサービスを提供している第三者を利用する場合，明らかに限界にぶつかる。考えられるのは，たとえばデジタル端末の保証事故の処理のようなありふれた状況につき配送業者に委ねるようなことである。ここでは，本来必要となる意思表示が得られないことが多いため，弁護士であれば第三者を介入させることを断念することを余儀なくされることになろう。

3．団体（企業）内弁護士

弁護士認可を受けている企業法律家（Unternehmensjuristen）は，ドイツにおいて伝統的に弁護士の職業秘密の保護を認められていなかった。その企業における活動は，連邦通常裁判所により確立されたいわゆる二重職業理論（Doppelberufstheorie）によれば，非弁護士的とみなされているため，典型的な弁護士特権は与えられない。企業外における活動だけが弁護士としてのそれだと位置づけられていた。2016年1月1日に施行された団体内（企業内）弁護士の権利の新たな規律に関する法律により，こうした現

---

67) Henssler/Prütting-Henssler, aaO, § 43a Rn. 83 a.
68) 詳細は *Gasteyer*, BRAK-Mitt. 2015, 85. Zur Lehre von der Sozialadäquanz *Siegmund*, BRAK-Mitt. 2015, 9, 12.

状に変更が加えられた。この変更は，伝統的な弁護士に加えてドイツの職業法に組み入れられた新たな弁護士類型，つまりは連邦弁護士法46条にいういわゆる団体内弁護士の創設により可能となった。伝統的な弁護士と比べると，確かに団体内弁護士には弁護士の職業秘密は原則的に保障されるものの，内容的には限定されている。つまり，団体内弁護士はその活動の範囲で民事法上（民事訴訟法383条1項6号）あるいは限られた刑事法上の証言拒否権（刑事訴訟法53条1項3号）を確かに享受する。しかし，団体内弁護士には，差押え禁止（刑事訴訟法97条），盗聴・記録禁止（刑事訴訟法100条のc第6項）または捜査禁止（刑事訴訟法160条a第6項）は適用されない。加えて，ヨーロッパのカルテル手続では，証言拒否権もないとされている[69]。

IV　弁護士の職業秘密に関するヨーロッパの規律

1．規範の状況

　EU法には，弁護士の職業秘密に関して明確に規定した規律（EU指令等）はない。しかし，職業秘密は，EU法においては基本権としての性格を有している。このことは，場合によってはヨーロッパ人権条約（EMRK）6条1項および3項c号と連動することもあるが，同条約8条1項に由来している。ちなみに，条約6条1項は，フェアな手続を求める権利を定め，同3項c号は弁護を受ける権利を定め，そして条約6条によれば，すべての人はその通信を尊重することを求める権利を有するとされる。これは，EU条約6条3項の意味におけるEU法の一般的法原則である。これに加え弁護士の秘密は，EU人権憲章（Charta der Grundrechte der Europäischen Union）。47条1項および2項2文（弁護士による代理と弁護を求める権利）および同48条2項（弁護権の尊重）により保護されている[70]。つまり，EU人権憲章47条2項2文によれば，すべての人は助言と弁護そして代理を受けることができるとされている。これは，弁護士本来の活動が，国家の監督官庁の監督により阻害されないことを保証するものである。一次的には，この基本権・人権の名宛人は，ヨーロッパ委員会である。委員会は，高権的な処分を執り行うにあたってはこれに従わなければならない。EU固有の執行に関してみるとこれは，特権下にある弁護士と依頼者のコミュニケーションに介入する権限を何ら有しないということを意味している[71]。この際，保護は，すでに文書の差押えの段階からはじまり，その評価（証拠としての利用）を待つものではない[72]。

---

69)　Vgl. EuGH NJW 2010, 3557, 3560.
70)　*Gurlit/Zander*, BRAK 2012, S. 7.
71)　*Gurlit/Zander*, BRAK 2012, S. 7.

弁護士の秘密の根幹は，EUのすべての加盟国において承認されている。この際，各加盟国が通信の保護を認める根拠は，多様である。一方では法治国家および紛争解決処理機構にとっての弁護士の役割に焦点を当てる国もあれば，他方では，弁護を受ける権利にその根拠を求める国もある[73]。EU加盟各国の法秩序における弁護士特権の規定の仕方は，さまざまである。たとえば連合王国では，依頼者の権利として，法的紛争処理機構の枠内で主張することができる[74]。デンマーク，ギリシャ，アイルランド，ポルトガルそしてスペインといった国々では，いわゆるインハウス・カウンセルも弁護士として取り扱い，自由職として（独立して）活動する弁護士と同じ義務に服するとされている。同じくオランダ法においても，企業内法曹にも独立性が認められている。ベルギーにおいても，企業内法曹と使用者との間の通信について，弁護士特権が類推適用されている。EU構成各国における弁護士秘密の保護範囲は，いうまでもなく，EUレベルでのそれと同じである必要はなく，その上をいくことができる。というのは，各国の立法者がより強力な保護を規定していくことは妨げられないからである。というわけでドイツでは，先に述べたように，連邦弁護士法43条a2項2文により，守秘義務は，弁護士がその職業実践にあたり知ったすべてのことにおよんでいる。この中には，第三者から得たもの，あるいは自身の調査により得たもので，依頼に関し重要なものも含まれる[75]。EUレベルでも，はたしてこれらの情報が保護の対象となるのかについては，今の段階でははっきりしていない。この場合には，EUの二次的法規範（sekundärrecht der Union ＝ EU議会・理事会が定立する規範）は，保護を強化する方向でしか働かない。それは別として，EU二次的法規範は，今までのところ，EUとしての固有の執行にとってのみ重要性を有していたのである。

2．欧州司法裁判所の判例

欧州司法裁判所は，その裁判例において，弁護士の秘密は保護に値するものだとはっきり認めてきた[76]。この際欧州司法裁判所は，弁護士特権の限界とその保護を受ける人的範囲を繰り返し問題としてきた[77]。欧州司法裁判所は，1982年に下した，弁護士と依頼者間で交わされた文書の保護に関するリーディング・ケースとなるその最初の裁判において，弁護士の秘密（vertraulichkeit）は，すべてのEU加盟国において承認されて

---

72) EuZW 2010, 778 Rn. 25.
73) Siegmund, aaO, Rn. 62.
74) *Baudenbacher/Speitler*, NJW 2015, 1213.
75) Henssler/Prütting-*Henssler*, aaO, § 43a Rn. 46.
76) EuGH NJW 1983, 504.
77) *Schnichels/Resch*, EuZW 2011, 461.

いる必要性，すなわち個々人が，まったく自由に，独立性を備えて法的助言をする自分の弁護士に相談できるようになっていなければならないということを考慮したものである，としたのであった[78]。「すべての人は，なんらの制約を受けることなく弁護士に相談できる状況になければならない」というわけである。欧州司法裁判所は，秘密保護を受けるには，次の二つの要件のいずれもが必要であるとする。すなわち，(1) 交わされた文書が，弁護（防御）について依頼者のためになされたものであること，そして，(2) 依頼者との雇用契約によって拘束されていない弁護士に関するものであることの2点である。欧州司法裁判所は，その 2010 年 9 月 14 日の裁判において，改めて，弁護士の守秘が高く保護されなければならないことを強調した[79]。大きな問題は，企業に雇用されているいわゆる団体内弁護士にも弁護士特権が認められるかであった。欧州司法裁判所は，これを否定した。「ヨーロッパ競争法の範疇では，企業内での団体内弁護士との通信は，弁護士特権には服さない」というのがその判断である。その理由として欧州司法裁判所は，「弁護士特権を認める絶対的な条件である弁護士の独立性」をあげている。「団体内弁護士は，外部弁護士と同様の独立性を有していない。なぜなら，団体内弁護士は，従属的な勤務関係にあるからだ」というのがその説示である。

V　比較法的にみた弁護士の通信の保護——質問その一

1．ドイツの法状況

(1)　弁論（当事者提出）主義

　ドイツ法においては，当事者主義そして弁論主義が妥当している。つまり，どの事実およびどのような証拠方法を裁判所に提出するかは，当事者が決めることである。当事者の提出しないものは，訴訟でも考慮されない。これはまた，裁判所もそしてまた当事者も，他方当事者に資料の提出を求めることができないということをも意味する。現行の「誰も自身の告発を強いられない（nemo Tenetur）」との原則に対応する。この原則の例外は，たとえば，実務では使われることが少ない民事訴訟法 142 条である。この規定に基づき裁判所は，資料の提出を命ずることができる。これに加え，刑事訴訟法 94 条によれば，捜査にとり重要となりうる物を保管ないしはその他の方法で確保することができるとされている。

---

78)　EuGH NJW 1983, 504.
79)　EuZW 2010, 778 →訳者追加

(2) 押収禁止

　刑訴訟法 97 条は，どのような要件が満たされれば，通信，記録書面そしてまた物が押収を免れるかを規定している。刑事訴訟法 97 条 1 項 1 文によると，被疑者と同 53 条 1 項 1 号ないし 3 b 号により証言拒絶権を持つ者との間の文書による通知の押収は禁止される。わけても弁護士，公証人そして刑事弁護人は，職業秘密保持者としてこれにあたる。つまり，弁護に関わる書面による通知，被疑者の弁護目的の通知の記録書面および被疑者または第三者が弁護目的で交付した物は，押収してはならない[80]。このことは，捜査等の開始前の受任処理の前段階あるいは再審準備についてもあてはまる。

　刑事訴訟法 97 条 1 項 1 号の差押え禁止は，同 2 項により，証言拒絶権者，つまりは弁護士または刑事弁護人の手にある（保管している）資料にのみ適用がある[81]。これらの者が，証拠方法について処分権限を実際に持っている必要がある[82]。その理由とされているのは，証拠方法は，信頼局面・秘密局面（Vertrauens- und Geheimnissphäre）を離れ，証言義務を負う第三者が認識できるようになったときは，保護の価値を失うというものである[83]。被疑者自身が共同の保管者でない限り，弁護士が第三者と共同で保持している場合でもよい[84]。この場合，被疑者の返還請求権は，共同保管だとする理由にはならない。というのは，現実の物の支配関係を基準として保持の有無が決まるからである[85]。証言拒絶権者による保管が終われば，押収禁止は終わりとなる[86]。刑事訴訟法 97 条と同じように，民事訴訟法 142 条 2 項も，証言拒絶権を持つ弁護士が占有している資料に限り，提出義務はないとしている[87]。

　もっとも，一つの例外は，弁護のための資料であり，これは，誰が保管しているかにかかわらず保護される。刑事訴訟法 148 条に基づき，被疑者の弁護人宛ての文書による通知は，被疑者の手元にあるか[88]あるいは郵便に投函・配送中[89]も押収できない。このことは，そこから弁護人が弁護をする過程でおかした犯罪行為がうかがえない限り，原則として弁護人から容疑者へ宛てた通知にもあてはまる[90]。もっともこのように拡大

---

80) BeckOK StPO/*Ritzert*, StPO § 97 Rn. 12.
81) BeckOK StPO/*Ritzert*, StPO § 97 Rn. 6.
82) MüKoStPO-*Hauschild*, § 97 Rn. 6.
83) BeckOK StPO/*Ritzert*, StPO § 97 Rn. 12.
84) MüKoStPO-*Hauschild*, § 97 Rn. 20.
85) MüKoStPO-*Hauschild*, § 97 Rn. 20.
86) *Park*, Durchsuchung und Beschlagnahme, Rn. 576.
87) *Magnus*, Das Anwaltsprivileg und sein zivilprozessualer Schutz, S. 271.
88) LG Mainz NStZ 1986, 473.
89) BGH NJW 1990, 772.

された保護は，もっぱら依頼者と弁護人との間の関係のみで認められるに過ぎず，弁護士のその他の活動は刑事訴訟法 97 条の規律に服する[91]。しかし押収禁止は，被疑者が明らかに防御のために作ったものであれば，被疑者の保管する資料にも及ぶ[92]。これは，被疑者には，いかなるときでもしっかりとし（Geordnete）かつまた実効的弁護の機会が与えられなくてはならないという法治国家の要請に由来する[93]。刑事訴訟法 97 条は，その保護が不完全だと批判されている。法務官（generalanwalt）Gordon Slynn は，欧州司法裁判所において，弁護士の保管する資料を対象とするが依頼者自身の手元にある資料は含まないとする押収禁止は，あり得ないと主張した[94]。それゆえドイツの文献では，誰の手にあるかとは関係しない押収禁止の法的な構成が種々提案されてきた[95]。たとえば，これら提案は，刑事訴訟法 190 条 a から，同 148 条の「弁護」のかなり広い理解から，あるいは憲法上の端緒から，はたまた，刑事訴訟法 97 条の解釈から導き出されている[96]。

弁護士または弁護人自身が被疑者である場合は，資料はすべて押収の対象となる[97]。団体内弁護士では，押収禁止はさらに制約されている。というのは，刑事訴訟法 53 条 1 項 3 号の証言拒絶権は，団体内弁護士が典型的な弁護士としての任務を果たしている限度でしか認められていないからである[98]。

2．イギリスの法状況

(1)　「ディスクロージャー」──開示義務

ドイツと異なりイングランドの民事訴訟法は，提出義務つまり「ディスクロージャー」を定めている。これによると当事者は，紛争にとり重要な資料を相互に交換しそしてまた裁判所に提出しなければならない[99]。双方当事者は，どのような書類が法的紛争にとり重要性を持っているかを開示し，その後に交互に請求を重ねていくことができる。その背景にあるのは，すべての当事者は，重要な情報へのアクセスを平等に持つべ

---

90)　BverfG NJW 2010, 2937.
91)　*Park*, Durchsuchung und Beschlagnahme, Rn. 579.
92)　BGH NJW 1998, 1964.
93)　BGH NJW 1998, 1964.
94)　*Oesterle*, StV 2016, 118.
95)　*Oesterle*, StV 2016, 119.
96)　*Oesterle*, StV 2016, 119 ff.
97)　BGH BeckRS 2000, 10161.
98)　*Stempfle*, Deutscher AnwaltSpiegel 2016, 16.
99)　*Magnus*, aaO, S. 188.

494 資　　料

きであり，手続中にサプライズがおきては決してならないという思想である。これは，ドイツ法とは反対に，原則として提出義務があり，秘密にしておくことは例外だということを意味している[100]。提出義務の対象は当事者の「コントロール下」にあるすべての資料におよぶ。ここでは，コントロールという概念の幅は広い。第三者（たとえば公官庁）が占有している書類を当事者が閲覧する権限を持っていれば，それで足りる[101]。たとえば，刑事訴訟法97条2項や民事訴訟法142条では重要性を持っている誰が占有しているかは，まったく関係ない[102]。単に資料が，最低限，事件に間接的に関連していなければならないというだけである[103]。

(2)　法律専門職の特権（Legal Professional Privilege）

弁護士と依頼者との間の信頼関係の保護のため，イングランドでは，法律専門職の特権（LLP）が認められている。これは，第三者から監視される危険性なく，弁護士と依頼者間の自由かつ開かれた（腹蔵のない）コミュニケーションを確保するものである[104]。保護されるのは，弁護士と依頼者間におけるダイレクトのコミュニケーション（リーガルアドバイス特権）と訴訟準備のための第三者との情報交換（リティゲーション特権）である[105]。リーガル・アドバイス特権は，すべての弁護士に，つまり，企業に雇用されている弁護士（インハウスロイヤー）そしてまた外国弁護士にも認められる[106]。弁護士・依頼者間のコミュニケーションは，それがコンフィデンシャルであり法律相談の枠内においてなされたものである限りで保護を受ける[107]。コミュニケーションとならび，文書もまた保護の対象となる。ここでは，依頼者の弁護士宛の文書とならび，弁護士の依頼者宛の文書も保護の対象となる。文書の下書き，会話メモ，覚え書きその他同様の資料もまた，これを訴訟に顕出させる必要はない[108]。もっとも，これら資料が法律相談に関して作成されたものであり，他の目的で作成されたものではないことがその前提である[109]。リティゲーション特権は，法的紛争に関係してなされた，弁護士

---

100)　*Magnus*, aaO, S. 188.
101)　*Magnus*, aaO, S. 190.
102)　*Magnus*, aaO, S. 271.
103)　*Magnus*, aaO, S. 190.
104)　*Gould, The Law of Legal Services*, S. 368.
105)　*Boon, The Ethics and Conduct of Lawyers in England and Wales*, S. 339 ff.
106)　*Boon*, aaO, S. 340.
107)　*Magnus*, aaO, S. 209.
108)　*Boon*, aaO, S. 344.
109)　*Magnus*, aaO, S. 214f.

と第三者との間のコミュニケーションおよび作成されたすべての書類を保護する[110]。この特権を主張できるのは依頼者のみであり，第三者はできない。裁判所手続が進行しているか，最低でも間近に迫っていることが要件である。加えて，第三者から取得した情報を，訴訟で利用することが予定されていなければならない[111]。法律専門職の特権は，絶対的な保護であり，幅広い拒絶権を保証している[112]。相反する利益の考量は行われない[113]。ただし，この法律専門職特権については，三つの例外が認められている。(1) コミュニケーションが犯罪を助長する場合 (2) 依頼者が任意に特定の情報を開示し，あるいはその権利を放棄した場合，そして (3) 保護される情報がその意に反して第三者により開示された場合である[114]。

3．フランスの法状況

(1) 弁護士の職業秘密（Secret Professionel de l'Avocat）

イングランドと同じく，フランスでも一般的な事案解明・協力義務が認められている（民法10条，民事訴訟法11条）。当事者がこれを拒否できるのは例外的な場合のみである。フランスの法秩序は，弁護士の職業秘密を弁護士としての活動の基礎をなすものだとしている。弁護士の職業秘密は，刑事上そしてまた民事上の規律により保護されている[115]。刑法典226条の13は，弁護士としての活動の枠内で取得した秘密を，権限なく開示することを犯罪と規定している[116]。この規律は，すべての職業秘密保持者を対象としている。加えて1991年11月27日のデクレ160条により，弁護士に関しては職業秘密について再度規定されている[117]。1971年の12月31日の法律66条の5は，職業法上の規律として弁護士と依頼者間の助言と通信の秘密を保護している[118]。弁護士そしてまた依頼者も，この保護を受ける。専門職の秘密は，弁護士がその職業活動の枠内でえたコンフィデンシャルな情報すべてを保護するものである。弁護士は，その同僚および従業員に対してもこの点に注意を払わなければならない[119]。専門職民事社団（*société civile*

---

110) *Boon,* aaO, S. 346f.
111) *Magnus,* aaO, S. 217.
112) *Gould, aaO, S. 374.*
113) *Magnus,* aaO, S. 237.
114) *Gould, aaO, S. 372 ; Magnus,* aaO, S. 219 ff.
115) *Wild,* aaO, S. 45.
116) *Magnus,* aaO, S. 104.
117) *Wild,* aaO, S. 53.
118) *Wild,* aaO, S. 52.
119) *Wild,* aaO, S. 126.

professionelle) に属する複数の弁護士，あるいは外部専門家までもが委任事務の処理にあたる場合には，秘密のシェアに関する (*secret partagé*) 専門職の秘密は，関係した者すべてに拡張される[120]。フランス法では，弁護士間の文書による通信は，コンフィデンシャルであり，専門職の秘密に服する (*Confidentialité des Correspondances*)[121]。ただし，通信にオフィシャル (*officielle*) という付記がなされている場合には，これは妥当しない。この限りでは，専門職の秘密の保護は，弁護士の守秘義務の上をいっている。弁護士の裁判所における証言拒絶権は一般的には認められているが，明文の規定はない[122]。

(2) その例外

226条の14によれば，例外的に，犯罪の追及あるいは予防のために 職業秘密を開示することができる[123]。弁護士はまた，自らの弁護のためにその守秘義務を破ることができる。これに加えさらにフランスでは，マネーロンダリングの克服のために，弁護士につき通知義務が課せられている[124]。ドイツ法とは異なり，依頼者が専門職の秘密を放棄し，あるいは開示に同意することは認められていない。ここでは，秘密の絶対性の理論 (*théorie du secret absolu*) がとられている[125]。弁護士は，黙秘するかしないかを自由に判断できる。依頼者は弁護士に対してその守秘義務を解くことはできない[126]。その理由は，職業秘密を確保するという一般的利益（公益）が前面に押し出されており，ドイツのように「秘密の主」としての依頼者の意思がことを左右するものだとはされていないことによる[127]。

4．比　　較

ドイツの法秩序とは対称的に，フランスおよびイングランドでは，依頼者の弁護士宛の書面だけではなく，弁護士の依頼者宛の書面もまた保護される。これに加え，ドイツ法で対象となるのは，証言拒絶権者の手元にある書面のみである（民事訴訟法142条2項，刑事訴訟法97条2項）。したがって，当事者または第三者の手元にある資料は，証拠方法として用いることができる。ドイツと異なり，イングランドとフランスでは，誰

---

120) *Wild*, aaO, S. 127.
121) *Wild*, aaO, S. 136.
122) *Wild*, aaO, S. 56.
123) *Magnus*, aaO, S. 107.
124) *Magnus*, aaO, S. 107.
125) *Magnus*, aaO, S. 107.
126) *Wild*, aaO, S. 167.
127) *Wild*, aaO, S. 94.

の手元にあるかは，原則として関係がない。ドイツとイングランドとは対照的に，フランス法では，弁護士間の書面による通信も保護される。これに加え，フランス法では，依頼者は弁護士の守秘義務を解くことができないという点で異なっている。その結果，当事者が同意しても職業秘密の暴露は正当化されない。

イングランドでは，リティゲーション特権により，裁判所手続に関する弁護士ないしは依頼者と第三者間のコミュニケーションも保護される。これに対して弁護士の訴訟準備は，明確に保護対象とはされていない。全体としてみると，イングランドとフランスの方が，弁護士の信頼関係をより強く保護している[128]。職業秘密の侵害の法的効果もまた異なっている。イングランドでは，守秘義務違反は単に分限（懲戒）規定および民事諸法規違反に止まるのに対し，ドイツとフランスでは，犯罪構成要件を満たすこととなる。

VI 刑事弁護人とのコミュニケーションの監視——質問その二

監視を受けない弁護人とのコミュニケーションの権利は，フェアな手続を求める権利に基づき認められており，被疑者の人間の尊厳ないしは自分に対する負荷は自分で決める権利を保護している[129]。刑事訴訟法148条によれば，被疑者は，たとえ拘留されていたとしても，弁護人と書面および口頭で接見交通することができる。この権利は，被疑者自身の権利に止まらず，弁護人の権利でもある。これにより，弁護士と被疑者の監視を受けないコミュニケーションが保障されている。そこで，拘留されていない被疑者の場合であっても，（たとえば通信傍受といった）刑事訴訟法100条aおよび同cの措置は，弁護士と会話しているときは中断し，これに対応する録取記録は，消さなければならない。

刑事訴訟法148条2項により例外が認められているのは，被疑者がテロ組織の立ち上げで嫌疑をかけられている場合である。しかし，刑事訴訟法119条4項1文からは，容疑者に関するコミュニケーションの制限は，勾留されている被疑者には適用されない。刑罰執行法（StVollzG）27条3項によれば，留置・拘置所その他の施設における会話は，視覚的にも聴覚的にもこれを監視してはならないとされている。

刑事訴訟法160条a1項1文によると，選任ないしは任命された弁護人に向けられ，おそらくは弁護人が証言を拒絶することができる知見をもたらす可能性があるすべての捜査手続は，不適法だとされている。被疑者と弁護人との間の会話あるいはその他の形

---

128) *Magnus*, aaO, S. 289.
129) MüKoStPO-*Thomas/Kämpfer*, § 148 Rn. 2.

式でのコミュニケーションは，それが証言拒絶権のはたらく範囲内でなされたときは，通信傍受という措置あるいはその他の捜査措置により，特定のターゲットを定めて，監視あるいは捜索を行ってはならない[130]。刑事訴訟法160条に基づく証拠調べの禁止，証拠資料の評価禁止という保護は，絶対的なものであり，個々の事案の相当性にかかるものではない[131]。刑事訴訟法148条の保護は，その上をいっている。というのは，すでに受任の可否をその対象とするコミュニケーションもその対象となっているからである。

---

130) MüKoStPO-*Thomas/Kämpfer*, § 148 Rn. 2.
131) MüKoStPO-*Günther*, § 100a Rn. 144.

関連条文

本書に関連するドイツ法の規律
（連邦弁護士法・弁護士職業規則・CCBE 規定・刑法）

連邦弁護士法
（Bundesrechtsanwaltsordnung ＝ BRAO）

第 1 条　〔法的問題処理機構の中における弁護士の地位〕
　弁護士は，法的問題処理機構を構成する独立した一機関である。

第 2 条　〔弁護士の職務〕
（1）　弁護士は，自由職業を行う。
（2）　弁護士の活動は，営利を目的とする業ではない。

第 3 条　〔助言および代理を行う権利〕
（1）　弁護士は，あらゆる法律問題に関する適格な独立の助言者および代理人である。

第 43 条　〔一般的な職務上の義務〕
　弁護士は，良心に従ってその職務を行わなければならない。弁護士は，職務の内外を問わず，弁護士という地位が要求する尊敬と信頼にふさわしい態度をとらなければならない。

第 43 条 a　〔弁護士の基本的義務〕
（1）　弁護士は，その独立性を損なうおそれのあるいかなる義務も，これを引き受けてはならない。
（2）　弁護士は守秘義務を負う。この義務は，弁護士がその職務を行うにあたり知ることとなったすべての事項におよぶ。公知の事実またはその意義からして秘密保持の必要がない事実については，その対象外とする。
（3）　弁護士は，その職務を行うにあたり，事に則さない行動をとってはならない。事に則さないとは，わけても，知りつつ真実に反することを伝播させるような行

動，あるいは，他の関与者もしくは手続経過が何らその契機を与えてはいない名誉を毀損するような発言が問題となる行動をいう。
（4）弁護士は，相反する利益をともに代理してはならない。
（5）弁護士は，弁護士に委託された財産の取り扱いにあたっては，必要な注意を尽くす義務を負う。他人の金銭は，直ちにその受領権者に引き渡すか，あるいは，別の口座に振り込まなくてはならない。
（6）弁護士は，継続して自らの研鑽をはかる義務を負う。

第45条〔業務の禁止〕
（1）弁護士は，以下の場合は，その活動をしてはならない。
  1．弁護士が，裁判官，仲裁人，検察官，公務員，公証人，公証人職務代行または公証人の管理人として，すでに同一の事件に関与していた場合。
  2．弁護士が，公証人，公証人職務代行または公証人の管理人として，証書を作成し，その証書の法的効力または解釈が争われているか，あるいは，それに基づき執行が行われる場合。
  3．弁護士が，倒産管財人，相続財産管理人，遺言執行者，財産管理人またはそれと同種の役割を担う者としてすでに関与した事件において，その弁護士が管理していた財産の帰属者を相手方とする場合。
  4．弁護士が，その弁護士としての活動外または第59条a第1項の意味におけるその他の活動外において，業務上同一事件にすでに関与していたとき。ただし，当該の職業活動を終えたときは，別とする。
（2）弁護士は，以下のことをしてはならない。
  1．すでに，管理に服すべき財産の帰属者を相手とする弁護士として関与した事件に，倒産管財人，相続財産管理人，遺言執行者，財産管理人またはそれと同種の役割を担う者として関与すること。
  2．弁護士としてすでに関与した事件において，その弁護士としての活動外または第59条a第1項の意味におけるその他の活動外において，業務上関与すること。
（3）第1項および第2項の制限は，当該弁護士と共同事務所を営み，またはその他のかたちで合同してその業務を行いあるいは行っていた弁護士およびその他の職業に従事する者にもこれを適用するとともに，その他の職業に従事する者が，第1項および第2項の意味において関与していた場合においてもまたこれを適用する。

第46条〔勤務弁護士：団体内弁護士〕
（1）弁護士は，その業務を，弁護士，弁理士，または弁護士会社もしくは弁理士会社

として活動する使用者の被用者として行うことができる。
（２）　第１項に挙げた者または会社以外の者の被用者は，労働関係の範囲で使用者のために弁護士活動を行う限り（団体内弁護士），弁護士として，その業務を行う。団体内弁護士は第１文の活動を行うためには第46条ａによる弁護士職の認可を要する。
（３）　専門的な独立性および自己責任により行われる活動ならびに次の特徴によってかたち作られている場合，第２項第１文の意味における弁護士活動にあたる。
　１．事実関係の解明を含む法律問題の検討，ならびに解決可能性の立案および評価。
　２．法的助言を与えること。
　３．特に自律的な交渉によって法律関係を形成したり，あるいは権利を実現したりするように，活動を方向付けること。
　４．外部に責任を負う者として行動すること。

第46条ａ〔団体内弁護士としての認可〕
（１）　団体内弁護士としての弁護士職の認可は，申請により，次のすべてを満たす場合に与えられる。
　１．第４条による弁護士の業務に対する一般的認可要件が満たされているとき。
　２．第７条による認可却下事由がないとき。
　３．その活動が第46条第２項ないし第５項の要求に適合するとき。
第１文による認可は，複数の労働関係についてこれを与えることができる。
（２）　団体内弁護士の認可については，土地管轄を有する弁護士会が，年金保険者の聴聞の後に，決定する。決定は，これを申請者および年金保険者に送達しなければならない。申請者と同様に，年金保険者も，第１文による決定に対する第112条ａ第１項および第２項による権利保護の対象となる。年金保険者は，社会法第Ⅵ編第６条第１項第１号および第３項による法定年金保険における保険義務の免除の決定をする場合，第１文による弁護士会の確定力のある決定に拘束される。
（３）　認可の申請には，労働契約の正本または公証謄本を添付しなければならない。弁護士会はそのほかの証拠の提出を求めることができる。
（４）　認可手続は，次の条件を付したうえで，第10条ないし第12条ａの例による。
　１．第12条第２項にかかわらず，職務に関する損害賠償保険の締結の証明または暫定的な補償引受を要せず，かつ，
　２．第12条第４項にかかわらず，「弁護士（団体内弁護士）」の職業上の称号で，活動を行わなければならない。

第46条 b 〔団体内弁護士としての認可の消滅および変更〕
（1） 団体内弁護士としての認可は，第13条に準拠して消滅する。
（2） 団体内弁護士としての認可の撤回および取消には，第14条および第15条が，第14条第2項第9号を例外として，適用される。さらに，労働契約上の労働関係の態様または事実上行われる活動が，もはや第46条第2項ないし第5項の要求に適合しなくなったときは，団体内弁護士としての認可は，その全部または一部を取り消さなければならない。第46条 a 第2項は，これを準用する。
（3） 第46条 a の認可の後に新たな労働契約が加わるか，または，既存の労働契約内において本質的な活動の変更がなされた場合，申請により，第46条 a に準拠して，そこに挙げられた条件のもと，認可は新たな労働契約または変更された活動に拡張されるものとする。
（4） 団体内弁護士は，第56条第3項により管轄権を有する官署に，第56条第3項の届出義務および提出義務のほか，次の活動に関する変更のすべてを届け出なければならない。
  1．活動に関する労働契約のすべての変更。これには新たな労働関係の追加をも含む。
  2．労働契約内におけるすべての本質的な活動の変更。
第1文第1号の場合，届出には，労働契約の正本または公証謄本を添付しなければならない。第57条は，これを準用する。

第46条 c 〔団体内弁護士に関する特則〕
（1） 法律上，別の定めがない限り，団体内弁護士には，弁護士に関する規定が適用される。
（2） 団体内弁護士は，次の場合，その使用者を代理してはならない。
  1．地方裁判所，上級地方裁判所および連邦通常裁判所における民事法上の手続および非訟手続。ただし，当事者または関係人が弁護士によって代理されなければならない場合または書面に弁護士が署名しなければならない場合に限る。
  2．労働裁判所法第11条第4項第1文に挙げられる裁判所。ただし，使用者が労働裁判所法第11条第4項第2文の意味における代理権のある代理人である場合はこの限りでない。
使用者および従業員に対する刑事手続および過料手続において，団体内弁護士は，弁護人または代理人として活動してはならない。刑事手続または過料手続の目的が行為非難である場合，第4条の意味における弁護士としての活動もしてはならない。
（3） 団体内弁護士の活動には，第44条，第48条ないし第49条 a，第51条および第

52条は適用されない。
(4) 第27条は，団体内弁護士に，通例の職場を法律事務処とみなすとの条件を付して適用される。団体内弁護士が同時に第4条により認可されているか，または複数の労働関係の範囲で団体内弁護士として活動している場合，各活動につき，個別の法律事務処が設立および維持されなければならない。弁護士は，第2文に挙げられた場合において他の弁護士会の存する地に活動の重点を移転しようとするときは，第27条第3項の条件で同会への受入れを申請しなければならない。同申請は，これを新たな認可の付与または第46条b第3項の認可の申請に併合することができる。
(5) 第31条による名簿には，第31条第3項に挙げられている情報に加えて，団体内弁護士として弁護士職の認可がなされた旨が収録されなければならない。団体内弁護士が同時に第4条により認可されているか，または複数の労働関係の範囲で団体内弁護士として活動している場合，各活動につき個別の登録がなされなければならない。

第47条 〔公職にある弁護士〕
(1) 終身任用でない裁判官または高等官として任用されている弁護士，期間を定めて兵士として召集された弁護士，あるいは，一時的に公務員の職にある弁護士は，受託したその任務を名誉職として行う場合を除き，弁護士としての業務を行ってはならない。ただし，弁護士会は，法的問題処理機構の利益を害するおそれのないときは，弁護士の申立てに基づき，弁護士のために代行者を選任し，または弁護士に自らその業務を行うことを許可することができる。
(2) 弁護士が，高等官に任用されることなく公職につき，かつ，その公職を規律する法令より弁護士としての業務を自ら行うことが許されないときは，弁護士会法は，その申立てに基づき，当該弁護士のためにその代行者を選任することができる。
(3) 〔削除〕

弁護士職業規則
(Berufsordnung für Rechtsanwalt = BORA)

第1条 〔弁護士（Advokatur）の自由〕
（1） 弁護士は，法律または職業規則が特に義務を課していない限り，その職業を，自由かつ自身の判断に基づき加えて何らの規制を受けることなくこれを営む。
（2） 弁護士の自由は，市民の権利の保持を保障するものである。弁護士の活動は，法治国家の実現に寄与する。弁護士は，独立の助言者および代理人として，その依頼者が権利を失うことから守り，法を形成するよう，紛争を回避するよう，そして紛争を調停するように依頼者に寄り添い，また，裁判所および官署が誤った判断を下すことから依頼者を保護し，加えて，憲法違反の侵害と国家権力の逸脱から依頼者を保護しなくてはならない。

第2条 〔弁護士の自由〕
（1） 弁護士は守秘の権利を有し，義務を負う。受任終了後もまた同じ。
（2） 法律または法が例外を求め，あるいは認めている場合には，（連邦弁護士法第43条a第2項の）守秘義務違反にあたらない。
（3） 次の場合には，守秘義務違反にあたらない。弁護士の行為が，
　a) 同意に基づいている場合，
　b) たとえば，依頼関係に基づく請求権の貫徹あるいは防御もしくは弁護士が自らの事件において防御のためなど，正当な利益擁護のために必要な場合，あるいは
　c) 第三者に対する給付請求を含め，事務処の事務処理の枠内でなされ，かつ，それが，客観的にみて，社会生活上公衆から受け入れられる日常的な行為態様に相応する場合（社会的相当性）。
（4） 弁護士は，その従業員が，当該受任に関してではなくとも，その他のかたちで弁護士のために活動している場合には，書面をもって守秘を義務づけ，かつまた守秘させなくてはならない。
（5） 第4項は，弁護士がそのサービスを受けているその他の者についても，次の場合には，これを適用する。
　a) 弁護士がその者に対し，守秘の対象となる事実を知らせたとき。
　b) その者が，自分のサービスを提供するに際し，守秘の対象となる事実を知ったとき。
弁護士が，このようなサービスを企業からえるときは，弁護士はこの企業に対し，第1

文の事実について守秘することをその従業員に義務づけさせなくてはならない。サービスを提供する者または企業が，法律上守秘義務を負い，あるいは，そのサービスの内容に照らすと守秘義務を負うことが明らかな場合には，第1文および第2文の義務はこれを負わない。
（6） 弁護士は，守秘義務に照らして必要とされる信頼性に対する具体的疑念を生じさせ，かつ検討を加えてもこの疑念が払拭されない諸事情を知ったときは，ある者または企業を，その依頼処理に協力させ，またはそれらからその他のサービスを受けてはならない。
（7） 個人情報保護のためのデータ保護法の諸規定の適用は影響を受けない。

第3条 〔利益相反，職業活動の禁止〕
（1） 弁護士は，同一の法的事件の利益が相反する他の当事者にすでに助言をし，または，その者の代理を務めていたとき，あるいは，連邦弁護士法第45条および第46条の意味でのその他のかたちで，当該法的事件と取り組んでいたときは，活動をしてはならない。弁護士はまた，受任中において，依頼者および請求の相手方ないしはそのいずれかから，双方当事者のための信託的な管理もしくは保管を目的として「財価」を受け取ってはならない。
（2） 第1項の禁止は，どのような法的形態または組織形態であるにかかわらず，当該弁護士と同一の業務共同体または合同事務所で結合しているすべての弁護士に適用する。第2項は，個々の事案において，相反する依頼となる両依頼者が，広範な情報提供のもとで代理することに明示的に同意し，かつ，法的問題処理機構の利益に反しないときは，これを適用しない。情報の提供と同意は，書面で行われるものとする。
（3） 第1項および第2項は，弁護士がある業務共同体または合同事務所から他の事業共同体または合同事務所に移籍した場合にも適用する。
（4） 第1項から第3項に反して活動していることを認識した者は，直ちにその依頼者にこれを通知し同一事件に関するすべての依頼を辞さなくてはならない。
（5） 上記の規律は，守秘の義務に触れるものではない（何らの影響も与えない）。

CCBE 規程

2.1 〔独立性〕
2.1.1 弁護士に課せられている義務の多様性は，弁護士が事に即さない影響からの独立をその前提としている。このことは，特に弁護士自身の利益および第三者からの影響に妥当する。この独立性は，司法に対する信頼にとり，裁判官の公平性と同じ重要性を持つ。弁護士は，その独立性に対する侵害を回避し，かつまた，好意から，その依頼者，裁判官あるいは第三者に対して，職業法を無視してはならない。
2.1.2 独立性の確保は，裁判所での活動に関してと同様に，裁判所外での活動に関しても重要である。なぜなら，弁護士の助言は，好意または個人的な利益からあるいは第三者の圧力のもとでなされたときは，依頼者にとりその価値を失うからである。

3.2 〔利益衝突〕
3.2.1 弁護士は，依頼者間に利益衝突があるとき，または，かかる衝突の生じる重大な（具体的な）危険があるときは，同一事件につき，1人以外に助言を与え，代理または防御をしてはならない。
3.2.2 弁護士は，利益衝突が生じたとき，職業上の守秘義務違反の危険が生じたとき，または，弁護士の独立が冒される危険が生じたときは，該当するすべての依頼者につき，依頼を辞さなくてはならない。
3.2.4 弁護士がその職業を共同して営んでいるときは，3.2.1から3.2.3までの規律は，共同事務所形態およびそのすべての構成員に適用する。

刑法

第356条〔当事者に対する背信〕
（1） 弁護士またはその他の法律補佐人が，その職業として依頼された同一の法的事件の案件に際し，助言あるいは補佐をつうじて，双方の当事者の仕事にあたったときは，3カ月以上5年以下の自由刑に処す。
（2） 弁護士またはその他の法律補佐人が，相手方当事者の了解のもと，その当事者の不利益になる行為を行ったときは，1年以上5年以下の自由刑に処す。

本書に関連する日本法の規律
（弁護士法・弁護士職務基本規定・日本弁護士連合会会則）

弁護士法

〔職務を行いえない事件〕

第25条　弁護士は，次に掲げる事件については，その職務を行つてはならない。ただし，第3号及び第9号に掲げる事件については，受任している事件の依頼者が同意した場合は，この限りでない。

1　相手方の協議を受けて賛助し，又はその依頼を承諾した事件
2　相手方の協議を受けた事件で，その協議の程度及び方法が信頼関係に基づくと認められるもの
3　受任している事件の相手方からの依頼による他の事件
4　公務員として職務上取り扱つた事件
5　仲裁手続により仲裁人として取り扱つた事件
6　第30条の2第1項に規定する法人の社員又は使用人である弁護士としてその業務に従事していた期間内に，その法人が相手方の協議を受けて賛助し，又はその依頼を承諾した事件であつて，自らこれに関与したもの
7　第30条の2第1項に規定する法人の社員又は使用人である弁護士としてその業務に従事していた期間内に，その法人が相手方の協議を受けた事件で，その協議の程度及び方法が信頼関係に基づくと認められるものであつて，自らこれに関与したもの
8　第30条の2第1項に規定する法人の社員又は使用人である場合に，その法人が相手方から受任している事件
9　第30条の2第1項に規定する法人の社員又は使用人である場合に，その法人が受任している事件（当該弁護士が自ら関与しているものに限る。）の相手方からの依頼による他の事件

弁護士職務基本規定

〔自由と独立〕
第2条　弁護士は，職務の自由と独立を重んじる。

〔依頼者との関係における自由と独立〕
第20条　弁護士は，事件の受任及び処理に当たり，自由かつ独立の立場を保持するように努める。

〔職務を行い得ない事件〕
第27条　弁護士は，次の各号のいずれかに該当する事件については，その職務を行ってはならない。ただし，第3号に掲げる事件については，受任している事件の依頼者が同意した場合は，この限りでない。
　1　相手方の協議を受けて賛助し，又はその依頼を承諾した事件
　2　相手方の協議を受けた事件で，その協議の程度及び方法が信頼関係に基づくと認められるもの
　3　受任している事件の相手方からの依頼による他の事件
　4　公務員として職務上取り扱った事件
　5　仲裁，調停，和解斡旋その他の裁判外紛争解決手続機関の手続実施者として取り扱った事件

〔同　前〕
第28条　弁護士は，前条に規定するもののほか，次の各号のいずれかに該当する事件については，その職務を行ってはならない。ただし，第1号及び第4号に掲げる事件についてその依頼者が同意した場合，第2号に掲げる事件についてその依頼者及び相手方が同意した場合並びに第3号に掲げる事件についてその依頼者及び他の依頼者のいずれもが同意した場合は，この限りでない。
　1　相手方が配偶者，直系血族，兄弟姉妹又は同居の親族である事件
　2　受任している他の事件の依頼者又は継続的な法律事務の提供を約している者を相手方とする事件
　3　依頼者の利益と他の依頼者の利益が相反する事件
　4　依頼者の利益と自己の経済的利益が相反する事件

〔自由と独立〕
第50条　官公署又は公私の団体（弁護士法人を除く。以下これらを合わせて「組織」という）において職員若しくは使用人となり、又は取締役、理事その他の役員となっている弁護士（以下「組織内弁護士」という）は、弁護士の使命及び弁護士の本質である自由と独立を自覚し、良心に従って職務を行うように努める。

日本弁護士連合会会則

第15条　弁護士の本質は、自由であり、権力や物質に左右されてはならない。

初 出 一 覧

資　　料

第 1 部　弁護士の独立性

「法的助言職を構成する標識としての独立性：法律上の意味における独立と事実上の独立——何が問題か——」

出典：Prof. Dr. Hanns Prütting
　　　Die Unabhängigkeit als konstitutives Merkmal rechtsberatender Berufe
　　　AnwBl 2013/683ff

第 2 部　利益相反

「利益衝突：問題の所在は事案ごとにことごとく異なっている——弁護士職業の中核的義務に関する実務で問題となった 35 のケース——」

出典：Dr. Susanne Offermann-Burckart
　　　Interessenkollision – Jeder Fall ist anders
　　　AnwBl 2009/729ff

「利益衝突・今も昔も：すべてのケースは異なっている——弁護士職業の中核的義務に関する実務で問題となった 50 のケース——」

出典：Dr. Susanne Offermann-Burckart
　　　Interessenkollision – Es bleibt dabei : Jeder Fall ist anders
　　　AnwBl 2011/809ff

「利益相反：職業法上の永遠の火種——裁判所へのアピール：原則を希釈しては決してならない——」

出典：Prof. Dr. Martin Henssler
　　　Interessenkonflikte – der Dauerbrenner des Berufsrechts
　　　AnwBl 2013/668ff.

「二重信託の禁止：本当にすべてが不適法なのか？」

出典：Dr. Stephan Szalai /Steffen Tietze

　　　　　Verbot der doppelten Treuhand – wirklich alles unzulässig?
　　　　　AnwBl 2015/37ff

「双方にとり有益な信託：以前は禁止，今や正真正銘の不適法――新たな弁護士職
　業規則3条1項2文が，2015年1月1日に施行――」
出典：Prof. Dr. Volker Römermann
　　　　Doppelnützige Treuhand
　　　　AnwBl 2015/34ff

「利益相反の危険を理由とする弁護士の不受任――実態調査によると，このことは
　大規模事務所だけではなく，すべての事務所にあてはまる――」
出典：Prof. Dr. Matthias Kilian
　　　　Mandatsablehnungen wegen drohender Vertretung widerstreitender
　　　　Interessen
　　　　AnwBl 2012/495ff

第3部　守秘義務
「弁護士の守秘義務――弁護士職業規則2条の改正に寄せて――」
出典：スザンネ・オファーマン-ブリュッハルト著／森勇訳
　　　　「弁護士の守秘義務――弁護士職業規則2条の改正に寄せて――」
　　　　『比較法雑誌』第49巻第4号（2016年）95-125頁

執筆者（執筆順）

Hanns Prütting（ハンス プリュッティング）　ケルン大学教授（emeritus）・法学博士・前ケルン大学弁護士法研究所共同代表・元ドイツ語圏民事訴訟法担当者会議会長

Wolfgang Ewer（ヴォルフガング エヴァー）　キール大学名誉教授・法学博士・前ドイツ弁護士協会会長・ドイツ自由職業連盟（Verband der freien Beruf）会長

加藤 新太郎（かとう しんたろう）　中央大学法科大学院教授・博士（法学，名古屋大学）・弁護士・元東京高等裁判所判事（部総括）

Martin Henssler（マルティン ヘンスラー）　ケルン大学教授・法学博士・ケルン大学弁護士法研究所代表・前ドイツ法曹大会（Deutsche Juristentag）会長

［紙上参加］

Matthias Kilian（マティアス キリアン）　ケルン大学教授・法学博士・ソルダン研究所共同代表

柏木 俊彦（かしわぎ としひこ）　弁護士・ニューヨーク州弁護士・元大宮法科大学院大学学長

Ulrich Wessels（ウルリッヒ ヴェッセルズ）　ドイツ連邦弁護士会副会長・ハム弁護士会会長

坂本 恵三（さかもと けいぞう）　東洋大学法科大学院教授・法学博士

［司　会］

佐瀬 正俊（させ まさとし）　弁護士・アルファパートナーズ法律事務所代表

森　勇（もり いさむ）　中央大学法科大学院教授

［資　料］

本間 正浩（ほんま まさひろ）　弁護士・日清食品ホールディングス(株) CLO

Susanne Offermann-Burckart（スザンネ オファーマン－ブリュッハルト）　ドイツ弁護士・法学博士

Stephan Szalai（ステファン サーライ）　法学博士・ライプチヒ大学学術助手

Steffen Tietze（ステッフェン ティーツェ）　ドイツ弁護士

Volker Römermann（フォルカー レーマーマン）　ドイツ弁護士・法学博士・ベルリン・フンボルト大学名誉教授

［翻　訳］

中山 幸二（なかやま こうじ）　明治大学法科大学院教授

應本 昌樹（おうもと まさき）　弁護士・博士（法学，筑波大学）

春日川 路子（かすがかわ みちこ）　香川大学法学部准教授

弁護士の基本的義務
弁護士職業像のコアバリュー　　日本比較法研究所研究叢書（115）

2018年3月23日　初版第1刷発行

　　　編著者　森　　　　勇
　　　発行者　間　島　進　吾

　　　発行所　中央大学出版部
　　　　〒192-0393
　　　　東京都八王子市東中野742番地1
　　　　電話 042-674-2351・FAX 042-674-2354
　　　　http://www2.chuo-u.ac.jp/up/

　© 2018　森　勇　　ISBN978-4-8057-0815-6　　㈱千秋社

本書の無断複写は，著作権法上での例外を除き，禁じられています。
複写される場合は，その都度，当発行所の許諾を得てください。

日本比較法研究所研究叢書

№	著者	書名	判型・価格
1	小島武司 著	法律扶助・弁護士保険の比較法的研究	A5判 2800円
2	藤本哲也 著	CRIME AND DELINQUENCY AMONG THE JAPANESE-AMERICANS	菊判 1600円
3	塚本重頼 著	アメリカ刑事法研究	A5判 2800円
4	小島武司／外間寛 編	オムブズマン制度の比較研究	A5判 3500円
5	田村五郎 著	非嫡出子に対する親権の研究	A5判 3200円
6	小島武司 編	各国法律扶助制度の比較研究	A5判 4500円
7	小島武司 著	仲裁・苦情処理の比較法的研究	A5判 3800円
8	塚本重頼 著	英米民事法の研究	A5判 4800円
9	桑田三郎 著	国際私法の諸相	A5判 5400円
10	山内惟介 編	Beiträge zum japanischen und ausländischen Bank- und Finanzrecht	菊判 3600円
11	木内宜彦／M・ルッター 編著	日独会社法の展開	A5判 (品切)
12	山内惟介 著	海事国際私法の研究	A5判 2800円
13	渥美東洋 編	米国刑事判例の動向 I	A5判 (品切)
14	小島武司 編著	調停と法	A5判 (品切)
15	塚本重頼 著	裁判制度の国際比較	A5判 (品切)
16	渥美東洋 編	米国刑事判例の動向 II	A5判 4800円
17	日本比較法研究所 編	比較法の方法と今日的課題	A5判 3000円
18	小島武司 編	Perspectives on Civil Justice and ADR : Japan and the U.S.A.	菊判 5000円
19	小島・渥美・清水・外間 編	フランスの裁判法制	A5判 (品切)
20	小杉末吉 著	ロシア革命と良心の自由	A5判 4900円
21	小島・渥美・清水・外間 編	アメリカの大司法システム(上)	A5判 2900円
22	小島・渥美・清水・外間 編	Système juridique français	菊判 4000円

日本比較法研究所研究叢書

23	小島・渥美・清水・外間 編	アメリカの大司法システム(下)	A5判 1800円
24	小島武司・韓相範 編	韓国法の現在(上)	A5判 4400円
25	小島・渥美・川添・清水・外間 編	ヨーロッパ裁判制度の源流	A5判 2600円
26	塚本重頼 著	労使関係法制の比較法的研究	A5判 2200円
27	小島武司・韓相範 編	韓国法の現在(下)	A5判 5000円
28	渥美東洋 編	米国刑事判例の動向 Ⅲ	A5判 (品切)
29	藤本哲也 著	Crime Problems in Japan	菊判 (品切)
30	小島・渥美・清水・外間 編	The Grand Design of America's Justice System	菊判 4500円
31	川村泰啓 著	個人史としての民法学	A5判 4800円
32	白羽祐三 著	民法起草者 穂積陳重論	A5判 3300円
33	日本比較法研究所 編	国際社会における法の普遍性と固有性	A5判 3200円
34	丸山秀平 編著	ドイツ企業法判例の展開	A5判 2800円
35	白羽祐三 著	プロパティと現代的契約自由	A5判 13000円
36	藤本哲也 著	諸外国の刑事政策	A5判 4000円
37	小島武司他 編	Europe's Judicial Systems	菊判 (品切)
38	伊従寛 著	独占禁止政策と独占禁止法	A5判 9000円
39	白羽祐三 著	「日本法理研究会」の分析	A5判 5700円
40	伊従・山内・ヘイリー 編	競争法の国際的調整と貿易問題	A5判 2800円
41	渥美・小島 編	日韓における立法の新展開	A5判 4300円
42	渥美東洋 編	組織・企業犯罪を考える	A5判 3800円
43	丸山秀平 編著	続ドイツ企業法判例の展開	A5判 2300円
44	住吉博 著	学生はいかにして法律家となるか	A5判 4200円

日本比較法研究所研究叢書

45	藤本哲也 著	刑事政策の諸問題	A5判 4400円
46	小島武司 編著	訴訟法における法族の再検討	A5判 7100円
47	桑田三郎 著	工業所有権法における国際的消耗論	A5判 5700円
48	多喜 寛 著	国際私法の基本的課題	A5判 5200円
49	多喜 寛 著	国際仲裁と国際取引法	A5判 6400円
50	眞田・松村 編著	イスラーム身分関係法	A5判 7500円
51	川添・小島 編	ドイツ法・ヨーロッパ法の展開と判例	A5判 1900円
52	西海・山野目 編	今日の家族をめぐる日仏の法的諸問題	A5判 2200円
53	加美和照 著	会社取締役法制度研究	A5判 7000円
54	植野妙実子 編著	21世紀の女性政策	A5判 (品切)
55	山内惟介 著	国際公序法の研究	A5判 4100円
56	山内惟介 著	国際私法・国際経済法論集	A5判 5400円
57	大内・西海 編	国連の紛争予防・解決機能	A5判 7000円
58	白羽祐三 著	日清・日露戦争と法律学	A5判 4000円
59	伊從・山内・ヘイリー・ネルソン 編	APEC諸国における競争政策と経済発展	A5判 4000円
60	工藤達朗 編	ドイツの憲法裁判	A5判 (品切)
61	白羽祐三 著	刑法学者牧野英一の民法論	A5判 2100円
62	小島武司 編	ＡＤＲの実際と理論 I	A5判 (品切)
63	大内・西海 編	United Nation's Contributions to the Prevention and Settlement of Conflicts	菊判 4500円
64	山内惟介 著	国際会社法研究 第一巻	A5判 4800円
65	小島武司 著	CIVIL PROCEDURE and ADR in JAPAN	菊判 (品切)
66	小堀憲助 著	「知的(発達)障害者」福祉思想とその潮流	A5判 2900円

日本比較法研究所研究叢書

67	藤本哲也 編著	諸外国の修復的司法	A5判 6000円
68	小島武司 編	ＡＤＲの実際と理論Ⅱ	A5判 5200円
69	吉田豊 著	手付の研究	A5判 7500円
70	渥美東洋 編著	日韓比較刑事法シンポジウム	A5判 3600円
71	藤本哲也 著	犯罪学研究	A5判 4200円
72	多喜寛 著	国家契約の法理論	A5判 3400円
73	石川・エーラース グロスフェルト・山内 編著	共演 ドイツ法と日本法	A5判 6500円
74	小島武司 編著	日本法制の改革：立法と実務の最前線	A5判 10000円
75	藤本哲也 著	性犯罪研究	A5判 3500円
76	奥田安弘 著	国際私法と隣接法分野の研究	A5判 7600円
77	只木誠 著	刑事法学における現代的課題	A5判 2700円
78	藤本哲也 著	刑事政策研究	A5判 4400円
79	山内惟介 著	比較法研究 第一巻	A5判 4000円
80	多喜寛 編著	国際私法・国際取引法の諸問題	A5判 2200円
81	日本比較法研究所編	Future of Comparative Study in Law	菊判 11200円
82	植野妙実子 編著	フランス憲法と統治構造	A5判 4000円
83	山内惟介 著	Japanisches Recht im Vergleich	菊判 6700円
84	渥美東洋 編	米国刑事判例の動向Ⅳ	A5判 9000円
85	多喜寛 著	慣習法と法的確信	A5判 2800円
86	長尾一紘 著	基本権解釈と利益衡量の法理	A5判 2500円
87	植野妙実子 編著	法・制度・権利の今日的変容	A5判 5900円
88	畑尻剛 工藤達朗 編	ドイツの憲法裁判 第二版	A5判 8000円

日本比較法研究所研究叢書

89	大村雅彦 著	比較民事司法研究	A5判 3800円
90	中野目善則 編	国際刑事法	A5判 6700円
91	藤本哲也 著	犯罪学・刑事政策の新しい動向	A5判 4600円
92	山内惟介／ヴェルナー・F・エブケ 編著	国際関係私法の挑戦	A5判 5500円
93	森 勇／米津孝司 編	ドイツ弁護士法と労働法の現在	A5判 3300円
94	多喜 寛 著	国家（政府）承認と国際法	A5判 3300円
95	長尾一紘 著	外国人の選挙権 ドイツの経験・日本の課題	A5判 2300円
96	只木 誠／ハラルド・バウム 編	債権法改正に関する比較法的検討	A5判 5500円
97	鈴木博人 著	親子福祉法の比較法的研究 I	A5判 4500円
98	橋本基弘 著	表現の自由 理論と解釈	A5判 4300円
99	植野妙実子 著	フランスにおける憲法裁判	A5判 4500円
100	椎橋隆幸 編著	日韓の刑事司法上の重要課題	A5判 3200円
101	中野目善則 著	二重危険の法理	A5判 4200円
102	森 勇 編著	リーガルマーケットの展開と弁護士の職業像	A5判 6700円
103	丸山秀平 著	ドイツ有限責任事業会社（UG）	A5判 2500円
104	椎橋隆幸 編	米国刑事判例の動向 V	A5判 6900円
105	山内惟介 著	比較法研究 第二巻	A5判 8000円
106	多喜 寛 著	STATE RECOGNITION AND *OPINIO JURIS* IN CUSTOMARY INTERNATIONAL LAW	菊判 2700円
107	西海真樹 著	現代国際法論集	A5判 6800円
108	椎橋隆幸 編著	裁判員裁判に関する日独比較法の検討	A5判 2900円
109	牛嶋 仁 編著	日米欧金融規制監督の発展と調和	A5判 4700円
110	森 光 著	ローマの法学と居住の保護	A5判 6700円

日本比較法研究所研究叢書

111	山内惟介 著	比較法研究 第三巻	A5判 4300円
112	北村泰三／西海真樹 編著	文化多様性と国際法	A5判 4900円
113	津野義堂 編著	オントロジー法学	A5判 5400円
114	椎橋隆幸 編	米国刑事判例の動向Ⅵ	A5判 7500円

＊価格は本体価格です。別途消費税が必要です。